山香教育

U0828788

河南省教师招聘考试

高分题库

教育理论基础

4200题本

山香教育考试命题研究中心 主编

首都师范大学出版社
CAPITAL NORMAL UNIVERSITY PRESS

图书在版编目(CIP)数据

教育理论基础 / 山香教育考试命题研究中心主编
. -- 北京 : 首都师范大学出版社, 2024.5
河南省教师招聘考试高分题库
ISBN 978-7-5656-8352-7

Ⅰ. ①教… Ⅱ. ①山… Ⅲ. ①教育理论—教师—聘用—资格考试—习题集 Ⅳ. ①G40-44

中国国家版本馆CIP数据核字(2024)第090992号

河南省教师招聘考试高分题库
JIAOYU LILUN JICHU
教育理论基础
山香教育考试命题研究中心　主编

策划编辑　张文强
责任编辑　杨林玉　曹亮亮　　封面设计　山香教育
首都师范大学出版社出版发行
地　址　北京市海淀区西三环北路105号
邮　编　100048
电　话　010-68418523(总编室)　010-68982468(发行部)
网　址　http://cnupn.cnu.edu.cn
印　刷　河南黎阳印务有限公司
经　销　全国新华书店
版　次　2024年5月第1版
印　次　2024年5月第1次印刷
开　本　889mm×1194mm　1/16
印　张　42.5
字　数　1046千
定　价　88.00元

版权所有　翻印必究

前 言

教育理论基础知识是河南省教师招聘考试的常考内容，主要考查考生的职业道德素养、专业知识水平、教育教学能力和心理素质等。当前，河南省教师招聘考试存在两大困境：一是随着教师招聘考试的“火热”及考生对教师招聘考试地不断探索，笔试成绩的差距不断缩小；二是教师招聘考试试题的难度和灵活性在不断增强。对此，考生需要在全面复习的基础上，补齐自身短板，做到“分毫必争”。因此，《河南省教师招聘考试高分题库·教育理论基础》就成为考生的必然选择。

本书由山香教育名师团队结合多年教研经验和教学反馈精心编写而成，通过分析制约考生在笔试中得高分的关键因素，甄选教师招聘考试高频考题。希望考生能通过本书摸清命题规律，发现自身缺陷，达到良好的复习效果。

本书具有以下特色：

1.选题丰富，道道好题。山香教育的实力派老师在深入分析考情的基础上，精选了4200道试题，以供考生复习使用。题型、题量配比与考情高度契合。“基础必刷”部分帮助考生巩固知识，击破知识薄弱点；“提升必刷”部分帮助考生突破重难点；“真题必刷”部分帮助考生了解真题的考查难度、考查题型等。

2.解析极致，清晰易懂。本书的答案解析由山香教育的实力派老师经过数轮优化，逐题逐项细致分析，清晰易懂，使考生知其所以然，逐个击破理论盲点。本书的答案解析不仅注重理论知识的传授，更注重其实用性。解析内容具有权威性，能够帮助考生快速准确地解决问题。据此，考生可以更加高效地备考，提升解题水平，取得理想的成绩。

限于时间及水平，本书难免会有疏漏之处，衷心希望各位专家、学者及读者朋友们批评指正，同时希望本书能够帮助广大考生顺利通过教师招聘考试。

某些考生在复习教育理论时，纠结于“题量大，做不完”这个问题。教师招聘考试属于选拔性考试，我们需要做到的是比其他人分数高，而不是一定要考100分。所以对于有志于从事教师职业的考生来说，多少试题都不够。事实证明，教师招聘考试中一些经典试题存在反复考的可能性。因此，通过大量地刷题，会在将来的考试中碰到原题。

目录

第一部分 教育学

第二部分　心理学

第三部分　教育心理学

第四部分　新课程改革

第五部分　教师职业道德

第六部分　教育法律法规及政策

第七部分　教材教法

第八部分　教育写作与教育活动设计

第一部分　教育学

第一章　教育与教育学

基础必刷

专题1 教育及其产生与发展

一、单项选择题

1. 教育有广义和狭义之分，其中狭义的教育指（　　）（常考）

A. 家庭教育　　B. 学校教育　　C. 基础教育　　D. 社会教育

2. 教育形成自己相对独立形态的标志是（　　）

A. 家庭的出现　　B. 部落的形成　　C. 学校的出现　　D. 专业教师的出现

3. “玉不琢，不成器；人不学，不知义”揭示了教育的（　　）

A. 个体功能　　B. 社会功能　　C. 经济功能　　D. 政治功能

4. 人类最早的教学手段是（　　）

A. 文字材料　　B. 口耳相传　　C. 直观教具　　D. 黑板加板凳

5. “唯官有书，而民无书”体现了教育的（　　）（常考）

A. 全国性　　B. 普及性　　C. 阶级性　　D. 全民性

6. 教育影响是指教育活动中教育者作用于学习者的全部信息，是形式与内容的统一。下列哪一项属于教育影响的形式（　　）

A. 教科书　　B. 教育材料　　C. 教育原则　　D. 教育手段

7. 教育区别于其他社会现象的根本特征是（　　）

A. 有专职教师　　B. 有专门的教学场所

C. 有目的地培养人　　D. 有特定的教育对象

8. 教育的生物起源说和心理起源说的共同缺陷是都否认了（　　）（常考）

A. 教育的科学属性　　B. 教育的生产属性

C. 教育的社会属性　　D. 教育的艺术属性

9. 教育中的基本的、决定性的矛盾是（　　）

A. 教育者与受教育者的矛盾　　B. 教育者与教育内容的矛盾

C. 受教育者与教育内容的矛盾　　D. 受教育者与教育目的的矛盾

10. 将“教育”解释为“教，上所施，下所效也”“育，养子使作善也”的著作是（　　）

A.《孟子》　　B.《学记》　　C.《说文解字》　　D.《论语》

11. 我国最早使用“教育”一词的是（　　）（易混）

A. 孔子　　B. 孟子　　C. 许慎　　D. 朱熹

12. “得天下英才而教育之”一语出自（　　）

A.《论语》　　B.《学记》　　C.《孟子·尽心上》　　D.《劝学篇》

13. 下列关于教育的阐述,正确的是(　　)

A. 学校产生于封建社会时期　　B. 现代教育的公共性日益突出

C. 原始社会的教育具有阶级性　　D. 从词源看,中文的“教育”有潜质引发之意

14. 下列对教育本质的认识,正确的是(　　)

A. “教,上所施,下所效也;育,养子使作善也”

B. 教育即生活

C. 教育是有目的地培养人的一种社会活动

D. 教育即生长

15. 春秋战国时期,(　　)的兴起,冲破了“学在官府”的限制。

A. 书院　　B. 私学　　C. 寺院　　D. 玄学

16. “六艺”中的“礼”为(　　)教育的内容。

A. 艺术　　B. 基础文化知识　　C. 文字　　D. 政治伦理

17. 西周各级各类学校教育的基本学科是(　　)(常考)

A. 四书　　B. 五经　　C. 七艺　　D. 六艺

18. 在师生关系上,我国古代教育强调师道尊严,而现代教育则强调尊师爱生、民主平等。这一事实反映了教育的(　　)

A. 历史性　　B. 继承性　　C. 相对独立性　　D. 永恒性

19. “教育无须科学予以指导,它是扎根于本能的不可避免的行为。”这种关于教育起源的学说是(　　)

A. 神话起源说　　B. 生物起源说　　C. 心理起源说　　D. 劳动起源说

20. 关于教育的起源一直众说纷纭,其中,我国古代的朱熹所持的观点是(　　)

A. 神话起源说　　B. 生物起源说　　C. 心理起源说　　D. 劳动起源说

21. 教育的心理起源说的代表人物是(　　)

A. 桑代克　　B. 孟禄　　C. 沛西·能　　D. 斯金纳

22. (　　)是第一个正式提出的有关教育起源的学说,其根本错误在于没有把握人类教育的目的性和社会性。(常考)

A. 神话起源说　　B. 生物起源说　　C. 心理起源说　　D. 劳动起源说

23. 下列关于教育的基本要素,认识正确的是(　　)

A. 教育者是教育活动中教的主体　　B. 学习者是教育活动中学的客体

C. 教育内容是教育活动的基本目标　　D. 教育手段是教育活动的主体

24. 我国奴隶社会的学校教育的主要内容是六艺,它包括(　　)(易混)

A. 礼、乐、射、御、书、数　　B.《诗》《书》《礼》《乐》《易》《春秋》

C. 琴、棋、书、画、诗、词　　D. 剑术、骑术、游泳、狩猎、棋艺、吟诗

25. “以僧为师”“以吏为师”是古代(　　)教育的一大特征。

A. 印度　　B. 中国　　C. 巴比伦　　D. 埃及

26. 古代(　　)强调应培养“有文化、有修养和多种才能”的政治家和商人。

A. 雅典教育　　B. 斯巴达教育　　C. 埃及教育　　D. 印度教育

27. 古代(　　)强调军事体育训练和政治道德灌输,教育内容单一,教育方法比较严厉。

A. 罗马教育　　B. 埃及教育　　C. 斯巴达教育　　D. 雅典教育

28. 西欧中世纪的骑士教育是一种特殊形式的(　　)

A. 学校教育　　B. 家庭教育　　C. 社会教育　　D. 教会教育

29. 古埃及设置最多的学校是(　　)(常考)

A. 古儒学校　　B. 文士学校　　C. 祭司学校　　D. 武士学校

30. 封建社会的教育是指封建社会形态下的教育,下列不属于封建社会教育的特点的是(　　)

A. 学校教育是教育的主要形式　　B. 教育具有鲜明的阶级性和等级性

C. 教育与生产劳动密切结合　　D. 教育与生产劳动相分离

31. 目前,教育自主权扩大,很多学校都具有办学的自主性,能灵活设置课程、编写校本教材。这体现了教育的(　　)特点。

A. 终身化　　B. 全民化　　C. 民主化　　D. 多元化

32. 人从出生到坟墓都要学习,此观点主要表达的思想是(　　)

A. 教育全球化　　B. 教育民主化　　C. 教育终身化　　D. 教育现代化

33. 教育是年青一代成长和社会延续与发展不可缺少的条件,为一切社会所必需,与人类社会共始终。从这个意义上说,教育具有(　　)

A. 继承性　　B. 永恒性　　C. 历史性　　D. 阶级性

34. 下列关于教育功能的说法错误的是(　　)

A. 正向功能和负向功能是按照教育的作用方向来划分的

B. 隐性功能是不能转化为显性功能的

C. 教育的社会功能属于教育的派生功能

D. 隐性功能不见得都是负向功能

35. “教育与生产、生活相融合,教育内容主要为生产、生活经验。”这句话反映了(　　)的教育特征。

A. 原始社会　　B. 现代社会　　C. 封建社会　　D. 古代社会

36. 在日常生活中,路边的公益性广告属于(　　)

A. 家庭教育　　B. 学校教育　　C. 狭义的教育　　D. 广义的教育

37. 在构成教育活动的基本要素中,主导性的因素是(　　)(易混)

A. 教育者　　B. 受教育者　　C. 教育措施　　D. 教育内容

38. “生活的磨难教育了我们”中的“教育”指的是(　　)

A. 正规教育　　B. 狭义的教育　　C. 形式化教育　　D. 广义的教育

39. 教育内容是教育者与受教育者共同认识的(　　)

A. 主体　　B. 客体　　C. 教的主体　　D. 学的主体

40. 在家长会上,小刚父母碰到小红父母时说:“你家小红教育得真好,她每次考试都名列前茅。”小刚父母所说的“教育”属于(　　)(易错)

A. 一种过程的教育　　B. 一种方法的教育

C. 一种社会制度的教育　　D. 一种社会公德的教育

二、多项选择题

1. 广义的教育包括(　　)

A. 学校教育　　B. 社会教育　　C. 家庭教育　　D. 全民教育

2. 学校教育的基本特征有(　　)

A. 职能的专门性　　B. 组织的严密性　　C. 作用的全面性　　D. 内容的系统性

3. 下列属于信息社会教育的主要特征的是(　　)

A. 学校将发生一系列变革　　B. 现代学校的出现和发展

C. 学校教育与生产劳动相脱离　　D. 教育的国际化趋势非常明显

4. 下列关于教育的发展,表述正确的观点是(　　)

A. 中国隋唐时期,已经出现了完备的“六学二馆”的官学体系

B. “七艺”是中世纪骑士教育的主要内容

C. 普遍实施中等义务教育是近代社会教育的主要特征

D. 人文教育和科学教育携手并进是现代社会教育的特征

5. 现代教育的特征主要有(　　)

A. 公共性和生产性　　B. 公益性和免费性

C. 科学性　　D. 国际性

6. 教育功能不是杂乱无章的,而是有序的。以下属于教育功能的特征的是(　　)

A. 客观性　　B. 社会性　　C. 整体性　　D. 多样性

7. “四书五经”是中国封建社会正统的教育内容,下列著作属于“四书”的是(　　)(常考)

A.《大学》　　B.《中庸》　　C.《论语》　　D.《春秋》

8. 教育具体而实在的规定性表现在(　　)

A. 有意识地传递社会经验　　B. 具有文化功能

C. 以培养人为直接目标　　D. 人类特有的有意识的社会活动

9. 从教育作用的对象层面划分,教育功能可以分为(　　)(易混)

A. 正向功能　　B. 个体发展功能　　C. 显性功能　　D. 社会发展功能

10. “七艺”包括“三科”和“四学”。其中,“三科”是指(　　)

A. 辩证法　　B. 文法　　C. 修辞　　D. 音乐

三、判断题

1. 教育的个体功能和社会功能是背道而驰的,强调个体功能会削弱社会功能。(　　)

2. “学无止境”“学海无涯”体现的现代教育理念是快乐学习。(　　)

3. 更狭义的教育是指“德育”。(　　)

4. 教育从产生开始就具有阶级性和等级性。(易错)(　　)

5. “活到老,学到老”是现代教育未来性特点的要求。(　　)

6. 礼乐教育是“六艺”教育的中心。(　　)

7. 世界上最早普及义务教育的国家是美国。(　　)

8. 终身教育就是成人教育。(　　)

9. 教育的民主化是对教育的单一性和统一性的否定。(　　)

10. 教育现代化的最高目的是实现人的现代化。(　　)

11. 教育的超越功能是指通过教育的自我更新和变革,促进和引领人类社会的发展。(　　)

12. 学校教育是指增进人们的知识和技能,影响人们的思想观念的活动。(　　)

13. 在古代,受教育的目的主要不是获得实用的知识,而是社会地位的象征,教育的象征性功能占主导地位。( )

14. 只有当社会的发展处于负向时,教育才会发挥负向功能。( )

15. 教育的最早独立形态是家庭教育,社会教育出现得最晚。( )

专题2 教育学及其产生与发展

一、单项选择题

1. "口欲言而未能之貌"是朱熹对( )的解释。(易混)

A. 愤 B. 启 C. 悱 D. 发

2. 主张回归自然、"复归"人的自然本性,认为一切顺其自然便是最好教育的教育家是( )

A. 孔子 B. 墨子 C. 荀子 D. 老子

3. "教育是一种社会历史现象,产生于生产劳动的需要,其根本目的在于促进人的全面发展。"这是( )的观点。

A. 实用主义教育学 B. 制度教育学 C. 实验教育学 D. 马克思主义教育学

4. 王老师在讲完"二次函数"之后给学生布置了与这一知识点相关的5道练习题,希望学生通过实际练习之后,能系统地运用知识,更加熟练、牢固地掌握知识点。这一做法属于赫尔巴特四段教学法中的( )

A. 明了 B. 联想 C. 系统 D. 方法

5. 古希腊百科全书式的哲学家是( )

A. 苏格拉底 B. 希波克拉底 C. 柏拉图 D. 亚里士多德

6. "五指活动"是陈鹤琴对其"活教育"课程组织的形象表述,它体现了儿童生活的( )

A. 差别性 B. 整体性 C. 实践性 D. 创造性

7. 西方教育史上最早的教育著作是( )(常考)

A. 柏拉图的《理想国》 B. 昆体良的《论演说家的教育》

C. 亚里士多德的《政治学》 D. 亚里士多德的《论灵魂》

8. 培根首次提出把教育学作为一门独立的学科,他提出的( )为教育学的发展奠定了方法论基础。

A. 演绎法 B. 归纳法 C. 辩证法 D. 阶级分析法

9.《爱弥儿》阐述了哪位教育家的自然主义教育思想( )

A. 裴斯泰洛齐 B. 夸美纽斯 C. 洛克 D. 卢梭

10. ( )提出"人是唯一需要教育的动物"。

A. 康德 B. 杜威 C. 裴斯泰洛齐 D. 洛克

11. "我们日常所见的人中,他们之所以或好或坏,或有用或无用,十分之九都是他们的教育所决定的。人之所以千差万别,便是由于教育之故。"这一观点出自( )(常考)

A. 夸美纽斯 B. 洛克 C. 卢梭 D. 赫尔巴特

12. 认为人的心灵就像一块白板,教育者可以随心所欲地涂写与塑造的教育家是( )

A. 卢梭 B. 洛克 C. 苏格拉底 D. 柏拉图

13.（　　）兴起于20世纪70年代，是当代西方教育理论界占主导地位的教育思潮。

A. 实验教育学　　B. 文化教育学　　C. 实用主义教育学　　D. 批判教育学

14. 被毛泽东誉为“学界泰斗，人世楷模”的是（　　）（易错）

A. 陶行知　　B. 徐特立　　C. 杨贤江　　D. 蔡元培

15. 以教育现象和教育问题为研究对象，探索教育规律的科学是（　　）

A. 教育　　B. 教育学　　C. 教学论　　D. 德育论

16. 最早以马克思主义为基础探讨教育学问题的著作是（　　）（易混）

A. 克鲁普斯卡娅的《国民教育与民主主义教育》

B. 凯洛夫的《教育学》

C. 杨贤江的《新教育大纲》

D. 布鲁纳的《教育过程》

17. 赞科夫在《教学与发展》一书中提出了五条新的教学原则，不在此列的一条是（　　）

A. 高难度原则　　B. 高速度原则

C. 理论知识起主导作用的原则　　D. 循序渐进原则

18. 教育名著《给教师的一百条建议》《把整个心灵献给孩子》的作者是苏联教育家（　　）

A. 马卡连柯　　B. 赞科夫　　C. 凯洛夫　　D. 苏霍姆林斯基

19. 在西方近代教育中，依据教育心理学化的理念，提出初等学校教育应该从最简单的要素开始，以便循序渐进地促进人的和谐发展的教育家是（　　）

A. 洛克　　B. 卢梭　　C. 夸美纽斯　　D. 裴斯泰洛齐

20. 古希腊哲学家苏格拉底在教学中，用对话、提问来引导学生通过思考获得知识。这种方法被称为（　　）

A. 对话术　　B. 产婆术　　C. 辩论术　　D. 智者法

21. 最早明确提出“教育性教学”的教育家是（　　）

A. 裴斯泰洛齐　　B. 赫尔巴特　　C. 夸美纽斯　　D. 杜威

22. 下列关于瑞士教育家裴斯泰洛齐的说法，错误的是（　　）

A.《林哈德和葛笃德》是其代表性教育著作

B. 现代初等学校各科教学法的奠基人

C. 第一个明确提出“教育心理学化”口号和诉求的教育家

D. 把教学过程分为模仿、理论、练习三个阶段

23. 在教育史上注重科学文化、历史知识的掌握和逻辑思维能力的培养，认为获得知识的途径是亲知、闻知、说知的是（　　）

A. 道家　　B. 墨家　　C. 儒家　　D. 法家

24. 主张让儿童顺其自然地发展，甚至摆脱社会影响的法国教育家是（　　）

A. 杜威　　B. 卢梭　　C. 裴斯泰洛齐　　D. 洛克

25. 被称为“现代教育学之父”的教育家是（　　）（常考）

A. 亚里士多德　　B. 夸美纽斯　　C. 赫尔巴特　　D. 杜威

26. 主张绅士教育，并著有《教育漫话》的教育家是（　　）

A. 卢梭　　B. 杜威　　C. 比奈　　D. 洛克

27. 传统教育学派与现代教育学派是教育史上的两大对立学派,其代表人物分别是(　　)

A. 杜威和柏拉图　　B. 夸美纽斯和杜威

C. 夸美纽斯和赫尔巴特　　D. 赫尔巴特和杜威

28. 下列人物中,认为教育的目的是培养治国人才,教育的首要任务是培养道德的是(　　)

A. 亚里士多德　　B. 柏拉图　　C. 苏格拉底　　D. 夸美纽斯

29. 世界上最早提出启发式教学的教育家是(　　)

A. 孔子　　B. 苏格拉底　　C. 亚里士多德　　D. 荀子

30. 孔子提倡立志、克己、力行、中庸、内省、改过,并主张以(　　)作为最高道德准则。

A. 礼　　B. 仁　　C. 忠　　D. 信

31. 德国教育家赫尔巴特在《普通教育学》中提出的教学过程阶段是(　　)(常考)

A. 模仿、理论、练习　　B. 明了、联想、系统、方法

C. 困难、问题、假设、验证、结论　　D. 分析、综合、联想、系统、方法

32. 赫尔巴特认为,应把心理学和(　　)作为教育学的理论基础。

A. 神学　　B. 伦理学　　C. 社会学　　D. 生物学

33.《学记》中认为正课学习和课外练习必须兼顾、相互补充的教学原则是(　　)

A. 教学相长　　B. 豫时孙摩　　C. 兼陈中衡　　D. 藏息相辅

34. 被称为“科学教育学的奠基人”的教育家是(　　)

A. 康德　　B. 夸美纽斯　　C. 赫尔巴特　　D. 杜威

35. 把教育目的分为“可能的目的”和“必要的目的”,主张教育的最高目的是道德和性格的完善的是(　　)

A. 杜威　　B. 赫尔巴特　　C. 夸美纽斯　　D. 卢梭

36. 属于结构主义教育流派的教育学家是(　　)

A. 布鲁纳　　B. 斯金纳　　C. 赞科夫　　D. 罗杰斯

37. 认为我国现代教育的目的是“做人,做中国人,做现代中国人”的教育学家是(　　)

A. 陈鹤琴　　B. 梁启超　　C. 蔡元培　　D. 陶行知

38. 把学生的“一般发展”作为教学的出发点的著作是(　　)

A.《教学与发展》　　B.《大教学论》

C.《国民教育与民主主义教育》　　D.《教育过程》

39. 朱熹把教育分为“小学”和“大学”两个阶段,其中“小学”以(　　)

A. 识字为主　　B. 读书为主　　C. 学事为主　　D. 穷理为主

40. 强调读书应当反复阅读,直到成诵,并应加入自身的思考与见解,贵在有疑的是“朱子读书法”中关于(　　)的要求。

A. 熟读精思　　B. 居敬持志　　C. 虚心涵泳　　D. 切己体察

41. 蔡元培是我国近现代著名的民主革命家和教育家。在其“教育独立思想”中,不包括(　　)

A. 教育行政独立　　B. 教育学术独立　　C. 教育管理独立　　D. 教育经费独立

42. 我国近代教育家陶行知毕生致力于教育和社会改革事业,其教育思想的核心是(　　)

A. 活教育　　B. 全人生指导　　C. 教育独立　　D. 生活教育

43. 标志教育学作为一门独立的学科正式诞生的著作是(　　)(常考)

A.《学记》　　B.《普通教育学》　　C.《大教学论》　　D.《教育漫话》

44. “虽有嘉肴，弗食不知其旨也；虽有至道，弗学不知其善也。是故学然后知不足，教然后知困。知不足，然后能自反也；知困，然后能自强也。”这段话所体现的《学记》中的教育教学原则是(　　)(常考)

A. 藏息相辅　　B. 启发诱导　　C. 教学相长　　D. 长善救失

45. 教育学的根本任务在于(　　)

A. 描述教育事实　　B. 揭示教育规律　　C. 探讨教育问题　　D. 分析教育现象

46. 曾系统阐述教育与生活、学校与社会、经验与课程、知与行、思维与教学、教育与职业、教育与道德、儿童与教师的关系的教育家是(　　)

A. 布鲁纳　　B. 赫尔巴特　　C. 布卢姆　　D. 杜威

47. (　　)是中国历史上最早专门论述教育问题的文献。(常考)

A.《论语》　　B.《大学》　　C.《学记》　　D.《孟子》

48.《学记》反对死记硬背，主张“要引导学生，但绝不能牵着学生的鼻子走”。下列选项中符合此观点的是(　　)

A. 博学于文　　B. 开而弗达　　C. 强而弗抑　　D. 道而弗牵

二、多项选择题

1. 美国实用主义教育家杜威针对传统教育提出的观点有(　　)

A. 教育即生活　　B. 教育即生长　　C. 教育性教学　　D. 白板说

2. 斯宾塞认为教育的目的在于为未来的完满生活做准备，这种准备按其重要的程度分，主要包括(　　)

A. 直接有助于自我保全的活动　　B. 培养和教育子女的活动

C. 间接有助于自我保全的活动　　D. 与维持正常的社会和政治关系有关的活动

3. 实验教育学的代表人物是(　　)

A. 狄尔泰　　B. 拉伊　　C. 梅伊曼　　D. 杜威

4. (　　)等人提出的教学理论被视为现代教学理论的三大流派。

A. 布鲁纳　　B. 苏霍姆林斯基　　C. 赞科夫　　D. 瓦·根舍因

5. 下列选项出自《学记》的有(　　)

A. “化民成俗，其必由学乎”　　B. “君子之教，喻也”

C. “教学相长”　　D. “时教必有正业，退息必有居学”

6. 蔡元培提出了五育并举的思想，“五育”即军国民教育、________、公民道德教育、________和________。(　　)

A. 实利主义教育　　B. 人生观教育

C. 世界观教育　　D. 美感教育

7. 亚里士多德是古希腊伟大的教育家，他的教育思想主要反映在(　　)等著作中。

A.《政治学》　　B.《伦理学》　　C.《雄辩术原理》　　D.《乌托邦》

8. 陶行知是我国现代教育史上著名的人民教育家和卓越的民主主义战士，关于陶行知的评价正确的是(　　)

A. “伟大的人民教育家”——毛泽东

B. “万世师表”——宋庆龄

C. “一个无保留追随党的党外布尔什维克”——周恩来

D. 我国职业教育的先驱

9. 我国和世界上最早的马克思主义教育学著作分别是(　　)(易错)

A. 凯洛夫的《教育学》　　B. 克鲁普斯卡娅的《国民教育与民主主义教育》

C. 杨贤江的《新教育大纲》　　D. 潘菽的《教育学》

10. 朱熹强调读书穷理,他的弟子汇集他的训导归纳为"朱子读书法"六条。下列属于朱子读书法的是(　　)

A. 循序渐进　　B. 切己体察　　C. 居敬持志　　D. 熟读精思

11. 从根本上看,贯穿教育活动的基本矛盾、基本规律是(　　)

A. 教育与社会发展之间的矛盾　　B. 教育与自然之间的矛盾

C. 教育与课程之间的矛盾　　D. 教育与人的发展之间的矛盾

12. 晏阳初的四大教育主要指生计教育、________、________和________。(　　)

A. 公民教育　　B. 美德教育　　C. 卫生教育　　D. 文艺教育

13. 孔子是我国古代伟大的思想家和教育家,其思想博大精深,影响深远。下列与孔子有关的说法正确的有(　　)

A. 倡导因材施教　　B. 提倡启发式教学

C. 强调学、思、行结合　　D. 提出朴素的教育平等思想——"有教无类"

14. 关于陈鹤琴的教育思想,下列说法正确的是(　　)

A. 做中教,做中学,做中求进步

B. 重视室内活动,着重于课堂体验,以实物为研究对象,以书籍为辅佐的参考

C. 凡是儿童能够做的,就应该教儿童自己做

D. 你要儿童怎样做,就应当教儿童怎样学

三、判断题

1. 在先秦儒家诸子中,孔子是最为提倡尊师的。(易错)　　(　　)

2. 夸美纽斯的《大教学论》被誉为"欧洲古代教育理论发展的最高成就"。　　(　　)

3. "藏息相辅""善喻""长善救失"等教学思想首次提出是在《大学》。　　(　　)

4. 赞科夫的"一般发展"理论认为,"一般发展"是指学生智力的发展,即知识与技能的发展。　　(　　)

5. 黄炎培提出了"囊括大典,网罗众家,思想自由,兼容并包"的办学方针。　　(　　)

6. 教学是"把一切事物教给一切人类的全部艺术",是夸美纽斯的观点。(常考)　　(　　)

四、填空题

1. 立足于文化传统来思考中国乡村改造和乡村教育的教育家是________。

2. ________被称为"近代实验科学鼻祖"。

3. 在西方教育思想史上,柏拉图的________和卢梭的________、杜威的________被称为三个里程碑。

4. "捧着一颗心来,不带半根草去。"这句教育名言的提出者是________。

5. ________提出教育的作用在于"化性起伪"。

五、简答题

1. 简述陶行知的生活教育理论。

2. 简述实用主义教育学的主要观点。

专题3 教育研究及其方法

一、单项选择题

1. 学校要求教师相互听课、研讨问题，这体现了校本研究倡导的(　　)

A. 同伴互助　　B. 自我反思　　C. 专家引导　　D. 问题驱动

2. 为了更好地开展家校合作，张老师进行了一项关于独生子女现状的研究。这属于(　　)(易错)

A. 基础研究　　B. 应用研究　　C. 发展研究　　D. 调查研究

3. 李老师每天都坚持写日记，记录自己当天的教育教学过程和事例，对自己的教学实践进行反思和改进。这种教育研究方法是(　　)

A. 历史研究法　　B. 教育实验法　　C. 调查研究法　　D. 叙事研究法

4. 资料分析的基本步骤是(　　)

A. 阅读资料—解释资料—筛选资料　　B. 阅读资料—筛选资料—解释资料

C. 筛选资料—阅读资料—解释资料　　D. 解释资料—阅读资料—筛选资料

5. 将观察法分为自然观察法和实验观察法的依据是(　　)

A. 观察的情境条件　　B. 是否借助仪器设备

C. 观察者是否直接参与被观察者的活动　　D. 是否有一定结构的内容

6. 教育调查研究中最基本也是使用最广泛的一种研究方法是(　　)(常考)

A. 访谈调查　　B. 测量调查　　C. 个案研究　　D. 问卷调查

7. 各类研究中唯一能确定因果关系的研究方法是(　　)

A. 观察研究法　　B. 行动研究法　　C. 实验研究法　　D. 个案研究法

8. 贯穿教育研究整个过程的是(　　)

A. 文献检索　　B. 收集资料　　C. 分析资料　　D. 选定课题

9. 在教育研究中，透过单向玻璃进行的隐蔽性观察属于(　　)

A. 显性观察　　B. 参与观察　　C. 叙述观察　　D. 非参与观察

10. 教育行动研究是一个螺旋式加深的过程，其最后一个环节是(　　)

A. 问题　　B. 计划　　C. 行动　　D. 反思

11. 教师提高研究技能的三种途径是(　　)

A. 自主、合作、探究　　B. 阅读、合作、行动研究

C. 学习、讨论、创新　　D. 兴趣、发现、研讨

12. (　　)对研究领域具有直接增加知识的价值。(易错)

A. 定量研究　　B. 开发研究　　C. 基础研究　　D. 应用研究

13. 直接以自己的生产、科研、社会活动等实践为依据撰写出来的文献属于(　　)

A. 一次文献　　B. 二次文献　　C. 三次文献　　D. 检索性文献

14. 下列哪项不属于教育随笔的主要特点(　　)

A. 取材广泛　　B. 简单明了　　C. 短小精悍　　D. 迅速及时

15. 开展校本研究的基础和前提是(　　)

A. 自我反思　　B. 专业引领　　C. 同伴互助　　D. 独立探索

16. 查阅文献资料最快捷的方法是(　　)

A. 图书　　B. 网络检索　　C. 索引　　D. 报纸

17. 为了了解新教师的教学情况，张校长经常推门听课，直接记录上课教师的教学情况。张校长所采用的教育研究方法是(　　)

A. 观察法　　B. 比较法　　C. 记录法　　D. 个案法

18. 采用问卷、访谈等方式收集有关资料，进行分析研究的教育研究方法是(　　)

A. 调查研究法　　B. 比较法　　C. 观察研究法　　D. 实验研究法

19. 在“双减”政策下，研究某小学课后延时服务的过程中存在的问题最适宜的方法是(　　)

A. 观察法　　B. 实验法　　C. 行动研究法　　D. 调查法

20. 基于经验和直觉，以自身作为研究工具，凭借研究者自身的洞察力，在与研究对象的互动中理解和解释其行为和意义建构的教育研究方法是(　　)

A. 量化研究　　B. 质性研究　　C. 调查研究　　D. 经验总结研究

21. 行动研究法的特点不包括(　　)

A. 为教育行动而研究　　B. 在教育行动中研究

C. 由教育行动者研究　　D. 研究教育行动者

22. 文献检索中，按时间范围、以课题研究的发生时间为检索始点，按事件发生、发展时序，由远及近、由旧到新地查找资料的方法是(　　)

A. 顺查法　　B. 逆查法　　C. 引文查找法　　D. 综合查找法

23. 教育研究的最终目的是(　　)

A. 揭示教育规律　　B. 撰写研究报告

C. 发现教育问题　　D. 改进教育现状，促进教育发展

24. 教育研究的起始环节是(　　)(常考)

A. 制订研究计划　　B. 选择研究课题

C. 调查研究　　D. 文献检索与综述

25. 某学校一年级语文教师邓老师发现所教学生错别字偏多，于是他在识字教学中尝试运用字理教学法，之后他设计申报“小学低年级学生产生错别字的心理机制与对策研究”课题。就课题产生而言，邓老师设计的课题来源于(　　)

A. 文献的梳理　　B. 教育实践　　C. 各级课题指南　　D. 他人课题的启示

二、多项选择题

1. 校本研究是教师专业发展的重要途径，其基本特征是(　　)

A. 依赖专家力量　　B. 基于学校力量　　C. 在学校研究　　D. 为了学校研究

2. 教育文献检索的基本方法有(　　)

A. 顺查法　　B. 逆查法　　C. 引文查找法　　D. 问卷调查法

3. 教育研究的基本性质有(　　)

A. 文化性　B. 假设性　C. 价值性　D. 主体性

4. 同伴互助的基本形式包括(　　)

A. 对话　B. 协作　C. 反思　D. 帮助

5. 观察研究法的不足包括(　　)

A. 取样小

B. 所获材料具有一定的表面性

C. 观察缺乏控制

D. 可以获得客观、真实的数据

6. 一个好的研究课题需要满足的要求包括(　　)

A. 有价值　B. 有科学的现实性　C. 具体明确　D. 覆盖广泛

三、简答题

1. 简述教育研究的基本过程。(常考)

2. 简述实验研究法的优点。

提升必刷

一、单项选择题

1. (　　)的统一所构成的教育影响,使教育活动成为一种区别于其他社会活动的相对独立的社会实践活动。(常考)

A. 教学方法与教育手段

B. 教育内容与教学材料

C. 教学方法与教育目标

D. 教育内容与教育形式

2. "三人行,必有我师焉。择其善者而从之,其不善者而改之"反映的教育特点是(　　)

A. 教育是人类社会特有的现象,教育具有普遍性和广泛性

B. 教育是教育者引导受教育者传承经验的互动活动

C. 教育的目标是培养人、教育人,使其实现自己的价值

D. 教育是激励和教导受教育者自觉学习和自我教育的活动

3. 为了避免重复劳动,提高科学研究的效益,最重要的工作是(　　)

A. 选题　B. 写出论证报告　C. 文献检索　D. 制订课题计划

4. "相观而善之谓摩"是指教师在教学中要(　　)

A. 互相观察,互相模仿

B. 互相观摩、切磋

C. 互相观摩,从而变得善良

D. 注重教材教法分析

5. 近代以来欧洲教育逐渐世俗化,这种发展特征在学校教育制度中表现为(　　)

A. 教育对象扩大到平民阶层

B. 公立学校与宗教组织分离

C. 教育与生产劳动相结合

D. 义务教育普及

6. 下列关于教育学派的说法中,正确的是(　　)

A. 实用主义教育学兴起于欧洲,代表人物是杜威

B. 实验教育学所强调的定性研究是20世纪教育学研究的一个范式

C. 批判教育学认为教育的根本目的是促进学生的全面发展

D. 文化教育学又被称为精神科学教育学

7. 针对研究问题,事先精心设计,规定好观察项目,选定观察对象,采用观察工具,在观察中填写观察量表,并对观察资料进行分析。这种观察属于(　　)

A. 非结构性观察　B. 结构性观察　C. 定性观察　D. 随机性观察

8. 下列观点不能体现教育平等观念的是(　　)(易错)

A. 有教无类　B. 因材施教　C. 学不躐等　D. 把一切知识教给一切人类

9. 下列现象中,不属于教育的是(　　)(常考)

A. 家长批评孩子　B. 感受美好的自然环境

C. 新生儿吮吸母乳　D. 参观画展

10. 引导学生将知识运用到实际中去,体现了赫尔巴特教学过程思想中的(　　)

A. 明了　B. 联合　C. 方法　D. 系统

11. 西汉初期实行的“罢黜百家,尊崇儒术”的文教政策体现了教育的(　　)(常考)

A. 永恒性　B. 历史性　C. 相对独立性　D. 长期性

12. 在其他教育要求与发展条件都具备的情况下,在教育过程中起决定作用的是(　　)

A. 教育者的主导性　B. 外部环境的影响

C. 受教育者的主动性　D. 教育方法的有效运用

13. 夸美纽斯被誉为“捷克文化巨子之一”,在世界教育史上,也被认为是一位伟大的教育改革家。他提出了“教育适应自然”的思想。下列关于“教育适应自然”思想,表述不正确的一项是(　　)

A. 强调将人置于自然中去学习,反对学校教育

B. 认为教育要遵循人的自然发展规律

C. 认为人是自然的一部分,人都有相同的自然性,都应受到同样的教育

D. 强调把广泛的自然知识传授给普通人的“泛智教育”

14. 行动研究作为一种研究活动,源于二战后的美国,如今在教育研究领域广泛运用。以下相关选项,描述正确的是(　　)

A. 行动研究能够抓住人类经验的故事性特征,并用故事的形式呈现研究结果

B. 行动研究以研究者本人作为研究工具,最早起源于人类学、社会学等学科

C. 行动研究能深入了解教育现状,为教育行政部门制定政策、实施改革提供依据

D. 行动研究的基本过程大致分为循序渐进的四个环节:计划、行动、考察、反思

15.《学记》中提到的学生学习“过少、过急、过难、过易”的问题,体现了(　　)的教育原则。

A. 教学相长　B. 启发诱导　C. 长善救失　D. 藏息相辅

16. “顺木之天,以致其性。”这句话体现的是(　　)

A. 民主主义教育思想　B. 实用主义教育思想

C. 自然主义教育思想　D. 永恒主义教育思想

17. 学校教育与生产劳动相脱离,是从(　　)时期开始的。(易混)

A. 原始社会　　B. 奴隶社会　　C. 封建社会　　D. 资本主义社会

18. 教育本来应该是促进民主平等的重要途径,但实际上教育复制了原有的社会关系,再现了社会的不平等。这属于教育的(　　)

A. 正向功能　　B. 负向功能　　C. 显性功能　　D. 隐性功能

19. 传统教育走向现代教育的重要标志是(　　)

A. 杜威的儿童中心思想　　B. 赫尔巴特的教师中心思想

C. 布鲁纳的结构主义思想　　D. 卢梭的自然主义思想

20. "只有通过适当的教育之后,人才能成为一个人。"这句话旨在说明教育是(　　)

A. 培养人的社会实践活动　　B. 使人得以生存的活动

C. 传递社会经验的活动　　D. 保存人类文明的活动

21. "君子忧道不忧贫",故孔子把请学稼、学圃的樊迟视为"小人"。这反映了(　　)

A. 古代教育形式简单　　B. 古代教育具有鲜明的等级性

C. 古代教育脱离生产劳动　　D. 古代教育具有鲜明的阶级性

22. 对学生的纪律教育可以让学生养成良好的服从习惯,但纪律教育也可能规训了学生的心智以致其缺乏自主性。这表明,从作用的方向看,教育功能可分为(　　)

A. 一般功能和特殊功能　　B. 显性功能和隐性功能

C. 个体功能和社会功能　　D. 正向功能和负向功能

23. 班主任王老师为了激发学生的学习动机,开展了一系列的学习竞赛活动。正如王老师所料,学生的学习热情高涨,成绩明显提高。但没有想到的是学生之间相互猜忌、隐瞒学习资料等现象日趋严重。上述事实表明教育(　　)

A. 既有正向显性功能,又有正向隐性功能　　B. 既有负向显性功能,又有负向隐性功能

C. 既有正向隐性功能,又有负向隐性功能　　D. 既有正向显性功能,又有负向隐性功能

24. 下列关于封建社会教育的表述,不正确的是(　　)(易混)

A. 封建社会的教育方法和学习方法都是死记硬背、机械模仿

B. 中国封建社会的教育内容以四书五经为主

C. 鲜明的等级性是封建社会教育的重要特征

D. 封建社会的学校教育与生产劳动已经从分离走向结合

25. 从原始社会到资本主义社会,教育与生产劳动之间关系的历史演进过程是(　　)

A. 结合—分离—结合　　B. 始终紧密结合

C. 分离—结合—分离　　D. 始终相互分离

26. 下列选项中,属于实用主义教育学观点的是(　　)(易混)

A. 教育过程即历史文化过程　　B. 师生关系中以教师为中心

C. 教育过程与生活过程合一　　D. 课程组织以学科知识体系为中心

27. 关于现代教育的发展趋势,下列说法不正确的是(　　)

A. 教育的本土化有利于保护世界文化的多样性

B. 教育的全球化要求教育培养国际通用人才

C. 教育的民主化就是使受教育成为公民的权利和义务

D. 教育的全民化意味着教育要面向社会所有成员开放

28.《学记》所阐述的循序渐进教学原则，早在孟轲就已提出，他将其阐述为(　　)

A.“不陵节而施”　　B.“学不躐等”　　C.“当其可之谓时”　　D.“盈科而后进”

29. 教育学对教育问题进行科学解释的目的不仅是要促进教育理论知识的增长，而且是要更好地开展教育实践。这说明了教育学的价值是(　　)

A. 丰富教育理论　　B. 科学解释教育问题

C. 反思日常教育经验　　D. 沟通教育理论与实践

30. 现代教育越来越与人类的物质生产结合起来，生产的发展也越来越对教育系统提出新的要求。这体现了现代教育的什么特点(　　)

A. 未来性　　B. 科学性　　C. 国际性　　D. 生产性

31. 为了研究小学生英语口语交际能力的影响因素，张老师首先查阅了大量的文献，然后确定了自变量和因变量，接着将“研究假设”表述为“班级规模与小学生英语口语交际能力呈负相关”，现在正思考研究方法。当前张老师的课题研究处于(　　)环节。

A. 确定课题　　B. 制订计划　　C. 实施计划　　D. 总结整理

32.“上品无寒门，下品无士族”体现了教育的(　　)(易混)

A. 阶级性　　B. 等级性　　C. 专制性　　D. 刻板性

33. 为促进教育公平，促进义务教育学校的均衡发展，要提供同样质量的师资、课程、评价，尽可能保证学生都受到同样水平的教育。这体现了教育公平内涵中的(　　)

A. 教育起点公平　　B. 教育过程公平　　C. 教育结果公平　　D. 教育机会公平

34. 以对某小学一到六年级学生的动手能力调查为例，若采用抽样调查，我们可以(　　)

A. 让一到六年级的学生统一做一个模型，然后对学生完成模型的选材、形状、结构等进行分析，以描述学生的动手能力现状

B. 让全校一到六年级的学生都作为被调查者，要求完成统一的模型制作和有关动手操作能力的问卷

C. 在各班分别抽取20%的学生进行调查，要求完成统一的模型制作和有关动手操作能力的问卷

D. 选择全校动手操作能力优秀的个别学生进行调查，了解动手操作能力形成的过程和要素

二、多项选择题

1. 目前，许多地区小升初民办学校摇号正在有序地开展。这体现了对教育(　　)的否定。

A. 民主化　　B. 等级化　　C. 特权化　　D. 专制化

2. 下列关于教育家及其教育主张，对应正确的是(　　)

A. 蔡元培——德、智、体、美和谐发展　　B. 柏拉图——体育应先于智育

C. 昆体良——最早提出反对体罚　　D. 奥苏贝尔——主动地接受学习

3. 教育的生物起源学说认为(　　)

A. 教育是只有人才有的本能　　B. 教育是动物的本能

C. 教育是种族发展的需要　　D. 教育不仅存在于人类社会，而且存在于动物界

4. 我国建立健全义务教育均衡发展保障机制，推进义务教育学校标准化建设，均衡配置教师、设备、图书、校舍等资源，大力发展现代化远程教育。建设以卫星、电视和互联网等为载体的远程开放继续教育及公共服务平台，搭

建终身学习“立交桥”。上述材料体现了现代教育的(　　)

A. 个性化　　B. 民主化　　C. 信息化　　D. 终身化

5. 下列说法正确的是(　　)

A. 苏格拉底“产婆术”四步法:讽刺、助产术、归纳和定义

B.《雄辩术原理》是昆体良的代表作

C. 卢梭首次提出“教育遵循自然”的观点

D. 柏拉图是“寓学习于游戏”的最早倡导者

6. 下列选项中,不属于卢梭自然主义教育理论中“消极教育”内涵的是(　　)

A. 教育作用有限

B. 教育要遵循儿童天性,以防外界不良影响

C. 教育在于等待儿童的成长

D. 教育对儿童发展难以发挥积极作用

7. 陶行知的“生活即教育”和杜威的“教育即生活”的理论,两者的相同点是(　　)(常考)

A. 承认教育和生活之间存在着密切的联系

B. 承认教育对改造生活的重要作用

C. 认为生活含有重要的教育意义

D. 认为学校是社会生活的一种形式

8. 下列体现孔子教育思想的是(　　)

A. 中人以上,可以语上也;中人以下,不可以语上也

B. 不愤不启,不悱不发。举一隅不以三隅反,则不复也

C. 尽信《书》,则不如无《书》

D. 业精于勤荒于嬉,行成于思毁于随

9. 唐朝中央官学设有“六学二馆”,对学生入学资格有明确的规定:国子学须文武三品以上官员的子孙,太学须文武五品以上官员的子孙……弘文、崇文二馆均收取宗室、外戚、宰相和一品官员的子弟。对此,下列说法正确的是(　　)(易错)

A. 反映了古代社会学校教育的道统性

B. 反映了古代社会学校教育的象征性

C. 反映了古代社会学校教育的等级性

D. 说明政治经济制度决定着受教育的权利

10. 下列有关终身教育的观点,表述正确的是(　　)

A. 终身教育是个体从小学到大学不间断的学校教育

B. 终身教育既包括正规教育,也包括非正规教育

C. 终身教育的影响扩展到学习者的私人生活和公众生活的所有方面

D. 终身教育求助于学校、家庭、社区、书籍、出版社、剧场等

三、判断题

1. 教育者是教育活动的重要组成部分,其就是指学校教师。(　　)

2. 道家的教育思想是“道法自然”,这与西方的自然主义教育思想是一致的。(易错)(　　)

3. 陶行知留学美国多年,师从杜威并深受其影响,他的生活教育理论是杜威教育理论的翻版。(　　)

4. 在教育科研工作中,要开展调查研究,则调查面应该尽可能拓宽,调查内容尽可能体现全面性、代表性,以获取与调查问题有关的各方面材料。(　　)

5. 赫尔巴特等人将儿童的发展看作是一种自然过程,主张教师不要过多干预儿童的发展。(常考)(　　)

6. 纵观我国学校教育的历史,官学的出现早于私学。(　　)

7. 教育的隐性功能总是消极的。(　　)

8. 原始社会的教育没有阶级性，每个社会成员都可以享受平等的学校教育。 ( )

9. 教育既作用于人，又作用于社会，但归根到底是首先并且直接作用于人。所以，教育的基本功能在于影响人的发展。 ( )

10. 在原始教育阶段，教育与生产劳动合二为一，人人必须劳动，因而人人受教育。但到了古代教育阶段，教育只有少数人才能享有，所以古代教育不如原始教育。 ( )

四、论述题

"教学做合一"是陶行知生活教育理论的方法论，它既是教学方法的界定，又是生活法的说明，同时又是"真知识"的源泉。从教学论意义上来说，"教学做合一"是在实践基础上的教学，体现的是主体性教学，同时又是创造性的教学。

(1)简述"教学做合一"的含义。

(2)请结合陶行知的教育思想，联系教学实际，分析"教学做合一"的基本要点。

五、案例分析题

1. 有这样一名数学教师：一天到晚除了认真上课，精心批改作业，就是钻研各种难题。他对每年高考数学试卷的解答，总是最快最好的。但报纸，他从来不看一张；期刊，一年也翻不了几回；图书馆，难得光顾；影视，几乎不看。他觉得不能把时间浪费在这些上面。他的教学效果很一般，学生反映也不太好。对此，他很是不解。

请从现代社会的特点以及现代教育的发展趋势评价该教师的做法。

2. 小学三年级语文老师李华执教的两个班,90%的学生是外来务工人员子女。在日常教学中,李老师发现,这些孩子大多握笔姿势不正确、不善与人交流、知识面窄。为了进一步了解外来务工人员子女在学习上面临的困难及其原因,李老师对部分学生进行了家访,并就相关问题询问了本年级其他教师。结果显示:与本市居民子女相比,外来务工人员子女在学习上存在一定差距,其中英语学习差距最大,语文学习次之,数学学习差别不大。为了探索提高这些外来务工人员子女语文学习成绩的有效策略,李老师打算在这两个班进行以"扩展课外阅读"为自变量的实验研究。但是,学校科研顾问认为采取行动研究方法更为适当。李老师陷入困惑,不能确定采用何种方式展开研究。

(1)案例中李老师在发现和确定研究问题的过程中使用了哪些方法?

(2)针对李老师的困惑,请为她选择一种研究方式,并从研究目的、研究过程、研究主体三个方面阐述做出这种选择的理由。

真题必刷

一、单项选择题

1. [郑州金水区]教育功能就是教育对人的发展和社会发展所能够起到的影响和作用,尤指对人和社会的发展所起的积极的促进作用。教育对社会方方面面的作用决定了教育功能的(　　)

A. 客观性　　B. 整体性　　C. 多样性　　D. 条件性

2. [南阳卧龙区]古代教育家中提倡因材施教、启发诱导、学思并重教育方法的是(　　)

A. 孔子　　B. 孟子　　C. 荀子　　D. 韩非子

3. [开封龙亭区](　　)是最早提出教育要适应儿童的年龄阶段,进行德智体多方面和谐发展教育的教育思想家。(常考)

A. 柏拉图　　B. 昆体良　　C. 亚里士多德　　D. 夸美纽斯

4. [驻马店驿城区]家长要求孩子参加多个特长班,导致孩子压力过大,产生厌学情绪。这说明教育具有(　　)

A. 正向功能　　B. 社会功能　　C. 负向功能　　D. 超前功能

5. [登封]汉武帝设五经博士,专门教授儒家经学。"五经"指的是(　　)(易混)

A.《大学》《中庸》《论语》《孟子》《左传》　　B.《诗》《书》《礼》《易》《国语》

C.《易》《书》《诗》《礼》《春秋》　　D.《礼》《乐》《诗》《书》《数》

6. [周口川汇区]"终身教育"的提出者是(　　)

A. 保罗·朗格朗　　B. 杨贤江　　C. 杜威　　D. 孟禄

7. [新郑]校本研究指以学校自身条件为基础,以(　　)为主力军,针对学校现实存在的问题而开展的有计划的研究。

A. 专家、学者　　B. 一线教研员

C. 教育行政人员　　D. 学校校长、教师

8. [焦作山阳区](　　)系统地阐发了教育的作用和任务,教育教学制度、原则和方法,教师的地位和作用,师生关系和同学关系等,是罕见的世界教育思想遗产。

A.《学记》　B.《论语》　C.《礼记》　D.《理想国》

9. [南阳南召]下列不属于英国资产阶级思想家、社会学家斯宾塞的教育观点和主张的有(　　)(易混)

A. 反对思辨,主张科学是对经验事实的描写和记录

B. 反对古典语言和文学的教育,特别重视体育

C. 主张启发学生学习的自觉性,反对形式教育,重视实科教育

D. 主张一切教育教学中的被动、接受、吸收要让位于活动、表现、建构和创造

10. [郑州航空港区]提出"学生中心、活动中心、经验中心"的是(　　)

A. 裴斯泰洛齐　B. 洛克　C. 杜威　D. 赫尔巴特

11. [信阳浉河区]张老师在英语教学中采用小组合作学习的形式,经过一段时间后,他发现学生的合作意识和能力有所提高。这体现了教育的(　　)

A. 显性负向功能　　B. 显性正向功能

C. 隐性负向功能　　D. 隐性正向功能

12. [濮阳清丰]在特定时期,教育存在"超前"或"滞后"的现象。这说明教育具有(　　)

A. 长期性　B. 历史性　C. 永恒性　D. 相对独立性

13. [安阳滑县]认为教育起源于儿童对成人无意识的模仿,而否认了教育的目的性,这种观点属于(　　)(常考)

A. 神话起源说　B. 生物起源说　C. 心理起源说　D. 劳动起源说

二、多项选择题

1. [濮阳清丰]从横向上看,教育的基本形式有(　　)

A. 家庭教育　B. 学校教育　C. 自我教育　D. 社会教育

2. [郑州金水区]西周时期建立了政教合一的官学体系,其显著特征是"学在官府",形成了以"礼乐"为中心的"六艺"教育。下列属于西周时期主要学校类型的有(　　)

A. 太学　B. 国学　C. 乡学　D. 社学

3. [周口中心城区]赫尔巴特提出了传统教育的三中心,包括(　　)

A. 教师中心　B. 活动中心　C. 课堂中心　D. 教材中心

4. [洛阳市直]教育是人类社会生活不可或缺的重要组成部分。教育稳定的质的特点有(　　)

A. 有目的地培养人的活动

B. 教育者引导受教育者传承经验的互动活动

C. 激励与教导受教育者自觉学习和自我教育的活动

D. 教育者主导一切的活动

5. [平顶山市直]教育的社会属性有(　　)

A. 永恒性　B. 历史性　C. 相对独立性　D. 稳定性

三、判断题

1.［洛阳市直］学习者从形式上看是学习活动认识和发展的主体，但从本质上而言，则是教育影响的受体。（　　）

2.［平顶山新华区］赞科夫重视发展学生的智力，强调学科基本结构的重要性。（　　）

3.［郑州高新区］教育的基本要素是教育者、学习者和教学组织形式。（常考）（　　）

4.［濮阳清丰］老鹰教小鹰，师傅教徒弟，老师教学生都是教育现象。（　　）

5.［洛阳市直］中小学教师开展教育叙事研究，主要是通过"自上而下"的方式，描述自身的生活故事，并对这些故事的意义进行建构，在此基础上生成对教育活动的一种解释性理解。从研究类型上看，中小学教师开展的叙事研究主要属于质性研究。（易错）（　　）

6.［鹤壁市直］教育是一种有目的、有计划、有组织地培养人的活动。（　　）

四、简答题

［濮阳经开区］"有教无类"是孔子著名的教育思想之一，字面上的意思就是：在教育面前人人平等，不论贫富、贵贱、智愚、善恶、民族、城乡、地域等，人人都有接受教育的机会和权利。易中天先生解释为有教则无类，就是把"性相近，习相远"的各种人群，通过教育来消除他们之间的差别，"经过教育后，学生应该没有三六九等了"。

请结合当前教育实际，自选一种解释，谈谈对"有教无类"的理解。

扫一扫即可领取：
①精选历年考题及解析
②获取当地考试资讯，从容准备
③山香老师备考指导，不走弯路
④备考交流群，互动答疑，督促学习

领取方式：
①扫一扫关注公众号
②回复"资料"进行领取

第二章　教育的基本规律

基础必刷

专题1 教育与社会发展

一、单项选择题

1. 制约教育的性质、领导权和受教育权的根本因素是(　　)

A. 政治经济制度　　B. 社会生产力　　C. 人口数量与质量　　D. 文化传统

2. 为了提高社会生产效率,我国目前大力发展成人教育,为众多成年人提供学习知识的机会。这主要体现的是教育的(　　)

A. 政治功能　　B. 经济功能　　C. 科技功能　　D. 社会流动功能

3. 直接决定教育目的的因素是(　　)(易混)

A. 生产力　　B. 政治经济制度　　C. 科学技术　　D. 文化

4. 近年来,部分学校开设了雕版印刷、根雕、女红等课程,这在一定程度上促进了非物质文化遗产的传承、保护与发展。该现象体现出教育具有(　　)

A. 经济功能　　B. 政治功能　　C. 文化功能　　D. 生态功能

5. 墨子认为:“国有贤良之士众,则国家之治厚;贤良之士寡,则国家之治薄。”这一思想体现的是教育的(　　)功能。

A. 政治　　B. 经济　　C. 文化　　D. 育人

6. 对教育事业的发展速度、规模起决定作用的因素是(　　)(常考)

A. 决策者的观念　　B. 生产力发展水平

C. 政治制度　　D. 社会需求

7. 教育的相对独立性要求我们在发展教育事业时避免(　　)(易错)

A. 忽视生产力　　B. 忽视政治经济制度

C. 遵循教育自身的发展规律　　D. 忽视教育自身的发展规律

8. 现在越来越多的传统技艺经过开发走进了校园课堂,让更多的人了解了它们,也吸引了越来越多的人去系统地学习它们,这在很大程度上避免了传统技艺的消亡。这主要体现了教育的(　　)功能。

A. 政治　　B. 人口　　C. 文化　　D. 经济

9. 随着“互联网+”时代的到来,网络和信息安全显得尤为重要。现如今,我国对网络信息安全人才的需求呈现爆炸式增长,“网络空间安全”专业应运而生。这表明制约教育结构和专业设置的因素是(　　)

A. 社会政治经济制度　　B. 生产力发展水平

C. 社会意识形态　　D. 本国学制改革

10. 小周的家乡为某小县城,他在北京的某一流大学完成了本科、硕士、博士阶段的学业后,选择留在北京工作。这体现了教育在(　　)方面的作用。

A. 调控人口数量,控制人口增长　　B. 提高人口素质,改变人口质量

C. 促进人口结构趋向合理化　　D. 促进人口迁移

11. 某老师在课堂上给学生讲要“爱护自然,爱护生命,节约资源”,这体现了教育的(　　)

A. 政治功能　　B. 文化功能　　C. 经济功能　　D. 生态功能

12. 亚当·斯密提出“为获得才能资本而受教育是一种投资”的观点,这是因为教育具有(　　)

A. 政治功能　　B. 文化功能　　C. 经济功能　　D. 人口功能

13. 一个国家教育经费投入的多少最终取决于(　　)

A. 文化传统　　B. 受教育者的需求

C. 生产力的发展水平　　D. 教育的规模

14. 教育能够把潜在的劳动力转化为现实的劳动力,这体现了教育的(　　)(常考)

A. 经济功能　　B. 育人功能　　C. 政治功能　　D. 文化功能

15. 教育的个体功能要转化成政治、经济功能,是通过提高人口素质来实现的。教育的人口功能体现为(　　)

A. 有助于人们树立新的社会价值观和婚育观,控制人口增长

B. 培养出政治经济制度所需要的人才

C. 教育有利于促进民主化进程

D. 有利于促进生产力发展

16. 诚实守信一直是我们传承的社会美德,这体现了教育的(　　)

A. 政治功能　　B. 文化功能　　C. 经济功能　　D. 人口功能

17. 小学开展经典诵读活动时,对传统文化要取其精华、去其糟粕。这说明教育对文化具有(　　)

A. 继承功能　　B. 传递功能　　C. 选择功能　　D. 创新功能

18. “古之王者,建国君民,教学为先”揭示了(　　)(常考)

A. 教育与政治的关系　　B. 教育与经济的关系

C. 教育与人口的关系　　D. 教育与文化的关系

19. 我国政府通过在国外设立“孔子学院”,让更多的外国民众学习汉语、了解中国、喜爱中国。这说明教育可以(　　)

A. 创造、更新文化　　B. 传播、交流文化

C. 选择、提升文化　　D. 筛选、保存文化

20. 教育和经济的关系,总的来说是(　　)

A. 经济决定教育,教育反作用于经济　　B. 教育决定经济,经济反作用于教育

C. 经济决定教育,教育对经济没有影响　　D. 教育决定经济,经济对教育没有影响

21. 中国古代社会以儒家学说为核心,强调教育“在明明德,在亲民,在止于至善”,而西方则主张“知识就是力量”,注重通过学习知识达到对真理的认识。这种差异主要体现了文化类型对(　　)的影响。

A. 教育目的　　B. 教育对象　　C. 教育方法　　D. 教育内容

22. 教育能够推进科学的体制化。这体现了教育的(　　)

A. 生态功能　　B. 科技功能　　C. 政治功能　　D. 文化功能

23. 教育既是传递和深化文化的手段，又是文化本体。这体现了（　　）

A. 教育的文化功能　　B. 教育的双重文化属性

C. 教育的本质属性　　D. 教育的社会属性

24. 在中国历史上，为集中权力，统一思想，秦始皇焚书坑儒，汉武帝尊崇儒术。这体现了（　　）（常考）

A. 政治经济制度决定受教育权　　B. 政治经济制度决定教育内容的取舍

C. 教育相对独立于一定社会的政治经济制度　　D. 教育与社会发展的不平衡性

25. 我国明代东林党领袖顾宪成在无锡创办东林书院，东林书院强调“风声雨声读书声声声入耳，家事国事天下事事事关心”。这在一定程度上反映了教育的（　　）

A. 政治功能　　B. 人口功能　　C. 经济功能　　D. 文化功能

26. 随着教育年限的延长，人们结婚和生育的年龄一般会往后推移，而女性结婚越晚，生育子女的数量一般会越少。这体现了教育在（　　）方面的作用。

A. 调控人口数量，控制人口增长　　B. 促进经济增长

C. 促进人口结构趋向合理化　　D. 促进人口迁移

二、多项选择题

1. 教育的生态功能体现在（　　）

A. 树立建设生态文明的理念　　B. 普及生态文明知识

C. 提高劳动生产率　　D. 引导建设生态文明的活动

E. 再生产科学知识

2. 教育的社会功能的主要特点有（　　）

A. 直接性　　B. 迟效性　　C. 超前性　　D. 潜在性

E. 隐含性

3. 关于教育和文化的关系，下列表述正确的是（　　）

A. 文化影响教育目的的确立　　B. 文化影响教育内容的选择

C. 文化影响教育的价值取向　　D. 文化影响教育教学方法的使用

E. 文化促进学校课程的发展

4. 教育与文化的联系密不可分，它对整个文化的作用有（　　）（常考）

A. 传播　　B. 传承　　C. 改造　　D. 创新

E. 分化

5. 一般来说，教育为一定社会的生产力水平所制约，为一定的社会政治经济制度所决定，为一定社会的文化所影响。但是教育又常显示出其自身所特有的形式和发展轨迹，即教育具有相对独立性。教育的相对独立性主要表现在（　　）

A. 教育自身的历史继承性　　B. 教育与社会发展的不平衡性

C. 教育在现代化建设中的先导性　　D. 教育与其他社会意识形式的平行性

E. 教育与社会发展的平衡性

6. 科学技术对教育的影响主要表现为（　　）

A. 科学技术能够改变教育者的观念　　B. 科学技术能够影响受教育者的数量和教育质量

C. 科学技术能够影响教育的内容、方法　　D. 科学技术影响教育手段

E. 科学技术对教育起着决定作用

三、判断题

1. 在任何时期,教育与生产力的发展都是同步的。 ( )

2. 教育能推进一个社会的民主化进程。 ( )

3. 教育既有社会依存性,也有自身的相对独立性。 ( )

4. 教育具有促进经济发展的功能。 ( )

5. 教育是文化传递和保存最为基本和最为有效的手段。 ( )

6. 教育程度的提高客观上推迟了人们的初婚年龄和生育年龄,这体现了教育的经济功能。 ( )

7. 社会可以制约教育的发展,而教育无法影响社会的发展。 ( )

8. 通过网络技术可以做到跨年龄段教育,这是传统学校教育无法实现的;但传统学校教育是跨时空的教育,这是网络教育不能实现的。 ( )

9. 一个国家的政体直接决定了其民主程度的高低,而民主程度又间接地受国民文化程度和国家教育事业发展水平的制约。 ( )

四、简答题

1. 生产力发展水平对教育的制约作用体现在哪些方面?

2. 简述教育的政治功能。

3. 简述教育的人口功能。

五、案例分析题

在唐代,中央政权所办的各类学校,在校学生的总额为2681人,其中学习与生产有关的天文、兽医等专业的只有240人,其余2000余人毕业后都直接充实政权机构,充当国家和地方各级官吏。据统计,美国现有600所大学设管理学院或系科,拥有大学生70万,研究生10万。苏联和东欧国家除了设立专门培养经济管理干部的学院和系科以外,还把中央和地方所属党校都纳入统一的干部教育体系之中。

请运用“教育对政治的作用”这一原理对本材料进行分析。

专题2 教育与人的发展

一、单项选择题

1. 相信每一个学生，特别是某些方面有缺陷的学生，通过其他方面的努力，能够达到正常发展水平。这是人的身心发展的(　　)对教育提出的要求。(易混)

A. 顺序性　　B. 阶段性　　C. 不均衡性　　D. 互补性

2. 高尔基4岁丧父，10岁丧母，为了生存四处漂泊，贫民窟和码头就是他的“社会”大学的课堂。但在这么困苦的条件下，高尔基成了一名伟大的作家。由此可见(　　)

A. 人具有主观能动性，可以促进自身的发展　B. 个体的成长发展需要不断的实践

C. 个体因素在人的发展中起次要作用　D. 环境与遗传因素对个人发展起决定作用

3. 有的家长为了孩子上学，不顾家庭经济条件也要在优质学校附近买学区房。从儿童发展的角度看，这倾向于(　　)

A. 遗传决定论　　B. 共同作用论　　C. 环境决定论　　D. 辐合论

4. “返老还童”的字面意思是个体由衰老恢复青春，这明显违背了个体身心发展的(　　)

A. 顺序性　　B. 阶段性　　C. 不均衡性　　D. 个体差异性

5. 作为人的身心发展的前提，为人的发展提供可能性的因素是(　　)

A. 遗传素质　　B. 环境　　C. 教育　　D. 个体主观能动性

6. “同流而不合污”“出淤泥而不染”这两句话所反映的影响个体身心发展的因素是(　　)(常考)

A. 遗传　　B. 环境　　C. 教育　　D. 个体主观能动性

7. 在良好的环境中，有的人没有什么成就，甚至走向与环境所要求的相反的道路；在恶劣的环境中，有的人却“出淤泥而不染”。这种现象说明(　　)(易错)

A. 人的发展不受环境的影响

B. 人们接受环境的影响不是消极被动的，而是积极主动的实践过程

C. 好的环境不利于人的发展，坏的环境对人的发展有利

D. 人是环境的奴隶，个人发展是好是坏，完全由环境来决定

8. (　　)是促进个体发展从潜在的可能状态转向现实状态的决定性因素。

A. 遗传素质　　B. 教育　　C. 个体主观能动性　　D. 环境

9. 小谷虽然在体育运动中已经达到较高的发展水平了，但是如果让他背诵课文，他却怎么也背不出来。这表明人的身心发展具有(　　)

A. 顺序性　　B. 整体性　　C. 个别差异性　　D. 不平衡性

10. 美国教育家和心理学家(　　)提出了“一两的遗传胜过一吨的教育”的观点。

A. 高尔顿　　B. 霍尔　　C. 威尔逊　　D. 格塞尔

11. 个体的身心发展具有顺序性，表现为个体生命的发展是由低级到高级、由简单到复杂、由量变到质变的过程。遵循人的身心发展的顺序性，教育必须做到(　　)

A. 因材施教　　B. 抓住敏感期　　C. 循序渐进　　D. 陵节而施

12. 车胤囊萤、孙康映雪、孙敬头悬梁、苏秦锥刺股的历史故事充分体现了(　　)因素在人身心发展中的作用。

A. 遗传　　B. 环境　　C. 学校教育　　D. 个体主观能动性

13. 有的学生虽然身患残疾,但是他们的思维反应速度明显快人一筹。这说明人的身心发展具有(　　)

A. 不平衡性　　B. 顺序性　　C. 互补性　　D. 个别差异性

14. "与善人居,如入芝兰之室,久而自芳也;与恶人居,如入鲍鱼之肆,久而自臭也"反映了(　　)对人发展的影响。(常考)

A. 遗传　　B. 环境　　C. 个体主观能动性　　D. 教育

15. 教学要促进学生的一般发展,注意做到认知因素与非认知因素、意识与潜意识、科学与艺术的统一。这体现了学生身心发展的(　　)规律。

A. 顺序性　　B. 稳定性　　C. 不均衡性　　D. 整体性

16. 王老师发现有的学生爱唱歌,就引导他们参加歌唱比赛;有的学生爱打球,就让他们写"我的打球体验日记"。王老师的做法遵循了学生在发展过程中的(　　)(常考)

A. 阶段性　　B. 不平衡性　　C. 顺序性　　D. 个别差异性

17. 康德认为:"人只有靠教育才能成为人,人完全是教育的结果。"这属于(　　)的观点。

A. 遗传决定论　　B. 环境决定论　　C. 教育万能论　　D. 辐合论

18. 在个体身心发展动力的问题上,唯物辩证主义持(　　)

A. 内发论　　B. 外铄论

C. 多种因素相互作用论　　D. 环境因素

19. 马克思说:"搬运工和哲学家之间的原始差别要比家犬和猎犬之间的差别小得多,他们之间的鸿沟是分工造成的。"这句话表明遗传素质(　　)

A. 对人的发展不起作用　　B. 决定人的发展

C. 仅为人的发展提供可能性　　D. 具有个别差异性

20. 小明原来所在的班级内不求上进的学生较多,这些学生的行为影响了小明的学习热情。小明妈妈为了能让孩子有个良好的学习环境,将小明转学到另一所学校中学风很好的班级,很快,小明的学习有了进步,成绩突飞猛进。该事例体现了(　　)在教育中的重要作用。

A. 遗传　　B. 家庭　　C. 环境　　D. 努力

21. 个体身心发展包括________和________两方面的发展。(　　)

A. 身体　心理　　B. 智力因素　非智力因素

C. 人格　能力　　D. 个体社会化　个体个性化

22. 荀子曾说:"生而同声,长而异俗,教使之然也。"这句话体现的个体发展观是(　　)(常考)

A. 内发论　　B. 外铄论　　C. 内外因相互作用论　　D. 阶段论

23. 对于童年期的学生,在教学内容上应多讲一些比较具体的、浅显的知识,在教学方式上应多采用直观教具。这体现了教育要适应儿童身心发展的(　　)

A. 稳定性　　B. 阶段性　　C. 不平衡性　　D. 个别差异性

24. 外铄论认为人的发展主要依靠外在的力量,如环境的刺激和要求、他人的影响和学校的教育等。下列持这一观点的思想家是(　　)

A. 孟子　　B. 华生　　C. 霍尔　　D. 威尔逊

二、多项选择题

1. 与家庭教育、社会教育相比较,学校教育在人的发展中起主导作用,其原因是(　　)(常考)

A. 学校教育是有目的、有计划地培养人的活动

B. 学校教育对人的影响全面且系统

C. 学校教育有专门的老师来负责教育活动

D. 学校有运动场所、图书资料

2. 环境决定论完全否定了(　　)

A. 遗传作用　　B. 教育价值　　C. 家庭影响　　D. 人的能动性

3. 个体身心发展的差异性是指由于人的发展的主客观条件不一样,即遗传、环境、教育和自身主观能动性的不同,在身心发展上存在着个别差异。下列选项中符合个体身心发展的差异性特点的教育措施有(　　)

A. 因材施教　　B. 弹性教学制度

C. 启发性教学　　D. 组织兴趣小组教学

4. 下列哪些现象体现了个体身心发展的互补性规律(　　)

A. 盲人一般听觉灵敏　　B. 聪明的儿童常常学习不努力

C. 坚强的意志能战胜肢体残缺带来的困难　　D. 失去双手的人能用嘴写字

5. 关于个体身心发展的动因理论有(　　)

A. 内发论　　B. 外铄论　　C. 辐合论　　D. 多因素相互作用论

6. 关于人的身心发展的动因,坚持内发论观点的学者是(　　)(常考)

A. 荀子　　B. 孟子　　C. 霍尔　　D. 格塞尔

7. "教育万能论"的代表人物有(　　)

A. 洛克　　B. 康德　　C. 华生　　D. 爱尔维修

三、判断题

1. 在一定的年龄阶段,人的生理和心理两方面就会出现某些典型的、本质的特征。这种年龄特征表明个体身心发展具有不平衡性。(　　)

2. 精神分析学派认为人的性本能是最基本的自然本能,是推动人发展的潜在的、无意识的、最根本的动因。这是一种内发论的观点。(　　)

3. 人的身心发展只需要学校教育而无需社会实践。(　　)

4. 教学中可以将任何知识教给任何年龄的学生。(　　)

5. 个体身心发展具有阶段性,因此教育要抓关键期。(易错)(　　)

6. 遗传的作用大于教育的作用。(　　)

7. 俗语"人心不同,各如其面"说明个体身心发展具有个别差异性。(　　)

8. 施泰伦认为人的发展等于遗传与环境的乘积。(　　)

9. 随着环境、教育的改变和实践活动的深入等作用,人的遗传素质会逐渐地发生变化。这说明遗传素质具有可塑性。(　　)

10. 学校教育对个体的影响具有即时价值,但难有延时价值。(　　)

11. 社会发展离不开人的发展,因此教育的个体发展功能首先表现为促进个体个性化的功能。(　　)

四、简答题

1. 简述遗传素质在人的身心发展中的作用。

2. 环境对人的身心发展的影响主要表现在哪些方面？

3. 简述个体身心发展的个别差异性的教育要求。

4. 简述个体身心发展的互补性的教育要求。

五、案例分析题

国学大师季羡林回忆说："我有意识地真正用功，是从这里开始的。我是一个很容易受环境支配的人。在小学和初中时，成绩不能算坏，总在班上前几名，但从来没有考过甲等第一。我毫不在意，照样钓鱼、摸虾。到了高中，国文作文无意中受到了王崑玉先生的表扬，英文是全班第一。其他课程考个高分并不难，只需稍稍一背，就能应付自如。结果我生平第一次考了一个甲等第一，平均分数超过九十五分，是全校唯一的一个学生。当时山大校长兼山东教育厅厅长前清状元王寿彭，亲笔写了一副对联和一个扇面奖给我。这样被别人一夸，我的上进心就被激起来了。从此认真注意考试名次，不再掉以轻心。结果两年之内，四次期考，我考了四个甲等第一，威名大震。"王寿彭给季羡林题写的对联中的上联是：才华舒展临风锦，下联是：意气昂藏出岫云，题头是：羡林老弟雅(察)。

结合案例，分析学校和个人在个体发展中的作用。

提升必刷

一、单项选择题

1. 有人认为“个体的心理发展是人类进化过程的复演”，从个体身心发展的成因而言，这属于(　　)

A. 内发论　　B. 外铄论　　C. 环境决定论　　D. 多因素相互作用论

2. 一个受过初等教育的工人可以使劳动生产率提高30%，而一个熟练工人进修一年后，劳动生产率比他在工厂工作一年提高1.6倍。这说明教育能(　　)

A. 使人口结构趋于合理　　B. 培养社会政治人才

C. 促进文化交流　　D. 促进经济增长

3. 孔子说：“里仁为美。择不处仁，焉得知？”荀子说：“故君子居必择乡，游必就士，所以防邪辟而近中正也。”这都表明了(　　)对人的影响。

A. 环境　　B. 教育　　C. 遗传　　D. 主观能动性

4. “秀才不出门，能知天下事。”这体现了知识具有(　　)(易错)

A. 认识价值　　B. 能力价值　　C. 陶冶价值　　D. 实践价值

5. 孟子提出“性善论”的观点，他认为人的本性中有“恻隐、羞恶、辞让、是非”四端，这也是“仁、义、礼、智”四种基本品性的根源。这种观点是(　　)

A. 外铄论　　B. 内发论

C. 多因素相互作用论　　D. 辐合论

6. 马克思认为，复杂劳动等于加倍的简单劳动，而只有受过教育的人才能从事复杂劳动。这说明教育具有(　　)

A. 政治功能　　B. 经济功能　　C. 文化功能　　D. 人口功能

7. 在教育教学中，教师应如何做到尊重学生的个别差异(　　)

A. 辩证地看待学生的优缺点，不绝对化

B. 对学生一视同仁，一样要求

C. 在学生之间进行横向的比较与学习

D. 不同的学生犯了同样的错误，不考虑动机与原因就进行处理

8. 三国时期，诸葛亮在《诫子书》中提到“才须学也，非学无以广才，非志无以成学”，这里所提到的影响人的发展因素有(　　)

①遗传　②教育　③环境　④个体主观能动性

A. ①②　　B. ②③　　C. ②④　　D. ①③

9. 美国是一个移民国家，学校的学生来自不同的种族与家庭，通过接受系统的学校教育，学生掌握现代文化知识，建立独特的族群和阶层文化，社会也因此充满生机与活力。这主要体现了教育的(　　)

A. 经济功能　　B. 文化功能　　C. 人口功能　　D. 政治功能

10. 人口老龄化将对社会方方面面产生影响，它最可能影响教育的(　　)

A. 规模　　B. 质量　　C. 结构　　D. 内容

11. “时过然后学，则勤苦而难成”反映了在人的身心发展过程中存在(　　)(常考)

A. 关键期　　B. 混沌期　　C. 最近发展区　　D. 依恋期

12. “人的心中自有浩然之气”表明了个体身心发展的(　　)观点。

A. 外铄论　　B. 内发论　　C. 实践主体论　　D. 多因素相互作用论

13. 我国唐朝“六学二馆”等级森严的入学条件,充分说明政治经济制度决定(　　)(常考)

A. 教育的领导权　　B. 受教育权的分配　　C. 教育目的　　D. 教育性质

14. 我国的“五四”运动和“一二·九”运动发端于学校,后扩展到社会,进而形成全国性的政治运动。这主要体现了(　　)

A. 教育可为政治稳定或变革制造所需的舆论

B. 教育通过培养大量政治人才,为政治发展服务

C. 政治制约着教育权和受教育权

D. 政治意识形态制约着教育思想的发展

15. (　　)的主要观点包括“教育是使个人社会收入分配趋于平等的因素”。

A. 人力资本理论　　B. 教育万能论　　C. 教育独立论　　D. 劳动力市场理论

16. 通过学校教育,学生学会了认同自己的角色,并自觉按照角色所规定的行为规范办事。这种教育功能属于(　　)

A. 个体社会化功能　　B. 个体个性化功能

C. 社会变迁功能　　D. 社会流动功能

17. 在资本主义社会中,劳动人民的子女可以接受教育,但他们能接受大学教育的机会远少于资本家的子女。这体现了(　　)对受教育权利的制约。(常考)

A. 生产力发展水平　　B. 民族文化传统

C. 政治经济制度　　D. 人口状况

18. 青春初期的孩子身高体重的增长已达到较高水平,而骨化过程远远没有完成。这说明个体的身心发展具有(　　)(常考)

A. 顺序性　　B. 不均衡性　　C. 阶段性　　D. 个别差异性

19. “教育既有培养创造精神的力量,也有压抑创造精神的力量,甚至有的教育还在摧残儿童。”这说明(　　)

A. 教育在人的发展中起主导作用　　B. 教育在人的发展中具有导向性作用

C. 教育比遗传素质更能影响人的发展　　D. 教育对人的发展的促进作用是有条件的

20. 有人认为“我可以根据自己的需要,把孩子培养成什么样的人都可以”,这种观点突出强调的是(　　)对儿童身心发展的影响。

A. 遗传因素　　B. 生理成熟　　C. 环境和教育　　D. 先天因素

二、多项选择题

1. 在以下表述中,没有体现个体身心发展的顺序性规律的是(　　)

A. 教师要严格要求学生,但不使学生感到压抑

B. 教师要等学生实在无法想明白的时候再去启发他

C. 只读书而不肯动脑筋思考,就会感到迷惑而无所适从

D. 教师不传授超出学生接受能力的知识

2. 小强妈妈望子成龙心切,小强上幼儿园时,才刚刚学会认字,就给他报了一个作文班。上小学后,明知道儿子不喜欢弹钢琴,还是给他报了钢琴兴趣班。这说明小强妈妈在教育过程中违背了儿童身心发展的(　　)

A. 互补性　　B. 个别差异性　　C. 稳定性　　D. 顺序性

3. 学校教育在人的发展中发挥着主导作用，影响这一主导作用发挥的主要条件包括（　　）

A. 教育自身的状况　　B. 人的主观能动性的调动

C. 家庭环境　　D. 社会发展的状况

4. 下列选项中，能体现教育对政治发展有促进功能的是（　　）

A. 中学阶段开设“思想政治”课程

B. 近年来，一些高校积极探索“产—学—研”一体化道路，取得了巨大成功

C. 某中学开展“公民教育”主题活动

D. 李某在大学学习汉语言文学专业，毕业后成为一名初中语文教师

5. 下列表述中，与“白沙在涅，与之俱黑”所体现的影响人发展的因素一致的有（　　）（常考）

A. 染于苍则苍，染于黄则黄　　B. 孟母三迁

C. 蓬生麻中，不扶而直　　D. 唯上智与下愚不移

6. 教育内容要受（　　）因素制约。

A. 人口数量　　B. 社会生产力　　C. 科学技术　　D. 政治经济制度

7. 下列哪些观点属于遗传决定论（　　）

A. 柏拉图的人分三等论　　B. 洛克的“白板说”

C. 中国的性善论　　D. 基督教的“原罪说”

8. 学校是个体社会化的场所，学校教育是个体社会化的途径，学校教育主要通过以下哪些方面实现个体的社会化（　　）（易错）

A. 教育促进个体行为的社会化　　B. 教育促进个体思想意识的社会化

C. 教育促进角色和职业的社会化　　D. 教育开发人的创造性，促进个体价值的实现

9. 心理学家特尔门曾对智商在130以上的1528名超常儿童进行了历时50年之久的追踪观察与系统研究，得出的结论是：早年智力测验并不能正确地预测晚年的成就，一个人的成就同智力的高低并无极大的相关。这说明（　　）

A. 遗传素质对人身心发展的影响不是决定性的

B. 智力等遗传因素对人的身心发展有决定性的影响

C. 环境对人的身心发展起着主导作用

D. 不宜夸大遗传素质的作用

10. 下列关于教育发展的社会制约性，表述正确的观点是（　　）

A. 我国中部地区生产力发展水平对其教育结构有制约作用

B. 个体接受何种程度的教育由社会政治经济制度所决定

C. 儒家文化的价值取向对我国当代教育价值观的形成没有影响

D. “三孩”政策的实施对我国教育发展的战略影响较大

三、判断题

1. 美国心理学家格塞尔的著名的同卵双生子实验夸大了遗传的作用。（　　）

2. 教育过程中，如果单纯强调人的自然性，就容易导致教育万能论。（易错）（　　）

3. “服民以道德，渐民以教化”体现了教育与人口的关系。（易错）（　　）

4. 20世纪70年代，埃德加·富尔首次提出了“教育先行”的概念，用以概括教育先于经济而发展的倾向。这表明教育的发展可以不受生产力发展水平的制约。 (　　)

5. 人口增长速度比较快的地区，教育发展应以提高教育质量为重点。(易错) (　　)

四、论述题

1. 试述“近朱者赤，近墨者黑”“勤能补拙”体现的教育学原理。

2. 试述学校教育的个体个性化功能和个体社会化功能。

五、案例分析题

小敏今年8岁，从她6岁起，小敏妈妈就开始带她上各种特长班，开发她的智力和培养她的兴趣爱好。但是，小敏妈妈发现小敏最近不愿意去上特长班，常在上课前说自己不舒服，要么肚子疼，要么头疼，就算去上课了，也会跟老师说自己难受要提前回家。小敏的性格也变得孤僻起来，回家后不愿意跟妈妈聊天，也不跟爸爸散步了。小敏父母想了很多办法，但小敏的这一情况没有改变，他们十分苦恼。

(1)小敏妈妈对小敏“望女成凤”所付出的努力为何取得反效果？请从教育与个体身心发展的关系分析。

(2)请列出个体身心发展具有的规律。

真题必刷

一、单项选择题

1. [南阳新野]社会发展与教育是相互作用的，其关系概括为(　　)(易错)

A. 制约与促进　　B. 共性与个性　　C. 影响与干涉　　D. 培养与推动

2. [许昌魏都区](　　)的高低直接决定了社会能够提供给教育的物质条件以及个人受教育时间的多寡，从而也就从根本上决定了社会成员发展的可能性。

A. 物质生产水平　　B. 精神生活水平　　C. 政治发展水平　　D. 文化发展水平

3.［洛阳洛龙区］教育要适应儿童身心发展的顺序性，应该（　　）

A. 做到因材施教　　B. 恰当把握儿童语言思维、人格发展的关键期

C. 培养学生自信和努力的积极品质　　D. 遵循量力性原则

4.［周口市直］“治贫先治愚”“教育扶贫”能够阻断贫困代际传递，这是因为教育具有（　　）功能。

A. 政治　　B. 文化　　C. 经济　　D. 生态

5.［郑州二七区］民国版、人教版、部编版语文教材的使用，说明教育对一定社会文化的发展具有（　　）

A. 保存、整理、创新的作用　　B. 制约作用

C. 调节作用　　D. 决定作用

6.［郑州上街区］个体的感知成熟先于思维成熟，而思维成熟先于情感成熟，这表明个体身心发展具有（　　）（易混）

A. 阶段性　　B. 不平衡性　　C. 顺序性　　D. 连续性

7.［安阳滑县］现代教育发展的根本动因是（　　）

A. 政治需要　　B. 科学技术　　C. 生产力发展水平　　D. 产业革命

8.［许昌市直］美国行为主义心理学家华生说：“给我一打健全的儿童，我可以用任何一种方法使其中任何一个人变成任何一种人物。”这种儿童发展观属于（　　）（常考）

A. 内发论　　B. 辐合论　　C. 环境决定论　　D. 遗传决定论

［周口太康］根据以下案例，回答下列9～10题。

日本体操家池田夫妇在东京奥运会体操比赛中曾大显身手，大儿子出生后，他们花费大量的心血教他练习幼儿体操，不久他就能翻一个筋斗了。到小学二年级，他从梯子上跳下来时能翻一个筋斗，显示了体操方面的优异才能。池田夫妇异常高兴，自信儿子是继承了他们的才能。因此，他们断言能力在于遗传。于是他们便没有对第二个儿子进行任何形式的训练。结果第二个儿子什么体操也不会，更谈不上优异的体操技能了。

9. 从材料分析，这一事例有力地批判了（　　）的错误观点。

A. 遗传决定论　　B. 环境决定论　　C. 辐合论　　D. 环境万能论

10. 下列人物中，（　　）认为影响个体发展的因素与池田夫妇观点相同。

A. 霍尔　　B. 荀子　　C. 洛克　　D. 华生

二、多项选择题

1.［濮阳市直］威尔逊把基因复制看作决定人的一切行为的本质力量。下列人物中，在个体身心发展的动因方面，与威尔逊属于同一流派的是（　　）

A. 荀子　　B. 孟子　　C. 弗洛伊德　　D. 霍尔

2.［平顶山新华区］关于人的发展问题，下列表述正确的是（　　）

A. 吴伟士认为人的发展等于遗传和环境的乘积

B. 董仲舒的“性三品”说突出“命定”“先天”对人发展的作用

C. 高尔顿认为“一两的遗传胜过一吨的教育”

D. 卢梭提出“白板说”

3.［洛阳嵩县］个体身心发展的个别差异性体现在（　　）

A. 男女性别的差异　　B. 不同儿童同一方面的发展程度和速度的不同

C. 个体在不同阶段不同方面的发展不同　　D. 不同儿童不同方面的发展存在差异

4. [驻马店驿城区]从教育的角度看,下列属于遗传对人发展的影响的是(　　)

A. 虎父无犬子　　B. 龙生龙,凤生凤,老鼠的儿子会打洞

C. 严师出高徒　　D. 棍棒底下出孝子

三、判断题

1. [驻马店驿城区]教育对儿童的发展具有促进作用,早教育就早发展。(易错)　(　　)
2. [济源]文化对课程的影响主要体现在课程内容的丰富和课程结构的更新上。　(　　)
3. [驻马店驿城区]一旦错过某行为发展的关键期,该行为将不再发展。　(　　)
4. [驻马店驿城区]内发论强调遗传在人的发展中的决定作用。　(　　)

四、简答题

[安阳殷都区]简述教育与社会政治经济制度的关系。(常考)

五、案例分析题

[郑州高新区]有两个孩子:一个喜欢弹琴,想当音乐家;另外一个喜欢绘画,想当美术家。但不幸的是,喜欢弹琴的那个孩子聋了,喜欢绘画的那个孩子眼睛瞎了。然后喜欢弹琴的孩子改学绘画,喜欢绘画的孩子改学弹琴,开始了新的追求。后来,失聪的孩子成为了技术超凡、名扬四海的美术家,而失明的孩子,则成了技艺卓绝、享誉天下的音乐家。事实证明,只要努力,当命运堵塞了一条道路的时候,它还给我们留下了另外一条路。

(1)请结合材料,谈谈材料中反映了个体身心发展的什么规律。

(2)请结合材料,谈谈老师如何促进个体的身心发展。

第三章　教育目的与教育制度

基础必刷

专题1 教育目的概述

一、单项选择题

1. 明确规定了培养受教育者的质量规格标准是(　　)

A. 教学设计　　B. 课程目标　　C. 教育目的　　D. 教学目标

2. 荀况认为"人之性恶",因此,教育要从"礼"这一需要出发,须以"礼义"加以教化。这体现的教育目的的价值取向是(　　)

A. 社会本位论　　B. 个人本位论　　C. 教育无目的论　　D. 生活本位论

3. 教育目的不仅为受教育者指明了发展方向、预定了发展结果,也为教育工作者指明了工作方向和奋斗目标,这是教育目的的(　　)(常考)

A. 激励功能　　B. 导向功能　　C. 评价功能　　D. 调控功能

4. 李老师在《静夜思》一课的教案中写道:"这堂课的目的是让学生感受诗歌所描绘的美好意境,激发学生对中华传统文化的热爱,体会诗人的思乡之情。"这里的"目的"属于(　　)

A. 课程目标　　B. 教学目标　　C. 培养目标　　D. 教育目的

5. 受教育者因为有了目标,可以树立信心,坚强地排除各种困难,争取实现目标。这体现了教育目的的(　　)

A. 激励功能　　B. 调控功能　　C. 评价功能　　D. 定向功能

6. 教育目的包括三个层次,下列属于第三个层次的是(　　)

A. 国家的教育目的　　B. 各级各类学校的培养目标

C. 课时目标　　D. 教师的教学目标

7. 国家把受教育者培养成什么样的人的总要求,即(　　)(常考)

A. 教学目标　　B. 教育目的　　C. 课程目标　　D. 培养目标

8. 衡量和评价教育实施效果的根本依据和标准是(　　)(常考)

A. 教育目的　　B. 教育任务　　C. 教育规律　　D. 教育原则

9. 教育目的对整个教学活动具有导向作用、激励作用和(　　)

A. 教导作用　　B. 选拔作用　　C. 评价作用　　D. 管理作用

10. (　　)认为教育目的是由社会需要决定的。

A. 孟子　　B. 裴斯泰洛齐　　C. 涂尔干　　D. 卢梭

11. "君子如欲化民成俗,其必由学乎……""古之王者,建国君民,教学为先"体现的教育目的观为(　　)(常考)

A. 教育无目的论　　B. 科学本位论　　C. 社会本位论　　D. 个人本位论

12. “教育在于使青年社会化——在我们每一个人之中，造成一个社会的我。这便是教育的目的。”这种观点在教育目的论上属于(　　)

A. 神学的教育目的论　　B. 社会本位教育目的论

C. 个人本位教育目的论　　D. 马克思主义教育目的论

13. 下列不属于教育目的的评价范围的是(　　)

A. 评价学校的办学水平、办学效益　　B. 检查教育教学工作的质量

C. 评价教师的教学质量和工作效果　　D. 评价教学方法的优劣

14. 在教育目的的问题上，实用主义教育流派的代表人物杜威所持的观点是(　　)

A. 个人本位论　　B. 社会本位论　　C. 教育无目的论　　D. 国家利益论

15. 在教育目的的价值取向中，属于文化本位论的代表人物的是(　　)

A. 孟子　　B. 柏拉图　　C. 斯宾塞　　D. 斯普兰格

16. 某大学的校训为“学为人师，行为世范”，这句话体现的是(　　)

A. 教育目的　　B. 培养目标　　C. 课程目标　　D. 教学目标

17. 选择和确立教育目的时，在基本价值取向方面，长期存在的对立理论是(　　)

A. 神本位论与人本位论　　B. 个人本位论与社会本位论

C. 社会本位论与自然本位论　　D. 人本位论与自然本位论

18. 在教育目的的价值取向上，持个人本位论的代表人物有(　　)(易混)

A. 斯宾塞和裴斯泰洛齐　　B. 卢梭和裴斯泰洛齐

C. 夸美纽斯和涂尔干　　D. 卢梭和涂尔干

19. 教育的最高理想通过(　　)体现出来。

A. 课程目标　　B. 教育目的　　C. 教学目标　　D. 培养目标

20. 教育目的和教育方针的关系是(　　)

A. 教育目的就是教育方针

B. 教育目的包括教育方针

C. 教育方针包括教育目的

D. 教育方针属于教育政策范畴，教育目的属于教育理论范畴，二者没有直接联系

21. 柏拉图在其著作《理想国》中指出，公民教育的目的是培养德才兼备的具有理性的人，维护城邦稳定有序。这一观点体现的教育目的的价值取向是(　　)

A. 宗教本位论　　B. 个人本位论　　C. 社会本位论　　D. 文化本位论

22. 教育目的反映着办教育的主体对教育活动在努力方向、人的培养规格标准等方面的要求和指向，是教育活动的出发点和归宿。教育目的的基本类型中，(　　)是指被社会权力机构确定并要求所属各级各类教育都必须遵循的教育目的。

A. 发展性教育目的　　B. 终极性教育目的

C. 正式决策的教育目的　　D. 非正式决策的教育目的

二、多项选择题

1. 下列观点符合教育目的定向功能的是(　　)(易错)

A. 对教育社会性质的定向作用　　B. 对学生学习的定向作用

C. 对人的培养的定向作用　　D. 对课程选择及其建设的定向作用

E. 对教师教学的定向作用

2. 教育目的的基本层次包括(　　)

A. 国家的教育目的　　B. 各级各类学校的培养目标

C. 教师的教学目标　　D. 社会的价值取向

E. 个人的价值取向

3. 在培养目标上,各级各类学校的培养目标既有共同要求,又有一定差异。因此,各级各类学校的培养目标必须(　　)

A. 差异鲜明　　B. 同中有异　　C. 标准统一　　D. 重点突出

E. 特点鲜明

4. 一般情况下,教育方针的内容包括(　　)

A. 教育的性质　　B. 教育的服务方向

C. 教育目的　　D. 实现教育目的的根本途径

E. 教育方法

三、填空题

1. 从教育目的的价值取向来看,教育要培养"自由的人",是________的观点。

2. 教育目的的层次结构中,最为具体化的是________。(易错)

3. ________的教育目的论主张教育对人的肉体和精神都要关心,但主要关心的应当是灵魂。

4. ________反映了一个国家教育的根本性质、总的指导思想和教育工作的总方向等要素。

5. ________是全部教育活动的主题和灵魂。(常考)

四、案例分析题

有一所小学,从一年级开始抓分数,把学生的考分作为评定三好学生的唯一标准,把各种平均分数作为评定各科教师教育质量的全部依据。学校不开设体育、音乐、美术等课程,也很少进行思想品德教育,几乎所有时间都是上语文、数学课。在这种情况下,学生体质普遍下降、近视率增高;学生不知五线谱为何物,更没有画过什么儿童画。虽然有不少学生的语文、数学成绩较好,但多数学生成绩平平,没有学习的兴趣和信心,更谈不上什么业余爱好。

这所小学的做法符合我国的教育方针吗?为什么?

专题2 我国的教育目的

一、单项选择题

1. 赵敏老师常对学生说："先学做人，后学做事，社会需要的是身体健康、和谐发展的建设者和接班人，而不是只会死读书的呆子。"这表明赵老师具有(　　)

A. 开拓创新的理念　B. 素质教育的理念　C. 自主发展的意识　D. 因材施教的意识

2. 海伦·凯勒曾说："如果我是大学的校长，我要设定一门'如何使用你的眼睛'的必修课，致力于让学生善于发现生活中被忽视的欢乐。"这体现了(　　)的重要性。

A. 德育　B. 美育　C. 智育　D. 体育

3. 为了提高学生的语文、数学成绩，班主任把班会课、自习课的时间平均分配给这两科老师用于补课。这种做法(　　)

A. 正确，有利于提高学生的竞争力　B. 正确，有利于提高班级教学质量

C. 不正确，不利于教师的专业发展　D. 不正确，不利于学生的全面发展

4. 我国最早的大学教育的纲领"大学之道，在明明德，在亲民，在止于至善"所讲内容相当于当代全面发展教育组成部分中的(　　)

A. 智育　B. 体育　C. 德育　D. 美育

5. 学校体育最为基本的组织形式是(　　)

A. 早操、课间操　B. 体育课　C. 体育竞赛　D. 学生自觉锻炼

6. 美育最高层次的任务是培养学生形成(　　)的能力。(常考)

A. 发现美　B. 鉴赏美　C. 创造美　D. 感受美

7. 育德、促智和健体属于美育的(　　)

A. 直接功能　B. 间接功能　C. 发展功能　D. 超美育功能

8. 与素质教育观相对的教育观是(　　)

A. 终身教育　B. 应试教育　C. 博雅教育　D. 全面发展教育

9. 在全面发展教育的构成中，(　　)起着保证方向和保持动力的作用。

A. 美育　B. 体育　C. 智育　D. 德育

10. 关于我国教育目的的实现的策略，下列说法不正确的是(　　)

A. 要以素质发展为核心　B. 要正确理解和把握全面发展

C. 要正确认识和处理各育关系　D. 要以德智为主、体美为辅

11. 在教学研讨会上，作为教研组组长的周老师多次强调："作为老师，我们要寻找、研究一种适合儿童的教育，而不是挑选适合教育的儿童。"周老师的这一观点体现了(　　)

A. 素质教育以提高国民素质为根本宗旨　B. 素质教育是面向全体学生的教育

C. 素质教育是促进学生全面发展的教育　D. 素质教育是促进学生个性发展的教育

12. 素质教育的时代特征是(　　)

A. 促进学生的全面发展　B. 培养学生的创新精神和实践能力

C. 促进学生的个性发展　D. 面向全体学生

13. 应试教育和素质教育的本质区别是(　　)

A. 能否面向全体学生　　B. 能否促进学生个性发展

C. 能否培养学生的创新精神和实践能力　　D. 能否提高学生的成绩

14. 学习成绩一般的小丽在县舞蹈比赛中取得了良好的成绩。班会上,班主任吴老师表扬了她:"一花一世界,每个人都有自己的精彩。"这表明吴老师关注(　　)

A. 学生的个性发展　　B. 学生的品行发展

C. 学生的知识习得　　D. 学生的身心健康

15. 下列哪项观点体现了素质教育的理念(　　)

A. 不要"尖子生"　　B. 为减轻负担,不给学生留作业

C. 不要学生考试,尤其是百分制考试　　D. 教育应该使学生主动、生动、愉快地发展

16. 联合国教科文组织于1996年提出了教育的四大支柱,即(　　)、学会做事、学会合作、学会生存。(易错)

A. 学会认知　　B. 学会交往　　C. 学会思考　　D. 学会学习

17. 我国教育目的的根本性质是(　　)

A. 培养劳动者　　B. 为人民服务　　C. 坚持社会主义方向　　D. 培养全面发展的人

18. 智育的根本任务是(　　)(常考)

A. 发展学生的智力　　B. 培养学生的自主性

C. 提高学生的竞争意识　　D. 完善学生的人格

19. 我国的教育目的是培养德智体美劳全面发展的学生,下列属于美育的是(　　)

A. 组织学生参加社会公益劳动　　B. 在课上采用新型体育器材

C. 开展各种道德讲堂活动　　D. 开设美术、音乐、书法课

20. 为全体适龄儿童开放接受正规基础教育的大门,体现了素质教育的(　　)的特点。

A. 全体性　　B. 基础性　　C. 内化性　　D. 综合性

21. (　　)是我国教育目的的总要求。

A. 培育"四有"新人　　B. 培训创新型人才

C. 培养学术型人才　　D. 培养劳动者

22. 在我国全面发展教育的组成部分中,学校体育的根本任务是(　　)(常考)

A. 传授基本体育知识与技能　　B. 提高运动水平

C. 增强学生体质　　D. 培养体育人才

二、多项选择题

1. 下列选项中,属于我国教育目的的基本特征的是(　　)

A. 教育目的有鲜明的政治方向　　B. 坚持全面发展与个性发展的统一

C. 优越的社会制度保证教育的极高社会效益　　D. 以马克思主义关于人的全面发展学说为指导思想

E. 注重提高全民族素质

2. 素质教育的基本任务包括(　　)

A. 培养学生的学习能力　　B. 培养学生的身体素质

C. 培养学生的心理素质　　D. 培养学生的社会素质

E. 培养学生的交往能力

3. 智育的具体任务包括(　　)

A. 向学生系统传授科学文化知识　　B. 培养训练学生,使其形成基本技能

C. 培养学生正确的价值观　　D. 发展学生的智力才能

E. 培养学生良好的学习品质

4. 美育的任务是(　　)

A. 培养学生健康的身体素质　　B. 培养学生鉴赏美的能力

C. 形成学生创造美的能力　　D. 提高学生感受美的能力

E. 培养学生健康的心理品质

5. 素质教育的特点有(　　)

A. 全体性　　B. 合作性　　C. 基础性　　D. 未来性

E. 发展性

三、判断题

1. “体者,载知识之车而寓道德之舍也”说明体育在人的全面发展教育中起导向和动力作用。(　　)

2. 素质教育是对特定阶段、特定学校提出的要求。(　　)

3. 要实现人的全面发展,必须进行全面发展教育,也就是要“五育”平均发展。(　　)

4. 在德、智、体、美、劳全面发展教育中,德育最重要。(　　)

5. 素质教育就是要学生什么都学,什么都学好。(常考)(　　)

6. 智育是教育者向受教育者传授系统的科学文化知识、技能,发展他们的智力和与学习有关的非认知因素的教育。(　　)

四、简答题

1. 德育的基本任务有哪些?

2. 简述美育的特征。

五、案例分析题

在一次关于实施素质教育的讨论会上,老师们积极发言。王老师说:“素质教育就是多开展文体活动,多上文体课。”李老师说:“素质教育就是不要考试,特别是不要百分制考试。”

请运用素质教育的有关知识,分析教师们的发言。

专题3 学校与学校教育制度

一、单项选择题

1. 在我国，自科举制以来，考试一直是评价和选拔人才的一种主要方式。学校的考试制度明确规定任何参与考试的个人在考试过程中不能有舞弊行为，否则，一经查实，要给予一定的处分。这体现了教育制度的什么特点(　　)

A. 历史性　　B. 强制性　　C. 规范性　　D. 客观性

2. 下列哪项不属于校园文化的内容(　　)

A. 线上教学　　B. 校风校貌　　C. 校史文化　　D. 班规班纪

3. 中国近代制度化教育兴起的标志是清末的(　　)

A. 京师大学堂的创建　　B. "废科举，兴学校"

C. 北洋大学的创建　　D. 洋务运动的推行

4. 教育从生产劳动中第一次分离的标志是(　　)

A. 学校的产生　　B. 剩余产品的出现

C. 有了国家　　D. 创造了文字

5. 学校中物质文化、制度文化、精神文化的统一体是(　　)

A. 校训　　B. 学风　　C. 校规　　D. 校风

6. 规定各级各类学校的性质、任务、入学条件、修业年限以及它们之间的关系的是(　　)(常考)

A. 学校教育制度　　B. 学校文化制度　　C. 课程管理制度　　D. 教学管理制度

7. 一个国家教育制度的核心是(　　)

A. 教育管理制度　　B. 义务教育制度　　C. 学校教育制度　　D. 基础教育制度

8. "教育主体确定，教育对象相对稳定，有相对稳定的活动场所和设施等，教育初步定型。"这些特征的出现标志着教育制度进入(　　)

A. 前制度化教育阶段　　B. 制度化教育阶段

C. 非制度化教育阶段　　D. 学校教育萌芽阶段

9. 现代学制最早出现在(　　)

A. 美国　　B. 欧洲　　C. 中国　　D. 英国

10. 英国政府1870年颁布的《初等教育法》中，一方面保持原有的专为资产阶级子女服务的学校系统，另一方面为劳动人民的子女设立国民小学、职业学校。这种学制属于(　　)

A. 双轨学制　　B. 单轨学制　　C. 中间型学制　　D. 分支型学制

11. 下列哪项不是校园文化的特征(　　)

A. 显著性　　B. 互动性　　C. 渗透性　　D. 传承性

12. 苏联的学制类型为(　　)

A. 单轨学制　　B. 中间型学制　　C. 双轨学制　　D. 多轨学制

13. 教育制度在形式上的发展历程不包括(　　)

A. 前制度化教育　　B. 非制度化教育　　C. 义务教育　　D. 制度化教育

14. “教育不应再限于学校的围墙之内。”这是(　　)推崇的教育理想。(常考)

A. 非制度化教育　　B. 制度化教育　　C. 形式化教育　　D. 前制度化教育

15. 一般认为,我国最早的学校出现在(　　)

A. 夏朝　　B. 原始社会　　C. 周朝　　D. 十九世纪末

16. 学校产生的必要条件之一是(　　)

A. 造纸术的出现　　B. 文字的出现　　C. 大机器的使用　　D. 人口的增长

17. 学校精神文化的物质载体是(　　)

A. 制度文化　　B. 组织文化　　C. 学校传统　　D. 物质文化

18. 学校中的传统、仪式和规章制度,一般统称为(　　)

A. 校园组织与制度文化　　B. 学校教师文化

C. 校园精神文化　　D. 校园物质文化

19. 校园文化的核心是(　　)(常考)

A. 校园物质文化　　B. 校园组织和制度文化

C. 校园领导者的亚文化　　D. 校园精神文化

20. 美国的学制类型是(　　)(常考)

A. 分支型学制　　B. 单轨学制　　C. 多轨学制　　D. 双轨学制

21. 教育制度有广义和狭义之分。狭义的教育制度是指(　　)

A. 国民教育制度　　B. 素质教育制度　　C. 私立教育制度　　D. 学校教育制度

22. 虽然世界各国的政治、经济制度等各不相同,但是儿童入学的年龄基本上都是六至七岁,其主要依据是(　　)

A. 科技发展水平　　B. 文化传统

C. 人的身心发展特点　　D. 生产力发展水平

二、多项选择题

1. 学生文化的成因包括(　　)

A. 同伴群体的影响　　B. 社区的影响

C. 家庭的社会经济地位　　D. 学生个人的身心特征

E. 教师的身心特征

2. 学校制度文化的三种主要表达方式是(　　)

A. 组织形态　　B. 规章制度　　C. 角色规范　　D. 学校建筑

E. 行为习惯

3. 校园精神文化的内容有(　　)(常考)

A. 学校人际关系　　B. 校风　　C. 规章制度　　D. 班风

E. 学校的仪式

4. 学校教育制度的基本构成要素包括(　　)

A. 学校的类型　　B. 学校的级别

C. 学校的大小　　D. 学校的结构

E. 学校的范围

三、填空题

1. 不同的社会时期和不同的文化背景下，教育制度不同。这说明教育制度具有________的特点。

2. 最早提出“学校文化”这一概念的是美国学者________。

3. 一般认为，库姆斯等人的“________”概念、伊里奇的“________”主张都是非制度化教育的核心思想。

4. 现代教育制度发展的趋势之一是普通教育与________朝着相互渗透的方向发展。

5. 一般认为，高等教育的毛入学率大于50%的为________阶段。

四、简答题

1. 建立学制的依据有哪些？

2. 简述现代教育制度的发展趋势。

3. 简述学校文化的特点。

专题4 我国的学校教育制度

一、单项选择题

1. 对于提高我国民族素质具有奠基作用的教育是（　　）

A. 职业教育　　B. 基础教育　　C. 高等教育　　D. 特殊教育

2. 在中国教育制度发展史上，中学阶段最早兼顾升学和就业双重需要的学制是（　　）（易混）

A. 癸卯学制　　B. 壬子癸丑学制　　C. 壬戌学制　　D. 壬寅学制

3. 普通中小学教育的性质是（　　）

A. 基础教育　　B. 职业教育　　C. 成人教育　　D. 特殊教育

4. 一直沿用到全国解放初期的现代学制是（　　）

A. 癸卯学制　　B. 壬寅学制　　C. 壬子癸丑学制　　D. 壬戌学制

5. 明显体现张之洞“中学为体，西学为用”思想的学制是（　　）

A. 癸卯学制　　B. 壬子癸丑学制　　C. 壬戌学制　　D. 1951年学制

6. 我国1922年颁布的“壬戌学制”实行的是（　　）

A. 四四四制　　B. 五四三制　　C. 六三三制　　D. 八四制

7. 清朝末年推行“废科举，兴学校”的举措，开始以日本学制为蓝本建立现代学制。由张百熙起草，国家正式颁布但未实行的现代学制是(　　)(常考)

A. 癸卯学制　　B. 壬寅学制　　C. 壬子癸丑学制　　D. 壬戌学制

8. 中国近代教育走向制度化、法制化阶段的标志是(　　)

A. 京师同文馆的设立　　B. 京师大学堂的创设

C. 癸卯学制的颁布实行　　D. 壬子癸丑学制的颁布实行

9. 1904年颁布并实施的“癸卯学制”是以(　　)的学制为蓝本的。(易混)

A. 美国　　B. 德国　　C. 日本　　D. 英国

10. “三个结合”“六个并举”的办学原则是在(　　)中提出的。(易混)

A.《关于教育工作的指示》　　B.《关于改革学制的决定》

C.《中国教育改革和发展纲要》　　D.《中共中央关于教育体制改革的决定》

11. 1993年颁布的《中国教育改革和发展纲要》中的“两基”指的是(　　)

A. 基本普及九年义务教育和基本扫除青壮年文盲

B. 基础知识和基本技能

C. 基本普及九年义务教育和基本知识

D. 基本扫除青壮年文盲和基本技能

12. 我国现行的学校教育制度，从层次结构上来看不包括(　　)

A. 初等教育　　B. 中等教育　　C. 高等教育　　D. 职业教育

13. 从类别结构上来看，我国现行的学校教育可划分为：职业技术教育、高等教育、成人教育、(　　)

A. 基础教育、特殊教育　　B. 基础教育、继续教育

C. 初等教育、继续教育　　D. 初等教育、特殊教育

14. 我国现行学制的类型是(　　)

A. 分支型学制　　B. 多轨学制　　C. 双轨学制　　D. 单轨学制

15. 我国学制改革和发展的基本方向是重建和完善(　　)

A. 分支型学制　　B. 单轨学制　　C. 双轨学制　　D. 混合学制

16. (　　)明确以学龄儿童和青少年身心发展规律作为划分学校教育阶段的依据。

A. 壬戌学制　　B. 壬寅学制　　C. 癸卯学制　　D. 壬子癸丑学制

17. 下列学制中，修业年限最长的是(　　)

A. 壬子癸丑学制　　B. 壬戌学制　　C. 癸卯学制　　D. 壬寅学制

18. 我国第一次规定男女同校，废除读经，并把学堂改为学校的学制是(　　)

A. 壬寅学制　　B. 癸卯学制　　C. 壬戌学制　　D. 壬子癸丑学制

19. 我国教育史上第一个具有资本主义性质的学制是(　　)(易混)

A. 癸卯学制　　B. 壬寅学制　　C. 壬戌学制　　D. 壬子癸丑学制

20. 在蔡元培的主持下制定的我国近代学制是(　　)

A. 1902年学制　　B. 1904年学制　　C. 1922年学制　　D. 壬子癸丑学制

21. 在高中增加职业科，大中学校课程采用学分制、选科制的学制是(　　)

A. 壬寅学制　　B. 癸卯学制　　C. 壬子癸丑学制　　D. 壬戌学制

二、多项选择题

1. 我国古代的学校教育制度主要由(　　)构成。

A. 官学教育系统　　B. 私塾教育系统

C. 私学教育系统　　D. 书院教育系统

E. 寺院教育系统

2. 我国20世纪末教育发展总目标里的“两全”指(　　)

A. 全面普及义务教育　　B. 面向全体学生

C. 全面贯彻党的教育方针　　D. 全面提高教育质量

E. 全面推行素质教育

3. 我国基础教育的学段包括(　　)(易错)

A. 小学　　B. 初中　　C. 高中　　D. 大学

E. 学前

三、简答题

简述我国当前学制改革的主要内容。

提升必刷

一、单项选择题

1. 马克思主义关于人的全面发展学说在中国教育界的具体实践是(　　)

A. 新课程改革　　B. 素质教育

C. 教育的国际化趋势　　D. 教育改革的实践

2. 单轨学制最早产生于美国,先后被世界许多国家采纳,是因为它有利于(　　)

A. 教育的逐级普及　　B. 学校的规范管理

C. 教师的快速发展　　D. 学生的成绩提升

3. 非制度化教育相对于制度化教育而言,改变的不仅是教育形式,更重要的是(　　)

A. 教育制度　　B. 教育理念　　C. 教育机构　　D. 教育政策

4. 下列有关学制的叙述,正确的是(　　)(常考)

A. 我国是单轨制的典型国家

B. 我国正式实施的第一个现代学制是壬寅学制

C. 我国历史上的壬戌学制是以日本学制为蓝本的

D. 美国是单轨学制的代表国家

5. 我国高中阶段实行普通高中和职业高中全面分流,采用的教育制度是(　　)

A. 分支制　　B. 双轨制　　C. 混合制　　D. 单轨制

6. 下列哪种说法是错误的(　　)(易错)

A. 素质教育以促进知识深刻内化为目的

B. 素质教育以全面传授更有价值的知识为基础

C. 素质教育以激活每一位受教育者的个性潜能发展为核心

D. 素质教育以提高学生综合素质为目的

7. 在新中国不同时期的教育方针的表述中,首次明确提出"造就德、智、体、美等全面发展的社会主义事业建设者和接班人"的文件是(　　)

A. 1957年《关于正确处理人民内部矛盾的问题》

B. 1985年《中共中央关于教育体制改革的决定》

C. 1999年《中共中央国务院关于深化教育改革全面推进素质教育的决定》

D. 2010年《国家中长期教育改革和发展规划纲要(2010~2020年)》

8. 小丽和小明是同班同学。小丽是品学兼优的好学生,希望老师能够讲述一些课本以外的知识。小明学习稍吃力,希望老师能够多讲一些习题多做练习。尽管两名同学对老师的要求不同,老师还是选择按照教学大纲的要求,在保证课堂进度的同时适度练习,同时让学生学到课本以外的知识。这个案例体现了教育目的的(　　)(易混)

A. 调控功能　　B. 评价功能　　C. 导向功能　　D. 激励功能

9. 20世纪初期,明明开学报到的时候碰到了很多前来报到的女生,他感到很惊讶,父亲说过学校里只会有男生。而且课程上也有一些变化,读经课停开了,增加了一些自然科学的内容。这种现象的出现是因为实行了(　　)

A. 壬寅学制　　B. 癸卯学制　　C. 壬子癸丑学制　　D. 壬戌学制

10. 关于全面发展和个性发展之间的关系,下列说法不正确的是(　　)

A. 全面发展是每个人的全面发展,即"个性的全面发展"

B. 个性是每个人在全面发展的过程中由于客观存在的各种差异而形成的各不相同的个性,即"全面发展的个性"

C. 全面发展是以个人合乎本性的自由发展为条件的

D. 全面发展就是平均发展,是每个人同样的发展

11. 马克思主义关于"人的全面发展"的内涵,其一是指劳动能力的全面发展,其二是指实现人的个性的(　　)(常考)

A. 真正自由的发展　　B. 真正全面和自由的发展

C. 有条件的自由发展　　D. 有条件的全面发展

12. 学生对居室、日用品、服饰等方面按美的标准做出选择与合理的配置属于美育中的(　　)的能力。

A. 感受美　　B. 欣赏美　　C. 创造美　　D. 鉴赏美

13. 美国社会追求"民主、平等",其民主主义的教育目的包括自我实现、人际关系、经济效率和公民责任;而苏联学校教育的基本目的是培养全面发展的人,培养共产主义社会的积极建设者。这表明(　　)

A. 教育目的受制于政治、经济和科学文化的发展水平

B. 教育目的是社会的历史性与时代性的动态结合

C. 教育目的随着人类社会的发展而发展

D. 教育目的取决于人们的教育理想

14.(　　)既包含“为谁培养人”“培养什么样的人”的问题，也包含“怎样培养人”的问题和教育事业发展的基本原则。(易混)

A. 教育目的　　B. 教育方针　　C. 教育制度　　D. 教育法规

15. 在下列文件中，首次提出“有步骤地普及九年义务教育”的是(　　)

A.《中国教育改革和发展纲要》　　B.《中华人民共和国教育法》

C.《中共中央关于教育体制改革的决定》　　D.《中华人民共和国义务教育法》

16. 实施美育应遵循形象性、情感性、差异性、创造性等原则，(　　)是遵循差异性原则的体现。

A. 根据学生的不同个性进行审美教育　　B. 以情境教学为主要的教学方式

C. 引导学生掌握美的规则和美的显现方式　　D. 引导学生将审美情感投入生活

17. 下列哪项表述是错误的(　　)(易错)

A. 美育有助于学生劳动观点的树立、劳动技能的形成

B. 智育为人的发展提供物质基础

C. 使学生养成文明习惯是学校体育的任务之一

D. 美育可以提升人的精神境界和生活情趣

18. 我国古代各个历史时期的教育都要求受教育者“修己、立己、成己”，以养成个人的“个性、智能、学识”，并要外化出去。这反映了教育目的的(　　)

A.“社会本位”价值取向　　B.“个人本位”价值取向

C.“文化本位”价值取向　　D.“官本位”价值取向

19. 人的发展总是受到社会的制约，这意味着(　　)

A. 教育要坚持社会本位的价值取向　　B. 教育要充分考虑社会发展的需要

C. 教育目的的确定不应从个人出发　　D. 教育要为社会生活做准备

20. 我国依据马克思主义关于“人的全面发展学说”而确立的全面发展教育目的的核心要求是所有学生(　　)

A. 都获得个性成长　　B. 德智体美劳平均发展

C. 各科取得优异成绩　　D. 德智体美劳全面发展

二、多项选择题

1. 下列关于素质教育，表述错误的观点是(　　)

A. 教育自身存在不能够适应社会发展的问题是素质教育产生的重要背景

B. 素质教育主要是面向健康的学生

C. 素质教育不是一种具体的教育模式

D. 素质教育就是要消灭考试制度

2. 关于学制，下列表述正确的观点是(　　)

A. 壬子癸丑学制规定了义务教育的年限

B. 特殊学校和特殊班级的设立，可以不考虑学生一般的身心发展规律

C. 义务教育年限的长短成为一个国家教育发展程度的重要标志之一

D. 壬戌学制又称“五三三”制

3. 下列关于“教育无目的论”的表述，正确的有(　　)

A. 是美国教育家杜威提出的观点　　B. 并非指教育过程中不存在任何目标

C. 反对家长和学校为儿童确定教育目的　　D. 认为教育的唯一目的是使个人能维持生活

4. 以下关于教育目的的论述，正确的是(　　)

A. 教育目的是社会历史性与时代性的动态综合

B. 教育目的受制于生产力的发展水平

C. 人的身心发展特点和需要是确定教育目的的主观依据

D. 教育目的体现了人们的教育理想

5. 学校教育制度在形式上分为前制度化教育、制度化教育和非制度化教育，下列属于制度化教育的有(　　)

A. 晚清的“废科举，兴学校”

B. 学生在慕课网上在线学习精品课程

C. 以儿童身心发展规律为划分依据的壬戌学制

D. 原始社会的口耳相传和相互模仿学习

6. 下列说法正确的是(　　)

A. 美国学者克雷默认为世界上最早的学校是产生于公元前2500年的苏美尔学校

B. 一般认为，在夏朝的时候，我国就出现了学校

C. 有文字记载同时又有考古出土的实物证实的学校出现在商朝

D. 近代洋务运动以来，才正式改称“学堂”为“学校”

7. 下列关于教育目的的说法，正确的有(　　)(易混)

A. 教育目的与教育方针既有联系，也有区别，教育目的较理想，而教育方针较现实

B. 我国的教育目的较好地体现了个人本位和社会本位的历史的、具体的统一

C. 在当下中小学中，“升学率”最被看重，这属于实然的教育目的

D. 教育目的是人提出来的，形式上是主观的，因此教育目的没有客观性

8. 某小学开展全校学生参与的“童心课堂”“童趣社团”“童真沙龙”等系列教育活动，校园内营造出生动活泼的学习氛围。学校更有效地推进“童乐校园”的建设，学生好学乐学，身心得到全面发展。从实施素质教育的角度分析，上述材料说明素质教育(　　)

A. 面向全体学生　　　　B. 促进学生全面发展

C. 可以开展丰富多彩的活动　　　　D. 要求学生主动学习

三、判断题

1. 学校教育是一种非制度化的教育，在现代教育体系中，学校教育形态是教育的主体形态。(　　)

2. 教育目的是一种教育理想，属于理想的范畴。(易错)(　　)

3. 素质教育关心的是整个的人，而不是作为产品的人。(　　)

4. 非制度化教育就是对制度化教育的全盘否定。(　　)

5. 五育中，智育对应着数学、语文课，体育对应着体育课，美育对应着美术课，它们是一一对应的。(　　)

6. 教育目的对一切教育工作都具有导向作用。(　　)

7. 智育是全面发展教育的中心和基础，这并没有削弱德育的重要地位。(　　)

8. 教育目的的内容结构的核心部分是对受教育者身心素质的规定。(　　)

9. “教育无目的论”主张教育没有目的。(常考)(　　)

10. 个人本位的教育目的论典型的错误是抽象地谈论社会。(　　)

四、论述题

1. 全面发展教育是对含有各方面的素质培养功能的整体教育的一种概括，是对为使受教育者多方面得到发展而实施的多种素质培养的教育活动的总称。试论述我国全面发展教育的内容。

2. 试分析评价社会本位的教育目的论与个人本位的教育目的论的基本主张。(常考)

3. 在我国教育目的的实践中，多年来一直存在着中小学片面追求升学率的倾向，严重背离了教育目的的基本精神。试结合所学知识，谈谈如何克服这种消极现象。

五、案例分析题

1. **材料一**　习近平总书记在全国教育大会上强调："要在学生中弘扬劳动精神，教育引导学生崇尚劳动、尊重劳动，懂得劳动最光荣、劳动最崇高、劳动最伟大、劳动最美丽的道理。"

材料二　近期，《中国教育报》记者在湖南省平江县进行实地调查时发现，当前一些学生劳动意识日渐淡薄，一些学校和家庭的劳动教育趋于边缘化。一位老师说："一些孩子不爱劳动，不会劳动，甚至扫一下地都不愿意。"

(1)简要分析当前劳动教育不容乐观的原因。

(2)谈谈劳动教育对促进学生全面发展的意义。

(3)你认为学校应如何开展劳动教育？

2. 黄老师是刚刚从大学毕业的新老师。黄老师刚刚开始教学时，为了了解六(3)班的英语成绩，组织了一次随堂测验，结果发现该班学生的成绩差距很大，成绩好的学生可以在测验中取得96分，而成绩差的学生只取得31分。

这让黄老师感到很意外，在黄老师不知道该如何进行教学工作时，突然想到了大学时期学到的“要按素质教育的要求进行教育教学”，根据这点，黄老师认为，如果按照优秀学生的水平进行教学，则基础不好的学生会跟不上讲课的进度，所以应该按照班上学生的最低英语水平进行教学，这样才能确保每一位学生都能听懂。

请结合案例分析黄老师的观念是否正确，并说明理由。

真题必刷

一、单项选择题

1. [信阳市直]教育方针的核心是(　　)

A. 教育目的　　B. 教学大纲　　C. 教育目标　　D. 培养目标

2. [开封祥符区]素质教育是依据人的发展和社会发展实际需要，以(　　)为根本目的的教育。(常考)

A. 全面提高全体学生的素质　　B. 全面提高全体学生的思想道德水平

C. 全面促进全体学生身体健康成长　　D. 全面提高全体学生的智力潜能

3. [信阳浉河区]从学校文化的类型来看，中小学生行为准则属于(　　)

A. 观念文化　　B. 制度文化　　C. 物质文化　　D. 行为文化

4. [新乡卫滨区]德育在人的全面发展教育中起着(　　)作用。(易混)

A. 精神基础　　B. 物质基础　　C. 关键和决定　　D. 导向和动力

5. [新郑]关于校园文化，表述正确的为(　　)(易错)

A. 组织和制度文化是校园文化的核心　　B. 精神文化是校园文化的内在机制

C. 学校校长是校园文化的缔造者　　D. 校园文化是学校文化的缩影

6. [鹤壁淇滨区]近代学校系统的出现开启了(　　)的新阶段，它指向形成系统的各级各类学校。

A. 非正式教育　　B. 前制度化教育　　C. 制度化教育　　D. 后制度化教育

7. [郑州航空港区]我国近代教育史上第一个正式实施的学制是(　　)(常考)

A. 壬戌学制　　B. 壬子癸丑学制　　C. 壬寅学制　　D. 癸卯学制

8. [安阳殷都区]从教育目的作用的特点来看，教育目的有(　　)之分。

A. 正式决策和非正式决策　　B. 内在教育目的和外在教育目的

C. 价值性和功用性　　D. 终极性和发展性

9.［永城］下列关于教育目的与培养目标之间的关系，说法正确的是（　　）

A. 教育目的与培养目标在本质上指的是同一概念

B. 教育目的与培养目标毫无联系，是两个完全不同的概念

C. 教育目的与培养目标之间的关系是量变和质变的关系

D. 教育目的与培养目标之间的关系是普遍与特殊的关系

10.［安阳汤阴］学习"昆虫的种类"这节课时老师要求学生能准确识别昆虫，这种要求属于教育目的层次中的（　　）

A. 教育目的　　B. 培养目标　　C. 课程目标　　D. 教学目标

11.［郑州郑东新区］马克思认为，实现人的全面发展的唯一途径和方法是（　　）（常考）

A. 坚持教育的政治方向　　B. 学校教育与家庭教育相结合

C. 教育与生产劳动相结合　　D. 学校教育与社会教育相结合

12.［许昌市直］裴斯泰洛齐认为："发展各人天赋的内在力量，使其经过锻炼，使人能尽其才，能在社会上达到他应有的地位，这就是教育的目的。"这一观点所反映的教育目的价值取向是（　　）

A. 社会本位论　　B. 个人本位论　　C. 生活本位论　　D. 文化本位论

二、多项选择题

1.［安阳滑县］下列关于五育的表述正确的是（　　）

A. 学校体育的基本任务是掌握体育的基本知识

B. 劳动教育要重视"劳育结合"，避免"以劳代育"现象

C. 学校美育内容主要包括形式教育、理想教育、艺术教育

D. 智育是教育者创设一定情境，以提升教育对象的智慧水平为目标的教育

2.［南阳新野］美育的内容主要包括（　　）（易错）

A. 艺术美　　B. 社会美　　C. 科学美　　D. 自然美

3.［郑州二七区］教育目的的内容主要是从教育所要培养的人的哪些方面做出规定的（　　）

A. 全面发展　　B. 身心素质　　C. 社会价值　　D. 个人价值

4.［信阳市直］素质教育要求培养全面发展的学生。下列关于全面发展教育的说法，正确的有（　　）

A. 全面发展和因材施教应该结合起来

B. 全面发展就是全体学生平均发展

C. 五育各有自己的特点、规律和功能，缺一不可，不可相互替代

D. 五育之间相互联系、相互制约、相互依存、相互渗透

5.［周口川汇区］学校精神文化可分解为哪几种基本成分（　　）

A. 认知成分　　B. 情感成分　　C. 价值成分　　D. 学校精神成分

6.［荥阳］《中共中央国务院关于深化教育改革全面推进素质教育的决定》中指出，全面推进素质教育，根本上要靠________、靠________来保障。（　　）

A. 教师　　B. 社会　　C. 法治　　D. 制度

三、判断题

1.［安阳滑县］个人本位论的特点是注重个人价值、个性的发展及其需要。（常考）　　（　　）

2.［信阳浉河］双轨制最明显的特点是体现了教育的公平性。　　（　　）

3. [新乡市直]教育必须为社会主义现代化建设服务，是对我国教育目的社会性质的规定。（　）

4. [洛阳市直]素质教育的本质属性包括全员性、整体性和主体性，其中，整体性是素质教育的灵魂。（　）

5. [许昌市直]现代学校是面向国家应受教育的部分教育者有目的、有计划、有组织并系统地开展教育活动的专门机构。(易错)（　）

6. [郑州惠济区]我国教育目的制定的指导思想和理论基础是马克思关于人的全面发展学说。(常考)（　）

7. [开封市直]教育目的对教学过程的作用主要表现为导向功能、调控功能、评价功能。（　）

8. [驻马店驿城区]劳动技术教育是引导学生掌握劳动技术知识和技能，形成劳动观点和习惯的教育。（　）

四、填空题

1. [平顶山新华区]马克思认为________是导致人片面发展的原因。

2. [郑州金水区]现代学校教育制度主要有双轨制、单轨制和________三种类型。

五、简答题

[开封市直]简述我国教育目的的基本精神。

六、论述题

1. [周口市直]请结合实际谈谈你对新时代“五育并举”育人体系的理解。

2. [安阳殷都区]2017年9月25日，教育部发布《中小学综合实践活动课程指导纲要》，《指导纲要》提出中小学综合实践活动课程是义务教育和高中课程方案规定的必修课程，与学科课程并列设置，从小学到高中，各年级全面实施，所有学生都要学习，都要参加。实施综合实践活动课程的主要目的是全面提高学生的素质。

试论怎样正确理解素质教育的内涵。请结合自身学科谈谈如何在你将来所在的学校(请根据报考小学、初中、职业高中各自选择相应学段)通过具体的教学活动，特别是在综合实践活动中发挥学科特色和作用来全面提高学生的素质。

七、综合分析题

[新密]自2022年秋季学期开始,劳动课程成为中小学的一门独立课程进入全国中小学课堂。劳动课程强调学生的直接体验和亲身参与,从中习得劳动知识和技能,感悟劳动的价值。结合材料,请说明劳动教育进入中小学课堂的意义。

第四章　教师与学生

基础必刷

专题1 教师及其职业素养

一、单项选择题

1. “学高为师”“良师必须是学者”强调的是(　　)对教师专业发展的重要性。

A. 本体性知识　　B. 条件性知识　　C. 实践性知识　　D. 一般文化知识

2. 当一个人步入中年甚至老年时,依然能感受到学生时代教师对自己的影响。这表明教师劳动的(　　)特点。

A. 示范性　　B. 复杂性　　C. 创造性　　D. 长期性

3. 不少从教多年的教师,虽然经验丰富,却难以形成对教育教学工作的理论认识,这制约了他们的专业成长。从知识结构的角度看,这是因为他们较为缺乏(　　)的储备。(易错)

A. 本体性知识　　B. 条件性知识　　C. 实践性知识　　D. 程序性知识

4. 苏霍姆林斯基说:“当一个孩子跨进学校的大门成为你的学生,你就成为他心目中智慧、理智与道德的典范。”这体现了教师劳动的(　　)特点。

A. 示范性　　B. 复杂性　　C. 主体性　　D. 创造性

5. (　　)是教师职业最基本的形象。(易混)

A. 文化形象　　B. 人格形象　　C. 道德形象　　D. 学术形象

6. 教师的知识不仅要“博”,而且要“专”,就教师知识素养的构成而言,这里的“专”指的是教师的(　　)(常考)

A. 本体性知识　　B. 条件性知识　　C. 实践性知识　　D. 文化知识

7. 教师职业社会地位的内在标准是教师职业的(　　)

A. 政治地位　　B. 经济地位　　C. 法律地位　　D. 专业地位

8. 经过长时间的积累,教师会形成个性化的、独特的、富有规律性的做法。这些做法属于(　　)

A. 本体性知识　　B. 通识性知识　　C. 条件性知识　　D. 实践性知识

9. “道之所存,师之所存也”体现了教师(　　)的职业角色。(常考)

A. 传道者　　B. 授业者　　C. 解惑者　　D. 引导者

10. “亲其师,效其行,听其言,信其道”所体现的教师职业角色是(　　)

A. 传道者　　B. 示范者

C. 教育工作实施者　　D. 教育活动组织者

11. 教学过程中,你发现学生趴在桌子上,于是走到他面前,伸手摸他的额头,看其是否感冒发烧,这时你扮演的角色是(　　)

A. 研究者　　B. 管理者　　C. 传道、授业者　　D. 家长代理人

12. 王老师下班后，仍惦记着情绪不好的小明，积极与小明家长进行电话联系，这反映了教师劳动的（　　）特点。

A. 广延性　　B. 创造性　　C. 长期性　　D. 主体性

13. 法国文学家加缪获得诺贝尔文学奖后，第一时间给他的小学老师写了一封信表示感谢。这反映了教师劳动具有（　　）的特点。

A. 复杂性　　B. 长期性　　C. 创造性　　D. 示范性

14. 孔子在面对不同学生提出的相同问题时，总会根据不同的情况给予不同的回答，如：某生生性犹豫，孔子鼓励他立刻行动；某生生性鲁莽，孔子叫他三思而后行。这说明了教师劳动的（　　）特点。

A. 专业性　　B. 多角色性　　C. 主体性　　D. 创造性

15. 教师借助“微课”“翻转课堂”等新技术、新方法进行教学，体现了教师劳动的（　　）特点。

A. 复杂性　　B. 长期性　　C. 创造性　　D. 示范性

16. 陶行知先生的“捧着一颗心来，不带半根草去”的教育信条体现了教师的（　　）素养。

A. 教育理论知识　　B. 崇高的职业道德

C. 文化科学知识　　D. 过硬的教学基本功

17. 教师热爱教育事业具体体现在（　　）上。

A. 为人师表　　B. 敬业奉献　　C. 热爱学生　　D. 团结协作

18. 我国奴隶社会时期，教育的一个重要特点是“学在官府”“以吏为师”。按照教师职业的历史发展，这属于教师职业的（　　）

A. 非职业化阶段　　B. 职业化阶段　　C. 专门化阶段　　D. 专业化阶段

19. 世界上最早的师范教育机构诞生于（　　）

A. 英国　　B. 法国　　C. 美国　　D. 日本

20. 教师个体专业化发展最直接、最普遍的途径是（　　）（常考）

A. 师范教育　　B. 入职培训　　C. 自我教育　　D. 在职培训

21. 教师的根本任务是（　　）（常考）

A. 教学　　B. 班级管理　　C. 发展学生智力　　D. 教书育人

22. 师范学校的出现，与教师成为一种独立的社会职业，从时间上来说（　　）（易错）

A. 是同时的　　B. 师范学校出现得早

C. 教师成为一种独立的社会职业的时间早　　D. 说不清楚

23. 教师是教育工作的组织者、领导者，在教育过程中起（　　）

A. 桥梁作用　　B. 关键作用　　C. 主导作用　　D. 决定作用

24. 教师的劳动成果是学生的品德、知识和能力，而非显性的物质财富。这说明教师的劳动具有（　　）特点。

A. 创造性　　B. 长期性　　C. 间接性　　D. 示范性

25. 教师知识结构的核心是（　　）（常考）

A. 精深的学科专业知识　　B. 必备的教育科学知识

C. 政治理论修养　　D. 丰富的实践知识

26. 明老师经常外出开会，班级管理完全交给学生，纪律井然有序。这一教师的管理类型最可能属于（　　）

A. 仁慈专断型　　B. 民主型　　C. 强硬专断型　　D. 放任型

27. 1966年，联合国教科文组织在《关于教师地位的建议》中指出，应该把教师职业视为一种(　　)

A. 独立的社会职业　　B. 非独立的社会职业

C. 非专门化职业　　D. 专门化职业

28. 英国广播公司(BBC)基于剑桥大学研究者的数据体系，分析了365种职业未来的"被淘汰概率"。其中，电话推销员、打字员、银行职员等职业，分别以99.0%、98.5%、96.8%的概率，被列为可被人工智能取代的职业；而艺术家、心理医生、教师等职业分别以3.8%、0.7%、0.4%的概率，被列为最不可能被人工智能取代的职业。上述材料说明教师的劳动具有(　　)的特点。

A. 示范性　　B. 复杂性　　C. 合作性　　D. 长期性

29. "教学有法，教无定法"表明教师的教育活动具有(　　)(常考)

A. 长期性　　B. 连续性　　C. 创造性　　D. 个体性

30. (　　)是教师专业发展的一个关键阶段，其突出特点是"骤变与适应"。

A. "虚拟关注"阶段　　B. "生存关注"阶段

C. "非关注"阶段　　D. "任务关注"阶段

31. 依据"自我更新"取向的教师专业发展阶段理论，主要关注"我怎么样才能行"的教师，处于专业发展的(　　)

A. "非关注"阶段　　B. "虚拟关注"阶段　　C. "生存关注"阶段　　D. "任务关注"阶段

32. 某教师对学生说："我让你们干什么，你们就得干什么。"该教师的管理类型属于(　　)

A. 仁慈专断型　　B. 放任自流型　　C. 民主型　　D. 强硬专断型

33. 根据《中华人民共和国教师法》的规定，教师是履行教育教学职责的(　　)

A. 技术人员　　B. 管理人员　　C. 科研人员　　D. 专业人员

34. (　　)认为，教师是太阳底下最崇高、最优越的职业。(常考)

A. 苏格拉底　　B. 赫尔巴特　　C. 夸美纽斯　　D. 裴斯泰洛齐

35. 教师职业是促进个体(　　)的职业。

A. 自由化　　B. 现实化　　C. 专业化　　D. 社会化

36. 教师专业理想确立、专业情感积淀、专业技能提高、专业风格形成的关键是(　　)

A. 师范教育　　B. 入职培训　　C. 在职培训　　D. 自我教育

二、多项选择题

1. 教师专业发展的内容包括(　　)

A. 专业理想的建立　　B. 专业知识的拓展

C. 专业自我的形成　　D. 专业能力的提高

E. 专业态度的完善

2. 苏霍姆林斯基认为：没有一条教育规律、没有一条真理是可以对一切儿童绝对适用的。培养人首先要了解他的心灵，看到并感觉到他的个人世界。这反映了教师劳动的(　　)特点。

A. 示范性　　B. 系统性　　C. 复杂性　　D. 创造性

E. 间接性

3. 之所以说教师劳动具有创造性是因为(　　)

A. 学生的学习往往是通过对教师的模仿来进行的

B. 教师在教学中需要因材施教

C. 教学情境往往是难以控制的

D. 学生的一举一动都反映着教师的影子

E. 教师需要不断更新教学方法

4. 教师专业发展的实践—反思取向主张教师通过实践反思，发现教育教学意义，获得实践智慧。其主要方法有(　　)

A. 教师访谈　　B. 参与性观察　　C. 教育叙事　　D. 文献分析

E. 合作教研

5. 下列词语可以用来概括教育机智的是(　　)(常考)

A. 对症下药　　B. 发散思维　　C. 掌握分寸　　D. 因势利导

E. 随机应变

6. 教师的职业形象包括(　　)

A. 道德形象　　B. 文化形象　　C. 社会形象　　D. 人格形象

E. 劳动形象

7. 下列属于教师的教育教学能力的有(　　)

A. 教学实施的能力　　B. 教学组织管理能力

C. 语言表达能力　　D. 学生评价能力

E. 课程开发与建设能力

8. 一名优秀教师所应具备的心理素质包括(　　)

A. 高尚的师德　　B. 较高的教育机智

C. 愉悦的情感　　D. 良好的人际关系

E. 健康的人格

9. 教师个人为实现专业化应做的主观努力主要有(　　)

A. 勤于反思　　B. 恒于研究　　C. 坚定信念　　D. 善于学习

E. 勇于实践

10. 教师职业的发展阶段包括(　　)

A. 非职业化阶段　　B. 职业化阶段　　C. 专门化阶段　　D. 专业化阶段

E. 成熟阶段

三、填空题

1. “才高八斗”“学富五车”体现的是教师的________形象。(易混)

2. 从“自我更新”取向的角度来看，当教师处于________阶段时，不仅面临着由教育专业的学生向正式教师角色的转换，也存在所学理论知识和具体教学实践的“磨合期”。

3. 教师的________是教师做好教育工作的前提，也是衡量教师能否胜任本职工作的基本条件。

4. 教师既要发展学生的智力、培养学生的能力，还要培养学生的思想品德，这是教师劳动________的复杂性的体现。

5. 从历史发展的总趋势来看，教师专业发展的核心以及最终体现就在于________。

6. 在教学过程中会遇到很多意想不到的情况，这要求教师能运用________来解决问题。

7. ________是教师综合素质最突出的外在表现,也是评价教师专业性的核心因素。

8. ________是教师职业道德的基础,也是教师劳动积极性和创造性的源泉。

9. “学高为师,身正为范”体现了教师劳动的________特点。(常考)

10. “教师的劳动不直接创造物质财富,而是以学生为中介实现教师劳动的价值。”这句话体现了教师劳动的________。

四、简答题

1. 教师的职业角色表现在哪些方面?

2. 简述教师劳动的特点。

3. 简述教师职业道德素养的主要内容。

4. 教师应如何热爱学生?

五、案例分析题

赵老师是学校公认的好教师。在师范院校就读期间,为了成为一名称职的语文教师,除了认真学习本专业各门课程,他还广泛涉猎了其他专业知识。在从事语文教学之后,他经常阅读中外名家名著。从教近10年来,为了提高自己的教育教学与科研水平,他还不断地学习教育学、心理学和现代教育技术的知识,通过反思自己的教学实践,创新教育教学方式,形成了独特的教学风格和实践智慧。

请从教育学角度分析赵老师的知识素养。

专题2 学生

一、单项选择题

1. 学生对教师的依赖并不是对教师的完全盲从，这体现了学生的(　　)

A. 主导性　　B. 主观能动性　　C. 客体性　　D. 自主性

2. 某校在实施一项帮助问题学生的特殊教育计划时，泄露了一些学生的家庭困难和个人生理缺陷等信息，导致这些学生的尴尬和不安，甚至有学生再也不愿意上学。根据联合国《儿童权利公约》，这所学校的做法违背了(　　)

A. 儿童最大利益原则　　B. 无歧视原则

C. 尊重儿童权利与尊严原则　　D. 尊重儿童观点原则

3. 学生既是教育的对象，也是教育的主体。以下是一些老师的学生观，其中正确的是(　　)

A. 王老师认为学生是被动的客体，学生应该接受教师的指导

B. 杨老师认为学生是发展中的人，具有明显的发展特征

C. 曾老师认为学生是成熟的人，他们能够独立完成一些任务

D. 邓老师认为学生是被塑造的人，他们需要教师的帮助

4. 张老师在李鹏的评语册中写道："虽然还存在诸多不足，但只要继续努力，就一定能取得更大的进步。"该评语最能体现出张老师的学生观是(　　)

A. 学生是发展中的人　　B. 学生是具有独立意义的人

C. 学生是独特的人　　D. 学生是教育活动的对象和自我教育的主体

5. 学生主观能动性最基本的表现是(　　)(易混)

A. 独立性　　B. 自主性　　C. 创造性　　D. 自觉性

6. 下列选项中不属于学生主观能动性的表现的是(　　)

A. 创造性　　B. 自觉性　　C. 独立性　　D. 可选择性

7. 小学三(1)班班主任李老师用了一支比较别致的笔，不久全班多数同学也用上了和李老师一样的笔。这说明小学生具有(　　)(易混)

A. 依赖性　　B. 向师性　　C. 接受性　　D. 可塑性

8. 1989年11月20日联合国大会通过《儿童权利公约》，其核心精神是维护青少年儿童的(　　)

A. 受教育机会　　B. 社会权利主体地位

C. 身体健康发展权利　　D. 尊严和权利

9. 下列不属于联合国《儿童权利公约》的核心精神的基本原则是(　　)

A. 无歧视原则　　B. 尊重儿童意见原则

C. 儿童利益最佳原则　　D. 无差别原则

10. 魏巍在《我的老师》一文中提到："我们见了她(蔡老师)不由得就围了上去。即使她写字的时候，我们也默默地看着她，连她握笔的姿势都急于模仿。"这一叙述体现了学生的(　　)特点。

A. 可塑性　　B. 向师性　　C. 复杂性　　D. 创造性

11. (　　)也称主动性，表现在学生能根据一定的目标或要求，自行采取相应的态度或行动。

A. 独立性　　B. 自觉性　　C. 创造性　　D. 自主性

12. 李岩将来想当一名科学家,他的数学老师却说:"你现在学数学都那么吃力,以后物理、化学肯定也学不好,一定不能把成为一名科学家作为人生目标。"数学老师的说法(　　)

A. 忽视了学生的主体性　　B. 忽视了学生的发展性

C. 忽视了学生的创造性　　D. 忽视了学生的差异性

13. 学生尤其是小学生极易出现"染于苍则苍,染于黄则黄"的现象。这反映的学生特点是(　　)(常考)

A. 向师性　　B. 依赖性　　C. 可塑性　　D. 独特性

14. 学生既是教育的对象,又是自我教育和发展的主体,其主体作用的最高表现形式为(　　)

A. 自觉性　　B. 独立性　　C. 主动性　　D. 创造性

15. 我国中小学生发展的时代特点不包括(　　)

A. 身体素质下降　　B. 自我意识减弱

C. 学习目的实用化　　D. 心理问题增多

16. 教师怎样对待学生,取决于教师怎样看待学生,尤其是怎样理解学生与教师的关系。这就是教师的(　　)

A. 学生观　　B. 价值观　　C. 发展观　　D. 教育观

17. 下列关于新课程倡导的学生观的论述,不正确的是(　　)

A. 学生是具有发展潜能的人　　B. 学生是一个完整的人

C. 学生是以升学为主要任务的人　　D. 学生是具有主观能动性的人

18. 现代学生观倡导(　　)(常考)

①学生是发展中的人　　②学生是独特的人

③学生是单纯抽象的学习者　　④学生是具有独立意义的人

A. ①②③　　B. ②③④　　C. ①③④　　D. ①②④

19. 教师将自己的意志强加于学生,扼杀学生的学习兴趣,从而使学生被所谓的"标准答案"框住,压抑了学生创造的天性。这违背了学生(　　)的本质属性。

A. 依赖性　　B. 生成性　　C. 自主性　　D. 整体性

20. "学生如同泥坯,他能否成型,依赖于教师的雕塑。"这个说法忽视了学生的(　　)

A. 可塑性　　B. 发展性　　C. 能动性　　D. 向师性

二、多项选择题

1. "把学生看成是独特的人"的基本含义是(　　)(常考)

A. 学生是完整的人　　B. 每个学生都有自身的独特性

C. 学生与成人之间存在着巨大的差异　　D. 学生与成人没有差别

E. 学生与学生之间没有差别

2. 教育家卢梭曾说:"我们对儿童的教育从观念上就错了,我们用成年人的思维对待孩子,我们用成年人的方法教育孩子,其结果必将是误入歧途。"这句话体现的学生观有(　　)

A. 学生是具有被动性的人　　B. 学生是接受教育的人

C. 学生是未成年人　　D. 学生是和成人有差别的人

E. 学生是正在发展中的人

3.“慢养孩子,静待花开。”从学生观来看,这体现了(　　)

A. 学生身心发展是有规律的　　B. 学生具有巨大的发展潜能

C. 学生是完善的人　　D. 学生是发展中的人

E. 学生是具有独立意义的人

4.“把学生看成是具有独立意义的人”的基本含义是(　　)(易混)

A. 每个学生都是独立于教师的头脑之外,不以教师的意志为转移的客观存在

B. 学生是学习的主体

C. 每个学生都有自身的独特性

D. 学生是责权主体

E. 学生的发展是全面的发展

三、论述题

试述学生的特点。

四、案例分析题

1. 我在一所农村中学当毕业班的班主任,学生的一些行为真的让我觉得既可爱又可恨。为什么这样说呢?一部分学生不用我操心,所以这部分学生让我觉得省心,就感觉他们是可爱的。而有那么几个调皮捣蛋的家伙就让我时时牵挂着,他们不是逃课去上网打电游,就是到处惹是生非,甚至晚上就寝以后还偷偷溜出去上网。我这个班主任可以说是完全为他们几个而当的,晚上自己睡不踏实,还得去寝室看看,留心一下那几个学生在不在。终于这一届学生马上就毕业了,我也可以休息一下了。不过,经过那么多年的班主任生活,我还是发现,往往那些调皮不省心的学生毕业以后能够时常想起我这个班主任,任何时候只要看到我就一定停下来和我打招呼。所以这些既可爱又可恨的学生啊,我真不知道该怎么说才好。

根据这个案例,请你谈谈我们该怎样认识“学生”。

2. 小明是某小学四年级学生，学习不积极，调皮数第一，经常上课说话，传纸条，扰乱课堂教学秩序，学习成绩也不尽如人意。班主任王老师和小明多次谈话，效果都不理想。但王老师也发现，小明很热情，与班里同学相处融洽，另外，他有一定的体育天赋，在各类体育比赛中名列前茅，为班级多次争得了荣耀。为更好地帮助小明转变，王老师去小明家做了家访，这才发现，小明父母忙于工作，陪伴照顾孩子的时间很少，让小明感觉自己被忽视。有一天，王老师把小明叫到办公室促膝长谈，委派他做体育委员，并让他负责管理班级的纪律，小明虽然有些难以置信，但还是高兴地接受了。从那天开始，小明以身作则，班级的秩序有了很大的改观。另外，王老师还发现小明在学习上的积极性也越来越强了，学习成绩也有了起色。

(1)作为教师，应树立什么样的学生观？

(2)请结合学生观的相关知识，分析案例中班主任王老师的做法？

专题3 师生关系

一、单项选择题

1. 中国人有句俗话“师生如父子”，这句话的正确内涵是(　　)(常考)

A. 师生关系就是父子关系

B. 师生关系基本等同于父子关系

C. 教师对学生既有像父母一样的关爱，又有像父母对自己的子女一样的偏爱

D. 教师对学生有像父母一样的关爱，却没有像父母对自己的子女一样的偏爱

2. 下列关于师生关系的表述，正确的是(　　)

A. 教师是中心，学生是主体　　B. 师生是上下级关系

C. 师生是单向关系　　D. 师生是民主平等的关系

3. (　　)是教育活动过程中最基本、最重要的关系。

A. 师生关系　　B. 生生关系　　C. 师师关系　　D. 群体关系

4. 良好师生关系建立的关键在(　　)(易错)

A. 学生　　B. 教师　　C. 学校　　D. 社会

5. 在课堂上，教师让学生自主学习，学生各行其是，教师能够解答学生的问题，但不能给予及时的正确指导，不认真检查学习结果。这种师生关系的形态属于(　　)

A. 对立型　　B. 民主型　　C. 依赖型　　D. 放任型

6. 影响师生关系的核心因素是(　　)

A. 教师的素养　　B. 学校的管理　　C. 国家的政策　　D. 学生的认识

7. 学生对教师必须服从,学生个性受到压抑。这体现的是(　　)

A. 教师中心论　　B. 学生中心论　　C. 教育中心论　　D. 知识中心论

8. 关于教师和学生在教育过程中的地位和作用,历史上许多教育家都有过深刻的探讨。德国教育家赫尔巴特的主张属于(　　)

A. 学生中心论　　B. 教师中心论　　C. 学生主体论　　D. 教师主体论

9. 师生关系在教学层面上的特点是(　　)(常考)

A. 民主平等　　B. 授受关系　　C. 相互促进　　D. 长善救失

10. 人类现实利益关系在教育教学中的反映是师生之间的(　　)

A. 道德关系　　B. 代际关系　　C. 权威与服从关系　　D. 授受关系

11. 在道德修养方面,良好的师生关系体现为(　　)

A. 民主平等关系　　B. 知识授受关系　　C. 互相促进关系　　D. 示范模仿关系

12. 师生关系中最基本的关系是(　　)(常考)

A. 教育关系　　B. 心理关系　　C. 道德关系　　D. 人际关系

13. 师生关系体系中最高层次的关系形式是(　　)

A. 教育关系　　B. 心理关系　　C. 社会关系　　D. 伦理关系

14. (　　)是促进学生身心健康发展、促进教育教学活动顺利进行的基本保证。

A. 良好的师生关系　　B. 良好的硬件设施　　C. 良好的课堂纪律　　D. 良好的学校环境

15. 以下不属于建立良好师生关系的基本策略的是(　　)

A. 了解和研究学生　　B. 树立正确的学生观

C. 热爱和尊重学生　　D. 从严惩罚违反纪律的学生

16. 关于师生关系,下列说法不正确的是(　　)

A. 教师是传授者,学生是接受者

B. 教师的性格、气质会影响学生对他的态度

C. 良好的师生关系建立在尊重学生的绝对自由上

D. 良好的师生关系是学生健康成长的保障

17. 现代师生伦理关系的核心要求是(　　)

A. 鼓励学生　　B. 关心学生　　C. 以人为本　　D. 民主平等

18. 师生关系的内容不包括(　　)

A. 在教育内容的教学上结成授受关系　　B. 在人格上是平等的关系

C. 在班级秩序上是管理和被管理的关系　　D. 在社会道德上是互相促进的关系

19. 张老师缺乏责任心和爱心,对学生的学习和发展放任自流;学生对他的教学能力产生怀疑,并常常议论其人格;师生关系冷漠,教学效果较差。由此推测张老师与学生之间的关系倾向于(　　)师生关系。

A. 专制型　　B. 放任型　　C. 民主型　　D. 友好型

20. 下列哪种师生关系类型普遍受学生欢迎(　　)

A. 对立型　　B. 权威型　　C. 放任型　　D. 民主型

二、多项选择题

1. 专制型师生关系下，学生的典型表现有（　　）

A. 唯命是从　　B. 学习被动

C. 不能发挥独立性、创造性　　D. 对教师的人格议论、轻视

E. 对教师的教学能力怀疑、失望

2. 新学期开始，张老师作为班主任想要与学生建立起良好的师生关系，他应该采取的措施包括（　　）

A. 了解学生的兴趣、学习态度等　　B. 提高自我修养，学会自我控制

C. 在各方面照顾成绩好的学生　　D. 主动与学生沟通

E. 尊重学生的看法，鼓励学生

3. 创建新型的师生关系应满足的要求是（　　）（常考）

A. 尊师爱生　　B. 民主平等　　C. 教学相长　　D. 心理相容

E. 师道尊严

4. 下列选项中属于增强师生之间心理相容性的措施的是（　　）

A. 多接触学生，研究学生，了解学生的心理状态

B. 理解学生，发挥非权力性影响，一视同仁地与所有学生交往，善于倾听不同意见

C. 遵循教育规律，多采取讨论、启发等教学方法

D. 为人师表，以人格力量感化学生

E. 虚心向学生学习

5. 李涛是一位教学经验丰富的老教师，课堂教学生动活泼。但是学生和家长对他的评价并不好，因为他经常会口不择言地训斥学生，甚至伤害到学生的自尊。同时，他还有赌博的习惯，甚至向学生家长借钱且长期不还。李涛的行为违背了师生之间在（　　）

A. 教学上的授受关系　　B. 人格上的平等关系

C. 社会道德上的相互促进关系　　D. 日常教学活动中的服从关系

E. 教育中的教学相长关系

三、判断题

1. 中国古代的师生关系是民主平等的。（　　）

2. 我国中小学课桌的摆放多呈“秧田式”，它有利于师生之间的交往及生生之间的交往。（　　）

3. 教师中心论以赫尔巴特为代表人物，片面强调教师的权威，视教师为凌驾于学生之上的主宰人物。（　　）

4. “尊师爱生”即先有尊师后有爱生。（常考）（　　）

5. 师生关系是一所学校的精神风貌、校风、教风、学风的整体反映，是一种重要的课程资源。（　　）

6. “学然后知不足，教然后知困”体现了师生关系的教学相长的特点。（　　）

四、简答题

良好师生关系的作用有哪些？

五、论述题

1. 试述“教师中心论”和“儿童中心论”的主要观点并进行评价。(常考)

2. 影响师生关系的因素有哪些?

3. 如何全面地认识教师与学生的关系?

提升必刷

一、单项选择题

1.《说文解字》对“教育”二字的阐释是:教,上所施,下所效也;育,养子使作善也。这体现了我们的祖先重视教师劳动的(　　)(易错)

A. 创造性　　B. 复杂性　　C. 示范性　　D. 长效性

2. 一位教育家说:“谁要是自己还没有发展、培养和教育好,他就不能发展、培养和教育别人。”这说明(　　)

A. 教师的教影响学生的学　　B. 教师的学影响教师的教

C. 学生的学影响教师的教　　D. 学生的学影响教师的学

3. 教师应该成为学科领域的“临床专家”,像名医那样进行“精准诊断”“精准施治”和“科学组方”。这主要体现了教师的(　　)

A. 理论素养　　B. 能力素养　　C. 研究素养　　D. 道德素养

4. 师生关系是学校教育活动中最重要的关系,良好的师生关系是教学成功的重要保证。对良好的师生关系的正确理解应该是(　　)

①教师要让学生自由发展

②教师是权威,学生要无条件服从教师的管教

③学生作为独立的社会个体,在人格上与教师是平等的

④师生之间是朋友式的友好帮助关系

A. ①②　　B. ②④　　C. ③④　　D. ①③

5.“弟子不必不如师，师不必贤于弟子，闻道有先后，术业有专攻，如是而已。”这种观点给当今教育的启示是(　　)

A. 教学相长，相互尊重　　B. 乐教善教，讲究教法

C. 严于律己，为人师表　　D. 有教无类，教书育人

6. 某初中教师带领学生参观当地水库时，有学生提出了关于水污染的相关问题。该教师便根据所提问题的类型将学生划分成不同的小组，引导学生对各组问题展开调查，并通过调查和学习，形成调查报告。该教师的行为体现的教师角色主要是(　　)

A. 知识传授者　　B. 传道者　　C. 促进者　　D. 反思者

7.“家有一斗粮，不当孩子王。”这种说法反映了中国传统社会中教师普遍较低的(　　)

A. 政治地位　　B. 经济地位　　C. 法律地位　　D. 专业地位

8.“世之质文，随教而变”，这一现象反映在学生身上，体现了学生具有(　　)

A. 可塑性　　B. 依赖性　　C. 向师性　　D. 独特性

9. 孟子说“征于色，发于声，而后喻”，意在强调教师的(　　)(常考)

A. 道德素养　　B. 专业知识　　C. 能力素养　　D. 教育机智

10. 教师所使用的教具、教材，必须为教师自己所掌握，成为教师自己的东西，才能向学生传授。这体现了教师劳动的(　　)

A. 长期性　　B. 复杂性　　C. 主体性　　D. 示范性

11. 学生尊重教师，尊重教师的劳动，使教师感受到自身存在的价值和从事教育工作的光荣，从而增强工作的责任感、荣誉感，坚定献身教育事业的信念，发奋搞好教育工作，更好、更多地培养人才；学生在教师的爱护中，感受到师爱的温暖，感受到教师殷切的期待，学生以师爱为动力，奋发向上，不辜负教师的培养和期望。这说明师生关系具有(　　)

A. 激励功能　　B. 教育功能　　C. 调控功能　　D. 社会功能

12. 在校本教研中，经常采用“同课异构”的方式，这体现了教师劳动的(　　)

A. 复杂性　　B. 广延性　　C. 长期性　　D. 创造性

13. 以下关于教师的表述，不正确的是(　　)

A. 教师属于国家公务员　　B. 教师是学习者和研究者

C. 教师是学生的朋友　　D. 师范教育的产生促使教师的培养走向专门化

14. 新教师王老师在上入职后的第一节课时，尽管在教学内容和时间上做了很充分的准备，但是由于紧张，她的教学过程显得匆忙，语速快，也没有关注到学生，最后还没有按时下课。你认为王老师今后在教师能力素养方面应首先提高(　　)

A. 组织教育和教学能力　　B. 语言表达能力

C. 组织管理能力　　D. 自我调控能力

15. 甲和乙在讨论学生在教育中的地位，他们把教师和学生做了不同的比喻：甲将学生比作船，教师则是舵手；乙将学生比作太阳，教师则是地球。对甲和乙的说法，正确的评判应当是(　　)

A. 甲的比喻恰当　　B. 乙的比喻恰当

C. 甲、乙的比喻都不恰当　　D. 甲、乙的比喻都比较恰当

16. 根据最新的教育研究与理论发展趋势，以及新课程改革对教师提出的新要求，现代教师在教学过程中要

扮演不同的角色，教师职业角色中最具核心性和基础性的角色是(　　)(易错)

A. 传道、授业者　　B. 引导者　　C. 管理者　　D. 课程开发者

17. 教师要具有符合时代特征的学生观。这就要求教师正确理解学生全面发展与个性发展的关系、全体发展与个体发展的关系以及(　　)

A. 智力发展与创造力发展的关系　　B. 现实发展与未来发展的关系

C. 智力发展与体力发展的关系　　D. 思想发展与心理发展的关系

18. 某学校举行讲课比赛，青年教师小张认真研究教材，依据新的教育思想与教学方法设计教学课件，为参加比赛做好准备。在讲课时，评委提问小张对教学知识点前沿研究趋势的认识。依据平时的积累，小张迅速做出恰当、合理的回答，赢得了评委的赞赏。这主要反映了教师工作的(　　)

A. 示范性与榜样性　　B. 复杂性与创造性

C. 全面性与细致性　　D. 主体性与长期性

19. “资之深，则取之左右逢其源”强调教师应具有(　　)

A. 崇高的政治理论素养　　B. 精深的学科专业知识

C. 广博的科学文化知识　　D. 丰富的教育理论知识

20. 苏老师在教学过程中注重引导学生自觉学习，通过各种教学活动来激发学生学习的主动性和积极性。苏老师的观点符合下列哪一学生观(　　)

A. 学生是具有巨大发展潜能的人　　B. 每个学生都有其自身的独特性

C. 学生是具有独立意义的人　　D. 学生与成人之间存在着差异

21. “走上讲台，我就是课程。”这句话深刻揭示了教师劳动的(　　)(易错)

A. 复杂性　　B. 创造性　　C. 长期性　　D. 示范性

22. 学生在教育过程中的地位一直是教育史上争论的重大问题，“把学生看成是可以随意涂抹的一张白纸，一个可以任意填灌的装知识的容器”，这是(　　)的代表观点。

A. 社会本位论　　B. 个体本位论　　C. 教师中心论　　D. 学生中心论

23. 春秋时期孔子兴办私学，“自行束脩以上，吾未尝无悔焉”。就教师职业的发展历史而言，这属于教师职业发展的(　　)

A. 非职业化阶段　　B. 职业化阶段　　C. 专门化阶段　　D. 专业化阶段

24. 一位语文教师上公开课，在引经据典时，讲到了《木兰诗》中花木兰女扮男装、替父从军的故事。不巧，这时有位学生突然举手问道：“我国古代妇女都要裹小脚，裹了小脚的妇女怎能行军作战呢?”面对这突如其来的提问，老师显得十分尴尬，只好如实对学生说：“这个问题我还真没想到，待下课后查阅资料再做解答。”这一教学片段体现了教师(　　)的不足。

A. 学科专业知识　　B. 通用知识　　C. 教育科学知识　　D. 实践知识

25. 在学生眼里，老师是“吐辞为经、举足为法”的象征。这反映的是教师劳动的(　　)(常考)

A. 长期性　　B. 连续性　　C. 创造性　　D. 示范性

二、多项选择题

1. 影响师生关系的环境因素主要包括(　　)

A. 学校的教学设施建设　　B. 学校的人际关系环境

C. 课堂的组织环境　　D. 教师的领导方式

2. 下列表述中，体现对教师能力素养要求的是(　　)(易错)

A. “要使学生获得一点知识的亮光，教师应吸进整个光的海洋”

B. 教师应“既知教之所由兴，又知教之所由废”

C. 教师语言表达要做到“生动、形象、具有启发性”

D. 教师应注意课堂教学中的自我监控与课后的自我反思

3. 以下情况属于教师巧妙运用教育机智的是(　　)

A. 课堂上，一只小鸟突然飞进教室，教师用幽默的语调转移了学生对小鸟的注意

B. 学生在课堂上打架，教师不予理睬

C. 学生在课堂上窃窃私语，教师用一个笑话解决了课堂的混乱

D. 教师在课堂上突发奇想，组织学生玩起了游戏

4. 一名知名幼儿园教师回忆道：“我在读师范时，认真学好各门功课，还认真学画画、练美术字、参加诗歌朗诵、创作舞蹈等；我也很喜欢音乐，所以学指挥、练习弹钢琴。夏天在小小的琴房里弹钢琴，尽管被蚊子咬，浑身是汗，却乐趣无穷，整个身心都沉醉在琴声中了。这些在我后来的工作中都发挥了很大的作用。”可以看出，一名优秀教师应具备(　　)

A. 精深的学科专业知识　　B. 广博的科学文化知识

C. 终身学习的能力　　D. 深厚的教育科研能力

5. 教师是一种从事专门职业活动的专业人员，具备其资格的特定要求有(　　)

A. 要有较好的政治背景　　B. 要具备相应的专业知识

C. 要达到规定的学历　　D. 专门从事教育教学工作

6. 要成为一个合格的教师，就必须有良好的教育能力。下列属于教师良好的教育能力的是(　　)(常考)

A. 学识渊博　　B. 有责任心

C. 语言表达富有情感和感染力　　D. 语言表达富有个性

三、判断题

1. 教师在教学活动中所表现出来的最突出的角色是管理者角色。(　　)

2. “教学相长”是教师和学生彼此收益、互惠互利、互动双赢的教学关系的重要体现。(　　)

3. 韩愈的《师说》里有“师者，所以传道受业解惑也”的说法，从教师的角度来说，这句话可以理解为教师对学生下命令一定要正确。(　　)

4. 新时代对师生关系的认识不再是单纯意义上的“教师中心”或“学生中心”。(　　)

5. 教师个体专业化的过程就是取得教师资格证的过程。(常考)(　　)

6. “身教重于言传”是教师劳动的创造性特点在教育实践中的体现。(　　)

7. 随着儿童知识的增加，“向师性”越来越强。(　　)

8. 在教育教学过程中，学生既是客体也是主体。(常考)(　　)

9. 教育活动不只局限于学校的范围，还涉及家庭、社区及其他社会机构。教师在这个庞大的系统工程中应发挥自身优势，使各种教育因素形成合力。这表明教师主要扮演传道者的角色。(　　)

10. 作为一名教师，不仅要成为“经师”，更要成为“人师”。(　　)

四、简答题

1. 如何理解“学生是发展中的人,要用发展的观点认识学生”?

2. 为什么说教师的知识不仅要“专”,而且要“博”?

五、论述题

试述四种主要的教师管理类型的特点。

六、案例分析题

1. 在高三班主任王老师的班上,有一位姓徐的同学很聪明,但自我约束力很差,经常迟到。一次,这位同学像往常那样又迟到了,王老师在教室门口拦住了他,不让他进教室。看到他一副睡眼惺忪的样子,王老师不禁火冒三丈,恶狠狠地批评了他,言语中还带着一些侮辱人格的话。当时徐同学就与王老师吵起来了,说王老师侮辱了他的人格。正在僵持不下的时候,被校长看到了,校长把徐同学叫到一边,很和气地跟他谈了一些什么。徐同学起初很生气,后来渐渐平静了下来。课间的时候,徐同学向王老师表示道歉,他的道歉反而让王老师感到不好意思。王老师不由自主地对徐同学说:“老师那样粗暴地对待你是不对的。”此后,王老师对自己过去常常用粗暴方式处理学生问题的行为进行了反思。在以后与学生的交往中,王老师也渐渐学会了尊重和理解学生。现在徐同学正在大学读书,每年暑假回来都去看望王老师。两个人成了好朋友。

请运用师生关系的相关理论分析这个案例,并阐述你所获得的启示。

2. 陈老师在语文教学中,总是先让学生明确学习目标,然后提出问题,让学生围绕问题各自探索并在小组内进行交流。大家都解决不了的问题,就由陈老师讲解,一学期下来,很多学生觉得不但收获了知识,解决问题的能力也增强了。

当然,陈老师也会遇到一些“意外”情况,有的同学老是找不到学习的方法,也不愿意发言,习惯当听众。小明就是这样的孩子,有次陈老师让小明发言,小明站起来紧张得面红耳赤,陈老师示意小明坐下,课后,陈老师把小明叫到办公室,说:“你既然不愿意在班上公开讲,那我们就私下聊吧,现在只有我们两个人,你就补上你的课堂发言吧。”在陈老师的多次鼓励下,小明慢慢克服了胆怯,也敢上台发言了。

作为班主任,陈老师号召学生扩大阅读面,他给学生推荐了很多书目,包括古今中外的文学名著,也包括科技史、通俗哲学读物、成功者的励志故事等,他还经常组织学生交流阅读体会,一学期下来,学生的视野明显开阔了。

请结合材料,从学生观的角度,评析陈老师的做法。

3. 课堂上,胡老师在黑板上用简练的几笔勾画出一只公鸡,并总结出画公鸡的七个要素。接着,胡老师让四位同学在黑板上画出四种不同的图形,由胡老师按画公鸡的要素依次在这四个不同的图形上分别添加几笔,画出了四只不同的公鸡。这使同学们精神为之一振,都想一试身手。于是,胡老师让全体学生在纸上动手画公鸡。在观察学生画画的过程中,胡老师没有批评任何一个学生画得不像,而是不时地对学生进行指导。之后,胡老师要求学生剪下画好的公鸡,贴在一张画有养鸡场的铅笔画纸上,构成了一幅具有千姿百态的公鸡的漂亮作品。最后,胡老师别具匠心地用铅笔画和纸篓做成了立体鸡,并在鸡背上开了个洞,让学生把剪下的碎纸片儿揉成颗粒作为饲料喂鸡,教室很快干净了。

请分析案例中的胡老师在教学中体现出的教师角色。

4. 高虎是留守儿童，并且父母离婚，他跟着自己的爷爷奶奶生活。爷爷奶奶从未接受过教育，对高虎的学习也不能给予正确的引导，只是一味地宠溺。所以，高虎就形成了以自我为中心的性格特点。而且，在学校里也不敢与人交流，很自卑、孤僻。班主任马老师发现了这位特殊的学生，在课堂上经常给予高虎鼓励、期待。课余时间，马老师就把高虎叫到自己办公室或自己家里，辅导他的学习，并鼓励高虎要相信自己，每一个个体都是独特的，每位同学都有缺点、优点，只有自己发奋努力，未来才不是梦。在马老师的鼓励关心下，高虎的性格得到了完善，成绩也获得了提升。

请从学生观的角度，评析马老师的行为。

5. 在出席全国教育大会并发表重要讲话时，习近平总书记强调，全党全社会要弘扬尊师重教的社会风尚，努力提高教师政治地位、社会地位、职业地位，让广大教师享有应有的社会声望，在教书育人岗位上为党和人民事业作出新的更大的贡献。

教育强则国家强，教育兴则民族兴。提高教师的三“位”——政治地位、社会地位、职业地位，对全党全社会尊师重教提出了新的更高要求。

教师的政治地位，反映了教育在党和国家各项事业发展中的地位。习近平总书记在讲话中强调，要坚持把优先发展教育事业作为推动党和国家各项事业发展的重要先手棋，不断使教育同党和国家事业发展要求相适应、同人民群众期待相契合、同我国综合国力和国际地位相匹配。只有政治地位提高了，广大教师才能够心无旁骛，执着于教书育人。

教师的社会地位，反映了社会对教师的重视程度。中国历来有尊师重道的传统，但目前社会上对教师职业存在一些误解，教师队伍中也存在一些不良现象。提升教师的社会地位，让教师成为受尊重的职业，尤其重要。要让教育投入更多向教师倾斜，不断提高教师待遇，让广大教师安心从教、热心从教。教师自身也要爱惜这份职业，严格要求自己，不断完善自己。

教师的职业地位，反映了教师职业的成就感与吸引力。目前存在的优秀人才不愿意从事教师职业、男女教师比例严重不合理等现象，对教师队伍的长期发展存在严重伤害。要通过完善吸引优秀人才从事教育的体制机制，扭转不科学的教育评价导向，充分激发教师的创新创造活力，让教师专注于立德树人、培养德智体美劳全面发展的社会主义建设者和接班人。

“百年大计，教育为本。教育大计，教师为本。”让尊师重教蔚然成风，让人民教师有“位”更有“为”，我们就能汇聚起教育事业改革发展的磅礴力量，培养出一代又一代拥护中国共产党领导和我国社会主义制度、立志为中国特色社会主义奋斗终身的有用人才。

请结合材料，对习近平总书记提出的教师的三个地位进行分析。

真题必刷

一、单项选择题

1. [濮阳市直]唐老师认为,没有教师监督,学生不可能自觉学习。唐老师的领导风格最有可能是(　　)

A. 强硬专断型　　B. 放任自流型　　C. 仁慈专断型　　D. 民主型

2. [郑州郑东新区]赵老师认为,有效教学的影响因素,就在于教师自己拥有的学科知识和将这些知识技能传递给学生的教育知识。据此推断赵老师的教师专业发展取向属于(　　)(易错)

A. 理性取向　　B. 教育取向　　C. 实践取向　　D. 生态取向

3. [开封祥符区]教师在教学中"只有深入才能浅出,只有居高才能临下"。这表明教师必须具备(　　)

A. 基本的文化科学知识　　B. 扎实的专业知识

C. 高超的教学实践能力　　D. 较强的语言表达能力

4. [安阳殷都区]李老师把作业从难到易分成了A、B、C三类,他在班上特意交代:学优生只能做A类作业,中等生只能做B类作业,学困生只能做C类作业。李老师的做法(　　)

A. 遵循了因材施教的原则　　B. 减轻了学生的学习负担

C. 违背了教学相长的原则　　D. 忽视了学生的学习潜力

5. [洛阳伊川]教师通过自己长期的辛勤工作,使学生提高了思想品德素养,完善了知识与能力,身体和心理都得到了进一步的发展。这些事实集中反映了教师的(　　)

A. 组织教育教学能力　　B. 自我调控能力

C. 组织管理能力　　D. 语言表达能力

6. [驻马店]学生会自然地亲近、信赖甚至崇拜教师,这体现了学生的(　　)(常考)

A. 独立性　　B. 依赖性　　C. 向师性　　D. 发展性

7. [平顶山市直]你总是微笑着看学生,学生也微笑着看你;你总是蹲下来看学生,学生也把你看作知己。这样的师生关系特点为(　　)

A. 教学相长　　B. 民主平等　　C. 关心学生　　D. 严师出高徒

8. [郑州高新区]与其他职业相比,教师职业角色的最大特点是(　　)

A. 多样化　　B. 社会化　　C. 知识化　　D. 专业化

9. [焦作山阳区]夸美纽斯说:"教师的职务是以自己为榜样教育学生。"这表明了教师承担的角色是(　　)

A. 传道者角色　　B. 授业、解惑者角色

C. 示范者角色　　D. 朋友的角色

10. [安阳殷都区]教师劳动的(　　)是由其工作性质、任务及过程的特殊性所决定的。

A. 连续性　　B. 广泛性　　C. 创造性　　D. 复杂性

二、多项选择题

1. [安阳文峰区]下列哪些表述属于学生的本质属性(　　)

A. 学生是现实社会的成员之一　　B. 学生是处于人生阶段身心发展最迅速时期的人

C. 学生是学习的主体　　D. 学生是不具有能动性的教育对象

2. [驻马店驿城区]一名合格的教师需要掌握的教育科学知识包括(　　)

A. 教育学　　B. 心理学　　C. 教材教法　　D. 教育机智

3. [永城]下列哪些属于强硬专断型教师的典型特征(　　)

A. 在选择班干部的时候很难做出决定　　B. 在与学生打交道时缺乏信心

C. 对学生时时严加监视　　D. 认为表扬可能会宠坏学生,所以很少给予表扬

4. [信阳平桥区]师生关系主要表现为(　　)(常考)

A. 社会关系　　B. 教育关系　　C. 心理关系　　D. 伦理关系

5. [郑州航空港区]下列关于师生关系的表述,正确的是(　　)

A. 师生关系的本质是人与人的关系

B. 形成良好师生关系的基础是了解、研究学生

C. 教师在师生关系建立与发展中起主导作用

D. 师生关系体系中最高层次的关系形式是心理关系

6. [鹤壁淇滨区]师生关系是指教师和学生在教育教学过程中结成的相互关系,包括(　　)

A. 以年青一代成长为目标的社会关系　　B. 维持双方情感的朋友关系

C. 以促进学生发展为目标的教育关系　　D. 以维持和发展教育关系为目标的心理关系

7. [平顶山湛河区]下列选项中,能够体现教师劳动具有专业性的是(　　)

A. 教师工作是基于专门知识和技能的智力劳动

B. 教师在工作中必须遵循一套独特的职业道德要求

C. 教师劳动的成效具有滞后性

D. 教师的工作时间和业余时间没有明显的界限

三、判断题

1. [新乡卫辉]学生既是教育的对象,又是教育的主体。了解和研究学生的本质、特点、地位、作用和发展规律,是教育工作的出发点和归宿。(　　)

2. [信阳浉河区]解决师生冲突的关键是学校的管理制度。(　　)

3. [驻马店驿城区]良好的师生关系不但可以提高教师威信,也可以提高教学效果。(　　)

4. [濮阳清丰]良好的师生关系应该取消惩罚。(常考)(　　)

5. [南阳市直]"教师是人类灵魂工程师"的提出者是列宁。(易错)(　　)

6. [平顶山湛河区]培养学生的主体性的措施有:建立民主和谐的师生关系;重视学生的自主性,使学生自主地参与课堂活动;尊重学生的个性差异,有针对性地进行教育。(　　)

四、简答题

1. [新乡原阳]简述良好师生关系建立的途径和方法。

2. [濮阳清丰]新型师生关系的基本特征有哪些?

五、案例分析题

[鹤壁淇滨区]上课无课桌、班主任月轮换、独轮车进校园……辽宁省沈阳市浑南区第九小学自2017年建校以来，在教学中依托脑科学打破常规，教师尊重孩子脑部发育和认知规律，让学生健康、自由、快乐成长。校长侯明飞说："教育者只有正确认识脑的运作方式和孩子的认知发展规律，才能真正读懂学生。"

走进校园，教学楼共享大厅的阶梯舞台上，学生做起英文歌与中文歌连唱串烧；操场跑道上，独轮车骑行考试正在进行；课堂上，孩子聚在一起叠换"汉诺塔"、在纸上用国际象棋"三步杀"解题、玩汉字结构拆解、四巧板拼图、"心智多米诺"游戏……师生关系良好，生生关系平等，学校关系和谐。辽宁省沈阳市浑南区第九小学朝着实现培养出"身体有力量，大脑有力量，精神有力量，行动有力量"的"四有学生"的目标迈出了坚实的步伐。

根据上述案例，回答下列问题。

(1)学生的个体差异主要表现在哪些方面？

(2)为了培养"四有学生"，新时代的教师应树立什么样的学生观？

第五章　课　程

基础必刷

专题1 课程概述

一、单项选择题

1. 提出课程研究的“活动分析法”的是(　　)

A. 布卢姆　　B. 泰勒　　C. 斯宾塞　　D. 博比特

2. 某学校充分利用校报、橱窗、走廊等进行文化建设,悬挂革命领袖、科学家、英雄模范等杰出人物的画像和格言。从课程理论的角度看,这些都属于(　　)

A. 活动课程　　B. 综合课程　　C. 显性课程　　D. 隐性课程

3. 存在主义课程论认为教材是(　　)

A. 对学生进行心智训练的材料　　B. 学生自我发展和自我实现的手段

C. 给学生确立学习目标的依据　　D. 为学生谋求职业做好准备的手段

4. 赫尔巴特曾经指出“如果不坚强而温和地抓住管理的缰绳,任何功课的教学都是不可能的”。这种观点主要体现了(　　)的特点。

A. 观念性隐性课程　　B. 物质性隐性课程

C. 制度性隐性课程　　D. 心理性隐性课程

5. 某小学根据当地太极拳具有悠久历史的现实,在本校开设了太极拳课程。该课程属于(　　)(常考)

A. 国家课程　　B. 地方课程　　C. 校本课程　　D. 学科课程

6. 多尔设想的后现代课程标准中,最重要的特征是(　　)

A. 丰富性　　B. 循环性　　C. 关联性　　D. 严密性

7. 基础型课程注重学生基础学力的培养,即培养学生作为一个公民所必需的以“三基”为中心的基础教养。“三基”指的是(　　)(常考)

A. 读、写、画　　B. 读、画、算　　C. 画、写、算　　D. 读、写、算

8. 从表现形式来划分,课程可分为(　　)

A. 分科课程、综合课程、活动课程　　B. 必修课程、选修课程

C. 国家课程、地方课程、校本课程　　D. 显性课程、隐性课程

9. 结构主义课程理论的代表人物是(　　)

A. 杜威　　B. 巴格莱　　C. 布鲁纳　　D. 布拉梅尔德

10. 由学生自己来提出问题、设计方案、实施并得出结论的课程,属于(　　)

A. 实践型课程　　B. 研究型课程　　C. 拓展型课程　　D. 知识型课程

11. 美国课程专家(　　)于1918年出版的《课程》一书,标志着课程作为专门研究领域的诞生。(常考)

A. 博比特　　B. 斯金纳　　C. 泰勒　　D. 布鲁纳

12. 能解决教育中无儿童、见物不见人困境的课程观是(　　)

A. 课程是知识　　B. 课程是计划　　C. 课程是经验　　D. 课程是活动

13. 某农村学校因地制宜,开设了粮食画、树叶画、麦秆画、泥塑、草编、根雕等课程。学生可以根据自己的兴趣爱好,在课外时间自由选择学习。从课程类型来看,该学校开设的这些课程属于(　　)

A. 地方课程　　B. 校本课程　　C. 学科课程　　D. 国家课程

14. 通过校园文化、校园生活、人际关系、集体活动等潜移默化的方式影响学生的课程为(　　)(常考)

A. 隐性课程　　B. 显性课程　　C. 学科课程　　D. 活动课程

15. 杜威根据儿童兴趣,在学校中开设的烹饪、金工、木工等多种课程是(　　)的具体体现。

A. 选修课程　　B. 经验课程　　C. 国家课程　　D. 学科课程

16. 在古德莱德的五种课程分类中,(　　)指由一些研究机构、学术团体和课程专家提出的应该开设的课程。

A. 理想的课程　　B. 经验的课程　　C. 运作的课程　　D. 正式的课程

17. "无论选择何种学科,都务必使学生理解该学科的基本结构。"依此而建立的课程理论是(　　)

A. 百科全书式课程理论　　B. 综合课程理论

C. 实用主义课程理论　　D. 结构主义课程理论

18. 隐性课程是以内隐的、间接的方式呈现的课程,下列属于心理性隐性课程的是(　　)

A. 教师的教育理念　　B. 校园环境

C. 班级的管理方式　　D. 学校人际关系状况

19. 在西方教育史上,最早提出"课程"一词的思想家是(　　)(常考)

A. 夸美纽斯　　B. 卢梭　　C. 赫尔巴特　　D. 斯宾塞

20. 美国学者赫钦斯是(　　)课程理论的代表人物。

A. 经验主义　　B. 永恒主义　　C. 结构主义　　D. 后现代主义

21. 我国古代的"六艺"和古希腊的"七艺"都属于(　　)

A. 分科课程　　B. 活动课程　　C. 综合课程　　D. 德育课程

22. 首次提出"隐性课程"概念的学者是(　　)

A. 杰克逊　　B. 泰勒　　C. 杜威　　D. 博比特

二、多项选择题

1. 下列属于隐性课程的有(　　)

A.《中学生诗词选读》　　B. 学校建筑

C.《小学生日常行为规范》　　D. 幼儿园创设的游戏、环境

2. 为了传承地域文化,很多地方教育主管部门根据当地的习惯与文化,按照国家相关规定,开发出一系列极具区域文化特色的课程,比如戏剧课程、方言课程等。这种类型的课程属于(　　)

A. 隐性课程　　B. 显性课程　　C. 地方课程　　D. 核心课程

3. 下列选项中,属于社会中心课程理论主张的是(　　)

A. 通过对社会问题的分析确定课程目标

B. 以掌握学科的基本知识、基本规律和相应的技能为目标

C. 课程以学科的分类为基础

D. 课程要建立一种新的社会秩序和社会文化

4. 下列课程属于综合课程的有（　　）

A. 核心课程　　B. 融合课程　　C. 潜在课程　　D. 活动课程

5. 下列选项中，关于学科课程和活动课程的描述正确的是（　　）

A. 学科课程更关注知识结构与逻辑　　B. 活动课程更关注学生的间接经验

C. 活动课程所获结论有时可能有误　　D. 两类课程既相互区别又相辅相成

6. 持学科中心主义的课程理论流派有（　　）

A. 经验主义课程理论　　B. 后现代主义课程理论

C. 要素主义课程理论　　D. 永恒主义课程理论

7. 从课程设计、开发、管理主体或管理层次来看，可将课程分为（　　）（常考）

A. 综合课程　　B. 国家课程　　C. 地方课程　　D. 学校课程

三、判断题

1. 在我国最具代表性、最广泛的课程观是课程即知识。（　　）

2. 强调课程最终要由学生的需要来决定的是结构主义课程论。（　　）

3. 就我国现阶段基础教育课程现状而言，必修课程一般只包括国家课程。（　　）

4. 任何行之有效的课程开发都必须考虑学科体系、儿童心理与社会需要三大因素。（常考）（　　）

5. "活动课程论"重视儿童对系统知识的学习。（　　）

6. "课程"一词在我国最早出现在朱熹的著作中。（　　）

7. 分科课程的主导价值在于使学生获得关于现实世界的直接经验和真切体验。（　　）

8. 选修课程体现了现代课程对个体需要和学习兴趣的尊重，其主导价值在于发展学生的共性。（　　）

9. 要求学生研究他们所处社会的特征与问题，如学校的功能、社会生活的主要活动等的课程，属于儿童本位综合课程。（　　）

10. 课程即学校开设的全部学科的总和。（易错）（　　）

四、名词解释

1. 课程（广义）

2. 综合课程

五、简答题

1. 学科课程是应用最为广泛的一种课程组织形态。简要回答学科课程的缺点。

2. 简要列举学生中心课程理论的基本主张和特点。

专题2 课程目标与课程内容

一、单项选择题

1. 教学、评价和考试命题的依据是(　　)(常考)

A. 课程目标　　B. 学生发展特点　　C. 课程标准　　D. 课程改革纲要

2. 孔子注重因材施教,在教育过程中注重每个学生个性化的表现,根据不同的学生采取不同的教学方法。这与(　　)课程目标取向相吻合。

A. 普遍性　　B. 行为性　　C. 生成性　　D. 表现性

3. 在小学体育教材中,水平一、水平二、水平三的学生全都学习田径,但学习难度以及对学生身体素质的要求依次升高。这种组织形式属于(　　)

A. 直线式　　B. 并列式　　C. 螺旋式　　D. 循环式

4. 物理老师在上物理课时,一方面引导学生理解并掌握物理知识和原理,另一方面还注重培养学生将物理原理有效应用于生活、学习中解决实际问题的能力。该老师组织课程内容时坚持的原则是(　　)

A. 整合性原则　　B. 发展性原则　　C. 顺序性原则　　D. 连续性原则

5. 一次数学公开课上,王老师边讲课边看手表。课后,听课的朱老师称赞道:“时间把握得非常好。”王老师也如释重负地说:“教案上写的问题总算讲完了。”由此可见,王老师在教学中过分重视(　　)

A. 表现性目标　　B. 生成性目标　　C. 结果性目标　　D. 体验性目标

6. 我国义务教育阶段课程计划的特征是(　　)

A. 强制性、基础性、科学性　　B. 强制性、普遍性、科学性

C. 科学性、普遍性、基础性　　D. 强制性、普遍性、基础性

7. 编写教科书和教师进行教学的直接依据是(　　)

A. 教材　　B. 课程标准　　C. 课程结构　　D. 课程计划

8. 在制定教学目标时强调要用精确、具体、可操作的形式来表达教学目标,反映教学活动实施的预期结果和学生身心方面的行为变化。这属于(　　)

A. 普遍性目标取向　　B. 生成性目标取向

C. 行为目标取向　　D. 表现性目标取向

9. 课程计划首先要解决的问题是(　　)(常考)

A. 课程设置　　B. 课程开设顺序　　C. 教学时数　　D. 学年编制和学周安排

10. 下列对于教材的认识,不正确的是(　　)

A. 教材是根据学科课程标准编制的、系统反映学科内容的教学用书

B. 教材是知识授受活动的主要信息媒介

C. 教材是课程标准的进一步展开和具体化

D. 优秀教师进行教学时不需要教材

11. 在整个课程编制中最为关键的准则是(　　)(常考)

A. 课程内容　　B. 教学目标　　C. 课程标准　　D. 课程目标

12. 课程目标与几个相关概念正确的层次顺序是(　　)

A. 教育目的→培养目标→课程目标→教学目标

B. 培养目标→教育目的→课程目标→教学目标

C. 教育目的→培养目标→教学目标→课程目标

D. 培养目标→教育目的→教学目标→课程目标

13. 新课程的"三维目标"体现了学生的全面发展、个性发展和终身发展的基本规律。其中,立足于让学生学会的是(　　)

A. 知识与技能目标　　B. 过程与方法目标

C. 情感态度与价值观目标　　D. 以上均是

14. 在课堂教学中,教师必须注意加强学校文化和学科文化建设。这主要有利于落实三维课程目标中的(　　)

A. 知识与技能目标　　B. 过程与方法目标

C. 情感态度与价值观目标　　D. 课堂教学目标

15. 教师上课时所使用的课件、视频、投影、模型等教学资源属于(　　)

A. 教材　　B. 教案　　C. 教科书　　D. 学案

16. 课程内容组织形式中的(　　)是指教材内容要按照学科知识的逻辑序列,从已知到未知、从简到繁、从具体到抽象等先后顺序来组织编写。

A. 直线式　　B. 螺旋式　　C. 横向组织　　D. 纵向组织

17. 课程计划是根据一定的教育目的和培养目标制定的有关学校教育与教学工作的指导性文件。制定课程计划的主体一般是(　　)

A. 教育行政部门　　B. 学校领导　　C. 班主任教师　　D. 任课教师

18. 课程标准是学生经过学习以后应达到的(　　)

A. 最基本的水平标准　　B. 最高的水平标准

C. 中等的水平标准　　D. 特殊的水平标准

二、多项选择题

1. 下列属于课程目标的特征的有(　　)

A. 整体性　　B. 阶段性　　C. 持续性　　D. 时间性

2. 确定课程目标的依据主要有(　　)

A. 对学生的研究　　B. 对教师的研究　　C. 对社会的研究　　D. 对学科的研究

3. 课程计划的基本内容包括(　　)

A. 课程设置　　B. 学科顺序　　C. 课时分配　　D. 学年编制

4. 课程标准是按教学科目编制的,它反映某一门学科的性质、特点、任务、内容及其实施的特殊方法论要求。课程标准的主体内容包括(　　)

A. 实施建议　　B. 内容标准　　C. 附录　　D. 课程目标

5. 在选择课程内容时应遵循的原则有(　　)

A. 注重课程内容的基础性

B. 课程内容应贴近社会生活

C. 课程内容要与学生和学校教育的特点相适应

D. 课程内容应当由上级主管部门统一制定和推广

三、填空题

1. 完整的课程目标体系中,________目标主要适用于“制作”领域。(易混)

2. ________和________是教材的主体。

3. “________”目标强调基础知识和基本技能的获得,相当于传统的“双基教学”。

四、辨析题

1. 新课程特别强调三维课程目标中的“过程与方法”“情感态度与价值观”目标,这说明“知识与技能”目标不是很重要了。

2. 课程计划是根据学科课程标准制订的。

五、简答题

简述教科书编写应遵循的基本原则。

专题3 课程结构与课程管理

一、单项选择题

1. (　　)的宗旨是保证国家实现普通教育的培养目标和提高普通教育的水平,规定学生应掌握的基础知识和基本能力,体现国家对教育的基本要求。

A. 地方课程　　B. 学校课程　　C. 国家课程　　D. 隐性课程

2.(　　)明确规定实行三级课程管理体制。

A.《基础教育课程改革纲要(试行)》

B.《中共中央关于教育体制改革的决定》

C.《国家中长期教育改革和发展规划纲要(2010～2020年)》

D.《中国教育改革和发展纲要》

3.校本课程开发的主体是(　　)(常考)

A.教师　　B.学生　　C.学生家长　　D.社区代表

4.校本课程常以(　　)的形式出现。

A.公共课　　B.选修课　　C.必修课　　D.课外活动

5.省级教育行政部门依据当地的政治、经济、文化、民族等发展的需要而开发设计的课程是(　　)

A.国家课程　　B.校本课程　　C.地方课程　　D.活动课程

6.校本课程是促进学校特色发展的重要途径。下列说法不正确的有(　　)

A.校本课程开发必须落实为相关的校本课程书面教材

B.应该加强一线教师的课程开发能力

C.校本课程开发可以借助校外专家的指导

D.地方教育行政部门应该鼓励学校因校制宜地开发校本课程

二、多项选择题

1.下列关于国家课程、地方课程、校本课程关系的表述,错误的是(　　)

A.国家课程体现国家的教育意志

B.地方课程是为了通过课程展现学校的办学宗旨和特色

C.校本课程是为了通过课程满足地方社会发展的现实需要

D.实行国家课程、地方课程、校本课程三级课程管理制度

2.1985年颁布的《中共中央关于教育体制改革的决定》首次提出"实行基础教育由(　　)的原则"。

A.地方负责　　B.国家负责　　C.分级管理　　D.统一管理

3.校本课程开发是教育民主化的必然趋势。在校本课程开发中,应当坚持的基本理念主要有(　　)

A."学生为本"的课程理念　　B."决策分享"的民主理念

C."全员参与"的合作精神　　D."成绩为上"的评价理念

4.校本课程的开发途径有(　　)(常考)

A.合作开发　　B.规范原有的选修课、活动课和兴趣小组

C.课题研究与实验　　D.独立开发

三、简答题

简述新一轮基础教育课程体系的设计构想。

四、案例分析题

周五下午，某校三(2)班学生最盼望的“茶道课”开始了！在清雅的古典音乐中，老师、家长和孩子们一起煮水、温杯、洗茶、泡茶、品茶。教室里茶香四溢，所有人都凝神静气，沉浸在优雅淳厚的古风古韵中。

说起这“茶道课”还有一段故事呢！

半年前，班里一位对茶文化有研究的家长发现自己的孩子和班里不少同学都有喝碳酸饮料的习惯，于是她和班主任沟通，希望通过让孩子们学习茶道，亲近几千年的中国茶文化，来改变这种不健康的习惯。她的建议得到了班主任和家长委员会的积极响应，家长委员会很快为班级购置了茶具，并由这位家长亲自担任授课教师。她不仅教给孩子们泡茶的方法，还为孩子们讲解饮茶历史、饮茶与健康、中外茶道、饮茶与中国传统礼仪等。为了让更多孩子喜欢喝茶，她还和孩子们一起尝试在淡淡的茶水中加入水果、牛奶、蜂蜜、冰糖、抹茶等，制成了各具特色的“创意茶”。

如今，“创意茶”成了孩子们最喜爱的饮料，“茶道课”也成为最受孩子们欢迎的课程之一。

请阐述上述校本课程开发及实施的案例对你的启示。

专题4 课程设计与实施

一、单项选择题

1. 将课程设计过程概括为目标、内容、方法、评价四个方面的课程理论家是(　　)

A. 斯腾豪斯　　B. 泰勒　　C. 辛德　　D. 斯克里文

2. 教师突破教材文本，结合学生特点与课堂现实情境，创生出更适合学生的课程。这是一种(　　)的课程实施。

A. 忠实取向　　B. 相互调适取向　　C. 自由取向　　D. 创生取向

3. 班主任王老师在编制课程表时，将体育课和生产劳动课分开排。王老师遵循了课程表安排的(　　)(易错)

A. 迁移性原则　　B. 普遍性原则　　C. 整体性原则　　D. 生理适宜原则

4. 提出课程设计过程模式的人是(　　)

A. 斯塔弗尔比姆　　B. 阿特金森　　C. 斯腾豪斯　　D. 布鲁纳

5. 在安排课程表时，要从全局着眼。这体现了安排课程表应遵循的原则是(　　)

A. 迁移性原则　　B. 生理适宜原则　　C. 顺序性原则　　D. 整体性原则

6. 认为“教师的角色是课程的开发者”，这是课程实施的(　　)(常考)

A. 忠实取向　　B. 相互调适取向　　C. 主体取向　　D. 创生取向

7. 在课程的实施过程中努力使课程计划与班级或学校实际情境在课程目标、内容、方法、组织模式诸方面相互调整、改变，以促进双方彼此协调。这是课程实施的(　　)

A. 忠实取向　B. 相互适应取向　C. 创生取向　D. 创新取向

8. (　　)是把课程计划付诸实践，并达到预期课程目标的基本途径。

A. 课程实施　B. 课程标准　C. 教学过程　D. 课程评价

9. 学区影响课程实施的表现不包括(　　)

A. 学区对课程变革的行政支持　B. 学区从事课程变革的传统

C. 学区对课程计划的采用过程　D. 学区对课程目标的制定过程

10. 美国课程理论家泰勒于1949年出版《课程与教学的基本原理》一书，系统提出了课程编制的四个阶段，其中最为关键且指导课程设计展开的阶段是(　　)(常考)

A. 选择课程内容　B. 组织课程内容　C. 监测课程实施　D. 确定课程目标

11. 刘老师在教学中，特别注重课程实施过程中与学生讨论、对话和沟通所产生的灵感和实际经验。这说明刘老师的课程实施取向是(　　)

A. 忠实取向　B. 创生取向　C. 调适取向　D. 长善救失取向

12. 泰勒提出课程编制的目标模式，必然要求课程实施的(　　)取向。

A. 过程　B. 相互调适　C. 创生　D. 忠实

13. 下列哪项不属于课程设计的层次(　　)

A. 宏观层面　B. 中观层面　C. 细观层面　D. 微观层面

14. 在影响课程实施的因素中，不属于课程改革本身的因素的是(　　)

A. 实施者对改革的清晰程度　B. 改革方案的质量和实用性

C. 教师对改革的需要　D. 教师的特征与价值取向

15. 按照"确立课程目标—选择学习经验—组织学习经验—进行课程评价"的基本步骤编制课程的模式称为(　　)

A. 目标模式　B. 过程模式　C. 批判模式　D. 实践与折中模式

二、多项选择题

1. 课程设计的主要模式有(　　)

A. 过程模式　B. CIPP 模式　C. CSE 模式　D. 目标模式

2. 在进行课程设计时，必然要考虑社会的各方面因素，包括(　　)

A. 学生基础　B. 课程内容的选择

C. 课程设置的结构　D. 课程设计的价值取向

3. 课程表的安排应遵循(　　)原则。

A. 迁移性　B. 生理适宜　C. 针对性　D. 整体性

4. 课程实施的取向包括(　　)

A. 忠实取向　B. 目标取向　C. 相互调适取向　D. 创生取向

5. 课程设计的目标模式的步骤包括(　　)

A. 学校应该追求哪些教育目标　B. 我们要提供哪些教育经验才能达成教育目标

C. 这些教育经验如何才能有效地组织学习　D. 我们如何才能确定这些目标正在得以实现

三、判断题

1. 课程设计是将课程理念转化为课程实践活动的“桥梁”。（　　）

2. 课程的实施与其设计关系巨大，一般来说，课程设计得越好，实施起来就越容易，效果也就越好。（　　）

专题5 课程评价与课程资源

一、单项选择题

1. 课程实施的首要的基本条件资源是（　　）

A. 教师　　B. 学生　　C. 教案　　D. 教材

2. 教师在业余时间向民间艺人学习画脸谱技艺，融入自身理论知识后在校内开设校园特色课程。这主要体现了教师是（　　）

A. 教育教学的研究者　　B. 行为规范的示范者

C. 专业发展的引领者　　D. 课程资源的开发者

3. 学校为增强学生体质，专门修建的综合性体育场馆属于（　　）（易混）

A. 校外课程资源　　B. 条件性课程资源

C. 隐性课程资源　　D. 素材性课程资源

4. 目的游离评价模式主张把评价的重点从“课程计划预期的结果”转向（　　）

A.“以目标为中心”　　B.“课程计划背景”

C.“课程实施”　　D.“课程计划实际的结果”

5. CIPP评价模式是（　　）倡导的。

A. 斯塔弗尔比姆　　B. 泰勒　　C. 斯腾豪斯　　D. 斯克里文

6. CIPP评价模式包含（　　）、输入评价、过程评价和成果评价四个步骤。（常考）

A. 模式评价　　B. 内容评价　　C. 目标评价　　D. 背景评价

7. 课程资源的核心和主要组成部分是（　　）

A. 教材　　B. 学生　　C. 课程标准　　D. 学校

8. 某小学为培养学生的“工匠精神”和动手能力，与企业合作开发“手工陶瓷工艺品制作”课程。从空间上讲，这种课程资源属于（　　）

A. 校内课程资源　　B. 素材性课程资源　　C. 校外课程资源　　D. 条件性课程资源

9. 被称为“课程评价之父”的教育家是（　　）（常考）

A. 杜威　　B. 斯塔弗尔比姆　　C. 泰勒　　D. 裴斯泰洛齐

10. 通常把形成课程的直接要素来源以及实施课程的必要而直接的条件称为（　　）

A. 课程标准　　B. 课程结构　　C. 课程评价　　D. 课程资源

11.（　　）的特点是直接作用于课程成为课程的要素，并内化为学生身心发展的素质。

A. 条件性课程资源　　B. 素材性课程资源

C. 校内课程资源　　D. 校外课程资源

12. 针对20世纪初形成并流行的常模参照测验的不足而提出的课程评价模式是（　　）（常考）

A. CIPP评价模式　　B. 目标评价模式　　C. CSE评价模式　　D. 目的游离评价模式

13. 按照课程资源的功能特点，可将语文课程资源划分为素材性课程资源和条件性课程资源。下列属于条件性课程资源的是（　　）

A. 语文活动的方法　　B. 教学媒体

C. 语文知识　　D. 情感态度和价值观

14. “课程评价是为了找出结果与目标之间的差距，并利用这种反馈信息作为修订课程计划的依据。”秉持该观点的泰勒，据此提出的课程评价模式是（　　）

A. 目的游离评价模式　　B. CIPP 评价模式

C. 目标评价模式　　D. CSE 评价模式

二、多项选择题

1. 课程评价的基本步骤包括（　　）

A. 把焦点集中在所要研究的课程现象上　　B. 搜集信息

C. 组织材料和分析材料　　D. 报告结果

2. 以下关于目标评价模式的表述，正确的是（　　）（易错）

A. 评价除了要关注预期的结果之外，还应关注非预期结果

B. 评价的目的不是“证明”，而是“改进”

C. 它只关注预期目标，忽视了其他方面的因素

D. 它的优点是操作简单，又容易见效

3. 下列属于校外课程资源的有（　　）

A. 乡土资源　　B. 家庭资源

C. 教师的教学策略　　D. 学生的生活经验和学习方式

4. 下列关于课程资源的说法不正确的是（　　）

A. 教师和学生不是课程资源　　B. 课程资源具有多样性

C. 课程资源越多越好　　D. 课程资源就是教科书

5. 课程资源开发和利用的基本原则包括（　　）

A. 共享性原则　　B. 实效性原则　　C. 经济性原则　　D. 因地制宜原则

6. 课程评价的主要模式有（　　）（常考）

A. 目标评价模式　　B. 目的游离评价模式

C. CIPP 评价模式　　D. CSE 评价模式

7. 课程资源的特点包括（　　）

A. 潜在性　　B. 动态性　　C. 多质性　　D. 多样性

8. 下列课程资源中，属于隐性课程资源的有（　　）

A. 学校的校风　　B. 教师的教学风格　　C. 计算机网络　　D. 良好的师生关系

三、判断题

1. 目的游离评价模式主张完全排斥预设目标。（　　）

2. 学生的生活经验、教师的教学经验是课程资源，学生间的学习差异、师生间的交流启发，乃至学生在课堂上出现的错误也是有效的课程资源。（　　）

3. 教材是教学活动可以利用的唯一资源。（　　）

4. 在新课程中，课程评价主要是为了“选拔适合教育的儿童”，从而促进儿童的发展。(常考)（　　）

5. 凡是课堂上发生的预设外的情况，老师都应该将其开发成课程资源。这才符合新课程改革的要求。（　　）

四、简答题

教师应树立哪些新的课程资源开发和利用的理念？

提升必刷

一、单项选择题

1.（　　）是和结构主义课程理论相对立的一种课程理论。

A. 要素主义课程理论　　B. 永恒主义课程理论

C. 社会中心课程理论　　D. 活动课程理论

2. 以环境污染、贫富差距、战争等问题作为主题而设计的课程属于（　　）(易混)

A. 相关课程　　B. 融合课程　　C. 核心课程　　D. 广域课程

3. 在教材的选择上，杜威建议“学校科目相互联系的真正中心，不是科学，不是文学，不是历史，不是地理，而是儿童本身的社会活动”。该观点体现的是（　　）

A. 知识中心课程论　　B. 社会中心课程论

C. 学生中心课程论　　D. 结构主义课程论

4. 中小学课程不管过去、现在、未来都应是“不变的学问”，因此，学习者要认真地阅读那些经历了许多世纪仍广泛流传的经典著作。这种观点属于课程理论流派中的（　　）

A. 经验主义　　B. 后现代主义　　C. 永恒主义　　D. 结构主义

5. 泰勒主张在确定课程目标时，首先要考虑的因素是（　　）(常考)

A. 学科专家的建议　　B. 学生的兴趣和需要

C. 社会生活　　D. 家长的需要

6. 义务教育阶段教学计划规定的培养目标和课程设置等是针对全国绝大多数学校、绝大部分地区和绝大多数学生的。这反映了义务教育阶段教学计划的（　　）特征。

A. 普及性　　B. 普遍性　　C. 基础性　　D. 发展性

7. 容易导致理论和实践脱节的课程理论是（　　）

A. 学科中心主义课程论　　B. 经验主义课程论

C. 社会改造主义课程论　　D. 后现代主义课程论

8. 以下关于活动课程主要属性的描述中，不正确的是（　　）

A. 以儿童为中心，依据儿童当前的兴趣和需要来设置课程

B. 打破学科界限，按活动主题来组织学习经验

C. 课程组织心理学化，要求按儿童心理发展的顺序和特点来组织课程

D. 活动课程即通常所讲的课外活动

9. 要素主义课程理论认为(　　)是向学生提供经验的最佳方法。

A. 学科课程　　B. 活动课程　　C. 结构课程　　D. 永恒课程

10. 某生物教师在备《植物怎样吸收和运输水》一课时，设定了下列几项教学目标，其中属于三维目标中"过程与方法"目标的是(　　)

A. 学生知道植物吸收水分的来源和去向

B. 学生能说出植物吸收和运输水的过程及与该过程有关的植物器官

C. 学生通过阅读教材并设计实验，锻炼猜想、分析和表达能力

D. 学生通过对实验的设计和探索，增进对设计实验的兴趣，体验科学的神奇

11. 课程标准与教材的关系是(　　)(常考)

①教材编写必须依据课程标准，教材编写者必须领会和掌握本学科课程标准的基本思想和内容，并在教材中予以充分体现

②课程标准是教材的编写指南和评价依据，教材是课程标准的主要载体

③课程标准只是一个最低限度的要求，是基本性的要求

④教材是对课程标准的一次再创造、再组织

⑤教材的编写和实验可以检验课程标准的合理性

A. ②③④　　B. ①②　　C. ①②③④　　D. ①②③④⑤

12. 习近平在给人民教育出版社老同志的回信中强调，要用心打造培根铸魂、启智增慧的精品教材。下列关于教材的说法，不正确的是(　　)

A. 教材是课程标准的具体化

B. 教材的核心功能是育人

C. 直线式教材结构中某些基本原理会重复出现

D. 基础性是教材不同于其他任何书籍的基本特点

13. 为了深化对课程实施的认识，提升课程实施的成效，急需将(　　)纳入课程实施及其研究之中，并给予相当程度的关注。

A. 校长　　B. 教师　　C. 学生　　D. 家长

14. 学生们可以从政治的、经济的、地理的和历史的角度探讨英国与欧盟关系的问题，这种课程类型属于(　　)

A. 学科课程　　B. 经验课程　　C. 分科课程　　D. 综合课程

15. 近代以来，像夸美纽斯所倡导的"泛智课程"、斯宾塞根据功利主义原则设置的课程等，都属于(　　)

A. 学科课程　　B. 活动课程　　C. 综合课程　　D. 核心课程

16. 张老师在生物课上经常带学生到校园观察不同的植物，为学生讲解每种植物的生长特点，并指导学生将知识编成小册子。这体现了张老师是(　　)

A. 教育教学的研究者　　B. 行为规范的示范者

C. 专业发展的引领者　　D. 课程资源的开发者

17. 教师要正确开发和利用课程资源，就要对其特点有比较清晰的认识。同一资源对于不同课程具有不同的用途和价值，如学校附近的山，既可以用作体育课中的体育锻炼场地，也可以在艺术教育中陶冶学生的情操，还可以在生物课中用来调查动植物的种类。这主要体现了课程资源的(　　)特点。

A. 单一性　　B. 抽象性　　C. 多质性　　D. 具体性

18.“一千个读者就有一千个哈姆雷特”,每位学生在课堂上感受到的课程往往不同。按照古德莱德的课程层次理论,这里谈的是(　　)(易错)

A. 正式的课程　　B. 领悟的课程　　C. 运作的课程　　D. 经验的课程

19. 陶行知先生倡导的“生活即教育”“教学做合一”的思想,落实在课程类型上表现为(　　)

A. 学科课程　　B. 综合课程　　C. 活动课程　　D. 隐性课程

20. 下列表述与现代意义上的“课程”最不接近的是(　　)(易错)

A. 维护课程,必君子监之,乃得依法制也

B. 宽着期限,紧着课程

C. 一切的课程内容应当从学术(学问)中引申出来

D. 课程是学习者在学校指导下的一切经验

二、多项选择题

1. 显性课程是(　　)学习活动,学生有意参与活动的成分很大。

A. 无计划的　　B. 无组织的　　C. 有计划的　　D. 有组织的

2. 国家对课程的管理主要体现在(　　)

A. 教育部总体规划基础教育课程　　B. 积极试行新的课程评价制度

C. 制定基础教育课程标准　　D. 制定课程管理的各项政策

3. 某小学科学老师将《我的手》一课的部分教学目标设定为:学生在观察与实践中知道手的基本构造、形态与功能,并能用语言或图画较准确地描述观察结果;与同学合作,并能设计出简单的实验验证自己的猜想。该教学目标属于三维目标中的(　　)

A. 情感与方法目标　　B. 过程与方法目标

C. 知识与技能目标　　D. 情感态度与价值观目标

4. 拓展型课程适用于下列哪种情况(　　)

A.“读、写、算”的基础课程教学

B. 注重加强学生文学、艺术鉴赏方面的教育与拓展学生文化素质的课程

C. 提供目标、结论,引导学生自己探索研究的课程

D. 培养学生知识与社会实践相结合的能力的环境保护课程

5. 以下观点错误的有(　　)

A. 杜威认为课程的组织要考虑儿童的心理顺序,没有必要考虑教材的逻辑顺序

B.“课程”一词是由英语派生而来的

C. 人们对儿童身心发展规律的认识决定着课程组织的心理逻辑

D. 编写教科书时要考虑这门科学本身的内在逻辑

6. 下列关于课程资源的说法,不正确的是(　　)(易错)

A. 教师和学生不是课程资源

B. 学校可根据地域性特点、学校传统和优势自主开发地方课程

C. 凡是有利于实现课程目标的各种因素都可以作为课程资源

D. 对教师而言,课程资源指的是课程标准和教科书

三、辨析题

1. 综合课程比分科课程更优越。(常考)

2. 课程标准是中小学试题命制的主要依据。

四、简答题

1. 当前课程评价发展的基本特点是什么?

2. 简述课程实施的运行结构。

五、论述题

关于课程的分类有许多维度。从课程内容所固有的属性来看,分为学科课程和活动课程。试阐述学科课程与活动课程的区别。

六、案例分析题

1. 在进行《乌鸦喝水》的教学时，教师组织学生讨论这样一个问题："乌鸦为什么喝不到瓶子里的水?"经过讨论，绝大部分学生都认为原因有两个：一是瓶子的口太小，乌鸦的嘴伸不进去；二是瓶子里的水太少，乌鸦的嘴够不着。但一位学生有不同的意见："因为乌鸦的嘴太大了，伸不进瓶子里"。老师一愣，随之一笑："坐下，再仔细读读课文。"学生满脸不解地坐下，可是不到两分钟，学生又举手了："老师，我说的书上没写。"被打断教学的教师显然有点始料未及，便不耐烦地说："既然书上没写，就不能乱说，必须想清楚再举手，坐下吧!"学生欲言又止，却又不肯坐下，教师上前，将学生按在座位上……

试从课程观的角度评析本案例。

2. 上海某中学推出了"个性课程"体系，高中开设选修课23门，活动课34门，初中开设活动课35门。除了必修课之外，将原来的选修课和活动课分化为5个层次的"个性课程"，即"讲座型""发展型""课题型""竞赛型"和"补缺型"。每周按文、理科及综合科开设4～5个讲座，以社会热点和传播新信息为主，聘请专家、学者担任主讲。学生可自由选择，对学有余力和有特长的学生，通过组织发展兴趣小组、导师带研究生、强化训练等各种方式施以个性化教育，而对个别学习有困难的学生进行学业再辅导，帮助他们顺利完成高中的学习任务。

试用学过的课程理论分析这所学校的课程。

真题必刷

一、单项选择题

1. [信阳浉河区]教师所讲的内容，只要学生听懂了就可以继续往下讲，不要原地踏步。这种课程组织方式是(　　)(常考)

A. 纵向式　　B. 横向式　　C. 直线式　　D. 螺旋式

2. [漯河]教学设计是一个连续创造的过程，指向人的解放。教学设计的这种特征反映的课程实施取向是(　　)

A. 实践取向　　B. 忠实取向　　C. 创生取向　　D. 相互适应取向

3. [安阳文峰区]下列关于课程的发展趋势，说法错误的是(　　)

A. 从强调学科内容到强调学习者的经验和体验

B. 从强调目标、计划到强调过程本身的价值

C. 从强调教材这一单因素到强调教师、学生、教材、环境四因素的整合

D. 从只强调隐性课程到强调显性课程与隐性课程并重

4. [郑州惠济区]低年级课程目标是高年级课程目标的基础，没有低年级课程目标的实现，就难以达到高年级的课程目标。这体现的课程目标的特征是(　　)

A. 持续性　　B. 递进性　　C. 时间性　　D. 层次性

5. [信阳平桥区]某中学的校训为"团结、勤奋、求实、创新"，这属于哪种取向的课程目标(　　)

A. 表现性目标　　B. 普遍性目标　　C. 生成性目标　　D. 行为性目标

6. [信阳光山]李老师上美术课时，指导学生对秦始皇陵兵马俑进行描述与讨论，让他们尝试用简单的美术术语对兵马俑的内容与形式进行分析，感受古代雕塑作品的艺术魅力。这体现了三维目标中的(　　)

A. 知识与技能目标　　B. 过程与方法目标

C. 情感态度与价值观目标　　D. 认识与实践目标

7. [郑州航空港区]某种研究取向把课程实施过程看作课程形成过程的一部分，认为在教学之前并没有一种完整的、规定好的课程，而教师和学生的教学实践是制定课程的过程，他们可以根据自己的实际情况来确定课程的目标和内容。这种取向是课程实施的(　　)

A. 忠实观　　B. 互动调适观　　C. 创生观　　D. 发展观

8. [许昌市直]根据特定的教育价值观及相应的课程目标，从学科知识、当代社会生活经验或学习者的经验中选择课程要素的过程，被称为(　　)

A. 课程目标　　B. 课程选择　　C. 课程实施　　D. 课程评价

9. [永城]下列哪项是课程设计与实施的终点，又是课程设计与实施继续向前发展的起点(　　)(常考)

A. 课程计划　　B. 教学大纲　　C. 课程评价　　D. 课程目标

10. [洛阳市直]某市城郊的一所学校确立了"办富有生命力的绿色教育"这一发展主题。在这一主题的指引下，学校开辟了一块劳动基地，命名为"耕乐园"。学生可以在耕乐园进行各种劳动，并建有"劳动银行"来记录学生劳动积分。当学生劳动积分达到一定数量时，可以领取相应的奖励。此外，学校还在操场的墙壁上布局了"劳动教育主题图"，从劳动人物、劳动工具、劳动精神、劳动果实等方面进行主题鲜明、形象突出的画作创作。学校校长说道，要让"学校的每一块墙壁都发出劳动的最强音"。在课堂上，学校组织各科教师联合上劳动课。例如，围绕"耕

乐园扎篱笆”主题，美术教师教孩子们给篱笆绘彩，数学教师教孩子们计算所需要竹子的数量及价格，语文教师讲解保护劳动果实的重要性等。此外，学校还组织老师共同参与，开发出适用于本校一至六年级的校本劳动教材——《乐享耕读》。

该校语文、数学、美术教师基于不同的学科角度，共同上劳动课。这种课程组织形式主要体现的是(　　)

A. 隐性课程显性化　　B. 活动课程实践化

C. 学科课程综合化　　D. 校本课程联动化

11. [郑州惠济区]认为评价应当注重的是课程的实际效果而不是预期效果，主张把评价的重点从“课程计划预期的结果”转向“课程计划实际的结果”上来。评价者不应受预期的课程目标影响，尽管这些目标在编制课程时可能是有用的，但不适宜作为评价的准则。这种评价模式是(　　)

A. 目的游离评价模式　　B. 目标评价模式

C. 背景、输入、过程、结果评价模式　　D. 差距评价模式

12. [洛阳市直]综合课程打破了学科知识的界限，按照学生身心发展的阶段，以社会和个人最关心的问题为依据，将内容组织起来，这种组织形式是(　　)

A. 纵向组织　　B. 序列组织　　C. 垂直组织　　D. 横向组织

13. [新乡封丘]我国中小学普遍实行的学科课程及相应的理论是哪种课程观的表现(　　)

A. 课程是知识　　B. 课程是活动　　C. 课程是经验　　D. 课程是项目

14. [信阳平桥区]下列不属于学科课程特点的是(　　)(常考)

A. 课程内容开放，主题多元，形式多样　　B. 课程内容按知识的逻辑结构来选择和安排

C. 重视课程内容的内在联系　　D. 强调教师的系统讲授

15. [驻马店驿城区]在为学生讲解力的相互作用时，物理老师根据学生的兴趣和需要，设计了几个有趣的小实验，并让学生在实验探索中学习力的知识。按课程内容的固有属性来分，这类课程属于(　　)

A. 综合课程　　B. 活动课程　　C. 校本课程　　D. 显性课程

二、多项选择题

1. [南阳新野]学科课程的优点是它的(　　)特点有利于教师传授知识和学生学习、巩固知识。

A. 综合性　　B. 系统性　　C. 实践性　　D. 逻辑性

2. [南阳宛城区]在讲解杜牧的《秋夕》时，学生在学到“天阶夜色凉如水，卧看牵牛织女星”时，对牛郎星和织女星产生了兴趣。因此，老师立刻调整原教学计划，转而提出“我们怎样找到天上的牛郎星和织女星呢？牛郎星、织女星分别位于哪个星座呢？”的问题并引发学生们的讨论。这节课主要涉及的课程类型是(　　)

A. 理想的课程　　B. 正式的课程　　C. 领会的课程　　D. 操作的课程

3. [信阳平桥区]下列哪些属于结构主义课程理论的主要观点(　　)

A. 重视学科结构的价值　　B. 倡导螺旋式课程

C. 倡导发现学习　　D. 认为课程的设置首先要考虑国家和民族的利益

4. [周口沈丘]下列选项属于隐性课程资源的有(　　)

A. 多媒体课件　　B. 教具　　C. 师生关系　　D. 班级文化

5. [郑州郑东新区]下列选项中，符合我国当前基础教育课程设置特点的有(　　)(易混)

A. 小学阶段以综合课程为主　　B. 小学阶段以分科课程为主

C. 高中阶段以综合课程为主　　D. 初中阶段以分科和综合课程相结合为主

E. 高中阶段以分科课程为主

6. [南阳南召]新课程改革将“教学大纲”改为“课程标准”，对其解读正确的是(　　)(易错)

A. 课堂管理从弹性转为刚性　　B. 从只关注教师教学转向关注课程实施过程

C. 课程价值趋向从精英教育转向大众教育　　D. 课程目标着眼于学生素质的全面提高

三、判断题

1. [周口沈丘]以问题为核心，组织学生进行相关技能、社会知识、自然知识及其他边缘学科知识的学习，这种课程属于融合课程。(　　)

2. [荥阳]课程目标一般由教师参考课程标准和教学参考书，并结合学生的学习实际自行编订。(　　)

3. [南阳市直]泰勒的课程编制原理主要强调了学生对课程的评价。(　　)

4. [郑州航空港区]教学实施中，教师应该用教材教，而不是教教材。(　　)

5. [新乡卫辉区]泰勒认为，课程编制应考虑到教师的水平和学校的实际。(　　)

6. [濮阳市直]学风、校风、教学风格等都属于显性课程。(易错)(　　)

四、填空题

1. [平顶山新华区]为了让学生体会我国古代游记的写景之美，老师采取让学生自己模拟现场并自我描述的方法进行教学。这是为了实现新课程三维目标中的________目标。

2. [商丘中心城区]按课程资源空间分布的不同，大致可以把课程资源分为________。

3. [郑州中原区]结构主义课程论的创立者是________。

五、简答题

1. [安阳殷都区]什么是学校课程？学校课程的形式是什么？

2. [郑州金水区]简要回答国家课程、地方课程和校本课程三者之间的区别。

第六章　教　学

基础必刷

专题1 教学及其过程

一、单项选择题

1. 学校工作以教学为主既是由教学本身的性质决定的，也是多年来教育工作经验的总结，但这并不意味着可以轻视甚至忽视其他工作，应当坚持(　　)的原则。

A. “学生为主，综合管理”　　B. “学生为主，家长为辅”

C. “教学为主，营利为辅”　　D. “教学为主，全面安排”

2. 在学习活动中，教师不应硬拉学生往前走、强迫学生学习，而应引导学生发挥主体性。这说明在教学过程中应注重(　　)

A. 发展性　　B. 开放性　　C. 协同性　　D. 启发性

3. 学生通过观看动画片《工作细胞》，了解到T细胞、嗜酸性粒细胞、嗜碱性粒细胞等人体细胞之间的区别。这些对世界的认知属于(　　)(常考)

A. 直接经验　　B. 间接经验　　C. 生产经验　　D. 生活经验

4. 某教师认为自己只需要进行教学工作、传授教学知识，学生的行为习惯和心理健康等都与自己无关。这体现了这名教师在教学过程中没有认识到(　　)

A. 掌握知识与发展智力相统一的规律　　B. 传授知识与思想品德教育相统一的规律

C. 教师主导与学生主体相统一的规律　　D. 直接经验与间接经验相统一的规律

5. 探究教学是一种极具创造性的教学，并无固定不变的模式，但学生获取知识一般仍要经历一些基本阶段，其中第一阶段是(　　)

A. 查找资料　　B. 作出结论　　C. 深入探究　　D. 明确问题

6. 魏老师在课堂上把大部分时间交给学生讨论问题，学生自主学习的积极性很高，而魏老师作为课堂的引导者，保证学生不偏离主道，取得了很好的教学效果。这说明教学过程中(　　)

A. 掌握知识与发展智力相统一　　B. 教师主导作用与学生主体作用相统一

C. 学习知识与应用知识相统一　　D. 直接经验与间接经验相统一

7. 在领会知识过程中，使学生获得关于所学内容的一个整体的表象，是所有教学活动的必经阶段。这一阶段是(　　)(易错)

A. 运用知识　　B. 检查知识　　C. 感知教材　　D. 引起学习动机

8. “教学过程最优化理论”的提出者是(　　)

A. 巴班斯基　　B. 加涅　　C. 布鲁纳　　D. 赞科夫

9. 在教学过程中，学生学习的内容是已知的间接知识，并在教学中间接地认识世界。这就是(　　)(常考)

A. 有领导的认识　　B. 认识的教育性　　C. 认识的交往性　　D. 认识的间接性

10. “教之于学就如同卖之于买”说明(　　)

A. 学生上学要交学费　　B. 教与学相互依存

C. 一种新型师生关系　　D. 教师要为学生服务

11. (　　)是严密组织起来的传授系统知识、促进学生发展的最有效的形式。

A. 教学　　B. 教育　　C. 自学　　D. 智育

12. “授人以鱼仅供一饭之需,授人以渔则终身受用无穷。”这句话说明教学中应重视(　　)

A. 知识的传授　　B. 发展学生的能力

C. 培养学生积极的心理品质　　D. 培养学生良好的思想品德

13. 关于教学的任务,实质教育论者(　　)(易混)

A. 重视实用知识的传授,忽视智力的发展　　B. 重视智力发展,忽视知识的传授

C. 既强调智力发展,又重视知识传授　　D. 主张在发展智力的基础上传授知识

14. 在教学过程中,强调能力培养而忽视知识传授的教育理论是(　　)

A. 形式教育论　　B. 实质教育论　　C. 传统教育论　　D. 现代教育论

15. 教学与教育的关系是(　　)

A. 整体与部分的关系　　B. 教学包含了教育

C. 部分与整体的关系　　D. 教学等同于教育

16. 关于教学与智育的关系,说法不正确的是(　　)(常考)

A. 教学是实施智育的一条主要途径　　B. 智育是教学活动所要完成的任务之一

C. 教学包含了所有的智育活动　　D. 教学和智育既有所联系,也有所区别

17. 教学的教育性主要体现在教学过程中要处理好(　　)

A. 教师教学主导和学生学习主体的关系　　B. 掌握知识和提高能力的关系

C. 传授知识和培养思想品德的关系　　D. 开发智力因素和非智力因素的关系

18. 教学的首要任务是(　　)

A. 引导学生掌握科学文化基础知识和基本技能

B. 发展学生智能、体能和创造才能

C. 培养学生高尚的审美情趣,奠定学生的科学世界观基础

D. 关注学生个性发展

19. 教学过程的“三要素说”认为,构成教学过程的基本要素有(　　)

A. 学生、教学目的、教学过程　　B. 学生、教学方法、教学环境

C. 教师、学生、教学内容　　D. 教师、学生、教学评价

20. 教学作为一种活动、一种过程,具有多种形态,是(　　)的统一。

A. 课内与课外　　B. 共性与多样性　　C. 班级与小组　　D. 集体与个体

21. 赫尔巴特的“明了、联想、系统、方法”四个阶段组成了(　　)

A. 教学内容　　B. 教学设计　　C. 教学过程　　D. 教学媒介

22. 下列关于教学的表述,正确的是(　　)

A. 教学特指教师的教,不包括学生的学　　B. 教学的任务就是关注学生的个性发展

C. 教学是学校工作的中心工作　　D. 教学是实现教育目的的唯一途径

23.《礼记·中庸》中写道:“君子尊德性而道问学。”这句话反映了( )

A. 知识与品德的关系　　B. 知识与能力的关系

C. 品德与心理的关系　　D. 学问与能力的关系

24. 学校的模范教师刘老师,在上每一堂课之前都会先和同学们进行交流,了解大家的学习准备情况,然后才会设计教学过程。而在实际教学过程中,他也会不断启发学生思考,调动学生的积极性、主动性。这体现了刘老师在教育过程中遵循( )

A. 直接经验与间接经验相统一的规律　　B. 掌握知识与发展智力相统一的规律

C. 教师主导与学生主体相统一的规律　　D. 传授知识与思想教育相统一的规律

25. 某小学语文老师在讲授人物描写方法后,让学生写一写自己眼中妈妈的形象。通过写作,学生体会到妈妈温暖的爱和细致的呵护,展现出对母亲的依恋与信任,也更尊重自己的母亲。这体现了教师在教学过程中坚持了( )

A. 间接经验与直接经验相结合的规律　　B. 教师主导作用与学生主体作用相统一的规律

C. 掌握知识和发展智力相统一的规律　　D. 传授知识与思想品德教育相统一的规律

26. 教学的根本目的是( )

A. 概念和原理的习得　　B. 培养全面发展的人

C. 行为方式的养成　　D. 心理和生理技能的提升

27. ( )是教学过程基本阶段的中心环节。(常考)

A. 引起学习动机　　B. 感知教材　　C. 理解教材　　D. 运用知识

28. 教育史上,在掌握知识与发展智力的学术争辩中,实质教育论以英国教育家( )为代表。

A. 裴斯泰洛齐　　B. 杜威　　C. 洛克　　D. 斯宾塞

29. “教学过程是师生之间沟通互动、共同发展的过程”,这种观点属于教学过程本质的( )

A. 特殊认识说　　B. 交往说　　C. 发展说　　D. 实践说

30. 我国古代的教育家、思想家,如孔子、孟子、荀子等人的教育思想中都具有一定的心理学观点。其中“博学之,审问之,慎思之,明辨之,笃行之”论述了( )

A. 学习的重要性　　B. 学习的过程

C. 学与思的辩证关系　　D. 启发式教学的意义

二、多项选择题

1. 学生在课堂中学习科学文化知识,增进自身品德修养和提高各项技能。这体现的教学过程的基本功能包括( )(易错)

A. 涵养品性　　B. 培育能力　　C. 助长生命　　D. 传承知识

2. 下列对掌握知识与发展智力的关系,理解正确的是( )

A. 掌握知识是发展智力的基础　　B. 掌握知识是为了发展智力

C. 发展智力是掌握知识的重要条件　　D. 二者统一于学生的认识活动中

3. 教学过程作为一种特殊的认识过程,其特殊性表现在( )(常考)

A. 认识对象的直接性与具体性　　B. 认识的教育性与发展性

C. 认识的交往性与实践性　　D. 认识方式的简捷性与高效性

4. 教学作为学校教育的重要环节,其意义是(　　)

A. 教学是社会经验再生产的一种手段　　B. 教学为个人全面发展提供科学的基础和实践

C. 教学是进行全面发展教育的基本途径　　D. 教学是学生学习的唯一途径

5. 教学过程的功能包括(　　)

A. 传承知识　　B. 培育能力　　C. 涵养品性　　D. 助长生命

6. 教学过程中,学生领会知识一般包括(　　)

A. 感知教材　　B. 完成作业　　C. 参加考试　　D. 理解教材

7. 教学过程结构包括(　　)、运用知识、检查知识五个阶段。

A. 激发学习动机　　B. 领会知识　　C. 掌握知识　　D. 巩固知识

三、判断题

1. 教学是实现学生社会化与个性化、成人与成才最有效的活动,是进行全面发展教育的唯一途径。(　　)
2. 学生掌握了知识,就一定能提高思想品德水平。(　　)
3. 教学永远具有教育性,这是教学活动的一条基本规律。(　　)
4. 教学过程的主要矛盾就是学生与其所学知识之间的矛盾。(　　)
5. “勤能补拙”“笨鸟先飞”说的是非智力因素对智力因素的补偿作用。(　　)
6. 教师的主导作用就在于最大限度地发挥学生的主观能动性。(易错)(　　)
7. 教学由教与学两方面组成,因此教学包括学生在教学之外独立进行的自学。(　　)
8. 我们常说:“教师要给学生一杯水,自己必须要有一桶水。”所以教学就是一个传递知识的过程。(　　)

四、简答题

1. 简述教学的特点。

2. 教学过程的基本阶段有哪些?结合教学实践谈谈你的看法。

3. 简述教学过程中的教育性规律。

4. 在教学过程中,必须处理好的关系有哪些?

5. 发挥教师主导作用的条件有哪些?

专题2 教学原则与教学方法

一、单项选择题

1.《礼记·学记》中说:"知其心,然后能救其失也。"这句话所体现的教学原则是(　　)

A. 因材施教原则　　B. 启发性原则

C. 理论联系实际原则　　D. 直观性原则

2. 注入式教学不考虑学生学习认识过程的客观规律,以及他们的理解能力和知识水平,主观地决定教学进程,强迫学生呆读死记,在中国俗称"填鸭式"教学法,严重阻碍了学生智力和独立学习能力的发展。注入式教学最本质的特征是(　　)

A. 教师从头讲到尾　　B. 以讲授法为主

C. 强调教师的主导作用　　D. 把学生看作接受知识的容器

3. 课堂上,张老师正在为大家演示"盐的制取"的实验程序,同学们边看边认真地记录操作过程。张老师采用的是以(　　)为主的教学方法。(常考)

A. 语言传递　　B. 直观感知　　C. 实际训练　　D. 情感陶冶

4. 教师在讲授新知识时,一定要考虑学生已有的认知水平,关注大部分学生的"最近发展区"。这突出体现了下列哪一教学原则(　　)

A. 理论联系实际原则　　B. 直观性原则

C. 巩固性原则　　D. 量力性原则

5. 朱熹说:"圣贤施教,各因其材,小以小成,大以大成。"这体现的教学原则是(　　)

A. 直观性原则　　B. 因材施教原则　　C. 巩固性原则　　D. 循序渐进原则

6. 在学习"水资源"这一章节的时候,老师带领学生到水厂边参观边教学。这一教学方法属于(　　)(易混)

A. 准备性参观　　B. 并行性参观　　C. 总结性参观　　D. 复式教学

7.《学记》中"不陵节而施"的主张对应的教学原则是(　　)

A. 因材施教原则　　B. 循序渐进原则　　C. 巩固性原则　　D. 启发性原则

8. 教师在数学课上,运用圆柱体模型帮助学生理解圆柱体体积的计算公式。上述情境中,教师采用的教学方法符合课堂教学的(　　)原则。

A. 循序渐进　　B. 直观性　　C. 因材施教　　D. 量力性

9. 教师在讲授《赤壁之战》一课时,注意引导学生分析其中的辩证法,对学生进行辩证唯物主义教学。这体现了讲授基本要求中的(　　)

A. 要讲究策略　　B. 要有启发性

C. 要切中讲授的时机　　D. 要有科学性和思想性

10. 依据传授知识与思想品德教育相统一规律而提出的教学原则是(　　)

A. 理论与实际相结合原则　　B. 启发性原则

C. 因材施教原则　　D. 科学性与教育性相统一原则

11. 在教学过程中,夏老师对教材内容进行解释、说明、论证。夏老师采用的这种讲授方式为(　　)(常考)

A. 讲述　　B. 讲解　　C. 讲读　　D. 讲演

12. 古代教育家荀子提出:“知之不若行之,学至于行而止矣。行之,明也。”这体现了教学的(　　)

A. 理论联系实际原则　　B. 直观性原则

C. 巩固性原则　　D. 启发性原则

13. 在教学过程中,教师指导学生体验客观事物的真善美的方法是(　　)

A. 参观法　　B. 演示法　　C. 情境教学法　　D. 欣赏教学法

14. 某教师在教授都德的《最后一课》时,提出:“《最后一课》的主人公究竟是谁?”并让学生进行讨论。通过辩论、读书、再辩论、再读书,在辩与读的过程中使学生掌握了情节,明确了主人公,理解了主题。该教师的做法遵循的教学原则是(　　)

A. 因材施教原则　　B. 理论联系实际原则

C. 科学性和思想性统一的原则　　D. 启发性原则

15.《学记》指出“独学而无友,则孤陋而寡闻”“相观而善”等。这说明我们在教学中要注意运用(　　)

A. 谈话法　　B. 讨论法　　C. 讲授法　　D. 练习法

16. (　　)是指在教师的指导下,学生通过阅读教科书或课外读物,获得知识与技能的教学方法。(常考)

A. 讨论法　　B. 谈话法　　C. 讲授法　　D. 读书指导法

17. 学生在教师指导下运用知识反复完成一定的操作或解决某类作业与习题,以便加深理解,形成技能、技巧。这种教学方法是(　　)

A. 指导法　　B. 练习法　　C. 演示法　　D. 实验法

18. (　　)是当代运用教学方法的指导思想。

A. 务必循序渐进,防止打乱顺序　　B. 坚持因材施教,避免无的放矢

C. 提倡启发式,反对注入式　　D. 坚持思想性和科学性相统一

19. 为使学生了解有关电荷的知识,老师在课堂上做了有关摩擦生电的实验。该老师所采用的教学方法是(　　)

A. 实验法　　B. 演示法　　C. 观察法　　D. 讨论法

20. 某语文教师在讲解一篇故事性很强的课文时,先让学生按课文编写剧本、做道具,然后让学生分成小组进行表演,以便使学生身临其境,获得实际体验。这种教学方法的核心理念是(　　)

A. 发挥学生的主动性　　B. 引导学生积极参与

C. 理论联系实际　　D. 激发学生的情感

21. 迄今为止,在世界范围内应用最广泛、最普遍的一种教学方法是(　　)(常考)

A. 练习法　　B. 讲授法　　C. 谈话法　　D. 发现法

22. 愉快教学法的倡导者是(　　)

A. 倪谷音　　B. 邱学华　　C. 刘京海　　D. 李吉林

23. 尝试教学法的首倡者是(　　)

A. 李吉林　　B. 邱学华　　C. 刘京海　　D. 倪谷音

24. 某小学老师每天下午都会带着同学们去学校附近散步，看到花，就告诉他们如何区分雄蕊和雌蕊；看见蜜蜂，就告诉他们蜜蜂是如何帮助花朵授粉的。该老师采用的教学方法是(　　)

A. 实验法　　B. 演示法　　C. 练习法　　D. 参观法

25. 洛扎诺夫的暗示教学法比较适合的教育领域是(　　)

A. 语言　　B. 物理　　C. 化学　　D. 地理

26. 教师通过实物演示，引起学生一定的情感体验，从而帮助学生理解教材，使学生的心理机能得到发展。这种教学方法是(　　)

A. 欣赏教学法　　B. 实践活动法　　C. 情境教学法　　D. 练习法

27. 下列选项中，比较准确地体现了启发式教学的是(　　)

A. 学不躐等　　B. 学而时习之　　C. 各因其材　　D. 开而弗达

28. 我国古代墨子提出："夫智者必量其力所能至而从事焉。"这所体现的教学原则是(　　)(常考)

A. 巩固性原则　　B. 量力性原则　　C. 直观性原则　　D. 因材施教原则

29. 张老师在讲授《太空生活趣事多》一课时，向学生讲述了宇航员在宇宙飞船里的活动情况，还与学生分享了我国宇航员刻苦训练的故事，鼓励学生认真学习，探索宇宙的奥秘。该教师使用的教学原则是(　　)

A. 启发性原则　　B. 理论联系实际原则

C. 直观性原则　　D. 思想性与科学性相统一原则

30. 允许成绩优秀的学生跳级，体现了(　　)原则。

A. 启发性　　B. 直观性　　C. 因材施教　　D. 巩固性

31. "你要满足你的要求和愿望，你就必须认识和思考，但是为了这个目的，你也必须行动，知和行又是那么紧密地联系着，假如一个停止了，另一个也随之停止。"这句话反映的教学原则是(　　)

A. 思想性和科学性相统一原则　　B. 理论联系实际原则

C. 巩固性原则　　D. 量力性原则

32. 与讲授法相比，发现法最大的缺点是(　　)

A. 太耗费时间　　B. 不利于发展学生的智力

C. 导致学生机械学习　　D. 会分散学生的注意力

33. 教师运用讲授法时，不能言无不尽，要给学生留出思考空间，要(　　)

A. 有启发性　　B. 强调重难点　　C. 切中讲授时机　　D. 把握时间长短

34. "西邻有五子，一子朴，一子敏，一子盲，一子偻，一子跛。乃使朴者农，敏者贾，盲者卜，偻者绩，跛者纺，五子皆不患衣食焉。"这体现的教学原则是(　　)(常考)

A. 启发性原则　　B. 因材施教原则　　C. 循序渐进原则　　D. 直观性原则

35. "学而时习之"体现的教学原则是(　　)

A. 理论联系实际原则　　B. 启发性原则

C. 循序渐进原则　　D. 巩固性原则

36. 第斯多惠有一句名言："一个坏的教师奉送真理，一个好的教师则教人发现真理。"这体现了教学的(　　)

A. 直观性原则　　B. 启发性原则　　C. 巩固性原则　　D. 因材施教原则

37. "不闻不若闻之，闻之不若见之。"这句话反映的是(　　)(常考)

A. 启发性原则　　B. 直观性原则　　C. 巩固性原则　　D. 系统性原则

二、多项选择题

1. 教学原则是依据(　　)制定的。

A. 教学内容　　B. 教学过程的基本规律

C. 教育部颁布的文件　　D. 教学目的

2. 以下关于读书指导法的说法错误的有(　　)

A. 是一种以实际锻炼为主的教学方法

B. 更多地需要老师进行指导,告诉学生所读内容的主要内涵

C. 是一种能培养学生自学能力的教学方法

D. 不必有明确的阅读目的、要求和思考题

3. 参观教学法可分为(　　)

A. 可行性参观　　B. 准备性参观　　C. 总结性参观　　D. 并行性参观

4. 以语言传递为主的教学方法主要包括(　　)(常考)

A. 讲授法　　B. 演示法　　C. 谈话法　　D. 讨论法

5. 在情境教学法的运用中,教师创设的情境一般包括(　　)

A. 图画再现的情境　　B. 实物演示的情境

C. 音乐渲染的情境　　D. 生活展现的情境

6. 选择教学方法应考虑的主要因素有(　　)

A. 教学的目的和任务　　B. 课程性质和特点

C. 每节课的重点、难点　　D. 学校领导的要求

7. 下列语句体现了同一教学原则的是(　　)

A. "君子之教,喻也"　　B. "杂施而不孙,则坏乱而不修"

C. "学而时习之"　　D. "学而不思则罔,思而不学则殆"

8. 直观手段一般可分为(　　)(常考)

A. 实物直观　　B. 模像直观　　C. 形象直观　　D. 言语直观

三、判断题

1. 教学方法具有单一性,因为优秀的教师可以做到以不变应万变。(　　)

2. "温故而知新,可以为师矣"说明教学应遵循巩固性原则。(　　)

3. 启发式教学就是教师多提出问题,学生多积极回答。(易错)(　　)

4. 因材施教的根本目的在于消除个别差异,最终让每个学生都达到同样水平。(易错)(　　)

5. 王老师在课堂上介绍"青蒿素"时,还讲到了屠呦呦躬身钻研的故事,使同学们深受鼓舞。王老师在教学中遵循了理论联系实际的原则。(　　)

6. 教学方法是教师为完成教学任务而采用的教的方法。(常考)(　　)

7. 教学的循序渐进原则要求教师在课堂教学时要面面俱到,讲清所有知识点。(　　)

8. 乌申斯基认为"复习是学习之母",这体现了教学的巩固性原则。(　　)

四、填空题

1. 陶行知曾用松树和牡丹比喻人:用松树的肥料培养牡丹,牡丹会瘦死;用牡丹的肥料培养松树,松树会被烧死。这一比喻所体现的教学原则是________。

2. 欣赏教学法一般包括对________的欣赏、________的欣赏和艺术的欣赏等。

3. 在学习某课题前，使学生为将要学习的新课题积累必要的感性经验，从而顺利获得新知识而进行的参观是________。

4. 以情感陶冶为主的教学方法主要有________和________。

5. 让学生参加社会实践活动，培养学生解决实际问题的能力和多方面实践能力的教学方法是________。

五、简答题

1. 简述运用演示法的基本要求。

2. 运用教学方法应遵循的原则有哪些？

3. 简述贯彻因材施教原则的要求。

4. 简述贯彻直观性原则的基本要求。（常考）

5. 讲授法的基本要求包括哪几个方面？

6. 简述我国中小学常用的教学原则。（常考）

六、论述题

联系实际，谈谈在教学中应如何贯彻理论联系实际的原则。

七、案例分析题

1. 王老师在教《再别康桥》的过程中，向学生提问："这首诗歌抒发了诗人告别母校时的感想，题目却用了'再别'而不是'告别'。这是否文不对题？题目是否该改一改？"王老师的问题"一石激起千层浪"，学生们纷纷从不同的角度阐述自己的观点。在活跃的讨论中，大家一致肯定"再别康桥"这个题目不能改，整首诗虽没明显体现出"再别"，但这首诗是诗人故地重游因物是人非有感而发的诗篇。"再别"一词奠定了整首诗歌的感情基调，表达了诗人对母校无尽的留恋之情。至此，疑惑释然，情理并露，该课在学生们的争辩声中顺利结束。

(1)请结合案例，分析王老师在教学中主要贯彻了什么教学原则。

(2)请结合案例，分析王老师运用了哪种教学方法。

2. 谢老师在科学课上讲解食物链和食物网的知识时，首先播放一个两分钟的短视频，导入新课后，用PPT展示一些动植物的图片，并提出一系列问题："这些动植物之间存在怎样的关联？它们能形成一个完整的食物链吗？为什么？"之后让学生自己去发现、分析问题。

在讲解完食物链和食物网的概念之后，谢老师又提供4组动植物名称，要求全班学生分成4个小组讨论并绘制食物网，提高学生分析问题、解决问题的能力。

谢老师采用了哪些教学方法？请结合案例进行分析。

专题3 教学组织形式与教学工作的基本环节

一、单项选择题

1. 孔子对他的学生如是评价："由也果""赐也达""求也艺""柴也愚"等，他的教法建立在他对学生个性深切了解的基础上。下列最能诠释孔子这种教育方法的教学组织形式是(　　)

A. 个别教学　　B. 集体教学　　C. 分组教学　　D. 复式教学

2. 张老师在一节数学课上，先花30分钟的时间讲完新课，然后让同学们用10分钟的时间复习新课所讲的内容，最后5分钟用来布置课外作业。这堂课是(　　)

A. 拓展课　　B. 综合课　　C. 复习课　　D. 检查课

3. "凡事预则立，不预则废"，在教师教学活动中，这指的是(　　)的重要性。(常考)

A. 复习　　B. 预习　　C. 教学　　D. 备课

4. 上好一堂课的关键是(　　)(易错)

A. 明确教学目的　　B. 组织好教学活动

C. 布置好课外作业　　D. 注重解惑纠错

5. 班级授课制的特征可以用以下哪几个字概括(　　)

A. 班、课、室　　B. 师、生、课　　C. 师、生、时　　D. 班、课、时

6. 道尔顿制是由(　　)创立的。

A. 克伯屈　　B. 杜威　　C. 华虚朋　　D. 柏克赫斯特

7. 教师不教全体学生，而是把教学内容传授给其中一部分学生，再由他们中的佼佼者向其他学生传授的教学组织形式是(　　)

A. 个别教学　　B. 导生制　　C. 道尔顿制　　D. 班级授课制

8. 李老师组织学生到郊区的牛奶厂，请工人师傅为学生讲解牛奶的生产加工流程。李老师采用的教学组织形式是(　　)(常考)

A. 现场教学　　B. 个别辅导　　C. 小组教学　　D. 复式教学

9. 在下列教学组织形式中，有利于高效率、大面积培养人才的是(　　)

A. 个别教学　　B. 班级授课制　　C. 分组教学　　D. 道尔顿制

10. 把大班教学、小班研究和个别教学三种教学形式结合在一起，并采用灵活的时间单位代替固定划一的上课时间的教学组织形式是(　　)(易混)

A. 道尔顿制　　B. 导生制　　C. 特朗普制　　D. 导师制

11. 下列不属于教师上课前的“三备”内容的是(　　)(常考)

A. 备学法　　B. 备教材　　C. 备学生　　D. 备教法

12. (　　)是教师上课的必要补充。

A. 布置作业　　B. 检查作业　　C. 课外辅导　　D. 课后练习

13. 上好课的先决条件是(　　)(常考)

A. 了解学生　　B. 师生关系和谐　　C. 教学设备先进　　D. 备好课

14. 上好课最根本的要求是(　　)

A. 板书有序　　B. 充分发挥学生的主体性

C. 教学方法适当　　D. 教学结构合理

15. 在我国，班级授课制最早始于(　　)(常考)

A. 清末　　B. 明朝　　C. 秦朝　　D. 春秋战国时期

16. 在一节课的基本构成中，贯穿一节课始终的是(　　)

A. 组织教学　　B. 讲授新知识　　C. 巩固新知识　　D. 布置作业

17. 教师在布置作业时，下列哪种做法是不可取的(　　)

A. 课堂练习的布置与教学目标相一致　　B. 练习题的设计富于变化，并有适当的难度

C. 只给学生一些知识记忆性的练习　　D. 教师给学生适当的帮助

18. 道尔顿制是一种典型的(　　)教学组织形式。

A. 自学辅导式　　B. 教师讲授式　　C. 系统学习式　　D. 师生互动式

19. 适用于学生少、教师少、校舍和教学设备较差的农村以及偏远地区的特殊教学组织形式是(　　)(常考)

A. 班级授课制　　B. 个别教学　　C. 分组教学　　D. 复式教学

20. 不按照年龄编班，而按学生的能力和学习成绩编班属于(　　)

A. 外部分组　　B. 内部分组　　C. 个别教学　　D. 班级授课制

21. 在学校教学工作中，主要目的在于巩固知识和培养技能技巧的环节是(　　)

A. 上课　　B. 课外活动

C. 作业的布置与反馈　　D. 学业成绩的检查和评定

22. 教师根据学科课程标准的要求和课程特点，结合学生实际情况，确定教学方法和重难点，撰写教案。这一

教学环节属于(　　)

A. 备课　　B. 上课　　C. 课后辅导　　D. 测试

23. 教学组织形式是指教学活动中教师与学生为实现教学目标而采取的社会结合方式。在教学史上,先后出现的影响较大的教学组织形式有四种,其中,我国古代学校的主要教学形式是________,现代学校课堂教学的主要组织形式是________。(　　)

A. 个别教学制　班级授课制　　B. 个别教学制　分组教学

C. 班级授课制　个别教学制　　D. 班级授课制　分组教学

二、多项选择题

1. 新课程倡导的作业观有(　　)

A. 在内容上突出开放性和探究性　　B. 在容量上考虑量力性和差异性

C. 在形式上体现新颖性和多样性　　D. 在评判上重视过程性和激励性

2. 作业的形式主要有(　　)

A. 阅读作业　　B. 实践作业　　C. 口头作业　　D. 书面作业

3. 备好课是上好课的前提,以下属于教师备课范围的是(　　)

A. 备教材　　B. 备教法　　C. 备学生　　D. 写好教学计划

4. 教师钻研教材一般要经历哪三个阶段(　　)(常考)

A. 懂　　B. 透　　C. 明　　D. 化

5. 根据教学任务的不同,课可分为(　　)(易错)

A. 新授课　　B. 检查课　　C. 巩固课　　D. 技能课

6. 教师要上好一节课,需要做到(　　)

A. 注重解惑纠错　　B. 遵循教学规律与原则

C. 以现代教学理念为指导　　D. 布置好课外作业

7. 现代教学的辅助形式包括(　　)

A. 个别教学　　B. 现场教学　　C. 分组教学　　D. 复式教学

8. 班级授课制是我国目前教学的基本组织形式,班级授课制的优越性包括(　　)

A. 有利于学生多方面的发展　　B. 有利于理论与实际相结合

C. 有利于完全适应学生的个别差异　　D. 有利于发挥学生集体的作用

三、判断题

1. 教学组织形式是固定不变的。(　　)

2. 内部分组是指打破传统的按年龄编班的限制,按学生的能力或学习成绩等编组。(　　)

3. 课外辅导是对学生进行因材施教的重要途径和措施。(　　)

4. 一节课既有检查复习,又有新知识的讲授,还有练习巩固,从课的类型上看,这是一节综合课。(　　)

5. 照顾到个别学生也是教师上好一节课的标准。(　　)

6. 设计教学法的重点是以活动课程代替学科课程。(　　)

7. 班级教学缺乏真正的集体性。(易错)(　　)

8. 分组教学是为了克服班级授课制的弊端而提出的,因此比班级授课制优越。(　　)

9. 平时考查中的口头提问是在课中进行的,而检查书面作业则是在课外进行的。(易错)(　　)

10. 教师在布置作业时,应争取家长的配合,让家长也额外布置一些作业给学生。(　　)

四、填空题

1. 教学的特殊组织形式是________。(常考)

2. 学生纵横直排而坐,全部面向教师的座位类型是________。这种座位编排方式便于全体学生集中听课和教师授课,有利于大班教学。

3. ________是教师教和学生学的最直接的体现,是提高教学质量的关键。

4. 钻研教材指的是钻研________、教科书和阅读有关的参考用书。

5. 检查学生学业成绩的方法是多种多样的。常用的检查方式有两大类:________和________。

五、名词解释

1. 教学组织形式

2. 班级授课制(常考)

3. 复式教学

六、简答题

1. 简述分组教学的优点。

2. 简述上好课的基本要求。(常考)

3. 简述教学工作的基本环节。

4. 简述当前教学组织形式改革的重点。

七、案例分析题

在课文《赠汪伦》的教学中，老师组织了一场“表演”。

师：同学们，今天我们上《赠汪伦》一课，大家有没有兴趣表演李白和汪伦离别时的情景呢？

同学们纷纷举手，并有两位同学上台表演。他们模仿古人的模样，边用手捋胡子，边念《赠汪伦》的诗，这种新奇的表演让老师和同学们都看得津津有味。后来又有一组同学上台表演，他们想唱古时候离别时的歌，可是又都不太想得起来。这时老师提醒大家可以唱自己知道的歌，于是歌声便在教室上空飞扬。

请结合案例分析教师应如何上好一堂课。

专题4 教学评价与教学模式

一、单项选择题

1. 形成性评价与总结性评价的不同点在于评价的(　　)(易错)

A. 方法不同　　B. 主体不同　　C. 目的不同　　D. 内容不同

2. 在动作技能的教学(比如广播体操的教学，武术动作的教学)中，比较合适的教学模式是(　　)

A. 传递—接受式　　B. 问题—探究式　　C. 示范—模仿式　　D. 情境—陶冶式

3. 国家组织的各种选拔性考试，一般都不设定每科的最低分，只根据所有考生本次成绩排名，从高到低划定录取分数线。这种评价方式属于(　　)

A. 诊断性评价　　B. 绝对性评价　　C. 相对性评价　　D. 个体内差异评价

4. (　　)教学模式非常注重教师的权威性。

A. 自学—指导式　　B. 抛锚式　　C. 范例　　D. 传递—接受式

5. 在教学工作中，按照“定向—参与性练习—自主练习—迁移”的程序进行教学的教学模式是(　　)

A. 传递—接受式　　B. 示范—模仿式　　C. 引导—发现式　　D. 自学—指导式

6. 以下教学模式和代表人物相匹配的是(　　)

A. 非指导性教学模式——布卢姆　　B. 发现学习教学模式——布鲁纳

C. 掌握学习教学模式——瓦·根舍因　　D. 暗示教学模式——罗杰斯

7. “多一把尺子,就多一个好学生”反映的评价观是(　　)

A. 评价是促进学生发展的动力　　B. 评价应该关注过程

C. 评价标准应该多元化　　D. 学生是评价的主体

8. 依据学生个人的学习成绩在该班学生成绩序列中所处的位置来判定其成绩的优劣,而不考虑其是否达到了教学目标的要求。这种教学评价属于(　　)

A. 诊断性评价　　B. 绝对性评价　　C. 总结性评价　　D. 相对性评价

9. 教师分析学生学习困难的原因,判断学生是否具备学习新知识的条件。这种评价方式是(　　)(常考)

A. 形成性评价　　B. 个体内差异评价

C. 诊断性评价　　D. 终结性评价

10. 关注学生在学习过程中是否存在偏科现象属于(　　)(易错)

A. 发展性评价　　B. 诊断性评价

C. 个体内差异评价　　D. 相对性评价

11. 在教学评价中,评价对象既是评价的客体,又是评价的主体,他们既要被他人评价,又要对自己的工作进行价值判断。这体现了教学评价的(　　)

A. 客观性　　B. 主体性　　C. 科学性　　D. 一致性

12. 教学评价可以使教师和学生都及时知道自己的教与学的情况与效果,为他们调整教与学的行为提供客观依据。这主要体现了教学评价的(　　)

A. 诊断功能　　B. 激励功能　　C. 调控功能　　D. 教学功能

13. 教学评价的目的是对课程、教学方法以及学生培养方案做出(　　)

A. 决策　　B. 评估　　C. 判断　　D. 分析

14. 某教师能系统、明确地联系实际讲解教学内容及其运用、操作。这说明该教师的教学处于(　　)

A. 创新水平　　B. 记忆水平　　C. 探索水平　　D. 理解水平

15. 老师经常鼓励我们不要总和别人比,就和自己比,只要你努力了,今天比昨天进步一点就是进步。这是(　　)评价。

A. 绝对性　　B. 相对性　　C. 个体内差异　　D. 形成性

16. 某教师利用课堂提问、课堂讨论等形式来决定自己是否需要改善教学,这种评价属于(　　)(常考)

A. 诊断性评价　　B. 描述性评价　　C. 形成性评价　　D. 总结性评价

17. 通常在一门课程或教学活动结束后进行,对一个完整的教学过程进行的评价称为(　　)

A. 总结性评价　　B. 形成性评价　　C. 诊断性评价　　D. 相对性评价

18. 为了有针对性地改进教学,某中学数学教师在每一单元开始时,会自行编制测试卷,对学生已有的知识水平进行摸底排查。在充分掌握学生们现有知识与技能的基础上,该教师再进行相应的教学设计。从形式上来看,该教师对学生所进行的这种评价属于(　　)

A. 形成性评价　　B. 个体内差异性评价

C. 诊断性评价　　D. 总结性评价

19. “情境—陶冶”教学模式的理论基础是(　　)

A. 最优教学法　　B. 掌握学习法

C. 暗示教学理论　　D. 发现教学理论

20. 教师在课堂教学中按照“创设情境—确定问题—自主学习—协作学习—效果评价”的程序组织教学。这属于(　　)

A. 范例教学　　B. 抛锚式教学

C. 引导—发现式教学　　D. 情境—陶冶式教学

21. 教师不利用课堂时间讲教学内容,而是让学生课前自主学习,课堂上进行交流、答疑。这种教学模式叫作(　　)

A. 生本课堂　　B. 答疑课堂　　C. 传统课堂　　D. 翻转课堂

二、多项选择题

1. 形成性评价的主要功能有(　　)(易混)

A. 辨别造成学生学习困难的原因　　B. 为学生的学习定步

C. 改进学生的学习　　D. 给教师提供反馈

2. 教学评价的基本内容包括(　　)

A. 学生学业评价　　B. 课堂教学评价　　C. 教师评价　　D. 学生心理评价

3. 范例教学模式的基本特征有(　　)

A. 基础性　　B. 基本性　　C. 范例性　　D. 启发性

4. 贯穿暗示教学模式的基本原则包括(　　)

A. 无意识性原则　　B. 暗示手段相互作用的原则

C. 愉快而不紧张的原则　　D. 有意识和无意识相统一的原则

5. 根据评价在教学过程中作用的不同,教学评价可分为(　　)(易错)

A. 形成性评价　　B. 诊断性评价　　C. 终结性评价　　D. 相对性评价

三、判断题

1. 期中考试、期末考试属于诊断性评价。(易错)　　(　　)

2. 在课堂上,如果学生完全正确地回答了教师提出的问题,教师便没有必要对学生的回答做出评价了。　　(　　)

3. 教学评价就是对教师教学效果的评价。　　(　　)

4. 相对性评价又称目标参照性评价。　　(　　)

5. 引导—发现模式一般适用于数理学科,需要学生有一定的经验储备。(易混)　　(　　)

6. “教学模式可以帮助教师预测教学效果”体现了教学模式的解释功能。　　(　　)

7. 自学—指导教学模式主要用于具备一定阅读能力的学生。　　(　　)

四、名词解释

1. 外部评价

2. 教学模式

五、案例分析题

魏老师对刚接任的一个班级进行摸底测验,满分100分的试卷,有个学生的语文只考了8分。魏老师找他谈话。谈话中,魏老师开门见山地说:“我听语文老师说,你上课根本就不听讲,是吗?”学生答:“是。”“听你父母说,你在家也不写作业,是吗?”学生回答:“是,我什么也不会,什么也不想做。”魏老师说:“你根本不听讲,不学习,还能考8分,说明你挺聪明的,要是你稍微努力一下,肯定会比这次考得好。”魏老师把他叫到自己跟前打开试卷,帮他分析每一道题,哪些是只要去记忆就可以掌握的,哪些是需要努力就可以完成的。在以后的日子里,魏老师允许这个学生上课不听讲,可以选择自己喜欢的内容进行学习。在期中考试时,他考了40多分。之后魏老师继续帮他检查学习效果,帮他确定学习内容,不断地督促、检查他的学习落实情况。到期末考试的时候,他已经可以考到70多分了。就这样,魏老师转化了一个语文成绩很差的学生。

请用教学原则和教学评价理论对该案例进行分析。

提升必刷

一、单项选择题

1.“教必有法”,但“教无定法”,指的是教学方法的运用必须(　　)

A. 坚持以启发式为指导思想　　B. 做到最佳选择

C. 做到优化组合　　D. 做到原则性与灵活性相结合

2. 教师在教学过程中应弘扬教学民主,营造和谐活泼的课堂气氛,不搞一言堂,压抑学生的积极性。这种做法对应的教学原则是(　　)

A. 启发性原则　　B. 理论与实践相结合原则

C. 直观性原则　　D. 循序渐进原则

3. 某学生考试成绩在全班来说并不高,但跟他过去的成绩相比有进步,那么,在教学评价时就应给予该生肯定和表扬。对成绩不及格的学生,也不宜一味指责,以免学生心灰意冷、放弃努力。这种评价遵循了(　　)

A. 客观性原则　　B. 指导性原则　　C. 计划性原则　　D. 发展性原则

4. 下列有关教学评价的叙述中,阐述最恰当的是(　　)

A. 形成性评价是教学活动告一段落时用于把握最终结果而进行的评价

B. 教学评价具有诊断功能、激励功能、调控功能、教学功能

C. 定量评价是对评价做“质”的分析，对获取资料进行思维加工

D. 从课堂纪律状况分析控制水平属于与学生因素有关的指标

5. 孟老师在教授“年、月、日”一节时，发给每名学生一张不同年份的年历卡片，让学生说说观察得出的结论。学生们纷纷踊跃发言，“一年有12个月，1、3、5、7、8、10、12月都是31天；4、6、9、11月都是30天；2月有时是28天，有时是29天。”孟老师要教授的许多内容都由学生说出来了。上述案例中，孟老师使用的教学方法是(　　)

A. 自主探究法　　B. 讨论法　　C. 作业法　　D. 演示法

6. 讲述和讲解都是讲授的基本形式，二者的区别体现在(　　)

A. 讲述在理科课程中运用较多，讲解在文科课程中运用较多

B. 讲述侧重于讲事而非说理，讲解侧重于说理而非讲事

C. 讲述偏向客观，讲解偏向主观

D. 讲述以解答问题为中心，讲解以叙述事实为中心

7. 某老师上课时注重引导、启发、讲解，善于提出发人深思、能挑战学生智慧的问题，并善于鼓励学生积极思考，注重不断引导学生的探究走向深入，在激烈的思想碰撞与争论中发挥学生个人的聪明才智，攻克难关，获取真知。这体现出该教师的教学处于(　　)(易混)

A. 探索水平　　B. 理解水平　　C. 辩证水平　　D. 记忆水平

8. 凡是需要知道的事物，都要通过事物本身来进行教学。这强调了教学的(　　)原则。

A. 直观性　　B. 巩固性　　C. 因材施教　　D. 循序渐进

9. 学生在学习圆锥体积的计算方法前，已经学习了长方体、正方体、圆柱体的体积计算公式。于是数学老师在教学前先向学生提问：“我们学习了哪些物体体积的计算方法？哪种物体的体积计算方法跟圆锥体积计算方法有关系呢？为什么有关系？有什么样的关系呢？”这体现了哪一教学原则(　　)

A. 循序渐进原则　　B. 因材施教原则　　C. 启发性原则　　D. 量力性原则

10. 陶行知做过一个比喻：“接知如接枝。”这个比喻体现了(　　)

A. 学生学习以间接知识为主　　B. 间接知识的学习以直接知识为基础

C. 学生学习以直接知识为基础　　D. 间接知识与直接知识相辅相成

11. 在一个大教室里安置许多排长课桌，每排10多个学生，其中有一个导生。教师首先教这些导生，然后由他们领着一排学生围站在一个地方，把刚学到的教学内容再转教给其他学生，以后，也由导生对这些学生进行检查和考试。这种教学组织形式是(　　)

A. 班级授课制　　B. 贝尔—兰喀斯特制

C. 复式教学　　D. 分组教学

12. 布置课外作业的目的是(　　)

A. 使学生进一步巩固所学知识，并培养独立学习和工作的能力

B. 复习已学过的知识，对已学过的知识进行巩固和加深

C. 使学生掌握新知识

D. 使学生对所学知识当堂理解、当堂消化

13. 中国古代教育家孔子倡导的“叩其两端”的方法，属于现代意义上的(　　)

A. 讲授法　　B. 谈话法　　C. 讨论法　　D. 练习法

14. “语之而不知，虽舍之可也。”这句话所体现的教学原则是(　　)(常考)

A. 循序渐进原则　　B. 巩固性原则　　C. 量力性原则　　D. 启发性原则

15. 魏书生说:“一个教师要紧的不是忙着用这一种教法去否定另一种教法,不是证明多种教法的没道理,更不是糊里糊涂地照搬某种教法到自己的课堂上,不加任何改变就用。他应当像蜜蜂一样,在教法的百花园中,到处采集有用的花粉,回来以后,酿造自己课堂教学的蜜。”魏书生这句话说明(　　)

A. 教学中要有程式,但不要程式化　　B. 教师应精通自己的学科

C. 教学应遵循理论联系实际原则　　D. 教师必须确立终身学习的理念

16. 李老师是初二(3)班的历史老师,为了讲好“隋朝的灭亡”这一教学内容,李老师做了如下教学设计:首先,从电视剧《隋唐演义》中精选了一个与教学内容密切相关且学生熟悉的短视频引入课堂教学;然后带领学生简略地回顾了隋朝的历史,并提出思考问题“隋朝快速灭亡的原因是什么?”在回答这个问题之前,李老师先给学生讲解了我国古代历史上朝代灭亡的一般规律,然后再引导学生分析隋朝快速灭亡的原因……李老师的这一教学片断运用的教学方法是(　　)

A. 讲授法、练习法　　B. 演示法、参观法　　C. 演示法、讲授法　　D. 发现法、陶冶法

17. 某教师在教授《小小的船》一课时,想要了解学生对这首诗的理解情况,于是在课堂上向学生提问:“你们知道叶圣陶先生想要通过这首诗表达什么吗?”这属于教学过程中的(　　)

A. 个体内差异性评价　　B. 诊断性评价

C. 形成性评价　　D. 总结性评价

18. 教师认真详细地讲解了教学内容,学生通过认真听讲与练习,基本上能理解与运用所学的知识技能,基本上完成了教学任务。这种教学水平属于(　　)

A. 记忆水平　　B. 理解水平　　C. 探索水平　　D. 情感水平

19. 学生在教师指导下,各自主动在实验室,根据拟订的学习计划,以不同的教材、不同的速度和时间进行学习,用以适应其能力、兴趣和需要,从而发展个性,目的是废除年级和班级教学。这种组织形式是(　　)(易混)

A. 特朗普制　　B. 文纳特卡制　　C. 道尔顿制　　D. 贝尔—兰喀斯特制

20. 某教师提供不同形状的泡泡器,在学生猜想出不同泡泡器可能会吹出的形状后,让学生实验操作,解释和交流实验结论。此教师采用的教学方法是(　　)

A. 演示法　　B. 探究教学法　　C. 谈话法　　D. 讨论法

21. 教学活动从动力因素到发生机制,从理智投入到情感表达,从目标追求到行为取向,都应该关注学习者自身的意识和需要,关注学习者自身的品质和特点,更应该关心学习者自身的成长和完善。这属于教学过程基本结构中的(　　)

A. 传承知识　　B. 培育能力　　C. 涵养品性　　D. 助长生命

22. 王老师在小学语文课上,结合课文内容,用生动形象的语言向学生描绘深秋层林尽染与色彩斑斓的山林风光。这体现的教学原则是(　　)

A. 理论联系实际原则　　B. 直观性原则

C. 循序渐进原则　　D. 启发性原则

23. 张老师讲授《我爱故乡的杨梅》一课时,用多媒体播放江南水乡的美景,为学生创造真实、具体、生动的场景。其运用的教学方法是(　　)

A. 演示教学法　　B. 现场教学法　　C. 示范教学法　　D. 情境教学法

24. 研究表明,人的发展存在个体差异,充分尊重和利用这种发展特点的教育措施有(　　)

A. 班级授课、小组合作、个别辅导　　B. 个别辅导、分层教学、班级授课

C. 分层教学、班级授课、小组合作　　D. 个别辅导、分层教学、小组合作

25. 与其他的认识过程不同，教学过程在主客体之间嵌入了一个“中介因素”——教师。这体现了教学过程的（　　）特点。

A. 交往性　　B. 教育性　　C. 间接性　　D. 指导性

26. 教师通过播放视频，让学生对地球环境恶化的状况有所了解，然后开始进行环境保护知识的讲解。这属于教学过程的（　　）（易错）

A. 领会知识阶段　　B. 巩固知识阶段

C. 检查知识阶段　　D. 运用知识阶段

27. 我国古代有“师傅引进门，修行靠个人”的教谕。这体现了教学过程具有（　　）的规律。

A. 学生认识的间接性　　B. 教学与发展相互促进

C. 知识学习与品德形成相统一　　D. 教师主导作用和学生主体作用辩证统一

28. 在教学过程中，强调教师“吃透两头”所指的是充分认识学生以及（　　）

A. 充分理解教材　　B. 认真备课　　C. 严格管理学生　　D. 真正关心学生

29. 五年级(1)班的科学老师在讲完“黄豆的内部组织”这一章节的内容后，指导学生进行黄豆栽培，并让学生做好栽培记录。这种教学方法属于（　　）（易混）

A. 演示法　　B. 实验法　　C. 实习作业法　　D. 讨论法

30. 一位接受了亚里士多德或裴斯泰洛齐唯实论哲学思想的教师，在教学方法上最有可能采用（　　）

A. 启发式问答　　B. 直观教学法　　C. 问题解决教学　　D. 探究教学法

31. 在形式上，尝试教学强调教与学的先后顺序，下列属于其特征的是（　　）

A. 先提出教学目标　　B. 提出问题，学生钻研

C. 学生读书，教师指导　　D. 先试后导，先练后讲

二、多项选择题

1. 有效讲授的一个重要方面是要把握好讲授的时机，讲授的时机包括（　　）

A. 组织教学时　　B. 为学生定向时

C. 学生分析理解难以到位时　　D. 学生出现误读时

E. 布置课后作业时

2. 张老师是某初级中学的生物教师。在学习“花的结构”第一课时知识时，张老师首先向同学们讲述了花的基本结构，其后向同学们展示了花的解剖标本，放映了花的结构图片；第二课时，同学们来到生物实验室，张老师帮助同学们修订实验计划，指导同学们用镊子、刀片解剖一朵真正的百合花。该案例中张老师运用了哪些教学方法（　　）

A. 讲授法　　B. 演示法　　C. 练习法　　D. 实验法

E. 参观法

3. 有人发现，已裂开一条缝的茧中，蝴蝶正在痛苦地挣扎。他于心不忍，便拿起剪子把茧剪开，帮助蝴蝶破茧而出。可是这只蝴蝶却因身体臃肿，翅膀干瘪，根本飞不起来，不久便死去了。蝴蝶必先在痛苦中挣扎，直到把翅膀练强壮了，再破茧而出，才能飞得起来，省去了过程看似为其免除了痛苦，但结果却适得其反。上述材料给我们的启示是教学要遵循循序渐进原则，那么贯彻这一原则应注意（　　）

A. 按教材的系统性进行教学　　B. 突出重点、突破难点、抓住关键

C. 注重联系实际　　D. 由浅入深、由易到难、由简到繁

E. 发扬教学民主

4. 关于“活动式教学”理论体系，下列表述正确的是(　　)

A. 教师是顾问、咨询者

B. 强调积累知识，重视掌握知识的量

C. 强调通过自我发现去掌握知识

D. 重视对知识本身的兴趣与热爱

E. 学生是主动的分析者、探究者

5. 下列有关教学评价的说法，正确的有(　　)(易错)

A. 形成性评价的基本思想是采取频繁的反馈和根据每个学生的需要因人而异地评价

B. 教师在教学过程中就所学的知识向学生进行提问，属于诊断性评价

C. 高考属于目标参照性评价

D. 用以区别优劣、分出等级或鉴定学生合格与否的评价属于终结性评价

E. 个体内差异评价增加了评价对象的压力

6. 物理老师在讲浮力时，准备了一盆水、一块木块和一块铁块，当铁块放入水盆时沉下去，木块放入水盆时浮上来。老师重复演示和讲解这一现象。这一教学案例用到的教学方法有(　　)(易错)

A. 讲授法

B. 演示法

C. 实验法

D. 参观法

E. 讨论法

三、辨析题

1. 教学方法一旦形成后，就不会随着社会的变革而发生变化。

2. 学生的认识活动是教学中最主要的活动。

3. 新课程改革的背景下，强调教育要回归儿童的生活和实际，因此儿童在学校的主要任务就是学习直接经验。

4. 坚持以教学为主的办学规律，要求学校领导集中全校所有的人力、物力和财力用于教学活动。

5. 问题教学法是一种启发式教学方法，而讲授法是一种注入式教学方法。(易错)

四、论述题

1. “教学有法，教无定法，贵在得法。”这句话中的三个“法”分别是什么意思？结合教育理论知识和教育实践谈谈你对这句话的认识。

2. 备好课是上好课的前提。新课程理念下，你认为教师应如何“分析教材”？

3. 请对“教师是教学过程的主角，学生学得好坏由教师决定”这句话进行分析。

五、案例分析题

1. 李老师为了提高学生的数学成绩，在他执教的初二(3)班进行了教育改革。课前，李老师在深入研究学生和教材的情况下，制作导学案，确定学生的学习任务。而后通过搜集资料、录制教学微视频，上传到校园网的学习空间，让学生在课余时间观看教学微视频。学生通过合作交流，完成学习任务。课堂上，李老师首先检测学生自主学习的成效，而后给出进阶任务，让学生采用合作学习的方法尝试完成。遇到全班学生都不能解决的问题，李老师统一进行解答，然后根据学生学习的实际情况，对学习内容进行适度拓展延伸。

请结合案例运用教育学知识分析：

(1)李老师的教学改革采取了什么教学模式？

(2)请分析此种教学模式的特点。

2. 华应龙有一节堪称经典的数学课“规律的规律”。这是一堂复习课。他打破了教材原有的教学目标，不是带领孩子回顾和巩固规律，而是鼓励他们主动怀疑和打破规律，在许多老师和学生看来，数学是真理，是就是，不是就不是，是确定的。但是，华应龙在课堂上明确地告诉学生：“世界上的一切事物都是变化的，都是有范围的，可能在这个范围里是对的，超出这个范围就是不对的。所以，我们看问题不可以绝对化，要随时修正。”最后，他以“规律的王国也是有国界的”作为这节课的结束语，不仅孩子们意犹未尽，听课的老师也感到非常震撼。华应龙在讨论自己的这节课时说过一句话：“优秀的数学老师一定要有很高的视野，要跳出小学数学看数学，要跳出数学看数学，要用哲学的眼光看数学。数学老师要想上出具有文化味道的课，既要有一定的数学专业基础，也要有一定的文化素养。”

(1)结合某一条教学规律，谈谈教师为什么要上“具有文化味道的课”？

(2)教学应完成哪些任务？

3. 一天，语文老师正在讲课，突然天色大变，狂风呼啸，乌云滚滚，电闪雷鸣，哗哗哗……大雨倾盆而下，学生坐不住了，纷纷窃窃私语。见到这种情景，这位老师干脆放弃原有的教学计划，顺应学生的好奇心，让学生趴在窗前尽情地观察起雨景来，十分钟后才回到座位上。

师：谁能用我们背过的古诗来形容一下刚才的天气？

生：山雨欲来风满楼。

生：碧山还被暮云遮。

生：黑云翻墨未遮山，白雨跳珠乱入船。

师：好，这一句极为贴切。

生：老师，我认为应该是“白雨跳珠乱入窗”才对。

生：改为“乱敲窗”更好，“乱敲窗”说明了雨点大，而且像个调皮的小娃娃，好像也要挤进来和我们一起读书。

改完诗，教师又要求同学们把刚才的雨景和争论都写下来，不长时间，一篇篇情真意切的习作便应运而生了。

请结合教学过程的基本特点分析此案例。

4. 一个妙趣横生的作文教学片段：

师：同学们，端午节快到了，我非常想到你们各家去过端午节，不知哪位同学愿意请我？

生：(面露喜色，大声喊)老师到我家！我愿意请您！

师：大家都愿意请我，我很高兴。但这样争也不是办法。我看这样吧，谁会做菜，而且做的菜色香味俱全，我就到谁家去做客。

生：(面露难色，不知如何回答)

师：这个条件可能让大家为难了。不过，离端午节还有好几天呢，如果同学们肯学，一定能学好，能请到我的。

生：(兴高采烈)好，一言为定！

(两天后的作文课上)

师：同学们学会做菜了吗？

生：(大声、齐)学会了！

师：呀，这么快？跟谁学的？

学生：我跟爸爸学的。

……

师：感谢你们的一片诚心。那你们都学会做什么菜了呢？一定很好吃吧？

生：(不等老师叫，就纷纷起立，七嘴八舌、争先恐后地说起来。老师请了几位上讲台说给大家听。)

师：刚才这几位同学都讲得不错。听他们一讲，我就知道菜一定做得不错，老师连口水都快流出来了。但全班这么多同学，不可能每个人都上来说，有什么办法能让老师知道每个同学学会了做什么菜，做菜的过程怎样呢？

生：老师，让我们把做菜的过程和做的什么菜写出来，您不就知道了吗？

师：这个主意真好。这样，老师不但能知道你们做的什么菜，而且还能比较一下，看谁的菜做得最好，我就到谁家去做客，好吗？

生：好！

师：那就快写吧。

结合案例，从教学原则、教学方法、教学过程三个视角进行分析。

真题必刷

一、单项选择题

1.［驻马店驿城区］在选择教学模式时，教师要考虑的核心要素是（　　）

A. 任教学科的要求　　B. 学生的个体差异

C. 教学目标的达成　　D. 教师自身的个性

2.［信阳浉河区］“君子教人有序，先传以小者近者，而后教以远者大者。”这句话反映的教学原则是（　　）（常考）

A. 教学相长原则　　B. 启发性原则　　C. 循序渐进原则　　D. 直观性原则

3.［平顶山湛河区］下列教学方法中，有利于学生集思广益，互相启发，且适合对高年级学生使用的是（　　）（易错）

A. 讲授法　　B. 讨论法　　C. 演示法　　D. 读书指导法

4.［濮阳市直］反映教学中传授系统的科学文化知识与丰富学生感性知识的关系的基本规律是（　　）

A. 掌握知识与发展智力相统一的规律　　B. 间接经验与直接经验相结合的规律

C. 传授知识与思想品德教育相统一的规律　　D. 教师主导作用与学生能动性相结合的规律

5.［信阳市直］（　　）强调教师的指导作用，认为知识是从教师到学生的单向传递。

A. 传递—接受式教学模式　　B. 范例教学模式

C. 抛锚式教学模式　　D. 自学—辅导式教学模式

6.［安阳龙安区］为了让学生理解光合作用，老师不仅引导学生看书了解理论知识，而且指导学生到大自然中亲身感受。这体现了（　　）

A. 教师主导与学生主体相结合的规律　　B. 传授知识与思想教育相统一的规律

C. 知情意行的培养提高的规律　　D. 间接经验与直接经验相统一的规律

7.［焦作中站区］要求学生高质量地完成书面或口头作业，形成一定的技能技巧，同时引导学生不断创新或改进，学会解决复杂问题。这属于学生掌握知识的（　　）阶段。

A. 理解教材　　B. 巩固知识　　C. 运用知识　　D. 检查知识

8.［信阳平桥区］在学习屈原的《离骚》时，张老师不仅讲解了这首诗的主要内容，还向同学们介绍了屈原忧国忧民的情怀。这体现了（　　）

A. 启发性原则　　B. 发展性原则

C. 理论联系实际原则　　D. 科学性与思想性相统一原则

9.［安阳滑县］王老师在讲解过厘米、分米和米的概念后，让学生通过实际测量桌子、铅笔、书本的长度来理解和掌握知识。王老师在教学过程中主要贯彻的教学原则是（　　）

A. 直观性原则　　B. 教学相长原则

C. 理论联系实际原则　　D. 启发性原则

10.［郑州金水区］教师备课工作的最后一个环节，也是保证教师有计划、有步骤地上好一节课的必要手段，是设计（　　）

A. 课时计划　　B. 单元教学计划　　C. 教学工作计划　　D. 课程计划

11.［许昌市直］教师和学生通过口头语言以问答的方式进行教学的方法是（　　）

A. 讲授法　　B. 讨论法　　C. 读书指导法　　D. 谈话法

12.［安阳滑县］班级授课制是人类社会发展到一定历史阶段的产物，最早从理论上对班级授课制加以阐述的著作是（　　）

A.《民主主义与教育》　　B.《大教学论》

C.《普通教育学》　　D.《爱弥儿》

13.［平顶山市直］教师的教和学生的学共同组成的传递和掌握社会经验的双边活动是（　　）（常考）

A. 综合实践　　B. 德育　　C. 知识传授　　D. 教学

14.［洛阳西工区］在范例教学中，教学起始的正确实施程序是（　　）

A. 从知识的归类入手　　B. 从规律性的认识入手

C. 从升华的经验入手　　D. 从典型性的事例入手

二、多项选择题

1.［洛阳洛龙区］形成性评价是在教学过程中，为引导教学或使教学更为完善而进行的对学生学习结果的判定。以下属于其常用手段的是（　　）

A. 创建学生成长记录袋　　B. 评估学生的平时作业

C. 升学考试　　D. 课堂提问

2.［郑州市直］科学课老师给学生介绍了昆虫的概念后，呈现相关的标本和图片让学生分组观察，了解昆虫的生活习性，并在全班交流学习成果。该老师运用的教学方法有（　　）

A. 参观法　　B. 演示法　　C. 问答法　　D. 讨论法

E. 讲授法

3.［永城］以下关于“班级授课制”的说法中，正确的有（　　）

A. 班级授课制仍然是我国教育教学的重要组织形式

B. 班级授课制的产生大大提高了教学效率

C. 班级授课制最早是由美国教育家夸美纽斯提出的

D. 最早确定班级授课制基本轮廓的著作是《大教学论》

4.［洛阳洛龙区］毛泽东同志曾经指出：“研究任何过程，如果是存在两个以上矛盾的话，就要全力找出它的主要矛盾，抓住了这个主要矛盾，一切问题就迎刃而解了。”教学过程中的矛盾有（　　）

A. 教师与学生的矛盾　　B. 学生与教学内容的矛盾

C. 教学内容与教学手段的矛盾　　D. 教师与教学内容的矛盾

5.［鹤壁淇滨区］下面体现启发式教学思想的有（　　）

A. 人不知而不愠　　B. 问则疑，疑则思

C. 教之而不受，虽强告之无益　　D. 不陵节而施之谓孙

三、判断题

1.［新乡卫辉区］教学过程是一种普遍的认识过程，是由教师领导未成熟的主体，通过学习知识去间接认识世界。（　　）

2.［南阳宛城区］绝对性评价便于学生在相互比较中判断自己的位置，激发竞争意识。（　　）

3.［南阳南召］巩固性教学原则又被称为可接受性原则，是为了防止发生教学难度低于或高于学生的实际程度而提出的。（　　）

4.［新乡获嘉］长期以来的教育实践证明，学校工作必须坚持以教学为主。（易错）（　　）

5.［洛阳市直］复式教学在一定条件下对普及教育有积极意义，是班级教学的一种特殊组织形式。（　　）

四、填空题

1. [郑州上街区]________是教学的基本组织形式。

2. [鹤壁淇滨区]________是农村小学课堂教学的一种特殊形式。

五、简答题

[郑州金水区]教学中的启发性原则是什么？贯彻该原则的要求有哪些？

六、案例分析题

[郑州二七区]“同学们，我们在学习平行四边形和三角形面积的计算时，学到一种非常重要的学习方法，还记得是什么方法吗？谁来说说平行四边形和三角形的面积计算公式是怎样推导出来的？”根据学生所述，教师用多媒体课件演示平行四边形和三角形面积公式的推导过程。

教师展示学生电脑房的梯形桌面照片，问：“桌面是什么形状？现在学校发现有学生在学校电脑桌上面乱涂乱画，为了保护电脑桌面，要给电脑桌面贴保护膜。电脑室共有48张电脑桌，学校需要购买多大面积的保护膜？”教师说：“下课的时候我去电脑室量了电脑桌面的上底、下底各是多少厘米，并量了它的高，现在大家猜猜看，电脑桌面的面积跟上底、下底、高有什么联系？在我们生活中，有很多这样的梯形需要我们计算它们的面积，但是梯形面积的计算方法我们还没有学过，你猜想梯形的面积可能与什么有关？你想怎样推导出梯形面积的计算方法呢？”教师对学生进行异质分组，并给每组提供剪刀、三角尺、几个相等梯形等教具。让学生带着问题进行操作和探究：①先独立思考，能把它转化为已学过的什么图形，再按照“转化—找联系—推导公式”的思路来研究；②把你的方法与小组成员进行交流，制订动手操作计划，并由小组长进行组内分工，共同验证，得出梯形面积计算公式；③选择合适的方法交流汇报。比一比，看哪个小组想到的方法多，动作快。教师巡堂，对动作较慢的小组进行适当的指导。

教师挑选有代表性的小组进行汇报展示，让学生演示梯形面积计算公式的推导过程。教师利用多媒体课件和电子白板帮助学生演示“拼组、割补和添补”图形的变化过程，并及时引导学生点评、互评。教师最后总结点题：三角形、梯形都是转化为平行四边形、矩形来进行面积计算的。

(1)评析教学中教师采用的教学方法。

(2)阐述上述教学案例给你带来的启示。

第七章　德　育

基础必刷

专题1 德育及其过程与模式

一、单项选择题

1. (　　)决定德育内容的深度和广度。(常考)

A. 德育目标　　B. 受教育者的身心发展特征

C. 德育的组织形式　　D. 德育所面临的时代特征和学生思想实际

2. 根据学生的身心发展特点,小学、初中、高中阶段的德育工作有相应的侧重点。其中,小学阶段的德育重点主要是(　　)

A. 基本道德知识的理解与掌握　　B. 日常行为习惯的养成与实践

C. 道德理想信念的培养与指导　　D. 人生观、价值观的选择与确立

3. 在西方教育史上,与中国孟子的"性善论"观点一致的德育模式是(　　)(易错)

A. 认知模式　　B. 社会模仿模式　　C. 体谅模式　　D. 价值澄清模式

4. 某学校通过组织学生交流分享与父母之间的故事、去儿童福利院献爱心、在新四军纪念馆当讲解员等系列主题活动来培养学生的品德。这体现了该学校充分认识到德育(　　)

A. 培养和发展了学生　　B. 能够促进学生思想转变

C. 是长期的、反复的、逐步提高的过程　　D. 是在活动和交往中接受多方面影响的过程

5. 在德育过程中起主导作用的因素是(　　)(常考)

A. 教育者　　B. 受教育者　　C. 教育内容　　D. 教育方法

6. 德育既可以从知到行,也可以从行到知,或者从情开始兼之以知和行。这说明品德发展具有(　　)

A. 随机性　　B. 层次性　　C. 多开端性　　D. 多项选择性

7. 促进学生思想内部矛盾向积极方面转化,教育者要提高受教育者的(　　)

A. 自我领悟能力　　B. 思考能力　　C. 思维能力　　D. 自我教育能力

8. 下列哪种德育模式假定与人友好相处是人类的基本需要,满足这种需要是教育的首要职责,并把道德情感的培养置于中心地位(　　)

A. 认知模式　　B. 体谅模式　　C. 社会模仿模式　　D. 价值澄清模式

9. 学生自身发展有很大的不稳定性和可塑性,无论是从新的思想品德的形成和发展,还是从不良品德的改变来说,都不是一蹴而就的。这表明德育过程是(　　)

A. 对学生知、情、意、行的培养与提高过程

B. 组织学生的活动和交往,统一多方面教育影响的过程

C. 促进学生思想内部矛盾斗争的发展过程

D. 长期的、反复的、逐步提高的过程

10. 活动和交往是学生品德形成的(　　)

A. 关键　　B. 基础　　C. 内容　　D. 途径

11. 在知、情、意、行四个德育环节中,________是基础,________是关键。(　　)(常考)

A. 知　情　　B. 知　行　　C. 意　行　　D. 知　意

12. 学生对善恶美丑有了分别,说明学生具有了(　　)

A. 品德认识　　B. 品德情感　　C. 品德意志　　D. 品德行为

13. 在品德发展过程中,个体主要通过社会榜样、观察学习等替代强化习得道德行为的模式被称为(　　)

A. 认知模式　　B. 价值澄清模式　　C. 社会模仿模式　　D. 体谅模式

14. 道德教育的(　　)是当代德育理论中流行最为广泛、占据主导地位的德育学说,由皮亚杰提出,而后由科尔伯格进一步深化。

A. 体谅模式　　B. 认知模式　　C. 社会模仿模式　　D. 价值澄清模式

15. 认为道德教育的目的在于促进儿童道德判断力的发展,并强调道德两难问题的运用的德育模式是(　　)(常考)

A. 体谅模式　　B. 认知模式　　C. 价值澄清模式　　D. 社会模仿模式

16. 小亮经常逃课,老师在了解情况后对他进行悉心教育。一开始他有所改变,但不久后又恢复原样;老师又多次跟他谈心、交流想法。久而久之,小亮就不再逃课了。这主要体现了德育过程是(　　)

A. 对学生知、情、意、行进行培养的过程　　B. 促进学生思想内部矛盾斗争的过程

C. 长期的、反复的、不断前进的过程　　D. 在活动和交往中接受多方面影响的过程

17. 德育过程的基本矛盾是(　　)(常考)

A. 教育者与德育内容的矛盾

B. 教育者提出的德育要求与受教育者已有品德水平之间的矛盾

C. 受教育者与教育者的矛盾

D. 受教育者与德育方法的矛盾

18. "齐风俗,一民心"反映了德育的(　　)

A. 社会性功能　　B. 个体生存功能　　C. 个体享用功能　　D. 教育性功能

19. 德育工作的出发点是(　　),它制约着德育工作的基本过程。

A. 德育内容　　B. 德育方法　　C. 德育目标　　D. 德育形式

20. 小学和中学的德育目标应有所区别,这说明确定德育目标必须依据(　　)

A. 社会的发展需要　　B. 受教育者的发展规律

C. 道德传统　　D. 国家的教育方针

21. 德育目标确定了培养人的总体规格和要求,但必须落实到(　　)上。

A. 德育内容　　B. 德育规律　　C. 德育原则　　D. 德育方法

22. 在德育历史发展过程中,其原理、原则和内容、方法等存在一定的共同性。因此,德育具有(　　)

A. 社会性　　B. 历史性　　C. 民族性　　D. 继承性

23. 下列选项中,不属于德育个体性功能的是(　　)(常考)

A. 生存功能　　B. 发展功能　　C. 享用功能　　D. 政治功能

24. “教学如果没有进行道德教育，只是一种没有目的的手段。”这句话体现了德育的(　　)(常考)

A. 社会性功能　　B. 个体性功能　　C. 教育性功能　　D. 文化功能

25. 德育过程从本质上说是(　　)统一的过程。

A. 个体与环境　　B. 个体与社会

C. 个体与教育　　D. 个体社会化与社会规范个体化

26. 赵老师在班风建设主题班会上向学生发问，如果有的学生对同学不尊重、不礼貌，对我们班的班风将会产生哪些影响？学生分成小组，围绕这一问题自由讨论发言，并探讨出关于关心同学、形成互助友爱的班集体的做法。这一德育模式是(　　)

A. 体谅模式　　B. 价值澄清模式　　C. 社会学习模式　　D. 认知发展模式

27. 社会是变化发展的，德育不能仅传授给学生固定的价值观点，还要教会学生如何分析不同的道德价值。这反映的德育模式是(　　)

A. 体谅模式　　B. 集体教育模式　　C. 社会学习模式　　D. 价值澄清模式

28. 下列属于爱国主义教育活动的是(　　)

A. 参观百色起义纪念馆　　B. 开展“主动承担家务”活动

C. 开展“礼让斑马线”教育活动　　D. 开展“反邪教渗透”教育活动

29. 德育的永恒主题是(　　)(常考)

A. 理想教育　　B. 爱国主义教育

C. 劳动教育　　D. 自觉纪律教育

30. 德育过程中存在着诸多矛盾，这些矛盾至少有三个层次。下列属于第三层次矛盾的是(　　)

A. 德育过程与社会要求的矛盾　　B. 德育过程与外部环境影响的矛盾

C. 德育过程内部的矛盾　　D. 德育过程中主体自身的矛盾

二、多项选择题

1. 德育目标是学校德育工作的出发点，为使德育目标科学可行，其必须建立在客观、科学的基础上。德育目标的确立依据包括(　　)

A. 时代与社会发展需要　　B. 国家的教育方针和教育目的

C. 民族文化及道德传统　　D. 青少年思想品德形成、发展的规律

2. 我国中小学德育的重点具体说来应包括或强调(　　)

A. 基本道德和行为规范的教育　　B. 公民道德与政治品质的教育

C. 世界观、人生观和理想的基础教育　　D. 提高人的智慧水平的教育

3. 德育的意义包括(　　)

A. 是促进智育的唯一条件　　B. 是社会主义现代化建设的重要条件和保证

C. 是青少年成长的条件和保证　　D. 是实现我国教育目的的基础和保障

4. 下列属于我国学校德育的基本内容的有(　　)

A. 道德教育　　B. 政治教育　　C. 思想教育　　D. 法纪教育

5. 某小学在第一学期开展了“追逐梦想”演讲比赛、“地震逃生”演练、“祭奠英雄”的活动，这些活动涉及的德育内容有(　　)

A. 安全教育　　B. 劳动教育　　C. 理想信念教育　　D. 爱国主义教育

三、判断题

1. 德育就是道德教育。 (　　)

2. 学生思想品德的形成具有长期性和反复性，所以，对学生的品德教育不能操之过急。 (　　)

3. 德育目标是指德育活动所要达到的预期目的或结果的质量标准。 (　　)

4. 德育是培养学生知、情、意、行的过程，只要学生在道理上懂了，就一定会形成相应的品德，只要学生表现出相应的行为，就表明已经具备了相应的道德。 (　　)

5. 德育过程是对品德的形成与发展过程的调节与控制。 (　　)

6. 学校教育在学生身心发展中起主导作用，因此，学生在学校中受到良好的德育，就能形成良好的品德。 (　　)

7. 发展性功能是德育个体性功能的最高境界。 (　　)

8. 德育的对象包括受教育者个体和群体。 (　　)

四、填空题

1. 德育的基础是要教会学生________。

2. 德育是各个社会共有的社会、教育现象，与人类社会共始终。这说明德育具有________。(易错)

3. 衡量品德水平的重要标志是________。

五、简答题

简述德育过程的基本规律。(常考)

专题2 德育原则、途径与方法

一、单项选择题

1. 学校实施德育的基本途径是(　　)

A. 社会实践活动　　B. 思想品德课和其他学科教学

C. 班主任工作　　D. 校会、班会、周会、晨会、时事政策学习

2. 小梁是典型的"兴奋型"学生，李老师在备课和上课时，都要考虑怎样"对付"小梁。根据小梁反应快、愿意发表自己看法的特点，李老师经常提问他，多让他对别人的发言发表意见，还培养他动手记笔记、做实验的能力，让小梁在课堂上"忙"得不亦乐乎。李老师的做法体现了德育的(　　)原则。

A. 疏导　　B. 导向性　　C. 因材施教　　D. 知行统一

3. 某教师了解一名学生的优点后，还弄清楚了其缺点，面对这种情况，教师积极组织活动，让学生发扬优点、改正缺点。该教师做到了(　　)

A. 循序渐进　　B. 长善救失　　C. 启发诱导　　D. 量力而行

4.“平行教育原则”体现了在德育过程中应遵循的原则是(　　)(常考)

A. 知行统一原则　　B. 导向性原则

C. 正面教育与纪律约束相结合原则　　D. 集体教育与个别教育相结合原则

5. 章明小学时品学兼优,但进入中学后,成绩明显下降,开始逃课、斗殴、沉迷网吧。冯老师知道这些情况后,从多方面了解章明发生转变的原因,并和他的家长保持密切沟通,一起为章明的健康成长做出努力。冯老师的做法主要体现的德育原则是(　　)

A. 知行统一原则　　B. 正面教育原则

C. 集体教育与个别教育相结合原则　　D. 教育影响的一致性与连贯性原则

6. 李杰同学喜欢打击乐,一次数学课上忍不住用手指敲打桌子,被老师讽刺挖苦,赶出教室。该老师的做法违反了(　　)

A. 教育影响的一致性与连贯性原则　　B. 集体教育原则

C. 正面教育与纪律约束相结合原则　　D. 理论联系实际原则

7. 化学课上,李老师通过展示学生收集的关于燃料的资料,引导学生辩证思考燃料带给人类的便利和危害,树立环境保护意识。李老师采用的德育途径是(　　)

A. 班主任工作　　B. 社会实践活动

C. 学科教学　　D. 课外与校外活动

8. 学校对学生进行德育的特殊途径是(　　)(常考)

A. 思想品德课　　B. 学科教学　　C. 社会实践活动　　D. 班主任工作

9. 在班会上,班主任与学生一起讨论“沉迷网络游戏的危害”,形成了拒绝网络游戏的认识。该老师运用的德育方法是(　　)

A. 榜样示范法　　B. 品德修养指导法

C. 陶冶教育法　　D. 说服教育法

10. 学校在抗战纪念日组织学生开展参观历史博物馆、走访抗日老战士的活动,这些活动体现的德育途径是(　　)

A. 思想品德课教学　　B. 课外、校外活动

C. 其他学科教学　　D. 班主任工作

11. 王老师向学生讲述“世界杂交水稻之父”袁隆平的故事时说:“在漫长的科研道路上,失败、成功、再失败、再成功,袁隆平愈挫愈勇,最终获得了成功。他这种坚忍不拔、脚踏实地、刻苦钻研、甘于奉献的品质值得我们学习。”王老师主要采用的德育方法是(　　)

A. 实际锻炼法　　B. 榜样示范法　　C. 说服教育法　　D. 自我教育法

12. 说服教育法的方式有语言文字说服和(　　)

A. 事实说服　　B. 理论说服　　C. 直接说服　　D. 间接说服

13.“苦其心智,劳其筋骨,饿其体肤,空乏其身”体现的德育方法是(　　)(常考)

A. 实际锻炼法　　B. 陶冶教育法　　C. 说服教育法　　D. 榜样示范法

14.“让学校的每一面墙壁都开口说话”“让学校的一草一木、一砖一石都发挥教育影响”体现了哪种德育方法(　　)(常考)

A. 榜样示范法　　B. 说服教育法　　C. 陶冶教育法　　D. 品德评价法

15. 汤老师是一个经验丰富的班主任,对不同学生采取不同的德育方法。这表明汤老师选择德育方法时依据了(　　)

A. 德育内容　　B. 学生的个性差异　　C. 教育目的　　D. 学生年龄特点

16. 在学完"爱护环境"等相关知识后,任老师组织学生在校园里开展"干净校园"的主题活动,让学生仔细检查校园环境,打扫不整洁、不卫生的地方。任老师的做法遵循了德育中的(　　)原则。

A. 负面教育为主　　B. 依靠积极因素与克服消极因素相结合

C. 知行统一　　D. 长善救失

17. 陈老师为班上每一位学生都建立了"美德袋",将他们的点滴善行都记载入册,通过收集这些资料信息,陈老师依据德育大纲和德育目标对学生的思想品德诸要素做出事实分析和价值判断,形成和发展学生的优良品德。陈老师运用的德育方法是(　　)

A. 说理教育法　　B. 陶冶教育法　　C. 评比竞赛法　　D. 品德评价法

18. 教师对学生进行德育时必须遵循的基本要求是(　　)

A. 德育目标　　B. 德育原则　　C. 德育内容　　D. 德育方法

19. 集体教育和个别教育相结合的德育原则,是教育家(　　)的成功教育经验。(常考)

A. 马卡连柯　　B. 加里宁　　C. 乌申斯基　　D. 赞科夫

20. 苏联教育家马卡连柯说:"要尽量多地要求一个人,也要尽可能地尊重一个人。"这体现了(　　)的德育原则。

A. 疏导　　B. 知行统一

C. 集体教育和个别教育相结合　　D. 尊重信任学生和严格要求学生相结合

21. "一个水管,如果强行关闭,它会慢慢爆裂或者水倒流,而如果在合适的地方打开缺口,把水疏导出来,则会相安无事。"这句话暗含的德育原则是(　　)(常考)

A. 长善救失原则　　B. 导向性原则　　C. 知行统一原则　　D. 疏导原则

22. 以下选项中,体现了因材施教的德育原则的是(　　)

A. 纸上得来终觉浅,绝知此事要躬行　　B. 视其所以,观其所由,察其所安

C. 论先后,知为先;论轻重,行为重　　D. 力行而近乎仁

23. 在德育过程中,运用马克思主义"一分为二"的辩证法来认识学生的德育原则是(　　)

A. 发扬积极因素与克服消极因素相结合原则　　B. 理论与实践相结合原则

C. 集体教育与个别教育相结合原则　　D. 尊重信任学生与严格要求学生相结合原则

24. "君子博学而日参省乎已,则知明而行无过矣""吾日三省吾身"等名言均蕴含了(　　)(常考)

A. 德育的说服教育法　　B. 德育的榜样示范法

C. 德育的实际锻炼法　　D. 德育的自我修养指导法

25. 德育原则直接影响着德育大纲、德育内容、德育方法等的制定。导向性原则是我国中小学主要的德育原则之一,坚持和贯彻这一原则的要求不包括(　　)

A. 坚持正确的政治方向　　B. 加强理论教育,提高学生思想道德认识

C. 德育目标符合新时期的方针政策　　D. 坚持德育的理想性和现实性

26. 在下列德育方法中,属于说服教育法的是(　　)

A. 操行评定　　B. 艺术陶冶　　C. 讨论与参观　　D. 评比与奖励

27. 杜威提出“教育即生活”的观点，在思想品德教育方法中与其精神相一致的是(　　)

A. 说服教育法　　B. 榜样示范法　　C. 品德评价法　　D. 实际锻炼法

28. 班主任李老师发现班里学生争吵、摩擦较多，有时还会升级到打架斗殴。为教育学生互相谦让、宽容大度，李老师实施了课间播放轻音乐、班会上播放相关主题电影等德育措施对学生进行陶冶。这种陶冶方式属于(　　)

A. 艺术陶冶　　B. 环境陶冶　　C. 人格陶冶　　D. 思维陶冶

二、多项选择题

1. 下列属于德育原则中长善救失原则基本要求的有(　　)

A. 发扬积极因素，克服消极因素　　B. 结合学生生活实际进行教学

C. “一分为二”地看待学生　　D. 引导学生自觉评价自己，进行自我教育

2. 李老师经常组织学生利用课余时间参加公益活动，但总有学生不愿意参加，于是李老师会单独对这些学生进行谈话与辅导。李老师在进行德育时使用了(　　)

A. 说服教育法　　B. 情感陶冶法　　C. 实际锻炼法　　D. 品德评价法

3. 说服教育法是一种常见的德育方法，运用这一方法的要求有(　　)

A. 明确的目的性　　B. 富有知识性　　C. 注意时机　　D. 以诚待人

4. 榜样示范法中的“榜样”包括(　　)(常考)

A. 经典的理论　　B. 伟人的典范　　C. 教育者的示范　　D. 学生中的好榜样

5. 下列属于德育中的实际锻炼法的有(　　)

A. 生产劳动　　B. 学习活动

C. 课外文体科技活动　　D. 评选三好学生

6. 中小学对学生进行德育的途径包括(　　)(易混)

A. 班主任工作　　B. 社会实践活动

C. 课外活动　　D. 共青团、少先队组织的活动

7. 邱老师看待学生总是“泾渭分明”，认为学习成绩优异的学生自觉性强，从而放松对他们的管理，认为学习成绩落后的学生一无是处。邱老师的做法不符合德育原则中的(　　)

A. 长善救失原则　　B. 因材施教原则　　C. 疏导原则　　D. 在集体中教育原则

三、判断题

1. 俗话说“严师出高徒”“严是爱，松是害，不管不问要变坏”。所以爱学生和严格要求学生总是矛盾的。(易错)(　　)

2. “一把钥匙开一把锁”说明我们在学校德育过程中要遵循导向性原则。(　　)

3. 社会实践是对学生进行德育工作最基本、最经常、最有效的途径。(　　)

4. 家访可以防止“5+2=0”现象出现，这体现了教育影响的一致性与连贯性原则。(　　)

5. 教师采取画小红花、插小红旗等方式鼓励学生的德育方法是榜样示范法。(常考)(　　)

四、填空题

1. “其身正，不令而行；其身不正，虽令不从”体现的德育方法是________。

2. 德育的疏导原则又称________。

3. 德育途径又称为________。

4. “君子耻其言而过其行”“君子欲讷于言而敏于行”体现的德育方法是________。

五、名词解释

1. 德育原则

2. 德育方法

3. 人格陶冶

六、简答题

1. 简述德育的因材施教原则的贯彻要求。

2. 简述运用自我修养指导法的要求。

3. 作为教师,应怎样贯彻尊重信任学生与严格要求学生相结合的德育原则?

4. 简述贯彻正面教育与纪律约束相结合原则的要求。(常考)

5. 我国中小学常用的德育方法有哪些?

6. 简述教育影响的一致性与连贯性原则的贯彻要求。

7. 简述贯彻集体教育和个别教育相结合原则的要求。(常考)

8. 简述运用陶冶教育法的基本要求。

七、案例分析题

1. 小叶是一名初一学生,性格活泼好动。某次小叶将自己纸折的青蛙放在课桌上玩了起来,嘴里发出呱呱的叫声,干扰老师上课,老师非常生气,当着全班同学的面严厉地批评了他,结果第二天小叶带来了一只小狗。接着出现了麻雀、老鼠、兔子等,有一次小叶竟然将一条蚯蚓放在讲台上。班主任也拿他没辙,只能一次又一次地批评和惩罚他。他在大家眼中成了不可救药的调皮大王。初二时来了一位新班主任,新班主任了解小叶的情况后,没有着急批评他,而是仔细观察他。了解到他喜欢上生物课,于是找他谈话,还告诉他班上要成立一个动物兴趣小组,准备让他当小组长。小叶听后非常开心,向班主任表示一定改正自己的缺点。在小组活动中,他懂得了学好各门功课的重要性,对学习产生了浓厚的兴趣,成绩也有了很大的进步。后来他不仅完成了科学小论文,还带领小组在比赛中获得奖项。

根据以上案例,回答相关问题。

(1)教师应如何发现学生的闪光点?

(2)教师在运用长善救失教育原则时应注意哪些问题?

2. 高三(5)班的班主任杨老师有一次发现不少男生头发很长。身为高三毕业班的班主任,杨老师没有简单、粗暴地见错就批。过去遇到这种情况时,常常是当面指出,但效果往往不佳。现在,杨老师琢磨用什么办法劝告他们,帮助他们真正从思想上提高认识。终于,杨老师想出了一种合适而又有效的方法。

一天中午,杨老师特意去了理发店,把自己不长的头发又精心地理了一次。下午上课前,杨老师不露声色地来到班里,召集全班同学开了个五分钟的交流会。杨老师首先说:“看谁最先发现班中有哪些新变化?包括我和你们。”当小明发现并说出老师理发了,杨老师话锋一转:“现在,我很想知道老师理发之后你们的感觉怎样?这样好吗?”于是杨老师听到了一片赞扬声。最后杨老师说:“有位名家说得好:‘真心诚意地赞美别人一句,就能让人多活20分钟!’因此,我感谢同学们今天对我真心诚意地夸奖!”5分钟交流会在愉快的氛围中结束了。杨老师没点任何一个留长发的男生的姓名。第二天,杨老师再去上课时,欣喜地发现那几个男生的长发变短了,有的还剪成了小平头。

杨老师既不点名批评又能纠错的这样一个高招包含了哪些德育方法?

提升必刷

一、单项选择题

1. 寓德育于教学之中,寓德育于活动之中,寓德育于教师榜样之中,寓德育于学生自我教育之中,寓德育于管理之中。这是德育过程哪条规律的体现(　　)

A. 德育过程是对学生知、情、意、行的培养与提高过程

B. 德育过程是促进学生思想内部矛盾斗争的发展过程,是教育与自我教育相结合的过程

C. 德育过程是组织学生的活动与交往,统一多方面教育影响的过程

D. 德育过程是长期、反复、逐步提高的过程

2. 为促进学生良好思想品德的形成,某班开展了“每周一星”的评比活动,通过评价一周内每一位学生的日常行为表现,选择表现好、进步大的学生作为当周小明星,并将照片贴在“明星墙”上以示奖励。这种德育方法属于(　　)(常考)

A. 说服教育法　　B. 品德评价法　　C. 指导实践法　　D. 陶冶教育法

3. 从“修身、齐家、治国、平天下”，到“家事国事天下事事事关心”，再到“新时代中国青年要听党话、跟党走，胸怀忧国忧民之心、爱国爱民之情，不断奉献祖国，奉献人民”。这说明对学生进行德育应该贯彻（　　）

A. 知行统一原则　　B. 集体教育与个别教育相结合原则

C. 长善救失原则　　D. 教育影响的连续性和一致性原则

4. 在学校德育过程中，可以采用多种策略改变学生的态度和行为。其中最佳策略是（　　）

A. 以力服人，通过力量压制转变学生的态度和行为

B. 以理服人，借助讲道理的方式改变学生的态度和行为

C. 以德服人，凭借优秀道德品质影响学生的态度和行为

D. 以奖惩服人，借助奖惩制度来规范和引导学生的态度和行为

5. “己所不欲，勿施于人”体现了（　　）的观点。（常考）

A. 体谅模式　　B. 集体教育模式　　C. 认知模式　　D. 价值澄清模式

6. 颜回说：“夫子循循然善诱人，博我以文，约我以礼，欲罢不能。”孔子的诱导能充分调动学生为学、谋道、求仁、向善的积极性。这充分说明孔子在进行德育的时候贯彻了（　　）（常考）

A. 疏导原则　　B. 长善救失原则

C. 平行教育原则　　D. 知行统一原则

7. 某校组织学生去大别山革命老区接受红色教育，激发学生爱党爱国、挑战自我、超越自我、奉献社会的精神。该校运用的德育方法是（　　）

A. 说服教育法　　B. 榜样示范法　　C. 品德评价法　　D. 情感陶冶法

8. 在“感动中国”的主题班会中，班主任重视榜样的力量，向学生们讲述了“王继才三十二年如一日守卫祖国海岛”的事迹。由此可知，该班主任的做法体现的德育模式是（　　）

A. 体谅模式　　B. 价值澄清模式　　C. 认知模式　　D. 社会模仿模式

9. 某班主任采用戏剧化班会形式，通过情景剧，让学生模仿不同人物，体验他人的思想感情，学会理解他人。该教师运用的德育方法是（　　）

A. 说理教育法　　B. 角色扮演法　　C. 品德评价法　　D. 榜样示范法

10. 德育的最终目标是要促进学生实现（　　）向道德行为的转化。（常考）

A. 道德认知、道德意志　　B. 道德意志、道德情感

C. 道德认知、道德情感　　D. 道德认知、道德信念

11. 德育的认知模式中，设置两难问题是为了（　　）

A. 测量道德发展的外在形式　　B. 测量道德判断的发展水平

C. 测量道德发展的认同水平　　D. 测量道德发展的结构体系

12.《宋史·程颐传》记载：“今夫人民善教其子弟者，亦必延名德之士，使与之处，以熏陶成性。”这主要体现的德育方法是（　　）

A. 榜样示范法　　B. 陶冶教育法　　C. 修养指导法　　D. 理想激励法

13. 为提高学生爱护公共卫生环境的意识，某小学开展了“当一次环卫工”主题教育活动，学生们带着工具走上街头，与环卫工人一起进行路面清扫保洁、擦抹公共设施等劳动。这属于德育方法中的（　　）（常考）

A. 陶冶教育法　　B. 实际锻炼法　　C. 榜样示范法　　D. 说服教育法

14. 为了培养学生守时的习惯，张老师不仅专门开了一节班会课，强调守时的重要性，还组织学生建立了相应的班规——如果下次再有学生上课迟到，就表演一个节目。这体现了德育的(　　)

A. 导向性原则　　B. 知行统一原则

C. 集体教育与个别教育相结合原则　　D. 正面教育与纪律约束相结合的原则

15. 下列德育方法选择合理的是(　　)

A. 政治法纪教育主要以强制灌输的方法进行

B. 采取罚款解决班级卫生问题

C. 小学生应多运用榜样进行教育，中学生教育可更多注重说理

D. 为了维护绝大多数同学的学习权利，教师可以把破坏课堂纪律的同学赶出教室

二、多项选择题

1. 关于学校德育，下列说法不恰当的是(　　)

A. 德育就是思想品德教育　　B. 主渠道是课堂教学

C. 德育内容及重点在各学段是相同的　　D. 网络文化对德育工作的影响都是负面的

2. 贾老师和秦老师在探讨关于德育内容的问题时均认为，德育内容应随着时代的发展而变化，依据受教育者身心发展的特征、德育目标等因素做出选择。下列可以纳入学校德育内容的是(　　)

A. 民主与法制观念的教育　　B. 爱国主义教育

C. 科学世界观和人生观教育　　D. 自觉纪律教育

3. 在教学《谁是最可爱的人》时，老师问："谁是最可爱的人呢？"一个学生站起来说："老师，我是不是最可爱的人呢？"老师说："你热爱劳动，乐于助人，你是可爱的人。如果你能按时完成作业，认真听讲，上课积极发言，那么你也是最可爱的人。"该教师运用了哪些德育原则(　　)

A. 从学生实际出发的原则　　B. 知行统一原则

C. 尊重学生与严格要求相结合的原则　　D. 教育影响的一致性和连贯性原则

4. 德育应"服从最强烈的人性冲动"，这句话对我们的启示有(　　)

A. 德育不能背离教育者的道德认知规律

B. 德育应重视道德行为习惯的训练

C. 舍弃情感，仅靠推理而来的道德是毫无意义的

D. 德育应寓于情感教育之中

5. 社会、家长对学生的影响大于学校、老师对学生的影响，这启示我们，德育要坚持(　　)

A. 统一学校各部分力量

B. 构建"三位一体"的德育网络

C. 做好衔接工作，保持德育工作的经常性、制度化、连续性、系统性

D. 严而有度，严而有方，严而有恒

6. 下列说法正确的是(　　)

A. 教师对学生的德育影响，必须经过他们主体的选择、吸收与能动的实践活动，才能转化为他们的品德

B. 自我教育能力是德育的一个重要条件，只有注意培养学生的这种能力，学生品德内部矛盾才能转化

C. 学校的德育工作必须主要放在调节学生品德发展的外部环境方面

D. 德育要注意发挥知、情、意、行的整体功能

三、辨析题

1. 只要运用正面说服的教育方法，一切学生都能教育好。

2. 学校的课程、教学中所采用的方法以及学校中每一样工作、学校生活中发生的每一件小事，都充满了进行道德教育的可能性。

3. 教师和家长应尽量为学生提供各种各样的活动和交往，来促进学生道德发展。

4. 德育过程就是学生思想品德形成过程。（易错）

5. 德育应该遵循疏导原则。因此，正确的德育严禁惩罚。（易错）

四、论述题

为什么说德育过程是一个长期的、反复的、逐步提高的过程？（常考）

五、案例分析题

1. 陶行知先生于1926年11月在“南京中等学校训育研究会”上说:“训育上还有一个最不幸的事体,这事就是教育与训育分家:把教育看作知识范围以内的事,训育看作品行范围以内的事,以为学习知识与修养品行是受不同的原理支配的,甚至于一校之中管教务与训育者不相接洽,或背道而驰。殊不知学习知识与修养品行是受同一学习心理定律之支配的。我们如果强为分家,必致自相矛盾,必致教知识的不管品行,管品行的不学无术。所以,我们希望担任训育的人,要打破知识、品行分家的二元论,而在知识品行合一上研究些办法出来。”(注释:训育即现在所说的德育。)

——资料来源:谢维和.陶行知先生留下的“作业”——立德树人的逻辑与实践研究之一[J].人民教育,2017(7)

(1)依照陶行知先生的观点,你认为影响和制约德育的主要因素有哪些?

(2)你认为要切实落实立德树人根本任务应遵循哪些基本原则?

2. 某农村学校所在地盛产水果,当地老百姓常向学校反映,说学生在上学和放学的途中有偷盗水果的现象。学校德育老师对此非常重视,专门对个别学生进行批评教育,指出偷盗的恶劣性,进行了严厉的处罚,但是收效甚微,学生偷盗行为还是屡禁不止。于是德育老师改变了教育方式,分班级进行了一项比赛活动。活动内容与要求如下:参与者分成几个小组,向当地的老百姓家里要水果,在规定的时间里,得到水果数量最多者为胜,由于活动设计新颖,学生参与的积极性非常高。活动结束后,老师给获得优胜的小组颁发奖品,并要求各个小组派代表发言,谈谈对此次活动的感受和想法,总结本小组获胜或者失败的原因。其中有些小组在总结失败的原因时,提到了由于平时养成了随时摘取水果的习惯,导致老百姓不给自己水果,声称以后将改正这一行为。老师对各组进行简要的评价后,就各组的总结提出改进建议,帮助他们制定了切实可行的措施。这次活动以后,学校很少再收到关于学生偷盗水果的反映。

请结合案例中学生行为改变的情况,分析该案例所体现的德育原则和德育方法。

3. 升国旗仪式后，少先队大队部下发了为残疾儿童献爱心的倡议。回教室途中，班主任刘老师听到本班有位同学在嘀咕："献爱心，献爱心，想必又要让我们捐款了。"一旁的同学也在低声讨论着。下午的班队课上，刘老师组织同学们观看有关残疾儿童的纪录片，并围绕"有何感想"和"我们能做什么"进行分组讨论。集体交流时，A同学说："我们小区有一个这样的孩子，真的很可怜，我去帮过他，但是我要上学做作业，只能偶尔帮帮他。"其他同学也纷纷发言："我们可以省下自己的零花钱，更多地帮助他们。""众人拾柴火焰高！""捐物捐款只是献爱心的一种表现，帮助他们对生活充满信心才是关键！""我们可以给他们写信、送贺卡。"……刘老师总结时，分享了自己很喜欢的一句话——"让别人因为我们的存在而感到幸福。"

结合案例，分析刘老师的行为遵循了哪些德育规律。

真题必刷

一、单项选择题

1. [濮阳市直]苏格拉底认为"美德即知识"，在他看来，任何行为只有受到知识的指导，才可能是善的。苏格拉底的想法符合现代德育观中的(　　)理念。

A. 认知派　　B. 行为派　　C. 情感派　　D. 赏罚派

2. [郑州郑东新区]某学校组织校内手工社团的学生到博物馆参与优秀传统文化教育活动，并体验中国传统工艺品——团扇的创作。这体现的德育原则是(　　)

A. 严慈相济原则　　B. 正面教育原则　　C. 知行统一原则　　D. 长善救失原则

3. [周口沈丘]德育过程即思想品德的实施过程，它的基本构成要素是教育者、受教育者和(　　)

A. 德育环境、德育内容　　B. 德育环境、德育目标

C. 德育内容、德育方法　　D. 德育环境、德育方法

4. [驻马店市直]促进外在道德要求转化为学生自身品德的基础是(　　)

A. 原有品德水平　　B. 思想内部矛盾　　C. 活动与交往　　D. 主观能动性

5.［永城］下列不属于小学德育的基本原则的是（　　）（常考）

A. 导向性原则　　B. 疏通原则　　C. 疏导原则　　D. 知行统一原则

6.［信阳浉河区］学校在进行德育工作时，组织和引导学生参加各种社会实践活动，促使他们在接触社会的实践活动中加深情感体验，养成良好的行为习惯。这体现了（　　）

A. 导向性原则　　B. 教育影响的一致性与连贯性原则

C. 疏导原则　　D. 知行统一原则

7.［安阳殷都区］当代最具影响的德育模式中，（　　）提出以公正观发展为主线的德育发展阶段理论，是当代德育理论中流行最广泛、占据主导地位的德育学说。

A. 体谅模式　　B. 社会模仿模式　　C. 认知模式　　D. 价值澄清模式

8.［洛阳市直］德育模式是在德育实施过程中，德育理念、内容、手段、方法、途径等的有机组合方式。认为人与环境是一个互动体，人既能对刺激做出反应，也能主动地解释并作用于情境的德育模式是（　　）

A. 价值澄清模式　　B. 社会模仿模式　　C. 体谅模式　　D. 认知模式

9.［焦作博爱］学校有目的、有计划、系统地对学生进行德育的基本途径是（　　）（常考）

A. 班主任工作　　B. 团队活动

C. 思想品德课与其他学科教学　　D. 课外、校外活动

10.［信阳市直］正式开学前，学校会安排学生参加军训，学校运用的德育方法是（　　）

A. 说理教育法　　B. 道德修养法　　C. 榜样示范法　　D. 实际锻炼法

11.［安阳滑县］为避免灌输与说教而大量使用道德问题情境激发学生角色认取和主动思考的德育模式，除道德认知模式外，还有体谅模式。体谅模式与其他德育模式的区别在于（　　）

A. 把道德认知发展放在中心地位　　B. 把道德价值观念的获得放在中心地位

C. 把道德行为学习放在中心地位　　D. 把道德情感的培养放在中心地位

12.［周口川汇区］当前，我国学校德育内容主要有：政治教育、思想教育、道德教育和（　　）

A. 人生观教育　　B. 价值观教育　　C. 素质教育　　D. 心理健康教育

13.［平顶山新城区］学校德育对政治、经济、文化发生影响的功能是指（　　）（常考）

A. 发展性功能　　B. 个体性功能　　C. 教育性功能　　D. 社会性功能

二、多项选择题

1.［新乡红旗区］实践锻炼法是解决道德上知行脱节的最重要的方法。它的主要类型包括（　　）

A. 组织社会实践活动　　B. 引导学生遵守纪律和规章制度

C. 委托学生担任班干部　　D. 课代表组织学习活动

2.［洛阳汝阳］老师在运用榜样示范法进行德育的时候，应遵循的要求有（　　）

A. 选好学习的榜样　　B. 激起学生对榜样的敬慕之情

C. 狠抓落实　　D. 引导学生用榜样来调节行为

E. 引导学生提高修养

3.［郑州管城区］毛老师言出必行，对自己承诺的事情严格履行，在学生中非常有威望。一次在教育爱撒谎的李明时，毛老师私下找他谈心后，又在不指名道姓的情况下在班级进行了一次主题班会教育。毛老师的做法坚持的德育原则有（　　）

A. 长善救失原则　　B. 教育影响的一致性与连贯性原则

C. 集体教育与个别教育相结合原则　　D. 知行统一原则

三、判断题

1. [许昌禹州区]学校德育具有政治、经济等功能意味着学校德育对学校发展起着完全的、直接的参与作用。(常考) ( )

2. [三门峡]价值澄清学派认为德育的核心是让学生根据个人经验自由决定其价值观。 ( )

3. [南阳市直]疏导原则要求教育者对学生进行德育时,要以正面教育为主,表扬、激励为辅。 ( )

4. [郑州航空港区]教师尊重学生的自由意志和道德自主性,意味着教师在德育过程中应保持价值中立的立场。 ( )

5. [郑州郑东新区]受教育者既是德育的主体,又是德育的客体。 ( )

6. [洛阳市直]一般来说,认知模式重情感,体谅模式重认知,社会模仿模式重行为。 ( )

四、简答题

[开封市直]在德育工作中贯彻知行统一原则的基本要求有哪些?(常考)

五、材料分析题

[濮阳清丰]有一个男生王友用泥块砸自己班上的男生,被校长陶行知发现制止后,命令他放学时到校长室去。

放学后,陶行知来到校长室,王友早已等着挨训了,可是陶行知却笑着掏出一颗糖果送给他,说:"这是奖励给你的,因为你按时来到这里,而我却迟到了。"

王友惊疑地接过糖果,随后陶行知又掏出第二颗糖果放到他的手里,说:"这是奖励你的,因为我不让你打人时,你立即住手了。这说明你很尊重我,我应该奖励你。"

王友更惊疑了,这时陶行知又掏出第三颗糖果塞到男生手里,说:"我调查过了,你用泥块砸那些男生是因为他们欺负女生,你砸他们说明你很正直善良,且有跟坏人作斗争的勇气,应该奖励你啊!"

王友感动极了,他流着眼泪后悔地喊道:"陶校长,我错了,我砸的不是坏人,而是同学……",陶行知满意地笑了,他随即掏出第四颗糖果递过来,说:"为你正确的认识自己的错误,我再奖励给你一块糖果,我没有多的糖果了,我们的谈话也可以结束了。"

结合案例,请分析陶行知四颗糖的故事中运用了哪些德育原则?

第八章　班级管理与班主任工作

基础必刷

专题1 班级与班级管理

一、单项选择题

1. 俗话说,“授人以鱼,不如授人以渔”,因此在班级管理中要注重(　　)

A. 促进班级教育教学工作的有序进行　B. 培养学生自我教育和管理的能力

C. 指导具体工作,明确班级努力方向　D. 提高学生对班级管理的认识

2. 高二年级六班每次组织班级活动时,班主任都先和班干部商量,然后由班干部带头,其他成员积极参与。该班管理模式属于(　　)

A. 常规管理　B. 目标管理　C. 民主管理　D. 平行管理

3. “班干部能做的班主任不做,学生能做的班干部不做”体现了班级管理的(　　)原则。(常考)

A. 教管结合　B. 自主参与　C. 平行管理　D. 全面管理

4. (　　)是班集体组织建立的首要原则。

A. 有利于教育的原则　B. 有利于身心发展的原则

C. 目标一致的原则　D. 有利于教学的原则

5. 班级平行管理的理论源于(　　)的“平行影响”教育思想。(常考)

A. 马卡连柯　B. 乌申斯基　C. 苏霍姆林斯基　D. 加里宁

6. 肖老师是某班新来的班主任,在管理班级时,他首先设法影响整个班集体的氛围,然后再去影响单个学生的发展,最后再通过整个班集体和教师的影响来促进学生的发展。肖老师的这种班级管理模式属于(　　)

A. 班级集中管理模式　B. 班级平行管理模式

C. 班级目标管理模式　D. 班级民主管理模式

7. 班级管理模式中的“目标管理”是由(　　)提出来的。

A. 马卡连柯　B. 德鲁克　C. 皮亚杰　D. 夸美纽斯

8. 在班级组织的发展过程中,(　　)的班级,人际关系是情绪性和随机性的,班级对班主任有很大的依赖性。

A. 群体分化阶段　B. 孤立探索阶段　C. 组织整合阶段　D. 综合分析阶段

9. 班级管理中制定的班干部轮换制度属于(　　)模式。(易混)

A. 常规管理　B. 平行管理　C. 民主管理　D. 目标管理

10. 为提高班级民主管理水平,应建立以(　　)为本的班级管理机制。(常考)

A. 教师　B. 学生　C. 学习　D. 活动

11. 班主任工作的重要内容之一是开展以班级(　　)为核心的常规管理。

A. 学风建设　B. 培养目标　C. 规章制度　D. 教学规则

12. 现代班级管理强调以(   )为核心,建立一套能够持久地激发学生主动性、积极性的管理机制。

A. 学校　　B. 教师　　C. 教育内容　　D. 学生

13. 班级管理的根本目的是(   )

A. 使学生得到充分的、全面的发展　　B. 发展学生智力

C. 培养创造能力　　D. 发掘学生特长

14. 班级教学管理的核心是(   )

A. 班级常规管理　　B. 教学思想管理　　C. 教学档案管理　　D. 教学质量管理

15. 学校行政体系中最基层的行政组织是(   )(常考)

A. 学生会　　B. 班级　　C. 小组　　D. 团委

16. 最早正式使用"班级"一词的是著名教育家(   )

A. 埃拉斯莫斯　　B. 夸美纽斯　　C. 赫尔巴特　　D. 杜威

17. 班级管理的主要功能是(   )

A. 形成良好的班风　　B. 维持班级秩序

C. 锻炼学生能力、学会自治自理　　D. 实现教学目标、提高学习效率

二、多项选择题

1. 非成文的制度管理是班级组织在形成过程中班级本身建立的规范,常常是班级个性的体现。下列属于非成文制度的有(   )

A. 学生守则　　B. 班级的舆论　　C. 班级的传统　　D. 班风

2. 新学期开始,老师让学生自己选举班委,选出后,又让班委和全体同学一起讨论制定班规、今后努力的方向等。这种班级管理策略(   )

A. 有利于培养学生的主体意识　　B. 有利于增强集体的凝聚力

C. 促进了学生的个人社会化　　D. 倡导学生自主管理

3. 下列属于班级管理原则的是(   )

A. 平行管理原则　　B. 教管结合原则　　C. 自主参与原则　　D. 全面管理原则

4. 下列哪些是班级组织结构的主要内容(   )

A. 职权结构　　B. 角色结构　　C. 开辟关系结构　　D. 师生关系结构

5. 班级管理的关键期包括新班组建期和(   )

A. 开学初　　B. 期中　　C. 期末　　D. 毕业期

6. 班级组织机构微观建制的形式有(   )

A. 直线职能式　　B. 直线式　　C. 参谋式　　D. 职能式

7. 班级的个体化功能包括(   )(易混)

A. 矫正功能　　B. 满足需求的功能

C. 教导社会生活规范　　D. 促进发展的功能

8. 下列属于以训练学生自我管理能力为主的班级管理制度改革的重点有(   )

A. 按民主程序选举干部

B. 使"小干部"从"教师的助手"变成"学生的代表"

C. 把班集体作为学生自我教育的主体

D. 把学生的注意力从当干部引向当"合格的班级小主人"

三、判断题

1. 班级管理的自主参与原则要求班级管理者把教育工作和对班级的管理工作辩证统一起来。 ( )

2. 在班级管理中,凡事都能与学生商量就是民主。(易错) ( )

3. 我国中小学班级的正式组织一般分为三个层次,其中,第一个层次是班干部。 ( )

四、填空题

1. ________是学校为实现一定的教育目的,将年龄和知识程度相近的学生编班分级而形成的,有固定人数的基本教育单位。

2. ________是通过制定和执行规章制度来管理班级的经常性活动。

五、简答题

1. 班级是学校的基本单位,班级教学是现代最具代表性的一种教育形态。简述班级组织的社会化功能。

2. 简述班级组织建构的原则。

专题2 良好班集体的培养

一、单项选择题

1. 班集体生活和成员意愿的反映是( )

A. 班级秩序　　B. 班集体舆论　　C. 班风　　D. 班级管理

2. 班集体形成的基础是( )(易错)

A. 明确的共同目标　　B. 平等、心理相容的氛围

C. 共同生活的准则　　D. 一定的组织结构

3. 每个学生在所属的班集体中都有一定的权利和义务,都能找到适合自己的角色与活动。因此,班集体有利于训练学生的( )

A. 群体意识　　B. 社交能力　　C. 自我教育能力　　D. 合作能力

4. 班主任工作最繁忙的时期,也是班主任工作能力经受考验的关键期是在( )

A. 班集体初建期的松散群体阶段　　B. 班集体形成期的合作群体阶段

C. 班集体的发展阶段　　D. 班集体成熟期的集体阶段

5. 班级依赖班主任组织指挥,一旦班主任要求不严格,班级就变得松弛、涣散。此时班集体发展处于( )

A. 组建阶段　　B. 核心初步形成阶段

C. 发展阶段　　D. 成熟阶段

6. 当班主任接到一个教育基础较差的班级时，首先要做好的工作是(　　)(易错)

A. 建立班集体的正常秩序　　B. 建立班集体的核心队伍

C. 组织形式多样的集体活动　　D. 确定班集体的发展目标

7. 培养班集体的方法中，居于首要地位的是(　　)

A. 培养班干部　　B. 确定集体目标

C. 培养正确的舆论和良好的班风　　D. 健全组织

8. 每个学生的聪明才智和特长均能够在班级活动中得到充分表现和发挥，这体现了(　　)

A. 班集体是学生形成集体意识的基地　　B. 班集体是促进学生个性全面发展的重要条件

C. 班集体不是教育的客体而是教育的主体　　D. 班集体是促进学生社会化的唯一条件

9. 班主任应经常注意组织学生学习政治理论、道德规范，以提高他们的认识，并注重表扬好人好事，批评不良思想行为。这体现在培养班集体的过程中，应该注意(　　)

A. 统一校内教育对学生的要求　　B. 分析学生的书面材料

C. 健全组织、培养干部以形成集体核心　　D. 培养正确的舆论和良好的班风

10. 班集体是按照班级授课制的培养目标和教育规范组织起来的，以共同学习活动和直接性人际交往为特征的(　　)

A. 社会心理共同体　　B. 社会关系共同体

C. 社会组织共同体　　D. 社会交往共同体

二、多项选择题

1. 下列关于培养班集体舆论和班风的表述，正确的有(　　)(常考)

A. 班集体舆论是班主任意愿的反映

B. 正确的舆论和良好的班风是班集体形成的重要标志

C. 良好的班风是班集体大多数成员的精神状态的共同倾向与表现

D. 正确的班集体舆论对班集体的每个成员都有约束、感染、激励等作用

2. 班集体的形成必须具备的基本特征是(　　)

A. 明确的共同目标　　B. 一定的组织结构　　C. 共同生活的准则　　D. 正确的集体舆论

3. 班集体的活动是班集体得以生存和发展的活力所在，就内容而言，有(　　)

A. 学习活动　　B. 班会活动　　C. 校内外实践活动　　D. 思想讨论

4. 一个班的几十个学生，从刚组建的群体发展为坚强的集体，要经历一个发展过程。这个过程分为三个阶段，主要包括(　　)

A. 组建阶段　　B. 核心初步形成阶段

C. 集体自主活动阶段　　D. 集体解散阶段

5. 班主任在组建班委会时要做到(　　)

A. 充分发扬民主，慎重选择班干部　　B. 充分利用学生所长为班级服务

C. 注意教育与锻炼学生相结合　　D. 对班干部既要关心爱护又要严格要求

三、判断题

1. 班集体是训练班级成员自己管理自己、自己教育自己、自主开展活动的最好载体。(常考)　　(　　)

2. 在班集体发展的组建阶段，学生普遍关心、热爱班集体，能积极承担集体工作，参加集体的活动，维护集体的荣誉。　　(　　)

3. 评价一个班集体的好坏,主要是看班里的学习风气如何。（　　）

4. 对班主任有较大的依赖性,不能离开班主任的监管而独立地执行要求,这时的班集体处于核心初步形成阶段。(易混)（　　）

5. 班集体的正常秩序是维持和控制学生在校生活的基本条件,是教育教学开展的重要基础。（　　）

专题3 班主任工作

一、单项选择题

1. 下列选项中不属于偶发事件的特点的是(　　)

A. 突发性　B. 紧迫性　C. 冲击性　D. 复杂性

2. 班主任工作计划中比较完整的是(　　)

A. 学期计划　B. 课时计划　C. 月计划　D. 周计划

3. 班主任要做好个别教育工作,所谓个别教育是指(　　)(常考)

A. 班集体中优秀学生的个别教育

B. 班集体中后进生的个别教育

C. 既包括优秀学生的个别教育,也包括后进生的个别教育

D. 全体学生的教育

4. 转化后进生,首先要做的是(　　)

A. 帮助后进生树立自信心　B. 帮助后进生搞好学习

C. 做好家访,争取家长配合　D. 帮助后进生改正缺点

5. 班主任在班级管理中的影响力主要表现在两方面:一是职权影响力,二是(　　)(常考)

A. 学术影响力　B. 个性影响力　C. 年龄影响力　D. 职称影响力

6. 班主任的工作是从(　　)开始的。

A. 评定学生操行　B. 教育个别学生　C. 了解和研究学生　D. 组建班集体

7. 教师在班级管理中了解学生的最基本方法是(　　)

A. 观察法　B. 书面材料分析法　C. 谈话法　D. 调查法

8. 李老师在给小菲的素质教育操行评语中写道:“你本学期参加英语角活动,成绩明显提高,下学期你的英语一定有新的进步。”这种评语写作方式是(　　)

A. 过程式　B. 总结式　C. 评价式　D. 谈心式

9. 班主任工作的中心环节是(　　)(易混)

A. 组织和培养班集体　B. 了解和研究学生

C. 组织课外、校外活动　D. 协调校内外各种教育力量

10. (　　)是班级活动的主要形式。

A. 主题班会　B. 运动会　C. 晨会　D. 校会

11. 班会的特征主要有集体性、针对性和(　　)

A. 自主性　B. 开放性　C. 时效性　D. 教育性

12. 操行评定是对学生一个学期内在学习、生活、品行等方面的小结与评价，其基本依据是(　　)

A. 班级规章制度　　B. 班级舆论、文化氛围

C. 学生守则　　D. 班级发展目标

13. 在班级活动中，师生之间、学生之间人际关系形成和发展的手段是(　　)

A. 课堂　　B. 学习　　C. 课外活动　　D. 交往

14.《中小学班主任工作规定》指出："班主任是中小学日常思想道德教育和学生管理工作的主要实施者，是中小学生健康成长的(　　)，班主任要努力成为中小学生的人生导师。"

A. 教育者　　B. 引领者　　C. 代言者　　D. 示范者

15. 关于班主任在班级管理中的地位和作用，理解有误的是(　　)

A. 班级组织的领导者　　B. 班级建设的设计者

C. 班级活动的旁观者　　D. 协调班级人际关系的主导者

16. 目前我国中小学班级管理中，采用最多的领导方式是(　　)(常考)

A."教学中心"的领导方式　　B."集体中心"的领导方式

C. 放任型的领导方式　　D. 民主型的领导方式

17. 班主任工作的中心任务是(　　)(易混)

A. 组织建立良好的班集体　　B. 促进班集体全体成员的全面发展

C. 了解和研究学生　　D. 搞好班级教育工作

18. 善于倾听学生的批评，以间接的方式引导班级组织的班主任领导方式属于(　　)

A. 专制型　　B. 民主型　　C. 放任性　　D. 溺爱型

19. 班主任在对学生进行操行评定时，下列做法错误的是(　　)

A. 评语要实事求是，抓住主要问题，有针对性

B. 充分肯定学生的进步

C. 评语用词生动形象，有感染力

D. 指明学生的主要缺点和努力的方向

20. 关于先进生的教育，教师需要注意的问题不包括(　　)

A. 严格要求，防止自满　　B. 不断激励，弥补挫折

C. 培养和激发学习动机　　D. 发挥优势，全班进步

21. 班主任的个性影响力取决于三个方面，不包括以下哪项(　　)

A. 班主任自身对教育工作的情感体验　　B. 对学生产生积极影响的能力

C. 班主任的权威、地位和权力　　D. 高度发展的控制自己的能力

二、多项选择题

1. 班主任的领导方式一般分为(　　)(常考)

A. 权威型　　B. 现实型　　C. 民主型　　D. 放任型

E. 科学型

2. 了解和研究学生是班主任工作的前提和基础，其具体方法有(　　)(常考)

A. 观察法　　B. 谈话法　　C. 调查法　　D. 书面材料分析法

E. 实验法

3. 班主任工作总结一般分为(　　)(常考)

A. 个人总结　　B. 全面总结　　C. 集体总结　　D. 专题总结

E. 学年总结

4. 班级文化是班级组织制度化的产物。随着班级创生和历史发展,班级文化特质不断积累,并逐步形成了自己的特点。下列属于班级文化特点的是(　　)

A. 教育性　　B. 凝聚性　　C. 制约性　　D. 自主性

E. 随意性

5. 学生操行评语的基本写法包括(　　)(常考)

A. 谈心式　　B. 描述性　　C. 过程性　　D. 结果性

E. 情感性

6. 主题班会的主要形式有(　　)

A. 主题报告会　　B. 主题汇报会　　C. 主题讨论会　　D. 主题晚会

E. 主题竞赛

7. 班主任处理偶发事件的原则有(　　)

A. 教育性原则　　B. 客观性原则　　C. 可接受性原则　　D. 冷处理原则

E. 有效性原则

8. 班主任工作中贯彻学生主体原则的要求有(　　)

A. 了解学生需要　　B. 尊重学生个性

C. 努力培养学生的自我教育能力　　D. 根据学生的意愿和利益来管理班级

E. 调动学生的积极性

三、判断题

1. 班主任工作的首要任务是促进学生成绩的提高。(易混)　　(　　)

2. 晨会属于生活班会。　　(　　)

3. 教室桌椅的摆放方式属于班级文化类型中的制度文化。　　(　　)

4. 建立学生档案一般分四个环节:收集—整理—鉴定—保管。　　(　　)

5. 班主任工作中,对学生进行个别教育等同于转化后进生。　　(　　)

四、名词解释

1. 班主任

2. 操行评定

3. 偶发事件

五、简答题

1. 简述教师应如何教育和转化后进生。

2. 简述做好个别学生教育工作的一般要求。(常考)

提升必刷

一、单项选择题

1. 班级作为一种社会组织,其基本成员不包括(　　)

A. 班主任　　B. 任课老师　　C. 学校管理人员　　D. 学生

2. 研究表明,如果一个班级大多数学生在大多数情况下都不遵守课堂纪律,其最主要的原因是(　　)

A. 对课程缺乏兴趣　　B. 教师与学生关系不好

C. 班级缺乏良好的规范和舆论　　D. 同学关系不好

3. 班级组织在结构上大致分为正式组织和非正式组织。下列不属于非正式组织的是(　　)

A. 某班学生自发组织的公益活动小组　　B. 某校学生因爱好组成的象棋协会

C. 某校学生因参赛需要组织的篮球队　　D. 某班学生竞选产生的班级委员会

4. 小李同学在高一时被推选为劳动委员,妈妈发现小李自从当上劳动委员之后,越来越懂事了,会主动帮助他人,遇到事情总能换位思考,一分为二地看待问题。小李的变化主要体现了(　　)(易错)

A. 班级对学生社会化的影响　　B. 班级对学生独立人格的影响

C. 班级对学生心理品质的影响　　D. 班级对学生自我意识的影响

5. 在班主任的地位和作用中,班主任最重要的角色是(　　)

A. 学生的人生导师　　B. 学生的精神关怀者

C. 学生合法权益的保护者　　D. 学生发展的重要他人

6. 关于班级管理的内涵,表述错误的是(　　)

A. 班级管理的根本目的是实现教育目的,使学生得到充分全面的发展

B. 班级管理的对象只包括班级中的人

C. 班级管理的主要手段有计划、组织、协调和控制

D. 班级管理是一个动态的过程

7. 在以“我的理想”为主题的班会课上,数学成绩一向不好的唐明举手发言:“我的理想是当一名数学家。”这引起了班上许多同学的嘲笑。如果你是班主任,下列做法正确的是(　　)

A. 及时制止同学的嘲笑,鼓励唐明只要努力就会实现梦想

B. 斥责这些同学:“你们真是狗眼看人低”

C. 认为同学之间的嘲笑很正常,不必理会

D. 认为唐明这是在说大话,不相信他会成为数学家

8. 班级组织的管理具有一般管理过程的特点,是一个由计划、组织、检查、总结等环节组成的动态过程。下列表述不能体现班级组织的个性特点的是( )

A. 班级组织的目标是使所有学生获得发展

B. 班级组织中师生之间是一种直接的、面对面的互动

C. 教育是班级组织中师生之间、生生之间的纽带

D. 班主任和教师的人格力量使班级活动得以有效开展

9. 班级文化即班级中教师和学生共同创造出来的联合生活方式,不包括( )

A. 教师的教学设计　　B. 班风

C. 班级制度与规范　　D. 班级环境布置

10. 在班集体发展的某一阶段,师生之间、同学之间有了一定的了解、友谊与信赖,学生积极分子不断涌现,班主任开始从直接领导、指挥班级活动,逐步过渡到向他们提出建议,由班干部来组织开展集体工作与活动。这一阶段指的是班集体的( )

A. 组建阶段　　B. 核心初步形成阶段

C. 充分磨合与调试阶段　　D. 集体自主活动阶段

11. 对自尊心强、能力强又调皮的学生,班主任最好采用的教育措施是( )(易错)

A. 善于发现和肯定其优点

B. 关心亲近他,与他建立感情,从情入手转变他

C. 委以具体工作,发挥其积极性,同时严格要求他,在实际锻炼中转变他

D. 检查、监督其行为,督促他改正错误

12. 小明生性懒散,但进入一个班风优良的班级后,有了很大改变。这体现了班级的( )

A. 个性化功能　　B. 导向功能　　C. 满足需要功能　　D. 社会化功能

13. 学生社会技能的欠缺、共鸣的欠缺、自我控制的欠缺等问题会通过班级组织显现出来,这些问题的暴露,为教师开展有针对性的教育、引导和矫正学生的不良倾向创造了有利条件。这体现了班级组织的( )(易混)

A. 促进发展功能　　B. 满足需求的功能　　C. 诊断功能　　D. 矫正功能

二、多项选择题

1. 班主任作为教育因素,对班级组织和学生的影响主要表现在( )

A. 班主任通过良好的自我发展意识促进学生的自我管理与发展

B. 通过做好班级管理工作,使学生受到更多更好的教育

C. 以自身修养为基础,通过自己的价值观念、人品、行为习惯等潜移默化地影响学生

D. 班主任与学生共同制定班级制度规范,营造良好的班级氛围

2. 下列属于班级物质文化建设的有( )

A. 师生仪表　　B. 黑板报的利用　　C. 舆论氛围　　D. 班级卫生

3. 班级文化对成员的制约功能主要通过哪些途径得以实现( )

A. 氛围制约　　B. 制度制约　　C. 观念制约　　D. 兴趣制约

4. 下列属于班级规章制度的主要内容的有(　　)

A. 有关班集体与学生管理的制度　　B. 考勤制度

C. 学生守则　　D. 班级亚文化

5. “近朱者赤,近墨者黑”,良好的班集体对初中生的心理发展影响体现在(　　)

A. 提供了良好的学习生活环境　　B. 增加了学生积极的情绪情感体验

C. 增进了学生的人际互动　　D. 促进了学生的主动学习

三、判断题

1. 学生不仅是班级管理的对象,也是班级管理的参与者。(易错)　(　　)

2. 一位教师赞扬一位后进生的演出服装很漂亮,并说:“我对你们的爱不是用身高体重和成绩来衡量的,我有足够的爱去疼爱每个学生。”这表明教师在沟通时注重帮助学生恢复信心。　(　　)

3. 班主任组织班会时,要做好“演员”。(易错)　(　　)

4. 班主任做好班级工作的前提和基础是转化后进生。　(　　)

5. 满足学生发展的需要既是班级活动的出发点,又是班级活动的最终归宿。　(　　)

6. 当代学校教育中的班主任必须实行由管理者角色向指导者角色的重心转移。　(　　)

7. 班级个别教育是集体教育的深化和补充。　(　　)

8. 班级越大,情感纽带的力量就越强。(易错)　(　　)

9. 要解决我国学校班级管理中存在的问题,必须建立以学生为本的班级管理新机制,尊重学生的人格和主体性,充分发挥学生自身的聪明才智,发扬学生在班级自我管理中的主人翁精神。　(　　)

10. 班集体形成的重要标志是成立了班委会。　(　　)

11. 班主任要一分为二地看待后进生,善于利用“闪光点”作为推动后进生前进的动力和转化的良好开端。　(　　)

四、简答题

1. 简述班级教学管理的主要内容。

2. 简述班级文化的类型。

五、论述题

1. 谈谈你对“教学中心”和“集体中心”的领导方式的理解。

2. 联系实际,谈谈我国学校班级管理中存在的问题及如何解决这些问题。

六、案例分析题

1. 王老师是一名新教师,一年班主任工作下来,他觉得班上同学都有进步,坐不住的小A听课专心了;上课不敢发言的小B回答老师的提问一套一套的;说话老带脏字的小C还成了班级的文明标兵……但还有一些同学存在各方面的问题,如不遵守纪律,对班级关心不够,学习成绩不理想等。

(1)如何客观地看待发展中的学生?

(2)王老师要给班上每个学生写一份有特色的操行评语,请你给一些建议。

2. 吴老师的专制型管理班级的方式遭到学生的集体反对。后来,吴老师改变了班级管理方式:首先,让学生共同参与班级管理主题班会,让学生了解班级的不足和自己的责任;其次,把任务按小组分配给同学,组织学生开展小组竞赛;再次,一起为班级建设提建议;最后,增强双方沟通。渐渐地,班级中呈现出一种自主管理、自主发展的新气象,以前的坏风气消失得无影无踪。

(1)现代班级管理的理念是什么?

(2)吴老师最初管理失败的原因是什么?

(3)吴老师后来管理成功的原因是什么?

真题必刷

一、单项选择题

1.［新郑］班级管理目标应符合班级管理对象的实际，反映学生的实际要求和实际发展的可能性。这是班级管理目标制定的（　　）

A. 发展性原则　　B. 针对性原则　　C. 层次性原则　　D. 整体性原则

2.［安阳滑县］新成立的班级选出了大家都信服的班干部，但是正确的舆论和班风尚未形成。此时班集体的发展阶段处于（　　）（常考）

A. 组建阶段　　B. 发展阶段　　C. 形成阶段　　D. 成熟阶段

3.［洛阳市直］班主任的角色特点决定着班主任对学生的全面发展负有不同的责任。其中班主任利用和创造条件，使学生的整体素质得到提高，使学生健康和谐地发展，是指班主任对学生负有（　　）

A. 教育的责任　　B. 培养的责任　　C. 发现的责任　　D. 夯实的责任

4.［新乡封丘］班级建设设计中最为重要的是（　　）（常考）

A. 班级目标的实现方法　　B. 确定班级工作程序

C. 班级模式的设计　　D. 班级建设目标的制定

5.［新郑］班主任李老师常常与学生协调处理各项班级事务，并鼓励学生积极参与对话互动交流，敢于质疑。李老师的这种班级管理方式属于（　　）

A. 联合型　　B. 对等型　　C. 放任型　　D. 民主型

6.［信阳市直］玲玲由于身体原因休学1年，再次返回课堂，因为落下的课程太多，只能留级，幸运的是玲玲很快融入了新班级，这个班级洋溢着一种和谐、平等、上进、合作的气氛。该班级的发展处于（　　）阶段。

A. 组建　　B. 初步形成　　C. 发展　　D. 成熟

7.［新乡卫滨区］（　　）是学校对学生进行日常管理、思想道德教育和组织教学活动的基本单位。

A. 团队　　B. 年级　　C. 班级　　D. 班集体

8.［洛阳洛龙区］班级是教育工作的基层单位，班主任是组织班级管理和德育的（　　）

A. 主要实施者　　B. 指导者　　C. 引导者　　D. 管理者

9.［郑州管城区］班主任的主要任务和工作重点是（　　）（常考）

A. 对学生进行品德教育　　B. 提高全班学生的学习质量

C. 指导学生课余生活，关心学生身体健康　　D. 注重学生的心理健康教育

10.［焦作中站区］在班级开展的各种活动中，学生通过对比自己和他人的表现及获得的评价，判断自己的优势与不足。这属于班级组织个性化功能中的（　　）

A. 促进发展功能　　B. 诊断功能　　C. 满足需要功能　　D. 矫正功能

11.［周口沈丘］实施班级民主管理是开展班级工作的有力保证，下列选项不属于民主管理方式的是（　　）

A. 小组评议　　B. 健全班级守则

C. 班干部轮换　　D. 设立值日班长和值日班委

12.［永城］把对集体的管理和对个人的管理结合起来的班级管理方式是（　　）（常考）

A. 常规管理　　B. 目标管理　　C. 平行管理　　D. 民主管理

二、多项选择题

1.[郑州管城区]下列关于班级管理的描述,正确的是(　　)

A.班级管理是直线式发展的静态过程

B.班级管理的主要手段有计划、组织、协调、控制

C.班级管理是一种有目的的教育活动,它的根本目的是实现教育目标

D.班级管理是一种组织活动的过程,体现了教师与学生之间的双向活动

2.[焦作山阳区]良好班集体的教育作用主要体现在(　　)

A.利于实现教学目标,提高学习效率　　B.利于培养学生的群体意识

C.利于培养学生的社会交往与适应能力　　D.利于训练学生的自我教育能力

3.[南阳南召]好的班集体、学风、班风的形成对班集体内部的每一个成员来讲都会受益匪浅。下列关于班集体建设的具体做法中,正确的有(　　)

A.要优先挑选品学兼优的学生为班干部

B.要讲究管理艺术,发挥学生的主观能动性

C.要发挥舆论导向作用,创造积极健康的集体环境

D.要营造民主氛围,在自我管理中锤炼学生的思想,发展学生的智力,培养学生的管理能力

4.[开封龙亭区]班级管理的基本内容有(　　)

A.班级教学管理　　B.班级德育管理

C.班级生活指导　　D.班级体育卫生和课外活动管理

5.[三门峡]班级文化建设的内容有(　　)

A.班级口号　　B.班干部细则　　C.班级图书角　　D.教室墙壁布置

三、判断题

1.[信阳平桥区]班主任要善于做忠实的"听众",给学生充分表达的机会。(　　)

2.[新乡获嘉]班主任工作计划一般包括课内计划和课外计划。(　　)

3.[驻马店市直]学生的发展是班级管理的核心。(　　)

4.[洛阳市直]只有在集体中形成了正确的舆论与良好的班风,才能使集体明辨是非、善恶、美丑,扶正祛邪,发扬优点,抵制不良思想习气的侵蚀,才能使集体具有自我教育的能力,成为教育的主体。(　　)

5.[郑州郑东新区]班主任在学期末对学生的品行、学习、生活等方面做出的评价是操行评定。(　　)

6.[郑州高新区]班级管理过程中,实行班干部轮岗制不利于培养学生的责任感、凝聚力。(　　)

7.[平顶山湛河区]发生偶发事件,教师应冷眼旁观。(　　)

8.[濮阳市直]善于倾听学生意见的班主任,属于权威型班主任。(易混)(　　)

四、简答题

[濮阳清丰]如果你是新生班主任,如何组织和培养班集体?

五、案例分析题

[济源]黄老师是一名班主任,他在班级管理上“放手”,让学生直接参与班级管理。他指导学生成立了四个班级事务委员会。学习合作委员会打通了组与组之间的壁垒,形成学习共同体;纪律文明委员会承担监督与引导的责任,监督者是学生,引导者也是学生,轮流履行职责;活动策划委员会秉持策划靠学生、组织靠学生、开展靠学生的原则,让每个学生成为活动的主人;纠纷调解委员会主张自己的事情自己解决,通过小法庭、“和事佬”等形式调解学生之间的矛盾,消除纠纷。

在管理委员会,学生既是管理者又是被管理者,通过双重身份的体验,学生的自觉性、自主性得到了加强,形成了团结、友爱、协作、民主的班风。

案例中体现了哪种班级管理模式?实施该模式的要求有哪些?

第九章　课外、校外教育与三结合教育

基础必刷

专题1 课外、校外教育

一、单项选择题

1. 课外、校外教育的主要组织形式是(　　)(易错)

A. 小组活动　　B. 集会活动　　C. 个别活动　　D. 文体活动

2. 为了培养学生书写汉字的能力,城南小学的语文小组定期举办“汉字听写大赛”。这种活动属于(　　)

A. 学科活动　　B. 科技活动　　C. 文体活动　　D. 主题活动

3. 课外、校外教育活动的内容可涉及科技活动、文学艺术活动、生产劳动以及各种社会实践活动等多个方面。这体现了课外、校外教育活动的(　　)

A. 自主性　　B. 实践性　　C. 广泛性　　D. 自愿性

4. 课外活动根据各学校、各地区的实际情况或学生的个体意愿开展,说明它具有(　　)(易混)

A. 实践性　　B. 灵活性　　C. 自主性　　D. 娱乐性

5. 某小学的课外活动丰富多彩,有在图书馆阅读的读书小分队,有在操场上奔跑的田径爱好小组,有在实验室做实验的科技小组……这体现了课外活动的(　　)特点。

A. 自主性　　B. 独立性　　C. 选择性　　D. 多样性

6. (　　)的目的在于使学生及时接触和吸收新知识,扩大学生的知识视野,培养他们的自学能力和思维能力。

A. 课外阅读活动　　B. 读书指导活动　　C. 文学艺术活动　　D. 学校教育活动

7. 某学校成立“气象观测小组”,让学生了解气候的变化规律。这属于课外活动中的(　　)(常考)

A. 艺术活动　　B. 科技活动　　C. 文学活动　　D. 体育活动

8. 教师在课外活动中处于辅助地位,说明课外活动具有(　　)

A. 自愿性　　B. 自主性　　C. 灵活性　　D. 实践性

9. 学校组织学生利用课余时间对当地的河水污染情况进行调查,这属于(　　)

A. 体育活动　　B. 经济活动　　C. 文艺活动　　D. 社会活动

10. (　　)是学校课外活动的主体部分,学校应高度重视,分科组织落实。(常考)

A. 体育活动　　B. 学科活动　　C. 科技活动　　D. 社会实践活动

11. “小型分散,便于开展多种多样的活动,满足学生不同的兴趣爱好,发展学生的才能,使学生得到更多的学习和锻炼机会。”这种课外活动的组织形式是(　　)

A. 科技活动　　B. 学科活动　　C. 个别活动　　D. 小组活动

12. 下列不属于课外教育的是(　　)

A. 学科活动　　B. 选修课　　C. 社会实践活动　　D. 体育活动

13. 相对于课堂的教学而言，课外活动的明显优势在于可以(　　)

A. 照顾学生的个别差异　　B. 维护教学秩序的稳定

C. 发挥教师的主导作用　　D. 帮助学生掌握系统的知识

14. (　　)是学生课余生活的良好形式。

A. 娱乐活动　　B. 竞赛活动　　C. 课外教育　　D. 学习活动

15. 张涛同学参加了课外机器人小组活动，不久后，他对人工智能技术产生了浓厚的兴趣。这说明课外活动(　　)

A. 是学生发展的主要渠道　　B. 决定了学生的终身发展

C. 激发了学生学习的主动性　　D. 增加了学生的学习负担

16. (　　)是课外活动的主体。(常考)

A. 教师　　B. 校领导　　C. 学生　　D. 班干部

17. 下列活动不属于课外教育的是(　　)

A. 学校组织学生春游

B. 学校每周在体育课上组织学生参加足球比赛

C. 学校组织学生参观科技展览

D. 学校为了扩大学生的知识面，成立了文学、历史、地理等课外学习小组

二、多项选择题

1. 课外、校外教育是指在课程计划和学科课程标准外，利用课余时间对学生施行的各种(　　)的教育活动。

A. 有目的　　B. 有计划　　C. 有分类　　D. 有组织

2. 课外、校外教育活动的特点包括(　　)(常考)

A. 自愿性　　B. 灵活性　　C. 自主性　　D. 实践性

3. 科技活动主要包括(　　)

A. 举办科技讲座　　B. 成立无线电小组

C. 开展小发明、小创造活动　　D. 成立文艺小组

4. 下列课外活动中，属于群众性活动的是(　　)(易错)

A. 演讲比赛　　B. 书法兴趣小组　　C. 社会公益劳动　　D. 参观科技馆

5. 关于课外、校外教育活动的组织形式，表述正确的是(　　)

A. 个别活动往往与小组或群众性活动相结合而进行

B. 群众性活动的人数规模较大，可以在短时间内使较多的学生受到教育

C. 课外活动的三种组织形式可以互相配合、互相渗透、互相促进，组合成灵活多样的课外活动形式

D. 小组活动能充分发展学生自己的兴趣爱好，丰富和充实学生的精神生活，培养学生独立作业的能力

三、判断题

1. 任何不顾学生的兴趣爱好、特长和年龄特征而强求一律的做法，不仅会打击学生参与课外、校外教育活动的热情和积极性，而且还会降低课外、校外教育活动的效果。(易错)　　(　　)

2. 为了发展学生的特长，教师可以强迫学生参与课外活动。　　(　　)

3. 课外、校外教育是一种有目的、有计划、有组织的教育活动，其实施范围在课程计划和学科课程标准之内。　　(　　)

4. 课外活动作为学校教育的组成部分，应纳入学校工作的整体计划之中。 ( )

5. 课外活动应由教师来组织。 ( )

四、简答题

1. 开展课外、校外教育应遵循哪些要求？

2. 简述课外、校外教育的主要内容。(常考)

专题2 学校、家庭、社会三结合教育

一、单项选择题

1. 孩子从很小的时候就会模仿父母的行为，所以父母一定要做好榜样，表里如一。这体现的是家庭教育的( )

A. 先导性　　B. 权威性　　C. 感染性　　D. 针对性

2. ( )是由家长代表成立的组织，是家长与学校沟通的桥梁。

A. 家长代表制　　B. 家长委员会　　C. 家长组织　　D. 家校联合会

3. 教育合力是指以学校教育为主体，以________为基础，以________为依托的共同育人的力量。( )

A. 家庭教育　社会教育　　B. 社区教育　社会教育

C. 学校教育　家庭教育　　D. 社会教育　家庭教育

4. "知子莫如父，知女莫若母"说明家庭教育比学校教育更具有( )(常考)

A. 针对性　　B. 权威性　　C. 感染性　　D. 先导性

5. ( )是学校教育的基础和补充，有不可替代的教育作用。

A. 家庭教育　　B. 社区教育　　C. 社会教育　　D. 课外教育

6. "养不教，父之过"，我国历来重视亲子关系，重视父辈对子辈的家庭教育。下列关于家庭教育的说法，错误的是( )

A. 家庭教育更具有情感化特点　　B. 家庭是第一所学校，父母是第一任老师

C. 家庭教育内容更具有生活化的特点　　D. 家庭教育占主导地位

7. 从时间上看，相对于其他教育形式来说，家庭教育的特点是( )

A. 开始最早，持续时间最短　　B. 开始最早，持续时间最长

C. 开始较晚，持续时间最长　　D. 开始较晚，持续时间较短

8. (　　)主要是指学校、家庭环境以外的社区、文化团体和组织等给予儿童和青少年的影响。

A. 家庭教育　　B. 学校教育　　C. 自我教育　　D. 社会教育

9. 最能体现教育的生活化、情感化、多样化特点的是(　　)

A. 社会教育　　B. 社区教育　　C. 家庭教育　　D. 学校教育

10. 与家庭教育、社区教育相比,学校教育(　　)(常考)

A. 并不重要

B. 是教育的主体形式

C. 是必要的有益的补充

D. 教育形式更为灵活,是非制度化的教育

二、多项选择题

1. 根据教育合力原则,教师家访主要是(　　)

A. 告知家长孩子在校的表现

B. 督促家长,让家长成为自己的助教

C. 家校结合,齐抓共管

D. 了解孩子在家的表现

2. 学校可以通过(　　)加强与家庭之间的联系。(常考)

A. 定时举行家长会　　B. 举办家长学校　　C. 与家庭相互访问　　D. 组织家长委员会

3. 家庭教育的特点包括(　　)

A. 先导性　　B. 终身性　　C. 实践性　　D. 针对性

4. 家庭教育是指父母或其他年长者在家庭内对子女及其他年幼者实施的教育和影响。下列关于家庭教育的叙述中,正确的有(　　)

A. 家庭教育有确定的教育内容

B. 家庭教育具有权威性的特点

C. 家庭教育对人的影响是潜移默化的

D. 家庭教育对人的影响会持续人的一生

5. 实现有效家访的途径有(　　)

A. 家访时间越长越好,这样可以聊得更详细

B. 确定家访对象,明确家访目标

C. 家访时的谈话可以很随意,想说什么就说什么

D. 要做好家访记录并且及时反馈

三、判断题

1. 家庭是人们生活和消费的最基本单位,承担着生养和教育子女的基本社会职能。(　　)

2. 父母是孩子的第一任老师,有言传身教的作用,任何人都无法替代。(　　)

3. 在我国,家庭、学校和社会的根本利益是一致的。(　　)

4. 孔子说:“少成若天性,习惯如自然。”可见,早期家庭教育是学校教育的基础。(　　)

5. 学校教育对学生的身心发展具有主导作用,家庭教育和社会教育对学生的影响不大,因此,可以忽略家庭教育和社会教育。(　　)

四、简答题

1. 如何理解学校教育在学校、家庭、社会三结合教育中占主导地位?(常考)

2. 简述家庭教育的基本要求。

提升必刷

一、单项选择题

1. “课内打基础，课外出人才”反映了课外活动能(　　)

A. 进行书本知识的系统传授　　B. 成为学校教学的主要形式

C. 开发学生的潜在能力　　D. 强化教师统一指导

2. 为了防止出现“为活动而活动”的形式主义倾向，课外活动要(　　)

A. 活动内容丰富多彩　　B. 有明确的目的性、计划性

C. 注意发挥学生集体和个人的主动性　　D. 考虑学生的兴趣爱好和特长

3. “遇物而诲”“择机而教”说明家庭教育相对于学校教育更具(　　)

A. 科学性　　B. 针对性　　C. 系统性　　D. 规范性

4. 普通中小学经常组织诸如生物、物理、航模等兴趣小组，主要是为了(　　)

A. 深化课堂教学　　B. 因材施教，发展学生的个性特长

C. 培养竞赛人才　　D. 充分发掘学有余力的学生的学习潜力

5. 我国古代很早就有把课内活动与课外活动结合起来的思想，下列选项中表达了这一思想的是(　　)

A. 安其学而亲其师，乐其友而信其道　　B. 时教必有正业，退息必有居学

C. 发然后禁，则扞格而不胜　　D. 道而弗牵，强而弗抑，开而弗达

6. 家庭教育会直接或间接地影响子女的一生。家风的好坏往往要延续几代人，如“杏林世家”“梨园世家”“教育世家”等。这体现了家庭教育的(　　)

A. 情感性　　B. 全面性　　C. 稳定持久性　　D. 权威性

7. 6岁的丹丹长期挑食、偏食，每次吃饭都只吃肉类而不吃蔬菜，其母亲教育她每天摄入的食物一定要保持营养均衡才有利于身体健康。丹丹母亲的这种教育属于(　　)

A. 制度化教育　　B. 课外教育　　C. 社会教育　　D. 家庭教育

8. 下列不属于课外教育活动的是(　　)(常考)

A. 学校组织学生参观博物馆　　B. 学校开展“小发明”活动，鼓励学生动手操作

C. 语文老师引导学生对课文进行阅读赏析　　D. 学校组织学生到养老院看望老人

9. 某小学开展全校性的以“热爱家乡”为主题的课外活动，此活动属于(　　)(易混)

A. 个别活动　　B. 小组活动　　C. 群众性活动　　D. 班级活动

10. 在课外活动中，以培养学生科学的态度和创造精神为主的课外活动是(　　)

A. 科技活动　　B. 文学艺术活动　　C. 社会活动　　D. 学科活动

11. 某学校为学生开展了丰富的课外活动。下列选项中不属于课外活动的是(　　)

A. 美术兴趣小组　　B. 英语角　　C. 读书会　　D. 家庭作业辅导

12. 某学校的“生物兴趣小组”提倡学生自由管理、自行设计、自由发展，在活动过程中，学生自己读书、汲取信息、找资料、做实验、搞活动，遇到问题，学生自己动脑思考分析，教师仅担任指导、辅助的角色，使学生的主观能动性得到了充分发挥。这突出体现了课外活动的(　　)

A. 灵活性　　B. 自主性　　C. 选择性　　D. 多样性

13. 随着时代的进步，新型的、民主的家庭氛围正在形成。但随着孩子的自我意识逐渐增强，许多孩子把父母的教诲当作“耳旁风”，家长对家庭教育感到力不从心。面对这种情况，教师应该(　　)(常考)

A. 放弃让家长配合自己工作的期望

B. 督促家长，让家长成为自己的“助教”

C. 尊重家长，帮助家长树立威信，与家长一起做好教育工作

D. 批评家长不会教育孩子

14. 某学校为热爱体育的学生创设了很有趣的课外活动，把学生组织起来分成了羽毛球队、篮球队，人数控制在10～20人左右。这种课外活动组织形式属于(　　)

A. 群众性活动　　B. 个人活动　　C. 团队活动　　D. 小组活动

15. 下列关于课外、校外教育的说法，错误的是(　　)

A. 课外、校外教育是教育学生的基本途径

B. 课外、校外教育活动的基本原则是自愿参加、自主活动

C. 课外、校外教育活动的内容和形式应强调科学性、知识性和趣味性

D. 课外、校外教育活动要注重学生的实践环节

二、多项选择题

1. 以下哪些是正确处理教师与家长之间关系的举措(　　)

A. 建立平等的沟通关系　　B. 尊重家长的人格

C. 教育学生尊重家长　　D. 跟家长尽量少联系

2. 下列活动中，属于临时性课外活动的有(　　)(易混)

A. 报告　　B. 课外阅读　　C. 表演　　D. 训练班

3. 在我国，家庭、学校和社会的根本目标是一致的，都是为了使受教育者的身心得到全面发展。为使学校、家庭、社会形成教育合力，应做到(　　)

A. 社会教育占主导地位　　B. 学校教育占主导地位

C. 加强学校与家庭之间的相互联系　　D. 加强学校与社会教育机构之间的相互联系

4. 某小学开展“全面发展，学有特长”系列课外活动。其中，低、中、高年级分别以“折纸、纸编”制作、“手抄报”设计、“劳动智慧星”小发明创造为活动主题，同学们可以从自己的爱好出发，自愿参与各种活动。这些活动锻炼了同学们的动手动脑能力，唤起了他们的创作欲望。从组织课外活动基本要求的角度分析，上述课外活动(　　)(常考)

A. 有明确的目的　　B. 符合学生的年龄特点

C. 丰富多彩，新颖有趣　　D. 充分发挥了学生的积极性

5. 家庭教育的教育方法有(　　)

A. 解答疑难　　B. 指导读书　　C. 游戏　　D. 树立榜样

三、辨析题

1. 与课堂教学相比，课外活动更有利于因材施教原则的实施。

2. 课外活动的开展要因地制宜，要与当地的经济、文化发展要求相适应。

四、简答题

简述课外、校外教育与课堂教学的关系。（常考）

五、案例分析题

1. 初中生小王，家住县城，从他家到学校的路上，有十几家网吧。他每天早饭后，都能背起书包，按时去上学。期末复习考试前，他的班主任突然请了长期病假，学校派张老师去接任该班班主任。张老师任班主任的第二天就来到了小王家，问小王为什么连续一个多月没去上学。小王家长闻讯很惊愕："孩子一天也没缺过课呀！"经调查，小王这一个多月都是在网吧度过的。家长对此十分恼火，把孩子毒打了一顿。

(1)为什么小王长期逃学和沉迷网吧而未被发现？

(2)请运用相关教育知识，对案例中小王家长的做法进行分析。

(3)如果你是小王的班主任，你会怎么做？

2. **材料一** 习近平总书记在全国教育大会上指出,“办好教育事业,家庭、学校、政府、社会都有责任。家庭是人生的第一所学校,家长是孩子的第一任老师,要给孩子讲好‘人生第一课’,帮助扣好人生第一粒扣子。”随着全社会对家庭教育越来越重视,随着《关于加强家庭教育工作的指导意见》等政策的颁布,家庭教育工作的重要意义、工作格局、主要内容、保障措施等更加明确。但是,家庭教育仍需要进一步关注和支持。

材料二 《关于进一步促进家庭教育发展的提案》提到,家长对学生的教育普遍感到焦虑,而九成以上班主任认为家校沟通存在问题,家长参与沟通积极性不高,家校教育理念存在差异,家长缺乏家庭教育知识,普遍存在焦虑情绪等,需要多方合力支持家庭教育。

材料三 据中国青年报社会调查中心联合问卷网的调查,一些家长在与学生的沟通过程中因为沟通方式不当,导致一些学生存在沟通上的压力问题。如学生小陈虽然能理解父母的想法与喜好,但她认为父母应该给孩子一些人生规划,但不能简单地自己觉得什么是对孩子好的就强加在孩子身上。

(1)根据材料并结合实际,谈谈当前家校矛盾的主要表现。

(2)为缓解家长的焦虑,推动构建家庭教育与学校教育的良性互补关系,你有什么建议?

真题必刷

一、单项选择题

1. [周口沈丘]课外教育活动有利于发展学生智力，培养学生各种能力，它与课堂教学的共同之处在于它们都是(　　)(常考)

A. 师生共同参与的　　B. 学生自愿参加的
C. 有目的、有计划、有组织的　　D. 受教学计划、教学大纲规范的

2. [郑州二七区]“家校携手，共育学子”的理念，从侧面反映了家庭教育的(　　)

A. 强制性　　B. 局限性　　C. 普及性　　D. 民主性

3. [新郑]课外活动不包括(　　)

A. 群众活动　　B. 文娱活动　　C. 科技活动　　D. 自习课

4. [许昌禹州区]课外校外教育是对课堂教学的一种(　　)(常考)

A. 延伸　　B. 必要补充　　C. 发展　　D. 改革形式

二、多项选择题

1. [郑州惠济区]课外活动的基本组织形式是(　　)(常考)

A. 以人为核心　　B. 群众性活动　　C. 个人活动　　D. 小组活动

2. [安阳滑县]在教育活动过程中，要注意“三结合”，共同发挥作用，“三结合”所指的三种教育是(　　)(常考)

A. 班级教育　　B. 学校教育　　C. 家庭教育　　D. 社会教育

3. [平顶山卫东区]下列选项中，和家庭教育存在的问题相关的有(　　)

A. 方法科学　　B. 家长对孩子期望偏高
C. 片面重视孩子的智力开发、文化学习　　D. 不能全面关心孩子的成长

4. [济源]下列课外活动中，属于科技活动的有(　　)

A. 气象观测　　B. 教具制作　　C. 歌咏舞蹈　　D. 支农劳动

三、判断题

1. [信阳浉河区]校外教育是指由学校、班级组织实施的课余教育活动。(　　)

2. [洛阳汝阳]苏霍姆林斯基认为，课外、校外教育使青少年迈上了科学思维的道路。这体现了课外、校外教育有利于发展学生的智力，培养学生的能力。(　　)

3. [平顶山新华区]课外、校外活动的“自愿性”是指教育活动是在学生独立自主的实践活动中进行的。(　　)

四、综合应用题

[郑州航空港区]在一周时间里，学生放下课本，走出校园，走进大千世界，各大场馆、博物馆、名胜古迹都成为孩子的实践基地……我校的“实践周”活动开始于2014年，为了保证学习效果，学校聘请400多位来自不同领域、不同职业的“家长讲师”为学生授课，“刀锋战士与矫形器”“青春期的秘密”“野外生存指南”等课本上较少涉及的内容走进了孩子们的视野。

其实，在正式开始“实践周”前，有家长担心“玩”一周会影响孩子的学习。事实证明，一周的实践活动不仅没有影响学习进度，还点燃了学生的学习热情，使他们对自己的理想、学习有了更清晰的认识。

家长进课堂是“实践周”中学生最期待的。马铂凯妈妈给孩子们讲述了全运会幕后的故事，她精心准备了演讲稿，制作了PPT，展现全运会的幕后筹备工作以及引导员的选拔、礼仪训练，让孩子们知道了在盛大的仪式背后，是

各个部门的密切配合:引导员靓丽笑容、优美仪态的背后,是严苛的训练;护卫队矫健潇洒的身姿,源自无数的辛苦付出……通过“家长讲师”的讲解,孩子们知道了赛场上的运动员值得关注,赛场下那些在幕后付出艰辛和汗水的工作人员同样值得尊重。潘圣琪爸爸为孩子们讲解了“矫形器的作用与发展”,他带来了许多矫形器实物和人体骨骼模型,从“刀锋战士”入手,讲解了矫形器的作用,并通过实物展示和PPT等,让孩子们认识了人体骨骼,了解了世界上最先进的矫形器。他的精彩讲解和现场互动,赢得了孩子们的阵阵掌声。

“实践周”中,“绿色美食节”是孩子们一直念念不忘的乐事。在学生眼中,电视上那些色香味美的国宴大餐哪里有自己制作的小吃更让人垂涎欲滴,披萨饼、紫菜包饭、饼干、酱菜……孩子们的自制美食被伙伴争相品尝、认真点评,有的学生还分享了自己的美食制作秘方。

“实践周”不仅对孩子的成长帮助良多,还让我对教育教学有了更多思考和尝试。在参观辽宁省博物馆和科技馆时,由于场地大、项目较多,在规定时间内不能满足每个孩子的参观意愿和学习需求。于是,我根据学生特点和兴趣爱好将他们分成若干小组,每个小组成员都承担不同的任务,有的收集问题,有的用笔记录,有的拍照留作资料,所有资料经过系统的整理,形成实践学习总结或小论文。学生的学习成果在班内进行交流,通过互评、组评、班级评议等方式,帮助学生借鉴他人成功经验,完善自己的实践成果。这样的分组分工,满足了每一个孩子的兴趣和关注点,同时也在班级营造了自由、民主的氛围。

“实践周”是对书本知识的拓展和深化,当枯燥的书本知识用这样鲜活的方式展现在眼前时,孩子们真正体会到了知识来源于生活、应用于生活,同时也改变着我们的生活。

结合教育学相关知识,请对材料中“实践周”的教学方式进行评析。

第二部分　心理学

第一章　心理学概述

基础必刷

专题1　心理学的研究与发展

一、单项选择题

1. 心理学是一门研究(　　)的科学。(常考)

A. 心理过程　　B. 心理现象　　C. 个性心理　　D. 认知过程

2. 强调经验和行为的整体性，主张用整体的动力结构观研究心理现象是(　　)心理学派的基本观点。

A. 构造主义　　B. 格式塔　　C. 精神分析　　D. 认知主义

3. 心理学应该摒弃意识、意象等太多主观的东西，只研究所观察到的并能客观地加以测量的刺激和反应。这是(　　)的主张。

A. 行为主义心理学　　B. 认知主义心理学　　C. 建构主义心理学　　D. 人本主义心理学

4. 主张心理学的研究对象是具有适应性的心理活动，强调意识活动在人类的需要与环境之间起重要的中介作用的心理学流派是(　　)

A. 构造主义学派　　B. 机能主义学派

C. 精神分析学派　　D. 人本主义学派

5. 能力有高低之分，性格有自信与自卑之差。这说明人有(　　)的差异。

A. 心理过程　　B. 认知过程　　C. 个性心理倾向性　　D. 个性心理特征

6. 人的个性结构主要包括(　　)

A. 能力、气质和性格　　B. 认识、情绪情感和意志过程

C. 心理过程　　D. 个性心理倾向性和个性心理特征

7. 心理学属于(　　)

A. 自然科学　　B. 社会科学

C. 自然科学与社会科学的交叉学科　　D. 哲学

8. 认为所有复杂的心理活动都是由感觉、意象和激情状态这些基本元素构成的心理学流派是(　　)

A. 机能主义心理学　　B. 构造主义心理学

C. 格式塔心理学　　D. 现代认知心理学

9. 用信息加工的观点来研究人的感觉、知觉、记忆、思维等心理过程的心理学观点是(　　)

A. 行为主义的观点　　B. 生物学的观点

C. 现象学的观点　　D. 认知心理学派的观点

10. 下列对应关系中正确的是(　　)

A. 构造主义心理学——斯金纳　　B. 行为主义心理学——冯特

C. 人本主义心理学——安吉尔　　D. 机能主义心理学——杜威

11. (　　)心理学流派反对把意识分解为元素，而强调心理作为一个整体、一个组织的意义。(易混)

A. 精神分析　　B. 行为主义

C. 格式塔　　D. 认知

12. 现代认知心理学的代表人物是(　　)

A. 马斯洛　　B. 弗洛伊德　　C. 杜威　　D. 奈瑟尔

13. 在西方心理学中，被称为心理学"第一势力"的是(　　)(常考)

A. 行为主义心理学　　B. 精神分析心理学

C. 人本主义心理学　　D. 认知心理学

14. 下列选项中，哪项不属于心理过程(　　)

A. 记忆　　B. 意志　　C. 兴趣　　D. 情绪

15. (　　)认为人是有自由意志的，是有自我实现的需要的。

A. 行为主义学派　　B. 精神分析学派

C. 人本主义学派　　D. 构造主义学派

16. 重视对人类异常行为的研究，强调心理学应研究无意识现象的心理学流派为(　　)

A. 人本主义学派　　B. 格式塔学派

C. 行为主义学派　　D. 精神分析学派

17. 行为主义创立的标志是1913年美国心理学家(　　)发表了《在行为主义者看来的心理学》，因此，他被称为"行为主义的创始人"。

A. 罗杰斯　　B. 华生　　C. 弗洛伊德　　D. 马斯洛

二、多项选择题

1. 冯特的历史功绩主要有(　　)

A. 心理科学的独立　　B. 实验心理学的创立

C. 出版《生理心理学原理》　　D. 建立心理学专业队伍

2. 下列选项中，属于冯特的代表作有(　　)

A.《生理心理学原理》　　B.《民族心理学》

C.《心理学大纲》　　D.《教育心理大纲》

3. 以下心理现象中，均不属于个性心理特征范畴的是(　　)

A. 能力、性格　　B. 思维、意志　　C. 理想、信念　　D. 需要、动机

4. 心理学研究的具体任务是(　　)

A. 描述和测量　　B. 理解和说明

C. 预测和控制　　D. 探索和发现

三、填空题

1. 心理现象包括既相互联系又相互区别的________和________两个方面。

2. 在心理学流派中，反对行为主义和构造主义的主要观点，强调整体，认为整体大于部分之和的心理学派是________心理学。

3. 历史上第一部论述各种心理现象的著作是亚里士多德的________。

4. 被称为"心理学之父"的人是________。(常考)

专题2 心理的实质

一、单项选择题

1. 处理人类情绪情感、物体空间关系的大脑两半球分别是(　　)

A. 左半球、右半球　　B. 左半球、左半球

C. 右半球、左半球　　D. 右半球、右半球

2. 神经系统结构和功能的基本单位是(　　)(易错)

A. 突触　　B. 神经元　　C. 反射　　D. 反射弧

3. 造成"狼孩"心理障碍的主要原因是(　　)

A. 缺乏营养　　B. 遗传因素

C. 狼的影响　　D. 缺乏社会性刺激

4. 周围神经系统由12对脑神经和(　　)对脊神经组成。

A. 11　　B. 21　　C. 31　　D. 35

5. 大脑右半球主要对(　　)负责。

A. 形象思维和高度空间知觉　　B. 空间能力和抽象逻辑思维

C. 言语能力和抽象逻辑思维　　D. 言语能力和高度空间知觉

6. (　　)关系到人的生命,被称为"生命中枢"。

A. 后脑　　B. 骨髓　　C. 前脑　　D. 延髓

7. 人的心理活动的内容和源泉是(　　)

A. 认知　　B. 需要　　C. 客观现实　　D. 个性

8. 同桌请小花去摘杏子,小花一听到"杏子"就咽口水,小花的条件反射是(　　)(易错)

A. 第一信号系统　　B. 第二信号系统

C. 无条件反射　　D. 本能反射

9. 病人因颞叶受伤而导致受损的功能主要是(　　)

A. 听觉　　B. 视觉　　C. 嗅觉　　D. 味觉

10. "甲之熊掌,乙之砒霜"这个谚语体现了以下科学心理观中的哪一观点(　　)

A. 心理是脑的机能　　B. 脑是心理的器官

C. 客观现实是心理的源泉　　D. 心理是对客观现实的主观映像

二、多项选择题

1. 下列说法中正确的是(　　)

A. 脑是心理的器官　　B. 心理是脑的机能

C. 心理具有主观能动性　　D. 心理反映总是正确的

2. 学生听到上课铃声马上回到教室坐好,准备上课,这属于(　　)(易错)

A. 无条件反射　　B. 条件反射

C. 第一信号系统的反射　　D. 第二信号系统的反射

3. 中枢神经系统包括(　　)

A. 脑　　B. 脑神经　　C. 脊髓　　D. 脊神经

4. 下列选项中与大脑左半球活动有关的是(　　)

A. 言语　　B. 情绪　　C. 阅读　　D. 数学运算

三、判断题

1. 第二信号系统是指用语词作为条件刺激而形成的条件反射系统。(　　)

2. 人对触压觉和温度觉的调节主要受大脑分区中的顶叶控制。(　　)

3. 心理是客观现实的反映,因此,有怎样的客观现实必然会产生怎样的心理。(　　)

四、填空题

1. 大脑各部分分区中,枕叶与________有关。(常考)

2. 在巴甫洛夫的两种信号系统中,________系统是人类所独有的。

提升必刷

一、单项选择题

1. 影响着个体的行为举止,集中地体现了一个人心理活动的独特性的是(　　)

A. 个体倾向性　　B. 个性心理特征　　C. 自我　　D. 心理状态

2. 现代心理学诞生和发展的两个重要历史渊源是哲学和(　　)

A. 社会学　　B. 生理学　　C. 人类学　　D. 物理学

3. 由于担心考试成绩,小王在考前"开夜车"学习,结果导致第二天考试时无精打采,昏昏欲睡。这种现象体现了心理学的(　　)

A. 相继性负诱导　　B. 相继性正诱导

C. 同时性正诱导　　D. 同时性负诱导

4. 高考前小王既紧张又激动,凌晨三点半才平复心情进入睡眠。第二天早上考试时,小王担心自己会因为精神不振而影响考试,但在考场上小王精神抖擞,出色地答完了试卷。这体现了心理学中的(　　)

A. 相继性负诱导　　B. 相继性正诱导

C. 同时性正诱导　　D. 同时性负诱导

5. 小学生的个性倾向性主要表现在(　　)

A. 需要、动机、世界观　　B. 理想、信念、世界观

C. 兴趣、动机、世界观　　D. 兴趣、爱好、理想

6. 在人的个性心理倾向中,决定着一个人总的思想倾向的是(　　)

A. 需要与动机　　B. 世界观　　C. 自我意识　　D. 自我价值

7. 下列不属于反射活动的是(　　)(易错)

A. 草履虫的趋利避害反应　　B. 人的手被火烫立即移开

C. 望梅生津　　D. 学生听到铃声进教室上课

8. 心理状态是指人在某一时刻的心理活动水平。以下属于心理状态的是(　　)

A. 勤劳　　B. 心境　　C. 记忆　　D. 态度

9. 狗听到主人叫它的名字就会跑过去,这是(　　)

A. 无条件反射　　B. 本能的行为

C. 第一信号系统的条件反射　　D. 第二信号系统的条件反射

10. 神经元由胞体、树突和轴突组成,下面说法正确的是(　　)

A. 轴突较长,分支多,负责接受刺激　　B. 树突较短,分叉多,负责接受刺激

C. 轴突较短,只有一根,负责传出神经冲动　　D. 树突较长,只有一根,负责传出神经冲动

二、多项选择题

1. 信念是坚信某种观点的正确性,并支配自己行动的个性倾向。信念是通过(　　)三种方式形成的。

A. 直接经验　　B. 间接经验　　C. 推论　　D. 兴趣

2. 以下不属于条件反射的有(　　)

A. 望梅止渴　　B. 食物放入口中,分泌唾液

C. 白鼠按压杠杆获取食物　　D. 火烫到手,手缩回

三、判断题

1. 心理是人脑对客观现实的反映,但有了人脑和客观现实,不一定就会产生人的心理。(　　)

2. 人的一切心理活动就其产生的方式来说都是脑的反射活动。(　　)

3. 人本主义心理学主张以所有人为研究对象,强调人的价值、本性和尊严。(　　)

4. 大脑两半球的单侧化研究发现左半球与创造性有关。(　　)

5. 构造主义心理学致力于发现心理事实,研究人类心理的一般规律,忽视个体差异,重视应用。(　　)

真题必刷

一、单项选择题

1. [平顶山市直]神经系统活动的基本形式是(　　)

A. 想象　　B. 记忆　　C. 意识　　D. 反射

2. [南阳宛城区]心理学是研究心理现象(心理活动)及其发生、发展规律的科学。心理现象又称为心理活动,包括心理过程和个性心理,以下心理现象中属于个性心理特征范畴的是(　　)

A. 能力　　B. 思维　　C. 信念　　D. 需要

3. [许昌市直]1879年,德国著名心理学家(　　)在德国莱比锡大学创建了世界上第一个心理学实验室,标志着科学心理学的诞生。(常考)

A. 冯特　　B. 华生　　C. 詹姆士　　D. 铁钦纳

4. [洛阳西工区]心理过程包括(　　)(常考)

A. 认知过程、情感过程、行为过程　　B. 知觉过程、情感过程、行为过程

C. 感觉过程、知觉过程、意志过程　　D. 认知过程、情感过程、意志过程

5. [郑州上街区]弗洛伊德是(　　)心理学的代表人物。

A. 构造主义　　B. 机能主义　　C. 精神分析　　D. 人本主义

6. [平顶山郏县]1967年,(　　)出版了《认知心理学》一书,这标志着认知心理学的诞生。

A. 奈塞尔　　B. 皮亚杰　　C. 斯金纳　　D. 杜威

7. [濮阳市直/新乡市直]脊髓是中枢神经系统的低级部位,是脑和周围神经的桥梁,以下不属于脊髓可完成的简单反射活动的有(　　)

A. 膝跳反射　　B. 肘反射　　C. 跟腱反射　　D. 眨眼反射

8.［驻马店］巴甫洛夫在研究狗的进食行为时，发现狗吃到食物时会分泌唾液，这是自然的生理反应，不需要学习，这种反应称为（　　）

A. 条件反射　　B. 无条件反射　　C. 第一信号系统　　D. 第二信号系统

9.［濮阳清丰］下列现象属于第二信号系统的是（　　）

A. 一朝被蛇咬，十年怕井绳　　B. 谈虎色变

C. 望梅止渴　　D. 马做算术题

10.［安阳滑县］中枢神经活动的基本过程是（　　）

A. 兴奋和泛化　　B. 集中和抑制　　C. 集中和泛化　　D. 兴奋和抑制

11.［洛阳市直］个性结构中最活跃的因素，决定着人对认识和活动对象的趋向和选择的是（　　）

A. 心理过程　　B. 个性心理倾向性

C. 个性心理特征　　D. 自我意识

二、多项选择题

1.［郑州管城区］下列选项中属于人本主义心理学的人物有（　　）

A. 马斯洛　　B. 罗杰斯　　C. 华生　　D. 杜威

2.［安阳龙安区］个性心理特征是人的多种心理特点的一种独特结合，是个体经常地、稳定地表现出来的心理特点。下列描述属于学生个性心理特征的是（　　）

A. 小强具有很强的空间想象力　　B. 江江为人热情、直爽，亲和力强

C. 小美做什么事情都能坚持到底　　D. 李华对英语有浓厚的学习兴趣

3.［平顶山湛河区］下列关于机能主义心理学派的说法，正确的有（　　）

A. 认为心理学研究直接经验

B. 重视心理学的实际应用

C. 把意识分为感觉、激情状态等元素

D. 主张意识是一个连续的整体，是一种持续不断的过程

4.［洛阳伊川］下列心理学家属于行为主义心理学派的有（　　）

A. 巴甫洛夫　　B. 苛勒　　C. 斯金纳　　D. 桑代克

5.［周口沈丘］下列选项中属于认知过程的有（　　）

A. 信念　　B. 感觉　　C. 记忆　　D. 思维

三、判断题

1.［驻马店驿城区］注意是一个独立的心理过程，它总伴随着其他心理过程而发生。（　　）

2.［郑州郑东新区］小张因通宵达旦玩游戏，导致第二天工作无精打采，这属于正诱导。（易混）（　　）

第二章 认知过程

基础必刷

专题1 感觉与知觉

一、单项选择题

1. 一首耳熟能详的歌曲不管用什么乐器演奏,人们都能听出来,这是由于( )

A. 知觉的选择性　　B. 知觉的理解性

C. 知觉的整体性　　D. 知觉的恒常性

2. 当两个刺激按一定的空间间隔和时距相继呈现时,我们就会看到从一个刺激物向另一个刺激物的连续运动,这就是( )

A. 运动后效　　B. 自主运动　　C. 诱导运动　　D. 动景运动

3. 有的人能敏锐地察觉到细微的气味,而有的人仅仅在气味更强烈时才能察觉到,这最有可能是因为后者的( )更高。

A. 绝对感受性　　B. 差别感受性　　C. 绝对感觉阈限　　D. 差别感觉阈限

4. 明适应、暗适应中感受性变化的规律是( )

A. 感受性都降低

B. 感受性都提高

C. 明适应中感受性提高,暗适应中感受性降低

D. 明适应中感受性降低,暗适应中感受性提高

5. 某同学认为新来的外表有魅力的老师非常有能力,这种现象属于( )(常考)

A. 首因效应　　B. 投射效应　　C. 晕轮效应　　D. 宽大效应

6. 上课时有的学生在注意听老师教授的方法与内容,有的学生却在琢磨老师的着装和形象,这体现的是学生知觉的( )

A. 理解性　　B. 整体性　　C. 恒常性　　D. 选择性

7. 熟悉英文词汇知识的人,在读到字母"WOR..."时,会预期出现D、K、M、N等字母。这体现了知觉的( )特征。

A. 选择性　　B. 整体性　　C. 理解性　　D. 恒常性

8. 小兰睡觉前在书本上看到一幅色彩十分鲜艳的画,当她看完后闭上眼睛准备睡觉时,惊讶地发现这幅画清晰地浮现在自己的眼前,这种现象是( )

A. 视觉后像　　B. 联觉　　C. 视觉适应　　D. 感觉对比

9. 人们认为学习成绩好的人是好学生,这样的判断体现了( )

A. 定势效应　　B. 刻板效应　　C. 投射效应　　D. 晕轮效应

10. 语文老师何某在学生阅读课文《背影》时,配上一支轻音乐以加深学生对文章内容的理解与感悟。何老师

的这一做法运用的是(　　)

A. 感觉后效　　B. 感觉对比

C. 感觉的补偿作用　　D. 感觉的相互作用

11. 通常,我们与老年人聊天时,需要提高说话声音,这是因为老年人的听觉(　　)(易混)

A. 绝对感受性高　　B. 绝对感觉阈限高　　C. 差别感受性高　　D. 差别感觉阈限高

12. 在体育课上进行户外活动时,小明盯着太阳看了一会儿再看地面,觉得地面上出现了一团黑色的影子。这种现象属于(　　)

A. 感觉后效　　B. 感觉对比　　C. 感觉补偿　　D. 感觉适应

13. "温水煮青蛙"反映了感觉中的(　　)规律。

A. 联觉　　B. 感觉后效　　C. 感觉适应　　D. 相互补偿

14. 教师上课的走动和手势,增加了学生的感知效果,这依据的感知规律是(　　)(易混)

A. 强度律　　B. 差异律　　C. 活动律　　D. 组合律

15. 个体感到饥饿、口渴、窒息、恶心等,这属于(　　)

A. 平衡觉　　B. 温度觉　　C. 运动觉　　D. 机体觉

16. "初次印象影响人们对于一个人以后行为的判断",这描述的是(　　)

A. 首因效应　　B. 近因效应　　C. 晕轮效应　　D. 刻板印象

17. 导游对景区的一个旅游景点介绍道:"现在我们来到的景点是九狮山,因其从远处看形态酷似九头狮子站在那里而得名。"旅客刚开始左看右看都觉得不像,后面越看越像。这体现了知觉的(　　)

A. 理解性　　B. 选择性　　C. 整体性　　D. 恒常性

18. 晚上人们仰望满天繁星,可以很容易看到北方排列如勺子一样的七颗星。这是(　　)

A. 知觉的整体性　　B. 知觉的选择性　　C. 知觉的理解性　　D. 知觉的恒常性

19. 从一个暗的地方到有阳光的地方,眼睛会感觉到刺激,但一段时间过后刺激会消失,这种现象属于(　　)

A. 明适应　　B. 暗适应　　C. 联觉　　D. 视觉后像

20. 知觉恒常性受各种因素影响,其中有重要作用的是(　　)线索。

A. 嗅觉　　B. 听觉　　C. 视觉　　D. 触觉

21. 美妙的音乐很悦耳,像春风拂过脸颊。这属于(　　)(常考)

A. 知觉　　B. 错觉　　C. 幻觉　　D. 联觉

22. 盲人的触觉、听觉一般非常灵敏。这说明了感受性的发展具有(　　)

A. 互补性　　B. 个别差异性　　C. 阶段性　　D. 不平衡性

23. 痛觉属于(　　)(易错)

A. 皮肤感觉　　B. 内部感觉　　C. 知觉　　D. 触压觉

24. 教师用红笔批改学生的作业,使学生能够迅速、清楚地感知到自己的作业正确与否。这符合感知规律中的(　　)

A. 强度律　　B. 差异律　　C. 活动律　　D. 组合律

25. 初次与某人交往,当得知他是一名大学教授时,马上断定他很有学问、有修养、性情温和、待人民主。从心理学的观点看,这种现象属于(　　)

A. 首因效应　　B. 晕轮效应　　C. 近因效应　　D. 社会刻板效应

26. 在《唐伯虎点秋香》中，唐伯虎第一次看到秋香时并不觉得秋香美丽，当祝枝山喊了一句“美女”，华家所有女性都转过头时，秋香在唐伯虎眼里就美若天仙，这是一种(　　)现象。

A. 视觉适应　　B. 感觉后效　　C. 同时对比　　D. 感觉补偿

27. 夜空中的月亮是相对静止的，而浮云是运动的。但我们看时，会感觉月亮在动，而云是静止的。这种现象是(　　)

A. 运动后效　　B. 动景运动　　C. 自主运动　　D. 诱导运动

28. 孩子在采摘园看见大草莓时，下面哪项表述最能直接体现知觉活动(　　)(常考)

A. 红色　　B. 好甜的味道

C. 我最喜欢吃草莓了　　D. 好大啊，我一只手都盛不下

29. 感受性与感觉阈限在数值上的关系是(　　)

A. 成正比　　B. 成反比　　C. 呈倒U形曲线　　D. 没有关系

30. 去花店买花时，刚走进花店就闻到一股沁人心脾的香味，闻到香味体现的心理活动是(　　)

A. 感觉　　B. 知觉　　C. 思维　　D. 想象

二、多项选择题

1. 运动知觉分为真动知觉和似动知觉，下列属于似动知觉的有(　　)

A. 动景运动　　B. 诱发运动　　C. 自主运动　　D. 运动后效

2. 人脑对客观事物进行直接反映的心理现象是(　　)

A. 感觉　　B. 知觉　　C. 注意　　D. 意识

3. “入芝兰之室，久而不闻其香；入鲍鱼之肆，久而不闻其臭。”这种现象在心理学上属于(　　)

A. 感觉适应　　B. 嗅觉适应

C. 嗅觉感受性下降　　D. 嗅觉感受性提高

4. 下列关于感觉规律的表述，正确的有(　　)

A. 感觉有补偿现象　　B. 感觉适应发生时感受性下降

C. 感受性与感觉阈限成反比关系　　D. 感觉对比分为同时对比和继时对比

5. 知觉的基本特征有(　　)

A. 知觉选择性　　B. 知觉理解性

C. 知觉恒常性　　D. 知觉整体性

6. 以下属于内部感觉的是(　　)(易错)

A. 胃疼　　B. 开车时对自己肢体活动的感觉

C. 坐的时间长了感觉腰疼　　D. 吃了糖之后感觉特别甜

三、判断题

1. 感觉是人脑对直接作用于感觉器官的客观事物的整体属性的反映。(　　)

2. 喝过苦的药后，喝白开水都觉得甜，这是感觉适应现象。(　　)

3. 差别感受性越高的人引起其差别感觉所需要的刺激物间的最小差异量越小，即差别感觉阈限越高。(　　)

4. 视觉、听觉、嗅觉、味觉、皮肤觉等都属于外部感觉。(　　)

5. 错觉不是通过主观努力就可以纠正的，错觉不存在个体差异。(　　)

6. 知识经验越丰富，理解就越深刻，对事物的知觉也就越完整、精确。 （ ）

7. 知觉的高级形式是观察。 （ ）

8. 儿童刚开始学写字的时候，容易把“清”和“请”这样的形近字弄混。其原因是这时期的儿童缺乏观察的精确性。 （ ）

四、名词解释

1. 投射效应

2. 晕轮效应

3. 最小可觉差

4. 似动现象

五、案例分析题

周老师在教学过程中发现，很多学习任务的完成都离不开观察，而学习任务完成质量的高低则与观察力的强弱密切相关。为了提高学生的观察能力，他鼓励学生观察自己饲养的小动物、栽种的植物，带领学生到田间地头、科技馆、动物园做现场观察，引导学生在课堂上观看教学视频……

周老师经常指导学生阅读材料，制订观察计划，设计观察工具，提醒学生别忘了观察目的，及时记下观察的内容、过程和结果，要求学生总结与思考。在学生遇到困难的时候，他耐心与学生讨论交流。

经过师生一个学年的努力，周老师班上的学生都能够做到抓住观察对象的典型特征进行描述，发现别人不易觉察到的细节及其变化，借助推理和思考，从不同角度撰写较为新颖的观察报告，学生的观察能力明显提高。

（1）什么是观察，什么是观察力？

（2）谈谈培养学生观察力的基本要求。

（3）根据上述要求，请你对周老师的做法做出评价。

专题2 记忆

一、单项选择题

1. 学生在背诵温庭筠的《望江南》时，通常更容易记住首句“梳洗罢，独倚望江楼”和末句“肠断白蘋洲”，而中间句“过尽千帆皆不是，斜晖脉脉水悠悠”却容易混淆，这种现象是（　　）

A. 上下文效应　　B. 罗森塔尔效应　　C. 系列位置效应　　D. 蔡加尼克效应

2. 学生在背古诗时，背10遍就可以熟记，为了让记忆效果最佳，他一共应该背（　　）

A. 10遍　　B. 20遍　　C. 15遍　　D. 30遍

3. 毕业两年后，小华回到学校到处走走转转，教学楼、操场、池塘、假山，处处都有熟悉之感。这种心理现象是（　　）

A. 识记　　B. 回忆　　C. 再认　　D. 保持

4. 在记忆事物时，有的人可以过目不忘，而有的人则久难成诵。这种现象显示的记忆特征是（　　）

A. 记忆的敏捷性　　B. 记忆的持久性　　C. 记忆的准确性　　D. 记忆的准备性

5. 高中选科后，小路对不再学习的科目的知识发生了遗忘，最适合解释这种遗忘原因的理论是（　　）

A. 干扰说　　B. 记忆痕迹衰退说　　C. 压抑说　　D. 提取失败说

6. 当小明回想起以前一次击剑比赛胜利的情景时，当时的情绪和情感也会再现，他好像再一次体验到了胜利的喜悦。这种记忆属于（　　）

A. 形象记忆　　B. 逻辑记忆　　C. 情绪记忆　　D. 运动记忆

7. 根据信息加工与记忆阶段分类，可将记忆分为（　　）

A. 形象记忆、逻辑记忆、动作记忆　　B. 形象记忆、情绪记忆、逻辑记忆

C. 瞬时记忆、短时记忆、长时记忆　　D. 形象记忆、逻辑记忆、抽象记忆

8. 下列哪一理论认为遗忘是积极的（　　）

A. 动机说　　B. 同化说　　C. 干扰抑制说　　D. 记忆痕迹衰退说

9. 小李同学上完数学课回家后，通过回忆课上学的知识，帮妈妈算出来了今天买菜的总额。这种记忆属于（　　）

A. 形象记忆　　B. 逻辑记忆　　C. 情绪记忆　　D. 动作记忆

10. 初中生在考试时，完成选择题的过程是记忆过程中的（　　）

A. 识记　　B. 保持　　C. 再认　　D. 回忆

11. 教师讲新知识之前都要先复习以前学过的知识并通过找到旧知识与新知识之间的联系来帮助学生记忆新知识。这种记忆属于（　　）

A. 机械识记　　B. 无意识记　　C. 意义识记　　D. 有意识记

12. 下列属于语义记忆的是（　　）

A. 对余弦定理的记忆　　B. 对北京奥运会开幕式场景的记忆

C. 一朝被蛇咬，十年怕井绳　　D. 余音绕梁，三日不绝

13. 艾宾浩斯研究遗忘的方法是（　　）

A. 学习法　　B. 重复法　　C. 干扰法　　D. 节省法

14. 奥苏贝尔根据其有意义接受学习理论，对遗忘的原因提出的独特解释是（　　）

A. 衰退说　　B. 干扰说　　C. 压抑说　　D. 同化说

15. Judy是一名中美混血儿童，在三岁学习说话时，由于父母分别用英语和中文与她对话，导致她在说中文时经常用英语的倒装句式，而忘记中文句式。这种现象符合遗忘学说中的（　　）

A. 消退说　　B. 干扰说　　C. 压抑说　　D. 提取失败说

16. 小董向小茹描述自己新朋友的外貌特征，这种记忆属于（　　）

A. 语义记忆　　B. 情感记忆　　C. 短时记忆　　D. 形象记忆

17. 学生在考试中运用自己复习过的知识点答题，这属于记忆活动过程中的（　　）（易错）

A. 识记　　B. 保持　　C. 再认　　D. 提取

18. 根据识记时对材料是否理解，学生对无意义音节、地名、人名、历史年代等的识记属于（　　）

A. 机械识记　　B. 意义识记　　C. 无意识记　　D. 有意识记

19. 学习后立即睡觉，保持的效果往往比学习后继续活动保持的效果更好。这是由于（　　）

A. 过度学习　　B. 记忆的恢复现象

C. 无倒摄抑制的影响　　D. 无前摄抑制的影响

20. 在记忆一串数字时，往往容易记住最后几位数字。这种现象叫作（　　）

A. 首因效应　　B. 近因效应　　C. 得寸进尺效应　　D. 门面效应

21. 篮球比赛中，对如何组织进攻、传球、上篮的记忆属于（　　）

A. 陈述性记忆　　B. 形象记忆　　C. 程序性记忆　　D. 情绪记忆

22. 幼儿识记“小兔”的图片比识记词更容易，这是因为他们的记忆特点是（　　）

A. 意义记忆占优势　　B. 机械记忆占优势

C. 抽象记忆占优势　　D. 形象记忆占优势

23. 有时我们明明知道某人姓名中的某个字，可就是想不起来，事后却能回忆起来。这种情况说明（　　）（常考）

A. 很多记忆的失败很可能是编码不准确或缺乏检索线索，而非真正的遗忘

B. 再认是较简单的记忆现象

C. 记忆中的信息由于暂时神经联系泛化的影响，导致不能准确回忆

D. 遗忘是分阶段的

24. 考试时想不起来的知识，一出考场却想了起来。这种遗忘称为（　　）（易混）

A. 干扰抑制　　B. 部分遗忘　　C. 永久性遗忘　　D. 暂时性遗忘

25. 背诵一篇课文，经过30分钟刚好能正确记忆并背诵。为了巩固记忆效果，再增加（　　）分钟的背诵时间，能够达到最好的效果，知识记得更牢固。

A. 10　　B. 15　　C. 20　　D. 25

26. 难度小的材料适合________复习，难度大的材料适合________复习。（　　）

A. 分散　集中　　B. 集中　分散　　C. 分散　分散　　D. 集中　集中

27. 从信息加工的观点来看，记忆的基本过程是（　　）

A. 输入—编码—提取　　B. 编码—储存—提取

C. 储存—加工—提取　　D. 输入—加工—使用

28. 根据记忆内容的性质,可以将记忆分为陈述性记忆和(　　)

A. 长时记忆　　B. 情绪性记忆　　C. 程序性记忆　　D. 动作记忆

29. 德国心理学家(　　)最早对遗忘进行了实验研究。

A. 冯特　　B. 弗洛伊德　　C. 罗杰斯　　D. 艾宾浩斯

30. 以下描述属于动作记忆的是(　　)

A. 小强对课文内容的记忆　　B. 练太极拳的人对伴奏音乐的节奏的记忆

C. 武术运动员对拳术的一招一式的记忆　　D. 某人对过去经历的苦难体验的记忆

二、多项选择题

1. 学习、背诵一系列英语单词时,常常很难记住全部的内容。一般来说,遗忘会有如下规律(　　)

A. 前半小时内忘记的速度最快

B. 单词表开始部分和最后部分遗忘最多

C. 因为前摄抑制和倒摄抑制的作用,中间部分单词的记忆效果最差

D. 当重新学习、背诵这些单词时,要花费较多的时间

2. 下列关于记忆恢复的说法正确的有(　　)

A. 儿童比成人更普遍　　B. 学习难度大的材料更容易出现

C. 学习得不够熟练的材料更容易发生　　D. 学习得熟练的材料更容易发生

3. 下列哪些理论是对遗忘的解释(　　)(常考)

A. 痕迹衰退说　　B. 压抑说　　C. 干扰说　　D. 同化说

4. 学生小王总是在快要考试时才会花很多时间看书,平时几乎从不花时间复习老师的课堂教学内容。在复习时,小王常常是课本上有什么内容就看什么内容,什么内容在前就先看什么内容,什么内容在后就后看什么内容。他的学习成绩一直不理想。作为老师,你怎样建议小王进行复习(　　)

A. 复习要及时

B. 复习方法要多样化

C. 适当的过度学习

D. 复习时要对学过的知识进一步加工,使之条理化、系统化,形成知识网络

5. 小学生记忆发展的特点为(　　)

A. 有意记忆明显增强　　B. 意义记忆迅速发展

C. 机械记忆逐渐消失　　D. 抽象逻辑记忆水平逐步提高

6. 记忆过程的最后一个环节包括(　　)

A. 辨别　　B. 再认　　C. 重现　　D. 呈现

7. 我们可以通过课堂上教师的语言传授学习各种课本知识和日常生活常识,并能在以后的生活中运用这些知识。这里涉及的记忆有(　　)

A. 语义记忆　　B. 情景记忆　　C. 陈述性记忆　　D. 程序性记忆

8. 数学老师在实际教学过程中对学生的作业采用"漏一补十,错一罚十"的做法,老师这样的做法(　　)

A. 容易引起学生的记忆疲劳　　B. 会降低学生的记忆效果

C. 会使学生丧失学习兴趣和记忆的主动性　　D. 容易使学生对学习造成心理障碍

三、判断题

1. 不需要理解事物意义的记忆是无意记忆。（ ）

2. 识记是记忆过程的开端，是对事物的识别和记住，并形成一定印象的过程。（ ）

3. 随着年龄的增长，中学生的有意记忆逐渐占主导地位，到了一定的年龄后，无意记忆将不复存在。（ ）

4. 记忆是人脑对外界输入的信息进行编码和存储的过程。（ ）

5. 过度学习不是无限度的，一般来说，学习程度以150%为佳，超过150%，会因为学习疲劳而发生“报酬递减”现象。（ ）

6. 痕迹衰退说是一种对遗忘原因的最古老的解释。按照这种理论，遗忘是由记忆痕迹衰退引起的，衰退随时间的推移自动发生。它起源于亚里士多德，由艾宾浩斯进一步发展。（ ）

7. 再认或回忆是识记和保持的前提，识记和保持则是再认或回忆的结果。（ ）

8. 对语法规则、公式符号、法律条文等知识的记忆属于形象记忆。（常考）（ ）

9. 对识记的材料不能再认或回忆，以及错误的再认或回忆称之为遗忘。（ ）

10. 一般认为形象材料比抽象材料遗忘得快，有意义材料比无意义材料遗忘得慢。（ ）

11. 机械记忆是一种无用的记忆。（ ）

四、简答题

如何依据记忆规律合理安排和组织教学？（常考）

五、论述题

试述影响遗忘的因素以及防止遗忘的方法。（常考）

六、案例分析题

小楠是一名五年级的学生,经常协助老师检查班级同学的学习情况。最近,同学们新学了一首古诗,老师要求大家利用课外时间把它背熟,并安排小楠负责检查背诵情况。小楠发现:有些同学没有认真准备,背得磕磕巴巴,在多次提醒后才能勉强背出来。有些同学记忆力非常好,仅读几遍,就能够顺利地背出来,记得很快。有些同学先学习这首诗的基本意思,在理解这首诗创作时的作者境遇和历史背景之后,不仅背得很流利、声情并茂,而且记忆深刻,就像知识在脑子里"生了根"。

(1)结合材料,谈谈记忆品质的类型。

(2)记忆过程包括哪些环节?

专题3 想象与表象、言语与思维

一、单项选择题

1. 三岁的小颖向怀里抱着的布娃娃讲妈妈曾给她讲过的故事,这种言语属于(　　)

A. 对话言语　　B. 独白言语　　C. 语言获得　　D. 语言理解

2. 老师引导学生观看山峰时展开积极的想象,令学生由山峰想到神女,这种想象是(　　)

A. 无意想象　　B. 有意想象　　C. 再造想象　　D. 创造想象

3. 击剑运动员在赛场上能在一瞬间就看到对手的破绽,并迅速出击,这属于(　　)

A. 分析思维　　B. 直觉思维　　C. 发散思维　　D. 创造思维

4. 利用已有的知识经验,从问题提供的各种信息中寻找最佳答案的思维方式是(　　)

A. 直觉思维　　B. 聚合思维　　C. 抽象思维　　D. 发散思维

5. 在进行大合唱《歌唱祖国》时,头脑中浮现出伟大祖国美好山河的景象,这种心理现象叫(　　)

A. 表象　　B. 幻想　　C. 创造想象　　D. 再造想象

6. 雕塑师在开工之前已在脑海中勾勒出已有形象,这是想象的(　　)

A. 预见功能　　B. 补充功能　　C. 替代功能　　D. 再造功能

7. 我们在头脑中舍弃"钟表"的大小、形状、构造、颜色等方面的非本质特征,抽取出它们"能计时"的共同特征,并将这些共同的、本质的特征综合起来推广到同类事物中去。这是思维的(　　)过程。

A. 分析与综合　　B. 比较与概括　　C. 抽象与概括　　D. 系统化与具体化

8. 一年级的肖肖借助“‘1’像扁担长又长，‘2’像小鸭水里游……”的儿歌，很快便认识了“1～9”的阿拉伯数字，他的思维类型是(　　)

A. 动作思维　　B. 形象思维　　C. 抽象思维　　D. 逻辑思维

9. 九头鸟是中国神话传说中的怪鸟，其形象运用的想象加工方式是(　　)(易混)

A. 黏合　　B. 拟人化　　C. 夸张　　D. 典型化

10. 在我们熟悉的神话人物形象中，女娲为人首蛇身，鲛人是人头鱼身，这些形象的创造属于(　　)

A. 想象的夸张　　B. 想象的拟人化　　C. 想象的黏合　　D. 想象的典型化

11. 想象的功能不包括以下哪个方面(　　)

A. 预见功能　　B. 替代功能　　C. 概括功能　　D. 补充功能

12. 从个体思维的发展来看，最先出现的思维是(　　)

A. 形象思维　　B. 抽象思维　　C. 动作思维　　D. 逻辑思维

13. 幼儿园学生爱听童话故事，小学生爱听英雄模范故事，这体现了想象发展的(　　)

A. 现实性　　B. 有意性　　C. 创造性　　D. 概括性

14. 具有情境性、反应性、简略性特点的是(　　)

A. 书面言语　　B. 独白言语　　C. 对话言语　　D. 内部言语

15. (　　)言语是言语发展的高级阶段。

A. 口头　　B. 方言　　C. 阅读　　D. 书面

16. 学生在学习过程中敢于质疑教师，勇于向权威挑战，这反映了学生的思维具有(　　)

A. 深刻性　　B. 灵活性　　C. 敏捷性　　D. 批判性

17. 人们可以通过一些动物的反常行为来推断是否将有地震发生；医生能够通过病人的体温、化验单等判断病人的病情变化，这是思维的(　　)的体现。

A. 具体性　　B. 概括性　　C. 间接性　　D. 发散性

18. 司机利用工具检查、修理出故障的卡车发动机，其思维类型是(　　)(常考)

A. 直观动作思维　　B. 具体形象思维

C. 抽象逻辑思维　　D. 常规性思维

19. 小红证明命题和定理时，需要将数字符号和概念组合起来运用。这是(　　)

A. 直观动作思维　　B. 具体形象思维　　C. 抽象逻辑思维　　D. 感知运动思维

20. 有的人在做决定时很容易受到别人的影响，这是思维缺乏(　　)的表现。

A. 敏捷性　　B. 独立性　　C. 批判性　　D. 深刻性

21. 神探狄仁杰在破案时常常能当机立断、迅速正确地做出判断，这凸显了他思维品质的(　　)

A. 广阔性　　B. 独立性　　C. 灵活性　　D. 敏捷性

22. 让学生以某件物品的用途为扩散点，尽可能多地设想它的用途，这是(　　)

A. 集中思维训练　　B. 推测与假设训练　　C. 自我设计训练　　D. 发散思维训练

23. 学生运用所学公式或定理解数学题。这体现了思维过程中的(　　)

A. 系统化　　B. 具体化　　C. 比较和分类　　D. 分析和综合

24. 学生在头脑中确定各种事物之间的异同的思维过程是(　　)

A. 比较　　B. 分析　　C. 综合　　D. 抽象

25. 只考虑事物属性的相似性，忽略与其他属性之间的差异性。这指的是思维过程中的(　　)阶段。(易错)

A. 抽象化　　B. 辨别　　C. 类化　　D. 同化

26. 言语理解是人们借助于视觉或听觉的语言材料，在头脑中建构意义的一种主动、积极的过程。言语理解的二级水平是(　　)

A. 词汇理解　　B. 句子理解　　C. 词汇识别　　D. 话语理解

27. 通过集体讨论，使思维相互撞击，迸发火花，达到集思广益的效果。这属于(　　)

A. 头脑风暴法　　B. 发散思维训练　　C. 自我设计训练　　D. 推测与假设训练

28. 根据思维的逻辑性，思维可以划分为(　　)

A. 直觉思维和分析思维　　B. 直观动作思维、具体形象思维、抽象逻辑思维

C. 聚合思维和发散思维　　D. 经验思维和理论思维

29. 通常认为"太阳从东边升起，往西边落下"。这属于(　　)

A. 抽象思维　　B. 经验思维　　C. 理论思维　　D. 直观动作思维

30. 创造性思维的核心是(　　)(常考)

A. 发散思维　　B. 聚合思维　　C. 分析思维　　D. 直觉思维

31. 幼儿利用掰手指来数数，动作停止，他们的思维也就停止了。幼儿这种依赖实际动作的思维被称为(　　)

A. 创造表象思维　　B. 直观动作思维　　C. 具体形象思维　　D. 抽象逻辑思维

32. "利用红色可以做什么"属于发散思维训练方法中的(　　)

A. 用途扩散　　B. 结构扩散　　C. 方法扩散　　D. 形态扩散

33. 初中阶段的学生在思考、分析问题时容易钻牛角尖，甚至陷入其中难以自拔。这说明初中生的思维具有(　　)

A. 片面性　　B. 表面性　　C. 深刻性　　D. 广阔性

34. "灯是照明工具。"这种认识反映了思维的(　　)

A. 概括性　　B. 想象性　　C. 间接性　　D. 直觉性

35. 学生读"枯藤老树昏鸦"时头脑中浮现相应的形象，这种现象属于(　　)

A. 幻想　　B. 再造想象　　C. 创造想象　　D. 无意想象

36. 把客观事物中从未结合过的元素，结合在一起形成新的形象，这种想象的加工方式属于(　　)

A. 黏合　　B. 夸张　　C. 拟人化　　D. 典型化

37. 在《西游记》这部著作中，塑造了类似于"雷公""电母""风神"等人物形象，这属于想象中的(　　)加工方式。

A. 黏合　　B. 夸张　　C. 拟人化　　D. 典型化

38. 教师根据学生的作业状况能够直接推测其解题思路，这反映了思维的(　　)

A. 直接性　　B. 间接性　　C. 灵活性　　D. 独创性

39. 天空出现朝霞，就会下雨；天空出现晚霞，就会放晴。人们由此得出"朝霞不出门，晚霞行千里"的结论。这主要体现的思维特征是(　　)(易错)

A. 间接性　　B. 抽象性　　C. 概括性　　D. 理解性

40. 鲁迅小说中的人物往往嘴在浙江，脸在北京，服装在山西，这反映了想象的(　　)加工方式。(易混)

A. 黏合　　B. 夸张　　C. 拟人化　　D. 典型化

二、多项选择题

1. 下列选项中不属于无意想象的有(　　)

A. 睡觉梦到自己在飞　　B. 小说作者构思人物形象

C. 看到浮云想到各种动物　　D. 脑海里演算数学公式

2. 下列属于表象基本特征的是(　　)

A. 直观性　　B. 概括性　　C. 整体性　　D. 可操作性

3. 教师应开设培养创造性的课程,教授学生创造性思维策略和创造技法。常见的创造性课程有(　　)

A. 侧向思维训练　　B. 发散思维训练　　C. 自我设计训练　　D. 推测与假设训练

4. 下列选项中,属于幻想的有(　　)(易混)

A. 有个小学生将来想成为科学家

B. 庄周梦蝶

C. 夜晚注视天空中的星星久了,觉得星星在动

D. 守株待兔

5. 书面言语具有(　　)的特点。(易混)

A. 随意性　　B. 展开性　　C. 反应性　　D. 计划性

6. 下列属于思维的品质的是(　　)

A. 广阔性与深刻性　　B. 独立性与批判性

C. 灵活性与敏捷性　　D. 间接性与概括性

7. 创造性思维的三个主要特点是(　　)(常考)

A. 独创性　　B. 流畅性　　C. 敏捷性　　D. 变通性

8. 概念形成一般经历的阶段有(　　)

A. 抽象化　　B. 类化　　C. 内化　　D. 辨别

9. 思维是客观事物在人脑中概括的和间接的反映。思维的基本形式包括(　　)

A. 概念　　B. 判断　　C. 推理　　D. 比较

10. 下列运用抽象逻辑思维的有(　　)

A. 做数学几何题时画辅助线　　B. 学习科学文化知识

C. 科学家进行科学推理　　D. 幼儿掰手指数数

三、判断题

1. 表象是事物不在面前时,人们在头脑中出现的关于事物的形象。(　　)

2. 考试中,从多种答案中选择出一个正确答案;工作中,从多种方案中选取一种最佳方案;依据许多资料归纳出一个正确结论等都是运用了聚合思维。(　　)

3. 幻想是一种不切实际、不能实现的空想,因而它是消极的。(　　)

4. 内部言语具有隐蔽性和完整性。(易错)(　　)

5. 概念的形成指将新概念纳入学生认知结构中原有的有关概念之中,从而使学生获得概念的方式。(　　)

6. 没有表象的想象是无源之水。(　　)

7. 再造想象是不依据现成描述而独立地创造出新形象的过程。(易混)(　　)

8. 一般而言,小学生的抽象逻辑思维能力,随着年龄的增长逐渐减弱。(　　)

9. 小学生学完自然数知道了6比3大，在最初学习负数时，可能会出现-6比-3大的错误认知，可是当他算账给钱时会发现-3比-6大。这时产生了认知冲突。 (　　)

10. 幻想是不随意想象的特殊形式。 (　　)

11. 表明记忆表象有可操作性的经典实验是心理旋转实验。 (　　)

12. 中学生的思维主要是抽象逻辑思维，而抽象逻辑思维发展的突出特点是由“理论型”上升到“经验型”。 (　　)

四、简答题

1. 简述表象的作用。

2. 简述创造想象产生的条件。

3. 简述思维的一般过程。

五、论述题

1. 联系教学实际，试述如何培养学生的创造性想象。(常考)

2. 联系实际试述教师如何帮助学生掌握概念。

3. 如何培养学生的创造性思维能力？(常考)

专题4 注意

一、单项选择题

1. 小慧通过做自己喜欢并能带来快乐的事,化解不开心,这说明小慧能较好地运用注意的(　　)

A. 集中　　B. 分配　　C. 起伏　　D. 转移

2. 在听很小的声音时一会儿听见了,一会儿好像听不见的现象属于(　　)

A. 注意分散　　B. 注意转移　　C. 注意起伏　　D. 注意分配

3. 上课中,迟到的小明推门而入,班里的同学都看向小明,这是(　　)

A. 有意注意　　B. 无意注意　　C. 随意注意　　D. 有意后注意

4. 在课堂教学中,教师为防止学生分心,会注重引起学生的有意注意,教师会(　　)

A. 夏天日晒时关窗帘　　B. 在板书时使用不同颜色的粉笔

C. 讲解伴以适当的手势　　D. 及时提醒学生看黑板

5. 汉代董仲舒"目不窥园"的事例,典型地表现了(　　)

A. 注意的集中性　　B. 注意的指向性　　C. 注意的转移　　D. 注意的分配

6. 老师一开始声情并茂地朗读古诗,念完后随机观察学生反应,老师的行为是注意的(　　)过程。(易错)

A. 唤醒　　B. 起伏　　C. 转移　　D. 分散

7. 数学课已经上课十分钟,张明还对上节物理课老师做的实验恋恋不舍,这说明他哪种注意品质不好(　　)

A. 注意的转移　　B. 注意的分配　　C. 注意的稳定性　　D. 注意的范围

8. 教师讲课语言生动、形象、简洁、准确、富有吸引力,声音抑扬顿挫,并伴有适当的表情,使学生产生兴趣,易引起学生的(　　)(常考)

A. 有意注意　　B. 无意注意　　C. 注意分配　　D. 注意转移

9. 下午最后一节课上,小强感到有些疲惫,但想到即将到来的中考,便打起精神继续认真听讲,这种注意属于(　　)(常考)

A. 无意注意　　B. 有意注意　　C. 有意后注意　　D. 无意后注意

10. 金庸小说《射雕英雄传》中"老顽童"周伯通在桃花岛的山洞里创造的武功"左右互搏术",能够两手同时做不同的事情。这在心理学中被称为注意的(　　)

A. 广度　　B. 分配　　C. 分散　　D. 转移

11. 我们通常能够同时做几件事情,可以一边骑自行车一边欣赏路边的风景,可以一边看电视一边织毛衣,下列理论中可以解释这种现象的是(　　)

A. 衰减理论　　B. 多阶段选择理论

C. 认知资源理论　　D. 双加工理论

12. 在中小学生的注意发展中,小学低年级学生的(　　)占主导地位。

A. 随意后注意　　B. 不随意注意　　C. 随意注意　　D. 无目的注意

13. 夜空中划过的流星,容易引起我们的无意注意。引起这种注意的原因是(　　)

A. 刺激物的活动与变化　　B. 刺激物的复杂性

C. 刺激物的强度　　D. 刺激物的对比关系

14. 课堂上有的学生会开小差,这属于(　　)(易混)

A. 注意的分散　　B. 注意的转移　　C. 注意的起伏　　D. 注意的分配

15. 小英报名参加了大学英语四级的网课学习,她每天下午四点准时守在电脑前,边听老师讲解,边记笔记。这种注意方式属于(　　)

A. 有意注意　　B. 无意注意　　C. 有意后注意　　D. 不随意注意

16. 有意注意可以控制活动向着一定的目标和方向进行,使注意适当分配和转移,这体现了注意的(　　)

A. 保持功能　　B. 选择功能　　C. 控制功能　　D. 调节功能

17. 学生在课堂上一边听讲,一边记笔记;司机驾驶汽车时手扶方向盘,同时脚踩油门,眼睛还能注意路标和行人。上述现象体现的注意品质是(　　)(常考)

A. 注意的选择　　B. 注意的转移　　C. 注意的稳定性　　D. 注意的分配

18. 进入初中的小陈刚开始学物理的时候,只是为了应付学习任务,后来随着掌握的物理基础知识越来越丰富,他对物理产生了兴趣,凭着兴趣可以自然地将注意力集中到学习物理上。这种注意属于(　　)

A. 有意注意　　B. 无意注意　　C. 有意后注意　　D. 无意后注意

19. 一般情况下,一个人对活动的目的、任务的重要意义理解得越清楚、越深刻,对完成任务的愿望越强烈,与完成任务有关的一切事物也就越能引起和保持其(　　)

A. 无意注意　　B. 有意注意　　C. 有意后注意　　D. 无意后注意

20. "侧耳倾听""举目凝视""屏息"等现象反映了注意的(　　)

A. 转移　　B. 广度　　C. 内部状态　　D. 外部表现

21. "鹤立鸡群"中的"鹤"容易引起人们的无意注意,这说明人的无意注意容易受到(　　)

A. 刺激物的强度的影响　　B. 刺激物的对比关系的影响

C. 刺激物的运动变化的影响　　D. 刺激物的新异性的影响

22. 根据无意注意规律,在教学过程中,教师要成为发挥无意注意积极作用的组织者,避免它的消极因素起作用。下列做法错误的是(　　)

A. 创设良好的教学环境　　B. 精心组织教学内容

C. 采用启发式的教与学的方法　　D. 装饰美化教室的布置

23. 学生新接触一个知识领域,觉得"万事开头难"的原因是未进行(　　)

A. 注意转移　　B. 注意分配　　C. 注意跳跃　　D. 注意调节

24. 教师讲课时,一位学生一会儿听教师讲,一会儿翻书,一会儿在本上写什么。你认为这位学生这时的注意状态是(　　)(易错)

A. 稳定的　　B. 分配的　　C. 转移的　　D. 分散的

25. 语文老师要求学生在朗读课文的同时,做好知识点的记录,这有助于培养学生(　　)能力。

A. 注意的分配　　B. 注意的稳定　　C. 注意的转移　　D. 注意的分散

二、多项选择题

1. 注意的基本特点是(　　)

A. 指向性　　B. 集中性　　C. 稳定性　　D. 导向性

2. 下列关于注意的描述,正确的有(　　)

A. 学生自习时专心致志,是有意注意的表现

B. 阅读时"一目十行",表明注意转移能力强

C. 开车时眼观六路、耳听八方,表明注意分配能力强

D. 教师上课时声调抑扬顿挫,是利用无意注意规律组织教学

3. 下列选项中,教师的行为属于正确应用无意注意规律的是(　　)

A. 走到安静的教室门口时,故意使劲地咳嗽两声

B. 发现学生注意力不集中时,故意把音量提高

C. 利用彩色粉笔把黑板边缘装饰得格外的醒目

D. 教师突然中断讲课,引起分心学生的注意

4. 在教学中教师要善于运用无意注意的规律组织教学,提高课堂效率。具体应该做到(　　)

A. 教学环境的布置应有利于集中学生注意力,防止分散注意

B. 教师教学方法丰富,有吸引力,防止单调死板

C. 明确本堂课教学的目的任务

D. 创设"问题情境"

5. 教师在教学活动中,要善于引导学生在(　　)之间进行转换。

A. 无意注意　　B. 有意前注意　　C. 有意注意　　D. 有意后注意

6. 人类的注意有多种类型,按照注意的目的性和意志的努力程度,注意可以分为(　　)

A. 有意注意　　B. 无意注意　　C. 有意后注意　　D. 无意后注意

7. 下列现象属于注意的外部表现中的适应性运动的是(　　)

A. 举目凝视　　B. 心跳加速　　C. 侧耳倾听　　D. 屏息

三、判断题

1. 注意的指向性是指心理活动有选择地反映一定的对象,而离开其余的对象。(常考)　(　　)

2. 有意注意是注意的高级形式,是一种积极主动、服从于当前活动任务需要的注意。　(　　)

3. 直接兴趣是引起有意注意的重要原因。　(　　)

4. 注意的稳定性是注意品质在效率上的特征。　(　　)

5. 小学生的有意注意不断发展,但无意注意仍起着作用。　(　　)

四、简答题

1. 简述引起无意注意的条件。

2. 如何培养学生的有意注意?

五、案例分析题

彭老师在一年级的语文课上，发现学生有的上课几分钟就开始东张西望，有的边听课边玩铅笔，有的会被窗外的鸟语声吸引。于是，彭老师在课堂教学环节中，用清晰的语言，响亮的声音，适当重复让学生明确教学要点，采取读、说、演、唱等多种活动形式活跃课堂气氛；采用竞赛、小组合作学习等方式激发学生的学习热情；还及时表扬专心听讲、正确回答问题的学生；同时，适当用眼神、手势等非言语线索提醒学生，一段时间后，学生的听课效率有了明显提高。

(1)从注意品质的角度，说明该班级学生存在的问题。

(2)结合材料，分析彭老师提高学生注意力方法的理论依据。

提升必刷

一、单项选择题

1. 教师常常埋怨课堂上那些注意力不集中的学生是不成熟、注意力缺陷或不想学。这样给学生贴标签，对提高学生学习成绩没有帮助。教师的正确做法是(　　)

A. 课后及时补课　　B. 安排同学互相监督

C. 教会学生抑制分心　　D. 使用时间管理策略

2. 学生上午背熟的公式下午却想不起来，这种现象可以用(　　)理论来解释。

A. 干扰说　　B. 压抑说　　C. 提取失败说　　D. 同化说

3. 下列选项中，属于引起学生有意注意的是(　　)

A. 课堂上，老师突然暂停讲课，会引起走神的学生的注意

B. 教师在板书中将重点内容用颜色鲜艳的粉笔书写，以引起学生注意

C. 教室外的喧闹声很大，造成学生听课注意力不集中

D. 在课堂上，教师对教学重点反复强调，以强化学生记忆

4. 个体对同一物体的凹凸或对不同物体远近的反映属于(　　)

A. 深度知觉　　B. 方位知觉　　C. 大小知觉　　D. 形状知觉

5. 三岁以后，幼儿思维的典型方式是(　　)

A. 直觉行动思维　　B. 具体形象思维　　C. 抽象逻辑思维　　D. 形式运算思维

6. 倾向于对整个问题进行内隐的感知领悟的思维形式是(　　)

A. 直觉思维　　B. 逻辑思维　　C. 形象思维　　D. 辐射思维

7. 一位热爱旅游的画家在画纸上落下寥寥数笔,人们就可以迅速判断出他所画的是哪处的景点。这体现了知觉的(　　)

A. 选择性　　B. 理解性　　C. 整体性　　D. 恒常性

8. 古人不能解释一些自然现象,往往将这些现象套上鬼神之说。这体现的是知觉的(　　)(常考)

A. 恒常性　　B. 理解性　　C. 整体性　　D. 选择性

9. 下列选项中,遗忘最快的是(　　)

A. 投篮的动作　　B. 学会吟唱的儿歌

C. 看过的山河美景　　D. 死记硬背的数学公式

10. 刚入学的小学生常将字的上下、左右结构写反,这说明学生哪种知觉发展比较差(　　)

A. 时间知觉　　B. 方位知觉　　C. 视知觉　　D. 运动知觉

11. 注意集中的情况下,错误减少,准确性和速度提高。另外,注意的分配和转移保证活动的顺利进行,并适应变化多端的环境。这体现的是注意的(　　)

A. 调节和监督功能　　B. 选择功能

C. 保持功能　　D. 整合功能

12. 我们到一个地方去办事,会事先在头脑中想出可能到达的道路,经过分析与比较,最后选择一条短而方便的路。这样的思维是(　　)(易混)

A. 直观动作思维　　B. 具体形象思维　　C. 抽象逻辑思维　　D. 直觉思维

13. 学生掌握了合并同类项的法则,并能熟练地运用法则进行合并同类项的运算。这表明学生思维具有(　　)

A. 抽象性　　B. 直接性　　C. 逻辑性　　D. 概括性

14. 在阅读中遇到生词时,教师一般要求学生联系上下文猜测词义,而不是急于查字典。这体现了知觉的(　　)

A. 整体性　　B. 理解性　　C. 选择性　　D. 恒常性

15. 下列关于思维间接性表现的表述,错误的是(　　)

A. 对根本不能直接感知的事物加以反映

B. 在对现实事物认知的基础上,做出某种预见

C. 从部分事物的联系中,找出普遍的、必然的联系

D. 对不在眼前,没有直接作用于感官的事物加以反映

16. 教师在讲课时能"左右逢源",这体现了教师思维的(　　)

A. 流畅性　　B. 广阔性　　C. 变通性　　D. 深刻性

17. 在概念学习中,引发认知冲突及其解决的过程实质是为了实现(　　)

A. 概念转变　　B. 概念形成　　C. 概念同化　　D. 概念整合

18. 学生根据爬行动物的关键特征,来判断某些动物是不是爬行动物的过程是(　　)

A. 抽象化　　B. 概括化　　C. 归纳化　　D. 辨别

19. 下列选项中,说明了语义记忆和情景记忆的区别的是(　　)

A. 记住"psychology"的中文意思和记住"psychology"这个单词怎么拼写

B. 记得自己五年级的班主任名字和记得怎样选择聊天软件

C. 记住"孺子"的意思和记得前年校庆晚会上教师合唱节目

D. 记得怎样使用PPT制作多媒体课件和记得曾经教过哪些学生

20. 坐在静止的火车上的人,看见窗外别的火车擦肩而过时,会感到自己在动,这叫作"相对运动错觉"。关于这一现象,描述正确的是(　　)

A. 相对运动错觉是可以避免的

B. 相对运动错觉是在人们头脑中出现的幻觉

C. 相对运动错觉是对事物的一种不正确的知觉

D. 相对运动错觉是由于客观事物本身的改变引起的

21. 小明在学习了哺乳动物都是胎生的,虎是哺乳动物这些概念后,得出"虎是胎生的"这一判断。小明的这种思维形式是(　　)

A. 抽象概念　　B. 关系判断　　C. 归纳推理　　D. 演绎推理

22. 电影使一系列静止的画面连贯起来,前一幅画面的印象还没消失,下一幅画面又出现在视觉中,使观众在银幕上看到活动的人物、车辆等场景,这是利用了(　　)

A. 后像的作用　　B. 适应的作用　　C. 对比的作用　　D. 联觉的作用

23. 借助于想象我们可以"思接千载,视通万里""精骛八极,心游万仞"。这体现了想象的(　　)

A. 预见功能　　B. 补充功能　　C. 替代功能　　D. 调节功能

24. 上课的时候,听着听着就走神了,脑子不知道飞到哪里去了,可能还想着昨天晚上看的一部电视剧。这种意识状态被称为(　　)

A. 可控制的意识状态　　B. 自动化的意识状态

C. 白日梦状态　　D. 睡眠状态

25. 儿童早期学习汉字时,对汉字字形、结构、正误的注意,属于(　　)

A. 有意注意　　B. 无意注意　　C. 有意后注意　　D. 不随意注意

26. 人在头脑中创造新形象的基本材料是(　　)

A. 感知　　B. 表象　　C. 记忆　　D. 想象

27. 小学生在日常生活中已经能分辨"你、我、他""上、下、左、右"等概念。这些概念一般是通过(　　)获得的。(易错)

A. 概念形成　　B. 接受学习　　C. 概念同化　　D. 学校系统教学

28. 视觉系统分辨最小物体或物体细节的能力被称为(　　)

A. 视角　　B. 视敏度　　C. 视野　　D. 明适应

29. 某班学生随着教师知识呈现的进程加快,形成了本节课的知识结构,提高了学习效率。这体现了教师在教学过程中要注重知觉的(　　)(易混)

A. 恒常性　　B. 选择性　　C. 整体性　　D. 理解性

30. 有人思想很深刻,但经常感到表达出来很困难,这是因为内部言语的(　　)造成了由深层结构向表层结构转化的困难。

A. 隐蔽性　　B. 简略性　　C. 快速性　　D. 展开性

31. 医生一边询问患者病情，一边书写病历。医生书写病历借助的记忆类型是(　　)

A. 内隐记忆　　B. 情景记忆　　C. 程序性记忆　　D. 工作记忆

32. 小学生在解答应用题时，推理的间接性不断加强，并能不断掌握运算法则，把握事物数量变化的规律性。这说明小学生思维发展具有(　　)

A. 敏捷性　　B. 深刻性　　C. 灵活性　　D. 独创性

33. 作家、诗人、画家、演员大多善于识记图形、颜色、声音，情绪感知性强。从思维类型上说，他们都属于(　　)

A. 中间型　　B. 思维型　　C. 艺术型　　D. 整体型

34. 关于感知觉，下列说法正确的是(　　)

A. 知道这是一个苹果是感觉的结果

B. 知觉来自感觉但高于感觉

C. 知觉一般不需要过去经验的作用

D. 知觉是几种不同感觉的相加

35. 在英语考试中，学生需要快速读短文来完成阅读理解，这主要是(　　)在起作用。

A. 注意的范围　　B. 注意的稳定　　C. 注意的分配　　D. 注意的转移

36. 教室外的环境不应有超过60分贝的噪音，教室内的布置也不应有对比太强的色彩图案，教师的着装不能新奇古怪，否则都会削弱教学效果。上述所依据的感知规律是(　　)

A. 对比律　　B. 强度律　　C. 组合律　　D. 协同律

二、多项选择题

1. 下列属于似动现象的有(　　)

A. 手表上分针的运动

B. 活动的电影画面

C. 行驶的火车

D. 霓虹灯的动感变化

2. 在教学过程中有效集中学生注意力的方法有(　　)

A. 多运用启发式、参与式的教学手段，让学生对学习内容感兴趣

B. 用尽可能多的教具、仪器、设备，避免单调死板

C. 进行注意力训练，帮助学生提高自我监控的能力

D. 提高学生对学习目的和意义的认识，加强对学生注意力的训练

3. 以注意是一个容量有限的通道作为理论假设的注意理论有(　　)

A. 过滤器理论　　B. 衰减理论　　C. 后期选择理论　　D. 认知资源理论

4. 下列做法中，有利于培养初中生良好注意品质的有(　　)

A. 在外语教学中指导学生扩大词汇量，熟悉语法规则

B. 将体育课安排在文化课之前

C. 创设安静、整洁的教学环境

D. 要求学生边听课边做笔记

5. 在上课时，如果课程内容丰富，老师讲课生动有趣，我们会觉得时间过得非常快；反之，如果课程内容单调，老师讲得枯燥乏味时，我们会觉得时间过得非常慢。产生这种现象的原因是(　　)

A. 在一定时间内，事件发生的数量越多，性质越复杂，人们倾向于把时间估计得较短

B. 在一定时间内，事件发生的数量越少，性质越简单，人们倾向于把时间估计得较长

C. 对自己感兴趣的东西以及能引起积极情绪体验的东西，人们倾向于把时间估计得较长

D. 在期待某种事物的时候，人们会把时间估计得较短

6. 无意想象也称不随意想象，是没有预定目的、不自觉地产生的想象。它是人们的意识减弱时，在某种刺激的作用下，不由自主地想象某种事物的过程。下列属于无意想象的有(　　)

A. 小黄寒假去过张家界，已经过去好几个月了，小黄现在还能回想起张家界的景色

B. 吴承恩在写《西游记》时，头脑中想象出师徒四人的形象

C. 庄周梦蝶

D. 黄粱一梦

7. 再认是人们对感知过、思考过或体验过的事物，当它再度呈现时，仍能认识的心理过程。影响再认的因素包括(　　)

A. 时间间隔　　B. 个体的经验和期待

C. 材料的性质和数量　　D. 个体思维活动的积极性

8. 根据长时记忆中储存的信息内容不同，可将记忆划分为(　　)

A. 形象记忆　　B. 语义记忆　　C. 情景记忆　　D. 逻辑记忆

9. 投射效应是指感知者将自己的感情、意志、特性投射到他人身上的倾向。以下体现了投射效应的有(　　)

A. 三人成虎　　B. 众口铄金　　C. 将心比心　　D. 疑邻盗斧

三、判断题

1. 研究表明，在悲伤的情绪下，人们在时间估计方面会出现高估现象。(　　)

2. 心理学中“视崖实验”主要是为了考查个体的运动知觉。(　　)

3. 表象的形象比知觉的形象清晰、不稳定。(　　)

4. 教师先让学生了解麻雀、燕子的特征，并从上述例子中提炼鸟的特征，然后得出鸟的概念，这体现了概念获得过程。(　　)

5. 采用反复阅读与试图回忆相结合的方式比采用单纯的反复阅读方式的复习效果要好。(　　)

6. 辨别汉字的偏旁部首和结构的知觉类型是空间知觉。(　　)

7. 让学生根据文章标题，猜测文中具体内容，这是创造性训练方法中的自我设计训练。(易混)(　　)

四、简答题

1. 简述影响知觉整体性的因素。

2. 再造想象与创造想象有什么相同点与不同点？

3. 联系实际简述教师如何帮助学生转变错误概念。

五、论述题

试述注意规律在教学中的运用。

六、案例分析题

1. 小叶同学经常“眉头一皱,计上心来”,他不仅深思好学,触类旁通,有独立见解,还能透过现象看本质;喜欢打破砂锅问到底,是班上名副其实的“智多星”。数学课上,当问题与条件发生变化时,他总能打破常规,想出新办法;解决问题当机立断,毫不犹豫。对此梁老师也十分赏识,决定在数学课上采取新举措。首先,在班上开展课前讲故事活动,提高学生的言语表达能力和对数学题意的理解力。苹果落地现象是人们司空见惯的,但牛顿却在此基础上提出了万有引力定律;伽利略敢于质疑和挑战权威,通过在比萨斜塔上同时抛下两个大小不同的铁球实验,指出铁球同时落地才是真知。当学生讲到此类故事时,梁老师就及时倡议学生给课本挑刺,要“吾爱吾师,吾更爱真理”,要敢于说“老师,我反对”,对敢于挑毛病的学生给予奖励。其次,在课堂教学中,梁老师设置问题情境,激励学生独立发现问题,提出问题,鼓励学生运用已有知识经验去思考如何解决问题。老师给予一定的启发,让学生自己寻找答案,并鼓励学生一题多解。通过梁老师的指导和训练,小叶同学的思维品质更完善。他不仅敢于质疑,而且善于创新求异。初三毕业时,他成了小发明家,觉得自己离创新梦工厂越来越近了。

(1)结合案例分析小叶同学具有的思维品质。

(2)结合案例中梁老师的做法,阐述如何培养学生的思维品质。

2. 上课铃响后，李老师走进教室，看到黑板还没有擦，就问：“今天谁值日？”学习成绩较差的王刚走上讲台擦了起来。李老师说：“真不负责任！”不知谁低声嘟囔说：“今天不是他值日。”这时，成绩优异的张凯慢腾腾地站起来小声说：“今天……我……值日。”李老师愕然了，干咳一声说：“你先坐下，下回注意。”

请从心理学的角度分析李老师的行为。

3. 老师：同学们请说出老师手上拿的是什么图形(依次呈现各色纸片图片)。

学生：直角三角形、锐角三角形……

老师：OK，我们来做个拼角的游戏，把三角形三个角拼在一起会有个特殊现象，看谁能发现？(同学们跃跃欲试，老师分发三角形，每人一个)

老师：请同学们跟随老师的示范一起折纸(当学生代表把各种结果展示在黑板上时)。

学生甲：(迅速)都是直线(其他同学也陆续说出相同答案)。

老师：这说明什么问题？请同学们用量角器量自己手上三角形三个内角的度数并相加，然后报告得数。

学生乙：179度。

学生丙：181度。

学生(多数)：180度。

老师：为什么多数同学是180度，个别同学会有一点偏差呢？应该是由于度量三个角的时候，观察角度不够准确，稍微有些误差，实际上都是180度，也就是平角。

老师(总结)：今天大家通过折纸游戏发现，任意一个三角形的三个角都能拼成一条直线，这太棒了！又通过测量验证，理解掌握了“三角形的内角和等于180度”这个重要理论，同学们要把它牢牢记住，它对我们今后学习其他知识很关键。

从影响识记因素的角度，结合案例分析该老师合理组织识记的做法。

真题必刷

一、单项选择题

1. [洛阳伊川]不论是在中午的强光下还是傍晚的暗淡光线下，我们看到的煤炭总是黑的、粉笔总是白的、国旗总是红的，不会因光照的不同而变化。这属于知觉的(　　)

A. 选择性　B. 整体性　C. 理解性　D. 恒常性

2. [郑州二七区]实验证明，在对无意义材料的记忆中，(　　)是造成大量遗忘的重要原因之一。

A. 倒摄抑制　B. 识记难度　C. 识记长度　D. 前摄抑制

3. [南阳宛城区]下列选项中，属于教师正确运用有意注意的规律组织教学的是(　　)(常考)

A. 老师在关键幻灯片页，加入一定的声效

B. 对教学重点在语音语调上予以强调

C. 老师一上课就强调本节课学习内容的重要性

D. 老师换了一个色彩鲜艳的衣服，在教室走了一圈，引起同学注意

4. [安阳文峰区]当朗读《沁园春·雪》中"山舞银蛇，原驰蜡象，欲与天公试比高"这一句词时，头脑中浮现出冬日如银色巨蟒般白雪皑皑的山岭，如奔腾的白象般高原丘陵的形象。这属于(　　)

A. 再认　B. 回忆　C. 表象　D. 想象

5. [新郑]坐在自己的车里注视旁边的车辆，当绿灯亮时，旁边的车辆突然向前行驶，会猛然感到自己的车辆在向后倒退，吓出一身冷汗，直到转移目光才反应过来怎么回事，这属于(　　)

A. 动景运动　B. 诱导运动　C. 自主运动　D. 运动后效

6. [郑州市直]幼儿认为"下午就是午睡起来以后的时间"，其对时间的知觉依据的线索是(　　)

A. 季节的变化　B. 日历的变化　C. 生活作息制度　D. 太阳的变化

7. [新密]记忆痕迹衰退说认为，造成遗忘的主要原因是(　　)

A. 情绪压抑　B. 前摄抑制和倒摄抑制

C. 缺少提取线索　D. 缺少强化

8. [郑州二七区]培养记忆的准备性，关键是要(　　)

A. 善于把识记的材料纳入已有的知识体系　B. 较短时间内记住较多的东西

C. 把相似的材料加以比较，以防混淆　D. 使掌握的知识系统化

9. [郑州惠济区]注意转移是指一个人能够主动地、有目的地及时将注意从一个对象或者活动调整到另一个对象或者活动。根据上述定义，下列属于注意转移的是(　　)

A. 小明一边跑步，一边回忆今天上课的内容　B. 小梦上课期间长时间处在"溜号"状态

C. 小红一边看书，一边记录书中精彩语句　D. 因毫无灵感，小新决定出去打球放松一下

10. [信阳光山]小红上课爱开小差，时常听着课就走神去想别的事物。小红的这种现象体现了(　　)(易混)

A. 注意的转移　B. 注意的分散　C. 注意的分配　D. 注意的集中

11. [驻马店驿城区]某班在操场上进行一项户外运动，刚开始的时候同学们觉得操场上很热，慢慢地就不觉得热了，这种感觉变化属于(　　)

A. 感觉后效　B. 感觉适应　C. 感觉对比　D. 感觉补偿

二、多项选择题

1. [郑州惠济区]晕轮效应指人们对他人的认知判断首先是根据个人的好恶得出的，然后再从这个判断推论出认知对象的其他品质的现象。如果认知对象被标明是好的，他就会被好的光圈笼罩着，并被赋予一切好的品质；如果认知对象被标明是坏的，他就会被坏的光圈笼罩着，他所有的品质都是坏的。据此，下列属于晕轮效应的是（　　）

A. 小时了了，大未必佳　　B. 一俊遮百丑

C. 情人眼里出西施　　D. 爱屋及乌

2. [濮阳市直/新乡市直]下列选项中属于语义记忆的是（　　）（易错）

A. 九九乘法口诀　　B. china单词的记忆

C. 一年有四季　　D. 三角形的面积公式

3. [平顶山湛河区]“一题多解”是培养学生的（　　）

A. 逻辑思维　　B. 辐合思维　　C. 发散思维　　D. 求异思维

4. [郑州金水区]根据注意的认知资源理论，下列表述正确的有（　　）

A. 注意资源是无限的　　B. 注意是一组对刺激进行归类和识别的认知资源

C. 输入刺激本身可以自动占用认知资源　　D. 人可以灵活地支配注意资源的分配

5. [郑州二七区]组织识记后的复习是与遗忘斗争的首要条件。复习时应注意（　　）

A. 阅读与重现交替进行　　B. 加强对系列位置效应中间部分的复习

C. 及时复习　　D. 正确分配复习时间，集中复习优于分散复习

三、判断题

1. [安阳殷都区]印象形成过程中，最初获得的信息比后来获得的信息影响更大的现象叫作首因效应。（　　）

2. [洛阳市直]学生在做题时，注意力高度集中在题目上，与解题无关的人和物都排除在外，这体现了注意的集中性。（　　）

3. [安阳滑县]观察是人有目的、有计划的知觉活动，属于知觉的高级形式。（　　）

4. [新乡市直]多次识记称为复习，复习的作用是给信息加工提供机会，对所学的材料不断地进行再编码，不断提高编码的适宜性，从而增加加工深度，记得更好。（　　）

5. [郑州郑东新区]记忆的储存是将外在刺激的物理特征转换成抽象的、便于储存的心理表征的过程。（易混）（　　）

6. [新乡市直]没有分析就不可能有综合，通过对事物的分析，人的认识才能深入；离开了分析，对事物的整体认识是肤浅的。（　　）

第三章　情绪情感、意志过程

基础必刷

专题1 情绪和情感

一、单项选择题

1. 渴求知识的人得到一本好书会感到满意。这说明情绪的产生是以个体的愿望或(　　)为中介的。

A. 认知　　B. 意志　　C. 思维　　D. 需要

2. 甜柠檬、酸葡萄心理属于自我防御机制中的(　　)作用。

A. 合理化　　B. 抵消　　C. 反向作用　　D. 否认

3. 小明得知自己学业水平考试结果不理想,于是感到心情低落,他的这一情绪状态是(　　)

A. 心境　　B. 激情　　C. 热情　　D. 应激

4. 贝贝在学校受到了惊吓而出现了吮吸手指、黏着老师等婴儿时期的行为,这种自我防御机制属于(　　)

A. 压抑　　B. 否认　　C. 退行　　D. 移置

5. “一个小丑进城胜过一打医生。”这说明情绪和情感具有的功能是(　　)(常考)

A. 信号功能　　B. 调控功能　　C. 激励功能　　D. 健康功能

6. 人在知觉和记忆过程中对信息进行选择和加工,情绪和情感则对心理过程进行监督,这属于情绪和情感的哪项功能(　　)

A. 适应功能　　B. 组织功能　　C. 信息功能　　D. 动机功能

7. 俗话说“人逢喜事精神爽”,这种情绪状态属于(　　)

A. 激情　　B. 应激　　C. 心境　　D. 热情

8. “见花落泪,见月伤心,良辰美景也是一种无可奈何之感。”这种情绪状态属于(　　)(常考)

A. 心境　　B. 激情　　C. 应激　　D. 适应

9. 小刚去买东西,人家多找了10块钱,他一直在犹豫要不要还回去,最后他想如果是别人的话,应该也不会还回去的。这属于自我防御机制中的(　　)

A. 压抑　　B. 转换　　C. 投射　　D. 文饰

10. 人们欣赏名画《蒙娜丽莎》时,陶醉在“永恒”的微笑中,感到非常愉悦。这种情感属于(　　)

A. 道德感　　B. 理智感　　C. 美感　　D. 自豪感

11. 小明即将上考场,感觉心跳加速,有点微微出汗。这属于情绪情感的(　　)

A. 主观体验　　B. 外部表现　　C. 生理唤醒　　D. 认知活动

12. 下列有关情绪的性质表达不正确的是(　　)

A. 情绪与动机关系不密切　　B. 情绪是主观意识体验

C. 情绪状态不容易自控　　D. 情绪为刺激所引起

13. 下列属于道德感的是(　　)

A. 问题得以解决并有新的发现时产生的喜悦感和幸福感

B. 看到他人随地吐痰的行为时产生的厌恶感

C. 对科学探索的好奇心,对研究中未证实结果的怀疑

D. 看到蓝天白云,觉得大自然很美时产生的情感

14. 小学生情感的稳定性会随着年龄增长而(　　)

A. 不断增强　　B. 不断减弱　　C. 不变　　D. 时强时弱

15. “情急生智”描述的情绪状态是(　　)

A. 应激　　B. 激情　　C. 心境　　D. 喜悦

16. 适度的紧张和焦虑促使个体积极思考并产生行动,达到成功解决问题的目的。这是情绪的(　　)(易错)

A. 适应功能　　B. 信号功能　　C. 组织功能　　D. 动机功能

17. 一个孩子被妈妈打后,满腔愤怒,难以回敬,转而踢倒身边的板凳,把对妈妈的怒气转移到身边的物体上。这体现的防御机制是(　　)

A. 压抑　　B. 移置　　C. 升华　　D. 投射

18. 当学生嘲笑张老师个子矮小时,张老师以一句“浓缩的就是精华”化解了当时的尴尬。这种情绪调节的方法称为(　　)

A. 升华　　B. 补偿　　C. 幽默　　D. 宣泄

19. 某学生得知自己获得编程竞赛一等奖的消息后,手舞足蹈,这种情绪状态是(　　)

A. 心境　　B. 热情　　C. 应激　　D. 激情

20. 下列词语中体现激情的是(　　)(易混)

A. 急中生智　　B. 欣喜若狂　　C. 心平气和　　D. 自我实现

21. 家长把对孩子的打骂说成“玉不琢不成器,树不伐不成材”,这体现的心理防御机制是(　　)

A. 置换　　B. 投射　　C. 代偿　　D. 文饰

22. 针对同一现象,不同的人会产生不同的情绪体验。如在极度缺水的情况下,对于半杯水,甲觉得“还有半杯水,很高兴”;乙觉得“只有半杯水了,真痛苦”。这一现象反映的情绪特征是(　　)

A. 主观性　　B. 感染性　　C. 情境性　　D. 两极性

23. 人们对于自己感兴趣的事物记忆起来容易,对不喜欢的事物记忆起来十分吃力。这表明了情绪具有(　　)

A. 适应功能　　B. 动机功能　　C. 组织功能　　D. 信号功能

24. 孙老师在课堂上听到父亲去世的消息后晕倒了,这是情绪中的(　　)的表现。(易错)

A. 心境　　B. 激情　　C. 应激　　D. 过激

25. 老师教学生学习“蒸发”的知识时,特意在教室里放了一杯水,并要求谁也不能靠近,过了一段时间,学生发现水明显变少了,都感到疑惑。这种疑惑是一种(　　)

A. 道德感　　B. 美感　　C. 理智感　　D. 认识

26. 班主任可以通过瞪眼、皱眉、咧嘴等面部表情来感知学生们的喜怒哀乐,这主要体现了情绪情感的(　　)功能。

A. 适应　　B. 保健　　C. 组织　　D. 信号

二、多项选择题

1. 关于情绪和情感的描述,下列说法正确的有(　　)

A. 情感与生理需要是否满足相联系,是人和动物共有的

B. 情绪依赖于情感,具有稳定性、深刻性

C. 情绪是情感的外在表现,情感是情绪的本质内容

D. 情绪具有外显性、冲动性,而情感具有内隐性

2. 下列属于中学生情感发展特点的有(　　)

A. 情感丰富多彩、富有朝气　　B. 情感不断深刻

C. 情感两极性明显　　D. 情感逐渐稳定

3. 下列属于情绪外部表现的是(　　)

A. 心平如镜　　B. 眉头紧锁　　C. 如坐针毡　　D. 七上八下

4. 下列关于情绪状态的说法,正确的是(　　)

A. 应激是已经预料到的紧急情况而引起的情绪状态

B. 激情是一种强烈短暂的爆发性的情绪状态

C. 心境是一种微弱平静且持续时间较长的情绪状态

D. 情绪与情感的概念相同

5. 科学家诺贝尔为了研究炸药,不顾自己的生命安全进行实验。在一次实验中,爆炸空前猛烈,浓烈的烟雾冲天,诺贝尔从浓烟中冲出,满脸鲜血淋漓,但他却发疯似地高喊:“我成功了!”这属于(　　)

A. 心境　　B. 激情　　C. 理智感　　D. 恐惧

6. 从情感的社会内容角度来看,人类的情感有(　　)三种形式。

A. 理智感　　B. 道德感　　C. 责任感　　D. 美感

7. 下面关于不同类别情绪的描述,正确的是(　　)

A.“感时花溅泪,恨别鸟惊心”体现的是心境状态

B. 良好的心境对活动起促进作用,而激情状态则不利于活动的进行

C. 勃然大怒、欣喜若狂描述的是应激状态

D. 心境是一种比较微弱、持久、弥散的情绪状态,其突出特点是具有弥散性

8. 下列属于情绪分类中应激状态的是(　　)

A. 某人失去亲人后长时间心情处于郁闷状态

B. 正常行驶的汽车意外地遇到故障时紧急刹车

C. 战士排除定时炸弹时紧张而又小心的行为

D. 北京申奥成功后人们狂喜万分

三、判断题

1. 人在激情状态下认识和自控能力会减弱,所以总是做错事。(　　)

2. “笑一笑,十年少”体现了积极而正常的情绪体验有利于保持心理平衡与身体健康。(　　)

3. 婴儿出生时,不具备独立生存的能力和言语交际能力,他们渴了、饿了会哭,体现情绪的适应功能。(　　)

4. 与人的责任心有关的情感体验主要是理智感。(　　)

四、简答题

简述小学生情绪情感的发展特点。(常考)

五、论述题

试述情绪和情感的关系。

专题2 意志

一、单项选择题

1. 人对客观事物不仅要感受它,认识它,同时还要处理它并改造它。(　　)过程体现的是个体自觉地确定目的,并根据目的调节支配自身的行动,克服困难去实现预定目标的心理过程。

A. 意志　　B. 情绪　　C. 情感　　D. 思维

2. 意志的(　　)是指一个人是否善于明辨是非,迅速而合理地采取决定和执行决定方面的意志品质。

A. 自制性　　B. 自觉性　　C. 坚持性　　D. 果断性

3. 张志同学爱冲动,意气用事,喜欢由着自己的性子来,这表明其缺乏意志的(　　)

A. 自觉性　　B. 果断性　　C. 坚韧性　　D. 自制性

4. “有志者立长志,无志者常立志”这种现象反映了意志品质的(　　)

A. 独立性　　B. 果断性　　C. 坚持性　　D. 自制性

5. 魏征曾对唐太宗李世民说:“嗜欲喜怒之情,贤愚皆同。贤者能节之,不使过度;愚者纵之,多至失所。”这说的是意志的(　　)

A. 果断性　　B. 自制性　　C. 坚韧性　　D. 自觉性

6. 小刘想去旅游,又怕父母约束,属于(　　)冲突。

A. 趋避　　B. 双趋　　C. 双避　　D. 多重趋避

7. 考试失利时认真分析失败原因，重新确定努力方向，这种对待挫折的方式是（　　）

A. 合理宣泄　　B. 适当放松　　C. 心理补偿　　D. 认知重组

8. 小明想早起去锻炼身体，又怕早上起不来，张老师应该从（　　）入手帮助小明。

A. 性格　　B. 情感　　C. 动机　　D. 意志

9. 小明在没有家长督促的情况下，能够主动独立地完成各科家庭作业，反映了其意志行动的（　　）（易错）

A. 果断性　　B. 自觉性　　C. 坚持性　　D. 独断性

10. 夏天想去海边沙滩玩，但是又怕晒黑，这属于（　　）

A. 趋避冲突　　B. 双趋冲突　　C. 双避冲突　　D. 多重趋避冲突

11. 根据积极适应挫折的方法和技术，“失之东隅，收之桑榆”属于（　　）

A. 合理宣泄　　B. 幽默　　C. 升华　　D. 补偿

12. 对于对实现目的缺乏信心和决心的学生，应注重培养其意志品质的（　　）

A. 自觉性　　B. 自制性　　C. 果断性　　D. 坚韧性

13. “行成于思”说明（　　）

A. 意志依赖于认识　　B. 认识需要意志

C. 情绪情感可以成为意志行动的动力　　D. 情绪情感可以成为意志行动的阻力

14. 个体应对挫折的积极反应方式是（　　）

A. 投射　　B. 逃避　　C. 退缩　　D. 升华

15. （　　）是意志行动的基础。

A. 随意动作　　B. 兴趣爱好　　C. 意志品质　　D. 不随意动作

16. 有的人在行动中畏缩不前，惊慌失措，他们缺乏的意志品质是（　　）

A. 自觉性　　B. 果断性　　C. 自制性　　D. 坚韧性

17. 采取跑步、大声喊叫甚至痛哭一场来缓解心理压力的方式属于（　　）

A. 松弛训练　　B. 心理置换　　C. 合理宣泄　　D. 认知调节法

18. “头悬梁，锥刺股”是一种（　　）的体现。

A. 意志力　　B. 气质　　C. 性格　　D. 想象力

19. “锲而不舍，金石可镂”体现了意志的（　　）

A. 自觉性　　B. 果断性　　C. 坚韧性　　D. 自制性

20. 小红做事老是“前怕虎，后怕狼”，畏首畏尾，这表明她意志品质的（　　）较差。

A. 自觉性　　B. 果断性　　C. 坚持性　　D. 自制性

21. 李明就读的大学在省外，元旦假期他要从学校回家，可选的交通工具有火车和高铁。高铁虽然节省时间，但费用较高；火车虽然耗费时间、不舒服，但价格低廉。他一时难以抉择。李明面临的冲突是（　　）

A. 双趋式冲突　　B. 双避式冲突　　C. 趋避式冲突　　D. 多重趋避式冲突

22. 下列行为属于意志行动的是（　　）

A. 残疾人登山　　B. 小孩打闹　　C. 朋友聚会　　D. 老人上床睡觉

23. （　　）是意志行动的中心环节。

A. 制订行动计划　　B. 选择行动方法

C. 执行决定阶段　　D. 采取决定阶段

二、多项选择题

1. 与坚韧性相反的意志品质是(　　)

A. 盲从性　　B. 独断性　　C. 动摇性　　D. 执拗性

2. 意志行动中的冲突主要出现在意志行动的准备阶段,在这一阶段中包括动机斗争、确立行动目的和选择行动方法等环节。意志行动中的冲突主要有(　　)

A. 双趋式冲突　　B. 双避式冲突　　C. 趋避式冲突　　D. 多避式冲突

3. 中小学生产生挫折的原因有很多,下列选项中属于主观原因的是(　　)(易错)

A. 生理因素　　B. 自然因素　　C. 挫折容忍力　　D. 动机冲突

4. 下列选项中属于趋避冲突的有(　　)

A. 进退维谷　　B. 忠孝难两全

C. 爱吃巧克力却担心发胖　　D. 想请人帮助又怕被拒绝

5. 与自觉性相反的两个意志品质分别是(　　)(易混)

A. 受暗示性　　B. 优柔寡断　　C. 任性　　D. 独断性

三、判断题

1. 人的意志品质不是天生的,而是在后天生活实践过程中逐步形成的。(　　)

2. 小学低年级学生常在家长、教师的督促下完成作业或活动任务,这体现了儿童意志的自觉性水平较高。(　　)

3. 意志过程包括两个阶段:采取决定阶段和执行决定阶段。采取决定阶段是意志行动的准备阶段。(　　)

4. 一位教师在课前发生了不愉快的事情,但走进课堂上课时仍能谈笑风生,体现了其意志的自制性。(常考)(　　)

5. 在整个小学阶段,学生的自制力还处在初步的、低水平的阶段。(　　)

6. 小明既想要提高成绩又害怕吃苦,这种动机冲突属于双趋冲突。(　　)

7. 小敏既不想完成作业,又不想被老师批评,这是双趋冲突。(　　)

四、案例分析题

某天,班主任和几位代课老师讨论着竞选班委的几名候选人的特点。老师们觉得学生A的学习成绩虽然没有名列前茅,但做事有自己的主见和想法,班主任经常让他组织学生和策划活动,他从不受他人影响,总能按照自己的认识和想法合理地采取决定,每次把任务交给他都很放心,他也很有信心和底气,是个不错的人选。

说到学生B,老师们都十分认可她的学习能力,参加了许多竞赛并获奖,令人印象深刻。班主任说道:“这个孩子做事目标明确,面对困难不退缩,再大的压力在她面前总能被克服,这或许就是她学习成绩一直不错的原因吧,我很欣赏她。”

说起学生C,英语老师最有发言权。她学习认真刻苦,不爱说话,做事默默无闻,课上课下都很配合老师。她确实很用功,但在制订学习计划,甚至做道选择题时都很犹豫。“有一次推举她参加演讲大赛,我好不容易说服了她,但临近参赛她又动摇了,她总是怀疑自己的决定,这很制约她继续进步。”

学生D,令几个代课老师最为头疼,他学习一般,但做活动时还挺活跃,每次干什么事都自告奋勇、跃跃欲试,但做事前从不考虑后果,想做就做。可一碰上关键任务,第一个掉链子的、临阵退缩的就是他,真是令老师们无可奈何。

老师们对谁能当选班委有着比较统一的看法,同时他们认为,每个学生意志品质的表现和强弱都是不同的,了解这些品质,对学生的管理以及孩子们的成长教育有着不可替代的作用。

(1)请结合案例,用意志品质的相关知识分析上述学生的行为特点。

(2)结合案例和实际,请谈一谈作为一名教师你会如何帮助学生培养和塑造良好的意志品质。

提升必刷

一、单项选择题

1. 小学高年级儿童主要以(　　)作为自己情感体验的依据。(易混)

A. 社会反应　　B. 道德行为规范

C. 内化的具体道德观念　　D. 内化的抽象道德观念

2. 小学生在日常生活中常会产生打人毁物、一意孤行的行为,这种心理反应往往会在(　　)后产生。

A. 应激　　B. 焦虑　　C. 失望　　D. 挫折

3. 道德感、理智感、美感是与(　　)相联系的情感。

A. 社会需要　　B. 生理需要　　C. 客观环境　　D. 物质需要

4. 对令自己生气的人微笑,愤怒的情绪会消失。持这种观点的是(　　)

A. 詹姆斯—兰格　　B. 坎农　　C. 埃克曼　　D. 冯特

5. 下列成语中与意志特征对应不正确的是(　　)

A. 拾金不昧——坚持性　　B. 勤学好问——自觉性

C. 愚公移山——坚韧性　　D. 当机立断——果断性

6. 低年级的小学生玩游戏入迷的时候就会忘了写作业,放学前夕往往不能注意听课。到了中高年级,小学生往往能够根据老师的要求和纪律的要求约束自己认真听课,按时完成作业。这种现象体现了小学生(　　)

A. 情感不断倾向稳定　　B. 情感丰富性不断发展

C. 情感不断倾向可控性　　D. 情感变化逐渐变得简单

7. 心理学研究表明,人们的认识和情感有时并不完全一致。因此,在师生沟通中,教师的有些话虽然完全正确,但学生却因碍于情感而觉得难以接受,这时需要(　　)

A. 幽默　　B. 委婉　　C. 含蓄　　D. 准确

8. 人人都有喜、怒、哀、惧,这是正常的情绪反应。如果一个学生对周围的一切事物都丧失兴趣,一概采取漠然的态度,就是情绪异常。这种情绪异常,也是一种不良情绪。细分的话,应属于(　　)

A. 情感淡漠　　B. 自卑　　C. 过度恐惧　　D. 焦虑

9. “知之深,则爱之切”说明情感过程依附于(　　)(常考)

A. 感知过程　　B. 教育过程　　C. 认识过程　　D. 注意过程

10. 小学低年级儿童常常会破涕而笑,这说明他们缺乏情感的(　　)

A. 全面性　　B. 稳定性　　C. 丰富性　　D. 深刻性

11. 个体是否产生挫折感和如何对待挫折的关键在于(　　)

A. 挫折情境　　B. 挫折认知　　C. 挫折意志　　D. 挫折行为

12. 妈妈通过手机查看家里的监控,发现小明用电脑上网课时,不会偷偷打开网络游戏等其他网页。这说明小明的意志的(　　)好。(易混)

A. 自制性　　B. 坚持性　　C. 果断性　　D. 自觉性

13. 某人身材矮小,受人嘲笑,于是他在学习上奋发图强,这种防御机制是(　　)

A. 补偿　　B. 升华　　C. 投射　　D. 文饰

14. 以下关于情绪、情感的论述,不正确的是(　　)(易错)

A. 情绪、情感都是一种主观体验

B. 凡是能满足人的需要或符合人的愿望、观点的客观事物,就会使人产生积极的情绪与情感体验

C. 情绪主要与生理需要相联系,情感主要与社会需要相联系

D. 激情是一种激烈而短暂的情感状态

15. 教师经常用游戏导入教学,创设轻松愉悦的课堂氛围,有利于提高学生学习效果,这体现了情绪的(　　)

A. 适应功能　　B. 动机功能　　C. 组织功能　　D. 社会功能

二、多项选择题

1. 教师可以从(　　)方面提高学生的抗挫折能力。

A. 使学生树立辩证挫折观,对挫折持积极态度

B. 提高学生对挫折的容忍力和超越力

C. 调整期望目标,正确认识自我和评价自我

D. 设置挫折情境,锻炼学生心理承受力

2. 下列能体现情绪情感在对立的两极之间相互转化的是(　　)

A. 乐极生悲　　B. 喜忧参半　　C. 爱屋及乌　　D. 破涕为笑

3. 关于学生意志发展的特点,下列表述正确的是(　　)

A. 学前儿童意志行动的目的性较为模糊

B. 小学生的行动目的开始有重要的社会意义

C. 初中生会按自己的意图,自觉地作出意志行动

D. 高中生能自觉地克服各种内外困难,坚持完成各种任务实现目标

4. 情绪和情感不同于认识过程,主要表现在情绪和情感(　　)(易混)

A. 表现出两极性　　B. 是一种主观体验

C. 伴有显著的生理变化　　D. 伴有表情

5. 情绪的维度，即情绪所固有的基本特征有（　　）

A. 激动性　　B. 强度　　C. 紧张度　　D. 感染性

三、判断题

1. “走自己的路，让别人说去吧”，体现了意志的坚韧性。（　　）

2. 小学生理智感的发展主要表现在求知欲的扩展和加深。（　　）

3. “胜不骄，败不馁”是意志对人情感的调节控制作用。（常考）（　　）

4. 根据引起情绪的原因，可将情绪的调节分为内部调节和外部调节。（　　）

5. 当一个人假装快乐时，他只有快乐的外部表现，但没有快乐的主观体验。因此算不上真正的情绪过程。（　　）

6. 情绪具有两极性，即每一种情绪都存在与之对立的情绪。（　　）

四、简答题

简述意志与认识过程的关系。

五、案例分析题

1. 王明是八年级三班的新任班主任，经过一学期跟班里学生的交往，他发现班里学生存在如下问题：第一，学习方面，主动性、自觉性不够，“等、要、靠”的思想严重，需要在老师的安排下学习，除了老师布置的学习任务，其他的都不愿意学习。此外，稍遇到困难就逃避、畏缩不前。第二，班级活动方面，对每项活动都是最初热情高涨，但是由于自制力差，很多活动无果而终。第三，与同学、老师相处或者面对突发事件时，容易冲动、盲从，轻率行事，不计行为后果，容易把不假思索的冒失看成是果断行为。此外，在习惯养成等方面也存在同样的问题。同时，多数家长也反映：孩子在家里作息不规律，玩手机、打游戏没有节制等问题。

结合材料与所学知识，请分析初中生意志品质发展的特点？

2. 在美国,人们为了保护鹿,就杀掉了鹿的天敌——狼,于是鹿的数量剧增。鹿由于终日无忧无虑地在林中饱食,结果体态变得蠢笨,植物因为鹿的迅速繁殖和践踏而凋零,继而鹿由于缺少充足的食物、安逸少动所带来的疾病而大量死亡。无奈,人们只好又把狼请进来,鹿又恢复了蓬勃生机。

请谈谈这个案例给你的启示。

真题必刷

一、单项选择题

1. [郑州惠济区]人们常用微笑表示友好,通过移情维护人际关系,通过察言观色来了解对方的情绪状况,进而采取相应的措施或对策。这体现的情绪功能是(　　)(易错)

A. 组织功能　　B. 交际功能　　C. 社会功能　　D. 适应功能

2. [新郑]小明驾车行驶中突然发现前方路面塌陷,连忙急刹车,终于在塌陷前停下来,身上惊出了一身冷汗,这是受(　　)的影响所致。

A. 激情　　B. 心境　　C. 兴趣　　D. 应激

3. [南阳宛城区]个体将自己的愿望、要求、观点、态度通过一定的情感表达方式传递给别人并加以影响,这是情绪的(　　)功能。

A. 信号　　B. 感染　　C. 动机　　D. 适应

4. [安阳文峰]掩耳盗铃、自欺欺人、讳疾忌医等体现的心理防御机制是(　　)

A. 否认　　B. 转移　　C. 投射　　D. 代偿

5. [新乡市直]下列不属于不良情绪调节方法的是(　　)

A. 极端发泄　　B. 自我控制　　C. 幽默　　D. 转移

6. [郑州二七区]袁老师中途接手某班的班主任,发现有相当一部分孩子在进行体育活动时总是叫苦叫累,哪怕运动量没有超出他们可以承受的范围也是如此。如果你是袁老师,可在全班进行(　　)

A. 良好性格的教育　　B. 人际交往教育

C. 积极的情感教育　　D. 意志品质的培养

7. [鹤壁淇滨区]某历史老师在课上讲述南京大屠杀时不禁义愤填膺,声音一度哽咽,这属于(　　)

A. 心境　　B. 热情　　C. 激情　　D. 应激

8. [洛阳伊川]可可帮助同桌辅导作业后,感到非常开心。这种情感属于(　　)

A. 幸福感　　B. 美感　　C. 理智感　　D. 道德感

9. [安阳龙安区]积极情绪有助于拓宽注意的范围,促进问题的解决,这体现了情绪的(　　)

A. 组织功能　　B. 动机功能　　C. 适应功能　　D. 社会功能

10. [平顶山湛河区]小静在班干部竞选中落选了,心里感到失落。后来一想,班干部事情多、责任重,当个普通学生更自由自在,还可以有更多的时间钻研新知识。这样一来,她的情绪很快恢复常态。这种心理防御机制属于(　　)

A. 否认　　B. 升华　　C. 投射　　D. 文饰

11. [周口沈丘]一名学生既想参加舞蹈比赛锻炼自己,又害怕自己跳不好受人讥笑,这时他面临的冲突情境属于(　　)(常考)

A. 双趋冲突　　B. 双避冲突　　C. 趋避冲突　　D. 多重趋避冲突

二、多项选择题

1. [永城]情绪的表现形式多种多样,按情绪状态可以分为(　　)

A. 激动　　B. 心境　　C. 激情　　D. 应激

2. [周口太康]意志行动的特征包括(　　)

A. 指向预定目的　　B. 和克服困难相联系

C. 以随意动作为基础　　D. 伴随有心理冲突

3. [濮阳清丰]与自制性相反的意志品质有(　　)

A. 任性　　B. 优柔寡断　　C. 怯懦　　D. 动摇性

4. [郑州惠济区]在相关情境的刺激下,个体在一定时间内会产生相应的情绪状态,下列情形与情绪状态对应正确的是(　　)

A. 小宇在考试中名列前茅,心里很高兴但并未表现出来——理智感

B. 小军在篮球场边看同学打球,其间篮球不小心飞向他,他赶紧躲闪——应激

C. 某班在广播体操比赛中获得一等奖,听到消息后全班学生兴奋地跳了起来——激情

D. 小亮收到了理想大学的录取通知书,心情一直非常愉悦——心境

5. [驻马店驿城区]以下体现了心境状态的有(　　)

A. 小光考上了理想的大学,整个假期过得都很开心

B. 小狗走丢后,晓彤一直郁郁寡欢

C. 地震来临时所有人的情绪都是很紧绷的

D. 涛涛得知自己没考好,一气之下撕掉了试卷

三、判断题

1. [郑州高新区]当解出一道困惑自己许久的难题时,学生感到无比兴奋、激动的情感体验是理智感。(常考)　(　　)

2. [洛阳市直]不管刮风下雨,学生们都能坚持锻炼,这是意志果断性的表现。　(　　)

3. [郑州高新区]对情绪的调节与控制等同于对情绪的抑制或压抑。　(　　)

4. [新乡市直]认识过程是意志活动的前提,但意志不影响人的认识过程。　(　　)

第四章　个性心理

基础必刷

专题1 需要、动机与兴趣

一、单项选择题

1. 教育部发布通知要求加强中小学生的睡眠管理，这体现了对学生哪方面需要的重视（　　）

A. 尊重需要　　B. 安全需要　　C. 社交需要　　D. 生理需要

2. 小玲从小跟随父亲生活，父亲爱喝酒，经常在酒后数落小玲，认为她不如其他孩子优秀，受此影响，小玲完全不想学习，甚至萌生辍学外出打工的想法。根据马斯洛需求层次理论，小玲学习动机不足，最有可能是因为她的（　　）需要没有得到满足。

A. 生理　　B. 安全　　C. 尊重　　D. 自我实现

3. 小光总想发挥自身的创造性，通过把工作做到尽善尽美来体现自己的价值，这种需要属于（　　）

A. 归属与爱的需要　　B. 生理需要　　C. 自我实现的需要　　D. 安全需要

4. 用马斯洛的需要层次理论解释裴多菲的"生命诚可贵，爱情价更高，若为自由故，两者皆可抛"。自由代表（　　）

A. 尊重需要　　B. 自我实现的需要　　C. 社交需要　　D. 安全需要

5. 学生渴望充分发挥自己的潜能，希望自己越来越成为所期望的人物，完成与自己能力相称的一切活动。根据马斯洛的需要层次理论，这属于（　　）

A. 自我实现的需要　　B. 尊重的需要　　C. 求知的需要　　D. 审美的需要

6. 学生在老师的鼓励表扬中不断获得自信，从而表现得更好。该老师满足了学生的（　　）

A. 自我实现的需要　　B. 安全需要　　C. 生理需要　　D. 尊重需要

7. 对有机体维持生命、延续后代有重要意义的需要是（　　）

A. 精神需要　　B. 社会需要　　C. 后天需要　　D. 生理需要

8. 个体积极探索事物的认识倾向是（　　）

A. 需要　　B. 动机　　C. 兴趣　　D. 理想

9. 对多方面的事物或活动具有的兴趣是（　　）

A. 直接兴趣　　B. 间接兴趣　　C. 中心兴趣　　D. 广阔兴趣

10. 饥饿往往促使人们做出寻找食物的行为活动，这是动机的（　　）（易混）

A. 指向功能　　B. 激活功能　　C. 强化功能　　D. 调节与维持功能

11. 某学生学习了习近平总书记在纪念五四运动100周年大会上的讲话后，决心将个人理想与中国梦相结合，努力学习，报效祖国。根据马斯洛的需要层次理论，该生的需要属于（　　）

A. 生理需要　　B. 安全需要

C. 归属与爱的需要　　D. 自我实现的需要

12. 需要层次理论认为,永不满足的需要是(　　)

A. 生理的需要　　B. 归属和爱的需要

C. 尊重的需要　　D. 自我实现的需要

13. 需要得到满足,个体就会感受到自信、价值和能力,否则就会产生自卑或保护性反抗。这种需要是(　　)

A. 尊重需要　　B. 归属与爱的需要

C. 审美需要　　D. 求知需要

14. "仓廪实而知礼节,衣食足而知荣辱",说明了人的需要具有(　　)

A. 整体性　　B. 选择性　　C. 层次性　　D. 动力性

15. 尽管小石同学觉得数学非常没有意思,但是为了能当上数学课代表,他克服困难,认真学习。根据兴趣的分类,这种兴趣属于(　　)

A. 间接兴趣　　B. 直接兴趣　　C. 个体兴趣　　D. 广阔兴趣

16. 对许多事物和活动都乐于参与、乐于探求,主要体现了兴趣的(　　)

A. 敏捷性　　B. 广泛性　　C. 持久性　　D. 效能

17. 同样是努力学习,有些学生只是为了获得老师或家长的赞许,并不在意自己是否真正掌握了知识;而有些学生则是对学习内容本身较为感兴趣。这种现象体现了动机具有(　　)

A. 激活功能　　B. 指向功能　　C. 调节功能　　D. 维持功能

18. 一些孩子对许多事物都很感兴趣,但常常只有"三分钟热度",兴趣很快又会消失。这说明他们的兴趣品质特征是(　　)

A. 广泛性强,指向性集中　　B. 广泛性强,稳定性差

C. 广泛性强,效能性差　　D. 效能性强,稳定性差

19. 温馨的家庭氛围和良好的同伴关系有助于儿童获得成功的社交技巧,有利于儿童社会价值的获得以及认知和健康人格的发展。根据马斯洛的需要层次理论,这是因为儿童的(　　)得到了满足。

A. 生理的需要　　B. 审美的需要　　C. 认知的需要　　D. 归属与爱的需要

20. 马斯洛认为人的基本需要有七种,这七种需要又分为缺失性需要和成长性需要两类。下列选项中,属于成长性需要的是(　　)(常考)

A. 生理需要　　B. 归属与爱的需要

C. 尊重需要　　D. 自我实现的需要

21. 某同学喜欢打乒乓球,常常在放学后与同学打球到天黑,回到家仍继续对着墙壁练习球技,有时到了废寝忘食的地步而不自知。根据马斯洛的需要层次理论,该同学认真钻研球技属于(　　)

A. 生理需要　　B. 认知与理解的需要

C. 审美需要　　D. 归属与爱的需要

22. 下列关于需要的定义,理解正确的是(　　)

A. 对食物、空气、水、性和休息的需要

B. 对安全、秩序、稳定、免除恐惧和免除焦虑的需要

C. 与他人建立情感联系,追求友谊和爱情的需要

D. 有机体内部的一种不平衡状态,表现为有机体对内、外环境条件的需求

23. 人们希望得到稳定的工作，愿意参加各种保险。这体现了人们有(　　)

A. 生理需要　　B. 安全需要

C. 归属与爱的需要　　D. 尊重需要

24. 马斯洛认为个体的动机需要呈等级结构，由低到高分为七种需要，这七种需要又可以分成缺失需要和成长需要两大类，下列属于成长需要的是(　　)

A. 找一个安稳工作的需要　　B. 吃饱的需要

C. 被别人尊重的需要　　D. 考上好大学的需要

二、多项选择题

1. 需要是指有机体感到某种缺乏或不平衡状态而力求获得满足的心理倾向。需要具有(　　)的特征。

A. 对象性　　B. 选择性　　C. 紧张性　　D. 层次性

2. 根据马斯洛的需要层次理论，下列属于归属与爱的需要的有(　　)

A. 广交朋友　　B. 追求爱情

C. 参加社会保险　　D. 渴望名望和成就

3. 以下属于缺失性需要的有(　　)

A. 得到安全的职位　　B. 建立友谊的需要

C. 受人尊重的需要　　D. 学有所用的需要

三、判断题

1. 按照马斯洛的需要层次理论，教师在自尊水平低的学生中灌输为学习本身的满足去学的做法是效果不明显的。(　　)

2. 现实生活中，每个个体只有在低级需要得到一定的满足时，高一级需要才会产生。(常考)(　　)

3. 小学生的学习兴趣还不稳定，比较笼统、模糊，容易对学习的形式感兴趣并从中获得满足。(　　)

4. 果果能歌善舞，琴棋书画无所不通，说明其兴趣具有倾向性。(　　)

5. 马斯洛的需要层次理论中最低层次的需要是生理需要。(　　)

四、论述题

试述马斯洛的动机理论中需要的七种层次及各层次的关系。

五、案例分析题

小丽老师从某师范大学外语系毕业后到一所中学教授学生英语课程。为了提高学生学习英语的积极性,她设计了一个名叫“鳄鱼池逃生”的游戏:老师让五个同学把椅子围成一个圈,在圈子中间的地上画条鳄鱼,把每个同学编上号。然后大家坐进去。老师拿出几个卡片,写上当天学过的单词,然后通过抽号的方式抽出五名同学,每人问他们一个单词,看他们会不会读,读对的就从鳄鱼池出来,错的还留在鳄鱼池中,谁留到最后就会被鳄鱼“咬死”。她的这个游戏活动深受学生的欢迎,也有效地提升了学生的学习成绩。

请结合该案例分析在教学工作中如何激发学生的学习兴趣。

专题2 能力

一、单项选择题

1. 一般能力的核心是(　　)

A. 观察力　　B. 创造力　　C. 记忆力　　D. 抽象概括能力

2. 汪老师为全班精心设计了一张试卷,测试结果发现平时成绩好的学生分数相对高,成绩不好的学生分数相对低,这说明该试卷的(　　)高。

A. 信度　　B. 难度　　C. 区分度　　D. 效度

3. 人们在社交活动中表现出来和发展起来的能力是(　　)

A. 社交能力　　B. 操作能力　　C. 认知能力　　D. 模仿能力

4. 智力的核心成分是(　　)(常考)

A. 创造能力　　B. 思维力　　C. 观察力　　D. 记忆力

5. 智商计算公式是(　　)

A. 智商(IQ)=智力年龄(MA)÷实际年龄(CA)−100

B. 智商(IQ)=智力年龄(MA)÷实际年龄(CA)×100

C. 智商(IQ)=智力年龄(MA)÷实际年龄(CA)+100

D. 智商(IQ)=智力年龄(MA)÷实际年龄(CA)÷100

6. 吉尔福特认为三个智力维度中,(　　)真正代表智力的高低。

A. 产品　　B. 内容　　C. 操作　　D. 单元

7. 下列选项中,关于流体智力和晶体智力说法正确的是(　　)

A. 流体智力与个体的天赋有关

B. 晶体智力较少依赖文化和知识的内容

C. 流体智力在人的一生中一直在发展

D. 晶体智力是信息加工和问题解决过程中表现出的能力

8. 张老师编制了一份算数试卷对小学生进行考查,由于卷中出现了一些生字而影响了学生的数学考试成绩。这说明这份试卷的(　　)

A. 实用性差　　B. 可信度低　　C. 有效性差　　D. 区分度低

9. 小莉从小就有很强的节奏感,听了一段乐曲旋律就能分辨出所使用的乐器。但对于运算,即使老师教了很多遍她都学不会。从多元智力理论的观点来看,小莉的(　　)

A. 视觉—空间智力优于言语智力　　B. 内省智力优于音乐智力

C. 音乐智力优于逻辑—数学智力　　D. 言语智力优于人际智力

10. 美国心理学家吉尔福特创立的智力三维结构模型理论认为,智力结构应从(　　)三个维度去考虑。

A. 记忆、思维、观察　　B. 内容、操作、产品

C. 编码、存储、提取　　D. 瞬时材料、短时材料、长时材料

11. 某学生的实际年龄为10周岁零10个月,根据斯坦福—比奈智力量表测得其智龄为13岁整,该学生的比率智商为(　　)

A. 92　　B. 111　　C. 120　　D. 129

12. 学生的知觉、记忆、推理能力等都属于卡特尔智力形态论的(　　)

A. 情绪智力　　B. 空间智力　　C. 流体智力　　D. 晶体智力

13. 二年级学生测试,老师用一年级的测试题,该测验对于二年级的学生来说(　　)低。

A. 信度　　B. 效度　　C. 难度系数　　D. 平均得分

14. "笨鸟先飞""勤能补拙"说明(　　)(易混)

A. 需要对能力有影响　　B. 动机对能力有影响

C. 性格对能力有影响　　D. 气质对能力有影响

15. 在批改中考语文作文题时,由三位老师分别对同一作文进行批改,这一做法是为了保证(　　)(易错)

A. 效度　　B. 信度　　C. 难度　　D. 区分度

16. 测验可以定量地评价学生个人的能力,检查学习效果和教学的完成情况,要想通过一次测验真实地测出学生的个人能力,则该测验要具备(　　)(常考)

A. 高效度　　B. 低信度　　C. 低难度　　D. 高区分度

17. 根据加德纳提出的多元智力理论,成功的教师、社会工作者、演员或政治家通常具有较强的(　　)

A. 音乐智力　　B. 视觉—空间智力　　C. 自知智力　　D. 人际智力

18. 看到清华大学王希勤校长"自信征途"的寄语,我们更加坚定了(　　)在成长道路上的重要作用。

A. 非智力因素　　B. 智力因素　　C. 情绪因素　　D. 心理因素

19. 小姜同学体测的时候用体重秤称了四次体重,均为110斤,但是后来发现体测其实要测的是身高,不需要

测体重。这说明小姜同学测得的结果(　　)

A. 信度低,效度低　　B. 信度高,效度低

C. 信度高,效度高　　D. 信度低,效度高

20. 根据加德纳提出的多元智力理论,自然智力发展水平较高的学生小娟,最可能偏好下列活动中的(　　)

A. 游泳　　B. 辩论赛

C. 唱歌和听音乐　　D. 收集植物落叶制作标本

21. 对从社会文化和实践中习得的解决问题的方法进行应用的能力是(　　)

A. 流体智力　　B. 多元智力　　C. 言语智力　　D. 晶体智力

22. 整天和油漆打交道的油漆工人能辨别400~500种不同的漆色,这种能力的形成是因为油漆工人受到了(　　)的影响。

A. 实践活动　　B. 学校教育　　C. 主观能动性　　D. 早期经验

23. 有研究表明,同卵双生子即使生长在不同的家庭环境中,他们的智商也有很高的相关。这说明了(　　)

A. 人的智力发展与家庭环境没关系　　B. 遗传对智力有很大的影响

C. 人的智力发展与遗传没关系　　D. 一个人的智力发展水平是先天决定的

二、多项选择题

1. 根据能力适应活动范围的大小,可把能力分为(　　)

A. 一般能力　　B. 特殊能力　　C. 模仿能力　　D. 创造能力

2. 关于效度与信度等测验指标,下列说法正确的是(　　)(易混)

A. 效度是指测验能够准确测出所需测量的事物的程度

B. 信度是指测验获得的可靠性和一致程度

C. 效度低,信度一定会低

D. 信度低,效度一定会低

3. 以能力的功能作为划分标准,可以把能力分为(　　)

A. 认知能力　　B. 创造能力　　C. 操作能力　　D. 社交能力

4. 心理测验的技术指标包括量表的(　　)

A. 长度　　B. 效度　　C. 信度　　D. 标准化

5. 元认知的训练可以提高儿童的智力发展水平,其训练的方法主要有(　　)

A. 知识传授法　　B. 自我提问法

C. 出声思维法　　D. 相互提问法

6. 卡特尔按照心智能力功能上的差异,将智力分为流体智力和晶体智力两种形态。下列哪些是晶体智力的特征(　　)

A. 受先天遗传因素的影响较大

B. 其发展与年龄有着密切的关系,20岁后达到顶峰,30岁后随着年龄的增长而降低

C. 主要表现为运用已有知识和技能去吸收新知识和解决新问题的能力

D. 受后天经验的影响较大

7. 下列选项中属于能力的是(　　)

A. 精彩的演唱　　B. 精妙的计算　　C. 美好的愿望　　D. 浓厚的兴趣

8. 美国哈佛大学发展心理学家加德纳提出的多元智力理论(　　)

A. 直接影响教师形成积极乐观的“学生观”

B. 直接影响教师重新建构“智力观”

C. 认为智力是以语言能力和逻辑—数学能力为核心的

D. 能帮助教师树立新的“教育观”

9. 卡特尔将人的智力分为流体智力和晶体智力,以下关于流体智力说法正确的有(　　)

A. 流体智力是接受环境、教育等影响的结果

B. 记忆的广度属于流体智力

C. 流体智力发展到一定程度后,会随着年龄的增长而降低

D. 流体智力受文化教育影响较小

三、判断题

1. 世界上比较系统而又科学的第一套智力量表是比纳—西蒙智力量表。(常考)　(　　)

2. 韦克斯勒的智力测验用比率智商来衡量智力水平的高低。　(　　)

3. 智力水平的高低是决定人成就大小的唯一因素。　(　　)

4. 评价考试质量的指标有效度、信度、难度和区分度等。信度越高,效度也越高,考试结果与考生的实际水平越相符。　(　　)

5. 能力类型差异代表着智力水平的高低,影响人们学习的过程和获取知识经验的方式。　(　　)

6. 掌握知识越多,智力发展水平越高,能力越强。　(　　)

7. 智力不能被直接观察,然而我们可以肯定地感觉到它的存在。　(　　)

四、简答题

1. 谈一谈加德纳的多元智力理论对我国当前教学改革有哪些启示。(常考)

2. 简述知识与能力之间的联系。

五、论述题

试述影响能力形成和发展的因素。

六、案例分析题

阅读下列材料，回答问题。

宝拉在小学一年级被评定为学习障碍。在往后的四年里，她被安排在特殊的教育班级里，很少尝试到课业方面的成就，自尊下降，不喜欢学校，五年级时宁可躲到床下也不愿意上学，六年级时试图自杀。她的父母决定让她回归到正常的班级学习，并选择了一个富有同情心的女教师。这位女教师通过对她的观察，发现宝拉的动作技能发展突出，并通过与其交谈得到证实。基于此，教师为宝拉制定了通过动作进行学习的方案。首先建议她用身体动作来临摹26个字母。要临摹某些字母是富有挑战性的，如m、b、w等字母，但至少已经引起她的思考，激发了学习兴趣。第二天上课前，宝拉急着到教室去告诉教师，并将她编排的26个字母的舞蹈表演出来，教师为她的表现感到欣喜，并进一步激励她是否能表演出自己的名字。舞蹈唤起了宝拉学习的自信心和求知欲，改变了她对学习的厌倦，六年级结束时，宝拉读、写成绩达到了年级平均水平，七年级时，所有课程都达到正常水平。

运用多元智力理论，对上述教育材料进行分析与评价。

专题3 气质与性格

一、单项选择题

1. 正直诚实、认真细致、自立自强、具备社会责任心,这些品质属于性格的(　　)

A. 态度特征　　B. 理智特征　　C. 情绪特征　　D. 意志特征

2. 根据巴甫洛夫高级神经活动学说,“强、不平衡”的神经活动过程对应的气质类型为(　　)(易混)

A. 多血质　　B. 胆汁质　　C. 黏液质　　D. 抑郁质

3. (　　)的人往往表现出不爱与人交往、动作迟缓、孤僻、胆小、敏感、深沉的特征。(常考)

A. 胆汁质　　B. 多血质　　C. 黏液质　　D. 抑郁质

4. 活泼,有朝气,乖巧伶俐,缺乏耐心和毅力属于气质类型学说中的(　　)

A. 胆汁质　　B. 多血质　　C. 黏液质　　D. 抑郁质

5. 小明为人仗义,有很多朋友,但是容易冲动,攻击性很强,小明最可能属于(　　)

A. 兴奋型　　B. 活泼型　　C. 安静型　　D. 抑制型

6. 与高级神经活动类型的活泼型对应的气质类型是(　　)(易错)

A. 多血质　　B. 胆汁质　　C. 黏液质　　D. 抑郁质

7. 独立、自制、果断、持之以恒等都属于性格的(　　)

A. 态度特征　　B. 意志特征　　C. 情绪特征　　D. 理智特征

8. “某同学情绪体验深刻,其言行举止易被情绪左右,头脑不够冷静。”你来分析一下他属于哪种性格类型(　　)

A. 胆汁型　　B. 情绪型　　C. 理智型　　D. 意志型

9. 被试本人对自己的人格特征予以评价的方法是(　　)

A. 自陈量表法　　B. 主题统觉测验

C. 罗夏克墨渍测验　　D. 句子完成法

10. 性格包括两个要素:一是稳定的态度,二是(　　)

A. 惯常的行为方式　　B. 具有可塑性　　C. 具有多重性　　D. 平衡性

11. 何一飞生性活泼、好动,上课发言很积极,总是没等老师说完问题就举手甚至直接站起来回答问题,为人热情坦率,但总是粗枝大叶,鲁莽冒失,脾气急躁。其气质属于(　　)

A. 胆汁质　　B. 抑郁质　　C. 多血质　　D. 黏液质

12. 下列关于性格的描述不正确的是(　　)

A. 性格表现了人们对现实和周围世界的态度

B. 性格更多地受到后天环境的影响

C. 性格没有好坏之分

D. 性格的生理机制是后天建立起来的条件反射系统

13. 在人格特征中,具有核心作用的成分是(　　)(常考)

A. 能力　　B. 气质　　C. 性格　　D. 认知方式

14. 对于气质类型为(　　)的学生，教师要给他们较多的任务，提较高的要求，养成他们克服困难、专一的精神。

A. 抑郁质　　B. 黏液质　　C. 胆汁质　　D. 多血质

15. 小赵学习勤奋，成绩优异，为人也很谦虚，从不因为自己成绩好而看不起成绩比他差的同学。“勤奋”“谦虚”反映的是小赵的(　　)特征。

A. 能力　　B. 气质　　C. 性格　　D. 情感

16. 有的人事先就确定了参观计划，计算时间是否充裕、重点看哪些内容，进入展厅后就有条不紊、详略有别地观看；而有的人则喜欢到了再说，进入展厅后哪里人多就往哪里挤，认为人多处定有精彩的东西，或是在某一处看得高兴而全然不管其他。这体现了性格的(　　)特征。

A. 理智　　B. 意志　　C. 情绪　　D. 态度

17. 意志型性格类型的特点是(　　)

A. 目的明确，自觉支配行动　　B. 善于思考，三思而后行

C. 情绪易波动，并左右行动　　D. 独立性强，善于思考

18. 教师的言行对学生的性格产生了潜移默化的影响，这表现了(　　)对性格的影响。

A. 生物遗传因素　　B. 社会文化　　C. 学校教育　　D. 家庭环境

19. “活泼好动”属于(　　)的表现。

A. 能力　　B. 气质　　C. 兴趣　　D. 意志

20. 气质的特点由(　　)决定。

A. 社会生活条件　　B. 人的活动目的　　C. 神经活动的特征　　D. 活动的内容

21. 将人格分为内向型和外向型的学者是(　　)

A. 谢尔顿　　B. 荣格　　C. 威特金　　D. 霍利德

22. 豹子头林冲沉着老练，身负深仇大恨，尚能忍耐持久，几经挫折，万般无奈，终于被逼上梁山。他的气质类型属于(　　)(常考)

A. 胆汁质　　B. 多血质　　C. 黏液质　　D. 抑郁质

23. 王青热爱学习，关心同学，助人为乐。她的这些品质属于性格的(　　)

A. 态度特征　　B. 理智特征　　C. 意志特征　　D. 情绪特征

二、多项选择题

1. 针对抑郁质的学生，教师在教育过程中应重点培养(　　)

A. 善于交往的精神　　B. 坚持到底的精神

C. 扎实专一的精神　　D. 富有自信的精神

2. 气质是人的心理活动的动力特征，它表现为心理活动的(　　)

A. 强度　　B. 速度　　C. 灵活性　　D. 指向性

3. 巴甫洛夫划分高级神经活动类型是根据神经过程的基本特性进行的，这些基本特性包括(　　)

A. 强度　　B. 稳定性　　C. 灵活性　　D. 平衡性

4. 下列有关气质与性格关系的说法，正确的是(　　)

A. 气质先，性格后　　B. 气质有好坏之分，性格没有好坏之分

C. 气质表现早，性格表现晚　　D. 气质好，性格也好

5. 对于胆汁质的学生，老师的下列做法中恰当的有（　　）（易混）

A. 培养他们的自制力

B. 对其严厉批评要有说服力

C. 培养他们专一、踏实和克服困难的精神

D. 加强他们广泛兴趣的培养

6. 下列关于气质的描述正确的是（　　）

A. 气质是一种稳定的心理特征

B. 人的气质是通过后天因素形成的

C. 气质没有好坏之分

D. 人的气质是天生的

7. 下列性格测验属于自陈式测验的是（　　）

A. EPPS　　B. MMPI　　C. RIBT　　D. 16PF

8. 以下属于投射测验的有（　　）

A. 画树测验

B. 罗夏克墨渍测验

C. 主题统觉测验

D. 16种人格因素测验

三、判断题

1. 巴甫洛夫高级神经活动类型中的弱型，相当于气质类型的黏液质。（　　）
2. 多血质的高级神经活动过程特征是强、不平衡、不灵活。（　　）
3. 胆汁质的小丁冲动、粗心又鲁莽；黏液质的小林冷静、认真又稳重。可见小林的气质类型比小丁的好。（常考）（　　）
4. 主动感知或被动感知，习惯于看到细节还是看到轮廓等反映的是个体性格的理智特征。（　　）
5. 做事缺乏主见，容易受他人意见的干扰，这种性格类型属于内向型。（　　）
6. 性格结构中，具有核心意义的结构特征是性格的意志特征。（　　）
7. 相同气质类型的人可能形成完全不同的性格特征。（　　）
8. 性格能最直接地反映出一个人的道德风貌。（　　）
9. 温和稳重、内向安静是多血质的心理特征。（　　）

四、简答题

1. 现代气质类型说对教育有什么启示？（常考）

2. 请简述性格与气质的联系和区别。

3. 简述影响性格形成与发展的因素。

4. 简述如何培养学生良好的性格。

五、论述题

作为一名教师，试述如何根据学生的不同气质类型进行因材施教。（常考）

六、案例分析题

某班有三位同学，甲生常常表现为：温柔、和顺，对事物观察敏锐，反应敏感，体验深刻，想象丰富，在活动中却不敢表现自己，做事小心谨慎，课堂表现很守纪律。而乙生表现为：动作迅速，精力充沛，热情洋溢，爱发脾气，情绪产生快而强，难以自制，理解问题常比别人快，活泼直率，粗心大意，坚持己见。丙生表现为：对同学非常热情，和许多同学很快就混熟了，但交情都很浅；她兴趣非常广泛，打乒乓球、跳舞、游泳都会，但没有一样精通；学校组织的活动她都争着参加，起初参加活动时劲头很足，但总是不能首尾一致，一会儿喜欢这个，一会儿又喜欢那个；她学习很积极努力，课堂上争着回答老师的问题，作业完成得很快，但有些粗心；情绪易表现于外，也容易变化，遇上不顺心的事就会放声大哭，但别人说几句安慰的话，又会很快破涕为笑。

请根据上述特征，判断甲、乙、丙三位同学的气质类型，这些气质类型的特点是什么，并提出具有针对性的教育措施。

提升必刷

一、单项选择题

1. 学生与学生之间的差异主要不是体现在智力的高低上，而是体现在智力强项和潜在优势的不同类型上。给予我们这一启示的智力类型是( )

A. 斯腾伯格的三元智力理论　　B. 加德纳的多元智能理论

C. 斯皮尔曼的智力结构二因素理论　　D. 吉尔福特的智力三维结构理论

2. 以下对需要的论述中，错误的一项是( )

A. 需要是对有机体内部不平衡状态的反映，表现为有机体对内外环境条件的欲求

B. 需要不一定具有对象

C. 人的需要是不断发展的，人的需要永远不会停留在一个水平上

D. 需要是推动有机体活动的动力和源泉

3. 在一个班级中，不同的学生差别很大，比如甲同学虽然性格内向，理解问题比别人慢，但是他的注意力集中；乙同学理解问题比别人快，热情大方，但是他做事轻率不踏实。以上例子体现了不同个体( )方面的差异。

A. 性格　　B. 气质　　C. 体质　　D. 智力

4. 对中国儿童和国外儿童智力发展差异的研究，最理想的智力测验工具是( )

A. 韦氏智力测验　　B. 比纳智力测验　　C. 瑞文智力测验　　D. 中国比纳智力测验

5. 居里夫人一生致力于科学研究，她常说：“我的生活是不能离开实验室的。”这体现了兴趣的( )特征。(易混)

A. 广阔性　　B. 自觉性　　C. 效能性　　D. 稳定性

6. 以下不属于多元智力理论观点的是( )

A. 只要给予良好的环境和机会学生将能把某一项学习发展到更高水平

B. 学生学习的差异性是由智力的不同组合决定的

C. 数学智力可能体现在直觉速算上，也可能体现在逻辑思维上

D. 测智商可以确定一个人的智力水平

7. 以下属于加德纳多元智力理论中“内省智力”的是( )

A. 对自己的生活有规划，能自尊、自律，会吸取他人的长处

B. 能察觉生活中物品的大小、多少及形状

C. 能观察、照料自然角，对其变化敏感

D. 当别人不愉快时能安慰别人

8. 从事长跑、登山等需要坚持性运动的人，需要具备( )的特质。(常考)

A. 胆汁质　　B. 黏液质　　C. 多血质　　D. 抑郁质

9. 一些自愿到边远贫困地区支教的志愿者的行为说明( )

A. 马斯洛的需要层次理论是错误的　　B. 生理和安全的需要并不具有最强大的力量

C. 低级需要和高级需要并不是绝对对立的　　D. 不同的人对低级需要的需求是不同的

10. 下列关于多元智力理论叙述错误的是( )

A. 1999年，加德纳又提出了第八种智力，即认识自然的智力

B. 多元智力理论的智力因素中包含音乐智力

C. 多元智力理论为新课改提供了理论基础

D. 这几种智力因素不是独立的，是相互联系不可分割的

11. 李倩在遇到问题时能主动思考并提出自己的看法，一旦做出决定就能坚持到底，勇于承担责任，有什么想不通的也不会与别人进行沟通交流。这说明李倩的性格类型属于（　　）

A. 依赖型　　B. 独立型　　C. 竞争型　　D. 顺从型

12. 路见不平，有人能见义勇为，有人则逃之夭夭。这反映了人的（　　）差异。

A. 能力　　B. 性格　　C. 人格　　D. 智力

13. 投射测验的特点是（　　）

A. 客观测验　　B. 纸笔测验　　C. 结构不明确　　D. 含有一系列问题

14. 小峰是个机智、灵活、兴趣广泛的学生，适应性较强，但在学习中常常不够踏实和细致，他的气质类型可能属于（　　）

A. 胆汁质　　B. 多血质　　C. 黏液质　　D. 抑郁质

15. 教师改卷子时会不自觉地认为差生不能有好成绩，因而评分时不自觉地提高要求，这是人的（　　）在起作用。

A. 原始动机　　B. 习得动机　　C. 有意识动机　　D. 无意识动机

16. 根据斯腾伯格的三元智力理论，具有哪种智力类型的人常常是特别出色的综合思维者，能够发现别人所不能发现的联合（综合）点（　　）

A. 成功智力　　B. 实践性智力　　C. 创造性智力　　D. 分析性智力

17. 注意的转移与人的气质类型有关，注意力容易转移的气质类型是（　　）

A. 胆汁质　　B. 多血质　　C. 黏液质　　D. 抑郁质

18. 在学习动机的支配下，学生会专心聆听教师讲课，积极参与课堂讨论，主动到图书馆查阅资料，或者完成家庭作业。而在娱乐动机的支配下，学生可能上网玩游戏。由此可以判断动机具有（　　）

A. 强化功能　　B. 激活功能　　C. 指向功能　　D. 维持功能

19. 以下关于加德纳的多元智力观描述不正确的是（　　）

A. 会写小说属于言语智力　　B. 会认地图属于空间智力

C. 会跳舞属于身体—运动智力　　D. 试着理解好朋友的伤心属于自然观察智力

20. 对于智力测验来说，下列难度与区分度的表述正确的是（　　）（易错）

A. 难度越大，区分度越大　　B. 难度越小，区分度越小

C. 难度越接近0或1，区分度越大　　D. 难度接近0.5，区分度最大

21. 依据加德纳的多元智力理论，个体对自己情绪的感知、区分，并以此指导行为的能力被称为（　　）

A. 逻辑—数学智力　　B. 人际智力

C. 内省智力　　D. 自然观察智力

22. 李老师将某一单元的难题、易错题整理成试卷给同学们进行闭卷考试。本次测验的分数最可能出现的结果是（　　）

A. 信度高，因为采取闭卷形式　　B. 效度高，因为内容选取合理

C. 难度低，因为题目代表性不强　　D. 区分度低，因为题目难度过大

23. 在学业测试和阶段性考试中,要衡量一个测验的优劣,最为重要的指标是(　　)(易错)

A. 信度　　B. 效度　　C. 区分度　　D. 难度

24. 关于气质,下列说法错误的是(　　)

A. 气质决定一个人的社会成就和发展方向

B. 气质由高级神经活动类型决定

C. 具有活泼好动、行为外向、适应能力强等特征的人属于多血质

D. 气质没有好坏之分

25. 下列关于性格和气质之间的关系的描述,不正确的是(　　)

A. 性格与气质之间是相互影响和相互作用的

B. 性格和气质的生理基础有所不同

C. 性格可以引导气质的发展

D. 性格是个性心理特征中遗传色彩最浓的部分,具有先天性

26. 气质类型为(　　)的学生学习精力充沛,学习新课轻松,但对复习旧课不感兴趣。针对这类学生,教师应力求用训练的方式发展其处于落后状态的抑制过程,培养他们善于抑制自己的能力,要求这些学生沉着地、深思熟虑地回答问题,能镇静地进行活动。

A. 胆汁质　　B. 多血质　　C. 黏液质　　D. 抑郁质

27. 某学生一直以来在班上受到冷漠对待,同学们经常孤立他,导致该生无心学习,成绩下降。班主任了解情况后,对班上其他同学进行了教育。其他同学开始转变态度,主动关心该同学,该同学感受到班上同学的态度转变后,学习成绩也逐步提高。推动该学生学习成绩进步的原因是(　　)的满足。

A. 认知需要　　B. 尊重需要　　C. 安全需要　　D. 归属与爱的需要

28. 一个人心理年龄3岁,实际年龄为4岁,智商在人口中的分布属于(　　)

A. 中上　　B. 中下

C. 临界智能不足　　D. 智力落后

29. 对声音、节奏、单词的意义较为敏感的学习者,其哪项智力占优势(　　)

A. 人际智力　　B. 言语智力　　C. 空间智力　　D. 内省智力

30. 王明设计了一个实验,用图形推理来测量不同文化背景下被试解决问题的能力,他所测的智力是(　　)

A. 晶体智力　　B. 流体智力　　C. 创造智力　　D. 推理智力

31. 下列属于晶体智力的是(　　)

A. 形成抽象概念的能力　　B. 识别图形的能力

C. 理解词汇的能力　　D. 知觉的速度

32. 工作效率高,学习的理解能力和接受能力很快但不求甚解,喜欢与同学争辩等等,属于(　　)学生的观察指标。

A. 胆汁质　　B. 多血质　　C. 黏液质　　D. 抑郁质

33. 陈景润每天废寝忘食地沉浸在数学符号的海洋中,最终成为著名的数学家,这主要说明个体的能力发展依赖于(　　)

A. 遗传因素　　B. 社会因素　　C. 家庭因素　　D. 主观能动性

二、多项选择题

1. 下列有关测验信度的影响因素，说法正确的有（　　）

A. 增加测题数量可以提高信度且越多越好

B. 施测对象过强或过弱的动机都不利于信度的提高

C. 测验的环境条件会影响到测验的信度

D. 若测题难度过大导致分数范围缩小，那么信度也会降低

2. 下列心理表现属于气质的有（　　）（易混）

A. 见义勇为，拾金不昧　　B. 沉默寡言，冷静理智

C. 柔弱胆小，谨慎细心　　D. 活泼爱动，热情开朗

3. 关于人本主义的需要层次理论，下列说法正确的有（　　）

A. 需要按一定顺序逐级上升

B. 只有低一级需要基本满足后，高一级需要才能成为行为动力

C. 高一级需要产生时，低一级需要就会消失

D. 同一时期内某种需要占主导地位

4. 下列属于定序测量的是（　　）

A. 某人的文化程度　　B. 某次体育比赛中的名次

C. 某人的婚姻状况为“已婚”　　D. 某市一天内早中晚的温度分别为17℃、28℃、15℃

5. 因为想要顺利通过考试，所以学生上课会专心听讲，下课主动完成作业，并且去看之前不想看的辅导材料，甚至生病了还坚持学习。由此可以判断出动机具有（　　）（易错）

A. 激活功能　　B. 定向功能　　C. 维持功能　　D. 调节功能

6. 下列属于多血质气质特点的有（　　）

A. 敏捷好动　　B. 善于忍耐

C. 在学习和工作上肯动脑，主意多　　D. 善于人际交往

三、辨析题

1. 在人的各种气质类型中，抑郁质是最差的一种气质类型。

2. “江山易改，禀性难移”说明气质是不可以改变的。

3. 教育测验中有信度就一定有效度。（易混）

4. 学生的学习兴趣既可以来自对学习活动本身的直接兴趣,也可以来自对学习结果的间接兴趣。

四、简答题

1. 简述性格与能力的关系。

2. 简述斯腾伯格的三元智力理论。

五、论述题

试根据能力与知识、技能的关系分析“高分低能”现象。(常考)

六、案例分析题

1. 小林的父母很少管他，因此他的学习成绩一直很差，上课总像是被霜打了的茄子，萎靡不振，从不主动回答问题，经常不交作业，对学习毫无兴趣，同学们对他的印象不好，老师也不喜欢他，在教育方式上也多以批评、训斥为主，小林因此产生了弃学的念头。

请分析小林现状的危害，并提出改进意见。

2. 小学生吴明，从小与父母生活在一起。吴明的父母性格内向，忠厚老实，不善言辞。由于平时忙于农活，而且文化水平不高，吴明的父母平时很少与他交流。在学校里，吴明与同学相处时也比较自私，对集体利益也漠不关心；对于学习，他也是马马虎虎，每次作业都是应付了事，成绩也总是在班级最后几名，每到期末考试前，他偶尔也会制订复习计划，但很快就放弃了；对于将来干什么，也没有自信。

如果你是吴明的老师，请结合吴明的实际情况，谈一谈如何开展对他的性格培养和教育工作。

真题必刷

一、单项选择题

1. [平顶山市直]马斯洛的需要层次理论是行为科学的理论之一，由美国心理学家马斯洛在《人类激励理论》中提出。书中将人类的需要像阶梯一样从低到高按层次分为五种，分别是(　　)

A. 生理需要、安全需要、社交需要、尊重需要、自我实现需要

B. 生理需要、社交需要、安全需要、尊重需要、自我实现需要

C. 生理需要、尊重需要、安全需要、社交需要、自我实现需要

D. 生理需要、尊重需要、社交需要、安全需要、自我实现需要

2. [许昌市直]马斯洛的需要层次理论提出，人最高级的需要是(　　)

A. 审美的需要　　B. 归属与爱的需要　　C. 尊重的需要　　D. 自我实现的需要

3. [洛阳洛龙区]引起和维持个体活动并使该活动朝向某一目标的内部驱动力是(　　)(常考)

A. 需要　　B. 动机　　C. 兴趣　　D. 诱因

4. [安阳滑县]兴趣是人们探究某种事物或从事某种活动的心理倾向，它以认识或探索外界的需要为基础，是推动人们认识事物、探求真理的重要动机，这一动机属于(　　)

A. 辅助性动机　　B. 生理性动机　　C. 主导性动机　　D. 社会性动机

5. [平顶山湛河区](　　)智力在20岁以后发展达到顶峰，30岁以后随着年龄的增长而降低。(易混)

A. 流体　　B. 晶体　　C. 一般　　D. 特殊

6. [安阳滑县]一个实际年龄为10岁的小学生经过智力测试鉴定，其智力年龄为15岁，那么其智商是(　　)

A. 80　　B. 100　　C. 120　　D. 150

7. [郑州经开区]萌萌平时比较踏实，遇事沉着冷静，但是比较死板，灵活性不足，其气质类型属于(　　)(常考)

A. 胆汁质　　B. 多血质　　C. 黏液质　　D. 抑郁质

8. [安阳滑县]在做数学应用题时，确定题目的类别、选择解题步骤、调整解题思路，体现的智力成分是(　　)

A. 元成分　　B. 操作成分　　C. 知识获得成分　　D. 认知成分

9. [新郑]喻为“夏天里的一把火，一点就着”“一场雷阵雨，来去匆匆”的气质类型是(　　)

A. 胆汁质　　B. 多血质　　C. 黏液质　　D. 抑郁质

10. [新乡市直]人的个性是在(　　)形成的。

A. 心理发展到一定的水平后　　B. 出生后立即

C. 天生　　D. 成年后

11. [安阳文峰区]为了获得优秀的成绩而努力，为了取得他人的赞扬而勤奋工作，为了摆脱孤独而结交朋友。这体现了动机的(　　)

A. 激活功能　　B. 指向功能　　C. 维持功能　　D. 调节功能

二、多项选择题

1. [周口太康]人本主义心理学家马斯洛的需要层次理论把人的众多需要区分为两大类，其中，成长需要包括(　　)

A. 生理需要　　B. 审美需要　　C. 求知需要　　D. 自我实现的需要

2. [驻马店市直]智育任务之一是发展学生智力，智力包括(　　)

A. 观察力　　B. 想象力　　C. 思维力　　D. 记忆力和注意力

3. [濮阳市直]一个科学的测验必然具备良好的信度和效度，关于信度和效度之间的关系下列表述正确的是(　　)(易混)

A. 效度高信度必然高　　B. 效度低信度可能很高

C. 信度低效度不可能高　　D. 信度高效度未必高

4. [郑州郑东新区]下列选项中关于气质在实践中的意义，正确的观点有(　　)

A. 气质没有好坏之分　　B. 气质影响人的活动方式与效率

C. 气质是择业与选拔人才的依据之一　　D. 气质特征是因材施教的依据之一

E. 气质本身不决定一个人社会活动的价值

5. [南阳卧龙区]美国耶鲁大学心理学家斯腾伯格提出了智力三元理论，把智力看作一套相互依存的加工过程，智力三元理论认为智力由三个相互关联的部分组成，这三个组成部分是(　　)

A. 分析能力　　B. 学习能力　　C. 创造能力　　D. 实践能力

6. [濮阳华龙区]下列属于晶体能力的有(　　)

A. 语言文字能力　　B. 判断力　　C. 记忆广度　　D. 联想力

7. [南阳卧龙区]考试焦虑的产生是由生理、心理和社会等多种因素造成的。一般来说，(　　)的学生更容易产生考试焦虑。

A. 多血质　　B. 胆汁质　　C. 抑郁质　　D. 黏液质

三、判断题

1. [驻马店市直]人对食物、空气和水等的生理需要是人最基本的需要。(　　)

2. [南阳南召]最早的智力测试是由法国心理学家比奈和西蒙于1903年编制的。(　　)

3. [驻马店]加德纳的多元智力理论认为，每个人在不同领域的智力发展水平是同步的。(　　)

4. [新乡市直]人的气质无优劣、好坏之分，每一种气质都有好的一面、有坏的一面，教师可以帮助学生克服不同气质类型的消极面。(常考)(　　)

5. [濮阳华龙区]小华想得到家长的赏识是自我实现的需要。(　　)

第三部分　教育心理学

第一章　教育心理学概述

基础必刷

专题1 教育心理学的研究

一、单项选择题

1. 教育心理学的研究方法中,(　　)是最基本、最普遍的方法。(易混)

A. 观察法　　B. 实验法　　C. 调查法　　D. 教育经验总结法

2. 教育心理学的主要研究对象是(　　)

A. 学生　　B. 教师　　C. 学习　　D. 教学

3. 用标准化量表对个体的心理特征进行研究的方法是(　　)

A. 实验法　　B. 观察法　　C. 调查法　　D. 测验法

4. 研究学校教育情境中学与教相互作用的基本规律的科学是(　　)

A. 发展心理学　　B. 思维心理学　　C. 教育心理学　　D. 记忆心理学

5. 在教育心理学领域中,研究最多、研究时间最长的部分是(　　)(常考)

A. 教学过程　　B. 学习过程　　C. 评价过程　　D. 反思过程

6. 通过分析儿童的绘画、日记、作品等以了解儿童心理特点的方法是(　　)

A. 实验法　　B. 测验法　　C. 观察法　　D. 作品分析法

7. 在教育心理学看来,(　　)不仅是课堂管理研究的主要范畴,也是学习过程研究和教学设计研究所不能忽视的重要内容。

A. 教学内容　　B. 教学媒体　　C. 教学环境　　D. 评价/反思过程

8. 下列属于教学环境中社会环境的是(　　)

A. 照明　　B. 座位的排列　　C. 课堂气氛　　D. 投影仪

9. 依据教育实践所提供的事实,按照科学研究的程序,分析和概括教育现象,揭示其内在联系和规律,使之上升为教育理论的一种教育科研方法是(　　)

A. 个案法　　B. 测验法

C. 教育经验总结法　　D. 产品分析法

10. 教育心理学研究要求研究者牢记被试的心理是不断发展变化的,应该采用动态、变化的指标进行衡量。这遵循了教育心理学研究的(　　)原则。

A. 发展性　　B. 整体性　　C. 系统性　　D. 教育性

11. 教育心理学研究的核心内容是(　　)

A. 学习过程　　B. 教学过程　　C. 育人过程　　D. 评价过程

12. 在影响教学过程的因素中，学生的先前基础知识、学习方式、智力水平、兴趣和需要等差异属于(　　)

A. 文化差异因素　　B. 社会差异因素

C. 群体差异因素　　D. 个体差异因素

13. 美国心理学家华生为了研究儿童的恐惧心理，在儿童抚摸小白兔时，大声敲锣，结果使这个儿童不但对白兔，甚至对其他白色的东西都产生了畏惧心理。这种行为违反了教育心理学研究的哪项原则(　　)

A. 客观性原则　　B. 教育性原则

C. 理论联系实际原则　　D. 系统性原则

14. 在比较讲授法和讨论法的教学效果时，教师分别选用两个班级，一班采用讲授法，另一班运用讨论法，两班学生在智力、学业基础等方面尽量保持均衡，期末时测量其成绩差异。这种教育研究方法属于(　　)

A. 观察法　　B. 实验法　　C. 个案研究法　　D. 调查法

15. 为了了解学生在日常学习活动中的进步情况，我们应当采用的研究方法是(　　)

A. 实验法　　B. 练习法　　C. 观察法　　D. 发现法

二、多项选择题

1. 教学环境包括物质环境和社会环境两个方面，下列属于物质环境的是(　　)(易混)

A. 课堂自然条件　　B. 教学设施　　C. 空间布置　　D. 课堂纪律

2. 教育心理学作为一门独立的学科，具有自己的理论、研究方法，对教育实践起着重要的促进作用。关于教育心理学的积极作用，下列表述正确的是(　　)

A. 为实际教学提供科学的实践指导　　B. 有利于教师教育并控制学生

C. 帮助教师结合实际教学进行教育研究　　D. 有利于教师准确地了解问题

3. 教育心理学的研究方法有(　　)

A. 观察法　　B. 教育经验总结法　　C. 产品分析法　　D. 实验法

4. 下列属于教育心理学研究应遵循的原则有(　　)

A. 客观性原则　　B. 诊断性原则　　C. 教育性原则　　D. 系统性原则

三、判断题

1. 遵循客观性原则是进行科学研究的前提条件。(　　)

2. 实验法是心理学研究中应用最广、成就最大的一种方法。(　　)

3. 访谈法最适合了解外显行为，而通过外显行为，可以发现行为背后的原因。(易错)(　　)

4. 研究者创造某种条件使某种心理现象得以产生并加以观察，这是观察法的特点。(　　)

四、名词解释

1. 系统性原则

2. 现场实验

3. 产品分析法

4. 评价/反思过程

专题2 教育心理学的发展

一、单项选择题

1. 研究如何使学生共享教与学过程中所涉及的人类资源,如何在一定背景下将学生组织起来一起学习的是(　　)

A. 主动性研究　　B. 反思性研究　　C. 合作性研究　　D. 社会文化研究

2. 20世纪60年代,(　　)思潮掀起了一场教育改革运动,罗杰斯提出了“以学生为中心”的主张,认为教师只是一个“方便学习的人”。

A. 人本主义　　B. 行为主义　　C. 认知心理　　D. 信息论

3. 世界上第一本以“教育心理学”命名的书是1877年(　　)出版的《教育心理学》。(常考)

A. 乌申斯基　　B. 卡普捷列夫　　C. 赫尔巴特　　D. 桑代克

4. 教育心理学作为一门独立的心理学分支学科,诞生于(　　)

A. 1877年　　B. 1879年　　C. 1903年　　D. 1868年

5. 1924年我国第一本《教育心理学》教科书出版,其作者是(　　)(易混)

A. 陶行知　　B. 蔡元培　　C. 潘菽　　D. 廖世承

6. 下列关于教育心理学发展进程的说法,正确的是(　　)

A. 第一次提出“教育教学的心理学化”的思想是在初创时期

B. 布鲁纳的课程改革运动发生在发展时期

C. 计算机辅助教学出现在完善时期

D. 合作性研究是成熟时期的成果

7. 教育心理学受弗洛伊德理论的影响扩展其研究领域,以及程序教学兴起的时期大致在(　　)

A. 19世纪末20世纪初　　B. 20世纪20年代到50年代末

C. 20世纪60年代到70年代末　　D. 20世纪80年代以后

8. 布鲁纳在1994年将教育心理学的研究成果总结为主动性研究、反思性研究、合作性研究以及(　　)

A. 社会文化研究　　B. 家庭环境研究　　C. 学校环境研究　　D. 班级气氛研究

二、判断题

1. 布卢姆发起了课程改革运动,自此,美国教育心理学逐渐重视探讨教育过程和学生心理,重视教材、教法和教学手段的改进。(　　)

2. 教育心理学成熟时期的特征是行为、认知和人本主义学派的分歧日趋缩小。(　　)

三、填空题

1. 20世纪50年代,________和________的兴起,也相应影响和改变了教育心理学的内容。

2. 我国出版的第一本教育心理学著作是1908年________翻译日本小原又一著的《教育实用心理学》。

3. 教育心理学的成熟时期是________。

4. 赫尔巴特首次提出把教学理论的研究建立在科学基础之上,而这个科学基础就是________。

提升必刷

一、单项选择题

1. 李老师发现班里一名学生在阅读方面存在问题,对此他运用了教育心理学的理论和研究方法,对学生的问题进行了追根溯源,找到了困难的症结。这表明教育心理学具有(　　)的作用。

A. 为实际教学提供科学的理论指导　　B. 帮助教师预测并干预学生

C. 帮助教师准确地了解问题　　D. 帮助教师结合实际教学进行研究

2. 教育心理学与儿童心理学不同,它是从(　　)角度研究某种教学、教育条件或举措与学生掌握知识、技能及形成能力、品格之间的关系。

A. 纵向　　B. 横向　　C. 独立　　D. 并列

3. 下列关于观察法的优点,说法错误的是(　　)

A. 可以观察到被试者在自然状态下的行为表现,所获结果比较真实

B. 可以真实地观察到行为的发生、发展

C. 能够把握当时的全面情况、特殊的气氛和情境

D. 收集资料时间短且真实

二、判断题

1. 教育心理学是应用心理学的一种,是心理学原理在教育中的应用。(易错)　(　　)

2. 教育心理学与许多学科有密切关系,但其作为一门独立学科又有自己的特殊性。　(　　)

真题必刷

一、单项选择题

1. [平顶山新华区]创设环境对变量进行操控,以探求心理现象的原因和发展规律的研究方法是(　　)

A. 实验法　　B. 问卷法　　C. 观察法　　D. 访谈法

2. [郑州二七区]被称为"教育心理学之父"的是(　　)(常考)

A. 桑代克　　B. 罗杰斯　　C. 华生　　D. 班杜拉

3. [平顶山卫东区]教育心理学是一门研究(　　)情境中学与教的基本心理规律的科学。

A. 家庭　　B. 社会　　C. 学校　　D. 个人

4. [信阳市直]李明成绩下滑,刘老师为了了解原因进行家访,这属于教育心理学研究方法中的(　　)

A. 教育经验总结法　　B. 实验法

C. 调查法　　D. 观察法

5. [新乡封丘]在教学中,由于中学生和小学生的思维水平不同,则其学与教的过程也会表现出相应的不同,这主要体现了学生的(　　)

A. 年龄差异　　B. 性别差异　　C. 个体差异　　D. 认知方式差异

二、多项选择题

1. [安阳滑县]教师的教与学生的学是一个相互作用的系统过程。除了学生和教师之外,该系统过程还包括(　　)(常考)

A. 教学内容　　B. 教学环境　　C. 教学媒体　　D. 教学理念

2. [郑州上街区]教育心理学诞生的心理学背景包括(　　)

A. 教育心理化运动　　B. 心理测验运动

C. 儿童研究运动　　D. 冯特的科学心理学

3. [信阳浉河区]教学环境影响学生的学习过程和方法、教学方法以及教学组织,下列属于教学环境中的社会环境的是(　　)

A. 座位的排列　　B. 师生关系　　C. 校风　　D. 社会文化背景

4. [郑州郑东新区]幼儿教育心理学对幼儿教育实践的作用有(　　)

A. 评价　　B. 描述　　C. 解释　　D. 预测

E. 控制

三、填空题

1. [商丘中心城区]学生对学与教的过程的影响体现在两个方面,即群体差异与________。

2. [商丘中心城区]1903年,美国心理学家桑代克出版了________,为西方该学科体系的确定奠定了基础。

第二章 心理发展及个别差异

基础必刷

专题1 心理发展概述

一、单项选择题

1. 心理发展是指个体从出生、成熟、衰老直至死亡的整个生命进程中所发生的一系列(　　)

A. 身心变化　　B. 机体变化　　C. 心理增长　　D. 心理变化

2. 个体心理发展中,充满着独立性和依赖性、自觉性和幼稚性矛盾的阶段是(　　)

A. 童年期　　B. 少年期　　C. 青年初期　　D. 青年期

3. 中学生随着身心的迅速发展,开始积极尝试脱离父母的保护和管理,渴望自己的行为像成人,不愿意被当作孩子看待。这说明中学生心理发展具有(　　)

A. 平衡性　　B. 独立性　　C. 闭锁性　　D. 动荡性

4. 尽管个体的发展要经历一些共同的基本阶段,但在发展速度、最终达到的水平和优势领域上往往是有差别的。例如,有的学生反应敏捷,有的学生反应迟钝;有的学生开朗活泼,有的学生沉着内向。这反映了个体心理发展的(　　)

A. 不平衡性　　B. 方向性和顺序性

C. 差异性　　D. 协调性

5. 在心理发展的过程中,学龄初期是指(　　)的儿童。

A. 三岁至六七岁　　B. 六七岁至十一二岁

C. 十一二岁至十四五岁　　D. 十四五岁至十七八岁

6. 在各种心理机能中,感知觉的发展最早,然后是运动机能、情绪、动机和社会交往能力的发展,而抽象思维的出现和发展最迟。这说明心理学发展具有(　　)

A. 定向性与顺序性　　B. 不平衡性

C. 连续性与阶段性　　D. 差异性

7. 学生不愿听取父母的意见,却又希望从父母那里得到精神上的理解。这一现象体现了其心理的(　　)

A. 反抗性和依赖性　　B. 闭锁性和开放性

C. 高傲和自卑　　D. 否定童年和眷恋童年

8. 印度"狼孩"的事例表明,个体在早期心理发展的某一个短暂时期内,对某类刺激特别敏感,一旦错失将难以达到应有的发展水平。心理学上把这一时期称为(　　)(常考)

A. 最近发展期　　B. 生长高峰期　　C. 心理断乳期　　D. 发展关键期

9. 以下表述不符合个体心理发展关键期特点的是(　　)

A. 某种能力获得的最佳时期　　B. 错过这个时期,个体难以获得某种发展

C. 不可逆转的时期　　D. 0~3岁的时期

10. 儿童对形状形成正确知觉的关键期是(　　)岁。(易混)

A. 1　　B. 2　　C. 3　　D. 4

11. 学生原有的知识水平或心理发展水平对新的学习的适应性,称为(　　)

A. 定势　　B. 最近发展区　　C. 学习迁移　　D. 学习准备

12. 个体的心理发展是一个逐渐由低级向高级有序前进的过程,其体现的心理发展特征是(　　)

A. 连续性　　B. 阶段性　　C. 稳定性　　D. 普遍性

13. 奥地利动物心理学家劳伦兹因为提出了(　　),因而获得了诺贝尔奖。

A. 认知发展理论　　B. 关键期理论

C. 最近发展区理论　　D. 人格发展理论

二、多项选择题

1. 下列哪些属于少年期表现出的总体性的阶段特征(　　)

A. 思想品德的形成　　B. 内心世界的发现

C. 自我意识的觉醒　　D. 独立精神的加强

E. 心理状态的剧变

2. 心理发展的不平衡性体现在(　　)(易混)

A. 个体不同系统在发展速度上的不同

B. 个体不同系统在发展的起止时间上的不同

C. 个体不同系统在到达成熟时期上的进程不同

D. 不同个体在发展优势领域的不同

E. 同一机能特性在发展的不同时期有不同的发展速率

三、简答题

1. 简述学生心理发展的一般规律。

2. 简述影响个体心理发展的因素。

四、案例分析题

美国行为主义心理学家华生在《行为主义》一书中写道："给我一打健康的婴儿，一个由我支配的特殊环境，让我在这个环境里养育他们，我可担保，任意选择一个，不论他们父母的才干、倾向、爱好如何，他们父母的职业及种族如何，我都可以按照我的意愿把他们训练成为任何一种人物……医生、律师、艺术家、大商人，甚至乞丐或强盗。"

试用心理学原理分析此段内容。

专题2 认知发展与教育

一、单项选择题

1. 皮亚杰认为，发展的实质在于主体通过(　　)完成对客体的适应，取得机体与环境的平衡。

A. 思维　　B. 动作　　C. 想象　　D. 言语

2. 某学生认为"鸟是会飞的"，后来知道鸵鸟也是鸟，但不会飞，于是他又重新建立了鸟的概念。根据皮亚杰的认知发展阶段理论，该学生的这一认知过程属于(　　)(易混)

A. 适应　　B. 顺应　　C. 同化　　D. 异化

3. 爸爸问六岁的天天："如果一桶水的重量为10千克，用去一半，剩下多少千克?"天天说："10千克。"根据皮亚杰的认知发展理论，此时的天天最有可能处于(　　)

A. 感知运动阶段　　B. 前运算阶段

C. 具体运算阶段　　D. 形式运算阶段

4. 下列教育案例中，最能体现"最近发展区"理论运用的是(　　)

A. 3岁的小军在妈妈的指导下，逐渐学会了自己穿衣服

B. 小海的妈妈希望他将来成为一名科学家

C. 小明的实际身高和同龄男孩的平均身高之间的差距

D. 5岁的小西能够背诵100首古诗

5. 把一个玩具从儿童的身边拿走，他会去寻找。这说明儿童的认知发展至少应处于(　　)

A. 感知运动阶段　　B. 前运算阶段　　C. 具体运算阶段　　D. 形式运算阶段

6. 很多人购买东西只认牌子，因为他们觉得品牌的东西比较可靠。按照皮亚杰的观点，这种行为属于(　　)

A. 同化　　B. 顺应　　C. 图式　　D. 平衡

7. 皮亚杰认为,儿童思维的发展趋于成熟的标志是(　　)(易错)

A. 获得"客体永久性"概念　　B. 有符号功能思维

C. 获得"守恒"概念　　D. 进入形式运算阶段

8. 根据皮亚杰的研究,初中生的思维处于具体运算阶段向形式运算阶段过渡的时期。针对这一发展特点,教师在教学中应加强对学生(　　)

A. 运算能力的培养　　B. 操作能力的培养

C. 具体思维能力的培养　　D. 抽象思维能力的培养

9. 维果斯基认为,当学生够不到"葡萄"的时候,教师可以进行(　　)教学。

A. 先行组织者　　B. 支架式　　C. 范例式　　D. 自主探究

10. 在和幼儿园里的儿童交流时,他们经常会说"太阳公公""白云姐姐""小草妹妹"等等,这体现了儿童在前运算阶段的(　　)特点。

A. 泛灵论　　B. 自我中心　　C. 集体独白　　D. 思维不可逆性

11. 某学生认为,插队是不文明的行为,但是当遇到孕妇和老人时,可以让他们"插队"。根据皮亚杰的认知发展阶段理论,该学生处于(　　)(常考)

A. 感知运动阶段　　B. 前运算阶段　　C. 具体运算阶段　　D. 形式运算阶段

12. (　　)认为,人类个体心理是在与周围人的交往过程中产生和发展起来的,而不是与生俱来的固有本能,心理发展受人类社会文化历史的制约。

A. 皮亚杰　　B. 维果斯基　　C. 马斯洛　　D. 斯金纳

13. 根据皮亚杰的认知发展阶段理论可知,儿童可以同时从两个或两个以上角度思考问题,这表明儿童认知水平处于(　　)

A. 感知运动阶段　　B. 前运算阶段　　C. 具体运算阶段　　D. 形式运算阶段

14. 维果斯基的"最近发展区"理论对教育教学工作的重要启示是(　　)

A. 教育必须面向未来,教学要走在学生现有发展水平的前面

B. 教育必须坚持从实际出发,充分考虑学生当前的发展水平

C. 教师必须适当放开课堂管理,鼓励学生自己主动探索和发现

D. 教学必须以师生双边活动为中心,实现教学相长与共同发展

15. 学生在学习生活过程中,会通过语言文字体现出一系列的心理活动。根据维果斯基的文化历史发展理论,这属于(　　)

A. 低级心理机能　　B. 高级心理机能　　C. 一般心理机能　　D. 超级心理机能

16. 根据皮亚杰的认知发展阶段理论,延迟模仿出现在(　　)

A. 感知运动阶段　　B. 前运算阶段　　C. 具体运算阶段　　D. 形式运算阶段

17. 皮亚杰认为,(　　)是儿童把新的刺激物纳入已有图式中的认知过程,是图式发生量的变化的过程。

A. 平衡　　B. 成熟　　C. 顺应　　D. 同化

18. 皮亚杰的"三山实验"表明,前运算阶段(2~7岁)的儿童(　　)

A. 以自我为中心　　B. 没有获得客体永久性

C. 没有获得守恒概念　　D. 认为一切事物都是有生命的

19. 同样是5颗纽扣,一个摆放紧密而显得短,另一个摆放稀疏而显得长,某学生会觉得摆放长的数量较多。

根据皮亚杰的认知发展阶段理论，该学生处于（　　）

A. 感知运动阶段　　B. 前运算阶段　　C. 具体运算阶段　　D. 形式运算阶段

20. 一个儿童能辨别自己的左右手，但不能辨别他人的左右手。按照皮亚杰的认知发展阶段理论，这个儿童的认知发展处于（　　）（易混）

A. 前运算阶段　　B. 形式运算阶段　　C. 感知运动阶段　　D. 具体运算阶段

21. 根据皮亚杰的观点，人在认识周围世界的过程中，形成自己独特的认知结构，这被叫做（　　）

A. 图式　　B. 同化　　C. 顺应　　D. 平衡

22. 根据塞尔曼对观点采择的研究，儿童能从中立的、第三者的角度来看待自己和别人的想法与行为，这属于（　　）

A. 相互的观点采择　　B. 自我中心的观点采择

C. 社会信息的观点采择　　D. 自我反省的观点采择

二、多项选择题

1. 皮亚杰认为儿童心理的发生发展不是先天结构的展开，也不是完全取决于环境的影响。他认为影响心理发展的因素包括（　　）

A. 成熟　　B. 习得经验　　C. 社会经验　　D. 平衡化

E. 练习

2. 皮亚杰认为，个体的认知结构是通过哪两个过程的循环而不断发展的（　　）（常考）

A. 调整过程　　B. 同化过程　　C. 反馈过程　　D. 顺应过程

E. 平衡

3. 处于皮亚杰认知发展理论中前运算阶段的儿童，其思维认知特点包括（　　）

A. 泛灵论　　B. 自我中心　　C. 思维不可逆性　　D. 思维可逆性

E. 序列化

4. "最近发展区"是指儿童的下列哪两个发展水平之间的区域（　　）（常考）

A. 实际发展水平　　B. 潜在发展水平　　C. 昨天发展水平　　D. 过去发展水平

E. 前天发展水平

三、判断题

1. 皮亚杰认为认知阶段出现的先后次序是不变的。（　　）

2. 根据皮亚杰的认知发展阶段理论，教会两到三岁的孩子有意识地谦让玩具几乎是不可能的。（易错）（　　）

3. 皮亚杰认为适当的教育训练可以加快各个认知阶段的转化速度。（　　）

4. 皮亚杰提出，在儿童思维发展的所有特征中最重要的是可逆性。（　　）

四、简答题

简述最近发展区的概念及其在教学中的意义。

五、案例分析题

四岁的瑶瑶走进厨房，桌子上放着完全相同的两瓶牛奶。她看见妈妈打开一瓶，把牛奶倒进一个大玻璃坛子里。她的目光从那只仍装满牛奶的瓶子转回到坛子。这时妈妈问："瑶瑶，哪个牛奶多，瓶子里还是坛子里呢？"

(1)根据皮亚杰的认知发展理论，瑶瑶会如何回答？

(2)请运用皮亚杰的认知发展理论对瑶瑶的回答加以分析。

专题3 中小学生人格、社会化发展与教育

一、单项选择题

1. 张老师在给学龄期的学生布置任务时，非常注重结合学生自身的能力，给予其恰当的挑战和可以完成的任务，以保障学生在学习上的积极性，这是因为此阶段的学生面临(　　)的冲突。(常考)

A. 基本的信任感对基本的不信任感　　B. 自主感对羞怯感

C. 主动感对内疚感　　D. 勤奋感对自卑感

2. 根据埃里克森的人格发展阶段理论，"儿童发展出面对不同任务时的胜任感，尤其在学习上，否则，儿童会认为自己没有能力，不可能成功"是对(　　)冲突阶段特征的描述。

A. 自主感对羞怯感　　B. 主动感对内疚感

C. 勤奋感对自卑感　　D. 同一性对角色混乱

3. 埃里克森认为，学生容易出现"我是谁"认知混乱的阶段是(　　)

A. 学前期　　B. 童年期　　C. 青少年期　　D. 成年早期

4. "人心不同，各如其面。"这句俗语为人格的(　　)特点做了诠释。

A. 功能性　　B. 整合性　　C. 独特性　　D. 稳定性

5. 李老师发现小白在考试时，遇到不会做的题就咬笔，根据弗洛伊德的心理性欲发展理论，这最有可能是小白在(　　)发展不顺导致的。

A. 口唇期　　B. 肛门期　　C. 性器期　　D. 潜伏期

6. 弗洛伊德将人格分为本我、自我、超我三个层次，下列关于三个层次的表述正确的是(　　)(易混)

A. 本我是生物本能我，自我遵循快乐原则　　B. 超我遵循现实原则，自我是道德理想我

C. 本我遵循快乐原则，超我是心理社会我　　D. 自我是心理社会我，超我遵循道德原则

7. 人的生理自我是在(　　)成熟。

A. 一岁左右　B. 三岁左右　C. 六岁左右　D. 七岁左右

8. 中学生张东近期心里很矛盾,觉得未来的自己应该是一名宇航员,但又觉得自己能力有限,梦想遥不可及。根据埃里克森的人格发展阶段理论,当前他的主要发展任务是(　　)

A. 获得勤奋感　B. 克服内疚感

C. 避免孤独感　D. 建立自我同一性

9. 个体自我意识的发展顺序是(　　)

A. 生理自我—心理自我—社会自我　B. 生理自我—社会自我—心理自我

C. 心理自我—生理自我—社会自我　D. 心理自我—社会自我—生理自我

10. 学生张华每周都对自己的学习情况做出小结,分析自己在学习上取得的进步,找出自己的薄弱环节。他的这种行为属于(　　)

A. 自我认识　B. 自我信任　C. 自我体验　D. 自我控制

11. 依据埃里克森的人格发展阶段理论,3~6岁儿童人格发展的主要任务是获得(　　)

A. 勤奋感　B. 主动感　C. 自主性　D. 自我同一性

12. (　　)家庭教育方式下的儿童是最不成熟的,他们缺乏自我控制的能力和探索精神,有极强的依赖性,遇到新奇事物或紧张事情就会退缩。

A. 专制型　B. 放纵型　C. 民主型　D. 过于保护型

13. 人格的(　　)是心理健康的重要指标。

A. 独特性　B. 稳定性　C. 整合性　D. 功能性

14. 根据玛西亚的理论,下列案例中,属于同一性扩散的是(　　)

A. 小元尽管临近毕业,但依然沉迷于游戏之中,无暇考虑自己未来的人生和去向

B. 小英在物理竞赛上取得的傲人成绩和荣誉使她立志成为物理学家

C. 小琛按照父母的规划决定将来要成为一名教师

D. 小春希望通过参加各种志愿者活动,去寻找自己未来想要从事的领域

15. “大五人格”包括(　　)、责任心、外倾性、宜人性以及情绪稳定性。

A. 内倾性　B. 神经性　C. 精神性　D. 开放性

二、多项选择题

1. 影响人格发展的社会因素有(　　)(常考)

A. 家庭教养方式　B. 学校教育　C. 同伴群体　D. 个人努力

E. 遗传

2. 父母的教养行为可分为(　　)

A. 专制型　B. 放纵型　C. 对抗型　D. 民主型

E. 中立型

3. 弗洛伊德认为人格结构由哪三部分组成(　　)

A. 本我　B. 自我　C. 他我　D. 超我

E. 镜我

4. 根据埃里克森的人格发展阶段理论，下列学生的年龄阶段与相应的人格发展的主要任务，匹配正确的是(　　)

A. 3～6岁学龄前儿童——主动性　　B. 小学生——勤奋感

C. 初中生——自我同一性　　D. 成年早期——亲密感

E. 1.5～3岁——自主感

三、判断题

1. 随着年龄的增长，同伴的影响越来越强，在某种程度上甚至超过父母的影响。(　　)

2. 人格是在先天禀赋的基础上形成的，不受社会文化的影响。(　　)

3. 社会自我是自我意识最原始的形态。(　　)

4. 自我意识的成分包括自我认识、自我体验、自我控制。(　　)

5. 小李十分内向，不爱说话，无论是在陌生的环境里还是在家里，都寡言少语。这表明人格具有稳定性。(　　)

四、简答题

简述影响人格形成与发展的因素。(常考)

五、论述题

试述中学生自我意识发展的特点。

专题4 学生的个别差异

一、单项选择题

1. 在全体人口中，智力呈何种状态分布(　　)(常考)

A. 正态分布　　B. 偏态分布　　C. 正偏态分布　　D. 负偏态分布

2. 按照智力测验的标准，智力超常的儿童是指智商超过(　　)的儿童。

A. 130　　B. 140　　C. 150　　D. 170

3. 人们通常认为“北方人开朗、豪放，南方人含蓄、细腻”。根据奥尔波特的人格理论，上述人格特质属于(　　)

A. 共同特质　　B. 首要特质　　C. 次要特质　　D. 中心特质

4. 下列属于智力发展的群体差异的是(　　)(易错)

A. 早慧或大器晚成　　B. 天才或智力落后

C. 想象发达或记忆超群　　D. 种族、性别或年龄差异

5. 小王擅长逻辑推理,但缺乏音乐才能;小李擅长绘画,但在数学计算方面比较差。这反映出不同的个体智力具有(　　)

A. 类型差异　　B. 发展速度差异　　C. 发展水平差异　　D. 发展过程差异

6. 静静在做判断时,通常会依据自己内部的标准,不容易受到外来因素的影响和干扰。静静的认知风格属于(　　)

A. 场依存型　　B. 场独立型　　C. 冲动型　　D. 沉思型

7. 一般来说,喜欢人云亦云,社会敏感性高,爱好社交的人属于(　　)认知风格。

A. 场依存型　　B. 场独立型　　C. 沉思型　　D. 冲动型

8. 下列关于认知风格的表述正确的是(　　)

A. 场依存型的人比场独立型的人更多地利用来自身体内部的线索

B. 认知风格主要影响学生的学习方式

C. 区分冲动型和沉思型的标准仅仅是反应时间

D. 发散型认知风格优于辐合型认知风格

9. 当课上老师提问时,学生小丽并不着急举手回答,而是先认真思考后才举手回答,答案也较为全面和准确。这说明小丽属于(　　)学生。(常考)

A. 沉思型　　B. 冲动型　　C. 发散型　　D. 辐合型

10. 下列属于冲动型学生的特点是(　　)

A. 阅读理解能力强　　B. 信息加工策略多运用整体加工方式

C. 善于完成细节性分析的学习任务　　D. 反应快,善于察言观色

11. 教师对某位同学的操行评定为:“××同学为人谦虚老实,尊敬师长,团结同学,责任心强……”按照奥尔波特的人格特质理论,这属于(　　)

A. 共同特质　　B. 首要特质　　C. 中心特质　　D. 次要特质

12. 君君在学习“中心”这一概念时,能够注意到它是皮亚杰理论的内容,将其与其他诸如“自我中心”“守恒”“前运算阶段”等概念联系起来,并且能够与成人常常表现出的自我中心的事实联系起来,这表明君君的学习风格是(　　)

A. 表层加工　　B. 深层加工　　C. 系列性策略　　D. 整体性策略

13. 智力平常者(大多数人)的智商IQ值是(　　)

A. 大于140　　B. 80～89　　C. 110～119　　D. 90～109

14. 小吴在学习中思维很活跃,每次遇到老师的课堂提问都能在第一时间举手回答,但是他的回答往往不是很全面,甚至有时候还是错误的。这说明小吴的思维类型最有可能属于(　　)

A. 场依存型　　B. 场独立型　　C. 反思型　　D. 冲动型

15. 个体在解决问题过程中表现为搜集或综合信息与知识,运用逻辑规律缩小解答范围,直至找到唯一正确的解答的认知方式称为(　　)

A. 场独立型　　B. 场依存型　　C. 辐合型　　D. 发散型

16. 小红6岁就学会了1000个汉字,而小华9岁才学会1000个字。这体现了个体智力的(　　)

A. 结构差异　　B. 发展目标差异　　C. 发展水平差异　　D. 发展方向差异

17. “我喜欢晚上做作业”这句话描述的是学习者的(　　)特征。

A. 认知发展特征　　B. 学习风格　　C. 学习兴趣　　D. 学习动机

二、多项选择题

1. 关于智力,以下说法正确的是(　　)

A. 有的人长于记忆,有的人长于思维,有的人长于想象,这体现的是智力类型差异

B. 人们的智力水平呈正态分布,大多数人的智力属于中等水平

C. 智力在性别上差异显著

D. 智力发展水平差异指的是个体之间或个体内部智力水平高低不同的程度

2. 关于智力的性别差异的表述,正确的是(　　)

A. 男性智力在某种程度上是优于女性的　　B. 男女的智力结构存在差异

C. 男性智力分布的离散程度比女性大　　D. 男女智力的总体水平大致相等

3. 下列选项中,体现智力水平差异的有(　　)(易混)

A. 有的人是天才,有的人是弱智　　B. 有的人早慧,有的人大器晚成

C. 有的人擅长音乐,有的人擅长美术　　D. 有的人智商140,有的人智商110

4. 下列学生的认知风格属于场独立型的有(　　)

A. 偏爱结构不严密的教学

B. 喜欢数学且对理论、抽象的东西感兴趣

C. 做作业时,不喜欢和别人对答案,且坚信自己的答案是正确的

D. 面对问题总是急于求成,在没弄清问题的要求下匆忙作答

5. 区别冲动型与沉思型认知方式的标准是(　　)

A. 冒险　　B. 谨慎　　C. 反应时间　　D. 精确性

三、判断题

1. “少年早慧”“大器晚成”是能力发展水平不同的表现。(易错)　　(　　)

2. 智力并不影响学习能否发生,它主要影响学习的速度、数量、巩固程度和学习的迁移。　　(　　)

3. 认知方式只是表现为对学生信息加工方式的某种偏爱,它不影响学生的学习方式。　　(　　)

4. 表层加工有利于侧重理解的考试,深层加工有利于侧重事实学习和记忆的考试。　　(　　)

四、简答题

1. 简述认知方式差异的教育意义。

2. 简述学生性格差异的教育意义。

五、案例分析题

陈明和罗亮今年高三，是一对好朋友，两个人在处理问题的认知风格方面有较大的差异。比如，让他们从一个复杂的图形中找出另外一个简单的图形，陈明会找得很快，而罗亮则会花费很长的时间。陈明在学习上遇到问题时，常利用个人经验独立对其进行判断，喜欢用概括的与逻辑的方式分析问题，很少受到同学与老师建议的影响。而罗亮遇到问题时的表现则与陈明相反，他更愿意听老师和同学的建议，并以他们的建议作为分析问题的依据。另外，罗亮还喜欢察言观色，关注社会问题。

请结合案例谈谈二人的认知风格有何差异。

提升必刷

一、单项选择题

1. 某小学生经过努力依然因为有两门功课不及格而留级，按照埃里克森的人格发展理论，该小学生很可能发展出(　　)

A. 孤独感　　B. 自卑感　　C. 停滞感　　D. 羞愧和怀疑

2. 维果斯基认为，(　　)的出现表明儿童的符号系统已经开始内化。(易错)

A. 手势语　　B. 自我中心言语　　C. 语言获得装置　　D. 内部语言

3. 学生开始从具体的动作中摆脱出来，并且可以凭借象征性格式在头脑里进行表象性思维。根据皮亚杰的认知发展阶段理论，其认知发展水平达到的阶段是(　　)

A. 感知运动阶段　　B. 前运算阶段　　C. 具体运算阶段　　D. 形式运算阶段

4. 皮亚杰认为，认知(或智力)的本质，就是(　　)，即儿童的认知是在已有图式的基础上通过同化、顺应和平衡机制，不断从低级向高级发展。

A. 替代　　B. 适应　　C. 运动　　D. 守恒

5. 关于学生的认知风格，下列表述不正确的是(　　)

A. 场独立型学生在内在学习动机下学习时，常会产生更好的学习效果

B. 场依存型学生较易于接受别人的暗示，其学习的努力程度往往受到外来因素的影响

C. 冲动型学生面对问题时总是急于求成，不能全面细致地分析问题的各种可能性

D. 沉思型学生记忆能力、思维能力较差，往往会出现阅读困难，并伴有学习能力缺失

6. 儿童喜爱用玩具模仿大人炒菜，这种活动最可能发生在埃里克森所说的(　　)阶段。

A. 勤奋感对自卑感　　B. 自主感对羞耻感

C. 基本的信任感对基本的不信任感　　D. 主动感对内疚感

7. 在获取知识时，有的学生善于阅读，有的学生善于倾听；有的反应快而粗放，有的反应慢而精细；有的喜欢安静环境，有的在喧闹环境中不易受影响。这种学习者的特征差异是(　　)

A. 学习策略差异　　B. 学习方法差异

C. 学习风格差异　　D. 学习行为差异

8. 根据皮亚杰的认知发展阶段理论，"吃一堑，长一智"体现的认知过程是(　　)(易错)

A. 图式　　B. 同化　　C. 平衡　　D. 顺应

9. 小楠考试没有考好，虽然父母没有责怪她，但从良心上讲，她还是感觉对不起父母。这一内疚感是由(　　)引发的。

A. 本我　　B. 自我　　C. 超我　　D. 现实的我

10. 美国心理学家布卢姆提出：如果17岁的智力水平为100%的话，那么从出生到4岁就获得50%的智力，其余30%是4~7岁获得，另外的20%是8~17岁获得。这说明(　　)

A. 遗传素质是智力发展的生物前提　　B. 人的智力发展的速度不均衡

C. 教育对智力的发展起主导作用　　D. 社会实践是智力发展的重要前提

11. 关于皮亚杰认知发展理论中"图式"一词的表述，说法错误的是(　　)

A. 是知识的一种表征方式　　B. 是概括化的动作模式

C. 动作的结构或组织　　D. 具有可逆性的一种操作

12. 某小学生说自己是善良的，因为他把东西分享给了同伴或其他人，但并不能理解"善良的人在某些场合也会抢别人的东西"。这说明该学生的自我意识正处于(　　)的发展阶段。

A. 自我评价　　B. 自我体验　　C. 自我控制　　D. 自我概念

13. 考试时，当一个学生想偷看夹带时，经过激烈的思想斗争，最终决定放弃作弊，做一个诚实的人。按照弗洛伊德的人格理论，在此过程中起主导作用的人格成分是(　　)

A. 本我　　B. 自我　　C. 超我　　D. 现实我

14. 个体想象他人心目中自己的形象，想象他人对自己的评价，以及由此产生的自我感称为(　　)

A. 本我　　B. 投射自我　　C. 超我　　D. 现实自我

15. 学生对自己人际关系的意识，属于下列哪方面的自我意识(　　)

A. 生理自我　　B. 心理自我　　C. 社会自我　　D. 理想自我

16. 对于认知风格属于冲动型的学生，一般情况下，适合的教学方法是(　　)(易混)

A. 给学生充分的时间，让其总结出结构性的知识

B. 教师要给学生提供一些明确的指导和讲解

C. 培养其有条理地、细心地分析问题、解决问题的能力

D. 为其提供无结构的材料，让他自己探索

17. 下列关于心理发展的说法，不正确的是(　　)

A. 埃里克森认为人格的发展受人类实践活动过程的影响和制约

B. 霍尔认为个体心理发展是人类进化过程的简单重复，是由种系发展决定的

C. 教育是个体在心理发展过程中所接受的来自环境方面的最主要的影响，在心理发展中起主导作用

D. 皮亚杰认为个体在平衡与不平衡的交替过程中不断建构和完善认知结构，从而实现认知发展

二、多项选择题

1. 下列对埃里克森“自我同一性与同一性的混乱”阶段的特点的表述，正确的有（　　）

A. 这一阶段的个体的主要任务是培养自我同一性

B. 这一阶段的个体思想、情感常处于一种冲突和混乱之中

C. 这一阶段的个体对周围世界开始有了自己的评价和判断，自我意识增强，情感更加丰富

D. 这一阶段的个体缺乏对世界的实际了解，缺乏自立能力

2. 反抗心理是初中生普遍存在的一种个性心理特征，反抗心理产生的原因包括（　　）

A. 自我意识的突然高涨　　B. 中枢神经系统的兴奋性过强

C. 独立意识的产生　　D. 情绪的稳定性

3. 关于认知发展的性别差异，下列说法正确的有（　　）

A. 从13岁开始，男性空间知觉能力明显优于女性

B. 女性机械记忆能力强，短时记忆广度超过男性

C. 男性的理解记忆、长时记忆优于女性

D. 从婴儿期到青春前期，女孩言语发展一直优于男孩

4. 以下关于自卑感的说法正确的是（　　）（易错）

A. 自卑的人热衷于与人比较，对自己的期待很低

B. 自卑的人往往对自己缺乏客观、清醒的认识，无法悦纳自己

C. 自卑的人容易产生自我怀疑和自我否定

D. 对成败进行正确的归因是处理自卑问题的方法之一

5. 下列有关中学生心理发展的说法，正确的是（　　）

A. 根据皮亚杰的观点，中学生认知发展一般处于形式运算阶段

B. 根据埃里克森的人格发展理论，初、高中阶段的发展任务是培养学生的自我同一性

C. 学生原有的知识水平或心理发展水平对新的学习的适应性，称为最近发展区

D. 从青少年心理发展的阶段特征来看，辩证思维的出现是在青年初期阶段

三、判断题

1. 会说自己的名字是幼儿自我意识萌芽的主要标志。（易错）（　　）

2. 一般认为，初中生的思维已经发展到形式运算阶段，但面临新问题时往往会退回到具体运算阶段。（　　）

3. 学习风格是学生在学习过程中形成的，具有不稳定性，并且有高低、好坏之分。（　　）

4. 少年期是多事之秋，心理学家称之为“危险期”，对这一阶段的少年一定要严加看管。（　　）

5. 场独立型者善于理解、记忆文章中的具体细节，但往往把握不住文章的主题。（　　）

6. 根据埃里克森的发展理论，对于六到十二岁的儿童，教师应该积极地训练儿童适应社会、掌握今后生活所必需的知识和技能。（　　）

7. 根据皮亚杰的理论，在良好的外界环境下，学生的认知发展可以从前运算阶段直接跨越至形式运算阶段。（　　）

四、案例分析题

1. 开学后不久，有学校通知新生家长为孩子做“智力测验”。家住学校附近的一位刘女士反映：她和丈夫常年在外工作，他们的女儿一直由外祖父母代管。由于女儿没有上过托儿所和幼儿园就直接进入小学学习了，所以入学后对学校的生活一时难以适应。再加上女儿生性文静，这下就更不愿意和同学交往了。班主任老师见她整日闷声不响，就对家长说：“我看你女儿脑子不灵活，有些傻，你最好带她去做一次测试。”

班主任的说法正确吗？请用影响人心理发展的主要因素进行理论分析。

2. 张晓是一名初中二年级的女生，学习成绩在班上属于中上水平，她比较聪明，学习能力较强，但性格倔强，个性刚硬，自尊心强，逆反心理十分严重，经常与父母、老师发生冲突、顶撞，有很强烈的抵触情绪。在家里，一旦父母不能满足她的要求就使性子，甚至离家出走，父母由于工作繁忙，经常出差，与张晓沟通较少。特别是今年以来，张晓结识了一群社会青年后，经常与这些社会青年一起玩耍，也沾染了社会青年打牌、抽烟等一些不好的习气。本周三中午，班主任李老师在学校操场角落里撞见张晓抽烟，便批评了她，张晓非常激动地对着班主任大吼大叫，然后出走，在外流浪两天后才回家。

请你分析张晓这些行为的原因并提出解决方法。

真题必刷

一、单项选择题

1.［平顶山新华区］埃里克森指出，许多人对工作和学习的态度、习惯可以追溯到人格发展阶段的(　　)

A. 勤奋感　B. 羞耻感　C. 内疚感　D. 孤独感

2.［许昌市直］雯雯和妈妈正在客厅玩简易版的抓娃娃机，可是雯雯怎么操作都抓不上来娃娃。雯雯妈妈见状就帮孩子抓住了娃娃机的操纵杆，一边抓一边告诉雯雯应该怎么做。雯雯按照妈妈的说法又摆弄了一会娃娃机，但还是抓不到，便不再玩了。根据此场景分析，雯雯最可能处于的发展阶段为(　　)

A. 自主感对羞怯感　B. 勤奋感对自卑感

C. 主动感对内疚感　D. 亲密感对疏离感

3.［洛阳市直］观点采择能力是指站在他人的角度看问题的能力。塞尔曼把儿童观点采择能力的发展划分为五个阶段。其中，在(　　)，儿童能够考虑他人的观点，并预期他人的行为反应，但不能同时考虑自己和他人的观点。

A. 自我中心的或无差别的观点采择阶段　B. 社会信息的观点采择阶段

C. 自我反省的观点采择阶段　D. 相互的观点采择阶段

4.［洛阳市直］弗洛伊德根据儿童正在发展过程中身体的哪些器官为儿童提供力比多的满足，将儿童心理发展划分为五个阶段。在(　　)，儿童的性欲望和冲动处于暂时的休眠状态，性的兴趣被其他活动所取代。

A. 口唇期　B. 潜伏期　C. 生殖期　D. 肛门期

5.［郑州二七区］在弗洛伊德的人格结构理论中，(　　)属于道德的部分。

A. 自我　B. 自身　C. 本我　D. 超我

6.［郑州高新区］埃里克森的心理社会发展阶段理论认为，12～18岁的个体要解决的主要冲突是(　　)(常考)

A. 勤奋感对自卑感　B. 主动感对内疚感

C. 自主感对羞耻感　D. 自我同一性对角色混乱

7.［信阳浉河区］根据马西娅的理论，处于同一性(　　)状态的青少年没有对有关自我发展的重大问题进行过思考，对自我投入的目标、价值、信仰反映了父母或其他权威人物的希望。

A. 延缓　B. 获得　C. 扩散　D. 早闭

二、多项选择题

1.［南阳镇平］学生心理发展的基本特点有(　　)

A. 连续性　B. 阶段性　C. 方向性　D. 平衡性

E. 差异性

2.［安阳市直］将儿童的饼干藏起来以后，他会去寻找；将他的饼干掰成两半，他会觉得饼干变多了。这说明儿童的认知发展具有(　　)的特点。

A. 不守恒　B. 思维不可逆　C. 客体永恒性　D. 拥有简单的抽象逻辑思维

3.［永城］在认知风格的所有要素中，场独立与场依存是认知风格的核心。下列哪些属于场依存型学生的特点(　　)(常考)

A. 偏爱自然科学和数学　B. 偏爱社会科学

C. 常常依赖外部反馈，对人比对物更感兴趣　D. 心理分化水平较高，倾向于以内在的参照去知觉事物

三、判断题

1. [平顶山湛河区]根据皮亚杰的观点，客体永久性的形成，表明儿童开始在头脑中用特殊符号来表征事物。（　　）

2. [洛阳市直]与男生相比，女生的空间知觉能力较弱，这体现了空间能力上存在明显的性别差异。（　　）

3. [驻马店驿城区]心理自我是从青春期开始发展和形成的。这时，学生开始形成自觉地按照一定的行动目标和社会准则来评价自己的心理品质和能力。（　　）

4. [信阳市直]合作学习是一种合乎维果斯基最近发展理论的学习方式。（　　）

四、简答题

[濮阳联考]简述埃里克森的心理社会发展阶段论。

五、案例分析题

[郑州中原区]**片段一**：在教学《氧气的性质》时，教师：英国动物学家康莫森在某个国家的水塘里发现一种鱼，常浮在水面上，并向空中伸一伸头。当时康莫森对这种奇怪的现象做了一个奇怪的解释，即这种鱼浮在水面是为了嗅一嗅空气中的气味，因此把这种鱼命名为“爱嗅气味的鱼”，现在人们称其为“嗅鱼”。根据你的估计，这种气体究竟是什么呢？它具备哪些性质呢？

片段二：在教学《声音的发生和传播》时，老师提问：关于声音，你们有什么想要研究的问题吗？

学生答：想知道声音是怎样产生的？人为什么会听到声音？声音是怎样传播到耳朵的？为什么有噪音、乐音？声音为什么只能听到而看不到？声音轻重由什么决定？为什么有的声音很好听，有的声音很难听？……

面对学生提出的这些问题，老师不慌不忙地说：这么多问题我们先研究哪一个呢？

学生讨论、争辩，最后认为应先讨论“声音的产生”。

教师假装疑惑：为什么？

甲生：因为不产生声音，就听不到声音，噪音、乐音等就不存在了。

乙生：因为没有声音，也就没有其他问题的研究。

就这样，老师一边调动学生“放出”问题，一边又引领学生“收回”问题，在宽松的对话、沟通中进行教学。

片段三：在教学《观察土壤中有什么》时，老师鼓励学生设计实验和表格，从生物、非生物、颜色、颗粒大小、含水量、含气量等角度观察，并展示学生的设计方案与实验成果，对那些观察视角独特、有新发现的学生，给予鼓励。有些观察活动，周期较长，还要求学生持之以恒地做好观察记录。

问题：上述教学案例是运用“最近发展区理论”实施的教学片段，请根据你的认知，进行分析评价。

第三章　学习理论

基础必刷

专题1 学习概述

一、单项选择题

1. 奥苏贝尔从学习进行的方式、学习材料与学习者原有知识的关系两个维度对认知领域的学习进行了分类。根据该分类，下列属于机械的接受学习的是(　　)

A. 记乘法表　　B. 科学研究　　C. 运用公式解题　　D. 设计实验

2. 加涅认为学生的学习结果不外乎五种类型。下列学习任务中，体现的学习结果类型属于态度的是(　　)

A. 陈述灭火器的主要种类

B. 举例说明在恒温条件下有关气体的压力和体积关系的规则

C. 用活动扳手拧紧螺帽

D. 选择阅读小说作为课余消遣活动

3. 学生学习体操动作，这种学习属于(　　)

A. 信号学习　　B. 连锁学习　　C. 辨别学习　　D. 言语联结学习

4. 加涅认为，人类的学习是复杂多样的，是有层次的，总是由简单的低级学习向复杂的高级学习发展，构成了一个依次递进的层次与水平，而简单的低级学习是复杂的高级学习的基础。按照他的这种观点，学生将“柳树”“杨树”“松树”等概括为“植物”的学习属于(　　)

A. 连锁学习　　B. 言语联结学习　　C. 概念学习　　D. 解决问题学习

5. 通过学习长方形面积计算公式，小玲明白了当长方形的长和宽增加时，面积会增大；长和宽减小时，面积会缩小。根据加涅的学习分类，这属于(　　)(易混)

A. 概念学习　　B. 规则学习　　C. 辨别学习　　D. 刺激—反应学习

6. 加涅根据学习情境由简单到复杂、学习水平由低级到高级的顺序，把学习分成八类，其中学生学习“长方形的周长=(长+宽)×2”属于(　　)

A. 刺激—反应学习　　B. 解决问题的学习　　C. 连锁学习　　D. 规则或原理学习

7. 巴甫洛夫是俄国著名的生理学家，经典性条件反射理论就是在他的工作基础上建立起来的，经典性条件反射是一种(　　)

A. 信号学习　　B. 言语联想学习　　C. 概念学习　　D. 辨别学习

8. 在加涅的学习结果分类中，(　　)表现为用于调控注意、学习、记忆、思维、问题解决过程的能力。

A. 认知策略　　B. 智慧技能　　C. 言语信息　　D. 动作技能

9. 某学生观看了电影《上甘岭》后，对剧中英雄人物顿生敬佩之情，立志学好本领，成为国家有用之才。从加涅的学习结果分类来看，该生这一心理变化属于(　　)的学习。

A. 态度　　B. 动作技能　　C. 言语信息　　D. 认知策略

10. 学生通过学习后,能说出“诚信”的含义。根据加涅的学习结果分类,这种水平的学习主要属于(　　)

A. 言语信息学习　　B. 心智技能学习　　C. 认知策略学习　　D. 态度学习

11. 小李学会了造句的规则,能够说出“我喜欢蓝色的天空和大海”这样的句子。根据加涅的学习水平分类,这种学习属于(　　)

A. 刺激—反应学习　　B. 言语联结学习　　C. 概念学习　　D. 规则学习

12. 苗苗上课时积极回答问题,多次受到老师表扬,之后苗苗上课回答问题更为积极。按照加涅的学习分类,这种学习属于(　　)

A. 刺激—反应学习　　B. 概念学习　　C. 辨别学习　　D. 规则学习

13. 下列哪项属于有意义的接受学习(　　)(易错)

A. 学生兴趣盎然地听科普讲座　　B. 学生用谐音法记忆单词

C. 科学家探索新材料　　D. 玩走迷宫游戏

14. 小学一年级的小朋友在教师的指导下学会区分“q”和“p”两个字的字形,按照加涅的学习结果分类来看,这里发生的学习结果类型是(　　)(易混)

A. 智慧技能　　B. 言语信息　　C. 认知策略　　D. 动作技能

15. 下面哪种学习不属于学习主体的分类(　　)

A. 动物　　B. 学生　　C. 网络　　D. 机器

16. 按学习的意识水平分类,(　　)是有意识的、做出努力的和清晰的、需要付出心理努力并需按照规则做出反应的学习。例如,学习物理中的牛顿运动定律。

A. 内隐学习　　B. 外显学习　　C. 机械学习　　D. 无意义学习

二、判断题

1. 学习是个体在特定情境下由于练习和反复经验而产生的可观察的行为的变化。(　　)

2. 当学生表现出一次正确的行为时,就表示他已经确实学到了该种行为。(　　)

3. 按加涅的学习结果分类,学习者使用符号与环境相互作用的能力称为言语信息。(　　)

4. 幼儿听老师讲大灰狼扮成兔妈妈想要吃掉小白兔的故事后,对大灰狼憎恶,对小白兔友善。这里发生的是言语信息的学习。(　　)

三、简答题

1. 简述加涅提出的五种学习结果分类。

2. 简述学生学习的特点。

专题2 行为主义学习理论

一、单项选择题

1. 在学习上，许多知识内容的理解和消化需要反复地巩固。就如同学生学习古诗词一样，仅仅背会是不够的，还需要后期不断地复习与默写以保证知识掌握得更加熟练。根据桑代克的理论，这种学习方式遵循了学习原则中的（　　）

A. 准备律　　B. 巩固律　　C. 效果律　　D. 练习律

2. 在实际的教育和教学过程中，引导学生分辨勇敢和鲁莽、谦让和退缩，要求学生区别重力和压力、质量和重量等，需要对刺激进行（　　）

A. 分化　　B. 消退　　C. 泛化　　D. 恢复

3. 教育心理学史上第一个较完整的学习理论是（　　）

A. 形式训练说　　B. 联结说　　C. 顿悟说　　D. 共同要素说

4. “其身正，不令而行；其身不正，虽令不从。”这句话应用到教师对学生的教育管理中，体现了教育心理学中的哪个学习理论（　　）（常考）

A. 操作条件反射理论　　B. 人本主义学习理论

C. 建构主义学习理论　　D. 社会学习理论

5. （　　）提出了操作性条件反射学说。

A. 桑代克　　B. 巴甫洛夫　　C. 斯金纳　　D. 华生

6. 学生李明看到自己的同桌张飞上课看课外书却没有遭到老师批评，于是他有时上课便也看起课外书来，张飞的行为对李明产生的影响属于（　　）

A. 观察学习　　B. 信号学习　　C. 直接学习　　D. 试误学习

7. 妈妈在孩子给她拿鞋后奖励了孩子一颗糖，孩子之后又多次重复这一行为，这属于（　　）

A. 惩罚　　B. 正强化　　C. 负强化　　D. 特殊强化

8. 小花小时候被家里的小猫挠伤过，后来她只要一看到猫就会被吓得大哭。这是由刺激的（　　）导致的。

A. 消退　　B. 分化　　C. 泛化　　D. 惩罚

9. 某学生为了避免父母的斥责而认真完成作业，其背后的作用机制是（　　）

A. 惩罚　　B. 消退　　C. 正强化　　D. 负强化

10. 如果一个家长想用看电视作为奖励以强化儿童认真、按时完成作业的行为，最适合的安排应该是（　　）

A. 让儿童看完电视后立即督促其完成作业　　B. 规定每周看电视的适当时间

C. 惩罚孩子过分喜欢看电视的行为　　D. 只有按时完成作业后才能看电视

11. 每次上新课前，老师都会预设问题激发学生学习兴趣，并让学生预习。这符合桑代克学习定律中的（　　）

A. 效果律　　B. 准备律　　C. 练习律　　D. 学习律

12. 某学生这样来管理自己的学习：“如果我能在30分钟内完成英语老师布置的家庭作业，那么就可以和爸爸出去玩。”该学生运用的是（　　）

A. 外部强化　　B. 替代强化　　C. 自我强化　　D. 消极强化

13. 小江上课时因正确回答问题被老师表扬,心里很是开心。但是下午放学回到家因为房间很乱被妈妈训了一顿,还被禁止玩游戏。小江的老师和妈妈的行为分别属于(　　)

A. 正强化、负强化　　B. 正强化、惩罚

C. 负强化、惩罚　　D. 负强化、消退

14. 某教师对喜欢打小报告的学生采取故意不理会的方式,这是一种(　　)

A. 正强化　　B. 负强化　　C. 惩罚　　D. 消退

15. 教师在运用惩罚的方法管理学生时,应该注意(　　)

A. 惩罚可以经常使用　　B. 任何时候都可应用奖励代替惩罚

C. 惩罚应该在错误行为发生后立即做出　　D. 惩罚应当在错误行为发生一段时间之后再做出

16. 斯金纳认为,教育就是塑造行为,而塑造行为的关键是(　　)

A. 试错　　B. 顿悟　　C. 强化　　D. 模仿

17. "榜样学习"对学生可以起到很好的教育效果。下列理论可以合理解释该现象的是(　　)

A. 强化说　　B. 认知学习理论　　C. 从众说　　D. 观察学习理论

18. 班杜拉将观察学习分为(　　)四个子过程。

A. 注意、保持、复现、动机　　B. 注意、保持、复现、反思

C. 模仿、亲历、保持、动机　　D. 模仿、生成、动机、反思

19. 高二(3)班在期中考试时采取"无人监考"的模式,考试结束后,教务主任在高二年级全体师生会议上,对高二(3)班的学生自觉遵守纪律的行为提出表扬。这对其他班级的学生而言是一种(　　)(常考)

A. 正强化　　B. 负强化　　C. 自我强化　　D. 替代强化

20. 李明看到张红帮助老师擦黑板,但日后他自己不一定这样做,因为他未看到老师表扬张红。这属于观察学习的(　　)过程。

A. 注意　　B. 保持　　C. 动作再现　　D. 动机

21. "学习过程就是尝试错误的过程",这一观点属于哪种学习理论(　　)

A. 行为主义　　B. 认知主义　　C. 人本主义　　D. 建构主义

22. 班主任为提高学生的学习成绩,承诺奖励比前一次考试多十分的学生笔记本,因而全班形成了良好学风。这符合桑代克学习规律中的(　　)

A. 准备律　　B. 联结律　　C. 效果律　　D. 练习律

23. 在日常生活中,看见路上的垃圾后会绕道走开,这体现了(　　)(易混)

A. 惩罚作用　　B. 回避条件作用

C. 正强化作用　　D. 逃避条件作用

24. 在教育中,尤其是德育中,要"防患于未然",这是(　　)原理。

A. 逃避条件作用　　B. 回避条件作用

C. 惩罚　　D. 消退

25. 胡老师向其他老师抱怨班上的学生:"当他们违反纪律时,我对他们大喊大叫,但是他们却越来越不像话。"这种现象可以利用行为主义的(　　)原理进行解释。(常考)

A. 强化　　B. 分化　　C. 惩罚　　D. 消退

26. 丽丽的书法作品被学校悬挂在展览墙上，引来不少同学观看和称赞，于是琪琪也想练好书法，作品能被学校展览。这属于(　　)

A. 负强化　　B. 替代强化　　C. 直接强化　　D. 自我强化

27. 孩子的许多无理取闹的行为实际上是学习的结果，比如通过哭闹来获得自己心仪的玩具，在这个过程中，家长的让步起着(　　)作用。

A. 泛化　　B. 消退　　C. 分化　　D. 强化

28. 社会学习论的主要代表人物班杜拉认为行为习得有两种不同的过程，其中一种是观察学习的过程。观察学习的起始环节是(　　)

A. 动机过程　　B. 注意过程　　C. 保持过程　　D. 强化过程

29. 学生小刘对数学不感兴趣，常常不做作业，但他十分喜欢打篮球，因此方老师告诉小刘，只有做完了今天的数学作业，才能和同学去打篮球。这种用高频的活动作为低频活动的有效强化物的方式涉及强化物选择的(　　)

A. 耶克斯—多德森定律　　B. 霍桑效应

C. 木桶效应　　D. 普雷马克原则

30. 李华总是在上课时看课外书，梁老师知道后并没有直接批评他，而是表扬了他身边认真上课的同桌。自此以后，李华再也没有在上课期间看与课堂无关的书。老师使用的这种课堂管理方法属于(　　)

A. 直接干预　　B. 替代强化　　C. 团体警觉　　D. 处理转换

31. 根据桑代克的学习理论，当学生不愿意参加小组讨论时，教师若强迫其参加讨论，则不会取得好的学习效果，此学习规律是(　　)

A. 准备律　　B. 练习律　　C. 应用律　　D. 失用律

32. 在日常教学中，由于学生表现良好，教师减少其家庭作业的量。教师这样的行为称为(　　)

A. 正强化　　B. 负强化　　C. 惩罚　　D. 消退

33. 孩子不会游泳，但可以通过模仿学会。这是(　　)

A. 机械学习　　B. 强化学习　　C. 发现学习　　D. 观察学习

34. 李玲在数学课上多次被老师批评，不愉快的经验让她只要上数学课就焦虑紧张，也不喜欢数学老师，逐渐不喜欢上数学课，后来发展为不喜欢上其他课，最终害怕去上学。行为主义理论称这种现象为(　　)(常考)

A. 正强化　　B. 负强化　　C. 消退　　D. 泛化

35. 当小花同学没有参与集体活动时，老师不评价她，而是表扬其他小朋友；当小花同学想要加入集体活动时，老师会欢迎她的加入，并给予肯定。这种引导方式属于(　　)

A. 消退　　B. 习得　　C. 负强化　　D. 正强化

二、多项选择题

1. 下列心理学家属于行为主义学派的有(　　)

A. 华生　　B. 桑代克　　C. 马斯洛　　D. 奥苏贝尔

2. 经典条件作用的主要学习规律有(　　)

A. 习得律　　B. 消退律　　C. 泛化律　　D. 分化律

3. 根据斯金纳的学习理论，现实生活中的口头表扬属于(　　)

A. 正强化　　B. 内部强化　　C. 原始强化　　D. 条件强化

4. 下列关于桑代克的联结—试误学习理论的说法正确的有(　　)

A. 学习来自观察和模仿

B. 学习的实质在于建立情境与反应之间的联结

C. 学习就是不断犯错直至正确的过程,因此不必强化已经获得的知识

D. 联结—试误学习理论有其正确的一面,同时也犯了以偏概全、忽视人类学习主观能动性等错误

5. 小明看到同班的小强,原来物理成绩与自己差不多,后来买了一本非常好的辅导书,认真系统地学习了一段时间,现在解题速度比自己快,成绩也大大超越了自己,于是也买来这本书学习。小明的做法属于(　　)

A. 观察学习　　B. 连锁学习　　C. 顿悟学习　　D. 模仿学习

6. 社会学习理论的创始人班杜拉认为,除了对直接行为后果的外部强化外,还有(　　)

A. 初始强化　　B. 派生强化　　C. 替代强化　　D. 自我强化

7. 下列现象中,属于负强化的有(　　)(易错)

A. 乘坐校车时,系好安全带就可以终止刺耳的提示噪音

B. 孩子哭闹着要买玩具,母亲对其不予理睬

C. 儿童努力学习以避免父母的责骂

D. 学生玩网络游戏而耽误写作业,家长停止一个月的网络

8. 心理学家斯金纳把有机体的行为分为(　　)

A. 应答性行为　　B. 操作性行为

C. 机械性行为　　D. 重复性行为

9. 班杜拉认为观察学习是人学习的重要形式,下列关于观察学习特点的描述,正确的有(　　)

A. 观察学习依赖于直接强化　　B. 观察学习不一定具有外显的行为反应

C. 观察学习具有认知性　　D. 观察学习是无条件的

三、判断题

1. 观察学习是与条件反射完全无关的学习形式。(　　)

2. 刺激泛化和刺激分化是互补的过程。(　　)

3. 对学生的行为进行奖励时,应注意避免外部奖励对内部兴趣的破坏。(　　)

4. 根据斯金纳的操作性条件反射理论,强化分正强化和负强化,无论是正强化还是负强化,其作用都是增加同类反应在将来发生的概率。(常考)(　　)

5. 负强化是运用惩罚排除不良行为的过程。(易错)(　　)

6. 课堂上学生看课外书,不好好听课,教师没收课外书。这种行为属于负强化。(　　)

7. 消退是一种强化的过程,其作用在于降低某种反应在将来发生的概率。(　　)

8. 作为教师,应慎重使用惩罚,因为惩罚只能让学生明白什么不能做,但并不能让学生知道什么能做和应该怎么做。(　　)

9. “上行下效”“耳濡目染”是观察学习的体现。(　　)

10. 操作性条件作用理论强调行为前的强化。(　　)

11. 奖励是影响学习的主要因素,这是斯金纳效果律的观点。(　　)

四、案例分析题

在一个经典实验中，研究者将3～6岁的儿童分成三组，先让他们观看一个成年男子对充气玩偶进行攻击（如大声吼叫或拳打脚踢）的视频。然后，让第一组儿童看到成年男子攻击玩偶后受到另一个成人的表扬和奖励；让第二组儿童看到成年男子攻击玩偶后受到另一个成人的惩罚；第三组儿童则只看到成年男子攻击玩偶。之后，研究者把这些儿童一个个单独领到一个房间里去。房间里放着各种玩具，其中包括玩偶。对儿童的行为观察表明，第一组儿童产生较多的攻击性行为，第二组则比第三组表现出更少的攻击性行为。

请运用班杜拉的社会学习理论对该实验进行分析。

专题3 认知派学习理论

一、单项选择题

1. 在学习"能源与可持续发展"一章时，张老师说"能源是能够提供能量的资源"，然后让学生讨论能源的类型。张老师主要运用了（　　）策略。

A. 问题教学　　B. 行为练习　　C. 先行组织者　　D. 教学言语循环

2. 在（　　），教师主要是引起学生对学习内容的注意和知觉，为了使学生能够有效地进行选择性知觉，教师应采取各种手段来引起学生的注意。

A. 学习的保持阶段　　B. 学习的回忆阶段

C. 学习的反馈阶段　　D. 学习的领会阶段

3. 某生会背诵九九乘法口诀，并懂得"三三得九"就是3个3相加之和是9。这种学习属于（　　）

A. 信号学习　　B. 连锁学习　　C. 机械学习　　D. 有意义学习

4. 学习获得了"认知地图"，但这个结果却不显示出来，托尔曼把这种学习叫（　　）

A. 联结学习　　B. 潜伏学习　　C. 观察学习　　D. 有意义学习

5. 学生通过对多个大小不一的圆的实际测量，独立探索出圆的周长和直径之间的比值接近一个常数3.14。这种学习属于（　　）

A. 被动学习　　B. 机械学习　　C. 接受学习　　D. 发现学习

6. 教学过程中的首要事件是(　　)

A. 引起学生注意　　B. 揭示教学目标

C. 适时给予反馈　　D. 评定学习结果

7. 某学生在课堂上学习等边三角形概念的过程中,弄清了等边三角形和一般三角形概念之间的关系。按照奥苏贝尔的理论,这属于(　　)

A. 有意义的接受学习　　B. 有意义的机械学习

C. 有意义的独立学习　　D. 独立的机械学习

8. 杨老师在备课时,总是习惯先寻找一些关于授课任务本身的引导性材料,这些材料比授课任务本身具有更高的抽象、概括和综合水平,还能使学生认知结构中的原有概念与新的学习任务产生更加清晰的关联,杨老师的这种教学策略被称为(　　)

A. 先行组织者　　B. 过程组织者　　C. 教学组织者　　D. 平行组织者

9. 布鲁纳认为,教学的最终目标在于理解学科的(　　)

A. 认知结构　　B. 基本结构　　C. 基本思想　　D. 方法论

10. 先行组织者教学技术常用于(　　)

A. 发现学习　　B. 接受学习　　C. 个别化教学　　D. 程序教学

11. 即使不给予强化或奖励,学习也能发生。这种学习是(　　)

A. 潜伏学习　　B. 替代学习　　C. 试误学习　　D. 意义学习

12. 如果学生对所学习的知识产生了浓厚的兴趣,那么学生常常能取得优异的成绩,心理学家布鲁纳把这种学习动机称为(　　)

A. 好奇内驱力　　B. 互惠内驱力

C. 胜任内驱力　　D. 附属内驱力

13. 以下属于认知学习理论的观点的是(　　)

A. 学习的实质是形成刺激与反应的联结　　B. 强化在其中起着重要作用

C. 原有知识结构对学习十分重要　　D. 学习的成就影响后继学习

14. 生物课上,王老师拿出两个透光的玻璃罩,一个玻璃罩中有植物,另一个没有。同时点燃两根蜡烛,分别放入两个玻璃罩中,观察到没有植物的玻璃罩中的蜡烛燃烧一段时间后熄灭了,而有植物的玻璃罩内的蜡烛一直燃烧。同学们都很好奇,热烈地讨论起来,这时王老师在黑板上写下了今天的课题——光合作用。根据加涅的信息加工学习理论,这时学生的学习处于(　　)

A. 动机阶段　　B. 保持阶段　　C. 获得阶段　　D. 概括阶段

二、多项选择题

1. 下列选项中,属于有意义学习的有(　　)

A. 用长方形的面积公式推导出正方形的面积公式

B. 两岁的明明每天都背诵三字经

C. 狗的英语发音记为“刀割”

D. 学习了哺乳动物的概念后,知道蝙蝠应该归属于哺乳动物

2. 布鲁纳在教学观中提出的掌握学科的基本结构的教学原则包括(　　)

A. 发现原则　　B. 动机原则　　C. 结构原则　　D. 强化原则

3. 下列观点符合奥苏贝尔认知—同化学习理论的是(　　)

A. 教师要采用发现法进行教学

B. 学生的学习是一种有意义的接受学习

C. 教师在教学中可以采用先行组织者教学策略

D. 学习是尝试错误的过程

4. 学生具有三种最基本的内在动机,即(　　)

A. 好奇内驱力　　B. 胜任内驱力　　C. 目标内驱力　　D. 互惠内驱力

5. 下列说法中,属于布鲁纳认知—结构学习理论观点的有(　　)

A. 学习的实质是主动形成认知结构

B. 强调发现学习

C. 主张教学的最终目标是促进学生对学科的基本结构的一般理解

D. 学习者不是主动地获取知识而是被动地接受知识

6. 王老师给学生们讲了数学分配律,在问到[(a+b)×c]可以写成什么时,学生们都能异口同声地回答。但是让他们思考(a×c+b×c)这个式子可以写成什么时,却没有人能够回答。这反映了学生的学习属于(　　)

A. 发现学习　　B. 接受学习　　C. 机械学习　　D. 有意义学习

7. 以有意义学习和认知同化的观点为基础,属于奥苏贝尔提出的组织学习的原则和策略的有(　　)

A. 最近发展区　　B. 逐渐分化原则

C. 整合协调原则　　D. 先行组织者策略

8. 下列属于认知派学习理论的是(　　)

A. 桑代克的联结—试误学习理论　　B. 布鲁纳的学习理论

C. 加涅的信息加工学习理论　　D. 罗杰斯的学习理论

三、判断题

1. 用语言教授的接受学习是被动机械的。(　　)

2. 在学校教学中,教师指导的程度越小,学生发现的程度越大,效果也就越好。(易错)(　　)

3. 在教学中,如果学生能利用旧知识去同化新知识,那么,“接受式学习”就有意义。(　　)

4. 发现教学法在实际教学中的运用范围非常有限,仅适用于部分科目和高年级学生。(　　)

5. 依据奥苏贝尔的有意义学习理论,学习材料的逻辑意义能确保产生有意义学习。(　　)

6. 先行组织者是为新学习的材料提供一个过渡性的、概括性程度相对较低一点的铺垫性学习材料。(　　)

四、简答题

1. 简述完形顿悟说的基本内容。

2. 简述布鲁纳的认知发现学习理论。

3. 什么是先行组织者？简述其类型及功能。

专题4 人本主义学习理论和建构主义学习理论

一、单项选择题

1. 某老师强调学生学习主动性的重要性、合作学习的重要性以及教师对学习情境创设的重要性，这位老师可能更支持( )

A. 认知学习理论　　B. 行为主义学习理论

C. 人本主义学习理论　　D. 建构主义学习理论

2. 从“地心说”到“日心说”的发展，说明知识并不是绝对的真理，只是在现有水平上对各种现象的解释，在未来很有可能被再次推翻。以上对于知识的理解更符合下列哪一学派的观点( )

A. 人本主义　　B. 行为主义　　C. 建构主义　　D. 认知主义

3. 罗杰斯创立了以学生为中心的教育和教学理论，其基本理论不包括( )

A. 知情统一的教学目标观　　B. 有意义的自由学习观

C. 学生中心的教学观　　D. 积极关注学生成长

4. 有关建构主义和认知主义的区别，下列表述正确的是( )

A. 认知主义把教师看成学生学习的促进者，而建构主义把教师看成学生学习的帮助者

B. 认知主义强调知识的主观性，建构主义强调知识的客观恒久性

C. 对于知识的运用，认知主义强调其应用的普遍性，建构主义强调其情境性

D. 对于学习，认知主义强调学生的个体经验，建构主义强调知识本身的权威

5. 人本主义心理学家罗杰斯认为，学习方式主要有( )

A. 无意义学习和机械学习　　B. 无意义学习和理解学习

C. 机械学习和有意义学习　　D. 无意义学习和有意义学习

6. 张老师在教研活动课上强调，学生的学习应该与情境化的社会实践活动联系在一起，要注意学生的学习应该是存在于具体的情境中的。由此可知，这位老师可能更支持( )(常考)

A. 认知主义学习理论　　B. 人本主义学习理论

C. 行为主义学习理论　　D. 建构主义学习理论

7. 为了有效地掌握复杂概念或全面了解高级知识间的相互联系，换一个角度看问题有助于学生对同一问题获得不同的表征形式。因此，对同一内容的教学有必要在不同的时间段重新安排不同的情境，着眼于问题的不同侧面，用不同的方式加以呈现，以帮助学习者对所学知识获得新的理解。这种教学方式属于( )

A. 支架式教学　　B. 抛锚式教学　　C. 启发式教学　　D. 随机进入教学

8. “学生不是空着脑袋走进教室的”是下列哪个学派提出的( )(常考)

A. 认知心理学　　B. 建构主义　　C. 人本主义　　D. 行为主义

9. 下列属于建构主义教学模式的是(　　)

A. 范例教学模式　　B. 发现教学模式

C. 支架式教学模式　　D. 掌握学习教学模式

10. 罗杰斯的"以学生为本""让学生自发地学习""排除对学习者的威胁"这样的教学模式称为(　　)

A. 非指导性教学模式　　B. 结构主义课程模式

C. 发展性教学模式　　D. 最优化教学模式

二、多项选择题

1. 建构主义学习理论的四大要素包括(　　)

A. 情境与协作　　B. 会话与意义建构

C. 知识与探索　　D. 能力与行动

2. 人本主义对有意义学习的理解是(　　)(易错)

A. 学习是学习者自我参与的过程　　B. 学习是学习者自我发起的

C. 学习会使学生的行为、态度等发生变化　　D. 学习是主动形成认知结构的过程

3. 罗杰斯强调学生应当利用教师提供的学习资源和学习气氛,自己决定如何学习。他提出的人本主义的教学模式包括(　　)

A. 以题目为中心的课堂讨论模式　　B. 自由学习的教学模式

C. 情境教学模式　　D. 开放课堂的教学模式

4. 关于建构主义学习理论的观点,下列说法正确的有(　　)

A. 知识是动态的、不确定的

B. 学生经验背景的丰富性和差异性是学习的宝贵财富

C. 不同学生对于同一知识的理解是相同的

D. 学习是个体主动建构的过程

5. 相对于认知学派,建构主义把教师看成是学生学习的(　　)

A. 指导者　　B. 设计者　　C. 帮助者　　D. 合作者

6. 下列属于支架式教学环节的是(　　)

A. 搭脚手架　　B. 告知目标　　C. 独立探索　　D. 协作学习

三、论述题

简述建构主义学习理论的基本观点。

提升必刷

一、单项选择题

1. 学习者在已有知识经验的基础上，通过新旧知识经验之间反复的、双向的相互作用过程形成新的意义，从而丰富自己的知识，这种学习观是(　　)

A. 行为主义学习观　　B. 认知主义学习观

C. 人本主义学习观　　D. 建构主义学习观

2. 罗杰斯认为在教学活动中要把学生放在居中的位置上，把学生的“自我实现”看成教学的根本要求，这属于(　　)

A. 非指导性教学模式　　B. 发展性教学模式

C. 最优化教学模式　　D. 结构主义课程模式

3. 陈老师发现班上学习成绩好的同学对学习抱有很大的兴趣，学习成绩不理想的同学对学习持消极态度。于是在一次考试中，陈老师有意给几位成绩不及格的同学打了68分，并在试卷上评价“先预支给你68分，但我相信不久之后你会还给我”，此后这几位同学都对该学科的学习产生了强烈的兴趣。下列选项中，能对这些学生学习态度的转变作出合理解释的是(　　)

A. 认知失调理论　　B. 练习律　　C. 效果律　　D. 准备律

4. 程序教学是在操作性条件反射的理论基础上创造出来的一种教学技术，斯金纳主张程序教学应通过(　　)来进行。

A. 教学机器　　B. 情景模拟　　C. 课外延伸　　D. 教师引导

5. 著名的心理学家斯金纳将人们的行为分为应答性行为和操作性行为，应答性行为是由已知的刺激引起的反应；操作性行为是由有机体自发做出的行为。以下不属于应答性行为的是(　　)

A. 望梅止渴　　B. 画饼充饥

C. 守株待兔　　D. 一朝被蛇咬，十年怕井绳

6. 小张老师没有依据自己课堂所讲内容布置课后作业，只要求学生反复复习基础知识点，对学生练习完成的知识的相关内容也不做评价，一个月后，学生阶段测验成绩明显下降。这是因为小张老师没有遵循布鲁纳的教学原则中的(　　)原则。

A. 动机　　B. 结构　　C. 序列　　D. 强化

7. 某物理老师在讲授《机械运动》时，用“小小竹排江中游，巍巍青山两岸走”来引入，并提出“为什么青山会在两岸走”的问题，使学生形成学习期望。根据加涅提出的学习过程八阶段理论，此时学生处于(　　)(易错)

A. 动机阶段　　B. 领会阶段　　C. 习得阶段　　D. 保持阶段

8. 学生的学习不仅要掌握知识经验，而且要发展能力，同时还要培养良好品德，形成科学的世界观和人生观，促进健康人格的发展，这体现出学生学习具有(　　)的特点。

A. 多重目的性　　B. 一定程度的被动性

C. 计划性和组织性　　D. 以掌握间接经验为主

9. 奥苏贝尔主张应用“先行组织者”技术的用意是(　　)

A. 使教学可控性更强　　B. 为学生学习新知识奠定知识背景

C. 提前组织教学　　D. 教师要做学生学习的组织者

10. 斯金纳认为,个体的行为之所以发生变化是因为强化的作用,因此对强化的控制就是对行为的控制,强化可以划分为一级强化和二级强化。下列属于一级强化的是(　　)

A. 金钱　　B. 微笑　　C. 听音乐　　D. 温暖

11. “影响学习的唯一最重要的因素,就是学习者已经知道了什么。要探明这一点,并应据此进行教学。”这段话主要强调了(　　)

A. 创造学习比接受学习更重要　　B. 学习可以促进个体的心理发展

C. 新的学习情境引起个体的认知不平衡　　D. 新学习一定要适合学习者当时的认知发展水平

12. 按照认知主义的学习理论,教师在教学过程中设计比较性先行组织者可以促进新旧知识的(　　)

A. 区别性　　B. 可辨别性　　C. 关联性　　D. 可理解性

13. 奥苏贝尔针对讲解式教学提出了“先行组织者”的教学策略,使用该策略的目的是为学生的学习提供(　　)

A. 比较组织者　　B. 观念固着点　　C. 关系类属者　　D. 符号中介物

14. 课堂上的知识以什么形式呈现给学生会直接影响学生学习的难易程度和正确性,对小学高段及中学低段的学生来说,知识的最佳呈现形式是(　　)(易错)

A. 图像表征　　B. 符号表征　　C. 语词表征　　D. 动作表征

15. 如果某中学生多次经历考试失败,则很有可能每当听说或感到要考试时,就会非常焦虑。按照巴甫洛夫的理论,这种现象说明学生在考试和焦虑之间建立起了(　　)

A. 一级条件作用　　B. 一级泛化　　C. 高级条件作用　　D. 高级泛化

16. 基于对传统教学模式的批评,罗杰斯提出了以学生为中心的人本主义教学模式,其基本要点不包括(　　)

A. 教师要以真诚、关怀、理解的态度对待学生的情感和兴趣

B. 学习的决策是师生共同参与的过程

C. 整个学习集体的中心任务是促进学习过程的不断发展

D. 课程安排是有结构的

17. 小单在记忆“garden”(花园)这个单词时,想象的是一个穿高跟鞋的女士在公园里走路发出“嘎噔”“嘎噔”的声响,于是利用谐音“嘎噔”记住了单词“garden”,小单的学习属于(　　)(易错)

A. 有意义学习　　B. 机械学习　　C. 探究学习　　D. 模仿学习

18. 教师为了激励学生认真完成课外作业,每天只随机抽查5名学生的作业进行检查,如果学生做得很好就给予加分奖励。教师的这种做法从强化的程序来看,属于(　　)

A. 可变比例强化　　B. 可变时距强化　　C. 固定比例强化　　D. 固定时距强化

19. 在讲授《认识我们身边的植物和动物》一课时,孙老师带领学生们深入校园,分组观察校园里不同的植物。有的观察教学楼旁的花,有的观察操场后的大树,有的观察图书馆旁的草坪,同学们认真又积极。随后,孙老师让同学们组成学习小组,分享自己的观察结果。孙老师的教学体现的教育理论观点是(　　)

A. 联结主义　　B. 行为主义　　C. 建构主义　　D. 认知主义

20. 学习是人类和动物普遍存在的现象,这说明学习是(　　)

A. 形成思想的必要条件　　B. 掌握技能的必要条件

C. 获得知识的必要条件　　D. 有机体适应环境的必要条件

21. 从教学过程来说，小学低年级学生对(　　)更感兴趣。

A. 学习场所和条件　　B. 学习内容和结果

C. 学习过程的形式　　D. 学习方式和时间

22. 7岁的莉莉随父母迁居到另一个国家，父母让她每天与新的小伙伴一起玩耍，完全不进行专门的语言教学，然而几个月内莉莉掌握了一种新的语言而且学会了当地的口音。莉莉对语言的学习属于(　　)(易错)

A. 接受学习　　B. 无意义学习　　C. 发现学习　　D. 有意义学习

23. 一名经常违纪的学生被分配到一个风气良好的班级后，在周围同学遵纪守规的行为影响下，他的不良行为也很少表现出来。这体现了榜样示范学习的(　　)

A. 抑制效应　　B. 习得效应　　C. 环境加强效应　　D. 情绪唤起效应

二、多项选择题

1. 关于认知主义学习理论，下列说法正确的是(　　)

A. 学习的过程是顿悟的过程

B. 潜伏学习现象告诉我们不是所有学习都是在强化中进行的

C. 学习的实质是观察学习

D. 学习是一种渐进的、盲目的、尝试错误的过程

2. 根据加涅的信息加工学习理论，以下说法正确的有(　　)

A. 学习是一个有始有终的过程，这一过程可分成若干阶段，每一个阶段需要进行不同的信息加工

B. 教学过程要根据学生的内部加工过程，对其他无任何影响

C. 教学过程阶段与学习阶段是完全对应的

D. 教学的艺术就在于学习阶段与教学阶段的完全吻合

3. 关于强化类型，下列说法正确的是(　　)(易混)

A. 计件工资属于固定比例强化　　B. 老虎机属于变化比例强化

C. 冲浪运动属于变化时间强化　　D. 计时工资属于固定时间强化

4. 下列陈述中，属于人本主义心理学家提出的促进有意义学习的条件的有(　　)

A. 以学生为中心，突出学习者在教学过程中的中心地位

B. 让学生觉察到学习内容与自我的关系

C. 让学生身处一个和谐的、融洽的、被人关爱和理解的氛围

D. 要注重从做中学

5. 联结学习理论认为(　　)

A. 学习的实质是在主体内部构造完形　　B. 学习是在刺激与反应之间建立联结

C. 强化在学习中起着重要作用　　D. 习惯是反复练习和强化的结果

6. 张老师以著名教育家叶圣陶为榜样，奉行“凡为教，目的在于达到不需要教”的教育理念，希望能够做到让学生自己探索知识。因此，张老师应该(　　)

A. 鼓励学生有发现的自信心　　B. 激发学生的好奇心和求知欲

C. 协助学生进行自我评价　　D. 启发学生进行对比

7. 下列关于人本主义学习理论的描述不正确的是(　　)

A. 人本主义心理学被称为心理学的第三势力，其主要代表人物有马斯洛、加涅和罗杰斯

B. 推行以教师为中心的教育理念，即教师是知识的传递者，而学生只是被动接受者

C. 在促进学生学习的过程中，最关键的是培养学生良好的态度、品质和人格

D. 学习的本质在于内在学习和机械学习

8. 一位社会学科的教师在四年级授课，他先讲文化往往发源于肥沃的河谷这个事实，然后在课堂讨论中鼓励学生思索：为什么这是事实？为什么文化的发生多半不在多山之国？根据布鲁纳的观点，上述例子体现出学习过程往往涉及(　　)三个方面。

A. 知识的获得　　B. 知识的评价　　C. 知识的转化　　D. 知识的实践

9. 建构主义学习理论的观点有(　　)

A. 学习是学习者在原有知识经验的基础上，主动地建构内部心理表征的过程

B. 知识并不能精确地概括世界的法则，而是需要针对具体情境进行再创造

C. 知识结构并不是直线结构或层次结构，而是围绕关键概念而建构起来的网络结构

D. 以了解某个别范例的事实为目标，使学生解决从不知到知或从不确定到确定的问题

10. 罗杰斯倡导的“有意义的自由学习”冲击了传统教育理论，推动了教育改革运动的发展，其主要表现有(　　)

A. 突出情感在教学活动中的地位和作用　　B. 以学生“自我”完善为核心

C. 把教学活动的重心从教师引向学生　　D. 人的潜能是自我实现的，而不是教育的作用使然

11. 斯金纳认为强化物是能够增强反应概率的刺激和事件，强化物可以分为一级强化物和二级强化物，下列选项中属于二级强化物的是(　　)

A. 食物　　B. 金钱　　C. 考试成绩　　D. 手机游戏

三、判断题

1. 原理学习中，例—规法指先呈现要学习的规则，然后用例证来说明规则的方法。(　　)

2. 听教师精心设计的教学既是有意义学习，也是有指导的发现学习。(易错)(　　)

3. 桑代克的实验研究对后继研究有重要的启发作用，他提出的学习效果律逐渐发展为今天的学习动机，而练习律逐渐演化为强化理论。(　　)

4. 从狭义的教育来说，学生学习的根本特点在于它是接受前人经验的一种接受学习。(　　)

5. 加涅把“学习”看成是一个由不知到知的认识过程。(　　)

6. 试误式解决问题是动物解决问题的特征，而顿悟式解决问题则是人类解决问题的特征。(　　)

7. 抛锚式教学模式是通过镶嵌式教学以及学习共同体中成员间互动、交流进行的。(　　)

四、简答题

简述桑代克的联结—试误学习理论与完形—顿悟学习理论的关系。(常考)

五、论述题

1. 奥苏贝尔的有意义学习与罗杰斯的有意义学习有何不同？(易混)

2. 有人建议，在教育实践中，“要多使用奖励，而尽量少用惩罚”。请简要阐述你对这种建议的看法。(常考)

六、案例分析题

1. 张老师是某小学二年级的班主任，在他的班级里，气氛轻松，学生们认为他的方法既有趣又有效。下面是张老师自己阐述如何运用强化来鼓励学生遵守纪律、积极向上的，“我在班上总是用玻璃球强化学生好的行为。我有一个空玻璃瓶，当学生表现得很好时，我就往瓶子里放一个玻璃球。例如，其他老师来我们班讲课或者我们班的学生去图书馆时，学生们如果很快安静下来，安心听讲，我就会给他们一个玻璃球。我一周可能会给全班同学2~3次玻璃球，可以说是一种变化的程序。当瓶子装满的时候，我们就可以组织一次联欢会，给他们看一会儿卡通片，我还会给他们带冰淇淋或者其他好吃的东西。”

根据上述案例，回答下面的问题：

(1)强化的作用和原理是什么？结合该案例谈谈强化对于课堂管理的意义。

(2)斯金纳在实验研究中所安排的强化程序有哪几种？哪一种或哪几种效果最好？这个案例中，张老师所采用的是哪一种强化程序？

(3)结合该案例指出强化物有哪几类。

2. 以下是丁老师访谈学生和家长的记录片段：

丁老师：你觉得现在学习任务重吗？学生冰冰：总的来说还是挺重的，我的课表被安排得满满当当，回家后还要完成很多家庭作业。

丁老师：你平时自由活动的时间能自主支配吗？学生冰冰：很少有自由活动时间，更谈不上自主支配了！

丁老师：你对自己孩子的学习管得多吗？冰冰母亲：你也知道当前的社会竞争压力很大，为了能让孩子上好的大学，我会督促孩子完成各科作业，还让她去学一技之长。

丁老师：在这个过程中，你考虑过孩子的学习兴趣吗？冰冰母亲：我较少考虑她的兴趣。我觉得兴趣不是凭空而来的，一旦有了成绩，自然就会产生兴趣。

丁老师：孩子跟你叫过苦吗？冰冰母亲：说过，但我觉得，只要学习就比瞎玩强。

(1)根据人本主义的教育目的观，谈谈你对访谈内容的理解。

(2)人本主义所倡导的有意义学习有何特点？

(3)根据人本主义学习理论，教育者应该如何改进自己的教育活动？

真题必刷

一、单项选择题

1. [平顶山新华区]“弄清概念之间的关系”“听导师精心设计的指导”“科学研究”，根据奥苏贝尔对学习性质的分类，这些都属于(　　)

A. 发现学习　　B. 接受学习　　C. 有意义学习　　D. 机械学习

2. [许昌市直]加涅根据现代信息加工理论提出了学习过程的基本模式，在他的理论中，整个学习过程都是在(　　)这两个结构的作用下进行的。

A. 学生的反应器和感受器　　B. 学生的期望事项和执行控制

C. 学生的长时记忆和短时记忆　　D. 学生的感受器和感觉登记

3. [许昌市直]小刚不擅长数学计算，他在数学考试时遇到了一道计算量非常大的题，便直接跳过不做。小刚的这种行为属于(　　)

A. 逃避条件作用　　B. 经典条件作用　　C. 回避条件作用　　D. 高级条件作用

4. [洛阳市直]小唐在看《活着》这本书的时候,当她看到文中徐福贵的亲人一个个都离他而去的时候,她内心也变得十分悲伤。这属于观察学习的(　　)

A. 习得效应　　B. 刺激指向效应　　C. 情绪唤醒效应　　D. 反应促进效应

5. [濮阳市直]小卡的妈妈要求一年级的小卡背诵其不能理解的唐诗,这属于(　　)(易混)

A. 有意义的接受学习　　B. 有意义的发现学习

C. 机械的接受学习　　D. 机械的发现学习

6. [郑州金水区]布鲁纳主张学习的目的在于以发现学习的方式,使学科的基本结构转变为学生头脑中的认知结构。下列关于该理论的学习观,说法错误的是(　　)

A. 学习的本质是主动形成认知结构

B. 学习活动首先是新知识的获得

C. 学生可以超越给定的信息,运用各种方法将它们变成另外的形式,以适应新任务,并获得更多的知识

D. 重视知识学习活动的特殊性

7. [南阳宛城区]乒乓球运动员能准确接住对手发来的复杂多变的球,却难以说出背后复杂的规则,而只能说多练几次就会有感觉了。根据学习的意识水平分类,这属于(　　)

A. 发现学习　　B. 非正式学习

C. 刺激—反应学习　　D. 内隐学习

8. [郑州金水区]根据学习情景由简单到复杂、学习水平由低级到高级的顺序,加涅把学习分为八类,建构了一个完整的学习层级结构。其中,概念学习是指对刺激进行分类时,学会对一类刺激做出同样的反应。下列情形属于概念学习的是(　　)

A. 小赵能根据已知条件求得三角形内角的度数

B. 小念能够将单词组成合乎语法规则的句子

C. 小泽在打篮球时学会了一系列接球、躲闪动作

D. 小婉在作文中将“蜻蜓”“蝴蝶”概括为昆虫

9. [信阳浉河区]小光通过一节英语课的学习,学会在口语交际中正确使用“should”来提出建议,这里发生的学习是(　　)(易混)

A. 智慧技能的学习　　B. 言语信息的学习

C. 认知策略的学习　　D. 态度的学习

10. [郑州金水区]“一朝被蛇咬,十年怕井绳”“杯弓蛇影”是一种(　　)现象。(常考)

A. 刺激泛化　　B. 刺激分化

C. 刺激比较　　D. 行为强化

11. [洛阳西工区]当学生的作业出现错误时,老师让他把该题重做十遍。这属于(　　)

A. 正强化　　B. 负强化　　C. 惩罚　　D. 自我强化

12. [郑州高新区]学习者通过观察他人实施某种行为后所得到的结果来决定自己的行为指向,这属于(　　)

A. 直接强化　　B. 自我强化　　C. 自主强化　　D. 替代强化

13. [安阳汤阴]学生的学习必须“超越给定信息”。根据布鲁纳的认知学习理论,这一观点强调的学习过程是(　　)

A. 获得　　B. 评价　　C. 动机　　D. 转化

二、多项选择题

1. [平顶山湛河区]下列关于学习的表述不恰当的有(　　)

A. 学习的发生是由于经验引起的　　B. 行为的变化等同于学习的存在

C. "飞蛾扑火"是一种学习行为　　D. 学习可以影响成熟

2. [平顶山新华区]班杜拉提出的观察学习为教育中的(　　)等行为提供了理论依据。

A. 教学演示　　B. 观摩教学　　C. 示范教学　　D. 读书指导

3. [郑州二七区]在加涅的信息加工学习模式中,学习的过程被分为八个阶段。下列选项属于这八个阶段的是(　　)

A. 动机阶段　　B. 获得阶段　　C. 反馈阶段　　D. 未知阶段

4. [鹤壁市直]建构主义学习观强调学习的(　　)

A. 差异性　　B. 主动建构性　　C. 社会互动性　　D. 情境性

三、简答题

[安阳殷都区]简述程序教学的原则。

第四章　学习心理

基础必刷

专题1 学习动机

一、单项选择题

1. 归因训练第一阶段是(　　)

A. 创设情境　　B. 让学生对自己的成败进行归因

C. 了解学生的归因倾向　　D. 引导学生进行积极归因

2. 看到老师经常表扬学习成绩优秀的同学,郭同学也想获得老师的表扬,所以下决心努力学习超过同学的学习动机是(　　)(常考)

A. 认知内驱力　　B. 内部学习动机

C. 附属内驱力　　D. 自我提高内驱力

3. 课间休息时间,四名学生在聊天,A说:“我努力学习是为了获得国家奖学金。”B说:“我是为了得到老师和父母的夸奖而努力学习的。”C说:“我跟你们不一样,我努力学习是因为我真的对学习很感兴趣。”D则说:“我努力学习就是为了考取学校第一名。”以上四名学生的学习动机属于附属内驱力的是(　　)

A. A　　B. B　　C. C　　D. D

4. 张老师是一名经验丰富的数学老师。上课时,他善于结合学生的兴趣和爱好,激发学生学习数学的热情。那么,这些学生喜欢学习数学的动机属于(　　)

A. 低级动机　　B. 内部动机　　C. 高级动机　　D. 外部动机

5. 小明学习非常努力,但成绩总是不理想,他觉得自己非常失败,长期陷入了一种被动、退缩、无动力的状态。这种心理反应属于(　　)

A. 学习焦虑　　B. 习得性无助　　C. 自我估价降低　　D. 正常现象

6. 临近期末,小明认为只要自己坚持每天练习一篇算术题,一定能在数学考试中取得好成绩,根据班杜拉的自我效能感理论,小明的效能感属于(　　)

A. 成就期待　　B. 目标期待　　C. 结果期待　　D. 效能期待

7. 一心想考出好成绩的学生在考试前做了充分准备,但往往在考试中不能充分发挥实力,甚至出现不及格的情况,这可能是因为(　　)

A. 学习动机太弱,降低了学习效率　　B. 学习动机过强,降低了学习效率

C. 学习动机过强,极大地提高了学习效率　　D. 学习动机太弱,几乎没有学习效率

8. 教师应该帮助学生形成(　　)

A. 能力归因　　B. 努力归因　　C. 运气归因　　D. 任务难度归因

9. 小芳在同学面前表现得很贪玩,不在乎考试,私下里却拼命地学习,根据自我价值理论,这属于(　　)

A. 高驱低避型　　B. 低驱高避型　　C. 高驱高避型　　D. 低驱低避型

10. 对于自发的、原本就有兴趣的学习任务，外部物质奖励往往会降低个体的内在学习动机。持这一观点的动机理论是(　　)

A. 行为强化理论　　B. 需要层次理论　　C. 自我价值理论　　D. 自我决定理论

11. 下列说法错误的是(　　)(常考)

A. 动机水平与行为效率呈U形曲线

B. "耶克斯—多德森定律"表明，动机不足或过分强烈都会影响学习效率

C. 在比较容易的任务中，工作效率随动机的提高而上升；随着任务难度的增加，动机的最佳水平有逐渐下降的趋势

D. 最佳水平为中等强度的动机

12. 学生为了改变自己在集体中的排名而努力学习，这样的学习动机属于(　　)

A. 附属内驱力　　B. 认知内驱力　　C. 方法内驱力　　D. 自我提高内驱力

13. 根据学习动机的相关知识，以下说法正确的是(　　)

A. 自我提高内驱力并非指向学习本身，而是把成就看作赢得地位和自尊心的根源，属于内部动机

B. 强化理论是程序教学、计算机辅助教学的心理基础

C. 需要层次理论说明，学生的某些没有得到充分满足的缺失性需要，对教育、学习产生了直接的影响

D. 个体的成就动机可分为力求成功的动机和避免失败的动机，避免失败者倾向于选择成功概率为50%的任务

14. (　　)是学习动机中最活跃的心理成分。

A. 教学吸引力　　B. 合作与竞争　　C. 学习兴趣　　D. 奖励与惩罚

15. 提升学生的自我效能感，可以从以下几个切入点考虑，其中(　　)形成的自我效能感不易持久。

A. 直接经验　　B. 替代经验　　C. 言语劝说　　D. 情绪唤醒

16. 如果一个学生将自己的失败归因于个体稳定的、不可控的内部特征时，他会产生一种(　　)的观念。

A. "我太笨了"　　B. "我不够努力"　　C. "问题太难"　　D. "我运气不佳"

17. 根据自我价值理论，(　　)往往兼具了成功定向者和避免失败者的特点。一方面对自我能力的评价较高，另一方面这一评价又不稳定，极易受到失败经历的动摇。他们往往有完美主义的倾向，给了自己太大压力，处在持续的恐惧之中。

A. 高驱低避者　　B. 低驱高避者　　C. 高驱高避者　　D. 低驱低避者

18. 耶克斯—多德森定律反映了(　　)之间的关系。

A. 动机与需要　　B. 动机与生理　　C. 动机与目标　　D. 动机与行为效果

19. 班杜拉认为人对自己能否成功从事某一成就行为的主观判断是(　　)

A. 自我期待　　B. 自我判断　　C. 自我评价　　D. 自我效能感

20. 我们常说的"大考大玩，小考小玩，不考不玩"是有一定道理的，可以说明这一现象的理论是(　　)(常考)

A. 耶克斯—多德森定律　　B. 归因理论

C. 动机需要论　　D. 动机强化说

21. 根据德维克提出的成就目标理论，个体认为能力是固定的，不会随着学习而改变。这是(　　)的观点。(易混)

A. 能力增长观　　B. 能力实体观　　C. 学习增长观　　D. 学习实体观

22. 根据学习动机的社会意义，可以把学习动机分为(　　)

A. 社会动机与个人动机　　B. 工作动机与提高动机

C. 高尚动机与低级动机　　D. 交往动机与荣誉动机

23. 很多科学家都在自己的研究领域内进行不懈的探索，他们的动机主要为(　　)

A. 自我提高内驱力　　B. 认知内驱力　　C. 附属内驱力　　D. 外部动机

24. 根据“耶克斯—多德森定律”，当学生遇到困难或出现问题时，教师应使其心理紧张程度控制在(　　)

A. 非常高的水平　　B. 较高的水平　　C. 中等的水平　　D. 较低的水平

25. 学习动机的强化理论属于(　　)的动机理论。

A. 认知主义　　B. 行为主义　　C. 人本主义　　D. 精神分析主义

26. 小王是一名中学生，下列选项中有可能对小王的自我效能感没有影响的是(　　)

A. 小王多次数学考试失败的经验

B. 与小王水平相仿的小红英语考试失败

C. 小王在面对一个十分难的任务时没有其他人的帮助而任务失败

D. 老师利用小王的偶像作为例子对小王进行引导

27. 在学习中，某学生因为种种学习障碍而在学习上屡遭失败的打击，沦为差生，对自己的学习能力失去信心，对学习成功不抱期望，从而厌倦或放弃学习。这种现象属于(　　)

A. 习得性无力感　　B. 厌学心理　　C. 自我效能感　　D. 焦虑感

28. 新学期开始了，杨老师发现学生们还没“收心”，无法进入良好的学习状态。于是，她将全班学生分成若干学习小组，以卓越小组、优秀组长、进步之星等的评选来激发学生们的学习热情。杨老师激发学生学习动机的措施是(　　)

A. 创设问题情境　　B. 开展竞赛评比　　C. 学习动机迁移　　D. 及时反馈结果

29. 一般来讲，容易、简单、枯燥的学习对动机水平的要求，比复杂、思维卷入过多、需要一定的创造性的学习对动机水平的要求(　　)

A. 高　　B. 低　　C. 一样　　D. 因个体的差异而不同

二、多项选择题

1. 可以划分学习动机的维度有(　　)

A. 学习动机的社会意义　　B. 学习动机的作用与学习活动的关系

C. 学习动机所起作用的大小　　D. 学习动机产生的诱因来源

2. 奥苏贝尔认为，学校情境中的成就动机主要由(　　)组成。(常考)

A. 认知内驱力　　B. 自我提高内驱力　　C. 附属内驱力　　D. 成长内驱力

3. 归因训练包含的内容有(　　)

A. 运气归因　　B. 情绪归因　　C. 努力归因　　D. 现实归因

4. 学习需要的主观体验形式是学习者的学习愿望或学习意向，它包括(　　)等。

A. 学习的兴趣　　B. 爱好　　C. 努力　　D. 学习的信念

5. 消除学生的习得性无力感的方法有(　　)

A. 消除学校中的“不可控状况”　　B. 引导学生进行积极的自我约束

C. 防止学生产生“结果不可控”的认知　　D. 培养意志，增强免疫力

6. 学习动机根据来源不同可以分为外部学习动机和内部学习动机。下列属于外部学习动机的是(　　)

A. 学习是为了得到老师的表扬　　B. 学习是为了不让父母失望

C. 学习是出于好奇心　　D. 学习是为了让同学看得起

7. 根据归因理论的观点,有利于激发学生学习动机的做法是使学生看到(　　)

A. 努力是成功的重要条件　　B. 运气的作用

C. 能力的作用　　D. 自己的努力是有效的

8. 学生受外部学习动机支配的行为有(　　)

A. 学生因为喜爱数学而认真学习数学　　B. 学生为了获得老师的表扬而认真学习

C. 学生为了考试取得好成绩而认真学习　　D. 学生为了赢得同学的尊重而努力学习

9. 下列选项中,属于增强学生自我效能感的方法的是(　　)

A. 让学生更多地体验到成功　　B. 为学生提供适当的榜样

C. 恰当地运用外部强化　　D. 使学生学会自我强化

10. 创设问题情境时需注意,问题要(　　)

A. 小而精　　B. 与学生实际生活经验相关

C. 富有启发性　　D. 有适当的难度

11. 小王为了获得父母的奖励而努力学习,他的学习动机是(　　)

A. 低级动机　　B. 高级动机　　C. 外在的学习动机　　D. 内部的学习动机

12. 每次考试后程明都会仔细分析自己的试卷,找出进步或者落后的原因,这类归因既包括内在的也包括外在的。下列属于内在的归因因素的有(　　)

A. "今天出门的时候摔跤了,所以运气不好,连考试也没有发挥好"

B. "能力有限,这就是我真实的水平"

C. "最近身体不好,提不起精神,没来得及好好复习"

D. "题目太难了,根本没见过"

13. 班杜拉认为,人的行为受行为的(　　)的影响。

A. 结果期待　　B. 效能期待　　C. 结果因素　　D. 先行因素

14. 阿特金森提出成就动机的构成有两种成分:一是追求或希望成功的意向,表现出趋向目标的行动;另一种是害怕失败的意向,想方设法逃脱成就活动,尽力回避预料的失败结果。其中,追求成功倾向的构成要素有(　　)

A. 追求成功的动机　　B. 获得成功的可能性

C. 避免失败的可能性　　D. 成功的诱因值

15. 下列情境属于内部学习动机的有(　　)

A. 莉莉喜欢朗读英文诗歌,一有空就会拿出书来朗诵两首

B. 为了考上理想的大学,高三学生张宁每天刻苦学习

C. 曲同学为了获得本学期的省级三好学生,不断参加各种学习活动

D. 张强喜欢研究天文,为此订阅了大量的科普杂志进行阅读和钻研

三、判断题

1. 一般来说,具体的、短期内能实现的、难度中等的目标可以有效激发学生的学习动机。(　　)

2. 归因理论最早是由韦纳提出的,海德把归因理论扩展到成就领域。(　　)

3. 高尚的学习动机的核心是利他主义。 (　　)

4. 一般而言，内部动机的作用比外部动机的作用稳定、持久。因此，我们在教育过程中只用强调内部学习动机即可。 (　　)

5. 批评与指责比表扬与奖励更能有效地激发学生的学习动机。 (　　)

6. 当学生把学习成绩不好归结为自己的能力低时，他们更可能放弃学习。 (　　)

7. 学习动机对学习效果的影响可分为两个方面：一方面是总体上整个动机水平对整个学习活动的影响；另一方面是具体的学习活动中学习动机对学习效果的影响。 (　　)

8. 持有“能力增长观”的学生倾向于建立表现目标，从而避免被别人看不起。(易混) (　　)

9. 学习动机是决定学习效果的唯一条件。 (　　)

10. 附属内驱力是一种内在的学习动机。 (　　)

11. 与学习动机中其他内驱力相比，附属内驱力的强度会随着年龄的增长而逐步降低。 (　　)

四、简答题

1. 简述影响学习动机形成的因素。

2. 简述自我效能感的作用。

五、论述题

1. 根据韦纳的成败归因理论，谈谈如何帮助学生正确归因以提高学习成绩。

2. 试述成就动机理论及其教育启示。(常考)

3. 我们经常遇到这种情况，在重要的考试中，往往平常会做的题目在考试过程中却不会做，这种情况在心理学中怎么解释？

六、案例分析题

1. 一位小学语文老师，因为学生不爱学习成语，感到非常头疼，为了让学生爱上成语学习，她在班级组织开展了成语辨音、成语接龙、成语达人、成语造句明星秀等一系列活动，并设置了荣誉榜，对每项活动的优胜者奖励“五角星”。当“五角星”达到一定数量后，学生可以用来兑换橡皮、笔记本等学习用品，一开始，学生们对这种外在奖励非常感兴趣，比的是谁的奖励多；后来，大家比的是谁的成语说得多、说得准、用得好；再后来，大家不再互相比较，而是对成语本身产生了极大兴趣，常常沉浸于成语的结构美、韵律美、和谐美之中，享受成语表达的快乐。

(1)从动机转化的角度分析学生的行为变化。

(2)作为教师，应如何培养和激发学生的学习动机？

2. 甲、乙、丙三位同学对本次考试进行了总结。甲同学说:“一分耕耘,一分收获。正是因为我的不懈努力,换来了这次的好成绩。”乙同学说:“别人都太厉害了,感觉自己啥也不是,我可能不是学习的那块料。”丙同学说:“这次考试太爽了,背到的都考到了,没背的一题都没考。”

(1)结合案例分析甲、乙、丙三位同学归因的维度和因素。

(2)简述甲、乙、丙三位同学的归因将会导致什么样的动机和行为影响。

3. 为激励学生努力学习,提高成绩,某学校规定:今后每次考试都将根据前次考试成绩,给全年级学生安排考场。成绩前50名的学生在第一考场,第51~100名的学生在第二考场,依次类推。

(1)这种做法试图通过影响哪种心理需求来激发学生的学习动机?

(2)试述学习动机对学习效果的影响。

(3)从学习动机对学习效果的影响的角度对这种做法的有效性做出分析。

4. 根据下面的案例，应用动机的成就目标理论，分析王刚和李强针对同一业绩不同反应的原因。

王刚和李强同是某跨国公司新职员，在年终考核中取得同样的销售业绩，王刚沮丧，因为一些同事的业绩超过了他，联想到自己在从前公司的傲人成绩，以及现在同事可能对他的消极评价更是郁闷，决定离开公司，找个能发挥自己能力的公司，争取销售业绩超过他人。李强并不沮丧，他认为学到了很多营销新知识，能力有了进一步提高，并且工作很有挑战性，决定在公司里继续努力，争取在下一年取得更好的销售业绩。

专题2 学习策略

一、单项选择题

1. 刘思同学在学习外语时，都会利用晨读反复地大声朗读外语文章。其使用的学习策略是(　　)

A. 精加工策略　　B. 计划和监控策略　　C. 复述策略　　D. 组织策略

2. 小郑平时几乎从不花时间来复习老师的课堂内容，以至于学习不理想，后来他给自己制定了一份学习计划，并控制计划的执行，进行自我监督，这属于(　　)

A. 组织策略　　B. 元认知策略　　C. 资源管理策略　　D. 精加工策略

3. 创造一个故事，将所要记忆的信息编在一起的学习策略属于(　　)

A. 复述策略　　B. 精加工策略　　C. 组织策略　　D. 元认知策略

4. 学生根据生物钟安排学习活动属于学习策略中的(　　)

A. 认知策略　　B. 资源管理策略　　C. 组织策略　　D. 元认知策略

5. 在学习过程中，学习者为了提高识记效果，会尽可能地让多种感官参与活动，这种学习策略属于(　　)

A. 复述策略　　B. 精细加工策略　　C. 组织策略　　D. 元认知策略

6. 王老师通过网课的形式指导学生在看完一本书或一篇文章后，可以通过画思维导图(脑图)的方式来重新梳理文本内容。这种方式属于学习策略中的(　　)

A. 复述策略　　B. 精加工策略　　C. 监控策略　　D. 组织策略

7. 精细加工策略可以帮助学生将他们已经知道的东西和要学习与记忆的东西联系起来。通过对材料进行精细加工或补充，学生可以建构起材料的意义并沿着记忆连续体存储新信息。以下情形属于精细加工策略的是(　　)(常考)

A. 语文老师在讲解唐诗时提倡“书读千遍，其义自见”

B. 数学老师常采用画示意图的方式来帮助学生理解题目

C. 英语老师在讲解单词“gas”时让学生默写词义辅助理解

D. 物理老师在讲解完光学原理后让学生复述

8. 下列选项中，采取了精加工策略的是(　　)

A. 王燕边听英语边在本子上做笔记

B. 小蒙睡前在心里默读了一遍今天学习的古诗词

C. 高考前，小红搬到安静的小区以复习功课

D. 小丹将电路知识分成一些小的版块进行学习

9. 在对学生进行自我调节学习训练时，(　　)要求教师要针对学习者的发展水平，确定哪些策略是最有用的，而且还需要考虑学习策略的层次，给学生提供各种各样的策略。

A. 生成性原则　　B. 效能性原则　　C. 特定性原则　　D. 内化性原则

10. 小学生在头脑中创建一幅熟悉的场景，在场景中确定一条明确的路线，在这条路线上确定一些特定的点，然后将所要记的内容全部视觉化，并按顺序把这条路上的各个点联系起来，回忆时，按这条路线上的各个点提取所需的项目。这是运用了(　　)

A. 位置记忆法　　B. 谐音记忆法　　C. 关键词法　　D. 视觉想象法

11. 有的学生在学习上遇到困难的时候，会主动向他人寻求帮助，表现出较强的学业求助能力，从学习策略的角度来看，学业求助属于(　　)

A. 认知策略　　B. 元认知策略　　C. 调节策略　　D. 资源管理策略

12. 青青在背诵英语短文时，不断自我提问以检查背诵效果，随时采用修正策略，加快记忆。这属于(　　)

A. 精加工策略　　B. 组织策略　　C. 元认知策略　　D. 资源管理策略

13. 在小学低年级识字教学中，有人按字音归类识字，有人按偏旁结构归类识字。这属于(　　)

A. 复述策略　　B. 组织策略　　C. 精加工策略　　D. 理解—控制策略

14. (　　)是对自己认知过程的认知。

A. 计划策略　　B. 总结学习　　C. 元认知　　D. 派生学习

15. 小强在考试时监视自己的速度和时间，这种策略属于(　　)

A. 计划策略　　B. 调节策略　　C. 监控策略　　D. 时间管理策略

16. 有位历史教师教中学生记忆明朝迁都北京的历史年代，指导学生把1421记成“一事二益”。这种方法是(　　)(常考)

A. 复述策略　　B. 组织策略　　C. 精加工策略　　D. 自由联想策略

17. 在学习活动中，教师引导学生两人一组，一节一节地彼此轮流向对方总结材料。当一个人讲时，另一个人认真听并纠正错误和遗漏，然后两个学生彼此交换角色，直到完成所有材料。这种训练学习策略的教学模式是(　　)

A. 直接教学　　B. 交互式教学　　C. 合作学习　　D. 自主学习

18.(　　)就是要训练学生对所阅读的东西产生一个类比或表象，如图形、图像、表格和图解等，以加强其深层理解。

A. 生成性学习　　B. 组织策略　　C. 主题纲要法　　D. 符号纲要法

19. 小明制订了一周的详细学习计划，规定了学习时应该做什么不做什么、先做什么后做什么、用什么方式做、做到什么程度等诸多方面的问题。这主要体现的是学习策略的(　　)特征。

A. 被动性　　B. 过程性　　C. 时效性　　D. 抽象性

20. 通过联想，将新材料与头脑中的旧知识联系在一起，赋予新材料以更多的意义，是指精加工策略中常用的(　　)

A. 词义联想法　　B. 语句联想法　　C. 语义联想法　　D. 新旧联想法

21. 在学习中为了提高学习的效果和效率，用以调节学习行为和认知活动的方法是(　　)

A. 学习策略　　B. 学习动机　　C. 学习理念　　D. 学习目标

22. 下列学习策略属于元认知策略的是(　　)(易混)

A. 学生在阅读时对材料进行自我提问

B. 学生在学习中寻找教师帮助，获得个别指导

C. 学生在学习过程中对所学内容画出网络关系图

D. 学生在学习中统筹安排学习时间

23. 开学之初，教师通过多次考勤点名，很快就记住了所有学生的姓名。这种策略属于(　　)

A. 精加工策略　　B. 复述策略　　C. 组织策略　　D. 元认知策略

24. 学生在记忆政治意识、大同意识、核心意识、看齐意识这些知识点时总是记混或者记错具体内容，老师便教授学生通过记忆“政大心齐”的方式来背诵这些知识点。这种记忆方式属于(　　)

A. 关键词法　　B. 谐音联想法　　C. 首字连词法　　D. 位置记忆法

25. 在老师的指导下，学生采用画示意图的方式对知识进行归纳管理，以促进对所学知识的掌握，学生采用的这种学习策略是(　　)

A. 复述策略　　B. 精加工策略　　C. 监控策略　　D. 组织策略

26. 精加工策略的要旨是(　　)

A. 对信息重复识记　　B. 把信息组合成整体

C. 将信息重新分解　　D. 建立信息之间的联系

二、多项选择题

1. 下列属于认知策略的有(　　)

A. 复述策略　　B. 精加工策略　　C. 组织策略　　D. 计划策略

2. 元认知由(　　)组成。

A. 元认知知识　　B. 元认知体验　　C. 元认知监控　　D. 元认知反应

3. 下列属于元认知计划策略的是(　　)(易混)

A. 产生待回答的问题　　B. 阅读时对注意加以跟踪

C. 浏览阅读材料　　D. 设置学习目标

4. 学习策略是指学习者为了提高学习的效果和效率，有目的、有意识地制定有关学习过程的复杂的方案，下列属于学习策略特征的有(　　)

A. 有效性　　B. 被动性　　C. 过程性　　D. 程序性

5. 学习策略的训练要遵循的原则有(　　)

A. 内化性原则　　B. 理论联系实际原则

C. 特定性原则　　D. 生成性原则

6. 元认知策略是一种典型的学习策略，指学生对自己的认知过程及结果的有效监视及控制的策略。元认知策略包括(　　)

A. 计划策略　　B. 监控策略　　C. 调节策略　　D. 资源管理策略

三、判断题

1. 心理学中的学习策略就是我们日常学习生活中所说的学习方法。(　　)

2. 对时间的管理属于学习策略。(　　)

3. 元认知在学习策略系统中具有重要的作用，它指导、调节着学习者的认知过程。(　　)

4. 学生因在学习过程中遇到自己无法克服的困难而向他人或物体(借助字典、参考书等)请求帮助的行为，是一种依赖性的表现。(　　)

5. 合作性讲解的两个参与者都能从这种学习活动中受益，而主讲者比听者获益更大。(　　)

6. 教会初中生用归类的方法记忆英语单词，主要提升的是初中生的元认知水平。(　　)

四、案例分析题

1. A：人在智力周期的高潮期，脑子清楚，逻辑思维能力强，工作效率高；低潮期反应较迟缓；临界期就更差。所以要根据自己的生物钟安排学习活动。

B：正在读初三的学生王明在房间书桌上贴着他最喜欢的一句话“做最好的自己”。每次想懈怠的时候，他抬头看到那句话就会瞬间有一股力量，推动自己继续努力，为考上自己理想的高中用功学习。

C：王老师经常在班上开展小组合作学习，让学生之间在学习上多交流，分享彼此的观点和知识。

(1)以上三段话分别讲的是哪种学习策略？

(2)请结合上述内容，谈谈在学习过程中如何利用这些策略促进学习。

2. 为了让学生学会学习，某中学的班主任张老师非常重视让学生掌握学习方法。为此，他为本班学生开设了关于学习方法的讲座，从理论上讲授各种学习方法，并对讲座内容进行书面考试。一个学期结束之后，该班学生能够背诵出各种学习方法的内容，但学生们各门功课的考试成绩并没有提高。

请运用学习心理的相关知识对该案例进行分析。

专题3 学习迁移

一、单项选择题

1. 下列现象属于学习正迁移的是(　　)

A. 小丽学习过电子琴后，学钢琴更加容易

B. 小雅掌握英语语法后，与之前学过的中文语法混淆了

C. 小陈在长时间看手机后，会无意识地用手滑非触屏电脑

D. 小王驾驶手动挡汽车的习惯总是会影响他驾驶自动挡汽车

2. 把所学的经验迁移到与原初的学习情境比较相似的情境中，这是(　　)

A. 正迁移　　B. 顺向迁移　　C. 近迁移　　D. 水平迁移

3. 数学课上学生们在学习了分数乘法后再去进行分数加减法计算时，有的学生竟然将分子与分子、分母与分母分别相加减，这一迁移属于(　　)

A. 正迁移　　B. 逆向迁移　　C. 负迁移　　D. 纵向迁移

4. 在操作技能形成的过程中，许多不同成分的动作被组合成连续的整体动作，其中不涉及新的动作的增加，只是各动作成分的重新组合，重新排列，这种迁移类型属于(　　)

A. 逆向性迁移　　B. 同化性迁移　　C. 顺应性迁移　　D. 重组性迁移

5. 学习汉语拼音之后，再学习英语音标的发音，最开始时常常混淆，这是由于(　　)的作用。

A. 正迁移　　B. 零迁移　　C. 纵向迁移　　D. 负迁移

6. 要学生关注历史与地理、化学与生物、数学与物理等学科之间的关系，这属于学习迁移中的(　　)

A. 横向迁移　　B. 纵向迁移　　C. 正迁移　　D. 负迁移

7. 在安排学习计划时，王老师会将平面几何的学习安排在立体几何前面，这是因为平面几何的学习能够促进立体几何的学习。这反映了学习迁移中的(　　)

A. 零迁移　　B. 正迁移　　C. 负迁移　　D. 直迁移

8. 教师在教学中教导学生学习“going”这一单词，再教学生学习“playing”“coming”这些单词时就能达到事半功倍的效果。可以解释这种学习现象的理论是(　　)

A. 相同要素说　　B. 形式训练说　　C. 概括化理论　　D. 关系转换说

9. 贾德的“水下击靶”实验表明，学习迁移的产生需要(　　)

A. 大量的形式训练　　B. 两种学习材料具有相同要素

C. 学习者能进行有意义的学习　　D. 概括化的原理

10. 王老师用“鱼、河、虫、小、在、里、吃”这几个字编写了一个例句：鱼在河里吃小虫，并让学生用这几个字组成其他不同意思的句子。这属于(　　)(易错)

A. 同化性迁移　　B. 顺应性迁移　　C. 重组性迁移　　D. 逆向迁移

11. 苛勒用以说明“关系转换的学习迁移理论”的著名实验是(　　)

A. 黑猩猩取香蕉实验　　B. 小白鼠走迷宫实验

C. 小鸡觅食实验　　D. 鸽子转圈实验

12. 布鲁纳认为，基本概念、基本原理、基本方法和基本态度具有广泛的适用性，能运用于表面特征不同而结构特征相似的多种情境。这一观点所强调的迁移类型是(　　)

A. 一般迁移　　B. 特殊迁移　　C. 水平迁移　　D. 逆向迁移

13. 在熟练地学会骑自行车以后，再学骑三轮车就会觉得比较别扭，这种现象我们把它称为(　　)

A. 顺向正迁移　　B. 顺向负迁移　　C. 逆向正迁移　　D. 逆向负迁移

14. 重视对情境关系的理解的迁移理论是(　　)

A. 形式训练说　　B. 共同要素说　　C. 经验类化说　　D. 关系转换说

15. 学习迁移产生的客观必要条件是(　　)(常考)

A. 学生的智力水平　　B. 学习的理解和巩固过程

C. 学习对象之间的共同因素　　D. 学习的方法

16. 下列属于迁移理论的是(　　)

①形式训练说　②相同要素说　③概括化理论　④多元智力理论

A. ①②③　　B. ①②④　　C. ①③④　　D. ②③④

17. 学生学会写“石”字，有助于写“磊”字，这种迁移是(　　)

A. 垂直迁移　　B. 顺应性迁移　　C. 一般迁移　　D. 具体迁移

18. 不改变原有的认知结构，直接将原有的认知经验应用到本质特征相同的一类事物中去，这种迁移称为(　　)

A. 重组性迁移　　B. 顺应性迁移　　C. 同化性迁移　　D. 排列性迁移

19. 相似的题型，即使换了数字，学生解答起来也比较容易，体现的是(　　)

A. 自迁移　　B. 近迁移　　C. 低路迁移　　D. 远迁移

20. “举一反三、闻一知十”这句话指的是(　　)(常考)

A. 学习策略　　B. 学习动机　　C. 学习迁移　　D. 学习期待

21. 在以前学习中得到提高的某种官能对后来涉及该官能的学习产生促进作用，从而表现出迁移效应，持这一观点的迁移理论是（　　）

A. 形式训练说　　B. 共同因素说　　C. 概括化原理　　D. 关系转换说

22. 在数学课堂上，老师给学生出了一道难题后，将解题的基本方法讲解给学生，之后又出了一道相类似的题目作为作业，学生利用老师讲解的方法成功解题。对此，体现了学习迁移中的（　　）

A. 正迁移　　B. 负迁移　　C. 一般迁移　　D. 重组性迁移

23. 下列关于学习迁移的说法，错误的是（　　）

A. 概括化理论认为，只要一个人对他的经验进行了概括，就可以完成从一种情境到另一种情境的迁移

B. 苛勒等人认为，迁移是非常具体的、有条件的，需要有共同的要素

C. 学会骑自行车反倒不利于学习骑三轮车属于负迁移

D. 加强基本原理的教学有利于促进原理或规则的迁移

二、多项选择题

1. 影响学习迁移的认知结构变量有（　　）

A. 可利用性　　B. 可辨别性　　C. 可操作性　　D. 稳定性

2. 一门学科中最具有广泛迁移价值的材料有（　　）

A. 基本概念　　B. 基本原理　　C. 生动的例子　　D. 典型的事实

3. 根据迁移过程中所需的内在心理机制的不同，迁移可分为（　　）

A. 同化性迁移　　B. 异化性迁移　　C. 顺应性迁移　　D. 重组性迁移

4. 下列心理现象中，属于学习迁移现象的有（　　）

A. 会骑自行车的人比较容易掌握摩托车的驾驶技术

B. 后来的学习对先前的学习产生一定的影响

C. 学习汉语拼音会对英语学习有影响

D. 学会弹钢琴，有利于学弹手风琴

5. 数学学习中形成的认真审题的态度及审题的方法将影响到化学、物理等学科的审题活动。这种迁移类型是（　　）

A. 一般迁移　　B. 具体迁移　　C. 正迁移　　D. 负迁移

6. 原有认知结构对迁移的影响主要表现有（　　）

A. 学习者是否具有积极的心智　　B. 学习者是否具有相应的背景知识

C. 学习者是否具有相应的认知技能或策略　　D. 原有认知结构的概括水平

三、判断题

1. 上位学习和下位学习中都可能发生垂直迁移。（　　）

2. 定势可以成为积极的正迁移的心理背景，也可以成为负迁移的心理背景，但不会成为阻碍迁移产生的潜在的心理背景。（　　）

3. 迁移是一种学习对另一种学习的积极影响。（　　）

4. 知识和技能可以迁移，但是行为规范和态度则不可以迁移。（　　）

5. 平行四边形知识的掌握影响着菱形的学习属于自上而下的迁移。（　　）

四、简答题

1. 影响学习迁移的因素有哪些?(常考)

2. 如何促进学习的迁移?

专题4 知识的学习

一、单项选择题

1. 学生学习了“三角形”的概念,现在要学习直角三角形,这是一种(　　)

A. 派生类属学习　　B. 相关类属学习

C. 并列综合学习　　D. 上位学习

2. 老师在给学生讲述人体骨骼的时候,拿出人体骨骼模型让同学们进行观察。这属于教学直观中的(　　)(常考)

A. 言语直观　　B. 模像直观　　C. 表象直观　　D. 图像直观

3. 学生小黄在学习了“蝴蝶”“蜜蜂”“蜻蜓”等词后,再学习“昆虫”一词,进而知道“蝴蝶”“蜜蜂”“蜻蜓”都属于“昆虫”。这种学习过程属于(　　)

A. 上位学习　　B. 下位学习　　C. 派生类属学习　　D. 相关类属学习

4. 学生学会骑车实际学会的是(　　)

A. 陈述性知识　　B. 程序性知识　　C. 直觉性知识　　D. 创造性知识

5. 以词汇、实物为内容的学习属于(　　)

A. 概念学习　　B. 命题学习　　C. 符号学习　　D. 并列结合学习

6. 在学习了“导体”这一概念后,再学习铁、铜等概念,这属于(　　)

A. 上位学习　　B. 下位学习　　C. 并列结合学习　　D. 机械学习

7. 在教学中讲授“果实”的概念时,既选择可食用的果实,也选择不可食用的果实,如棉籽等,这样才有利于学生准确地掌握“果实”的概念。这是运用了(　　)的方法。

A. 正例与反例配合　　B. 比较　　C. 变式　　D. 直观

8. (　　)是指学习把具有共同属性的事物集合在一起加以命名,把不具有此类属性的事物排除出去。

A. 词汇学习　　B. 符号学习　　C. 概念学习　　D. 命题学习

9. 在解答数学方程问题时，我们首先要知道等式两边平衡的规则。从知识的分类上看，数学规则和解答方程的过程分别属于(　　)

A. 陈述性知识；陈述性知识　　B. 陈述性知识；程序性知识

C. 程序性知识；陈述性知识　　D. 程序性知识；程序性知识

10. 在儿童学习"汽车""火车""轮船""飞机"等概念的基础上，掌握"交通工具"的概念，这样的学习属于(　　)

A. 下位学习　　B. 上位学习　　C. 归属学习　　D. 并列结合学习

11. 学生能指出生字的字形结构，用学的生词造句，在病句中找出错误部分。这属于学习过程的(　　)阶段。

A. 理解　　B. 分析　　C. 应用　　D. 综合

12. 一个大的知识单元中既有陈述性知识，也有程序性知识，二者相互交织在一起。许多心理学家用(　　)一词来描述这种大块知识的表征。

A. 知识团　　B. 统觉　　C. 图式　　D. 统合

13. 短时记忆的容量是(　　)(常考)

A. 3～6个组块　　B. 5～9个组块　　C. 6～8个组块　　D. 7个组块

14. 平行四边形、正方形、菱形等都是四边形的(　　)(易错)

A. 反例　　B. 概括　　C. 变式　　D. 抽象

15. 数学教学中同一单元的不同章节之间的学习属于(　　)

A. 上位学习　　B. 并列结合学习

C. 派生类属学习　　D. 相关类属学习

16. 学生掌握了"哺乳动物"的概念后，理解了"鲸"的含义，这属于(　　)

A. 派生类属学习　　B. 相关类属学习

C. 上位学习　　D. 并列结合学习

17. 学生通过学习"0和正整数"掌握"数"的概念，之后又学习了"负数"的概念，重新认识了"数"的概念。这种学习属于(　　)

A. 并列结合学习　　B. 上位学习　　C. 相关类属学习　　D. 派生类属学习

18. 在日常生活中，"学开车"属于(　　)的学习。

A. 程序性知识　　B. 陈述性知识　　C. 个人知识　　D. 间接知识

19. 学生在学习了钠、镁、铝等元素的性质和特征之后，再学习铜、铁、锌等概念就比较容易。这属于(　　)

A. 相关类属学习　　B. 派生类属学习　　C. 总括学习　　D. 并列结合学习

20. 知识的最小单元，一般由一个简单的句子来表达，指的是(　　)

A. 图式　　B. 命题网络　　C. 命题　　D. 概念

21. 学生通过学习，可以用"老鹰"或"hawk"来代表他所看到的现实中的老鹰。根据奥苏贝尔对有意义学习的分类，此例中学生的知识学习属于(　　)

A. 符号学习　　B. 概念学习　　C. 命题学习　　D. 程序学习

22. 在学习了相似三角形的相关知识，并经过数学老师的悉心指导后，王雨终于知道如何证明并写出两个三角形相似。案例中，王雨的学习属于(　　)学习。

A. 陈述性知识　　B. 程序性知识　　C. 显性知识　　D. 隐性知识

23. 学习“直角三角形是一种特殊的三角形”,这种学习属于(   )

A. 词汇学习　　B. 符号学习　　C. 概念学习　　D. 命题学习

24. 在教学过程中,教师进行实验演示使学生得到感性知识,这属于(   )

A. 实物直观　　B. 模像直观　　C. 言语直观　　D. 感知直观

25. 小芳想学习用外语写诗,老师建议她先学习一些这门外语的语法和词汇,还有一些诗的格式。该老师建议的内容属于(   )

A. 程序性知识　　B. 心智技能　　C. 语言技能　　D. 陈述性知识

26. 在教“鸟”的概念时,用麻雀、燕子说明“前肢为翼,无齿有喙”是鸟这一概念的本质特征,这是适当地运用了(   )

A. 命题　　B. 案例　　C. 反例　　D. 正例

27. 下列选项中属于陈述性知识的是(   )

A. 学习的定义　　B. 产品的使用步骤

C. 汽车驾驶方法　　D. 解答问题的思考过程

28. 人头脑中出现的“学习时如何记忆,解决问题时如何明确思维方向”等知识属于(   )(易错)

A. 陈述性知识　　B. 程序性知识　　C. 策略性知识　　D. 感性知识

29. 一位数学老师在讲授“圆形”的概念时,是通过向学生描述“毛驴拉碾子”的具体形象来帮助学生理解这一抽象概念的。这位老师所使用的直观手段属于(   )

A. 实物直观　　B. 模像直观　　C. 言语直观　　D. 表象直观

30. 根据新知识与个体原有认知结构的关系,可以对学习的类型加以划分。下列属于并列结合学习的是(   )

A. 学生知道了“爬行类动物”的概念后再来学习“蜥蜴”

B. 学生了解到自行车车架利用了三角形的稳定性后,得知三角形具有稳定性

C. 学生先观看眼镜蛇、蟒蛇、响尾蛇的图片,再学习蛇的定义

D. 学生先学习鲨鱼的生活习性,再学习鲸鱼的生活习性

31. 有的学生看到锐角、直角、钝角等图形中都有两条交叉的线,就认为角是由两条交叉的线组成的。这属于(   )

A. 理性概括　　B. 感性概括　　C. 形象直观　　D. 知识迁移

二、多项选择题

1. 根据新知识与原有认知结构的关系,可将知识学习分为(   )

A. 上位学习　　B. 下位学习　　C. 概念学习　　D. 命题学习

2. 上位学习,是指在认知结构中原有概念的基础上学习一个包容程度更高的概念,即原有概念是从属概念,而新学习的概念是总括性概念。以下属于上位学习的是(   )(常考)

A. 学完直角的概念之后再学习角的概念

B. 学完盐酸的概念再学酸的概念

C. 学完长方形的面积计算公式后再学正方形的面积计算公式

D. 学完鲸的习性再学哺乳动物的习性

3. 以下属于理性知识的是(　　)

A. 表象　　B. 概念　　C. 规则　　D. 原理

4. 安德森将知识分为陈述性知识和程序性知识两大类,下列属于陈述性知识的有(　　)

A. 苹果是圆的

B. 本教材共由10章构成

C. 扫帚是用来扫地的

D. 知道长为3米,宽为2米,可以利用公式计算出长方形的面积是6平方米

5. 瞬时记忆的特点是(　　)

A. 时间极短　　B. 容量较大　　C. 形象鲜明　　D. 意识清晰

6. 根据知识本身的存在形式和复杂程度,知识学习可以分为(　　)

A. 符号学习　　B. 命题学习　　C. 事实学习　　D. 概念学习

7. 当代认知心理学认为,陈述性知识的学习过程包括(　　)

A. 知识理解　　B. 知识保持　　C. 知识提取　　D. 知识获得

8. 知识的应用包括(　　)四个彼此相连又相互独立的基本环节。

A. 审题、联想　　B. 分析、综合

C. 解析、类化　　D. 识记、保持

9. 陈述性知识的表征方式主要有(　　)

A. 命题　　B. 表象　　C. 命题网络　　D. 图式

10. 程序性知识的表征方式主要有(　　)

A. 命题网络　　B. 产生式系统　　C. 表象　　D. 产生式

三、判断题

1. 短时记忆的信息转化为长时记忆必须经过复述。　(　　)

2. 并列结合学习是在新知识与认知结构中的原有观念既非下位关系又非上位关系时产生的。　(　　)

3. 图像记忆是瞬时记忆的主要编码形式。　(　　)

4. 并列结合学习比上位学习和下位学习更简单、容易。　(　　)

5. 教师在教“鸟”的概念时,既举例了会飞的鸟,如麻雀、鸽子,又举例了不会飞的鸟,如鸡、鸭,其目的是要形成定势,便于促进学生理解概念。　(　　)

6. 概念学习以表征学习为前提,又为命题学习奠定基础。　(　　)

7. 知识的获得是知识学习的最终阶段。　(　　)

四、简答题

如何有效地进行知识概括?(常考)

五、案例分析题

林老师为了上好《两栖动物的生殖与发育》一课，精心制作了PPT，并准备了青蛙标本、三张挂图和视频材料，课前林老师将这些教具摆放悬挂好后，马上受到了许多学生的围观。课上他先是播放了视频材料，接着他演示了青蛙标本，因标本过小，后面的同学伸长脖子也看不到，他不断翻着PPT，却没有适时做出讲解。下课铃声响了，准备的PPT还没有翻完。课后学生们反映说："我们忙着看这看那，老师讲什么都没听清，而且有的PPT背景上浅色字很模糊。"

(1)林老师在教学过程中运用直观手段存在哪些问题？

(2)联系材料，阐述教师应如何提高知识直观的效果。

专题5 技能的形成

一、单项选择题

1. 在操作技能的形成过程中，视觉控制不起主导作用，逐步让位于动觉控制，肌肉运动的感觉变得较清晰、准确，并成为动作执行的主要调节器。这是操作的(　　)阶段的动作特点。

A. 定向　　B. 模仿　　C. 熟练　　D. 整合

2. 阅读技能、写作技能、运算技能属于(　　)

A. 学习技能　　B. 认知技能　　C. 操作技能　　D. 应用技能

3. 活动方式具有高度的适应性，在执行方面能达到高度的完善和自动化的阶段是(　　)

A. 操作定向　　B. 操作模仿　　C. 操作熟练　　D. 操作整合

4. 在操作技能形成阶段中，多余动作消失这一特点是在(　　)阶段。

A. 操作整合　　B. 操作定向　　C. 操作模仿　　D. 操作熟练

5. 依据心智技能的实践模式，把主体在头脑中已建立起来的活动程序计划以外显的操作方式付诸执行，指的是(　　)

A. 原型操作　　B. 原型定向　　C. 原型强化　　D. 原型内化

6. 形成各种操作技能不可缺少的关键环节是(　　)

A. 阅读　　B. 练习　　C. 巩固　　D. 内化

7. 学生在学习弹奏钢琴曲的过程中，当练习到一定阶段时，常会感到自己的进步似乎停止了。这种现象属于技能学习中的(　　)(常考)

A. 高原现象　　B. 倒摄抑制　　C. 蓄势现象　　D. 及时反馈

8. 杂技演员可以一边骑车，一边做复杂的动作。这说明他的动作技能处于(　　)

A. 认知阶段　　B. 分解阶段　　C. 联系形成阶段　　D. 自动化阶段

9. 数学课上，为了更好地形成智力技能，教师常在黑板上清楚而细致地演算例题。这是给学生提供(　　)(常考)

A. 原型定向　　B. 原型整合　　C. 原型操作　　D. 原型内化

10. 在操作模仿阶段，动作的控制主要靠(　　)(易错)

A. 听觉控制　　B. 视觉控制　　C. 触觉控制　　D. 动觉控制

11. 技能被定义为个体运用已有的知识经验，通过练习而形成的复杂系统，这个系统包括肢体动作方式和(　　)

A. 智力动作方式　　B. 操作技能方式

C. 运动技能方式　　D. 思维方式

12. 反馈在操作技能学习过程中的作用是非常关键的，其中(　　)的作用尤为明显。

A. 外部反馈　　B. 方法反馈　　C. 过程反馈　　D. 结果反馈

13. 心智技能形成中出声的外部言语动作阶段、不出声的外部言语动作阶段和内部言语动作阶段可以合称为(　　)

A. 原型定向　　B. 原型模仿　　C. 原型操作　　D. 原型内化

14. 通过学习而形成的合乎法则的操作活动方式被称作(　　)

A. 操作技能　　B. 技巧　　C. 心智技能　　D. 能力

15. 根据加里培林提出的智慧活动按阶段形成的理论，某一阶段智慧活动的完成是只看到嘴动，听不到声音。这个阶段最有可能是(　　)

A. 内部言语活动阶段　　B. 无声的外部言语阶段

C. 物质化活动阶段　　D. 活动的定向阶段

16. 操作技能的特点是(　　)(常考)

A. 客观性、外显性、展开性　　B. 观念性、内潜性、简缩性

C. 客观性、外显性、简缩性　　D. 观念性、内潜性、展开性

17. 下列选项中，不属于心智技能的是(　　)

A. 感知声音　　B. 计算题目　　C. 记忆公式　　D. 阅读文章

二、多项选择题

1. 操作技能是通过学习而形成的合乎法则的操作活动方式。下列属于操作技能的有(　　)

A. 唱歌　　B. 打篮球　　C. 跑步　　D. 阅读

2. 动作技能与智力技能的区别主要有(　　)

A. 活动的对象不同　　B. 活动的结构不同

C. 活动的要求不同　　D. 活动目的不同

3. 在操作技能的形成中，虽然不同的学习者的练习曲线存在差异，但也有共同点，表现在(　　)

A. 开始进步慢

B. 中间有一个明显的、暂时的停顿期，即高原期

C. 后期进步较大

D. 总趋势是进步的，但有时出现暂时的退步

4. 学生在学习过程中会产生高原现象，产生这种现象的原因有(　　)

A. 学习动机减弱　　B. 学习方法新颖

C. 意志品质薄弱　　D. 学习任务复杂

5. 著名认知心理学家安德森将心智技能的形成分为三个阶段，即(　　)

A. 认知阶段　　B. 联结阶段　　C. 自动化阶段　　D. 整合阶段

6. 技能按其本身的性质和特点可分为动作技能和心智技能。下列属于心智技能的有(　　)

A. 默读　　B. 跳高　　C. 心算　　D. 写作构思

7. 下列选项中，属于心智技能的培养要求的是(　　)

A. 确立合理的智力活动原型　　B. 激发学习的积极性和主动性

C. 注意原型的完备性、独立性和概括性　　D. 注意学生的个别差异

三、判断题

1. 技能没有好坏之别，习惯有好坏之分。(　　)

2. 膝跳反射是动作技能的一种表现形式。(　　)

3. 心智技能的对象具有观念性。(　　)

4. 在心智技能的形成过程中，原型定向之前是原型内化。(　　)

5. 心智技能不必通过外部言语表现出来。(　　)

6. 动作技能一经掌握便不易被遗忘。(　　)

四、简答题

1. 简述操作技能的培训要求。(常考)

2. 简述培养学生的心智技能的要求。

五、案例分析题

有关研究表明：在学习英语的过程中，词汇量掌握的多少明显影响到阅读能力的高低。但是当掌握的词汇量达到3500～4500的时候，就会出现约8个月左右的滞留时间；达到6500～7500的时候，就会出现约12个月左右的滞留时间；当词汇量达到了9500～10500的时候，平均滞留时间约18个月。也有人曾经研究收发电报中动作技能的进步，结果发现，在收发电报练习15～28天之间，成绩一度停顿下来，虽有练习，但成绩却不见提高甚至下滑。

请运用心理学知识对该案例进行分析。

专题6 问题解决与创造性

一、单项选择题

1. 问题是给定信息和要达到的目标之间有某些障碍需要被克服的（　　）

A. 刺激情境　　B. 既定疑问　　C. 思维状态　　D. 思维起点

2. 教师要求学生列举砖的用途，某学生在单位时间内列举出很多例证，但都在建筑材料范围之内，这表明该学生的发散思维在流畅性和变通性方面的特点是（　　）（易错）

A. 流畅性差，变通性差　　B. 流畅性好，变通性差

C. 流畅性好，变通性好　　D. 流畅性差，变通性好

3. 在解几何证明题时，学生常从问题的目标状态往回走，先确定达到该目标所需要的条件，然后再将达到目标所需要的条件与问题提供的已知条件进行对比，完成证明。这种方法属于问题解决中的（　　）

A. 反推法　　B. 算式法　　C. 启发法　　D. 类比法

4. 小明嚼口香糖玩时，不慎将10元纸币掉到狭缝里，几经尝试，无法用手取出，最后在别人的建议下用口香糖粘出。小明开始没有用这样的方法的主要影响因素是（　　）（常考）

A. 功能固着　　B. 原型启发　　C. 顿悟　　D. 问题表征

5. 当一个人用画图表、线路图等具体形式表征问题时，表明他处于问题解决的（　　）阶段。

A. 发现问题　　B. 理解问题　　C. 提出假设　　D. 验证假设

6. 要打开一个三位数组成的密码锁，可以从000、001、002逐一尝试直到998、999，最终便会找到一个正确答案。这种解决问题的策略是(　　)

A. 推理式　　B. 算法式　　C. 演绎式　　D. 启发式

7. 从完整的问题解决过程来看(　　)是首要环节。

A. 理解问题　　B. 提出假设　　C. 发现问题　　D. 检验假设

8. 在问题解决过程中，有时会出现"恍然大悟"或"豁然开朗"的情况。这一现象可以用(　　)解释。

A. 心理定势　　B. 酝酿效应　　C. 迁移　　D. 功能固着

9. 通过对狗鼻子构造的分析，发明出比狗鼻子更灵敏的电子嗅觉器。这是(　　)对问题解决的影响。(常考)

A. 知识经验　　B. 迁移　　C. 酝酿效应　　D. 原型启发

10. 下列各项活动中，属于"问题解决"的是(　　)

A. 回忆朋友的名字　　B. 完成口头作文

C. 穿衣服　　D. 浮现童年的生活情景

11. 创造性是指个体产生新奇、独特、有社会价值的产品的(　　)

A. 智力技能　　B. 思维品质　　C. 思维程序　　D. 能力或特性

12. 王伟晚上在家复习功课时，忽然灯灭了，他根据物理课上所学的知识，推测可能是保险丝断了，然后检查了闸盒里的保险丝。检查保险丝属于问题解决过程中的(　　)阶段。

A. 发现问题　　B. 理解问题　　C. 提出假设　　D. 检验假设

13. 某学生计划先把月考考好，一次比一次好，直到期末更好。他采取的方法是(　　)

A. 心理暗示法　　B. 逆向反推法　　C. 爬山法　　D. 类比思维

14. 下列选项中，属于结构良好问题的是(　　)

A. 如何实现理想　　B. 创造发明

C. 写作文　　D. 解决几何证明题

15. 学生在解决难题时，各种主意和观点可能产生不同寻常组合的阶段是(　　)

A. 准备阶段　　B. 酝酿阶段　　C. 明朗阶段　　D. 验证阶段

16. 儿童在解决脑筋急转弯"小明吹电扇的时候为什么越吹越热"时，只想到了电扇吹小明，而想不到是小明去吹电扇。这里体现出来的影响问题解决的因素是(　　)

A. 思维定势　　B. 原型启发　　C. 问题表征　　D. 灵感

17. 下列哪项属于真正的创造(　　)

A. 鲁班发明锯子　　B. 高斯少年时做数字1～100的连加

C. 找到远古时期的化石　　D. 陶渊明发现桃花源

18. (　　)是人在解决问题时所采取的一种根据经验规则进行发现的方法。其特点是在解决问题时，利用过去的经验，选择已经行之有效的方法，而不是系统地、以确定的步骤去寻求答案。

A. 算法　　B. 启发式方法

C. 手段—目的分析法　　D. 爬山法

19. 某教师在给学生评分时，认为某个学生好，会不自觉地给他的分数高一些，认为某个学生差，会不自觉地给他的分数低一些，这是(　　)的作用。

A. 原型启发　　B. 功能固着　　C. 思维定势　　D. 酝酿效应

20. 通过对蝙蝠超声波的仿效，制造出雷达，这属于(　　)

A. 思维定势　　B. 原型启发　　C. 酝酿效应　　D. 功能固着

21. 下列哪一项属于问题解决(　　)

A. 回忆一个人的名字　　B. 幻想自己是科学家

C. 用一个词造句　　D. 荡秋千

22. 小学生在完成“5+2+3−2”作业时容易按照“5+2+3+2”计算，这是问题解决中的(　　)

A. 酝酿效应　　B. 功能固着　　C. 原型启发　　D. 思维定势

23. 鲁班由“丝茅草划破手”这一现象引发思考，发明了锯，这种创造活动的心理机制属于(　　)(常考)

A. 思维定势　　B. 功能固着　　C. 负向迁移　　D. 原型启发

24. 人们看到用筷子演奏的大提琴表演后深感震惊，这是因为看到筷子一般只能想到夹食物这一用途，想不到可以作为乐器演奏歌曲，这种现象属于(　　)

A. 功能固着　　B. 原型启发　　C. 思维发散　　D. 功能变通

25. 不利于培养教学实际中问题解决能力的是(　　)

A. 设置难度适当的问题　　B. 帮助学生正确表征问题

C. 指导学生从记忆中提取信息　　D. 由教师提问要求学生配合

26. 拿破仑滑铁卢兵败被流放到圣赫勒拿岛后，他的一位善于谋略的密友通过秘密方式给他捎来一副用象牙和软玉制成的国际象棋。拿破仑爱不释手，一个人默默下起了象棋，打发着寂寞痛苦的时光。象棋被摸光滑了，他的生命也走到了尽头。拿破仑死后，这副象棋经过多次转手拍卖。后来一个拥有者偶然发现，有一枚棋子的底部居然可以打开，里面塞有一张如何逃出圣赫勒拿岛的详细计划。这个案例中，拿破仑之所以没有发现象棋中的玄机是受到(　　)的影响。

A. 感觉统合　　B. 注意转移　　C. 记忆再现　　D. 思维定势

27. 学生经常会做错形式上与原题类似，而考查内容却与之大相径庭的题目，这是因为学生在做题时受到了(　　)的影响。

A. 思维定势　　B. 聚合思维　　C. 发散思维　　D. 具体思维

28. “知人所不知，见人所不见。”这表明了创造性的(　　)品质。

A. 流畅性　　B. 变通性　　C. 指向性　　D. 独创性

二、多项选择题

1. 问题解决具有(　　)

A. 目的性　　B. 结构性　　C. 序列性　　D. 认知性

2. 下列选项中，属于结构不良的问题有(　　)(易错)

A. 如何写好一篇学术论文　　B. 怎样保持良好的人际关系

C. 如何根据已知条件求证几何问题　　D. 怎样成为一名优秀的运动员

3. 下列关于问题解决策略的表述，正确的有(　　)

A. 算法策略通常可以保证问题得到解决，但比较费时费力

B. 启发式策略不一定能保证问题的解决

C. 算法策略通常优于启发式策略

D. 爬山法是一种算法策略

4. 创造性的基本特征有(　　)(常考)

A. 流畅性　B. 变通性　C. 独创性　D. 目的性

5. 英国心理学家沃拉斯分析了前人的研究后认为,任何创造性活动的过程都包括(　　)

A. 准备阶段　B. 酝酿阶段　C. 明朗阶段　D. 验证阶段

6. 下列做法中有助于学生创造性个性塑造的有(　　)

A. 保护学生的好奇心　B. 鼓励独立性和创新性

C. 重视逻辑思维的培养　D. 为学生树立创造性的榜样

7. 研究表明,创造性与智力的关系并非简单的线性关系,二者既有独立性,又在某种条件下具有相关性。其基本关系主要表现为(　　)(易混)

A. 低智力不可能具有高创造性　B. 高智力一定具有高创造性

C. 低创造性者的智力水平可能高,也可能低　D. 高创造性者的智力水平可能高,也可能低

8. 问题解决的思维过程一般经历的阶段是(　　)

A. 发现问题　B. 明确问题　C. 提出假设　D. 检验假设

9. 问题解决中常用的启发法策略有(　　)

A. 手段—目的分析法　B. 逆推法　C. 算法　D. 爬山法

10. 提高学生知识储备的数量与质量,可以采取以下途径(　　)

A. 外化思路,进行显性教学　B. 帮助学生牢固地记忆知识

C. 提供多种变式,促进知识的概括　D. 重视知识间的联系,建立网络化结构

三、判断题

1. 对中学生来说,回答“3+2=5”和证明几何题都属于问题解决。(　　)

2. 思维定势总是阻碍问题的有效解决。(　　)

3. 创造力并不是少数人才有的,是每个人都有的潜能。(　　)

4. 无论是真正的创造还是类似的创造,它们所表现出来的思维或认知能力在本质上是相同的。(　　)

5. 功能固着是一个人意志坚定的表现。(　　)

6. 心理定势对解决问题只有消极影响。(　　)

7. 在数学学习中,学生做了例题后面的练习题后有助于再做同样类型的题,但对做不同类型的题则有消极影响。这是功能固着对问题解决的影响。(　　)

四、简答题

1. 影响问题解决的因素有哪些?(常考)

2. 如何培养学生的问题解决能力?

3. 影响创造性的因素有哪些?

五、论述题

可以通过哪些途径来培养学生的创造性?

专题7 态度与品德的形成

一、单项选择题

1. “三人行,必有我师焉”这句话强调了要主动学习别人的思想、情感、品质等方面的优秀之处,并使自己与之保持一致,这体现了品德形成的(　　)阶段。

A. 服从　　B. 依从　　C. 认同　　D. 内化

2. 丽丽在课堂上玩手机,小红提醒丽丽,学校规定课堂上不能玩手机,可丽丽不听,为此,小红认为丽丽不是好学生。根据科尔伯格道德发展阶段理论,小红的道德发展处于(　　)的道德定向阶段。

A. 惩罚与服从　　B. 相对功利　　C. 维护权威或秩序　　D. 普遍原则

3. 科尔伯格使用“海因兹偷药”的故事来研究儿童的道德判断。有些孩子认为海因兹不应该偷药,因为偷东西的行为不能得到普遍赞扬。持这种看法的孩子,其道德判断发展水平处于(　　)

A. 前习俗水平　　B. 习俗水平　　C. 后习俗水平　　D. 公正水平

4. 小明认为道德就是要做别人喜欢的事,他的道德发展阶段属于(　　)

A. 前习俗水平　　B. 习俗水平　　C. 后习俗水平　　D. 后道德水平

5. 学生张亮乱扔垃圾,被老师教育后改正了,可是过了一段时间后,他的老毛病又犯了,老师应该加强其(　　)的培养。

A. 道德认识　　B. 道德情感　　C. 道德意志　　D. 道德行为

6. 品德内化是指在思想观点上与他人的思想观点一致,将自己所认同的思想和自己原有的观点、信念融为一体,构成一个完整的(　　)

A. 新观点　　B. 认知结构　　C. 价值体系　　D. 策略系统

7. 在玩捉迷藏的游戏时,丽丽没有找到合适的藏身之处,被斌斌抓住了。丽丽说:“我还没藏好,你不能抓我。”她不愿意认输。斌斌说:“我们做游戏前约定好了数到10就开始找,你自己没藏好,不能怪我。”由此可推知,

丽丽的品德发展处于( )

A. 权威阶段 B. 公正阶段 C. 可逆性阶段 D. 自我中心阶段

8. 小丽在跟伙伴们玩耍时,发现一名婴儿被反锁在了私家车内。面对该名婴儿的哭喊声,他们为该不该砸碎车窗、立刻救出婴儿而发生争执。最终小丽站出来说:“我们把车窗砸碎吧,为了救人砸坏车窗没有错!”根据皮亚杰的道德认知发展理论可知,小丽的道德认知最可能处于( )

A. 无律道德阶段 B. 契约道德阶段

C. 自律道德阶段 D. 他律道德阶段

9. “苟利国家生死以,岂因祸福避趋之。”从品德形成过程看,这属于( )

A. 认同阶段 B. 内化阶段 C. 外化阶段 D. 依从阶段

10. 小刚帮妈妈洗碗,不小心打破了十个碗;小强偷吃冰箱里的零食,不小心打破了一个碗。小红认为,小强做得比小刚更好,因为他只打破了一个碗。这说明小红目前处于道德发展阶段中的( )

A. 自律阶段 B. 他律阶段 C. 具体运算阶段 D. 后习俗水平阶段

11. 皮亚杰认为,( )岁是儿童从他律道德向自律道德转化的分水岭。

A. 10 B. 9 C. 12 D. 18

12. 表现为“富贵不能淫,贫贱不能移,威武不能屈”的态度形成阶段是( )(常考)

A. 依从 B. 认同 C. 内化 D. 坚定

13. 初中阶段既是人生观开始形成的时期,又是容易发生品德两极分化的时期。品德不良、违法犯罪多发生在这个时期。根据研究,( )是品德发展的关键期。(常考)

A. 初中一年级 B. 初中二年级 C. 初中三年级 D. 初中一和初中二年级

14. 皮亚杰将儿童品德结构的发展划分为四个阶段,按形成时间排序正确的是( )

A. 自我中心阶段→权威阶段→公正阶段→可逆性阶段

B. 自我中心阶段→权威阶段→可逆性阶段→公正阶段

C. 权威阶段→可逆性阶段→公正阶段→自我中心阶段

D. 权威阶段→自我中心阶段→可逆性阶段→公正阶段

15. 一些初中生在学习雷锋的先进事迹时,感到雷锋精神非常高尚,值得大家学习。这种道德情感体验是( )

A. 想象的道德情感 B. 直觉的道德情感

C. 分析的道德情感 D. 伦理的道德情感

16. 导致学生品德不良的客观原因是( )

A. 缺乏正确的道德观念 B. 意志力薄弱

C. 家庭的不良教育 D. 某些需要没有得到合理的满足

17. 小明对“为什么偷东西是不对的”这一问题的回答是“被抓住会挨打”,由此可以判断其道德认识发展处于( )

A. 前习俗水平 B. 习俗水平 C. 后习俗水平 D. 超习俗水平

18. 根据科尔伯格的理论,小明认为正确的行为就是能够满足本人需要的行为,则小明处于( )

A. 惩罚和服从定向阶段 B. 功利性的享乐主义定向阶段

C. “好孩子”定向阶段 D. 维护权威和社会秩序定向阶段

19. 在“海因茨偷药”的道德两难问题上，某儿童认为：“不管妻子过去对他好不好，他都要对妻子负责。为救妻子去偷药，只不过是做了丈夫该做的事。如果他不这样做，别人会骂他的。”根据科尔伯格道德认知发展阶段理论，该儿童道德判断的特点是(　　)(易错)

A. 以人际和谐或“好孩子”为定向

B. 以良心或普遍原则为定向

C. 以惩罚与服从为定向

D. 以法律的秩序为定向

20. 在主题班会上，王老师与学生讨论乱扔垃圾的危害，达成了“不乱扔垃圾”的共识，并要求大家互相监督。这种品德培养的方法是(　　)

A. 共同商讨　　B. 价值辨析　　C. 群体约定　　D. 有效说服

21. 某小学要求学生每周一必须全体穿着校服入校，否则会给予一定处罚，学生张某为了避免受到处罚而穿上了校服。这体现了态度形成过程中的(　　)现象。

A. 依从　　B. 认同　　C. 内化　　D. 接受

22. 态度的核心成分是(　　)

A. 认知成分　　B. 情感成分　　C. 意志成分　　D. 行为成分

23. 品德是个体依据一定的社会道德准则规范自己行动时表现出来的心理特征和倾向，它是(　　)

A. 比较不稳定的

B. 受先天因素制约的

C. 时稳时变的

D. 比较稳定的

24. 在实际活动中，态度的认知成分、情感成分、行为成分所占的比重不同，在较高层次的活动中需要个体对极为复杂的社会情境进行分析和理解，在这种情况下，态度的(　　)成分起很大的作用。

A. 认知　　B. 情感　　C. 行为　　D. 认知和情感

25. “君子欲讷于言而敏于行”强调的品德因素是(　　)

A. 道德认识　　B. 道德情感　　C. 道德意志　　D. 道德行为

26. 小贾认为人们不应该容忍偷东西的行为，因为如果大家都不制止的话，社会就会变得很混乱。根据科尔伯格的道德发展阶段理论，小贾处于(　　)(易错)

A. 寻求认可取向阶段

B. 遵守法规取向阶段

C. 普遍伦理取向阶段

D. 社会契约取向阶段

27. 品德不良的青少年的转化过程大体上要经历三个阶段，依次是(　　)

A. 醒悟、自新、转变

B. 醒悟、转变、自新

C. 转变、自新、醒悟

D. 转变、醒悟、自新

28. 认为尊重人的生命比遵守僵硬的社会规范更为重要的道德发展阶段是(　　)

A. 前习俗水平　　B. 习俗水平　　C. 后习俗水平　　D. 前道德水平

29. 在品德形成的认同阶段，个体在思想、情感、态度和行为上主动接受他人的影响，试图使自己在态度和行为上(　　)

A. 与他人相接近

B. 与大家保持一致

C. 被他人认可

D. 与他人基本相同

30. 某学校为培养学生良好的卫生习惯，制定了一系列班级卫生行为规范以约束学生行为，并且通过多种形式开展卫生知识宣传，让学生明白养成卫生习惯无论对自己、对班级还是对学校而言都有重要意义，规范实行一段时间后，大部分学生都能够做到爱护绿化，不乱扔垃圾，主动打扫，学校里逐渐形成了人人讲卫生的良好局面。该校对学生习惯的培养经历了(　　)三个阶段。

A. 认同→内化→依从　　B. 内化→认同→依从

C. 依从→认同→内化　　D. 内化→依从→认同

二、多项选择题

1. 皮亚杰认为,儿童的道德发展大致分为两个阶段,即(　　)

A. 他评道德　　B. 自评道德　　C. 他律道德　　D. 自律道德

2. 品德的心理结构包括(　　)(常考)

A. 道德认知　　B. 道德情感　　C. 道德意志　　D. 道德行为

3. 关于小学生道德发展特点的描述,下面的说法正确的是(　　)

A. 10岁以下的儿童道德判断基本是受他自身以外的价值标准支配

B. 10岁以下的儿童认为规则(规范)是由权威人士(家长、教师)制定的,是不可改变的,要严格地遵守它们

C. 10岁以上的儿童基本处于自律道德发展阶段

D. 10岁以上的儿童认为判断一个行为的好坏不仅要看后果,也要看意向

4. 影响态度与品德学习的内部条件有(　　)

A. 家庭教养方式　　B. 同伴群体　　C. 认知失调　　D. 态度定势

5. 教师可以综合应用一些方法来帮助学生形成或改变态度与品德。常用的方法有(　　)

A. 言语说服　　B. 榜样示范　　C. 群体约定　　D. 价值辨析

6. 下列属于学生过错行为的是(　　)

A. 调皮捣蛋　　B. 恶作剧　　C. 考试作弊　　D. 起哄

7. 社会心理学家凯尔曼认为,态度和品德的形成经历了(　　)阶段。

A. 依从　　B. 认同　　C. 迎合　　D. 内化

三、判断题

1. 态度结构的三种成分始终是一致的。(　　)

2. 态度是一种内部准备状态,而不是实际反应本身。(　　)

3. 小红知道花儿很好看但不能摘的道理,这标志着她相应的道德品质已经形成。(　　)

4. 品德的核心是道德认知。(　　)

5. 处在可逆性道德阶段的儿童往往表现为不服从权威,我行我素。(　　)

6. 从抑制不良行为的角度来看,惩罚不利于良好态度与品德的形成。(常考)(　　)

7. 自律是指儿童的道德判断只注意行为的客观效果,不关心主观动机,受自身以外的价值标准所支配。(　　)

8. 科尔伯格采用对偶故事法研究儿童道德认知的发展,提出了著名的三水平六阶段理论。(　　)

四、简答题

1. 简述培养学生良好的态度与品德的途径。

2. 简述影响态度与品德学习的一般条件。(常考)

3. 简述皮亚杰的儿童品德发展的四个阶段。(常考)

五、案例分析题

1. 学生良好态度与品德的培养是一项较为复杂的任务,老师为了培养学生良好的态度和品德,在A班开展"我为班级建言献策"活动。目的在于让A班学生能够切实参与到态度与品德的培养活动中。学生们经过激烈的讨论,最后总结出了以下四种观点:

观点一:我们可以运用言语来说服同学改变不良态度;

观点二:我们可以选举出一位道德模范,因为良好的品德可以通过观察、模仿榜样的行为而习得;

观点三:对有不良行为的同学可以给予适当的惩罚,对保持良好行为的同学可以给予适当的奖励;

观点四:我们可以一起制定规则,利用群体约定,规范大家的行为。

假如你是老师,请结合教学实际和相关理论知识帮助学生分析这四种观点是否可行。

2. 刚上一年级的小刚,在超市拿起话梅就吃,被同学告诉老师。

老师找到小刚,问他为什么吃话梅。

小刚说:“在家就是拿起来就吃。”

老师说:“你家的话梅是从哪儿来的?”

小刚说:“妈妈买的。”

老师说:“妈妈怎么买的?”

小刚说:“用钱买的。”

老师说:“钱是怎么来的?”

小刚说:“妈妈用劳动换来的。”

老师说:“所以是妈妈用劳动换来钱,然后才能买话梅来给你吃。你没有给人家钱,是不能吃别人的话梅的!”

小刚说:“我知道了,老师。那人家说我是小偷,老师,我是吗?”

老师说:“小刚不是,小刚是还没分清在家和在外面有什么区别。”

师生的对话直接改变了什么?对小刚的品德形成有什么意义?

提升必刷

一、单项选择题

1. “心不及墨”强调的是精加工策略中(　　)的重要性。

A. 人为联系策略　　B. 内在联系策略

C. 生成策略　　D. 记笔记策略

2. 美国社会心理学家班杜拉认为，自我效能感是“人们对自身能否利用所拥有的技能去完成某项工作行为的自信程度”，自我效能感的培养是教师对学生心理教育的重要内容。以下提高学生自我效能感的方式不包括(　　)

A. 小步子教学，帮助学生逐步积累成功经验

B. 树立榜样，引导学生学习榜样的良好行为

C. 提供展现学生个人能力的机会，增加学生自信心

D. 营造紧张氛围，让学生处于高度竞争性学习环境

3. 小明在学校的数学计算测验中成绩优秀，购物时却不能正确地计算金额，适合解释这一现象的迁移理论是(　　)(易错)

A. 建构主义迁移理论　　B. 产生式迁移理论

C. 人本主义理论　　D. 关系转换理论

4. 有效的时间管理可以促进学习，有效的时间管理策略不包括(　　)

A. 确立有规律的学习时段　　B. 确立切合实际的目标

C. 使用非固定的学习区域　　D. 分清任务的轻重缓急

5. 关于陈述性知识和程序性知识的区别，以下表述错误的是(　　)

A. 就改变难度而言，陈述性知识改变较易，程序性知识改变较难

B. 就习得速度而言，陈述性知识习得较慢，程序性知识习得较快

C. 就知识的内涵而言，陈述性知识是静态的，程序性知识是动态的

D. 就意识控制程度而言，陈述性知识意识控制程度较高，程序性知识意识控制程度较低

6. 我们要求公众人物严格自律，有污点的公众人物不能出现在官方媒体，因为青少年对偶像的崇拜，影响其(　　)

A. 对社会规范的认同　　B. 心智技能的培养

C. 逻辑思维的完善　　D. 气质特征的矫正

7. 创设问题情境的核心是(　　)

A. 熟悉教材　　B. 了解学生

C. 实施启发式教学　　D. 以多种形式创设问题情境并贯穿始终

8. 充分利用学生头脑中生动而鲜明的形象来帮助记忆，这是使用了(　　)

A. 组织策略　　B. 复述策略　　C. 元认知策略　　D. 精细加工策略

9. 观看图片、模型、幻灯片、电影等，能通过人为的手段消除或减弱实物的非本质因素对本质因素的掩蔽作用。这种教学直观方式是(　　)

A. 教具直观　　B. 实物直观　　C. 模像直观　　D. 言语直观

10. 张老师喜欢给学生观看一些十分“热血”的视频，如“某学生一开始成绩非常不好，但通过努力后考上了理想的大学”，以此来激励学生。张老师采用的方法属于(　　)

A. 成就动机培养　　B. 成败归因训练

C. 自我效能感培养　　D. 直接经验培训

11. 下列关于上位学习和下位学习描述不正确的是(　　)

A. 上位学习遵循从具体到一般的归纳概括过程，属于发现学习

B. 上位学习对学生获得基本概念和一般原理与规则具有重要意义

C. 下位学习对新学知识效率低，对旧知识效率高

D. 下位学习遵循从一般到特殊的过程，属于接受学习

12. 刘老师在向同学们讲授“鸟”这个概念时，举出一些诸如“大雁、喜鹊、麻雀”等例子，同学们都误认为只有会飞的才是鸟。为了防止同学们出现此类过度概括，刘老师需要为学生呈现出(　　)

A. 正例　　B. 反例　　C. 规则　　D. 变式

13. 对课本中的策略性知识进行讲授时，为促进学生对策略性知识的学习，老师可采用的策略和方法不包括(　　)

A. 教会学生使用有效的自我监控和自我反思

B. 一次性教给学生大量的策略性知识，不必每一种都教好

C. 在具体情境中进行教授

D. 激发学生学习策略性知识的内在动机

14. 通过对要学习的新材料增加相关的信息来达到对新材料的理解和记忆的方法，如补充细节、举出例子或使之与其他观念形成联想等，被称为(　　)

A. 深度加工　　B. 过度学习　　C. 及时复习　　D. 组块化编码

15. 根据迈克卡的划分，抄写、口述、列提纲属于(　　)

A. 认知策略　　B. 元认知策略　　C. 资源管理策略　　D. 辅助性策略

16. 王国维在其《人间词话》中说过，“古今之成大事业、大学问者，罔不经过三种之境界：‘昨夜西风凋碧树。独上高楼，望尽天涯路。’此第一境界也。‘衣带渐宽终不悔，为伊消得人憔悴。’此第二境界也。‘众里寻他千百度，蓦然回首，那人却在，灯火阑珊处。’此第三境界也。”从动作技能的形成过程来看，下列现象与王国维所说的第二境界相对应的是(　　)

A. 高原现象　　B. 停滞现象　　C. 起伏现象　　D. 突进现象

17. 教育家孔子在描述学生颜回时，说道：“贤哉，回也！一箪食，一瓢饮，在陋巷，人不堪其忧，回也不改其乐。”根据科温顿的自我价值理论，颜回属于(　　)学生。(易混)

A. 高驱低避型　　B. 低驱高避型　　C. 高驱高避型　　D. 低驱低避型

18. 小宇在课余时间学习书法，在他刚上第一节课时，书法老师要求他在开始下笔写字之前认真观察字帖上的字，以学习某个字的构成及每一笔画如何起笔、收笔。根据动作技能形成的阶段划分，小宇观察字帖属于(　　)

A. 认知阶段　　B. 联系形成阶段　　C. 自动化阶段　　D. 创造阶段

19. 小学生常常出现好心办坏事的现象，其原因主要是(　　)

A. 道德情感不深　　B. 缺乏合理的行为技能

C. 道德认识不足　　D. 道德意志力不够

20. 下列概念教学的活动中，没有使用变式策略的是(　　)(常考)

A. 教“鸟”的概念时谈到“鸭子”　　B. 教“液体”的概念时谈到“沙子”

C. 教“三角形”的概念时谈到“等腰三角形”　　D. 教“哺乳动物”的概念时谈到“蝙蝠”

21. 运动技能的表征方式是(　　)

A. 命题　　B. 概念　　C. 命题网络　　D. 产生式系统

22. 中小学各学科的知识结构不同，它们可分为程序性知识型、陈述性知识型和混合型。下列属于程序性知识型学科的是(　　)

A. 数学、物理　　B. 历史、政治　　C. 语文、生物　　D. 地理、化学

23. 要想培养学生的道德品质，必须先培养学生的(　　)

A. 道德认知　　B. 道德情感　　C. 道德意志　　D. 道德行为

24. 在多次遇到邻居家的狗之后，儿童形成了对“狗”的基本理解，包括狗的一般特征、生活习性、典型行为等。儿童关于狗的知识的表征方式是(　　)(易错)

A. 命题　　B. 表象　　C. 产生式　　D. 图式

25. 在实际的学习和解决问题的活动中，陈述性知识和程序性知识是相互联系的。下列关于两者的说法错误的是(　　)

A. 关于各种概念、思想及其关系的语义记忆与陈述性知识相对应

B. 关于如何做某件事情的程序性记忆与程序性知识相对应

C. 程序性知识是在陈述性知识的基础上进一步发展起来的

D. 程序性知识表现为被个体回忆起来而不是对所接受的信息进行加工变换

26. 小刚是一名四年级小学生，不爱学习，喜欢打游戏，然后班主任知道后利用游戏与学习的关系，希望把小刚的注意力从游戏引到学习上。从学习动机的角度来看，该老师的做法正确的有(　　)

A. 满足小刚的需要以更好地促进其求知需求

B. 适宜运用竞争手段去激发小刚对学习的积极性和求知欲

C. 促进学生学习动机的迁移，即从游戏转向学习

D. 创造学习情境，以激发小刚对学习的好奇心和求知欲

27. 根据认知失调理论，要改正一个学生作业潦草的态度，适宜的方法是(　　)

A. 坚持严格要求　　B. 批评作业潦草行为

C. 奖励作业认真行为　　D. 使学生认识作业潦草的危害性

28. 某班组织了美术、英语、数学三个课外活动小组，开展多种多样的活动，提供各种机会，满足学生与同伴交流的需要。这种培养学习动机的途径是(　　)

A. 直接发生途径　　B. 直接转化途径　　C. 间接发生途径　　D. 间接转化途径

二、多项选择题

1. 由数字运算到字母运算的转化，属于(　　)

A. 正迁移　　B. 自上而下的迁移

C. 负迁移　　D. 自下而上的迁移

2. 下列选项中，关于焦虑与学习的说法正确的是(　　)

A. 焦虑状态对学习仅有负面作用

B. 焦虑水平与学习效率之间呈倒U形关系

C. 焦虑可分为正常焦虑、低度焦虑和高度焦虑

D. 高度焦虑会影响学生的学习活动

3. 学生的态度和品德特征与家庭的教养方式有密切联系，下列情形中孩子更容易产生不良敌对行为的有(　　)

A. 家长行为举止端正庄重　　B. 家庭中无人管教

C. 家长无原则地溺爱　　D. 家长严厉有余，爱抚不足

4. 小乐在课堂上常常提出与数学老师不同的解题思路和方法，数学老师总是带着赞许的目光听他分析，虽然有时候问题解决不了，但是老师会告诉他如何去查找有关的信息，并鼓励同学们大胆进行猜测，小乐的直觉思维能力得到解放，班里的同学们的学习热情高涨。数学老师在培养学生们的创造性方面采取了哪些措施(　　)

A. 创造了宽松的心理环境　　B. 改革了考试制度

C. 解除了学生对答错问题的恐惧心理　　D. 重视非逻辑思维能力

5. 以下现象可以在教学中促进正迁移发生的是(　　)

A. 突出不同学习情境中的相同要素，促进学生对教学知识产生正迁移

B. 抓住关键概念的本质特征，促进学生对相近概念的理解

C. 改革教学方法，为学生知识的正迁移创造条件

D. 培养学生积极的学习态度

6. 下列学习情境设计中不属于认知策略的是(　　)

A. 小童在学习新课程之前都会进行预习并记下自己有疑问的地方

B. 小刚在每次考试作答完后都会进行自我检查

C. 小萌在学习过程中会将容易混淆的知识进行类比，以方便记忆

D. 小艺习惯利用零碎时间完成削铅笔、收拾用具、整理学习环境等杂事

7. 学校为了激励学生能在学业上取得优异的成绩，为全年级前二十名的学生发放奖学金，并对获得奖学金的学生进行全校通报表扬。下列对于该学校的做法认识正确的有(　　)

A. 该做法有利于维持一部分学生的学习动机

B. 该做法能够提升全校学生的课业成绩

C. 该做法会使部分成绩较差的学生没有成就感

D. 该做法有利于培养学生的全面发展

8. 运用奖励和惩罚手段时应该注意(　　)

A. 树立正确的奖惩观　　B. 做到公平、适当

C. 注意性别差异　　D. 发挥学生的主体作用

9. 同一种动机可能会产生不同的行为及其结果，而相同的行为与结果也可能源于不同的动机。下列关于学习动机与学习目的的关系，说法正确的是(　　)

A. 学习动机与学习目的之间都是一一对应的

B. 一个学习动机不限于一个学习目的

C. 一个学习目的也可以受多个学习动机支配

D. 学习动机相同的学生，学习目的也可能不同

10. 为了提高学习效率，小月在自习课前根据自身的特点和学习任务规定自己在自习课上要做什么不做什么、通过刷题还是通过复习笔记来学习、需要将任务完成到什么程度等。这说明学习策略具有（　　）

A. 主动性　　B. 有效性　　C. 过程性　　D. 程序性

11. 在动作技能学习的不同阶段，个体的操作表现特征是不同的。动作技能形成的特征主要表现在（　　）

A. 意识控制的变化　　B. 动作控制方式的变化

C. 动作品质的变化　　D. 动作协调性的变化

12. 强化训练的形式包括（　　）

A. 奖赏训练　　B. 取消训练　　C. 惩罚训练　　D. 回避训练

13. 下列属于影响知识理解的客观因素有（　　）

A. 学生学习材料的内容与形式　　B. 教师言语的提示与指导

C. 学生原有的知识经验背景　　D. 学生主动理解的意识与方法

三、判断题

1. "学无当于五官，五官弗得不治。"从学习策略上来看，这强调复述策略。（　　）

2. 小学低年级学生常常靠数手指来完成计算活动，这表明他们此时的智力技能处于活动的定向阶段。（　　）

3. 在下位学习中，新旧观念相互作用的结果不会导致原有认知结构的实质性变化。（　　）

4. 心智技能的获得，只要通过反复练习达到"熟能生巧"即可。（易错）（　　）

5. 元认知策略总是和认知策略同时起作用。（　　）

6. 学习动机是学生学习的重要条件，当学生尚未表现出对学习有适当的兴趣或动机时，教师必须推迟教学活动。（　　）

7. 两种学习材料的相似度越高越容易产生正迁移。（易错）（　　）

8. 技能的掌握与陈述性知识无关。（　　）

9. 问题解决的过程就是提取记忆系统中知识的过程。（　　）

10. 短时记忆的信息都来自感觉记忆。（易错）（　　）

11. 学习迁移对于提高解决问题的能力具有直接的促进作用。（　　）

12. 学生认知结构的不断分化，所依靠的学习形式是并列结合学习。（　　）

13. 在态度形成的过程中，认同的实质是对榜样的模仿，其出发点是试图与其一致。（　　）

14. 形式训练说认为，迁移是心理官能得到训练而发展起来的，进行官能训练时，关键在于训练的内容。（　　）

四、简答题

如何矫正学生的不良行为？

五、论述题

需要层次理论对学习动机的培养有何启发?

六、案例分析题

1. 小学科学《磁铁有磁性》教学中,蔡老师播放《机器人总动员》中的片段“机器人与磁铁”,让学生明白,磁铁之所以喜欢机器人瓦力,是因为瓦力是铁做的。

第一个实验探索的问题是“能被磁铁吸引和不能被磁铁吸引的物品分别有哪些?”学生带着问题进行观察,随后踊跃回答:“能被磁铁吸引的有回形针、铁夹子”,“不能被磁铁吸引的有卡纸、棉布、木片、橡皮筋”。蔡老师及时引导学生得出结论:磁铁可以吸引铁材料做的物体。

第二个实验主题是“用磁铁识别铁家族成员”。学生通过观察发现,同样是硬币,却有着能被磁铁吸引和不能被磁铁吸引的差别,进而得出:能被磁铁吸引的为铁质硬币。

第三个实验中,学生通过铁质教具“芭蕾舞者”的演示得知,磁铁隔着纸也能吸引铁制品。随后,蔡老师分发木片、布片和塑料等不同材质的隔板及不同大小的磁铁,进行分组探究实验。学生发现:磁铁可以隔物吸铁,且与磁性大小有关。

蔡老师紧接着提出:“磁铁被固体隔着能吸铁,被液体隔着呢?”学生利用水、牛奶等液体进行第四个实验,进一步验证了磁铁可以隔物吸铁的结论。

结合案例,分析蔡老师是如何引导学生进行知识概括的。

2. 学生考试作弊是每一位老师都不能容忍的问题。然而,有位化学老师发现学生作弊后竟然告诉学生说,下次单元测验他允许学生们带一张A4纸,上面写上自己想写的任何东西。于是考前学生纷纷认真地准备自己的那张A4纸。考试结束后,老师让大家把自己所写的A4纸都贴到教室后面进行展览。同学们很好奇地相互观摩,结果发现有的学生在上面就单纯抄题目,有的抄上公式,有的不但列出知识提纲,还列出它们之间的联系……特别是考试分数公布后,学生都很有感触:为什么张某某能考好?为什么李某某考不了高分?从他们在那张A4纸上总结的内容就能看出高低来,于是同学们就开始交流哪种学习方法好。教师组织学生对总结的方法进行讨论,并且预报下一次单元测验只能带半张A4纸进考场。下次考完试后照例进行展览。第三次考试,老师只让带四分之一张A4纸……这样纸张越来越小。

(1)谈谈你对这位老师做法的看法。

(2)结合案例谈谈训练学习策略的原则。

3. 心算技能一般可利用运算规律,对算式进行变形,使算式表达符合已有的心智操作基础,从而准确快速地计算。例如,某教师在教1.8×27时,教学过程是:

呈现1.8×27=(2−0.2)×27=2×27−0.2×27

或者1.8×27=1.8×(30−3)=1.8×30−1.8×3

出一些类似的题目引导学生进行纸笔操作练习,从而产生言语表征,形成熟练的心算技能。

根据心智技能形成理论,说明教师如何引导学生形成心算技能。

4. 王老师成为一名班主任后，接手了初二年级某班，在接手初期，王老师特意找到了前任班主任，了解了班级的一些基本情况，知道班级中确实存在一些不遵守纪律、自由散漫的不良现象。经过一段时间的带班，该班级的纪律情况确实让王老师十分头疼。

班里总有几名爱上学迟到的学生，他们迟到的理由各式各样，在对他们进行惩罚后，个别学生仍旧迟到，依旧我行我素。还有少部分问题学生不遵守课堂规定，将手机带进班里，老师发现后要没收手机，却跟老师顶嘴。王老师通过日常的观察，发现一些同学之间存在很大的嫌隙：缺少交流沟通，互相拆台，甚至形成了多个小团体，这让整个班级的同伴关系显得极为不和谐。

还有一些课堂不良表现，例如一些调皮的学生，不遵守课堂秩序、自由散漫、大声说话、吃零食、做小动作，根本不顾及老师在讲课。一些学生对待课堂作业的态度散漫，并且责任意识淡薄、个性很强，不能正确对待老师的批评教育。有些边缘化学生由于在班级里得不到应有的关心和关注，没有班级归属感。王老师认为这样的班风不但影响学生的正常学习和生活作息，还影响着各任课教师的工作状态、教学质量。

(1)结合案例，从社会规范学习的角度，谈谈王老师应如何管理这个班级。

(2)结合案例和实际，谈谈社会规范学习对青少年成长的意义。

真题必刷

一、单项选择题

1. [郑州经开区]下列选项中,能够激起内部学习动机的因素是(　　)

A. 父母的约束　　B. 学习材料的趣味性

C. 教师的表扬、奖励　　D. 竞争情境

2. [南阳]张老师在教学生如何写数学题时,再三强调让学生先审题明确题意,把握题目的目的性和问题的关键信息,摒弃无关因素。张老师的做法有利于学生在解答题目时(　　)

A. 强化对题目的记忆　　B. 形成对问题的表征

C. 有效监控解题过程　　D. 提取有针对性的计算技能

3. [郑州二七区]培养学生的自我效能感的最佳途径是帮助学生(　　)

A. 观察和学习榜样,反省自身的不足

B. 树立高远的目标,激发创造的潜能

C. 全面认识自己,特别是多看到自己的长处

D. 创造成功的经验,产生成就感

4. [新乡获嘉]儿童对父母和权威表现出尊重与顺从,或者把成人的规则看成是不变的阶段称为(　　)

A. 自我中心阶段　　B. 他律阶段

C. 自律阶段　　D. 公正阶段

5. [洛阳嵩县]课堂上,张老师让学生说出木材有哪些用途,晓雨在有限时间内提供答案的数量最多。这说明晓雨思维的(　　)好。(常考)

A. 独创性　　B. 适应性　　C. 变通性　　D. 流畅性

6. [平顶山湛河区]某学生使用谐音联想法来记忆较长的英语单词,这属于下列哪种学习策略(　　)

A. 元认知策略　　B. 复述策略

C. 精细加工策略　　D. 组织策略

7. [许昌市直]认知失调是态度改变的先决条件,如果处于认知失调状态,个体就会努力改变自己的观点或信念来求得新的平衡。认知失调主要源于四种情况,其中不包括(　　)

A. 逻辑上不一致　　B. 个人一贯行为倾向与其特殊的行为不一致

C. 经济收入与学习能力不一致　　D. 新事物与个体的旧经验不一致

8. [郑州中原区]根据与动作相关的身体肌肉的数量多少,动作技能可分为粗大技能和精细技能。下列属于精细技能的是(　　)

A. 打球　　B. 跑步　　C. 摆动耳朵　　D. 游泳

9. [新郑]主体通过对感性材料的分析、综合、比较、抽象、概括等深度加工改造,认识某一类事物的本质特征与内在联系的认知活动是(　　)

A. 知识概括　　B. 知识直观　　C. 知识保持　　D. 知识获得

二、多项选择题

1. [信阳市直]模像直观是直观教具的一种,下列属于模像直观的有(　　)(易混)

A. 模型　　B. 录像带　　C. 幻灯片　　D. 标本

2. [周口沈丘]下列学习策略中属于监控策略的有( )

A. 浏览阅读材料 B. 对材料进行自我提问

C. 考试时监视自己的速度和时间 D. 设置学习目标

3. [驻马店驿城区]奈尔森-黎高按照求助者的目的,将学业求助划分为执行性求助和工具性求助,下列关于这两种求助类型的说法正确的是( )

A. 执行性求助的学生大多数会因为担心别人认为他们很笨,而选择回避策略

B. 工具性求助的学生在需要帮助时,能够主动寻求他人的帮助

C. 执行性求助的目的是获得答案或者尽快完成任务

D. 工具性求助的目的是独立学习

4. [安阳殷都区]动作技能的学习,又称运动技能的学习,下列属于动作技能的有( )

A. 写字技能 B. 体操技能 C. 认知技能 D. 智力技能

5. [许昌市直]成败归因训练能够培养学生的学习动机。下列关于归因训练表述错误的有( )

A. 关键在于引导他们学会并养成将成败的原因归于能力强弱的归因取向

B. 其基本假设是只要学生相信能力提高能够带来成功,就会坚持不懈地努力学习

C. 通过归因训练能够有效地改善学生所有的不良行为

D. 为了使训练结果长期保持应找适当的时机进行多次强化训练

三、判断题

1. [郑州上街区]耶克斯—多德森定律表明,中等强度的学习动机水平对学生的学习最有利。(常考) ( )

2. [开封市直]学生在学习时,掌握“鸟”有“前肢为翼”“无齿有喙”两个共同关键特征,这种学习属于命题学习。 ( )

3. [驻马店]对学习环境的管理属于元认知策略。 ( )

4. [濮阳范县]“近朱者赤,近墨者黑”现象是学习的迁移。 ( )

5. [洛阳市直]地理课上,老师提问了“从哈尔滨到三亚应该怎么走路程最短”的问题,这属于结构不良的问题。 ( )

6. [许昌市直]成就动机是学生学习活动的唯一动机,如果学生成就动机总强度为0便不会努力学习。( )

7. [新乡卫辉]程序性知识和陈述性知识不同,因而教师在教学中处理两类知识时,其教学方法和评价方式也应不同。 ( )

四、简答题

[濮阳]简述科尔伯格的品德发展阶段理论。

五、案例分析题

[洛阳汝阳]先把实验组的狗放进一个无法逃脱的笼子里,里面有电击装置。给狗施加电击,电击的强度能够引起狗的痛苦,但不会伤害狗的身体。结果,这只狗在一开始被电击时,拼命挣扎,想逃脱这个笼子,但经过再三的努力,仍然发觉无法逃脱后,挣扎的程度逐渐降低了,最后根本不再挣扎。随后,把这只狗放进另一个笼子里,这个笼子由两部分构成,中间用隔板隔开,隔板的高度是狗可以轻易跳过去的。隔板的一边有电击,另一边没有电击。当把经过前面实验的狗放进这个笼子时,实验者发现它们除了在头半分钟惊恐一阵子外,此后一直卧倒在地接受电击的痛苦,那么容易逃脱的环境,它们连试也不去试一下。而把对照组中的狗,即那些没有经过前面第一个程序实验的狗直接放进后一个笼子里。却发现它们全部能逃脱电击之苦,轻而易举地从有电击的一边跳到安全的另一边。

请结合材料运用教育心理学的知识分析:

(1)实验组的狗为什么不再尝试逃脱?

(2)怎样做才能使实验组的狗再跳起来,从而逃脱电击的环境?

第五章　教学心理

基础必刷

专题1 教学设计

一、单项选择题

1. 通过创设问题情境使学生提出假设，然后验证假设并做出结论的教学策略是(　　)

A. 合作学习　　B. 发现学习　　C. 情境学习　　D. 指导学习

2. 在上“圆柱体体积计算”这节课时，老师要求学生自己通过实验来确定如何测量圆柱体的体积。教师所采取的教学策略是(　　)

A. 接受学习　　B. 操作性条件学习

C. 发现学习　　D. 观察学习

3. 教学策略中尤其适合教授那些学生必须掌握的、有良好结构的信息或技能的是(　　)

A. 发现学习　　B. 掌握学习　　C. 合作学习　　D. 直接教学

4. 李老师对小明的家长说：“您的孩子的成绩高出全班成绩平均数一个标准差，算是中等以上水平。”这种教学评价方式是(　　)(易错)

A. 标准参照评价　　B. 常模参照评价

C. 平均参照评价　　D. 标准差评价

5. 根据布卢姆的教育目标分类理论，要求学生记忆数学法则或公式，属于认知领域中的(　　)(常考)

A. 知识目标　　B. 领会目标　　C. 分析目标　　D. 应用目标

6. 教学目标分类中的“接受、反应、形成价值观念、组织价值观念系统、价值体系个性化”属于(　　)

A. 认知领域　　B. 情感领域　　C. 意志领域　　D. 动作技能领域

7. 在实际工作中，新手教师即使完全模仿专家教师的教学策略，也很难达到同样理想的效果，这说明教学策略具有(　　)

A. 综合性　　B. 可操作性　　C. 灵活性　　D. 层次性

8. “跳一跳，摘桃子”表明教学目标的设计要(　　)

A. 难度适中　　B. 便于检测

C. 集体目标和个人目标相结合　　D. 一般目标和具体目标相结合

9. 让学生以自己的水平和速度进行学习的一种教学模式是(　　)

A. 个别化教学　　B. 指导教学　　C. 合作教学　　D. 情境教学

10. 合作学习是学生们以主动合作学习的方式代替教师主导教学的一种策略，它是一种由能力各异的多名学生组成小组，一起互相帮助共同完成一定的学习任务的教学方法。下列不属于合作学习在设计和实施上的特征的是(　　)

A. 各自尽力　　B. 社会互动　　C. 个体生成过程　　D. 密切配合

11. 个别化教学是学生以自己的水平和速度向前学的教学模式，以下不属于个别化教学环节的是(　　)

A. 诊断学生的初始学业水平或学习不足

B. 提供教师与学生或机器与学生之间的一一对应关系

C. 引入有序的和结构化的教学材料，随之加以操练和练习

D. 老师带领学生向前学

12. 主张在教学内容上削枝强干，构建简明的知识体系的教学策略属于(　　)(常考)

A. 结构化策略　B. 形式型策略　C. 方法型策略　D. 问题化策略

13. 任何教学策略都指向特定的问题情境、特定的教学内容、特定的教学目标，规定着师生的教学行为。这体现的教学策略特征是(　　)

A. 操作性　B. 灵活性　C. 指向性　D. 调控性

14. 教学目标是预期学生通过教学活动获得的(　　)

A. 思维品质　B. 学习内容　C. 学习结果　D. 知识技能

15. 小学低年级学段着重培养学生养成良好的学习习惯，激发学生对学习的兴趣，为进一步学习打好基础；中高年级学段则更侧重于培养学生的思维能力，发展学生思维的广阔性与创造性，使学生具有正确的学习态度，培养学生发现问题、解决问题的能力等。这体现的教学目标设计的基本原则是(　　)

A. 阶段性原则　B. 可行性原则　C. 可操作性原则　D. 发展性原则

16. 合作学习最为有效的小组人数是(　　)

A. 2～3人　B. 4～6人　C. 8～9人　D. 7～10人

17. 有些课题主要包含高度有结构的知识和技能(如数学、物理、化学、计算、语法等)，如果教学目标是要求学生尽快地掌握这种知识和技能，则宜于采用(　　)

A. 以教师为中心的讲授策略　B. 师生互动策略

C. 以学生为中心的发现学习　D. 合作学习策略

18. 合作学习分组一般应遵循的原则是(　　)

A. 组内同质，组间异质　B. 组内异质，组间同质

C. 组内异质，组间异质　D. 组内同质，组间同质

19. 学生成长记录袋的基本成分是(　　)

A. 学生每学期的考试成绩　B. 获奖情况

C. 教师评语　D. 学生作品

20. 布卢姆把认知领域的教学目标由低到高共分为六级，以下排列正确的是(　　)

A. 知识、领会、分析、应用、综合、评价　B. 知识、领会、应用、分析、评价、综合

C. 知识、领会、综合、应用、分析、评价　D. 知识、领会、应用、分析、综合、评价

21. 合作学习也是一种教学策略，它的特征是以学生的主动合作学习方式代替(　　)

A. 教师的主导教学　B. 独立完成作业

C. 家庭作业　D. 个别课堂练习

22. 建立成长记录袋是学生开展(　　)的重要方式，它能够反映出学生发展的进步历程。

A. 自我评价　B. 相互评价　C. 多样评价　D. 分组评价

23. 超越了单纯的记忆,代表最低水平理解的是(　　)

A. 知识　B. 领会　C. 应用　D. 分析

24. 某历史老师要求学生在每节课前能够用自己的话表述上节课所学的知识,根据布卢姆等人对教学目标的分类,该历史老师强调的是认知领域目标中的(　　)(易混)

A. 知道　B. 领会　C. 运用　D. 分析

25. 在布卢姆的教学目标分类中,认知领域的最高级目标是(　　)

A. 运用　B. 分析　C. 综合　D. 评价

26. 结构化策略和问题化策略属于教学策略中的(　　)

A. 内容型策略　B. 形式型策略　C. 方法型策略　D. 综合型策略

27. 小韩在学习完《田忌赛马》之后,能够用自己的话概括文章的内容。根据布卢姆的认知领域的目标分类,可以推测小韩的学习达到了(　　)水平。

A. 评价　B. 领会　C. 应用　D. 综合

28. 教学策略的核心内容是教学过程中如何有效地给学生提供(　　)

A. 学习策略　B. 学习计划　C. 学习方法　D. 学习内容

29. 教学策略都是针对教学目标的每一具体要求而制定的,具有与之相对应的方法、技术和实施程序,并转化为教师和学生的具体行动,这说明教学策略具有(　　)

A. 指向性特征　B. 操作性特征　C. 综合性特征　D. 灵活性特征

二、多项选择题

1. 美国当代著名的教育心理学家布卢姆认为完整的教学目标应包括(　　)(常考)

A. 认知领域　B. 情感领域　C. 道德领域　D. 动作技能领域

2. 下列教学模式属于个别化教学的是(　　)

A. 掌握学习　B. 合作学习　C. 程序教学　D. 适应性教学

3. 教学设计的依据包括(　　)

A. 教学的实际需要　B. 学生的需要和特点

C. 教师的教学经验　D. 现代教学理论

4. 方法型策略是以(　　)为中心的教学策略。

A. 教学内容　B. 教学形式　C. 教学方法　D. 技术

5. 有效自编测验的特征有(　　)(常考)

A. 信度　B. 效度　C. 客观　D. 区分度

6. 以学生为中心的教学策略包括(　　)

A. 发现学习　B. 合作学习　C. 程序教学　D. 情境教学

7. 教学策略是在特定教学情境中为完成教学目标和适应学生认知需要而制定的教学程序计划和采取的教学实施措施。以下属于它的特征的是(　　)

A. 操作性　B. 综合性　C. 灵活性　D. 层次性

8. 在进行教学目标设计时,教学目标的主要作用体现在(　　)

A. 教学目标规定着教学活动的方向、进程和预期结果

B. 教学目标是评价教学效果的基本依据

C. 教学目标必定可以提高教学设计的科学性和有效性

D. 教学目标是学习者自我激励、自我评估、自我调控的重要手段

9. 计算机辅助教学的优越性表现在(　　)

A. 交互性　　B. 即时反馈

C. 以生动形象的手段呈现信息　　D. 自定步调

三、判断题

1. 不是以教学过程的某个构成因素为中心,而是直接从教学目标、任务出发,多方面综合展开的教学策略是内容型策略。(　　)

2. 学生在小组或团队中,通过任务分解、责任分工、协同互助,以完成共同的学习任务。这种学习方式属于发现学习。(　　)

3. 教学策略中,情境教学是一种以教师为主的教学策略。(　　)

专题2 课堂管理

一、单项选择题

1. 班主任给学生安排座位时,充分考虑学生人际关系的和谐以及预防纪律问题的发生。这一考量是对(　　)的控制。

A. 课堂情境结构　　B. 课堂教学结构

C. 课堂活动过程　　D. 课堂学习过程

2. 教师的领导风格对课堂管理有(　　)(常考)

A. 一定的帮助　　B. 较弱的影响　　C. 间接的影响　　D. 直接的影响

3. 在幼儿园和小学低年级阶段,教师进行课堂管理的关键是(　　)

A. 直接教授课堂规则和程序

B. 花较多的时间监控和维持管理系统

C. 如何建设性地处理课堂混乱

D. 如何激励那些对社会生活更感兴趣的学生

4. 李老师在课前宣布:"今天讲的课非常重要,讲完后当堂进行测验。"随后学生们精神抖擞,全神贯注地投入听课,课堂秩序井然。这种情况形成的纪律属于(　　)

A. 自我促成的纪律　　B. 任务促成的纪律

C. 规则促成的纪律　　D. 集体促成的纪律

5. 衡量一个班集体成功与否的重要标志是(　　)

A. 群体凝聚力　　B. 群体规范　　C. 课堂气氛　　D. 人际关系

6. 考试时因老师站一旁而一个字都写不出来,这种现象属于(　　)

A. 社会助长　　B. 社会抑制　　C. 社会惰化　　D. 社会压力

7. 渴望与别人发生相互作用,建立联系并维持和谐关系体现了人际关系需要中的(　　)(易混)

A. 感情需要　　B. 爱的需要　　C. 控制需要　　D. 包容需要

8. 警察要求司机停车，司机就必须将车开到路边停下。这种现象是(　　)

A. 从众　　B. 依从　　C. 服从　　D. 顺从

9. 课堂里某种占优势地位的态度与情感的综合状态被称为(　　)

A. 群体凝聚力　　B. 群体规范　　C. 课堂气氛　　D. 人际关系

10. 课堂管理的基本功能是(　　)

A. 促进功能　　B. 发展功能　　C. 维持功能　　D. 评价功能

11. 学生上课时精神状态欠佳，情绪压抑，注意力分散，这是(　　)课堂气氛。(常考)

A. 积极型　　B. 对抗型　　C. 消极型　　D. 失控型

12. 根据活动的目标、内容及成员之间关系的密切程度，可以将群体划分为不同的发展水平，按照从低到高的顺序依次为(　　)

①松散群体　②合作体　③联合体　④集体

A. ①③④②　　B. ①③②④　　C. ①②④③　　D. ①②③④

13. 竞争指个体或群体充分实现自身的潜能，力争按优胜标准使自己的成绩超过对手的过程。适度竞争，不但不会影响学生间的人际关系，而且还会(　　)

A. 提高学习和工作的效率　　B. 养成竞争意识

C. 导致教师管理公正　　D. 促进团结协作

14. 学生之间的合作与竞争是对立统一的，随能否(　　)而转移。

A. 满足各自的利益　　B. 提高学习成绩

C. 得到师长好评　　D. 增进友谊

15. 自习课上，苗苗看见大家都在认真学习，也不敢东张西望了，从纪律形成的角度看，这属于(　　)

A. 教师促成的纪律　　B. 集体促成的纪律

C. 任务促成的纪律　　D. 自我促成的纪律

16. 课堂纪律管理的最终目标是形成(　　)(常考)

A. 教师促成的纪律　　B. 集体促成的纪律

C. 任务促成的纪律　　D. 自我促成的纪律

17. 分配学生座位时，教师最需要关注的应该是(　　)

A. 对人际关系的影响　　B. 减少课堂混乱

C. 听课的效果　　D. 家长的意见

18. 在正常情况下，学生对违反校纪和违反社会公德的行为，具有羞耻感、负罪感和自责感，因而能够遵守社会道德规范和学校纪律。但有一部分学生却往往将自己融于某群学生整体之中，导致自我导向功能的削弱或责任感的丧失，做出一些个人单独活动时不会出现的行为，他们喜欢集体起哄、相互打闹追逐，甚至成群结伙地故意破坏公物、打架斗殴等。这种现象属于(　　)

A. 责任分散　　B. 从众现象　　C. 去个性化　　D. 群体促成

19. 为引起老师的注意，某学生在课堂上故意弄出声响，此时教师最适宜采取的做法是(　　)(常考)

A. 言语暗示　　B. 非言语暗示　　C. 有意忽视　　D. 暂时隔离

20. 班主任采取通过全班同学讨论协商建立行为准则并约束行为的方式来实现课堂管理。这种管理利用的是(　　)

A. 群体凝聚力　　B. 群体规范　　C. 课堂气氛　　D. 从众

21. 在做课堂练习时，若老师下来巡视，有些学生会在老师经过身边时挡住题目，导致做题效率低，甚至做不出来，这种现象属于(　　)

A. 社会抑制　　B. 社会惰化　　C. 去个性化　　D. 群体极化

22. 在课堂纪律形成的原因与类型中，以“别人也这么干”为理由而从事某件事属于(　　)

A. 自我促成的纪律　　B. 任务促成的纪律

C. 教师促成的纪律　　D. 集体促成的纪律

二、多项选择题

1. 课堂管理的目标包括(　　)

A. 为学生争取更多的学习时间　　B. 增强教师对课堂的有效控制

C. 增加学生参与学习活动的机会　　D. 帮助学生形成自我管理的能力

2. 造成从众的群体原因有(　　)、群体意见的一致性和群体的权威性。

A. 群体凝聚力　　B. 规范压力　　C. 群体规模　　D. 信息压力

3. 影响学生人际关系吸引或排斥的主要原因有(　　)

A. 个性的互补　　B. 态度的相似性

C. 家庭条件　　D. 外貌特征

4. 课堂里主要的人际关系表现为(　　)(常考)

A. 对立与统一　　B. 吸引与排斥　　C. 积极与消极　　D. 合作与竞争

5. 教师应采取以下哪些措施来提高班级群体的凝聚力(　　)

A. 了解群体凝聚力的情况　　B. 培养群体认同感

C. 给予学生赞扬与鼓励，形成力量感　　D. 形成群体成员归属感

6. 在编制课程表时，下列做法正确的是(　　)

A. 文科与理科课程应集中安排

B. 音乐、美术、体育和习字等技能课应安排在下午

C. 语文、数学、英语等核心课程，应该安排在学生精力充沛的上午第一、二、三节课

D. 形象性的学科与抽象性的学科应交错安排

7. 在通常情况下，课堂气氛可以分成(　　)类型。(常考)

A. 积极的　　B. 混乱的　　C. 消极的　　D. 对抗的

8. 任务促成的纪律，是指由于某一特定任务的需要而提出的纪律要求。下列选项中体现了任务促成的纪律的有(　　)

A. 为了顺利通过新课后的当堂测试而认真听讲

B. 以在小组讨论中提出他人认可的观点为目标而认真学习

C. 因注重自己在老师心目中的形象而自觉遵守课堂纪律

D. 老师让同学们以“让其他同学喜欢或接纳自己”为行为准则

三、判断题

1. 班级里后进生有问题行为，优秀学生没有问题行为。(　　)

2. 某学生在班级同学的群体压力下放弃了自己的意见而采取与大多数人一致的意见，这种现象是服从现象。(易混)(　　)

3. 非正式群体对个体的影响是积极的还是消极的，主要取决于教师对它的管理。（　　）

4. 合作与竞争是对立的，学生之间只存在合作或竞争。（　　）

5. “三个和尚没水喝”的现象在心理学中属于社会退步。（　　）

6. 学生座位的分配，一方面要考虑课堂行为的有效控制，预防纪律问题的发生；另一方面又要考虑促进学生间的正常交往，形成和谐的师生关系。（　　）

7. 班级人数越多，内部越容易形成各种非正式小群体。（　　）

四、简答题

1. 班级规模对课堂管理的影响表现在哪些方面？

2. 简述舒茨的人际需要理论。

3. 如何协调正式群体与非正式群体？

4. 简述影响课堂气氛的因素。(常考)

5. 简述如何维持课堂纪律。

五、案例分析题

1. 期末考试前的某节课上，张老师准备了一份期末自测卷给学生练习，考虑到时间只有一节课，整张试卷内容又比较多，所以他说最后一道综合题可以不做。话音刚落，讲台下学生小方未举手就问："那我做，可不可以呢？"老师用严厉的眼神看了小方一眼。小方属于捣蛋型的学生，平时基本不认真完成作业。老师考虑到其他学生可能会做完全部题目，于是对着所有同学说："想做的话当然是可以的。""那做对了，你批的时候是否加分？"小方又脱口而出。很显然他醉翁之意不在酒，他想在课堂上表现一下自己。张老师有点无法容忍了，严厉地对小方说："假如有问题，请举手。做对了，不加分。"小方马上用拉长的调子喊了一句："切——"全班哄堂大笑。张老师制止后，让其他学生继续考试，把小方叫出教室谈话。

(1)结合案例，分析学生在课堂上随意发言，违反课堂纪律的原因。

(2)联系实际，谈谈处理日常学生违反课堂纪律的策略有哪些。

2. 新入职的张老师最近很焦虑，因为她的课堂这段时间总是出问题，尤其是课堂氛围和她课前预想的活泼有序、积极互动的良好氛围大相径庭。比如，有一天刚开始上课时，她发现班级气氛过于沉闷，学生的学习兴趣不高。为了活跃课堂气氛，调动学生的学习积极性，她随即提出了一个问题，话音刚落，同学们立马来了精神，便七嘴八舌地讨论起来，有的学生过度兴奋，出现了故意捣乱、起哄的情况，张老师多次制止都无济于事，场面一度失控。这种对抗的课堂情况让张老师不知所措。

(1)请分析出现上述情况，教师方面的主要原因有哪些。

(2)请结合上述案例，说明如何创设良好的课堂气氛。

3. 初中生陈某十分关心集体荣誉,做事极认真,也很敏感。她说:“班级中有一个谈得来的朋友,但她对其他人也很好。我觉得我把她当成唯一的朋友,对她这么好,她还和别人有说有笑的,不管我的感受,我认为自己付出很多,可她不理解,我太不值得了,付出总应该有回报吧。”

试从人际关系需要的角度分析上述材料。

提升必刷

一、单项选择题

1. 根据对不同年龄儿童的纪律发展水平的划分,处于(　　)的学生很少具有自我纪律感,他们可能在这节课上表现很好,而在另一节课上失去自我控制。

A. 自我服务行为阶段　　B. 反抗行为阶段

C. 人际纪律阶段　　D. 自我约束阶段

2. 某学生不讲卫生,在教室随地吐痰后,因受到班里其他同学的压力而改掉了这一不良习惯。这是(　　)(易错)

A. 从众　　B. 服从　　C. 去个性化　　D. 团体极化

3. 按照布卢姆对认知目标的分类,下列符合领会水平要求的是(　　)(易混)

A. 给学生一些地震的事实材料,让学生写出一篇报道

B. 学习了《欧也妮·葛朗台》后,请学生评价葛朗台的价值观

C.《金色的草地》学习结束后,请学生概括出文章的故事情节

D. 学习完古诗《锦瑟》后,请学生准确地背诵诗句

4. 下列选项中,不属于课堂教学的精神环境的是(　　)

A. 课堂秩序　　B. 学生的态度和情绪

C. 教师的心境　　D. 教学内容

5. 下列选项中,属于常模参照测验的是(　　)

A. 教师自编测验　　B. 艾森克人格测验

C. 句子完成测验　　D. 医师资格测验

6. 按照布卢姆教育目标分类学的基本要求，下列选项中，不宜作为教学目标的表述的是(　　)

A. 培养学生的思维能力

B. 培养学生区别事实与假设的能力

C. 培养学生运用特定信息检验假设一致性的能力

D. 培养学生领会一个段落中各种观念之间的相互关系的能力

7. 即使教师周密细致地做好了计划，一切准备就绪，课仍有可能被打断，这体现出课堂具有(　　)的特征。

A. 多维性　　B. 不可预测性　　C. 同时性　　D. 历史性

8. 关于课堂教学的环境，实验证明学生座位的安排会影响教学和学习，其中坐在(　　)是最积极的学习者。

A. 教室前面几排及中间几列　　B. 中心区域

C. 后排　　D. 左右两列

9. 教学目标的表述应该具体、明确而不是笼统模糊，应利用外显术语表述成可观察、可测量的行为。下列表述清晰的教学目标是(　　)(易错)

A. 理解什么是力　　B. 了解地震的成因

C. 感受环境保护的重要性　　D. 能够流利背诵古诗《草》

10. 某语文教师在古诗单元教学结束时，给学生布置了写七律诗的作业。根据布卢姆提出的教育目标分类学框架，该作业在认知目标的分类中属于(　　)

A. 分析　　B. 理解　　C. 评价　　D. 综合

11. 在以下有关课堂管理的叙述中，正确的一项是(　　)

A. 课堂教学效率的高低取决于教师、学生和课堂情境等三大要素的相互协调

B. 放任型的教师领导方式所形成的课堂气氛最佳

C. 对于学生消极的课堂行为，教师可采取体罚、剥夺学习权利等惩罚手段

D. 班级规模越大，师生情感纽带的力量越强，教学效果越好

二、多项选择题

1. 下列关于课堂气氛的说法，正确的有(　　)(易混)

A. 无论采用何种教学方式，学生方面的因素始终是影响课堂气氛的主要因素

B. 课堂气氛可分为积极的、消极的、一般型、对抗的这四种基本类型

C. 教师的焦虑水平过高或过低，都不利于良好课堂气氛的营造

D. 在一堂课中，一种课堂气氛形成后，往往能维持相当长的时间

2. 下列关于班级中“小团体”的说法正确的有(　　)

A. 属于一种非正式群体

B. 是在学生彼此认同的基础上而结成的伙伴关系

C. 不利于班级团结，只有消极作用

D. 可能影响整个班级的学习风气和行为习惯

3. 在课堂管理中，教师促成的纪律是不可缺少的，教师促成的纪律包括结构的创设和体贴，其中结构的创设包括(　　)(易混)

A. 理解　　B. 奖励　　C. 规定　　D. 同情

4. 有同学在课堂上小声议论，扰乱了课堂秩序，作为教师，你应该(　　)

A. 当场点名批评议论的学生让其认识错误　　B. 制止学生的议论，维持课堂教学的秩序

C. 在课后与议论学生交流，了解事情缘由　　D. 将情况告诉家长并对家长进行批评教育

5. 在一个班级中，同伴关系对教学目标的实现有哪些影响(　　)

A. 对学生自我概念和人格发展的影响　　B. 对学生社会化的影响

C. 对学生学业成绩的影响　　D. 对学生换位思考能力的影响

三、判断题

1. 采用掌握学习进行教学，学生的成绩没有差异。(易错)　　(　　)

2. 在设计教学目标时，描述的不是“教师做什么”而是“学生能做什么”。　　(　　)

3. 在教育过程中，强调“设身处地”地去理解学生，这是重视期望的心理效应。　　(　　)

4. 课堂气氛是课堂管理的核心因素，也是课堂活动中的着眼点。　　(　　)

5. 课堂管理就是课堂纪律管理，即学生行为管理。　　(　　)

四、案例分析题

1. 以下是两位新教师对课堂纪律问题处理的不同情况：

王老师认为和谐的师生关系是搞好教育教学工作的前提，给学生留下良好的第一印象，以后的教学工作才能顺利开展。在第一堂课上，王老师明确地告诉学生自己更愿意成为他们的朋友，对于学生提出的所有问题她都给予热情的解答。上课过程中有些学生在下面小声讲话，她仍然微笑着继续讲课，即使坐在后排的学生打闹起来，她也依然不生气。

肖老师认为良好的课堂纪律是成功开展课堂教学的基本保证，在课堂教学中，必须给学生制定明确的课堂规则，引导学生养成良好的课堂行为习惯。在第一堂课讲授新课前，花了三十分钟，给学生讲课堂要求。重点强调课堂纪律，对于上课时偷偷讲话、故意扰乱课堂秩序等行为他都制定了具体的惩罚措施，最后以一句“相信能和大家愉快合作，学好咱们这门学科”结束了课堂的约法三章。他讲话时中气十足，学生们普遍感到很有威慑力。

因为对课堂纪律问题有了不同的处置之后，两位老师的课堂上出现了截然不同的情况。在王老师的课堂上，一些学生认为王老师为人温和，也不怎么抓纪律，渐渐的课堂纪律失控，有时甚至导致教学无法正常进行。而肖老师在之后的课堂上，按照约法三章要求学生遵守课堂纪律，惩罚了不遵守纪律的学生，学生变得更加自觉了，课堂效率也越来越高。

问题：

请结合教育心理学的相关知识，对案例中两位老师处理课堂纪律问题的做法进行评析。

2. 有一天，赵老师正在上课，李丽与同桌窃窃私语，赵老师停顿了一下，看了他们一眼，他们马上停止了说话，赵老师继续上课。另有一天，赵老师组织学生做练习，发现王伟抄袭邻桌的作业，赵老师看了王伟一眼，但是王伟并没有停止，仍继续抄袭。于是，赵老师说："王伟，自己做！"王伟就自己做作业了。过了一会儿，刘鹏看到前排王强刚理了短发，忍不住在王强头上摸了一下，并喊道："光头强！"引起全班哄堂大笑，王强很生气。赵老师走到刘鹏面前，严肃、坚定而平缓地说："刘鹏，站起来，向王强赔礼道歉。"刘鹏犹豫了片刻，站起来对王强说："对不起，我错了。"赵老师说："请同学们记住，任何时候都应该尊重别人，刘鹏请坐下！"之后教学恢复了正常。

赵老师对课堂中出现的问题行为分别使用了什么处理方法？课堂问题行为处理的要求有哪些？

3.《走进中秋》是七年级的语文综合活动课，以综合学习为主，结合写作和口语交际。为了使学生懂得利用图书馆和互联网获取资料，了解中秋节，培养他们的科学探索精神、人文精神、热爱和保护中国传统文化的意识，李老师把学习过程设置如下：

第一步：把学生分为三个小组，分别为中秋节来历的学习小组、中秋节习俗的学习小组和中秋节诗词歌赋的学习小组；

第二步：经过一个月的资料收集，各个小组展示成果，制成课件，并且有专人解说；

第三步：重新分为四人小组，选相应的小组成员感兴趣的内容来制作手抄报，一个负责版面设计，一个负责绘画，一个负责选择材料，一个负责抄写，分工合作；

第四步：举办中秋节知识擂台赛，设立小组合作必答题和写作题。在小组合作必答题中，第一发言人若回答不完整，其他人可以补充。答题过程中小组成员合作愉快、分工明确，可加十分。在写作题中有合作完成，一人描述的原则。

学生通过自主、合作、探究的学习方式不仅学会了获取资料的方法，分门别类整理资料的方法，还体会了分工合作的乐趣。

问题：

(1)分析案例中小组合作学习的程序与方法。

(2)评价案例中的合作学习。

4. 近些年，许多地方的老师在中小学考试考核当中，喜欢直接从实体店或者网上购买或者选择现成的试卷来测验学生学业成绩，以此来查漏补缺。尽管出发点是好的，但是最容易忽视本班学生对某个科目的实际掌握情况和运用能力。比如，出现难题怪题，题干中描述的内容学生没见过或不熟悉，或者一味以名校名家编制的试题为主，使得部分学生对学习和考试产生畏难情绪，影响学习效率等。

针对上述材料，请你谈一谈教师在编制测验时应该注意的事项。

真题必刷

一、单项选择题

1. [鹤壁市直]根据布卢姆的认知领域的教学目标分类，观察各种图形，并能分析三角形和正方形的特征。这一目标处于(　　)(易混)

A. 知识水平　　B. 运用水平　　C. 综合水平　　D. 分析水平

2. [安阳滑县]刚上小学一年级的小丽，非常羡慕姐姐每天都能戴着红领巾上学，并渴望早日加入少先队。对目前的小丽而言，少先队是(　　)

A. 正式群体、参照群体　　B. 非正式群体、非参照群体

C. 非正式群体、参照群体　　D. 正式群体、非参照群体

3. [平顶山湛河区]选拔性考试属于典型的(　　)(易混)

A. 成就测验　　B. 常模参照测验

C. 学能测验　　D. 标准参照测验

4. [郑州郑东新区]教师通过协调课堂内的各种人际关系而有效实现预定教学目标的过程称为(　　)

A. 课堂控制　　B. 课堂管理　　C. 课堂气氛　　D. 课堂交往

5. [信阳光山]课上，林帆一直开小差、做小动作，已经影响到别的同学，教师多次通过目光接触暗示提醒他，但他依然没有改正。根据处理课堂学习纪律问题的最少干预原则，这时恰当的处理方法是(　　)

A. 不予理睬，课后批评　　B. 让学生到后排罚站

C. 立即调整座位　　D. 进行言语提醒

6. [南阳市直](　　)是以学习成绩为中心、在教师指导下使用结构化的有序材料的课堂教学策略。

A. 直接教学　　B. 基于问题学习　　C. 探究学习　　D. 个别化教学

二、多项选择题

1. [洛阳西工区]教学设计的内容包括(　　)

A. 教学目标　　B. 教学过程　　C. 教学方法　　D. 学习者分析

2. [新乡获嘉]影响课堂管理效果的因素有(　　)

A. 教师的领导风格　　B. 教师的授课水平

C. 学生的配合程度　　D. 班级规模

3. [洛阳伊川]课堂纪律的类型包括(　　)

A. 教师促成的纪律　　B. 集体促成的纪律

C. 自我促成的纪律　　D. 任务促成的纪律

三、判断题

1. [郑州上街区]教学设计首先要考虑的问题是教学方法的选择。(　　)

2. [信阳浉河区]掌握学习是由布鲁纳等人提出的，其基本理念是只要有足够的时间和适当的教学，几乎所有的学生对所有的学习内容都可以达到掌握的程度。(　　)

3. [周口中心城区]顺从就是无论表面上还是认知和情感上都接受他人的意见和观点。(　　)

4. [南阳南召]社会助长是指个体与别人在一起活动时，个体的行为效率提高的现象。(　　)

四、论述题

[开封市直]在教学过程中，如何正确对待和教育班级中的非正式群体？请结合所报学段(小学/初中/高中)学生身心特点加以论述。

第六章　心理健康与教师职业心理

基础必刷

专题1 心理健康概述

一、单项选择题

1. 学校心理健康教育的任务主要是(　　)

A. 预防学生的心理问题　　B. 发现学生的心理问题

C. 缓解学生压力　　D. 减少心理疾病

2. 心理健康的人能够有效地发挥个人的身心潜力以及作为社会一员的(　　)(常考)

A. 积极的社会功能　　B. 应有的责任能力

C. 应有的责任义务感　　D. 道德精神面貌

3. 下列选项中,对心理健康理解不正确的是(　　)(易错)

A. 心理健康是比较而言的,从健康到不健康只是程度的不同,而无本质的区别

B. 心理健康反映的是某一段时间内的特定状态,而不应认为是固定的和永远如此的

C. 心理健康标准是一个发展的文化的概念,会随着社会的发展变化而发展变化

D. 心理健康等于没有疾病或疾病仅限于躯体疾病

4. 心理健康表现为个人具有生命的活力、积极的内心体验和良好的(　　)

A. 社会适应能力　　B. 社会化人格　　C. 精神面貌　　D. 精神状态

5. 心理咨询与辅导的基本方法是(　　)

A. 会谈　　B. 倾听　　C. 鼓励　　D. 询问

6. (　　)是学生心理健康教育的主要场所。

A. 学校　　B. 家庭　　C. 社会　　D. 工作单位

7. 心理健康教育的总目标是(　　)(常考)

A. 提高学生的成绩　　B. 克服厌学情绪

C. 发展学生的能力　　D. 提高全体学生的心理素质

8. 心理健康至少包含两层含义:一是无心理疾病;二是(　　)

A. 智力发育正常　　B. 自我意识正确　　C. 人际关系协调　　D. 有积极发展的心理状态

9. 学校来了一位新学生,班主任老师发现他存在一些心理问题,决定对他进行干预。该老师所采取的最恰当方式是(　　)

A. 团体辅导　　B. 角色扮演　　C. 个别心理辅导　　D. 心理训练

10. 一个人只有(　　),才能鉴定为"健康"。

A. 生理正常　　B. 心理正常

C. 生理、心理都正常　　D. 生理、心理都正常,并且对社会有良好的适应能力

11. 下列做法属于在学科教学中渗透心理健康教育的是(　　)

A. 营造积极向上的班级文化氛围　　B. 注意在体育课上对学生合作精神的培养

C. 组织丰富多彩的课外活动　　D. 设立班级心理健康委员

二、多项选择题

1. 针对有心理障碍的学生而言,心理健康教育的任务是(　　)(易混)

A. 预防心理障碍　　B. 排除心理障碍

C. 预防心理疾病的发生　　D. 提高学生的心理健康水平

2. 以下属于学校心理健康教育范畴的是(　　)

A. 心理健康课　　B. 个别心理咨询

C. 课堂教学渗透　　D. 学科知识竞赛

3. 从性质来看,学校心理健康教育包括(　　)

A. 发展性教育　　B. 培养心理素质　　C. 补救性教育　　D. 维护心理健康

4. 下列哪些是学生心理健康的表现(　　)

A. 具有良好的自我意识

B. 具有正常、乐观、稳定的情绪

C. 乐于交往,具有良好的人际交往能力

D. 严格要求自己的一言一行,任何事情都要做到完美无缺

5. 补救性心理教育主要是(　　)

A. 提高性的　　B. 矫正性的

C. 面对正常发展的学生　　D. 面对心理出现问题的学生

三、判断题

1. 学校心理健康教育的对象主要是少数有心理问题的学生。　　(　　)

2. 判断一个人的心理健康状况应兼顾内部协调与对外良好适应两个方面。(常考)　　(　　)

3. 心理健康和不健康之间有明确的界限。　　(　　)

4. 学校开设心理健康教育课程只会增加学生的课业负担。　　(　　)

5. 心理健康既是一种状态,也是一种过程。　　(　　)

四、简答题

1. 心理健康的标准有哪些?

2. 简述学校开展心理健康教育的基本途径。

3. 简述学校心理健康教育的意义。

专题2 学生心理辅导

一、单项选择题

1. 一个学生过分害怕猫，我们可以让她看猫的图片，谈论猫；再让她远远观看关在笼中的猫，让她靠近笼中的猫；最后让她摸猫、抱起猫，从而消除对猫的恐惧反应。这个案例中采用的心理辅导方法是(　　)(常考)

A. 自我控制法　　B. 系统脱敏法　　C. 特定性训练　　D. 强化法

2. 如果一个学生不敢拒绝别人的无理要求，不敢表达自己的不满情绪，与学生发生矛盾时不敢正面解决问题，而是哭着找老师。对待这样的学生，应采取的辅导方法是(　　)

A. 放松训练　　B. 代币奖励法　　C. 系统脱敏法　　D. 肯定性训练

3. 老师经常用发小红花、小卡片等方式鼓励学生的良好行为。这种改变学生行为的方法是(　　)

A. 示范法　　B. 系统脱敏法　　C. 代币奖励法　　D. 认知调适法

4. 郭阳同学近来总是不由自主地重复洗手，即便是洗了几遍仍然认为没洗干净。明知没有必要，却不能控制自己，这说明他可能患了(　　)

A. 抑郁症　　B. 焦虑症　　C. 强迫症　　D. 恐怖症

5. 小学生中常见的一种以注意力缺陷和活动过度为主要特征的行为障碍综合征，通常称之为(　　)

A. 学习困难综合征　　B. 儿童多动综合征

C. 过度焦虑反应　　D. 厌学症

6. 小青认为做事应该尽善尽美，决不允许出现任何差错，因而平时稍有失误就极度焦虑，老师通过矫正其认知偏差来帮助她克服这种焦虑。这种心理疏导方法是(　　)

A. 强化法　　B. 系统脱敏法　　C. 消退法　　D. 合理情绪疗法

7. 儿童多动综合征的高峰发病年龄为(　　)

A. 6~8岁　　B. 8~10岁　　C. 10~12岁　　D. 12~14岁

8. 5岁的李萌智力正常，但在阅读时不按照内容朗读，经常自己凭空增减文字，无法正确理解字面含义，这主要是心理障碍中的(　　)

A. 多动症　　B. 焦虑症　　C. 学习困难综合征　　D. 厌学症

9. 焦虑是由紧张、不安、焦急、忧虑、恐惧交织而形成的一种情绪状态，中学生常见的焦虑反应是(　　)(常考)

A. 生活焦虑　　B. 睡眠障碍焦虑　　C. 交友焦虑　　D. 考试焦虑

10. 一个人过分害怕在大型公众场合下演讲或作报告，这时我们让他先和一个人练习讲述，然后再让他在小组中讲述和交流，逐渐让他能够敢于站在一个几十人的班级的讲台演讲或作报告，最后慢慢地让他在公众场合下尝试着演讲或作报告，消除他的恐惧和紧张心理。这样的改变行为的方法属于(　　)

A. 代币奖励法　　B. 暴露疗法　　C. 系统脱敏法　　D. 肯定性训练

11. 以持久性的心境低落为特征的神经症是(　　)

A. 强迫症　　B. 抑郁症　　C. 焦虑症　　D. 恐怖症

12. 根据心理辅导的两个目标,心理辅导可分为调适性辅导和(　　)

A. 矫正性辅导　　B. 发展性辅导　　C. 改善性辅导　　D. 成长性辅导

13. 对学生进行心理辅导工作,让当事人自己运用学习原理进行自我分析、自我监督、自我强化,以改变自身行为的方法是(　　)

A. 行为塑造法　　B. 强化法　　C. 示范法　　D. 自我控制法

14. (　　)是指通过不断强化逐渐趋近目标的反应,来形成某种较复杂的行为。当学生出现教师所期待的行为时,就依次强化那些渐趋目标的行为,直到合意行为的出现。

A. 强化法　　B. 行为塑造法　　C. 惩罚法　　D. 自我控制法

15. 小明总觉得自己没带课本,上学之前常常会反复检查书包。他的这种行为属于(　　)

A. 强迫行为　　B. 强迫观念　　C. 强迫恐惧　　D. 焦虑

16. 某学生害怕在社交场合讲话,担心自己会因双手发抖、脸红、声音发颤、口吃而暴露自己的焦虑,觉得自己说话不自然,因而不敢抬头,不敢正视对方的眼睛。这种心理症状是(　　)

A. 恐惧症　　B. 抑郁症　　C. 强迫症　　D. 焦虑症

17. 根据艾利斯的ABC理论,人的不合理观念常常具有绝对化的要求、过分概括的评价及糟糕至极的结果三个特征。下列说法体现了“绝对化要求”的是(　　)(易混)

A.“我没考上大学,一切都完了”

B.“我这次考试一定要考年级第一”

C.“在全校师生面前演讲时忘词是一件非常可怕的事”

D.“如果我这次考试失败了,那我的整个人生就没有希望了”

18. 学生小李一到考试临近时,就紧张不安,难以集中注意力,还出现过度出汗、睡眠障碍等不适反应,这属于学生心理健康问题中的(　　)

A. 强迫症　　B. 抑郁症　　C. 焦虑症　　D. 恐怖症

二、多项选择题

1. 行为演练的基本方法有(　　)

A. 肯定性训练　　B. 系统脱敏法　　C. 全身松弛训练　　D. 自我控制法

2. 下列学生的表现中,可能存在心理问题的是(　　)

A. 小张受到老师的批评,心里很不高兴

B. 小李平时情绪总是很低落,极不愿意参加集体活动

C. 小王总担心会有不好的事情发生,经常出现莫名的紧张和害怕

D. 小赵害怕与人见面、交谈,经常把自己关在屋里,不愿见人

3. 学校心理辅导的一般目标有(　　)

A. 学会调适　　B. 寻求发展　　C. 改善认知　　D. 自信训练

4. 下列属于心理辅导与治疗中行为改变技术的有(　　)

A. 强化法　　B. 系统脱敏法　　C. 代币法　　D. 理性情绪疗法

三、判断题

1. 某同学最近情绪低落、思维迟钝、不爱活动、自我否定，甚至产生了自杀的念头。他的情况属于抑郁症。（　）
2. 儿童活泼、多问是“多动症”的表现。（　）
3. 在艾利斯的ABC理论中，“B”指的是个体遇到的事件。（易混）（　）
4. 学习困难的学生泛指由智力落后造成的学习成绩低下的学生。（　）
5. 注意力集中困难、过度焦虑、害怕社交，是儿童厌学症的主要表现。（　）
6. 玲玲非常喜欢上语文课，每次答对问题，李老师都会给她一个卡通玩具作为奖励，李老师运用的是代币奖励法。（　）

四、简答题

1. 如何维护学生的心理健康？

2. 简要说明合理情绪疗法。

五、案例分析题

李某上初中后，把大部分精力都放在学习上，平时成绩不错，但一到快考试时就会一直紧张，担心考不好。压力大、注意力难集中，伴有睡眠不好、心慌、出汗，甚至恶心、呕吐的症状，为此他十分苦恼，成绩也开始下降。

(1)李某的情况属于什么心理问题？

(2)针对李某的问题老师应提供什么帮助？

专题3 教师职业心理

一、单项选择题

1. 下列关于教师威信的观点错误的是(　　)(常考)

A. 教师威信包括人格威信、学识威信和情感威信

B. 教师的威信分为权力威信和信服威信

C. 教师威信实质上是一种良好的师生关系

D. 教师应该树立权力威信

2. 波斯纳提出的教师成长公式为(　　)(常考)

A. 经验+能力=成长　　B. 经验+机遇=成长

C. 经验+反思=成长　　D. 能力+机遇=成长

3. 魏老师在走上教师岗位一段时间后,非常关注如何教好每一堂课的内容,开始研究班级规模大小及教学材料是否充分等问题对教学的影响。魏老师处于教师专业发展中的(　　)

A. 关注生存阶段　　B. 关注学生阶段　　C. 关注能力阶段　　D. 关注情境阶段

4. 李老师坚信自己能教好学生,在教育教学中表现出很高的热情,这主要反映了他具有(　　)

A. 认知能力　　B. 监控能力　　C. 操作能力　　D. 教学效能感

5. "皮格马利翁效应"指人们基于对某种情境的知觉而形成的期望或预言,会使该情境产生适应这一期望或预言的效应。这给教师的启示是(　　)

A. 教师要善于了解学生　　B. 教师要有很高的知识水平

C. 教师要善于赞赏学生　　D. 教师要有信心

6. 衡量一个教师是否成熟的主要标志是(　　)(常考)

A. 能否自觉地关注教材　　B. 能否自觉地关注学生

C. 能否自觉地关注生存　　D. 能否自觉地关注情境

7. 得知彤彤的父亲是著名的文学家,班主任刘老师则认为彤彤具有成为出色作家的潜力,但彤彤的实际写作天赋平平,刘老师仍对其满腔热情,表达对其能力的信心,鼓励他经常练习,常常对其作业进行额外的批改,后来彤彤果真成为一名优秀的小作家。这属于(　　)

A. 自我应验效应　　B. 维持性期望效应　　C. 霍布森选择效应　　D. 扇贝效应

8. 邓老师在教新知识前,会用与新知识有联系的"先行组织者"策略进行教学,以提高学生的学习效果。邓老师采用教学策略进行教学是教师(　　)的体现。

A. 教学监控能力　　B. 教学认知能力　　C. 教学反思能力　　D. 教学操作能力

9. 张老师每次和别人说起自己的职业都会充满自豪感。这说明张老师处于(　　)

A. 教师职业角色认知阶段　　B. 教师职业角色认同阶段

C. 教师职业角色信念阶段　　D. 教师职业角色依从阶段

10. 张老师这段时间对工作失去了热情,觉得工作没意思,同时总是感觉很疲劳,工作效率不高。张老师目前的状态属于职业倦怠(　　)方面的表现。

A. 去人性化　　B. 个人成就感低　　C. 情绪耗竭　　D. 缺乏工作动机

11. 新教师更多地关注课堂中的细节，专家型教师很少谈论课堂管理问题和自己的教学是否成功。这是反映二者在(　　)方面的差异。

A. 课时计划　　B. 教学过程　　C. 课后评价　　D. 教学策略

12. 在教师的人格特征中，有两种重要特征对教学有显著影响：一是教师富于激励和想象的倾向性，二是教师的(　　)

A. 说到做到　　B. 敬业精神　　C. 热心和同情心　　D. 重义气、讲交情

13. 新入职的王老师自己录制了10分钟的讲课过程，并分析其中存在的问题和提出改进措施，王老师这种提升专业发展水平的方式是(　　)

A. 教学观摩　　B. 微格教学　　C. 专题研修　　D. 行动研究

14. 周老师开始接手待优班时，信心满满地想和学生一起努力提高全班的成绩，可一年之后班级的成绩依旧没有起色，于是周老师怀疑是自己的能力太差，并感到自卑与自责。这属于教师职业倦怠中的(　　)

A. 去个性化　　B. 低成就感　　C. 情绪衰竭　　D. 行为失当

15. 教师获得威信的基本条件是(　　)

A. 良好的道德品质　　B. 良好的认知能力和性格特征

C. 良好的仪表和行为习惯　　D. 做学生的朋友和知己

16. 微格教学有许多特点，但最重要的特点是(　　)

A. 训练单元小　　B. 反馈及时准确　　C. 训练程序合理　　D. 利于综合创新

17. 按照美国心理学家法贝的观点，如果一个教师的职业倦怠表现为在高压力下放弃努力，以减少对工作的投入来求得心理平衡，则该教师的职业倦怠属于(　　)

A. 低挑战型　　B. 狂热型　　C. 情绪衰竭型　　D. 精疲力竭型

二、多项选择题

1. 教师职业角色意识的形成经历了哪些阶段(　　)

A. 角色认知阶段　　B. 角色认同阶段

C. 角色定位阶段　　D. 角色信念阶段

2. 专家型教师和新手型教师在教学过程中的差异主要表现在(　　)

A. 课堂规则的执行力　　B. 教材的呈现

C. 吸引学生的注意力　　D. 教学策略的运用

3. 一般来讲，教师的成长需经历的阶段包括(　　)(常考)

A. 关注教学阶段　　B. 关注生存阶段　　C. 关注情境阶段　　D. 关注学生阶段

4. 教师的认知特征主要包括(　　)

A. 观察力特征　　B. 思维特征　　C. 管理特征　　D. 注意力特征

5. 教学反思是教师成长与发展的途径之一。下列选项中属于布鲁巴奇等人提出的教学反思的方法的是(　　)

A. 理性思考　　B. 详细描述　　C. 交流讨论　　D. 行动研究

三、判断题

1. 研究表明，教学效能感高的教师对学生寄予较高的期望，认为自己对学生的成长负有责任并相信自己能教好学生。(　　)

2. 只有心理健康的教师，才有可能培养出心理健康的学生。（易错）（　　）

3. 教师对学生思想的认可与学生成绩有正相关的趋势，教师的批评或不赞成与学生的成绩之间存在着负相关。（　　）

4. 教学效能感一般指教师对自己影响学生行为和学习结果的能力的一种主观判断。（　　）

5. 从根本上来说，教师的教育威信来自学生对教师的畏惧心理。（　　）

四、简答题

1. 建立教师威信的途径有哪些？

2. 简述教师成长的途径。

五、案例分析题

1. 一个新教师和一个具有20年教龄的教师各自上了一节公开课，得出以下数据。

<table>
<tr><th colspan="2"></th><th>新教师</th><th>老教师</th></tr>
<tr><td colspan="2">学生课堂注意的时间比例</td><td>70%</td><td>95%</td></tr>
<tr><td rowspan="3">对学生回答的反馈</td><td>未理睬</td><td>36%</td><td>5%</td></tr>
<tr><td>鼓励</td><td>43%</td><td>57%</td></tr>
<tr><td>追问</td><td>21%</td><td>38%</td></tr>
<tr><td rowspan="3">学生的作业效果</td><td>好</td><td>44%</td><td>75%</td></tr>
<tr><td>一般</td><td>22%</td><td>20%</td></tr>
<tr><td>差</td><td>34%</td><td>5%</td></tr>
<tr><td colspan="2">练习针对性</td><td>中等生</td><td>全体学生</td></tr>
<tr><td colspan="2">学生执行课堂规则</td><td>中</td><td>优</td></tr>
</table>

问题：

根据专家型和新手型教师的差异，比较两位教师的教学过程。

2. 教学活动中，杨老师感到能很好地驾驭课堂，认为学生是可以教好的；与此相反，陈老师则认为并不是所有的学生都能教好，学生的课堂反应并不是老师所能驾驭的。

请用教师心理的有关原理分析上述现象。

3. 职业倦怠是个体在长期的职业压力下，缺乏应对资源和应对能力而产生的身心耗竭状态。教师职业倦怠是指教师由于长期的工作压力，导致教师的认知、态度、情感和行为等方面出现问题。

调查显示，很多工作多年的中小学教师都出现了职业倦怠现象。教师们对学校教学工作产生了困惑，认为日复一日的教学工作枯燥、重复、单调。他们经常自问“我的一生要这么度过吗”“这样的工作有什么意义”等。教师职业倦怠现象产生了很大的危害，甚至导致教师职业枯竭。

(1)试分析教师职业倦怠的原因。

(2)分析教师职业倦怠的表现。

(3)应如何预防和缓解教师的职业倦怠心理？

提升必刷

一、单项选择题

1. 以某一具体事件、某一言行来对自己进行评价，如"一次失败就认为这足以证明自己没用，是失败者"，"公共场合出了点洋相就认定自己又笨又蠢，连这么简单的事都做不好，更何况其他的事"。这属于不合理信念中的(　　)(易混)

A. 糟糕透顶　　B. 过分概括化　　C. 绝对化要求　　D. 过分幻想

2. 萧老师在教学过程中，除了注重教学内容的科学性和思想性，还想方设法使学生时刻处于良好的情绪状态，从而保证教学活动顺利进行。这些做法表明萧老师扮演的是(　　)

A. 心理健康调节者的角色　　B. 朋友的角色

C. 榜样的角色　　D. 知识传授者的角色

3. 教师在课堂上提问一些有难度的问题时，通常会将目光停留在那些学习成绩优秀的同学身上，这种现象反映的是(　　)

A. 从众效应　　B. 首因效应　　C. 期望效应　　D. 投射效应

4. 在课堂教学中，教师是否具有一定的(　　)，是检验其能否发挥主导作用、完成教学目标、提高教学效果的重要标志。

A. 教学认知能力　　B. 教学操作能力　　C. 教学监控能力　　D. 教学研究能力

5. 小李成绩一直较差，为了提高成绩，暑假一直在家补习，在开学后的一次测验中考了不错的分数，然而老师却对小李的进步持怀疑态度，认为他是作弊才得到高分，这大大打击了小李的学习积极性，使得小李的成绩更加差了。这体现了(　　)(易混)

A. 自我应验效应　　B. 维持性期望效应

C. 木桶效应　　D. 近因效应

6. 学校心理辅导是学校实施心理健康教育的主渠道，下列对学校心理辅导理解正确的一项是(　　)

A. 学校心理辅导以少数有心理问题的学生为服务对象

B. 心理辅导把工作的重点放在预防心理问题的出现和促进学生潜能的发展上

C. 学校心理辅导是一种侧重于学生的心理与行为障碍矫治的心理治疗

D. 心理辅导等同于心理咨询和心理治疗

7. 有人将教师的职业生涯分为"站上讲台""站稳讲台""站好讲台"三个时期，根据福勒等人提出的教师成长阶段论，"站好讲台"对应的是(　　)阶段。

A. 关注教材　　B. 关注学生　　C. 关注生存　　D. 关注情境

8. 罗杰斯在其"以人为中心的治疗"中将"无条件积极关注"看作心理辅导的前提之一，这体现了学校心理辅导的(　　)

A. 面向全体学生原则　　B. 发展性原则

C. 尊重与理解学生原则　　D. 尊重学生主体性原则

9. 在评价心理健康时，(　　)是不合理的判断。(易错)

A. 个体的自控能力越强，心理健康水平就越高

B. 智力水平越高，心理健康水平越高

C. 易受暗示者,心理健康水平低

D. 对环境压力耐受性越强,心理健康水平越高

10. 如果一个人确信某种紧张情境不能改变或控制时,(　　)就取代焦虑成为主要症状。

A. 抑郁　　B. 强迫　　C. 恐怖　　D. 紧张

11. 巍巍性格内向,在班内几乎没有朋友,为此,他很苦恼,却不知道该怎样做。教师针对巍巍的情况进行了几次心理辅导。这属于学校心理健康教育中的(　　)

A. 学习心理辅导　　B. 生涯发展指导

C. 人际关系指导　　D. 智力训练

二、多项选择题

1. 以下属于预防和矫治考试焦虑的措施是(　　)

A. 营造宽松的成长环境,减轻压力　　B. 在学生考试前反复强调考试的意义与动机

C. 掌握应试技巧　　D. 掌握调控紧张情绪的技巧

2. 在下列心理问题中,可以使用自我坚定训练辅导的是(　　)

A. 人际交往中的被动行为　　B. 矛盾面前的犹豫不决

C. 课堂听讲时的注意力不集中　　D. 与异性交往时的紧张情绪

3. 影响教师威信形成的客观因素是多方面的,其中,最重要的是(　　)

A. 教师职业的社会地位　　B. 教师职业的经济地位

C. 学生对教师职业的态度　　D. 社会对教师职业的态度

4. 教师对学生的期望是否达到预期效应,取决的因素包括(　　)

A. 教师自身的因素　　B. 学生的人格特征　　C. 学生的自我意识　　D. 学生的归因风格

三、判断题

1. 听课观摩是教师教学反思的形式之一,也是教师实现自我监控的最直接、最简易的方式。(　　)

2. 教师的教学监控能力真正提高的重要标志是教学监控由他控到自控。(易混)(　　)

3. 在教学活动中,倾向于做外归因的教师会更主动地调整自己的教学行为,积极地影响学生的学习活动,在结果上也更可能促进学生的发展。(　　)

4. 一个心理健康的人也可能无法适应社会。(易错)(　　)

5. 面向少数有心理困扰和心理障碍的学生,开展补救性和矫治性的心理咨询与辅导是学校开展心理健康教育的工作重点,也可以说是主要任务。(　　)

四、简答题

简述马斯洛关于心理健康的标准。

五、论述题

举例说明如何运用代币奖励法改变儿童的不良行为习惯。

六、案例分析题

五年级学生陈哲，上课时不是动手摸同学衣服、扯同学的头发，就是东张西望、转身和别人说话，要么就是一个人晃椅子，玩小东西，还喜欢搞“恶作剧”，影响周围的同学学习。老师批评他或暗示他之后有一定的效果，但过不多久又恢复原状。

陈哲在家里任性、冲动，想做什么、想要什么，一旦父母不能满足时，便大喊大叫、摔打东西，甚至离家出走。陈哲的父亲比较粗暴，看到孩子不听话，烦了就骂、急了就打，只要听老师说陈哲违反纪律了，陈哲回家肯定挨揍。陈哲的母亲则过于宠爱他，家庭经济条件较好，不在乎那几个钱，陈哲想买什么都尽量满足。有时陈哲发脾气、摔东西，母亲也只是叹气，舍不得管孩子。

陈哲还爱看娱乐电视节目，节目看不完决不罢休。在父母的再三催促下才做作业，一边做作业还一边玩，注意力难以集中。陈哲在班里成绩排在倒数，考试经常不及格。但家长和老师发现，其实陈哲脑子不笨，一旦认真学习，比其他同学接受还快。

假如你是陈哲的班主任，你将如何帮助他改变现状？

真题必刷

一、单项选择题

1. [许昌市直/鹤壁淇滨区]在心理健康教育中，依据用心理学方法和技术搜集得来的资料，对学生的心理特征与行为表现进行评鉴，以确定其性质和水平并进行分类诊断的过程，叫作(　　)

A. 心理评估　　B. 心理诊断　　C. 心理辅导　　D. 心理测验

2. [郑州上街区]王老师经常鼓励胆小的小敏在课堂上要大胆表达自己的观点，并对其少有的发言行为加以表扬，使其克服了胆怯心理。王老师运用的方法是(　　)

A. 代币奖励法　　B. 自我控制法　　C. 系统脱敏法　　D. 强化法

3. [周口市直]初中中考学生抑制不住地想自己考不上高中，影响了正常学习，这属于(　　)的心理问题。

A. 理想观念　　B. 强迫观念　　C. 恐惧效应　　D. 强迫效应

4. [洛阳市直]好的教师为了保证教学达到预期的目的，会不断地对教学进行反思和觉察，这体现的教学能力是(　　)(易混)

A. 教学认识能力　　B. 教学操作能力

C. 交流沟通能力　　D. 教学监控能力

5. [周口沈丘]教师一句鼓励的话、一个充满信任的眼神、一个能引起共鸣的手势或表情都能使学生受到极大的鼓舞、增添无穷的勇气、取得显著的进步。这属于(　　)(常考)

A. 第一印象　　B. 共鸣效应　　C. 罗森塔尔效应　　D. 移情效应

6. [永城]教师把大量的时间花在如何与学生搞好关系上，甚至想方设法地控制学生，这是教师成长中哪个阶段的特征(　　)

A. 关注生存阶段　　B. 关注情境阶段

C. 关注学生阶段　　D. 关注自身阶段

7. [洛阳洛龙区]通过角色训练以增强自信心，然后将所学得的应对方式应用到实际生活情境中的行为演练方式为(　　)

A. 自我控制训练　　B. 肯定性训练　　C. 自我强化训练　　D. 自我监督训练

二、多项选择题

1. [周口川汇区]根据国内外的研究与实践，人的心理健康水平大致可划分为哪三个等级(　　)

A. 一般常态心理　　B. 人格障碍心理

C. 轻度失调心理　　D. 严重病态心理

2. [新乡获嘉]心理辅导就是运用心理学等专业知识技能，设计与组织各种教育性活动，以帮助学生形成良好的心理素质，充分发挥个人潜能，进一步提高心理健康水平的过程。心理辅导的原则有(　　)

A. 关注高危人群　　B. 预防与发展相结合

C. 发挥学生主体性　　D. 促进学生整体性发展

3. [周口沈丘]下列选项中，促进教师专业发展的途径有(　　)(常考)

A. 观摩和分析　　B. 教学策略训练

C. 把握学生心理　　D. 开展校本研究

三、判断题

1. [永城]学校心理健康教育的对象是全体学生。 (　　)

2. [郑州上街区]与新手教师相比,专家型教师的课时计划更简洁、灵活并具有预见性。 (　　)

3. [洛阳市直]心理健康有高低层次之分,低层次的心理健康即没有心理疾病,高层次的心理健康即充分发挥自身最大潜能。 (　　)

四、案例分析题

[郑州郑东新区]李老师刚入职时,为了得到学校和学生的肯定和认可,把大量时间花在如何与学生搞好关系上,一段时间后,他发现虽然自己与学生的关系非常密切,但是学生的学习成绩并不理想。于是,李老师开始把主要精力放在教学上,为了上好每一堂课,他认真准备材料,虚心地向老教师们请教,积极参加公开课观摩优秀教师的教学,坚持写教学日志,不断反思自己的教学活动,还通过校本教研这个平台,寻找解决问题的方法和努力的方向。经过不懈的努力,李老师在教学上成了一把"好手",他不仅通过各种途径了解学生,还能考虑学生的不同需要,关注他们的个别差异,并根据学生的不同发展水平设计课堂教学和作业,因此取得了良好的教学效果。由于教学成绩突出,被学校推荐为"教学名师"。

结合案例运用教师发展阶段理论分析:

(1)李老师的专业发展所经历的阶段。

(2)教师专业发展的途径。

第四部分　新课程改革

基础必刷

专题1 新课程改革的背景、目标与理念

一、单项选择题

1. 下列关于新课程改革的表述,不正确的一项是(　　)

A. 新课程要使学生发展成为一个整体的人

B. 关注学生对知识的掌握程度,重视学生的考试成绩

C. 关注学生的个性发展

D. 新课程改革的理论基础有人本主义教育思潮、建构主义教育思潮、多元智力理论等

2. 新课程改革强调整体设置九年一贯的课程门类和课时比例,并设置综合课程。这方面改革指向的是(　　)

A. 课程目标　　B. 课程管理　　C. 课程评价　　D. 课程结构

3. 新课程减少了国家课程在学校课程体系中的比重。在义务教育阶段,将(　　)的课时量给予了地方课程和校本课程。

A. 10%~12%　　B. 10%~15%　　C. 20%~25%　　D. 25%~30%

4. 新课程改革倡导评价要淡化甄别与选拔而重视学生发展,体现了其实现(　　)的变革。(易错)

A. 评价主体　　B. 评价指标　　C. 评价功能　　D. 评价方法

5. 我国新课改的核心理念是(　　)(常考)

A. 为了中华民族的复兴,为了每一位学生的发展

B. 注重统整学生的生活世界与科学世界

C. 注重学生对知识的主动建构

D. 关注学生作为"整体的人"的发展

6. 教育改革的核心内容是(　　)

A. 教学方法改革　　B. 课程改革　　C. 教育理念　　D. 教育目标

7. 新课程改革的核心目标是(　　)

A. 实现课程功能的转变　　B. 从学生的兴趣和需要出发进行教学

C. 实行三级课程管理制度　　D. 开发学生的潜能

8. 下列不属于新课程结构的主要特点的是(　　)(常考)

A. 均衡性　　B. 综合性　　C. 平均性　　D. 选择性

9. 课程改革的焦点是(　　)

A. 协调国家和学生发展需要之间的关系　　B. 协调社会与学校发展之间的关系

C. 协调初等教育与高等教育之间的关系　　D. 协调教育和社会发展之间的关系

10. 下列不属于新课程改革的具体目标的是(　　)

A. 优化课程结构　　B. 更新课程内容　　C. 改善学习方式　　D. 提升课程理论

11. 新课程改革倡导(　　)的课程评价。(常考)

A. 强调学生学会学习　　B. 强调新的学习方式

C. 突出甄别和选拔功能　　D. 立足过程,促进发展

12. 目前正在实施的课程改革是第(　　)次课程改革。

A. 6　　B. 7　　C. 8　　D. 10

13. 我国新一轮课程改革是在教育面临严峻形势的情况下开始的,它是(　　)提出的挑战。

A. 社会信息时代　　B. 知识经济时代　　C. 经济发展需要　　D. 我国加入WTO

14. (　　)是课程改革的直接诉求和终极目标。

A. 教学方式的变革　　B. 学校文化的重建　　C. 学习方式的变革　　D. 评价方式的改革

15.《基础教育课程改革纲要(试行)》中提出,基础教育课程改革是一项系统工程,应始终贯彻(　　)的工作方针。

A."先破后立,先推广后改革"　　B."先破后立,先实验后推广"

C."先立后破,先实验后推广"　　D."先立后破,先推广后改革"

16. 新课程改革在课程管理方面,为了增强课程对地方、学校及学生的适应性而实行(　　)制度。

A. 国家统一管理　　B. 国家、地方、学校三级课程管理

C. 学校自主管理　　D. 国家和地方二级课程管理

二、多项选择题

1. 新课程结构的综合性体现在(　　)

A. 加强学科的综合性　　B. 课程的均衡性

C. 设置综合课程　　D. 增设综合实践活动课程

2. 下列反映当代世界各国课程改革的共同发展趋势的是(　　)

A. 重视个别差异　　B. 重视课程内容的现代化、综合化

C. 重视基础学科和知识的结构化　　D. 重视能力的培养

3. 新课程改革要改变课程过于注重知识传授的倾向,应强调形成积极主动的学习态度,引导学生(　　)(常考)

A. 学会合作　　B. 学会做人　　C. 学会学习　　D. 学会生存

4. 新课程改革的发展趋势包括(　　)

A. 全面发展与培养个性相结合　　B. 稳定并加强基础教育

C. 加强道德教育和人文教育　　D. 课程法制化

5. 影响课程改革的因素包括(　　)

A. 教师因素　　B. 政治因素　　C. 文化因素　　D. 经济因素

三、判断题

1. 关注学生发展、强调教师成长、重视以教定学是新课程教学评价倡导的三大基本理念。　(　　)

2. 教育公平,意味着课程必须谋求所有适龄儿童平等享受高质量的基础教育。　(　　)

四、填空题

1."整体的人"包括两层含义:人的完整性和________的完整性。

2. 基础教育课程改革的根本任务是:全面贯彻党的教育方针,调整和改革基础教育的课程体系、结构、内容,构建符合________要求的基础教育课程体系。

3. 第八次课程改革的显著特征和核心任务是________。

4. 对于学生，新课程强调要建立促进学生________的评价体系。

五、简答题

1. 简述新课程改革的具体目标。

2. 简述基础教育课程改革的基本理念。(常考)

3. 简述我国基础教育课程改革的背景。

专题2 教学改革与综合实践活动

一、单项选择题

1. 在新课程背景下，教师的角色发生了转变。对此，下列表述错误的是(　　)

A. 教师是课堂教学的主导者　　B. 教师是教育教学的研究者

C. 教师是学生学习的促进者　　D. 教师是课程资源的开发者

2. 综合实践活动能让学生在活动中不断地形成自身良好的思想意识、情感等，不断地发展动手能力和创造性，这主要体现了综合实践活动的(　　)

A. 开放性　　B. 综合性　　C. 实践性　　D. 生成性

3. 综合实践活动作为必修课，在我国实施的学段范围是(　　)

A. 自学前班至高中三年级　　B. 自小学一年级至高中三年级

C. 自小学三年级至高中三年级　　D. 自初中一年级至高中三年级

4. 下列关于新课程倡导的教学观的表述，不确切的是(　　)

A. 教学是课程创生、开发的过程　　B. 教学是师生交往、积极互动、共同发展的过程

C. 教学重过程甚于重结论　　D. 教学关注人而不关注学科

5. 综合实践活动在新课程设置中被列入(　　)

A. 选修课　　B. 活动课　　C. 综合课　　D. 必修课

6. 下列说法不符合新课程对教师定位的是(　　)

A. 教师是“平等中的首席”　　B. 教师是学生人生的引路人

C. 教师是教育教学的研究者　　D. 教师是“社会代表者”

7. 在对待师生关系方面,新课程中教师的教学行为强调(　　)(易混)

A. 尊重、赞赏　　B. 帮助、引导　　C. 反思　　D. 合作

8. 新课程所倡导的教学观认为,教学不仅是课程传递和执行的过程,更是(　　)的过程。

A. 单向培养　　B. 关注学科发展

C. 注重学生学习成绩　　D. 课程创生与开发

9. 现代学习方式的核心特征是(　　)

A. 主动性　　B. 独立性　　C. 体验性　　D. 问题性

10. 有些教师认为,课程内容改革的主体是教育专家,与中小学教师无关。这种认识忽视了(　　)

A. 教师是学生学习的促进者　　B. 教师是课程的建设者和开发者

C. 教师是教育教学的执行者　　D. 教师是社区型的开放的教师

11. (　　)是教师最明显、最直接、最富时代性的角色特征,也是教师角色中的核心特征。

A. 学生学习的促进者　　B. 课程的开发者

C. 课程的建设者　　D. 教育教学的研究者

12. 以下对“在对待与其他教育者关系上,新课程强调合作”的理解不正确的是(　　)

A. 教师要与学生家长进行沟通与配合　　B. 不同年级、不同学科的教师要相互配合

C. 具有教学意义和教育功能　　D. 树立自我反思的意识

13. 新课程背景下的教学改革要求我们首先确立起(　　)(常考)

A. 先进的教学观念

B. 与新课程相适应的、体现素质教育精神的教育观念

C. 教师为主导、学生为主体的教学观念

D. 以课堂教学为中心的教学观念

14. 我国当前教学改革的基本策略是(　　)

A. 确立新的教育观念　　B. 学习方式的变革

C. 坚持整体教学改革和实验　　D. 实施素质教育

15. 我国当前教学改革的重心是(　　)

A. 教学改革和实验　　B. 建立合理的课程结构

C. 实施素质教育　　D. 个性发展

16. “知之者莫如好之者,好之者莫如乐之者。”这句话体现的课程理念是(　　)(常考)

A. 关注学生对知识的收获　　B. 关注学生的情绪生活和情感体验

C. 关注学生的健康成长　　D. 关注学生的道德生活和人格养成

17. 下列不属于综合实践活动特点的是(　　)

A. 开放性　　B. 自主性　　C. 生成性　　D. 预设性

18. 学科中的研究性学习与研究性学习课程的终极目的都是(　　)

A. 形成研究性学习的学习方式　　B. 促进学生的个性发展

C. 强调学科内容的归纳和整合　　D. 注重研究生活中的重大问题

19. 综合实践活动是一门以(　　)为核心的实践性课程。(常考)

A. 教师的经验和生活　　B. 学生的经验与生活

C. 师生的经验与生活　　D. 社会实践

20. 从教师与学生的关系看,新课程要求教师应该是学生学习的(　　)

A. 促进者　　B. 研究者　　C. 建设者　　D. 开发者

21. 下列关于作为学习方式的“研究性学习”与作为课程的“研究性学习”二者关系的描述,有误的是(　　)

A. 作为一种学习方式,“研究性学习”是指教师不把现成结论告诉学生,而是学生自己在教师指导下自主地发现问题、探究问题、获得结论的过程

B. 作为一种课程形态,“研究性学习”课程是为“研究性学习方式”的充分展开所提供的相对独立的、有计划的学习机会

C. 各门学科有效渗透了“研究性学习方式”,不必设置“研究性学习”课程

D. 作为一种课程形态,“研究性学习”是在课程计划中规定一定的课时数,以更有利于学生从事“在教师指导下,从学习生活中选择和确定研究专题,主动地获取知识的学习活动”

二、多项选择题

1. 新课程倡导的教学观的具体体现是(　　)

A. 教学从“以教育者为中心”转向“以学习者为中心”

B. 教学从“教会学生知识”转向“教会学生学习”

C. 教学从“重结论轻过程”转向“重结论的同时更重过程”

D. 教学从“关注学科”转向“关注人”

E. 教学从“教会学生学习”转向“教会学生知识”

2. 高度概括地说,教学方式、学习方式转变的基本精神就是(　　)

A. 互动　　B. 合作　　C. 自主　　D. 创新

E. 探究

3. 新课改提出的学生的学习方式主要有(　　)(常考)

A. 自主学习　　B. 探究学习　　C. 愉快学习　　D. 讨论学习

E. 合作学习

4. 探究学习的过程包括(　　)

A. 问题阶段　　B. 计划阶段　　C. 研究阶段　　D. 解释阶段

E. 反思阶段

5. 新课程改革倡导的教师角色有(　　)

A. 教育教学的研究者　　B. 课程的开发者

C. 课程的建设者　　D. 学生学习的促进者

E. 社区型开放的教师

6. 合作学习的特点有(　　)

A. 互助性　　B. 互动性　　C. 自主性　　D. 实践性

E. 互补性

7. 下列关于研究性教学的特点，阐述正确的是(　　)

A. 通过师生的互动研究形成统一的答案

B. 研究性教学的问题经常自发地产生于学生中间，是生活化的、社会化的

C. 研究性教学是开放性的

D. 教学过程需要综合运用知识

E. 研究性教学的问题产生于教师之间

三、判断题

1. 新课程观下，课程就是指文本课程，即教学计划、教学大纲、教科书等文件。(　　)

2. 课程改革主要是教育行政部门和课程改革专家的事，其成功与否与教师无关。(常考)(　　)

3. 教师是既定课程的阐述者和传递者，学生是既定课程的接受者和吸收者，这是新课程倡导的教学观。(　　)

4. "研究性学习"既是一种学习方式，也是一种课程形态。(　　)

5. 尊重是师生关系的融化剂，是师生平等对话的前提。(　　)

6. 自主学习是一种主动学习，是相对于"被动学习""他主学习"而言的。(　　)

7. 教学是教师教与学生学的统一，这种统一的实质是交往、互动。(　　)

8. "行动研究"把教学与研究有机地融为一体，它是教师由"教书匠"转变为"教育家"的前提条件。(　　)

四、简答题

1. 简述我国当前教学改革的主要观点。

2. 简述本次教学改革的主要任务。

3. 新课改中教师的教学行为将发生哪些变化?(常考)

4. 现代学习方式的基本特征是什么?

提升必刷

一、单项选择题

1. 张老师在课堂教学中帮助学生制定适当的学习目标，提供学习策略的指导，并且为学生创造良好的教学环境。这集中体现了张老师在教学中担任(　　)的角色。

A. 平等中的首席　　B. 管理者

C. 反思者　　D. 促进者

2. 回归生活世界的课程生态观的本质是(　　)

A. 强调向自我开放，自我即课程　　B. 强调同社会融为一体，生活即课程

C. 强调与自然界融为一体，自然即课程　　D. 强调自然、社会和人在课程体系中有机统一

3. 以下与新课程的开放性、生成性不相适应的课堂教学是(　　)

A. 教学过程的预定性　　B. 教学设计预留空间

C. 培养学生多向思维、求异思维　　D. 善于利用"突发事件"

4. 新课程强调问题意识，在教学中以问题为纽带的教育的内涵是(　　)

A. 教师上课要尽可能多提问　　B. 学生上课要提出问题

C. 重视问题解决　　D. 学生带着问题走进教室，带着更多的问题走出教室

5. 学生在教师的指导下，主动发现问题，以一种类似科学研究的方法对问题进行分析和研究，从而解决问题和获得知识。这属于(　　)

A. 社会性互动学习　　B. 合作学习

C. 探究学习　　D. 自主学习

6. 学生在开展以"保护绿水青山"为主题的综合实践活动过程中，自己选择老师，自己查阅资料、确定活动方案，自己呈现活动结果。这体现出综合实践活动的(　　)(常考)

A. 综合性　　B. 开放性　　C. 自主性　　D. 实践性

7. 我国第八次课程改革是规模最大、影响最为深广的课程改革，以下观点不属于本次课程改革价值追求的是(　　)

A. 我国课程体系必须追求国际性与民族性的内在统一

B. 课程体系应该为学生创设促进个性发展的社会情境

C. 谋求部分条件优越的适龄儿童享受高质量的基础教育

D. 将自由的日常交往视为重要的课程资源

8. 在基础教育课程中，增设了"综合实践活动"板块，研究性学习是该板块中的一个重要组成部分，它综合了(　　)的优势，对培养学生的问题解决能力、创造性思维大有裨益。

A. 自主学习和接受学习　　B. 自主学习和协作学习

C. 接受学习和协作学习　　D. 掌握学习和接受学习

9. 夏老师上课前会认真备课，课堂上除了细致地讲解知识点以外，还准备了大量的笔记和练习让学生抄写及训练，做到讲、学、练相结合。但是教学效果并不明显，学生普遍反映课堂上太累而且学习效率低。针对以上问题，

夏老师的教学观念应当(　　)

A. 从重视教师的教法转变为重视学生的学法

B. 从重视知识传授转变为重视知识巩固

C. 从重视单人教学转变为重视多人教学

D. 从重视智力培养转变为重视情感发展

10. 为了改变以往学生动手实践能力低下、知识体系相互隔离、所学知识远离现实生活的状况，引导学生在掌握课程内容的同时，关注生活、关注社会发展和科技进步，能够积极开展探究活动，能够主动地参与社会生活，实现素质的均衡发展。这体现的新课程结构特征是(　　)

A. 综合性　　B. 选择性　　C. 独立性　　D. 均衡性

11. 为了改变传统课程过分强调学科本位的现象，新课程注重联系学生经验和生活实际，提倡和追求不同学科间的彼此关系。这体现的新课程结构特征是(　　)(易混)

A. 均衡性　　B. 选择性　　C. 独立性　　D. 综合性

12. 教育不是工程师进行的设计和加工，用什么样的图纸就出什么样的产品；教育也不是园丁培育花草，栽培什么花就开什么花。因此，教师在教育中要扮演好(　　)的角色。

A. "传道者"　　B. "说教者"　　C. "引导者"　　D. "服务者"

13. 科学主义教育与人本主义教育走向融合的一个重要标志是(　　)

A. 学会学习　　B. 学会关心　　C. 学会生存　　D. 学会做事

14. 在教学中，陈老师注重研究学生，了解他们学习的过程；同时，作为学习的同伴，与学生共同进行意义的理解建构，共同解决问题。陈老师扮演的角色是(　　)

A. 信息源　　B. 反思者与研究者

C. 终身学习者　　D. 平等中的首席

15. 光明小学所在区县有着十分浓厚的戏曲文化，在几次研讨会后，校长决定在该校开设戏曲体验课程，让学生们从小接受戏曲文化的熏陶。这一课程的开设主要体现了新课程的(　　)原则。

A. 选择性　　B. 均衡性　　C. 综合性　　D. 灵活性

16. 每讲完一个知识点，袁老师都会邀请两名学生上台来分享自己掌握该知识点的方法，以及对这一知识点的困惑之处，然后再由袁老师对学生的分享进行点评，并帮助学生解答问题。袁老师的这一教学行为符合新课程所倡导的哪一教学观(　　)

A. 教学是课程创生与开发的过程　　B. 教学是师生交往、积极互动、共同发展的过程

C. 教学重结论更重过程　　D. 教学更关注学科而不只是人

17. 从师生关系看，教师是学生学习的促进者，促进以(　　)为重心的学生整个个性的和谐发展。

A. 道德品质　　B. 学习能力　　C. 表达能力　　D. 人格魅力

18. 成都市民王先生感慨道："我上学那会儿，全区学校都上一样的课。现在，我孩子所在学校开设了培养学生国际理解能力的校本课程，而我侄子所在学校则开设了传承民族习俗的校本课程。孩子们太幸福了！"这一教育现象体现出基础教育课程改革强调(　　)

A. 更新学习内容　　B. 改革考试评价

C. 优化课程结构　　D. 深化课程管理体系改革

二、多项选择题

1. 某班级按学校要求开展以"社区存在的问题"为主题的实践活动。调研之前,学生自由组成调查小组,设计调查问卷。但进入社区之后,学生很难发现社区存在的问题,教师知道后,提议学生上网查阅资料。之后,每个学生依据自己的兴趣爱好,制订调查方案,再次深入社区,找到了社区存在的问题并撰写了调查报告。从综合实践活动的角度分析,该材料说明了(　　)

A. 综合实践活动是一门分科课程

B. 综合实践活动重视发展学生的实践能力、增强学生的社会责任感

C. 综合实践活动尊重每个学生的兴趣爱好

D. 综合实践活动注重学生经验的获得

2. 下列哪些环节可以组织学生合作学习(　　)(易错)

A. 在教学内容的重点和难点处　　B. 在教学内容的易混淆处

C. 在思维的交锋处　　D. 在思维的发散处

3. 下列说法正确的是(　　)

A. 综合实践活动尊重学生的兴趣、爱好

B. 学生的道德品质、学习能力、交流与合作、个性与情感等是综合素质评价的具体内容

C. 从学校与社区的关系看,新课程倡导教师是社区型开放的教师

D. 研究性学习是一种以研究或探究为中心的实践性学习活动

4. 下列符合我国新课程改革倡导的课程观的有(　　)

A. 由专制走向民主　　B. 由封闭走向开放

C. 由教师开发走向专家研制　　D. 由学生经验走向学科内容

5. 新课程的具体目标除了有改革考试和评价制度、重建课程管理体系外,还有(　　)

A. 改变课程功能　　B. 调整课程结构　　C. 精选教学内容　　D. 改进教学方式

三、判断题

1. 强调教师做学生学习的促进者,表明传授知识已经不再是新课程对教师的要求了。(常考)　(　　)

2. 新课程倡导的"体验课程"就是能被教师与学生体验到、感受到、领悟到、思考到的课程。　(　　)

3. 在当前的课程改革中,我们不仅要改革教法,还要研究学法。　(　　)

四、案例分析题

1. 阅读材料,按要求作答。

森林里有一所"动物学校",开设了跑步、跳跃、爬行、游泳、飞行五门课程,并规定学生要全部掌握。第一批学生有鸭子、兔子、松鼠、鹰和泥鳅。

鸭子游泳一向突出,飞行勉强及格,由于跑得慢,他不得不每天放学后留在学校练习跑步,但期末考试成绩仍然没有及格,他的游泳由于长期不练习,期末只获得了中等成绩。

兔子是班里跑得最快的,但由于游泳作业太多,他不得不整天泡在水里,泡得精神都快要崩溃了。

松鼠原本是较出色的,但对于飞行感到非常沮丧,因为老师只许他从地面起飞,不许他从树顶起飞。由于他非常喜欢跳跃,花了很多时间发明了一种跳跃游戏,结果期末考试,爬行刚好及格,跑步甚至不及格。

鹰受到老师的严格管理,在爬行考试中,他第一个到达树顶,但他用的是自己的方式而不是老师所教的那种方式,因此并没有得到老师的表扬。

学期结束时，普普通通的泥鳅，由于游泳马马虎虎，跑步、跳跃、爬行成绩一般般，同时也能飞一点点，因此他的总成绩是班里最高的。毕业典礼那天，他作为全体学生的唯一代表在大会上发言。

许多鼠类动物子弟没有到“动物学校”学习，因为学校拒绝增开挖掘课。为子女着想，鼠类动物联合创办了另外一所学校……

请运用新课改的理念指出“动物学校”存在的主要问题和违背的教育教学规律，并提出解决办法。

2. 今天无意间打开了一个学生的书包，沉甸甸的。里面除了今天上课要用的书本外，还有很多是额外的练习册，有《15分钟快乐训练》《举一反三》等，共13本，而这孩子已经全部做到了老师讲到的地方！

我问她：“你用什么时间做呢？”她说是课间做、晚上做。玩的时间已经很少了，而且她没有不情愿的样子。我对她说：“我可以和你父母商量一下，让你少做一部分。”想不到竟然被她拒绝了。

傍晚遇到她的父亲，谈及此事，他说了一句话：“不做，她不会，做过了，她就会了！你说怎么办呢？”我只有苦笑，这孩子哪里还有休息的时间，哪里还有阅读的时间？

结合上述材料谈谈新课程改革的目标。

3. 一位语文老师讲《曹刿论战》一课时，用投影仪展示了一组思考题：你认为鲁庄公懂不懂军事？你认为鲁庄公是昏君还是明君？学生二人为伴或四人一组展开讨论，讨论的气氛如夏天般热烈，讨论的热情更如冬天里的一把火。片刻讨论之后，学生对问题畅所欲言，各抒己见。很快形成了三派意见：(1)懂军事，明君……(2)不懂军事，昏君……(3)既懂军事又不懂军事，有时昏庸有时明智……学生们兴趣盎然，争先恐后表达着自己的见解，时不时有学生将“刿”读作“岁”。时间很快过去了四十分钟，“懂军事？”“不懂军事？”“昏君？”“明君？”……教师也没做任何评析。

请运用新课程改革的基本理念，从教学目标、教学方法、教学效果三个方面对这节课进行评价。

真题必刷

一、单项选择题

1. [郑州惠济区]“新课程要求建立互动的师生关系，同时要构建素质教育课堂的教学目标体系，构建充满生命力的课堂教学运行体系。”这强调的是新课程改革的(　　)

A. 教学观　　B. 课堂观　　C. 学生观　　D. 教材观

2. [新乡原阳]新课程改革提出的学习方式是自主学习、合作学习、探究学习，改变过去那种单纯的(　　)学习方式。

A. 讲授式　　B. 教学式　　C. 思考式　　D. 接受式

3. [平顶山市直]新课程改革后，教师的角色将发生很大变化，由重传授向重发展转变，由统一规格教育向差异性教育转变，由重“教”向重“学”转变。下列对新课程改革下教师角色定位的阐述，不对的是(　　)

A. 由教书匠转变为教育研究者

B. 由独白者转变为对话者

C. 由课程执行者转变为课程发展主体

D. 由教学效果的评判者转变为教学效果的提高促进者

4. [南阳]在学科领域或实际社会生活中选择和确定研究主题，在教学中创设一种类似于学术研究的情境，通过学生自主、独立地发现问题、实验、操作、调查、信息收集与处理等探索活动，获得知识、技能、情感与态度发展的学习方式是(　　)

A. 自主学习　　B. 探究学习　　C. 合作学习　　D. 互动学习

5. [洛阳伊川]开发并设置课程，如品德与生活、品德与社会、科学、艺术、历史与社会、综合实践活动等，这些课程实现了对特定学习领域内容和教育价值的统整。这体现了课程结构具有(　　)

A. 综合性　　B. 均衡性　　C. 选择性　　D. 时代性

6. [驻马店市直]新课改中，从教学与课程的关系看，教师是(　　)

A. 学生学习的促进者　　B. 教育教学的研究者

C. 课程的开发者和建设者　　D. 社区型开放的教师

7. [濮阳]新课程把教学过程看作是(　　)的过程。

A. 教师有目的、有计划、有组织地向学生传授知识

B. 以教为中心、学围绕教转、教为学服务

C. 师生交往、积极互动、共同发展

D. 你讲、我听；你问、我答；你写、我抄

8. [商丘中心城区]研究性学习的根本出发点就是改变传统的(　　)

A. 课程结构　　B. 教学内容　　C. 学习方式　　D. 教学组织形式

9. [周口沈丘]在新课程改革中，教师的教学行为发生了变化，下列选项中表述正确的有(　　)(常考)

A. 在对待师生关系上，新课程强调权威、批评

B. 在对待与其他教育者的关系上，新课程强调独立自主精神

C. 在对待教学关系上，新课程强调教导、答疑

D. 在对待自我上，新课程强调反思

10. [驻马店驿城区]新课程的课堂教学提倡“以学论教”的评价观，主要从学生的多个方面进行评价。以下哪项是对学生交往状态的评价(　　)

A. 学生是否始终关注讨论的主要问题并能保持较长的注意力

B. 学生在学习过程中是否友好分工与合作

C. 学生回答问题的语言是否流畅，是否善于用自己的语言阐述自己的观点

D. 学生是否掌握应学的知识，是否全面完成了学习目标

二、多项选择题

1. [鹤壁淇县]新课程倡导(　　)的课程理念，确立国家课程、地方课程、学校课程三级课程管理政策，要求课程与教学相互整合，教师在课程改革中发挥主体作用。

A. 民主　　B. 开放　　C. 独立　　D. 科学

2. [新郑]我国基础教育课程改革倡导“自主学习”，其特点有(　　)

A. 自主学习是一种主动学习　　B. 自主学习是一种独立学习

C. 自主学习是一种研究性学习　　D. 自主学习是一种元认知监控的学习

3. [南阳宛城区]新课程改革强调教师是学生学习的促进者，其内涵包括(　　)(易混)

A. 教师是学生学习能力的培养者　　B. 教师是学生人生的引路人

C. 教师对教学中出现的问题进行探究　　D. 教师对自身的行为进行反思

4. [濮阳]新课程体系下要建立促进教师不断提高的评价体系，强调(   )

A. 教师对自己教学行为的分析与反思

B. 使教师从多种渠道获得信息，不断提高教学水平

C. 建立以教师自评为主，校长、教师、学生、家长共同参与的评价制度

D. 教师要充分发动学生给教师提意见，以促进教师提高评价水平

5. [郑州惠济区]新课程在培养学生能力方面倡导(   )

A. 培养学生收集和处理信息的能力、获取新知识的能力

B. 培养学生分析和解决问题以及交流与合作的能力

C. 培养学生主动参与、乐于探究、勤于动手的能力

D. 培养学生获得知识的一致性和统一性的能力

三、判断题

1. [开封龙亭区]学生学习方式上的转变是对未来教师最大的挑战。(   )

2. [三门峡市直]新课程改革背景下的教学强调从“重结论轻过程”转向“轻结论重过程”。(   )

3. [安阳殷都区]新课程改革进一步强化了教育评价的甄别与选拔功能。(   )

4. [南阳宛城区]新课程认为，教学是使学生与其生活有机融合起来的基本途径。(   )

5. [焦作解放区]新课程改革实际上就是新一轮的教材改革。(易错)(   )

6. [开封市直]体验性是新课程背景下学习方式的首要特征和核心特征。(   )

7. [洛阳]在新一轮基础教育课程改革中，要加强课程内容与学生生活的联系，关注学生的学习兴趣和经验。(   )

四、简答题

[濮阳]简述新课程背景下所倡导的教学观。

五、案例分析题

[南阳卧龙区]卜庆雪，男，小学高级教师，1984年参加工作。他在教育教学工作中，始终坚持党的教育方针，面向全体学生，教书育人，为人师表，确立“以学生为主体”“以培养学生主动发展为中心”的教学思想，重视学生的个性发展，重视激发学生的创造能力。在班级日常管理中，他注重用爱心和耐心感染学生，主动热情地帮助学生，特别是贫困生和留守学生，给予的爱更多，投入的情更浓。卜庆雪在刚担任四年级班主任时，发现学生方永辉家庭非常贫困，奶奶半身不遂，爷爷也卧病在床，方永辉小小年纪就品尝着生活的艰辛。为了帮方永辉走出困境，卜庆雪倡议全班学生为他举办了一次爱心捐助活动，共捐了40多元钱和一些学习用品。后来，方永辉的爷爷突然病逝。卜庆雪主动为方永辉交了50元钱的书本费。卜庆雪还在班里开了特殊班会，组织了“帮扶小组”，每天都安排

学生到方永辉家去帮忙。这一系列的活动，不仅帮方永辉从不幸的阴影中走出来，其他学生也学会了团结互助、奉献爱心。在教学领域，卜庆雪在重视基础教学的同时，锐意创新。他在教学中不是照本宣科，而是以各种教学方式营造轻松、活泼、上进的学习氛围，用学生乐于接受的方法来教学。如在教《狼牙山五壮士》一课时，因为学生离战争年代久远，卜庆雪便调出电影让学生观看，看完后学生真正体会到了战争年代的艰苦，才真切地感受到了五壮士的英勇。再如执教《学会看病》一课时，他先播放《懂你》这首歌导入课题，再用课件出示重点词句以便于学生理解，最后又让学生配乐朗诵了《妈妈的爱》这首小诗。他采用步步引导、层层深入的方法，引导学生理解妈妈让孩子自己锻炼的良苦用心。整个课堂获得了师生的一致好评，卜庆雪也渐渐地成为了学生眼中的好老师。

请结合材料，用新课改理念分析如何成为一名真正的好老师。

第五部分　教师职业道德

基础必刷

专题1 教师职业道德概述

一、单项选择题

1. 在教师良心的主要内涵中,(　　)的要求是由教师的劳动特点决定的,反映了教师与自身之间的道德关系。

A. 自觉工作　B. 恪尽职守　C. 爱护学生　D. 团结执教

2. 下列不属于教师职业道德特点的是(　　)

A. 提高学生分数

B. 具有教育专门性

C. 教师职业道德内容的全面性

D. 体现教书与育人的一致性

3. 一位诺贝尔奖获得者被问及一生中最重要的东西是在哪所大学、哪个实验室里学到的,白发苍苍的获奖者平静地回答说:"在幼儿园,跟我的老师。"这体现了教师职业道德(　　)

A. 行为的典范性

B. 影响的深远性

C. 意识的自觉性

D. 境界的高层次性

4. 教师的思想道德不仅影响在校学生,而且会通过学生和家长进而影响整个社会,这体现了教师职业道德影响的(　　)

A. 广泛性　B. 针对性　C. 多样性　D. 奉献性

5. 关于教师职业道德的特性,下列说法错误的是(　　)

A. 从内容上看,教师职业道德比一般职业道德更具全面性、先进性

B. 从影响的深度和时间上看,教师职业道德比一般职业道德更具深远性

C. 从道德行为的结果上看,教师职业道德可产生直接的功利效益

D. 从行为条件上看,教师职业道德对劳动者心理品质有更高的要求

6. 教师职业道德的价值蕴含不包括(　　)

A. 教育价值　B. 文化价值　C. 经济价值　D. 伦理价值

7. 林宏是一名刚参加工作的小学教师,他最大的愿望是成为一名优秀的具有良好职业道德的教师。这反映了林宏的(　　)

A. 教师职业理想

B. 教师职业责任

C. 教师职业态度

D. 教师职业纪律

8. "教师的高尚言行、完美品德是学生直接模仿和接受感化的来源。"这句话说明教师职业道德应具有(　　)

A. 鲜明的继承性

B. 强烈的责任感

C. 独特的示范性

D. 严格的标准性

9. 教师职业道德既是一种行为规范,又是一种独特的社会存在,反映着教育对自身文明和社会文明的系统思考和追求。这体现了教师职业道德的(　　)

A. 文化价值　B. 教育价值　C. 伦理价值　D. 人文价值

10. 教师在教育教学中，要热爱学生、尊重学生、培养学生的良好情操、发展学生的个性；要有向善的价值取向；要公正、民主、团结、廉洁、文明。从这个意义上来讲，教师职业道德具有(　　)(易错)

A. 社会价值　　B. 教育价值　　C. 文化价值　　D. 伦理价值

11. (　　)是教师在从事教育劳动过程中应遵守的规章、条例、守则等。

A. 教师职业理想　　B. 教师职业态度

C. 教师职业技能　　D. 教师职业纪律

12. 孔子说："其身正，不令而行；其身不正，虽令不从。"教师的整体风貌和个人行为对学生的品德和行为都具有潜移默化的影响，这说明教师职业道德具有(　　)(常考)

A. 鲜明的继承性　　B. 强烈的责任性

C. 独特的示范性　　D. 严格的标准性

13. (　　)是教师在从事教育劳动时所应遵循的行为规范和必备的品德的总和，是调节教师与他人、与社会等关系时所必须遵守的基本道德规范和行为准则，以及在此基础上所表现出来的道德观念、情操和品质。

A. 教师职业道德　　B. 教师职业道德情感

C. 教师职业道德意志　　D. 教师职业道德信念

14. 苏霍姆林斯基说："教师成为学生道德上的指路人，并不在于他时时刻刻都在讲大道理，而在于他对人的态度，能为人表率，在于他有高度的道德水平。"这句话说明教师职业道德应具有(　　)

A. 双重性　　B. 多样性　　C. 示范性　　D. 标准性

二、判断题

1. 教师职业道德对教师教育行为的调节主要是通过社会舆论和内心信念两种形式来实现的。　　(　　)

2. 教师职业道德最基本、最重要的作用是对教育过程的调节作用。　　(　　)

3. 教师职业道德既是一种行为规范，又是一种文化现象。(易错)　　(　　)

4. 教师职业道德建设是一件牵动千家万户并影响千秋万代的大事，所以说教师职业道德的影响具有广泛性和深远性。　　(　　)

5. 教师职业道德是社会职业道德的有机组成部分，是教师行业特殊的道德要求。　　(　　)

6. 教师只要在课堂教学中按其职业道德的要求行事就可以了。　　(　　)

三、简答题

1. 简述教师职业道德的特点。

2. 简述教师职业道德的功能。

专题2 教师职业道德的基本原则、范畴及规范

一、单项选择题

1. 小强在日记中写道:“班主任通知我们报他朋友开的学科补习班”。该班主任主要违背了(　　)的职业道德规范。

A. 爱岗敬业　　B. 终身学习　　C. 为人师表　　D. 教书育人

2. 陶行知先生说过:“做先生的,应该一面教一面学,并不是贩买些知识来,就可以终身卖不尽的。”这对教师提出了(　　)的要求。

A. 因材施教　　B. 终身学习　　C. 爱岗敬业　　D. 教研结合

3. 对学生的不良行为视而不见、不问不管或对学生讽刺挖苦、实施体罚或变相体罚,该现象违背了教师职业道德规范中的(　　)

A. 关爱学生　　B. 爱岗敬业　　C. 终身学习　　D. 为人师表

4. (　　)是指社会对教师的道德行为的价值所做出的公认的客观评价和教师对自己行为价值的自我意识。

A. 教师良心　　B. 教师荣誉　　C. 教师道德　　D. 教师心理

5. 教师在履行教育义务的活动中,最主要、最基本的道德责任是(　　)

A. 依法执教　　B. 教书育人　　C. 爱岗敬业　　D. 团结协作

6.《中小学教师职业道德规范》对教师在着装方面的要求是(　　)

A. 高贵典雅　　B. 突出个性　　C. 追求时尚　　D. 衣着得体

7. 教师专业发展的不竭动力是(　　)(常考)

A. 爱岗敬业　　B. 教书育人　　C. 关爱学生　　D. 终身学习

8. “亲其师”才能“信其道”,这就要求教师做到(　　)

A. 爱国守法　　B. 爱岗敬业　　C. 关爱学生　　D. 终身学习

9. 刘老师很少留意那些考试成绩一般的学生,而把主要精力用于培养成绩优秀的学生。刘老师的做法(　　)

A. 有助于学生的个性发展　　B. 有助于完成教学任务

C. 违背了教师公正的要求　　D. 违背了严慈相济的要求

10. (　　)是教师处理其与国家社会的关系时所应遵循的原则要求。

A. 爱岗敬业　　B. 教书育人　　C. 爱国守法　　D. 为人师表

11. 当前教师队伍中存在着以教谋私,热衷于“有偿家教”的现象。这实际上违背了(　　)的职业道德规范。(易错)

A. 爱岗敬业　　B. 依法执教　　C. 严谨治学　　D. 廉洁从教

12. 在《中小学教师职业道德规范(2008年修订)》中,(　　)是教师最核心的职责和任务。

A. 为人师表　　B. 爱国守法　　C. 教书育人　　D. 关爱学生

13. 某老师对一位学习成绩较差的学生说:“你生来就不是读书的料。”该老师的行为违反了教师职业道德规范中的哪一要求(　　)

A. 爱岗敬业　　B. 关爱学生　　C. 教书育人　　D. 为人师表

14. 因担心学生的课程安排，张老师在做完胆囊切除手术一周后便赶回教室上课。这种对工作高度负责的态度，主要践行了(　　)的职业道德规范。

A. 关爱学生　　B. 公正待生　　C. 廉洁奉公　　D. 爱岗敬业

15. 依法执教就是教师要依据法律法规履行教书育人的职责。下列选项中，体现教师依法执教的是(　　)

A. 将成绩较差的学生集中安排到教室靠后的座位

B. 对学生进行爱国主义教育

C. 将不遵守纪律的学生赶出教室

D. 进行有偿家教

16. 教师良心是教师在教育劳动过程中发自"肺腑"的一种内在精神力量，也是一定社会的道德原则和规范体现在教师内心深处的认识、情感、意志、信念、理想和行为的有机统一。这体现了教师良心的(　　)特点。(易混)

A. 公正性　　B. 综合性　　C. 内隐性　　D. 稳定性

17. 教师要提高自己的人格修养，最好采取的策略是(　　)

A. 取法乎上　　B. 取法乎中　　C. 取法乎下　　D. 无法即法

18. 从教师个体职业良心形成的角度看，教师的职业良心首先会受到(　　)的影响。(常考)

A. 社会生活和群体　　B. 教育对象

C. 教育法规　　D. 教育原则

19. 衡量和判断教师行为善恶的最高道德标准是(　　)

A. 教师职业道德修养　　B. 教师职业道德评价

C. 教师职业道德基本原则　　D. 教师职业道德规范

20. 2008年修订的《中小学教师职业道德规范》体现了教师职业的时代特征和对师德的本质要求，贯穿其中的核心和灵魂是(　　)(常考)

A. 责与权　　B. 义务与权利　　C. 个体与群体　　D. 爱与责任

21. 师德的灵魂是(　　)

A. 加强反思　　B. 教书育人　　C. 关爱学生　　D. 爱岗敬业

22. 学优生总是表现优秀，成绩好，能让老师少操心。因此，一些老师不自觉地偏爱班级里的学优生。这其实违背了教师职业道德规范中的(　　)

A. 关爱学生　　B. 教书育人　　C. 为人师表　　D. 终身学习

23. 李老师认为爱国主义教育应从幼儿开始，于是她经常在班内开展"中国娃娃""我的少数民族朋友""爱祖国""爱首都"等爱国主题活动。这表明李老师在教学工作中能够做到(　　)

A. 爱国守法　　B. 爱岗敬业　　C. 终身学习　　D. 关爱幼儿

24. 教师职业道德高低的试金石是(　　)

A. 教书育人　　B. 为人师表　　C. 热爱学生　　D. 严谨治学

25. 教师荣誉的内容不包括(　　)

A. 光荣的角色称号　　B. 崇高的人格形象

C. 无私的职业特性　　D. 低微的劳动回报

26. 年过半百的王老师为了与学生有更多的共同语言，学做小视频，制作精美的PPT。王老师的做法体现了教师职业道德规范中的(　　)

A. 爱岗敬业　　B. 终身学习　　C. 为人师表　　D. 教书育人

27. 教师良心的(　　)体现在教师对教育事业的正确认识上,对教育教学工作坚持真理、秉公办事上,对学生的一视同仁、赏罚分明上等。

A. 综合性　　B. 公正性　　C. 稳定性　　D. 内隐性

二、多项选择题

1. "教书育人"这一职业道德规范要求教师(　　)(常考)

A. 遵循教育规律,实施素质教育　　B. 循循善诱,诲人不倦,因材施教

C. 培养学生良好品行,促进学生全面发展　　D. 以考试成绩安排学生座位

2. 下列属于教师公正的作用的有(　　)

A. 有利于形成良好的教育教学环境　　B. 有利于教师威信的形成

C. 有利于形成乐于奉献的道德品质　　D. 有利于调动每个学生的学习积极性

3. 师德规范的核心内容是(　　)

A. 爱岗敬业　　B. 终身学习　　C. 为人师表　　D. 教书育人

4. 严谨治学的内涵主要包括(　　)

A. 树立优良的学风　　B. 刻苦钻研业务

C. 不断学习新知识　　D. 积极探索教育教学规律

5. 廉洁从教的内容包括(　　)(常考)

A. 坚守高尚情操　　B. 发扬奉献精神

C. 自觉抵制社会不良风气影响　　D. 不利用职责之便谋取私利

6.《中小学教师职业道德规范》中关于"爱国守法"方面所规定的具体职业行为的要求有(　　)

A. 全面贯彻国家教育方针　　B. 自觉遵守教育法律法规

C. 不得有违背党和国家方针政策的言行　　D. 依法履行教师职责权利

7. 教师公正是教师职业道德修养水平的重要标志,其内容包括(　　)

A. 坚持真理　　B. 秉公办理　　C. 赏罚分明　　D. 与人为善

8. 教师义务是一种责任使命,包括的内容有(　　)

A. 不断提高思想政治觉悟和教育教学业务水平

B. 尽职尽责,教书育人

C. 创设一个良好的内部教育环境

D. 创设一个良好的外部教育环境

9.《中小学教师职业道德规范》规定的"为人师表"的内容可以概括为(　　)

A. 教师的行为示范　　B. 教师的语言示范

C. 教师的衣着、仪表示范　　D. 教师的举止示范

10. 教师良心与其他职业良心相比,主要特点有(　　)

A. 实践性强　　B. 层次性高　　C. 教育性强　　D. 协作性强

11. 以下关于教师爱岗敬业的表述中,正确的是(　　)

A. 认真备课、上课　　B. 尊重学生人格

C. 认真辅导学生　　D. 因材施教

12. 下面有关为人师表的特征,说法正确的是(　　)

A. 为人师表具有鲜明的示范性　　B. 为人师表具有突出的严谨性

C. 为人师表具有较弱的激励性　　D. 为人师表缺乏可操作性

13. 以下属于教师良心的特点的是(　　)

A. 公正性　　B. 综合性　　C. 稳定性　　D. 内隐性

14. 教师职业道德的范畴主要包括(　　)

A. 教师义务　　B. 教师良心　　C. 教师公正　　D. 教师荣誉

15. 师表美主要包括(　　)

A. 心灵美　　B. 风格美　　C. "表美"　　D. "道美"

三、判断题

1. "不认真辅导学生,敷衍塞责"违背了教师职业道德规范中"爱岗敬业"的要求。(　　)

2. 语文老师张老师经常在其教学过程中宣传宗教,其做法违背了爱国守法的职业道德基本规范。(　　)

3. 教师应当崇尚科学精神,树立终身学习理念,拓宽知识视野,更新知识结构。(　　)

4.《中小学教师职业道德规范》认为,认真备课上课、认真批改作业、做学生的良师益友均属"爱岗敬业"的范畴。(　　)

5. 保护学生安全是教师职业道德的应有内容。(常考)(　　)

6. 实现教师公正,必然实现教育公正,二者是同一回事。(　　)

四、填空题

1. 教师职业的本质要求是________。

2. ________是指那些概括和反映教师职业道德的主要特征,体现一定社会对教师职业道德的根本要求,并成为教师的普遍内心信念,对教师的行为发生影响的基本道德概念。

3. ________是教育公正的核心内容。(常考)

4. ________是教师在处理其与自己的关系时应遵循的原则要求。

五、简答题

1. 简述教师职业道德规范中"关爱学生"的具体要求。

2. "其身正,不令而行;其身不正,虽令不从。"这句话对应了2008年修订的《中小学教师职业道德规范》中的哪一条要求?这一要求具体表现在哪些方面?

六、案例分析题

张老师是一名高中语文老师，从教多年，经验丰富，深受领导和家长信任。但平时课堂上，对待学生严格，对不认真学习的学生动辄辱骂、体罚。认为学生成绩不好、不认真听讲，一定是因为老师管教松懈。由于张老师的严厉，他的学生对他又敬又畏，有的学生不愿意去学校，出现严重的厌学甚至弃学的情况。

结合案例，从教师职业道德规范的角度，分析张老师的行为所存在的问题。

专题3 教师职业道德修养与评价

一、单项选择题

1. (　　)可以通过自我约束、自我监督,更好地培养、锻炼坚定的职业道德情感、意志和信念,养成良好的职业道德行为习惯。

A. 反思　　B. "慎独"　　C. 修身　　D. 齐家

2. 师德修养的历史继承性特点首先需要教师(　　)

A. 从历史和文化中汲取精神营养,传承和弘扬世界各民族的职业道德

B. 从历史和文化中汲取精神营养,传承和弘扬中华民族的优秀师德

C. 继承古代孔子、孟子的思想,传承儒家思想文化

D. 继承现代陶行知、蔡元培的教育思想,践行和弘扬他们的主张

3. (　　)体现了教师职业道德要求的本质。

A. 职业道德理想　　B. 职业道德知识

C. 职业道德情感　　D. 职业道德意志

4. 师德修养的根本途径是(　　)

A. 理论与实践相结合　　B. 坚持不懈地努力

C. 努力学习理论知识　　D. 学会反思

5. (　　)是教师职业道德修养的首要环节。(常考)

A. 树立教师职业道德理想　　B. 提高教学水平

C. 参加教师职业道德实践　　D. 学习和掌握教师职业道德知识

6. 下列选项中,属于教师职业道德评价原则的是(　　)

A. 及时性原则　　B. 前瞻性原则　　C. 预见性原则　　D. 科学性原则

7. 教师职业道德行为的出发点是(　　)

A. 职业正义感　　B. 职业责任感　　C. 职业荣誉感　　D. 职业幸福感

8. (　　)是教师职业道德修养的最高层次。(常考)

A. 反思　　B. 信念　　C. 良心　　D. "慎独"

9. (　　)是培养教师职业道德的首要环节。

A. 教师职业道德修养　　B. 教学水平

C. 教学艺术　　D. 教师职业道德理论

10. 是否具备(　　)是衡量教师职业道德素质高低的重要标志。

A. 坚定的职业道德信念　　B. 真诚的职业道德情感

C. 良好的职业道德行为习惯　　D. 坚强的职业道德意志

11. (　　)是正确的职业道德知识、真诚的职业道德情感和坚毅的职业道德意志的"合金",也是形成职业道德行为的强大动力和精神支柱。

A. 教师职业道德观念　　B. 教师职业道德理念

C. 教师职业道德信念　　D. 教师职业道德行为

12. 教师职业道德修养的最终目标是养成良好的(　　)

A. 职业道德信念　　B. 职业道德情感

C. 职业道德行为习惯　　D. 职业道德意志

二、多项选择题

1. 教师职业道德修养应坚持的基本原则有(　　)(常考)

A. 坚持知和行的统一　　B. 坚持自律和他律相结合

C. 坚持动机和效果的统一　　D. 坚持继承和创新相结合

2. “慎独”是教师职业道德修养的方法,对其理解有误的是(　　)

A. 用慎独的态度对待他人　　B. 在自我的世界里孤芳自赏

C. 害怕面对自身道德上存在的不足　　D. 在无人监督和无人知道的情况下也不背离道德准则

三、判断题

1. 自我评价法就是教师对自己的道德进行评价,在这个过程中,教师既是评价的主体,又是评价的客体。(　　)

2. 教师职业道德修养是将教师职业道德要求转化为自己的信念并付诸行动的活动。(常考)(　　)

3. 作为教师职业道德评价的方法之一,学生评价实际上也是一种社会评价。(　　)

4. 教师职业道德评价是指教师自己根据社会主义教师职业道德准则、规范和科学的标准,在系统广泛地搜集各方面信息,充分占有各种资料的基础上,运用现代技术手段,对教师的职业道德意识、道德情感、道德意志和道德行为进行考察和价值判断。(　　)

四、简答题

1. 简述教师职业道德修养的内容。

2. 简述教师职业道德情感包含的内容。

3. 简述教师职业道德修养的方法。(常考)

提升必刷

一、单项选择题

1. 一位老教师说:"我相信教育的力量来自教师的专业成长和不断进步,'君子务本,本立而道生',这里的'本'是指教师自身的成长和完善,有了教师自身充分的榜样,引导的力量会自然产生。"这主要说明(　　)是教师职业道德的重要部分。

A. 为人师表　　B. 教书育人　　C. 终身学习　　D. 爱岗敬业

2. 刘老师热爱教育事业,平时认真备课、辅导学生、批改作业,勤于写教学反思、总结。除上班时间外,还利用休息时间提升自己的教学能力。这主要体现的教师职业道德规范是(　　)(常考)

A. 爱国守法　　B. 爱岗敬业　　C. 廉洁奉公　　D. 关爱学生

3. 放学后,班主任让全班同学交给家长一封信,并强调这是家庭作业,家长打开后发现是班主任的结婚请帖。该班主任的行为(　　)

A. 正确,有利于拉近师生的距离　　B. 正确,有利于促进家庭与学校合作

C. 不正确,不符合廉洁从教的职业道德规范　　D. 不正确,应当避开学生

4. 某班主任因学生成绩不理想而生气,以讽刺的语气对垫底的学生说:"猪都比你们聪明,一群废物。"这违背了(　　)的职业道德规范。

A. 爱岗敬业　　B. 关爱学生　　C. 教书育人　　D. 爱国守法

5. 小学教师薛某参与奶制品销售商对学生销售牛奶的商业活动,并收取回扣。薛某的这种做法违背了教师职业道德规范中的(　　)(常考)

A. 爱岗敬业　　B. 关爱学生　　C. 教书育人　　D. 为人师表

6. "七一勋章"获得者张桂梅老师说:"只要还有一口气,我就要站在讲台上,倾尽全力、奉献所有,九死亦无悔!"这最能体现出的教师职业道德是(　　)

A. 关爱学生　　B. 为人师表　　C. 爱岗敬业　　D. 终身学习

7. 很多教师在一定程度上将自己的劳动视为"良心活",这说明教师职业道德具有(　　)

A. 严格性　　B. 自觉性　　C. 示范性　　D. 深远性

8. 林老师班上有一名随班就读的智障学生小舒。在帮助小舒掌握知识的同时,林老师还随机地渗透了帮助他人、与他人友好合作等情感教育;在班级活动中,林老师从不把他当智障学生对待,鼓励他参加广播操比赛、队列比赛、英语比赛等,同学们也都热情地帮助他。林老师的做法遵循了(　　)的教师职业道德规范。

A. 为人师表和团结协作　　B. 爱国守法和求实创新

C. 爱岗敬业和终身学习　　D. 关爱学生和教书育人

9. 李老师因为家庭关系紧张而闷闷不乐,在课堂中好几次以心情不好为由让学生上自习,学生哀声怨道,她也丝毫不理会。李老师的做法主要违反了教师职业道德中的(　　)

A. 廉洁从教　　B. 关爱学生　　C. 爱岗敬业　　D. 终身学习

10. 加里宁说:"既然你们在今天、明天、后天就得把你们的所有的一切都奉献出去,但同时你们如果不日新月异地补充自己的知识、力量和精力,那么你们的任何东西都留不下来了。"这体现了教师职业道德规范中的(　　)

A. 爱国守法　　B. 终身学习　　C. 教书育人　　D. 为人师表

11. 教师的职业性质和活动特点决定了教师的一举一动、一言一行、待人处事的态度乃至气质、性格不仅会对学生产生影响,还会通过学生对家庭和社会起潜移默化的作用。这表明教师职业道德具有(　　)

A. 高度的自觉性　　B. 明显的示范性　　C. 强烈的时代性　　D. 广泛的利他性

12. "问渠那得清如许,为有源头活水来",要给学生一碗水,教师必须要有一桶水,并且这水不是死水,而是常流常新的活水。这说明教师应该做到(　　)

A. 终身学习　　B. 爱国守法　　C. 教学创新　　D. 关爱学生

13. 苏霍姆林斯基有一个精辟的比喻:要像对待荷叶上的露珠一样,小心翼翼地保护学生幼小的心灵。晶莹透亮的露珠是美丽可爱的,但十分脆弱,一不小心就会滚落破碎,不复存在。这提示我们,在教育中要贯彻教师职业道德基本原则中的(　　)(易错)

A. 教书育人原则　　B. 为人师表原则

C. 依法从教原则　　D. 教育人道主义原则

14. 一位教师说:"我因为热爱自己的教师职业,把自己的收入也拿来助学,没钱时我就出力。"这体现的教师职业道德规范是(　　)

A. 爱国守法　　B. 爱岗敬业　　C. 热爱学生　　D. 教书育人

15. "近朱者赤,近墨者黑"为教师提高自身职业道德修养提供了何种启示(　　)

A. 志存高远,制定较高的目标　　B. 谨慎小心,不放过工作中的任何细节

C. 锲而不舍,勇于面对职业挑战　　D. 严于律己,自觉抵制不良作风

16. 某教师对教学工作高度负责,认真备课上课,对学生交上来的作业会认真批改,对于学生提出来的疑问也会耐心解答。该教师的行为主要体现了哪一教师职业道德规范(　　)(常考)

A. 爱国守法　　B. 爱岗敬业　　C. 终身学习　　D. 教书育人

17. 一位小学数学教师教授"千克的初步认识",在用教具天平称量粉笔时,忘了拆去天平托盘下的胶垫,出现了对同一支粉笔第一次称重为100克,第二次称重为10克的情况,而该教师把两次测量的10倍之差向学生解释为天平这种测量工具的误差。该教师的处理方法违反了师德规范中(　　)的职业行为要求。

A. 爱国守法　　B. 爱岗敬业　　C. 关爱学生　　D. 终身学习

18. "动人以言者,其感不深;动人以行者,其应必速。"这句话说明教师要(　　)

A. 为人师表　　B. 依法执教　　C. 爱国守法　　D. 爱岗敬业

19. 下列教师的行为中违背了"为人师表"的规范要求的是(　　)

A. 甲老师为应援某流量明星让学生拍摄应援视频

B. 乙老师对学习成绩不好的学生实施体罚

C. 丙老师自认学术水平足够高,不参加学校组织的学习讲座

D. 丁老师在上课期间多次看手机,导致课程讲不完

20. "教师服装要表达的信息是尊严而不是刻板,是美丽而不是妖艳,是自信而不是寒碜,是高雅而不是富贵,是大方而不是怪异。"这主要是教师职业道德规范中(　　)的要求。

A. 爱岗敬业　　B. 为人师表　　C. 关爱学生　　D. 教书育人

21. 唐代韩愈提出"以身立教",才能"其身亡而其教存"。这在教师职业道德中是指(　　)

A. 学而不厌,诲人不倦　　B. 关爱学生,因材施教

C. 以身作则,为人师表　　D. 爱岗敬业,终身学习

22.(　　)是教师从事职业活动最强大的精神动力和根本目的。(易混)

A. 职业正义感　　B. 职业幸福感　　C. 职业责任感　　D. 职业荣誉感

23. 以下说法正确的是(　　)

A."身教重于言教"忽视了教师传授知识的天职

B."教师应该遵守法律"是法律要求而不是师德要求

C. 在市场经济时代,要求教师廉洁从教是一句空话

D. 教师不思进取也是不符合师德要求的

24. 夸美纽斯说:"道德的实现是由行动,而不是由文字。"也有人指出:"若要成德,须是速行之。"这体现了教师个体职业道德修养中的(　　)

A. 坚持知行统一　　B. 坚持动机和效果的统一

C. 坚持自律和他律的结合　　D. 坚持个人和社会的结合

25. 语文课上,每当讲到一些科学家的故事时,杜老师总会拓展这些人物是如何热爱祖国、积极探索、献身事业的。这表明杜老师做到了(　　)

A. 爱国守法　　B. 爱岗敬业　　C. 终身学习　　D. 教书育人

26. 李老师穿着拖鞋去上课,这种行为违背了(　　)的要求。

A. 衣着得体,举止文明　　B. 关心集体,团结协作

C. 尊重同事,尊重家长　　D. 坚守高尚情操,知荣明耻

二、多项选择题

1. 良心是发自内心的道德责任感,在教育工作开始之前,教师的良心会行使对准备采取的教育行为的"预审权",向教师自已发出(　　)等疑问。

A."这样的行为合适吗"　　B."学生会因此受到伤害吗"

C."这样的行为有益于学生成长吗"　　D."该行为达到预期的效果了吗"

2. 根据2008年修订的《中小学教师职业道德规范》,以下教师的做法不太恰当的有(　　)

A. 李老师工作兢兢业业,对学生不敷衍塞责

B. 张老师在教育过程中努力遵循教育规律,实施素质教育

C. 谢老师为人正派,廉洁奉公,尊重同事,尊重家长,偶尔有些学生学习不好也会帮忙辅导学生功课,做有偿家教

D. 赵老师上课上得很好,学生很喜欢她,她也经常督促学生进行学习,但由于工作与家庭事务繁重,自身很久没有学习,也不重视自身的学习

3. 教师节到了,许多学生家长都给教师送了礼物。对此,教师的下列做法中不恰当的是(　　)

A. 欣然接受,收下所有礼物,对家长表示感谢

B. 选择自己需要或喜欢的礼物收下,其他的退回

C. 将礼物退回,但是暗中记下哪些学生的家长送了礼,对这些学生多加照顾

D. 将礼物退回,并向家长做好解释工作,表明身为教师不应接受礼物,并说明自己会平等关爱每一位学生

4. 下列做法符合"关爱学生"要求的有(　　)

A. 姜老师不歧视学习成绩差的学生　　B. 卫老师偏爱家庭条件好的学生

C. 李老师学习新的专业知识　　D. 邓老师尊重每一位学生的人格

5. 加强中小学教师职业道德建设，加强教师的道德修养是党的事业后继有人、社会和谐进步与发展的重要保障。下列说法正确的是（　　）

A. 中小学教师职业道德的灵魂是关爱学生

B. “学而不已，阖棺而止”体现了终身学习的原则

C.《中小学教师职业道德规范》依靠国家强制力保证实施

D.《中小学教师职业道德规范》的内容只包括倡导性行为

6. 某校按照学生分数分配座位，分数高的学生可以自由选择座位，分数低的学生只能坐在后面几排，且最后三排基本属于老师不关注的区域。这种做法违背了教师职业道德规范中的（　　）

A. 维护学生权益　　B. 关心爱护全体学生

C. 严于律己，以身作则　　D. 言语规范，举止文明

三、判断题

1. “师爱”是教师对学生无私的爱，它是师德的核心，即“师魂”。（　　）

2. 体罚可以帮助教师树立威信，所以不能因为某位教师体罚了某位学生就说该教师违反了教师职业道德。（　　）

3. 有偿家教能更好地针对不同的学生因材施教，是班级教学的有效补充，应予以推广。（　　）

四、案例分析题

1. 刘子涵老师为了做好本职工作，不断加强业务理论学习，提高业务能力，改进教学方法。在教学工作中，她关心每一位学生的成长，也能因材施教。明明是个聪明的学生，可就是在课堂教学活动中注意力不集中，课上经常左顾右盼做些小动作。于是刘老师就针对他的这一特点，通过改变课堂教学方式，设计教学游戏和竞赛活动，吸引明明的注意力，激发他的上课兴趣。为了达到家校共育的目的，刘老师经常与家长沟通，虚心接受家长提出的合理化建议。由于工作成绩突出，刘老师所在的班级被评为先进集体，刘老师个人也被评为优秀教师。

请运用教师职业道德知识对该案例进行分析。

2. 某日下午，杨老师把没有完成课后作业的小学三年级学生李同学叫到讲台前，然后向全班同学下达任务："每个人去打李同学5个耳光或用教鞭打手掌，谁打得不狠就打谁。"结果，全班30名学生，除了另外5个没有做完作业的同学外，其余24名同学全部动了手。最后，杨老师也亲自动手打了李同学。挨打后，李同学的脸和手掌疼痛难忍，但杨老师还要求他坐好并认真听课，直到放学。回家时，他走到家门口就号啕大哭，泪流满面。李同学的母亲发现其脸部和手掌出现大面积红肿，有的部分已经成了紫红色。李同学的母亲带他去医院看医生，并了解相关原因。最后李同学告诉母亲："我不想去上学了，想转班或转学。"

从教师职业道德的角度，分析案例中杨老师的教育行为所存在的问题。

3. 在日常教学中，王老师不仅像别的老师那样经常关注那些能说会道、反应灵敏的学生，她还经常关注那些比较胆小、很少回答问题的学生。有的时候这些学生可能过于紧张答不出来问题，王老师就会让他们坐下来放松一下，语气温和地对学生说："没关系，以后经常练习就好了。"在课下，王老师主动与学生交往，培养学生的语言表达能力，主动与家长沟通，共同探讨教育孩子的方法。

请运用教师职业道德知识对该案例进行分析。

真题必刷

一、单项选择题

1. [永城]教师良心作为一种精神动力，可以表现在教育工作的每一个环节。关于教师职业良心的内涵，下列表述不正确的一项是(　　)

A."恪尽职守"实际上就是一种工作责任和纪律的要求

B."自觉工作"的要求是由教师的劳动特点决定的

C."爱护学生"是教师的天职

D."团结执教"不是教师良心要求的组成部分

2. [郑州惠济区]下列符合教师职业道德规范中"终身学习"的要求的是(　　)(常考)

A. 志存高远，对工作勤勤恳恳　　B. 拓宽知识视野，更新知识结构

C. 遵循教育规律，实施素质教育　　D. 对工作高度负责，认真备课上课

3. [新乡市直]下列不属于师德师风的主要内容的是(　　)

A. 爱国守法　　B. 关爱学生　　C. 为人师表　　D. 优良家风

4. [安阳滑县]六年级一班的小燕家庭经济条件比较困难，吴老师不仅在学习上帮助她，而且经常买一些学习用品给小燕。这体现了吴老师(　　)

A. 因材施教　　B. 严慈并济　　C. 关爱学生　　D. 终身学习

5. [濮阳市直]“吾生也有涯，而知也无涯”，主要体现了《中小学教师职业道德规范》中的(　　)的理念。

A. 爱岗敬业　　B. 严谨治学　　C. 为人师表　　D. 终身学习

6. [安阳滑县]“教书育人楷模”叶海辉扎根海岛教育27年，爱教乐学，勇于创新，为边远海岛教育默默奉献。他创编体育游戏近2000例，制作80余种4200多件体育器材，让学生爱上体育课。他多次赴西藏、青海等地参与乡村支教，助力西部地区教师发展。叶海辉老师的事迹体现的教师职业道德是(　　)

A. 为人师表、终身学习　　B. 教书育人、关爱学生

C. 爱岗敬业、教书育人　　D. 爱岗敬业、为人师表

7. [郑州高新区]学生干部选举前，个别家长给班主任陈老师送礼物，要求照顾。陈老师一概拒绝。那么陈老师的行为符合职业道德规范中的(　　)

A. 为人师表　　B. 关爱学生　　C. 教书育人　　D. 爱岗敬业

8. [新密]闫桂珍老师全身心扑在教育工作中，由于常年劳累，超负荷工作，她患上了严重的咽炎，时常腰腿关节疼痛，心脏也不太好。领导和同事看她太累了，要她少带一个班的课，她却说：“工作需要我，学生需要我。我喜欢学生，我愿意上课，我的价值在课堂。”闫老师的事迹是对(　　)的生动诠释。

A. 为人师表　　B. 爱岗敬业　　C. 教书育人　　D. 关爱学生

9. [新乡卫滨区/高新区]我国教师职业道德的基本原则是(　　)

A. 严于律己，爱岗敬业　　B. 忠于人民教育事业

C. 乐于助人，为人师表　　D. 甘于奉献教育事业

10. [驻马店市直]伟大的人民教育家陶行知说：“捧着一颗心来，不带半根草去。”这体现了教师职业道德规范中的(　　)(常考)

A. 爱岗敬业　　B. 关爱学生　　C. 爱国守法　　D. 为人师表

11. [郑州郑东新区]教师产生职业道德信念和养成职业道德行为习惯的前提条件是(　　)

A. 职业道德理想　　B. 职业道德知识

C. 职业道德情感　　D. 职业道德意志

12. [新郑](　　)是激励教师实现职业道德目标的动力。

A. 职业正义感　　B. 职业义务感　　C. 职业荣誉感　　D. 职业责任感

13. [鹤壁淇滨区]教师职业道德确立和保护了学生作为个性的人的价值和精神的独立，从而促使学生的发展既符合社会需求又满足个体需求。这体现了教师职业道德具有(　　)

A. 教育价值　　B. 伦理价值　　C. 文化价值　　D. 社会价值

14. [开封市直]《礼记》有云：“师也者，教之以事而喻诸德者也。”这体现了教师职业道德的(　　)原则。(常考)

A. 教书育人　　B. 教育人道主义　　C. 集体主义　　D. 教育民主

15. [平顶山市直]判断教师行为是非善恶的最根本的道德标准是(　　)

A. 教书育人　　B. 教育民主　　C. 依法执教　　D. 忠诚老实

16. [安阳殷都区]下列哪项属于教师职业道德对教育善恶的专门体现和专门要求(　　)

A. 行为的典范性　　B. 要求的双重性

C. 适用的针对性　　D. 内容的全面性

17. [洛阳市直]某校李老师对于教材内容不去主动领会和吃透，反而经常从网上下载相关资料直接作为自己的教案，或者照抄其他老师的教案。上课的时候态度敷衍，教学方法单一，引起了学生的诸多不满。李老师这些行为主要违反的教师职业道德要求是(　　)

A. 廉洁从教　　B. 爱岗敬业　　C. 以人为本　　D. 关爱学生

18. [郑州惠济区]《中小学教师职业道德规范》中，以推进教师专业发展为目的的要求是(　　)(常考)

A. 终身学习　　B. 爱岗敬业　　C. 关爱学生　　D. 教书育人

19. [驻马店驿城区]周老师认为，成绩好不是唯一的出路，只要学生的人格没有问题，养成阳光的个性，今后他的发展道路也不一定不好。周老师注重评价多元化，体现了教师职业道德规范要求中的(　　)

A. 为人师表　　B. 教书育人　　C. 爱国守法　　D. 关爱学生

二、多项选择题

1. [安阳汤阴]下列行为中，违反教师职业道德的有(　　)

A. 王老师组织学生参加校外培训机构举办的文化课补习班

B. 期末考试前李老师向学生下达考试成绩指标

C. 张老师组织学生参加面向学生收费的竞赛活动

D. 黄老师利用课余时间加强学习，努力提高自身教学能力和业务素质

2. [南阳市直]教师职业道德对教育过程的调节作用主要体现在(　　)

A. 对调节教师与学生关系的作用　　B. 对调节教师与教师关系的作用

C. 对调节学生与学生关系的作用　　D. 对调节教师与领导关系的作用

3. [平顶山卫东区]下列违背师德的表现有(　　)

A. 单纯地以学生成绩评价学生　　B. 管理学生简单粗暴，不讲究方法

C. 定期家访，多和家长沟通　　D. 训斥指责学生及学生家长

4. [郑州郑东新区]张万波，辽宁省本溪市本溪满族自治县第五中学教师，他扎根乡村教育24年，在极其艰苦的条件下开展教育教学工作，用耐心和爱心教会农村孩子学习知识、学会做人。他视生如子，潜心钻研业务，课堂上关注每一个学生，不放弃每一个学生，深受学生和家长的喜爱和尊重。张万波老师身上体现的教师职业道德有(　　)

A. 关爱学生　　B. 教书育人　　C. 爱岗敬业　　D. 终身学习

5. [郑州上街区]构成教师职业道德的因素有(　　)

A. 职业理想　　B. 职业责任　　C. 职业态度　　D. 职业作风

E. 职业荣誉

6. [洛阳洛龙区]终身学习是教师专业发展的不竭动力。下列关于终身学习的论述正确的是(　　)

A. 终身学习是由教师的职业特点所决定的

B. 终身学习是促进教师专业发展的根本途径

C. 终身学习要求教师严慈相济，做学生的良师益友

D. 倡导终身学习，就是要求教师做终身学习的表率

7. [登封]教师职业道德修养包含两个方面，即(　　)(常考)

A. 职业道德意识修养　　B. 职业心理健康修养

C. 职业道德行为修养　　D. 人文科技文化修养

三、判断题

1. [郑州]教师职业道德的内在要求是关爱学生。 ( )

2. [郑州惠济区]教师职业道德区别于其他职业道德的显著标志是关爱学生。 ( )

3. [安阳滑县]教师职业道德是教师职业胜任、职业作为及其不断提升的重要品质。 ( )

4. [新乡卫辉]孔子认为,教师对待学问要“学而不厌”,对待教学要“诲人不倦”。“学而不厌”和“诲人不倦”分别对应教师职业道德规范中的“终身学习”和“关爱学生”。 ( )

5. [驻马店市直]教师职业道德的自我评价是教师职业道德评价的唯一方式。 ( )

6. [平顶山湛河区]教育人道主义原则是指教师用自己的言行做出榜样,成为学生效仿的楷模。 ( )

7. [郑州郑东新区]公平合理地对待和评价每个学生是教师公正的最基本的内容。 ( )

四、填空题

[商丘中心城区]教师良心是教师个人在自己的教育实践中,对社会向教师提出的一系列道德要求的________。

五、案例分析题

[洛阳汝阳]河南省洛阳市栾川县某希望小学只有4个年级,共45名学生,学校实行复式教学。校长吴振华坚守教育岗位30多年。他既是校长,负责学校的协调和管理工作;又是教师,承担着该校的语文教学任务;还是炊事员,经常在学校食堂帮厨;还是保安,经常担任着学生的安全保卫工作;还是诗人,撰写了多篇诗作和论文发表在不同的刊物上。该校在简陋的条件下,极力营造以中国传统美德为核心的学校文化,教育教学成绩显著,学生均顺利进入高一年级学习,保障和巩固了当地义务教育普及率。有的学生后来升入南京航空航天大学、西安交通大学等著名学府。

请运用教师职业道德的相关知识对上述案例进行分析。

第六部分　教育法律法规及政策

第一章　教育法律基础

基础必刷

一、单项选择题

1. 教育法律关系主体、客体、内容三者密切联系，相互制约，缺一不可，任何一个改变会导致原有法律关系的(　　)

A. 消失　　B. 变更　　C. 消灭　　D. 产生

2. 在我国法律体系中，具有最高效力的是(　　)

A.《中华人民共和国教育法》　　B.《中华人民共和国刑法》

C.《中华人民共和国民法典》　　D.《中华人民共和国宪法》

3. 教育法规体系的纵向结构，是指由不同层级的教育法律文件组成的等级、效力有序的纵向体系。按照我国法律体系的纵向结构从上到下排序，以下正确的是(　　)(常考)

A. 宪法中有关教育的条款、教育基本法律、教育单行法律、教育行政法规

B. 宪法中有关教育的条款、教育单行法律、教育行政法规、教育基本法律

C. 宪法中有关教育的条款、教育行政法规、教育基本法律、教育单行法律

D. 宪法中有关教育的条款、教育行政法规、教育单行法律、教育基本法律

4. 新中国颁布的第一部教育法律是(　　)

A.《中华人民共和国学位条例》　　B.《中华人民共和国教育法》

C.《中华人民共和国教师法》　　D.《中华人民共和国义务教育法》

5. 教育法律关系中两个最重要的主体是(　　)

A. 教育部门和下属学校　　B. 教育机构和非教育机构

C. 教师和学生　　D. 教育领导和学生

6.《河南省职业培训条例》属于(　　)

A. 教育单行法律　　B. 教育行政法规

C. 地方性教育法规　　D. 教育规章

7. 某中学违规收费被处以罚款，这属于(　　)

A. 行政处分　　B. 行政处罚　　C. 民事处罚　　D. 刑事处罚

8. 按法律的渊源划分，《教师资格条例》属于(　　)

A. 教育行政法规　　B. 自治条例

C. 教育政策　　D. 地方性教育法规

9. 学校上课铃响后，教师根据事先准备好的教案内容给学生上课。在此情景中，下列属于教育法律关系的主体和客体的是(　　)

A. 教师与学生　　B. 学生与学校　　C. 教师与学校　　D. 教师与教案

10. (　　)是教育法律关系发生、变更和消灭的根据。

A. 法律事实　　B. 法律规范　　C. 法律条文　　D. 法律责任

11. 下列不属于教育领域内法律关系的是(　　)

A. 学校与政府　　B. 学校与社会　　C. 学校与教师　　D. 学校与家长

12. 林老师在签订聘任合同后,经与校方商量又增加合同内容的行为,这属于教育法律关系的(　　)

A. 形成　　B. 调整　　C. 变更　　D. 消灭

13. 我国《教育法》规定的学生申诉范围不包括(　　)

A. 对学校处分不服的　　B. 对家长进行辱骂的

C. 认为学校侵犯其人身权利的　　D. 认为学校强迫其购买非教学物品的

14. 在我国的教育管理实践中,学校对教师的行政处分决定以及对学生的处分决定,教师或学生如果不服的,可以通过(　　)获得救济。

A. 民事诉讼　　B. 教育申诉　　C. 教育行政复议　　D. 政府上访

15. 为切实保障教师的合法权益,我国《教师法》赋予了教师申诉的权利。当教师提出申诉时,必须符合的条件不包括(　　)

A. 符合法定申诉范围　　B. 以书面形式提出

C. 有明确的理由和请求　　D. 提出申诉的教师必须工作满3年

16. 教育法律救济的根本目的是(　　)

A. 避免损害　　B. 避免纠纷　　C. 获得赔偿　　D. 补救受害者的合法权益

17. 教育法律救济的主要方式是(　　)

A. 行政渠道　　B. 司法渠道　　C. 仲裁渠道　　D. 调解渠道

18.《中华人民共和国教师法》属于(　　)

A. 教育行政法规　　B. 教育行政规章

C. 教育基本法　　D. 教育单行法

19. 我国《教育法》规定:"学校、教师可以对学生家长提供家庭教育指导。"这属于(　　)

A. 义务性规范　　B. 授权性规范

C. 强制性规范　　D. 制裁性规范

20. 教师与学生之间的教育法律关系属于(　　)的法律关系。(常考)

A. 隶属型　　B. 平权型　　C. 调整性　　D. 保护性

21. 教育法律关系主体的合法权益受到侵犯并造成损害时,获得恢复和补救的法律制度是(　　)

A. 教育法律救济　　B. 教育申诉　　C. 教育行政复议　　D. 教育行政诉讼

22.《中小学班主任工作规定》属于(　　)

A. 教育单行法律　　B. 教育行政法规

C. 地方性教育法规　　D. 教育规章

23. 教育基本法,也称为"教育宪法"或"教育母法",是我国教育改革与发展的根本大法,由(　　)制定并通过。

A. 全国人民代表大会　　B. 全国人民代表大会常务委员会

C. 国务院　　D. 教育部

24. 教育法规最根本的本质特征是它具有(　　)

A. 阶级性　　B. 平等性　　C. 全社会性　　D. 强制性

二、多项选择题

1. 教育法规和教育政策的区别是(　　)

A. 制定主体、执行方式不同　　B. 规范效力不同

C. 所要解决问题的性质不同　　D. 调整和适用的范围不同

2. 教育立法的程序一般包括(　　)

A. 教育法律草案的提出　　B. 教育法律草案的审议

C. 教育法律草案的表决和通过　　D. 教育法律的公布

3. 教育法规具有(　　)功能。

A. 规范　　B. 标准　　C. 预示　　D. 强制

4. 教育法律规范的结构是由(　　)要素构成。

A. 法定条件　　B. 行为准则　　C. 行为过程　　D. 法律后果

5. 教育法律责任的类型有(　　)

A. 违宪责任　　B. 民事法律责任　　C. 刑事法律责任　　D. 行政法律责任

6. 我国教育领域的法律救济渠道有(　　)

A. 行政渠道　　B. 司法渠道　　C. 仲裁渠道　　D. 调解渠道

三、判断题

1. 构成教育法律责任的前提条件是有损害事实。(　　)

2. 教育政策与教育法规的制定主体是不同的,前者由政府制定,后者则由立法机关制定。(　　)

3. 我国教育法规中通常都是实体性内容与程序性内容同时出现在同一部教育法规中。(　　)

4. 教育法规定的法律责任只是一种民事责任。(　　)

5. 学生是受教育者,所以学生是教育法律关系的客体。(易错)(　　)

6. 在教育法律关系的构成要素中,客体是指教育法律关系主体的权利和义务所指向的对象,如物、行为和智力成果。(　　)

7. 教育行政执法是一种具有法律性的活动,也是一种具有国家意志的活动。(　　)

8. 教育法规是制定教育政策的依据,教育政策是教育法规的具体化、条文化和定型化。(　　)

提升必刷

一、单项选择题

1. 在合作办学、教师聘任等方面发生的法律责任属于(　　)

A. 刑事法律责任　　B. 民事法律责任

C. 行政法律责任　　D. 行政和刑事法律责任

2. 关于我国教育法规与教育道德的共性表现,以下描述不正确的是(　　)

A. 违反二者的行为都要受到法律的制裁

B. 二者以共同的现实物质生活条件为基础

C. 二者都对社会关系起调整作用,对人的行为起规范作用

D. 教育法规与占社会主导地位的教育道德具有共同的作用方向

3. 根据我国《义务教育法》第十一条规定："凡年满六周岁的儿童，其父母或者其他法定监护人应当送其入学接受并完成义务教育。"其中，"年满六周岁"是本条教育法律规范的(　　)

A. 假定　　B. 处理　　C. 制裁　　D. 设置

4. 下列对事故责任者的处理，不正确的是(　　)

A. 违反学校纪律，对造成学生伤害事故有责任的学生，学校可以给予相应处分

B. 触犯刑律的，由学校追究其责任，给予相应处分

C. 受伤害学生的监护人、亲属或其他有关人员在事故处理中无理取闹，扰乱学校正常教育教学秩序，学校应报告公安机关依法处理

D. 受伤害学生的监护人侵犯学校的合法权益，造成损失的，学校可以要求赔偿

5. 下列关于教育法律规范的说法中，错误的是(　　)(易错)

A. 教育法律规范是教育法各种规范性文件的全部内容

B. 教育法律规范要用教育法条文来表现

C. 教育法律规范是属概念，包含在教育法概念的外延之中

D. 教育法律规范是一种特指的行为规范，而不是行为规范的"总和"

6. 以下属于教育行政处分的是(　　)

A. 记过　　B. 罚款

C. 没收违法所得　　D. 责令停止招生

7. 下列关系中，只存在隶属型教育法律关系的是(　　)

A. 教师与学生　　B. 学校与教师

C. 教育行政机关与学校　　D. 学校与学校

8. 教育行政强制执行的程序是(　　)

A. 告诫、作出行政强制执行决定、执行　　B. 作出行政强制执行决定、告诫、执行

C. 间接强制执行、直接强制执行　　D. 取证、作出行政强制执行决定、执行

9. 关于教育行政诉讼的特征，下列说法错误的是(　　)

A. 教育行政诉讼中作为被告的教育行政机关负有举证责任

B. 教育行政诉讼兼具救济和监督两种性质

C. 教育行政诉讼的标的必须是教育行政机关的具体行政行为

D. 教育行政诉讼可以用调解作为审理和结案方式

10. 依据我国教育行政诉讼和复议的相关规定，下列说法不正确的是(　　)(易错)

A. 教育行政复议是行政行为　　B. 教育行政诉讼是司法行为

C. 校长可以成为行政诉讼被告　　D. 学校可以成为行政复议的申请人

二、判断题

1. 某私立学校因为经营不善无法维持下去，它与学生之间的教育法律关系自动解除。(　　)

2. 从违法行为的要素来看，判断行为是否违法的关键要素是该行为是否有故意或者过失的过错。(　　)

3. 校舍失修坍塌伤人属于法律事实中的行为。(易错)(　　)

4. 合理合法是教育司法活动的灵魂和生命。(　　)

5. 某校高二学生王某撕毁图书室一本书的彩图插页5页，学校根据本校的规定对王某进行罚款。学校的这一做法是合法的。 (　　)

6. 只要产生了法律纠纷，就可以实施法律救济。 (　　)

三、简答题

简述教育法规和教育政策的关系。

真题必刷

一、单项选择题

1. [安阳殷都区]根据我国《宪法》规定，国务院有权制定和发布(　　)

A. 教育法律　　B. 教育行政法规

C. 教育政府规章　　D. 教育单行条例

2. [新乡获嘉]教育法律关系是一种(　　)

A. 权利和义务关系　　B. 诚信关系

C. 合同关系　　D. 社会契约关系

3. [平顶山市直]教师申诉包括(　　)三个环节。

A. 提出、受理、处理　　B. 提出、受理、决定

C. 申请、审查、处理　　D. 申请、审查、决定

4. [郑州郑东新区]《中华人民共和国教师法》规定："受到剥夺政治权利或者故意犯罪受到有期徒刑以上刑事处罚的，不能取得教师资格；已经取得教师资格的，丧失教师资格。"这属于(　　)

A. 义务性规范　　B. 制裁性规范　　C. 强制性规范　　D. 授权性规范

二、多项选择题

1. [濮阳市直]教师与学生之间有哪些法律关系(　　)

A. 互相尊重的平等关系　　B. 教育与被教育的关系

C. 保护与被保护的关系　　D. 管理与被管理的关系

2. [新郑]对于教育法律救济的理解，正确的是(　　)(易混)

A. 损害的发生是教育法律救济的基础　　B. 教育法律救济的目的是补救受害者的合法权益

C. 教育法律救济具有权利性　　D. 教育法律救济不具有监督性

三、判断题

1. [新乡]《中华人民共和国教育法》是我国教育法律体系的"母法"。(常考) (　　)

2. [信阳浉河区]教育法律关系成立的单向性是教育法区别于其他社会规范和法律的特点之一。 (　　)

3. [洛阳伊川]教育法律规范是以国家制度保证实施的行为规则。 (　　)

第二章　依法执教与教师违法(侵权)行为预防

基础必刷

一、单项选择题

1. 学生小李在校期间突发疾病,班主任王老师没有根据实际情况及时采取相应的救助措施,致使小李的疾病因延误治疗而加重。王老师(　　)

A. 侵犯了小李的受教育权　　B. 侵犯了小李的隐私权

C. 不构成侵权　　D. 构成不作为侵权

2. 某小学的教师以小美先天条件不足、后天智力不够、升学无望为由,拒绝让其参加小升初考试。该教师的行为主要侵犯了学生的(　　)

A. 受教育权　　B. 隐私权　　C. 人格尊严权　　D. 人身自由权

3. 在英语课上默写单词的环节上,小蔷因单词记得不牢固,默写不出来。老师看了很生气,说:"不知道你的脑袋里都装着什么,真是个笨蛋。"这位老师侵犯了小蔷的(　　)

A. 受教育权　　B. 人身自由权

C. 人格尊严权　　D. 隐私权

4. 班主任李老师在教室后边堆放清洁工具的角落旁边设置了一个特殊座位,离其他同学有几排位置的距离,凡是班上调皮和违反课堂纪律的同学就安排在特殊座位听课。这一做法(　　)(常考)

A. 侵犯了学生的人格尊严权

B. 是帮助学生改正错误的有效手段

C. 是既保证学生的受教育权,又履行了教学管理权的有效方法

D. 侵犯了学生的受教育权

5. 个别教师不允许班上学习差的学生参加考试、随意占用学生的上课时间、指派学生参加一些与教育教学无关的商业庆典活动等。这些行为主要侵害的是学生的(　　)

A. 健康权　　B. 名誉权　　C. 受教育权　　D. 隐私权

6. 某教师把学生的优秀作文收集起来,未经学生允许私自将学生的作文编入自己编著的《优秀作文集》中,对该老师的做法,下列选项中叙述正确的是(　　)

A. 该老师的做法侵犯了学生的隐私权　　B. 该老师的做法侵犯了学生的著作权

C. 该老师的做法侵犯了学生的荣誉权　　D. 该老师的做法侵犯了学生的财产权

7. 李老师在班级微信群中公布了学生诗词背诵的分数和排名,并且提醒家长予以督促。该行为侵犯了学生的(　　)

A. 身体健康权　　B. 生命权　　C. 隐私权　　D. 受教育权

8. 某中学初二(3)班任课教师反映经常有学生不及时交作业甚至抄袭作业,班主任张某让这些学生交纳"违纪金"充作班费。张某的做法(　　)

A. 正确,有利于维护课堂纪律　　B. 正确,有利于提高管理效率

C. 不正确,教师没有罚款的权利　　D. 不正确,批评无效后才能罚款

9. 甲是一名在校学生，因在课堂上玩手机被李老师没收了，课后甲多次向李老师索要手机，李老师都拒绝归还。则下列说法错误的是(　　)(常考)

A. 李老师侵犯甲的财产权，甲可以向相关部门提出申诉

B. 李老师侵犯甲的财产权，甲可以依法提起诉讼

C. 甲可以向其他老师求助

D. 甲可以私自将自己的手机和李老师的手机都偷出来

10. 张明是八(2)班的学生，他经常不按时完成作业，上课不认真听讲，多门课程不及格，这极大地影响了班级的平均成绩。李老师是该班的班主任，有人建议李老师给张明及其家长做思想工作，劝张明离开学校，李老师拒绝了此建议。李老师的做法体现了教师要(　　)

A. 依法执教　　B. 因材施教　　C. 乐于奉献　　D. 廉洁从教

11. 依法治国的法律前提是(　　)

A. 有法可依　　B. 有法必依　　C. 执法必严　　D. 违法必究

12. 体育课练习篮球的过程中，体育教师梁某看见学生郑某进行危险动作时，未上前指导保护，导致郑某左手骨折。该体育老师的行为(　　)(常考)

A. 侵犯了学生的人身自由权　　B. 属于不作为违法侵权

C. 侵犯了学生的人格尊严权　　D. 侵犯了学生的隐私权

二、多项选择题

1. 某中学为了提高本校升学率，区分重点班和普通班。在重点班频繁进行应试训练，向他们提供充足的教学资源；对普通班的学生则管理松散，多数普通班学生感觉受到了歧视。这一行为侵犯了学生的(　　)

A. 人格尊严权　　B. 隐私权

C. 受教育权　　D. 公民权

2. 下列选项中属于侵犯学生的受教育权的行为有(　　)

A. 不允许学习差的学生参加考试　　B. 上课期间禁止学生看与上课无关的书籍

C. 随意占用学生的上课时间　　D. 不让未完成作业的学生进教室

3. 当代教师依法执教应(　　)

A. 提高教育法律意识、增强教育法制观念

B. 努力学习和掌握教育法律的基本理论知识

C. 提高依法分析问题和解决问题的能力

D. 具备法律资格证书

4. 某初中生在上自习时看《读者》杂志被班主任发现，班主任狠狠地踢了该学生几脚，并责令其停课反思一周。这位老师的做法(　　)

A. 不合法，侵犯了学生的人身权　　B. 不合法，侵犯了学生的受教育权

C. 合法，教师有管理学生的权利　　D. 合法，对其他人有警示作用

5. 下列属于不作为侵权的是(　　)

A. 饮食安全事故　　B. 对学生身体状况关照不力

C. 批评教育学生　　D. 学校组织活动失职

6. 下列教师的行为违反法律的是(　　)

A. 班内学生早恋,班主任找其谈话

B. 学生上课迟到,教师取消其申请奖学金的资格

C. 学生考试作弊,教师公开辱骂其不良行为

D. 学生课间打闹,扰乱纪律,班主任未经学生同意告知其家长

三、判断题

1. 张老板接到举报称学生李华带小刀回学校并藏在课桌抽屉内,张老师可以责令李华交出小刀,并对课桌抽屉进行检查。(　　)

2. 教师对学生实施的侵权行为产生的责任必须由教师本人承担。(　　)

3. 冒名顶替别人上大学不仅侵犯了别人的姓名权,也侵犯了别人的受教育权。(　　)

4. 受教育权是公民享有的最基本、最重要的权利。(　　)

5. 教师向学生推销商品属于侵犯学生的财产权。(　　)

6. 教师根据成绩把学生划分为优生和差生侵犯了学生的人格尊严权。(常考)(　　)

7. 教师看到学生在校外被社会群体殴打未进行制止,构成不作为侵权。(　　)

8. 节假日有偿补课是教育部明令禁止的,是一种非法行为;但节假日无偿补课应当提倡和鼓励。(　　)

四、名词解释

1. 依法执教

2. 不作为侵权行为(常考)

五、案例分析题

2021年1月15日,《教育部办公厅关于加强中小学生手机管理工作的通知》中提出了“有限带入校园、禁止带入课堂”的手机禁令。某初中为落实该通知增加了一条校规:学生入校后,所有手机统一交给班主任保管,周末放学时将手机还给学生。为方便联系,学校为每个班级保留了一个“班机”,每个寝室保留一台“寝室机”,以防止发生突发事件要紧急联系老师、家长。

学生小李为了玩游戏,带了两部手机进校,上交了一部,私下还藏了一部,不仅自己偷玩游戏,还在课堂上将手机传给其他同学玩,班干部向班主任王老师反映了此事,王老师非常气愤,自己在班上三令五申关于手机的管理要求,小李仍违反规定还严重影响教学秩序。他冲进教室对小李进行搜身,搜出手机后当着全班同学的面辱骂小李,清空了小李购买的游戏装备,注销了他的游戏账号,王老师还通知小李的妈妈小李被停课三天,要求家长到校接回小李并将手机还给了家长。

结合相关法律法规,对上述案例中王老师的行为进行评析。

真题必刷

一、单项选择题

1. [安阳滑县]小豪给班里长得胖的同学小佳取了“肥猪佳”的绰号,还煽动其他同学一起取笑小佳,小豪的这种行为侵犯了小佳的( )

A. 姓名权　　B. 荣誉权　　C. 肖像权　　D. 名誉权

2. [郑州经开区]下列选项中属于教师进行依法执教的表现的是( )

A. 私拆学生信件　　B. 对学生进行爱国主义教育

C. 体罚学生　　D. 进行有偿家教

3. [信阳浉河区]小路是名副其实的“学霸”,多次在全国中学生物理竞赛中获奖。一日,小路发现其所在学校擅自将其照片用于学校的招生简章网站进行商业宣传。该校侵犯了小路的( )

A. 荣誉权　　B. 肖像权　　C. 人格尊严权　　D. 财产权

4. [周口市直]某老师按照期中考试成绩给全班同学排座位,该老师的做法(　　)

A. 属于正常的班级管理　　B. 属于正常的教学管理

C. 侵犯学生的人格尊严权　　D. 侵犯学生的受教育权

二、判断题

1. [周口沈丘]饮食安全事故属于教师的不作为违法侵权。(常考)　　(　　)

2. [郑州上街区]依法治教是依法执教的重要内容。　　(　　)

3. [新乡卫滨区]受教育权是学生所具有的基本权利,受教育权从其实现过程可以分为:学习机会权、学习条件权和学习成功权。　　(　　)

4. [新郑]学生韩某放在课桌里的钱包不见了,于是班主任就对全班同学进行搜身。班主任的做法侵犯了学生的人格尊严权。　　(　　)

第三章　现行主要的教育法律法规及政策

基础必刷

专题1 《中华人民共和国教育法》

一、单项选择题

1. 教育必须为社会主义现代化建设服务、为人民服务，必须与生产劳动和社会实践相结合，培养德智体美劳全面发展的社会主义建设者和接班人。这是我国在（　　）中提出的教育方针。

A.《中华人民共和国教育法》　　B.《中华人民共和国义务教育法》

C.《中华人民共和国教师法》　　D.《中华人民共和国未成年人保护法》

2. 根据我国《教育法》的规定，学校的教学及其他行政管理，由（　　）负责。

A. 教师　　B. 校长　　C. 举办者　　D. 行政主任

3. 根据《中华人民共和国教育法》的规定，中等及中等以下教育（　　）管理。

A. 在国务院领导下，由省、自治区、直辖市人民政府

B. 在国务院领导下，由地方人民政府

C. 由国务院直接

D. 由省政府直接

4. 教职工行使民主权利，参与学校民主管理和监督的基本组织形式是（　　）

A. 工会　　B. 教职工代表大会

C. 党组织　　D. 学校管理委员会

5. 国家鼓励开展对外交流与合作，教育对外交流与合作坚持（　　）的原则。

A. 相互尊重、互惠互利、协商一致　　B. 平等协商、互惠互利、和谐发展

C. 独立自主、平等互利、相互尊重　　D. 独立开发、平等互利、协商一致

6. 现行的《中华人民共和国教育法》是（　　）修正的。

A. 1995 年　　B. 2021 年　　C. 2015 年　　D. 2018 年

7. 侵占学校及其他教育机构校舍、场地及其他财产的，依法承担（　　）

A. 行政责任　　B. 刑事责任　　C. 民事责任　　D. 行政和刑事两种责任

8.《中华人民共和国教育法》规定，国家建立以（　　）为主、其他多种渠道筹措教育经费为辅的体制。（常考）

A. 财政拨款　　B. 社会捐资

C. 学杂费　　D. 学校利用智力资源创收

9. 根据《中华人民共和国教育法》的规定，下列不属于学校及其他教育机构应当履行的义务的是（　　）

A. 遵照国家有关规定收取费用并公开收费项目

B. 聘任教师及其他职工，实施奖励或者处分

C. 依法接受监督

D. 维护受教育者、教师及其他职工的合法权益

10.《中华人民共和国教育法》第三十六条规定，学校及其他教育机构中的教学辅助人员和其他专业技术人员实行(　　)制度。

A. 教育职员　　B. 专业技术职务聘任

C. 职业人员任用　　D. 国家工作人员任用

11. 某学生勾结社会青年在学校内结伙斗殴，扰乱教育教学秩序，按照我国《教育法》的规定，应该由(　　)来处罚。

A. 学校　　B. 上级教育局　　C. 家长　　D. 公安机关

12.《中华人民共和国教育法》规定，国务院和地方各级人民政府领导和管理教育工作的原则是(　　)

A. 集中管理、分工负责　　B. 分类管理、分工负责

C. 授权管理、分工负责　　D. 分级管理、分工负责

13. 根据我国《教育法》规定，学校及其他教育机构自(　　)取得法人资格。(易混)

A. 申请之日　　B. 开学之日

C. 批准设立或者登记注册之日起　　D. 第一次招生之日

14. 中华人民共和国公民有受教育的(　　)

A. 权利　　B. 权利和义务　　C. 权力　　D. 义务

15. 进城民工张某夫妇超计划生育一女孩，今年已满6岁，由于没有准生证，他们临时住所附近一所小学及当地教育局拒绝接收该孩子入学。学校和教育局的行为违反了(　　)

A.《中华人民共和国教师法》　　B.《中华人民共和国教育法》

C.《中华人民共和国劳动法》　　D.《中华人民共和国计划生育法》

16. 根据《中华人民共和国教育法》的规定，明知校舍或者教育教学设施有危险，而不采取措施，造成人员伤亡或者重大财产损失的，对直接负责的主管人员和其他直接责任人员，依法追究(　　)(易错)

A. 民事责任　　B. 刑事责任　　C. 一般责任　　D. 行政责任

17. 赵某系某初中二年级学生，经常在课堂上看课外书，班主任王老师多次对赵某进行批评教育，但赵某没有改正，王老师要求家长将赵某领回家进行教育，一周后再来学校学习。王老师侵犯了赵某的(　　)

A. 参加教育教学活动权　　B. 获得公正评价权

C. 获得学业证书权　　D. 使用图书资料权

18. 某初中违反国家有关规定向学生收取补课费，依据《中华人民共和国教育法》的相关规定，有权责令该校退还所有费用的是(　　)

A. 教育行政部门　　B. 纪检部门　　C. 公安机关　　D. 物价部门

19. 考生在国家教育考试中，携带或者使用考试作弊器材、资料，情节严重者，由教育行政部门责令其停止参加相关国家教育考试(　　)

A. 1年　　B. 1年以上3年以下

C. 3年　　D. 5年

20.《中华人民共和国教育法》规定，对有违法犯罪行为的未成年人，国家、社会、家庭、学校及其他教育机构应当(　　)

A. 拒绝接收其入学　　B. 对其严格看管

C. 限制其接受教育的内容　　D. 为其接受教育创造条件

21. 根据我国《教育法》的规定，学校及其他教育机构在不影响正常教育教学活动的前提下，应当积极参加当地的(　　)(常考)

A. 商业性活动　　B. 招投标活动　　C. 社会公益活动　　D. 有偿支教活动

22. 根据《中华人民共和国教育法》的规定，学校、教师可以对学生家长提供(　　)

A. 家长学习教育　　B. 家庭教育指导　　C. 家长教育援助　　D. 有偿助学服务

23.《中华人民共和国教育法》规定，教育是社会主义现代化建设的基础，国家保障教育事业(　　)

A. 优先发展　　B. 快速发展　　C. 稳定发展　　D. 重点发展

24.《中华人民共和国教育法》规定，教育活动必须符合国家和社会的公共利益，国家实行教育与宗教(　　)

A. 相结合　　B. 相分离　　C. 相统一　　D. 相对立

25.《中华人民共和国教育法》规定，县级以上地方各级人民政府(　　)主管本行政区域内的教育工作。

A. 文化管理部门　　B. 教育行政部门　　C. 其他有关部门　　D. 综合管理部门

26. 根据《中华人民共和国教育法》的有关规定，国家实行(　　)义务教育制度。

A. 六年制　　B. 九年制　　C. 十二年制　　D. 八年制

27. 某小学附近每天上午都会聚集一群中老年人跳广场舞，由于播放的歌曲的音量过大，已经严重影响学校的正常教学，校方多次出面交涉，但跳舞群众声称在公共场所跳舞是他们的权利。对于该案例，下列说法正确的是(　　)

A. 学校警告无效，学校保安有权驱赶

B. 群众有在公共场所休闲锻炼的权利，学校无权干涉

C. 跳舞群众的行为扰乱学校教学秩序，学校可向公安机关报案

D. 公安机关可依法追究跳舞群众的民事责任

28. 根据我国《教育法》，地方各级人民政府及其有关行政部门________把学校的基本建设纳入城乡建设规划，统筹安排学校的基本建设用地及所需物资，按照国家有关规定实行________政策。(　　)

A. 可以；优先、优惠　　B. 可以；优待、优厚

C. 必须；优先、优惠　　D. 必须；优待、优厚

29. 高考期间，下列做法没有违反《中华人民共和国教育法》的相关规定的是(　　)

A. 王某让他的双胞胎哥哥替他参加考试

B. 李某在语文考试结束后和同学交流试题答案

C. 赵某和刘某在考试期间互传小纸条

D. 陈某佩戴微型耳机进入考场，与考场外人员联系

二、多项选择题

1. 根据我国《教育法》的规定，受教育者应当履行的义务有(　　)

A. 遵守法律、法规　　B. 遵守学生行为规范

C. 完成规定的学习任务　　D. 遵守所在学校的管理制度

2. 大学毕业的小张和小刘，均已经取得教师资格证书，两人想合作创办一家教育机构，则他们还需具备的条件有(　　)

A. 针对性的生源　　B. 完善的组织机构和章程

C. 符合标准的教学场所及设施、设备　　D. 必备的办学资金和稳定的经费来源

3. 依据《中华人民共和国教育法》的规定，学生享有的权利是(　　)(常考)

A. 完成规定的学习任务　　B. 参加教育教学计划安排的各种活动

C. 按照国家有关规定获得奖学金　　D. 完成规定的学业后获得相应的学业证书

4. 根据《中华人民共和国教育法》的规定，受教育者的平等权利主要表现在(　　)

A. 入学方面　　B. 成绩方面　　C. 升学方面　　D. 就业方面

5. 根据《中华人民共和国教育法》规定，教育应当坚持立德树人，对受教育者加强社会主义核心价值观教育，增强受教育者的(　　)

A. 社会责任感　　B. 应用能力　　C. 创新精神　　D. 实践能力

6. 根据我国《教育法》，下列关于教育基本制度说法正确的有(　　)

A. 国家建立科学的学制系统

B. 国家实行国家教育考试制度

C. 学制系统内的学校和其他教育机构的设置和教育形式等由地方行政部门自行规定

D. 国家实行学前教育、初等教育、中等教育、高等教育的学校教育制度

三、判断题

1. 根据《教育法》的规定，学校应专注于教育教学，不得开展任何形式的勤工俭学和社会服务。(　　)

2. 企业事业组织、社会团体及其他社会组织和个人，可以通过适当形式，支持学校的建设，参与学校管理。(　　)

3. 某校学生洪某对学校因他不堪忍受校园欺凌而打架，终被处以严重警告的处分不服，依据法律，该生可以走学生申诉的法律途径解决问题。(　　)

4.《中华人民共和国教育法》不适用于在中华人民共和国境内办学的他国公民。(　　)

5. 图书馆、博物馆、体育馆等社会公共文化体育设施，以及历史文化古迹和革命纪念馆(地)，应当让教师、学生免费进入，为受教育者接受教育提供便利。(　　)

6. 国家应当重点扶持农村地区、革命地区实施义务教育。(易错)(　　)

7. 入学资格被顶替权利受到侵害的，可以请求恢复其入学资格。(　　)

8. 国家、社会对符合入学条件、家庭经济困难的儿童、少年、青年，提供各种形式的资助。如特困户可以优先入学。(　　)

专题2 《中华人民共和国义务教育法》

一、单项选择题

1. 根据我国《义务教育法》，地方各级人民政府应当保障适龄儿童、少年在(　　)入学。

A. 户籍所在地学校就近　　B. 户籍所在地学校凭分

C. 经常居住地学校就近　　D. 经常居住地学校凭分

2. 某偏远山区，交通不便，儿童居住较为分散，为保障当地适龄儿童接受义务教育，根据《中华人民共和国义务教育法》的规定，县级人民政府可以采取的措施是(　　)

A. 设置走读学校　　B. 设置寄宿制学校

C. 设置家庭学校　　D. 设置半日制学校

3. 以下关于义务教育的叙述,正确的是(　　)

A. 国家收取学费,不收取杂费

B. 适龄儿童、少年必须考试才能入学

C. 县级以上人民政府教育行政部门具体负责义务教育实施工作

D. 适龄儿童接受义务教育的年龄最早为7岁

4. 学校和教师按照确定的教育教学内容和课程设置开展教育教学活动,保证达到国家规定的基本质量要求。国家鼓励学校和教师采用(　　)教育等教育教学方法,提高教育教学质量。

A. 填鸭式　　B. 启发式　　C. 题海式　　D. 自由式

5. 义务教育实行________领导,________统筹规划实施,________为主管理的体制。(　　)

A. 国务院;省、自治区、直辖市人民政府;县级人民政府

B. 省、自治区、直辖市人民政府;市级人民政府;县级人民政府

C. 国务院;省、自治区、直辖市人民政府;市级人民政府

D. 国务院;市级人民政府;县级人民政府

6. 某教师因一学生上课时不认真听讲、扰乱课堂秩序,便对其进行言语侮辱、讽刺,该教师的行为(　　)

A. 违反了《中华人民共和国义务教育法》　　B. 违反了《中华人民共和国刑法》

C. 属于正当行使教育教学权,但方式欠妥　　D. 属于正当行使教育教学权,可促进学生成长

7. 学校(　　)聘用曾经因故意犯罪被依法剥夺政治权利的人担任工作人员。

A. 可以　　B. 不得　　C. 特殊情况可以　　D. 经批准可以

8. 根据《中华人民共和国义务教育法》,教科书价格按照(　　)原则确定。

A. 市场调节　　B. 经营者定价　　C. 微利　　D. 最大利润

9. 义务教育是指依据法律规定,适龄儿童和少年必须接受的,国家、社会、学校和家庭必须予以保证的国民教育。义务教育最本质的特征是(　　)(常考)

A. 强制性　　B. 普及性　　C. 免费性　　D. 公共性

10. 对未完成义务教育的未成年犯和被采取强制性教育措施的未成年人应当进行义务教育,所需经费由(　　)予以保障。

A. 人民政府　　B. 未成年人父母　　C. 未成年人自己　　D. 未成年人所在学校

11. 12岁的小亮因为家里经济状况不好,放学后到饭店打工,饭店老板了解情况后聘用了他,并为他安排了较为清闲的工作。该饭店老板的做法(　　)

A. 合法,有助于改善小亮家庭的经济状况　　B. 合法,有助于锻炼小亮的自立能力

C. 不合法,任何人不得非法雇佣童工　　D. 不合法,没有取得小亮监护人同意

12. 根据《中华人民共和国义务教育法》的规定,有下列情形之一的,依照有关法律、行政法规的规定予以处罚(　　)

①胁迫或者诱骗应当接受义务教育的适龄儿童、少年失学、辍学的

②非法招用应当接受义务教育的适龄儿童、少年的

③出版未经依法审定的教科书的

④教科书循环使用的

A. ①②　　B. ③④　　C. ①②③　　D. ①②③④

13. 小勇是一名义务教育阶段的在校生，其父母经营生意，事务繁杂，为了让小勇能尽早接手家族生意，小勇父母令其退学并协助经营管理。对于其父母的行为，(　　)应当给予批评教育，责令限期改正。

A. 小勇就读的学校　　B. 小勇的班主任

C. 当地居民委员会　　D. 当地县级人民政府教育行政部门

14. 六年级学生陈某经常欺凌同学，多次违反学校管理制度，学校经研究决定将其开除。根据我国《义务教育法》的规定，该学校的做法(　　)

A. 正确，学校有处分学生的权利

B. 正确，学校维护了其他受欺凌学生的合法权益

C. 错误，学校应当予以批评教育，不得开除

D. 错误，学校应向当地教育行政部门报备后才能将其开除

15. 特殊教育学校(班)学生人均公用经费标准应当(　　)普通学校学生人均公用经费标准。

A. 低于　　B. 等于　　C. 高于　　D. 相当于

16. 教育教学工作应当符合教育规律和学生身心发展的特点，面向全体学生，教书育人，将德育、智育、体育、美育等有机统一在教育教学活动中，注重培养学生(　　)，促进学生的全面发展。

A. 辩证分析问题的能力、创新能力和实践能力

B. 团队合作的能力、创新能力和实践能力

C. 沟通能力、创新能力和实践能力

D. 独立思考能力、创新能力和实践能力

17. 县级人民政府教育行政部门应当均衡配置本行政区域内学校师资力量，组织校长、教师的(　　)，加强对薄弱学校的建设。

A. 学习和培训　　B. 沟通和合作　　C. 培训和流动　　D. 交流和互访

18. 我国《义务教育法》对义务教育阶段学校收费的规定是(　　)

A. 收学费，不收杂费　　B. 收杂费，不收学费

C. 不收学费、杂费　　D. 不收书本费、杂费

19. 在民族地区和边远贫困地区工作的教师享有(　　)津贴。

A. 特殊岗位补助　　B. 生活补助　　C. 艰苦贫困地区补助　　D. 特殊奉献补助

20. 根据《中华人民共和国义务教育法》的规定，学校应当把(　　)放在首位，将其寓于教育教学之中，开展与学生年龄相适应的社会实践活动。

A. 美育　　B. 德育　　C. 智育　　D. 体育

21. 未履行对义务教育经费保障职责的，由国务院或者上级地方人民政府责令限期改正；情节严重的，对直接负责的主管人员和其他直接责任人员依法给予(　　)

A. 刑事处罚　　B. 民事处分　　C. 治安处罚　　D. 行政处分

22. 辍学的李某和王某(均为甲地人，14周岁)在甲、乙两地作案共达40余起，盗窃手机价值高达20多万元，但他们在被警方抓获后竟说："我还能再偷400天。"现需要对李某和王某进行义务教育，所需经费由(　　)予以保障。

A. 当地慈善机构　　B. 李某和王某所在学校

C. 李某和王某的父母　　D. 人民政府

二、多项选择题

1. 义务教育的特点是(　　)(常考)

A. 强制性　　B. 科学性　　C. 免费性　　D. 普及性

E. 开放性

2.《中华人民共和国义务教育法》明确规定，义务教育必须贯彻国家的教育方针，实施素质教育，提高教育质量，使适龄儿童、少年在(　　)等方面全面发展，为培养有理想、有道德、有文化、有纪律的社会主义建设者和接班人奠定基础。(易错)

A. 品德　　B. 智力　　C. 体质　　D. 劳动

E. 美德

3. 根据《中华人民共和国义务教育法》第五十七条规定，学校有下列情形之一的，由县级人民政府教育行政部门责令限期改正；情节严重的，对直接负责的主管人员和其他直接责任人员依法给予处分，其中包括(　　)

A. 违反规定向学生收取费用　　B. 分设重点班和非重点班的

C. 违反规定给学生补课　　D. 违反本法规定开除学生的

E. 选用未经审定的教科书的

4. 根据我国《义务教育法》的规定，国务院和县级以上地方人民政府根据实际需要，设立专项资金，扶持(　　)实施义务教育。

A. 农村地区　　B. 城市地区　　C. 沿海地区　　D. 民族地区

E. 偏远地区

三、判断题

1. 教科书审查人员，可以参与教科书的编写工作。(　　)

2. 各级人民政府对家庭经济困难的适龄儿童、少年免费提供教科书并补助寄宿生生活费。(　　)

3. 学校应当保证学生的课外活动时间，组织开展文化娱乐等课外活动。(　　)

4.《中华人民共和国义务教育法》规定：学校不得违反国家规定收取费用，不得以向学生推销或者变相推销商品、服务等方式谋取利益。(　　)

四、填空题

1. 国家鼓励教科书________使用。

2. 教师在教育教学中应当平等对待学生，关注学生的________，因材施教，促进学生的充分发展。

3. 义务教育是国家统一实施的所有适龄儿童、少年必须接受的教育，是国家必须予以保障的________事业。

4. 凡年满________的儿童，其父母或者其他法定监护人应当送其入学接受并完成义务教育；条件不具备的地区的儿童，可以推迟一年。

5.《中华人民共和国义务教育法》第十九条规定，县级以上地方人民政府根据需要设置相应的实施________教育的学校(班)，对视力残疾、听力语言残疾和智力残疾的适龄儿童、少年实施义务教育。

6. 根据《中华人民共和国义务教育法》的规定，由________规定教科书审定办法。

7. 国家建立统一的义务教育教师职务制度。教师职务分为________、中级职务和高级职务。

专题3 《中华人民共和国教师法》和《教师资格条例》

一、单项选择题

1. 师范学校毕业的小李通过招聘考试进入某公办学校当一名教师，这是她首次任教，双方在约定相关情况时，小李认为自己已经取得了教师资格证，无须设定试用期。对此下列说法正确的是(　　)

A. 小李的主张是合法的，已取得教师资格证书的人员任教无须经过试用期阶段

B. 小李的主张是合法的，因为小李已经在师范学校学习了相应的专业知识，无须经过试用期阶段

C. 小李的主张是不合法的，取得教师资格证的人员首次任教时应当有试用期

D. 小李的主张是不合法的，每年教师进入新的教学机构任教时都要经过试用期阶段

2. 我国《教师法》将教师身份界定为(　　)(常考)

A. 准公务员　　B. 专业人员　　C. 知识分子　　D. 国家干部

3. 根据我国法律规定，受到剥夺政治权利或者故意犯罪受到(　　)以上刑事处罚的，不能取得教师资格；已经取得教师资格的，丧失教师资格。

A. 拘役　　B. 传讯审问　　C. 有期徒刑　　D. 无期徒刑

4. 王老师大学毕业后自愿到西部少数民族地区工作，根据《中华人民共和国教师法》的规定，应该依法对王老师(　　)

A. 予以补贴　　B. 予以表彰　　C. 进行奖励　　D. 提高津贴

5. 取得初级中学教师资格，应当具备(　　)

A. 中等师范学校毕业及其以上学历

B. 高等师范专科学校或者其他大学专科毕业及其以上学历

C. 高等师范院校本科或者其他大学本科毕业及其以上学历

D. 研究生或者大学本科以上学历

6. 为加强教师的教学能力、提高教学质量，某中学规定老师们晚上11点才能下班，且没有加班报酬。对于这种行为，以下说法最恰当的是(　　)

A. 合理，因为这可以快速提高教师的教学质量

B. 不合理，因为学校无权管理在校教师

C. 合理，因为这有利于该校学生成绩提升

D. 不合理，因为这侵犯了教师的合法权益

7. 某教师因与学校发生矛盾怀恨在心，故意不完成教育教学任务，给学校的教育教学工作造成了严重损失。对于该教师的做法，其所在的学校可以给予的处罚是(　　)(常考)

A. 管制或拘役　　B. 行政处罚

C. 行政处分或解聘　　D. 追究民事法律责任

8. 张老师在教学之余，将自己教育教学中的成功经验总结升华，撰写成论文并成功发表，张老师行使了《教师法》赋予教师的(　　)

A. 教育教学自主权　　B. 学术自由权

C. 教育教学管理权　　D. 培训进修权

9. 根据《中华人民共和国教师法》的规定，对依法提出申诉、控告、检举的教师进行打击报复的，情节严重的，可以根据具体情况给予(　　)

A. 纪律处分　　B. 经济处罚　　C. 警告处分　　D. 行政处分

10. 各级人民政府应当采取措施，加强教师的思想政治教育和业务培训，改善教师的工作条件和生活条件，保障教师的合法权益，提高教师的(　　)地位。

A. 政治　　B. 经济　　C. 法律　　D. 社会

11. 被撤销教师资格的，自撤销之日起(　　)年内不得重新申请认定教师资格。(易混)

A. 3　　B. 4　　C. 5　　D. 6

12. 根据《中华人民共和国教师法》，国家实行教师资格制度，取得小学教师资格的必要前提不包括(　　)

A. 中国公民　　B. 热爱教育事业

C. 具备大学专科及其以上学历　　D. 遵守宪法和法律，具有良好的思想品德

13. 以下各项中，不属于教师应当履行的义务的是(　　)

A. 履行教师聘约　　B. 带领学生开展有益的社会活动

C. 批评和抵制有害于学生健康成长的现象　　D. 提供必需的图书、资料

14. 根据《中华人民共和国教师法》的规定，中小学教师和职业学校教师享受(　　)

A. 公务员同等待遇　　B. 教龄津贴和其他津贴

C. 职务津贴和教龄津贴　　D. 职务津贴和绩效津贴

15. 根据《中华人民共和国教师法》的规定，教师受聘任教、晋升工资、实施奖惩的依据是(　　)

A. 教师考核结果　　B. 教师业务水平

C. 教师工作态度　　D. 教师教学能力

16. 某中学规定教师不得外出参加脱产学习，这实际上侵犯了教师的(　　)

A. 受教育权　　B. 进修培训权　　C. 参与权　　D. 发展权

17. 根据我国《教师资格条例》，以下说法中不正确的一项是(　　)

A. 我国的教师资格分为七类，即幼儿园教师资格、小学教师资格、初级中学教师资格、高级中学教师资格、中等职业学校教师资格、中等职业学校实习指导教师资格、高等学校教师资格

B. 取得教师资格应当具备相应的学历，比如，取得小学教师资格，应当具备中等师范专科学校毕业及其以上学历

C. 取得教师资格的公民，只能在本级各类学校和其他教育机构担任教师

D. 高级中学教师资格与中等职业学校教师资格相互通用

18. 根据我国教育法规的有关规定，对品行不良、侮辱学生，影响恶劣的教师，其教师资格将(　　)

A. 永远丧失　　B. 宣告中止　　C. 给予撤销　　D. 公告无效

19.《中华人民共和国教师法》制定的目的是(　　)

①保障教师的合法权益　　②建设具有良好思想品德修养的教师队伍

③促进社会主义教育事业的发展　　④最终目的是使学生更好地发展

A. ①②③　　B. ①②④　　C. ②③④　　D. ①③④

20. 根据《中华人民共和国教师法》的规定，考核教师的机构主体是(　　)

A. 教师所在地的教育行政部门　　B. 教师所在地的政府机关

C. 教育机构　　D. 教师所工作和服务的学校

21. 负责认定教师资格的部门或学校，对符合认定条件的教师颁发相应的教师资格证书，颁发教师资格证书的时限是自受理期限终止之日起(　　)内。

A. 10 日　　B. 15 日　　C. 30 日　　D. 60 日

22.《中华人民共和国教师法》规定教师应对学生进行宪法所确定的基本原则的教育和爱国主义、民族团结的教育，法制教育以及思想品德、文化、科学技术教育，组织、带领学生开展有益的社会活动，这表明教师应当履行(　　)

A. 不断提高思想觉悟的义务　　B. 教书育人的义务

C. 保护学生权益的义务　　D. 遵纪守法的义务

23. 对于教师的申诉请求，教育行政部门应当在接到申诉书的(　　)日内，作出处理。

A. 15　　B. 45　　C. 30　　D. 60

24. 根据《教师法》的相关规定，下列不能取得教师资格的是(　　)

A. 周某因饮酒后驾驶机动车被处罚　　B. 罗某因故意犯罪被剥夺政治权利

C. 王某因私人恩怨故意停课，耽误教学进度　　D. 李某因过失犯罪被判有期徒刑，现期满释放

二、多项选择题

1. 下列哪些是《中华人民共和国教师法》规定的教师的义务(　　)(常考)

A. 遵守宪法、法律和职业道德

B. 履行教师聘约，完成教育教学工作任务

C. 对学生进行宪法所确定的基本原则的教育

D. 关心爱护全体学生，尊重学生人格

E. 不断提高思想政治觉悟和教育教学业务水平

2. 教师考核应注意遵循(　　)，以利于教师积极性、创造性的调动，增强教师的事业心、责任心。

A. 科学性原则　　B. 客观性原则　　C. 公正性原则　　D. 准确性原则

E. 激励性原则

3. 根据我国《教师法》，为保障教师完成教育教学任务，各级人民政府、教育行政部门、有关部门、学校和其他教育机构应当履行的职责有(　　)

A. 提供必需的图书、资料及其他教育教学用品

B. 提供符合国家安全标准的教育教学设施和设备

C. 支持教师制止有害于学生的行为或者其他侵犯学生合法权益的行为

D. 对教师在教育教学、科学研究中的创造性工作给以鼓励和帮助

E. 提高教师的社会地位

4. 根据《中华人民共和国教师法》的规定，教师考核的内容有(　　)(常考)

A. 法制意识　　B. 政治思想　　C. 业务水平　　D. 工作态度

E. 工作成绩

5. 根据相关法律法规，学校可以解聘教师的情形有(　　)(常考)

A. 体罚学生，经教育不改的

B. 品行不良、侮辱学生，影响恶劣的

C. 不能团结同事，其他教师不愿与之共事的

D. 故意不完成教育教学任务给教育教学工作造成损失的

E. 道德败坏，不遵守教师工作准则的

三、判断题

1. 社会力量所办学校的教师的待遇由举办者自行确定，但由教育行政部门予以保障。（　　）

2. 教育教学权是与教师在教育教学过程中的主导地位相适应的基本权利。（　　）

3. 张老师因上课连续迟到，学校依据相关规章制度给予其记过处分，并停发半年绩效工资。张老师不服处理结果，向当地教育行政部门提出申诉。张老师的申诉不符合申诉制度，当地教育行政部门应不予受理。（　　）

4. 教师退休或者退职后，享受国家规定的退休或者退职待遇。（　　）

5. 国家不鼓励非师范高等学校毕业生到中小学或职业学校任教。（　　）

6. 教师的聘任应当遵循双方地位平等的原则，由教育行政主管部门和教师签订聘任合同，明确规定双方的权利、义务和责任。（　　）

7. 学校和其他教育机构应当逐步实行教师聘任制，实施教师聘任制的步骤、办法由国务院教育行政部门规定。（　　）

8. 学校对教师考核的内容一般包括思想道德和业务水平两个方面，并把教师的业务水平作为教师职称评定的最重要依据。（　　）

9. 提高业务水平是《中华人民共和国教师法》中明确规定的教师应该履行的义务。（　　）

四、案例分析题

张某从某师范院校专科毕业后，应聘到一所中学教物理。一年后所教班级物理成绩明显下降，学生对他意见很大，强烈要求换老师。学校经调查发现，张某不认真研究本专业知识，课前不备课或备课很简单，课堂教学效果不好。教育组多次找他谈话，组织有关教师听他的课，但张某不接受对其教学工作的检查，甚至在成绩评定时，有意评低对他有意见学生的成绩，个别的甚至有意评不及格。学校经研究认为张某不再适宜担任该科教学工作，但又没有合适的科目，决定由他负责学校的治安、收发工作。张某不服，认为自己是教师，应担任教学工作，学校的决定侵犯其教育教学权，于是向教育局提出申诉。

本案中，学校是否侵犯了张某的教育教学权？为什么？

专题4 《中华人民共和国未成年人保护法》

一、单项选择题

1. 对违法犯罪的未成年人，实行教育、感化、挽救的方针，坚持(　　)的原则。(常考)

A. 批评为主、惩罚为辅　　B. 教育为主、惩罚为辅

C. 惩罚为主、批评为辅　　D. 惩罚为主、教育为辅

2. 下列开拆、查阅未成年人的信件、日记、电子邮件或者其他网络通讯内容的情形中，违反我国《未成年人保护法》相关规定的是(　　)

A. 因国家安全或者追查刑事犯罪依法进行检查

B. 无民事行为能力未成年人的父母或者其他监护人代未成年人开拆、查阅

C. 紧急情况下为了保护未成年人本人的人身安全

D. 完全民事行为能力未成年人父母因顾虑未成年人的异性交往问题

3. 下列学生中可以单独居住的是(　　)

A. 12岁的小明　　B. 15岁的小花　　C. 16岁的小张　　D. 14岁的小芳

4. 如果发现未成年人合法权益受到侵犯，(　　)有权劝阻、制止或向有关部门提出检举或控告。

A. 父母或其他监护人　　B. 国家机关

C. 任何组织或个人　　D. 教师及学校

5. 公共场所发生突发事件时，应当优先救护(　　)

A. 校长、园长或所长　　B. 教师

C. 女教师　　D. 未成年人

6. 在国家相关部门的推进下，各大短视频平台上线了青少年模式，该模式进行了时间和功能的限制，同时也推荐青少年观看的内容，这是对未成年人进行(　　)的体现。

A. 司法保护　　B. 学校保护　　C. 家庭保护　　D. 网络保护

7. 教师应当尊重未成年人的(　　)，不得对未成年人实施体罚、变相体罚或者其他侮辱人格尊严的行为。

A. 个人意愿　　B. 人身自由　　C. 人格尊严　　D. 身心发展规律

8. 根据《中华人民共和国未成年人保护法》，学校安排未成年人参加文化娱乐、社会实践等集体活动，应当(　　)，防止发生人身伤害事故。

A. 有利于教学任务的完成　　B. 限制未成年人的人身自由

C. 符合未成年人监护人的要求　　D. 保护未成年人的身心健康

9. 我国法律规定的未成年人是指未满(　　)周岁的公民。

A. 16　　B. 18　　C. 14　　D. 20

10. 某初中班主任李老师在批改学生作业时，发现学生张某的作业本中夹了写给×××的一封信。李老师拆封后发现信是张某写给一位女同学的情书。于是，李老师在班会上阅读了这封情书并批评了张某。李老师的做法(　　)

A. 履行了对学生进行教育和管理的职责　　B. 体现了对学生张某的爱护

C. 违反了《中华人民共和国未成年人保护法》　　D. 遵守了《中华人民共和国义务教育法》

11. 国家建立统一的未成年人网络游戏电子身份认证系统。网络游戏服务提供者应当要求未成年人以真实身份信息注册并登录网络游戏。网络游戏服务提供者不得在(　　)向未成年人提供网络游戏服务。

A. 每日二十时至次日六时　　B. 每日二十二时至次日六时

C. 每日二十二时至次日八时　　D. 每日二十时至次日八时

12.《中华人民共和国未成年人保护法》在(　　)部分中明确规定,学校、幼儿园附近不得设置营业性娱乐场所、酒吧、互联网上网服务营业场所等不适宜未成年人活动的场所。

A. 学校保护　　B. 社会保护　　C. 司法保护　　D. 家庭保护

13. 根据《中华人民共和国未成年人保护法》,学校应当组织未成年学生参加与其年龄相适应的日常(　　),帮助未成年学生掌握必要的劳动知识和技能,养成良好的劳动习惯。

A. 生活劳动、生产劳动和服务性劳动　　B. 集体义务劳动、生产劳动和生活劳动

C. 集体义务劳动、生产劳动和志愿性劳动　　D. 生活劳动、生产劳动和志愿性劳动

14. "叮咚、叮咚……"课堂上某初一学生携带的手机发出了响亮的声音,老师走到他身旁,要求他将手机上交学校统一保管,老师依据的法律是(　　)

A.《中华人民共和国教师法》　　B.《中华人民共和国未成年人保护法》

C.《中华人民共和国教育法》　　D.《中华人民共和国家庭教育促进法》

15. 根据《中华人民共和国未成年人保护法》可知,(　　)应当加强未成年人的心理健康教育,建立未成年人心理问题的早期发现和及时干预机制。

A. 教育行政部门　　B. 卫生健康部门

C. 学校行政部门　　D. 民政部门

二、多项选择题

1. 应当对未成年人免费或优惠开放的场所是(　　)

A. 图书馆　　B. 青少年宫　　C. 动物园　　D. 美术馆

E. 爱国主义教育基地

2. 未成年人保护的基本原则有(　　)(常考)

A. 保护与教育相结合　　B. 尊重人格尊严

C. 给予特殊、优先保护　　D. 保护隐私权和个人信息

E. 听取未成年人的意见

3. 根据《中华人民共和国未成年人保护法》的规定,学校应根据未成年学生身心发展特点,对他们进行(　　)

A. 国际理解教育　　B. 青春期教育

C. 心理健康辅导　　D. 社会生活指导

E. 法制教育

4. 2020年10月17日第二次修订的《中华人民共和国未成年人保护法》是一部全方位保障未成年人权益的综合性、基础性法律,新增了________和________两专章。(　　)

A. 家庭保护　　B. 社会保护　　C. 网络保护　　D. 政府保护

E. 学校保护

专题5 《学生伤害事故处理办法》

一、单项选择题

1. 学生或者其监护人知道学生有特异体质，或者患有特定疾病，但未告知学校的，学校已经履行了相应职责，行为并无不当。这时造成的学生伤害事故应该由(　　)承担责任。

A. 未成年人监护人　B. 学校　C. 班主任　D. 学生的亲戚

2. 上体育课时，洋洋趁老师吴某不注意，偷偷溜出操场，离开学校，在过马路时被电动车撞伤。对于洋洋受到的伤害，应承担赔偿责任的是(　　)(易错)

A. 电动车主　B. 教师吴某、洋洋

C. 洋洋的监护人、电动车主　D. 学校、电动车主

3. 因学校教师或者其他工作人员在履行职务中的故意或者重大过失造成的学生伤害事故，应当(　　)

A. 由学校予以赔偿

B. 由直接责任人赔偿

C. 由学校和直接责任人各赔偿一半或协商赔偿

D. 由学校予以赔偿后，可以向直接责任人追偿

4. 兴民县明德中学初二(4)班学生在课间休息时，被掉落的广告牌砸伤，经鉴定为轻微伤。学校处理该事故后，还应当书面报告(　　)

A. 县人民政府　B. 市教育行政部门

C. 市人民政府　D. 县教育行政部门

5. 小乐在学校组织的校外活动中不慎受伤，后经教育行政部门调解，小乐父母与学校就事故处理达成了协议，但事后家长又对协议内容不满而反悔。根据我国《学生伤害事故处理办法》的规定，对此，学校可以(　　)

A. 依法提起诉讼　B. 申请行政复议

C. 请仲裁机关仲裁　D. 请教育行政部门重新调解

6. 某校组织学生到公园参观，教师事先反复强调注意事项和纪律，学生王某(14岁)对教师的强调置之不理，自行攀爬公园内标有“禁止攀爬”告示的假山，结果导致骨折。王某的骨折应该由(　　)

A. 学校负责，因为教师没有尽到管理职责　B. 王某监护人

C. 学校负责，因为是学校组织的活动　D. 学校和王某共同负责

7. 发生学生伤害事故，学校与受伤害学生或者学生家长可以通过协商方式解决；双方自愿，可以书面请求主管教育行政部门进行调解。教育行政部门收到调解申请，认为必要的，可以指定专门人员进行调解，并应当在受理申请之日起(　　)日内完成调解。

A. 7　B. 15　C. 30　D. 60

二、多项选择题

1. 下列选项中属于学生伤害事故的有(　　)(易混)

A. 学生上体育课发生的伤害

B. 学生在课余时间发生的伤害

C. 学生在学校组织的校外活动中发生的伤害

D. 学生在放学途中发生的伤害

2. 根据《学生伤害事故处理办法》规定，下列情形中发生的造成学生人身损害后果的事故，学校行为并无不当，不承担事故责任的有(　　)(常考)

A. 学生自行外出或者擅自离校期间发生的　　B. 学生自行上学、放学途中发生的

C. 节假日学生自行滞留学校发生的　　D. 体育课上在学校篮球场上发生的

3. 学校对学生伤害事故无责任的，如果有条件，可以根据实际情况，本着(　　)的原则，对受伤害学生给予适当的帮助。

A. 自愿　　B. 义务　　C. 优先　　D. 可能

三、案例分析题

1. 某中学学生人数严重超标。全体学生集中在一栋教学楼内上课，教学楼本来有两个楼梯供师生使用，但为了方便管理，其中一个楼梯被长期封闭，楼道里也没有应急灯。有天晚上突然停电，当下晚自习的学生们走到二楼时，一名学生恶作剧地喊了一声"地震了"，结果造成严重拥挤，有些学生被挤倒，受到踩压，造成了多名学生受伤的严重后果。

请用教育法律法规分析这个事件中的相关法律责任。

2. 某中学举行运动会，孙某报名参加的是初中部男子800米比赛，当孙某跑完800米时，便瘫倒在地上。学校老师和同学见状立即上前扶住，副校长和体育老师立即对孙某进行挤压人中穴及人工按压胸部等急救措施。同时，另一名副校长马上联系医院，大约8至10分钟内，救护车驶到学校运动场，医生立即对孙某进行急救，随后将其送往医院继续抢救。孙某昏倒的当时，学校老师通知了孙某家属。孙某经抢救无效死亡，医生诊断为心脏性猝死。抢救孙某的医疗费用，学校已全部支付。可是孙某父母依旧向学校索赔各种经济损失20万元，一纸诉状将学校告上法庭。

针对上述案例，对于孙某父母的索赔，学校应该赔偿吗?

专题6 现行主要的教育政策

一、单项选择题

1.《关于进一步减轻义务教育阶段学生作业负担和校外培训负担的意见》指出，学校要确保初中书面作业平均完成时间不超过（　　）

A. 60分钟　　B. 90分钟　　C. 120分钟　　D. 150分钟

2.《义务教育课程方案和课程标准（2022年版）》规定，义务教育阶段每学年的教学时间为（　　）

A. 36周　　B. 37周　　C. 38周　　D. 39周

3. 对有严重不良行为的学生，学校可以按照法定程序，配合家长、有关部门（　　）

A. 劝其退学　　B. 将其交给警察管教

C. 取消其学籍　　D. 将其送专门学校教育矫治

4.《中共中央 国务院关于深化教育教学改革全面提高义务教育质量的意见》指出，不得布置（　　）

A. 基础性作业　　B. 惩罚性作业　　C. 跨学科作业　　D. 实践性作业

5. 初中教师李某违反教学纪律，敷衍教学，擅自从事影响教育教学本职工作的兼职兼薪行为，这违背了《新时代中小学教师职业行为十项准则》中的（　　）

A. 坚守廉洁自律　　B. 规范从教行为　　C. 自觉爱国守法　　D. 潜心教书育人

6.《关于全面加强和改进新时代学校体育工作的意见》提出，我们要以服务学生全面发展、增强综合素质为目标，坚持（　　）的教育理念。

A. 素质第一　　B. 体育第一　　C. 成长第一　　D. 健康第一

7. 何老师经常利用空余时间组织、参与有偿补课。何老师的做法（　　）

A. 正确，教师有人身自由权

B. 正确，有利于提高学生的成绩

C. 错误，违背了坚守廉洁自律的教师职业行为准则

D. 错误，违背了规范从教行为的教师职业行为准则

8.《中国教育现代化2035》中指出，发展中国特色世界先进水平的优质教育。全面落实（　　）根本任务，广泛开展理想信念教育，厚植爱国主义情怀，加强品德修养，增长知识见识，培养奋斗精神，不断提高学生思想水平、政治觉悟、道德品质、文化素养。

A. 立德树人　　B. 教书育人　　C. 教育均衡发展　　D. 教育全面发展

9. 教师认为行政机关的行政行为侵犯其合法权益的，应当自知道或者应当知道该行政行为之日起（　　）日内提出行政复议申请，但法律规定的申请期限超过此时限的除外。

A. 15　　B. 20　　C. 30　　D. 60

二、多项选择题

1.《中共中央 国务院关于深化教育教学改革全面提高义务教育质量的意见》在突出德育实效、（　　）等方面提出了有针对性的举措，以构建德智体美劳全面培养的教育体系。

A. 提升智育水平　　B. 强化体育锻炼

C. 增强美育熏陶　　D. 加强劳动教育

2. 教育部印发的《大中小学劳动教育指导纲要(试行)》明确的劳动教育的目标有(　　)

A. 树立正确的劳动观念　　B. 具有必备的劳动能力

C. 磨炼顽强的意志　　D. 培育积极的劳动精神

3.《中小学教育惩戒规则(试行)》自2021年3月1日起施行,根据《规则》,在确有必要的情况下,教师在课堂教学、日常管理中,对违规违纪情节较为轻微的学生,可以当场实施的教育惩戒有(　　)(常考)

A. 一节课堂教学时间内的教室外站立　　B. 责令赔礼道歉、做口头或者书面检讨

C. 适当增加额外的班级公益服务任务　　D. 点名批评

4. 中共中央、国务院在《关于全面深化新时代教师队伍建设改革的意见》中提出要弘扬高尚师德,特别提出广大教师应坚持(　　),争做"四有"好教师。

A. 教书与育人相统一　　B. 言传与身教相统一

C. 潜心问道与关注社会相统一　　D. 学术自由与学术规范相统一

5. 健全学校家庭社会协同育人机制是党中央、国务院作出的重要决策部署,事关学生全面发展健康成长,事关国家发展和民族未来。到"十四五"时期末的主要目标有(　　)

A. 学校积极主导、家庭主动尽责、社会有效支持的协同育人机制更加完善

B. 家长育儿观念基本树立,履行家庭教育主体责任更加到位

C. 政府对学校、家庭、社会协同育人工作的统筹领导更加有力

D. 城乡社区家庭教育指导服务站点普遍建立,社会育人资源利用更加充分

6.《中小学德育工作指南》规定,小学中高年级的学段目标为:教育和引导学生热爱中国共产党、热爱祖国、热爱人民,了解家乡发展变化和国家历史常识,了解中华优秀传统文化和党的光荣革命传统,理解日常生活的道德规范和文明礼貌,初步形成规则意识和民主法治观念,养成良好生活和行为习惯,具备保护生态环境的意识,形成(　　)等良好品质。

A. 诚实守信　　B. 友爱宽容　　C. 自尊自律　　D. 乐观向上

7. 学生违反校规校纪,情节较重或者经当场教育惩戒拒不改正的,学校可以实施下列哪些教育惩戒,并及时告知家长(　　)

A. 由学校德育工作负责人予以训导

B. 承担校内公益服务任务

C. 安排接受专门的校规校纪、行为规则教育

D. 暂停或者限制学生参加游览、校外集体活动以及其他外出集体活动

三、判断题

1. 学校对教师李某给予警告处分的决定,必须书面通知李某本人。(　　)

2. 2020年3月,中共中央、国务院印发了《关于全面加强新时代大中小学劳动教育的意见》,强调强化劳动教育,要以脑力劳动为主,还要强化实践体验。(　　)

3.《深化新时代教育评价改革总体方案》指出,不得下达升学指标或以中高考升学率考核下一级学校和教师,不得将升学率与评优评先挂钩。(　　)

4. 推动各级教育高水平高质量普及,要提升高中阶段教育普及水平,推进高等职业教育和普通高中教育协调发展,鼓励普通高中多样化有特色发展。(　　)

5. 监护人除为维护被监护人利益外,不得处分被监护人的财产。(　　)

6. 学生扰乱教育教学秩序,影响他人的,教师可以采取必要措施,将学生带离教室或者教学现场,并予以教育管理。(　　)

提升必刷

一、单项选择题

1.《中华人民共和国教育法》明确规定："中华人民共和国公民有受教育的权利和义务。公民不分民族、种族、性别、职业、财产状况、宗教信仰等，依法享有平等的受教育机会。"这体现了《中华人民共和国教育法》的(　　)

A. 方向性原则　　B. 公益性原则　　C. 平等性原则　　D. 终身性原则

2. 学校可以对教师的(　　)行为进行处分或者解聘。

A. 组织交班费

B. 组织学生开展校外活动，一学生路上被车撞，经抢救无效死亡

C. 强制搜学生的身，影响恶劣

D. 与同事不和

3. 下列关于教师资格证取得的说法，正确的是(　　)(易错)

A. 申请人普通话水平达到一级乙等以上标准

B. 申请人因过失犯罪被判刑不能取得教师资格

C. 受委托的高等学校可以受理教师资格认定申请

D. 外国人在中国境内任教的，可以申请教师资格

4. 无民事行为能力人与限制民事行为能力人划分的年龄界限是(　　)

A. 10周岁　　B. 14周岁　　C. 16周岁　　D. 8周岁

5. 2019年6月，中共中央、国务院印发《关于深化教育教学改革全面提高义务教育质量的意见》，这次义务教育改革提出的工作目标是(　　)

A. 全面改革政府包揽办学的格局，全面深化教育体制改革

B. 全面提高普及水平，全面提高教育质量，基本实现区域内均衡发展

C. 解决乡村教育短板，增加优质教育资源供给

D. 凝聚人心、完善人格、开发人力、培育人才、造福人民

6. 我国《教育法》规定，教育是社会主义现代化建设的基础，对提高人民综合素质、促进人的全面发展、增强中华民族创新创造活力、实现中华民族伟大复兴具有决定性意义，国家保障教育事业优先发展。全社会应当关心和支持教育事业的发展。全社会应当尊重教师。这一规定明确了(　　)

A. 立法宗旨　　B. 教育的地位　　C. 教育方针　　D. 教育的文化内涵

7. 学校三年级男生小强与同班女生小红发生矛盾，打了小红，老师对小强进行批评教育。小红父亲得知此事赶到学校，冲进教室，不顾上课老师的阻拦，将小强打伤。事后小强家长将小红父亲和学校一起告上法庭。该事件经法院审理，判决学校承担40%的责任。法院对这起学生伤害事故采用的归责原则是(　　)

A. 过错原则　　B. 无过错原则

C. 公平原则　　D. 补偿原则

8. 下列情形中，学校不应当依法承担相应责任的是(　　)

A. 12岁的李某在学校荡秋千时，绳子突然断裂，造成李某左腿骨折

B. 13岁的赵某在早操时因插队被同学撞倒在地，造成左臂骨折

C. 11岁的王某语文课上偷偷看小说，老师发现后，罚他到操场跑50圈，造成其心脏衰竭死亡

D. 14岁的杨某最近总是郁郁寡欢，老师知道原因后及时给予了开导，但杨某还是在家服毒自杀，经抢救无效死亡

9. 某校初一住校生周某某天晚自习时偷跑到网吧玩游戏，第二天继续逃课在外上网10多个小时后，下午猝死在网吧。针对此事件，以下说法错误的是(　　)

A. 网吧不应该让周某进入，网吧要承担一定责任

B. 学校应加强管理，采取措施保障未成年人的安全

C. 周某的父母或监护人有责任引导其进行有益于身心健康的活动

D. 周某违反学校规定偷跑到网吧上网致死，学校没有责任

10. 关于当前我国加快推进教育现代化的指导思想，下列表述不正确的是(　　)

A. 以习近平新时代中国特色社会主义思想为指导

B. 以培养社会主义建设者和接班人为根本任务

C. 以着力深化改革和服务国计民生为时代主题

D. 以全面加强党对教育工作的领导为根本保证

11.《新时代爱国主义教育实施纲要》指出，在普通中小学、中职学校，将爱国主义教育内容融入语文、道德与法治、历史等学科教材编写和教育教学中，在普通高校将爱国主义教育与哲学社会科学相关专业课程有机结合，加大爱国主义教育内容的比重。这体现了新时代爱国主义教育要(　　)

A. 办好学校思想政治理论课　　B. 突出思想内涵，强化思想引领

C. 充分发挥课堂教学的主渠道作用　　D. 强化教育引导、实践养成、制度保障

12. 某教师经常公开对学生说："读书考大学，是为了自己，不是为了别人。好好读书将来能找到一个好的工作，挣下大把的钱，可以娶一个漂亮的老婆，生一个聪明的儿子，可以生活愉快、人生充实、前途美好、事业辉煌。所以，我强调读书是为了自己。"该教师的这种观点，违背了哪项基本原则(　　)

A. 坚持教育的社会主义方向原则　　B. 受教育机会平等原则

C. 教育法制统一的原则　　D. 权利和义务相统一的原则

13. 以下情形中，符合相关教育法律规定的是(　　)

A. 为了保护在校学生隐私，老师不得以任何方式向学生监护人透露成绩

B. 经过多年研究，吴老师编写了一套教科书，自费印刷给学生使用

C. 家长带5周岁的可可去报名，可可被小学拒绝入学

D. 小凯高考作弊，小抄被没收后老师让他继续考试

14. 2010年，某教师取得中学高级职务。2017年5月，其受到降一级专业技术职务的处分。他从(　　)起可以重新申报中学高级职务。(易错)

A. 2018年6月　　B. 2018年12月　　C. 2019年6月　　D. 2019年12月

15.《国家教育事业发展"十三五"规划》提出了全面落实立德树人的根本任务，其中，"践行知行合一""加强劳动教育，充分发挥劳动综合育人功能""鼓励有条件的地区开展中小学生研学旅行和各种形式的夏令营、冬令营活动"体现了要(　　)

A. 提升学生思想道德水平　　B. 培养学生创新创业精神与能力

C. 强化学生实践动手能力　　D. 增强学生生态文明素养

二、多项选择题

1. 下列选项中哪些属于《新时代中小学教师职业行为十项准则》中对中小学教师的要求(　　)

A. 关心爱护学生　　　　B. 潜心教书育人

C. 坚守廉洁自律　　　　D. 规范从教行为

2.《中国教育现代化2035》的突出特点包括(　　)

A. 服务国家人民　　　　B. 体现前瞻引领

C. 立足国情世情　　　　D. 注重规划实施

3. 我国义务教育"统一性"中的统一包括(　　)

A. 义务教育阶段教科书设置标准　　　　B. 义务教育阶段教学标准

C. 义务教育阶段经费标准　　　　D. 义务教育阶段建设标准

4. 中共中央、国务院于2018年1月印发的《关于全面深化新时代教师队伍建设改革的意见》中提到的教师队伍建设的基本原则有(　　)

A. 确保方向　　B. 突出师德　　C. 统一政策　　D. 强化保障

5. 关于教师聘任制度的说法,下列叙述正确的是(　　)

A. 聘任合同具有法律效力,只对所聘教师有约束力

B. 聘任制度应体现按需取酬的原则

C. 聘任制度应体现按劳取酬的原则

D. 聘任是一种法律行为,它确立的是双方的法律关系

6.《中国学生发展核心素养》确立了六大核心素养,其中自主发展的素养包括(　　)(常考)

A. 科学精神　　B. 学会学习　　C. 责任担当　　D. 健康生活

7. 学校事故作为一种侵权行为,应具有以下哪些特征(　　)

A. 学校或教师基于故意而实施的行为

B. 学校或教师侵害了学生的合法权益

C. 侵害行为的侵害对象是学生的人身权

D. 必须是学校或者教师基于过错而实施的行为

三、判断题

1. 学校对未成年学生要承担监护职责。(易错)　　(　　)

2. 学校仅对发生在校园范围内的学生伤害事故依法承担相应的责任,对学生在校外场所发生的学生伤害事故,学校不承担责任。　　(　　)

3. 凡涉及国家秘密、个人隐私或公开可能危及校园安全稳定的信息,中小学不得公开。　　(　　)

4. "由于学校下学年生源锐减,教师严重超编,不愿意上早晚自习和参加补课的同志则予以解聘。"这种做法违反了《教师资格条例》。　　(　　)

5. 根据我国《学生伤害事故处理办法》的规定,学生自行上学、放学、返校、离校途中发生的事故,学校应负管理方面的责任。　　(　　)

6. 小瑞经常因为没有按时完成学校的作业被父亲暴打,班主任在与其父亲多次沟通无效的情况下,可以帮助小瑞向法院申请撤销其父亲的监护人资格。　　(　　)

四、案例分析题

1. 某中学一名物理教师在怀孕期间,所在学校为了照顾她,将其调整到政教处工作。这名女教师休满三个月产假后来校上班,校长找其谈话说:“你现在的工作已安排了人,你看你想做什么工作?”这位教师说:“我想教课。”校长说:“好吧,我们研究研究。”

学校研究的结果是:由于该教师在政教处的工作岗位已安排了人,又因学校不缺物理教师,故无法为其安排工作,学校决定将其解聘,让该教师自己找单位。该教师不得已向教育局提出申诉。经区教育局有关部门与学校多次协调后,学校留下了这名教师。工作虽然安排了,但这名教师觉得已经得罪了学校领导,最后还是离开了这所学校。

请运用相关教育法律知识对该案例进行分析。

2. 刘腾辉是城关小学三年级学生,平时住校就读。为解决学生就餐时的喝水问题,城关小学规定,各班级学生轮流值日,以两人为单位用铁桶为所在班级抬开水。某天,刘腾辉与另外一名同学在抬水回来的途中,不慎被绊倒,刘腾辉前胸及右上臂皮肤被烫伤。

(1)请用教育法律相关知识分析学校的做法是否正确,为什么?

(2)请你谈谈学校应该怎样加强校园安全防范。

真题必刷

一、单项选择题

1. [驻马店驿城区]《义务教育课程方案(2022年版)》将科学、综合实践活动等课程的起始年级提前至(　　)

A. 一年级　　B. 二年级　　C. 三年级　　D. 四年级

2. [郑州金水区]《关于进一步减轻义务教育阶段学生作业负担和校外培训负担的意见》提出,要降低考试压力,改进考试方法,不得有(　　)等行为;考试成绩呈现等级制,坚决克服唯分数的倾向。

①提前结课备考　②违规统考　③考题超标　④考试排名

A. ①②③　　B. ①②④　　C. ②③④　　D. ①②③④

3. [新乡卫辉]《中华人民共和国义务教育法》第四条规定:"凡具有中华人民共和国国籍的适龄儿童、少年,不分性别、民族、种族、家庭财产状况、宗教信仰等,依法享有平等接受义务教育的权利,并履行接受义务教育的义务。"这表明依法治教需要坚持(　　)

A. 教育社会主义方向的原则　　B. 受教育机会平等的原则

C. 教育法制统一的原则　　D. 权利和义务相一致的原则

4. [安阳殷都区]小蒋同学受不了继母的虐待,找到班主任王老师求助。王老师听后却说:"这是你家的家务事,学校不好管。"王老师的做法(　　)

A. 错误,学校应依法履行监护责任,保护儿童人身安全

B. 错误,学校应依法履行保护义务,积极采取救助措施

C. 正确,学校没有执法权限,光凭劝说无济于事

D. 正确,学校不是行政机关,无权干预家庭事务

5. [濮阳市直/新乡市直]《关于全面加强新时代大中小学劳动教育的意见》中提出,中小学劳动教育课(　　)

A. 每周不少于4课时　　B. 每周不少于3课时

C. 每周不少于2课时　　D. 每周不少于1课时

6. [永城]根据《中华人民共和国教育法》规定,担任学校及其他教育机构的校长或者主要行政负责人的必要条件不包括(　　)

A. 具有中华人民共和国国籍　　B. 具有出国留学经历

C. 具备国家规定任职条件　　D. 在中国境内定居

7. [信阳光山]学校的下列做法中,没有违反我国《义务教育法》相关规定的是(　　)

A. 向学生推销商品以谋取利益　　B. 拒绝选用未经审定的教科书

C. 拒绝接受残疾儿童随班就读　　D. 分设重点班和非重点班

8. [郑州郑东新区]某公立小学塑胶跑道不达标,导致有些学生身体不适。应对该事故承担赔偿责任的是(　　)(常考)

A. 校长　　B. 教师　　C. 学校　　D. 教育行政部门

9. [新乡封丘]根据有关法律规定,辱骂、殴打、打击报复教师应承担的最为严厉的法律责任是(　　)

A. 行政法律责任　　B. 民事法律责任

C. 刑事法律责任　　D. 道德责任

二、多项选择题

1. [平顶山卫东区]学生伤害事故应当遵循(　　)的原则，及时、妥善地处理。(常考)

A. 依法　　B. 客观公正　　C. 合理适当　　D. 协调

2. [洛阳嵩县]国家将义务教育全面纳入财政保障范围，义务教育经费由(　　)依照《中华人民共和国义务教育法》予以保障。

A. 国务院　　B. 全国人民代表大会

C. 地方各级人民政府　　D. 地方各级人民代表大会

3. [鹤壁淇滨区]《中华人民共和国未成年人保护法》第三十三条规定，学校应当与未成年学生的父母或者其他监护人互相配合，合理安排未成年学生的学习时间，保障其(　　)的时间。(常考)

A. 休息　　B. 娱乐　　C. 上课　　D. 体育锻炼

4. [洛阳市直]《中华人民共和国未成年人保护法》规定，未成年人依法平等地享有各项权利，不因本人及其父母或者其他监护人的民族、种族、性别、户籍、职业、宗教信仰、教育程度、家庭状况、身心健康状况等受到歧视。国家保障未成年人的(　　)

A. 生存权　　B. 发展权　　C. 受保护权　　D. 参与权

5. [郑州金水区]《关于进一步减轻义务教育阶段学生作业负担和校外培训负担的意见》指出，学校要完善作业管理办法，加强(　　)作业统筹，合理调控作业结构，确保难度不超国家课标。

A. 教研组　　B. 学科组　　C. 年级组　　D. 课题组

6. [南阳宛城区]《全面加强和改进新时代学生心理健康工作专项行动计划(2023—2025年)》指出，"健康教育、监测预警、咨询服务、干预处置'四位一体'的学生心理健康工作体系更加健全"。下列属于加强心理健康教育的措施有(　　)

A. 开设心理健康相关课程　　B. 发挥课堂教学的作用

C. 开展心理健康测评　　D. 配齐心理健康老师

7. [南阳宛城区]根据《中华人民共和国未成年人保护法》，下列场所任何时候都不应该允许未成年人进入的是(　　)

A. 营业性歌舞娱乐场所　　B. 互联网上网服务营业场所

C. 营业性酒吧　　D. 设有电子游戏设备的电玩城

三、判断题

1. [永城]我国的《教育法》规定，公民不分民族、种族、性别、职业、财产状况、宗教信仰等，依法享有平等的受教育机会。(　　)

2. [平顶山新华区]适龄儿童、少年因身体状况需要延缓入学或休学的，其父母或其他法定监护人应当提出申请，由学校批准。(　　)

3. [郑州高新区]由于教师个人行为导致他人合法权利受损，学校也要承担责任。(易错)(　　)

4. [平顶山湛河区]教师可以组织学生、家长以民主讨论形式共同制定班规，并报告给学校进行备案后施行。(　　)

5. [郑州金水区]《中华人民共和国未成年人保护法》规定，有关部门接到涉及未成年人的检举、控告或者报告，应当依法及时受理、处置，并以适当方式将处理结果告知相关单位和人员。(　　)

6. [洛阳市直]学校对学生欺凌行为应当立即制止，通知实施欺凌和被欺凌未成年学生的父母或者其他监护人参与欺凌行为的认定和处理。（ ）

7. [周口市直]未成年学生擅自离校，教师和学校要及时告知未成年学生的监护人。（ ）

四、综合分析题

[新乡卫滨区]暑假期间，某学校幼小衔接过渡班里，一名儿童在上课中不时地离开座位说笑，影响到其他孩子听课。当班教师李某用“看来你有多动症，再不坐好就得给你打一针镇静剂了”的玩笑进行吓唬。该儿童听后，知道老师在跟他说笑，更加肆无忌惮地大笑，其他孩子也都跟着笑了起来。李老师看语言达不到效果，于是说到做到，对该儿童进行了针刺，造成该儿童臂部局部表皮点状红肿。

请根据《中华人民共和国未成年人保护法》对该案例进行评析。

第七部分　教材教法

基础必刷

专题1 教学技能与教学设计技能

一、单项选择题

1. 教学技能发展的最高形态是(　　)

A. 教学技巧　　B. 教学技艺　　C. 教学反思　　D. 教学艺术

2. 一份教案的核心是(　　)(常考)

A. 提出教学目标　　B. 选择教学方法　　C. 设计教学过程　　D. 规划板书内容

3. 教学设计中最先要考虑的要素是(　　)

A. 教学内容　　B. 教学对象　　C. 教学目标　　D. 预期效果

4. 教案可分为详案和简案两种。下列关于详案的说法中,不正确的是(　　)

A. 篇幅往往比较大

B. 对教学活动的细节进行认真思考和精心设计

C. 一般适用于新教师和年轻教师的教学

D. 是上课的绝对蓝本

5. 教学目标表述的基本部分是(　　)

A. 明确教学对象　　B. 表达学习结果的行为

C. 表现行为的条件　　D. 学习程度

6. (　　)是学校教学的出发点和归宿,是教学的灵魂,支配着教学的全过程,并规定了教与学的方向。

A. 教育目的　　B. 课程目标　　C. 教学目标　　D. 培养目标

二、多项选择题

1. 下列属于教案的基本形式的是(　　)(常考)

A. 记叙式教案　　B. 议论式教案　　C. 表格式教案　　D. 卡片式教案

2. 教学技能在不同发展阶段的表现形态有(　　)

A. 教学技巧　　B. 教学技艺　　C. 教学反思　　D. 教学艺术

3. 教学目标的正确表述应具备的特征包括(　　)

A. 外显性　　B. 可操作性　　C. 可测性　　D. 实践性

4. 教师在设计教案时,课时教学内容的分配要(　　)

A. 科学合理　　B. 分散难点　　C. 集中难点　　D. 突出重点

5. 教学技能的构成包括(　　)

A. 教学设计技能　　B. 使用教学媒体技能

C. 组织和指导课外活动技能　　D. 教学研究技能

三、判断题

1. 设计教学过程实质上指的就是设计教案。　　(　　)

2. 教学技能的复杂性主要是由教学过程、教育对象、教学任务等方面来决定的。 (　　)

3. 教学目标的表述中,行为主体指的是教师。 (　　)

4. 正确表述教学目标是实现教学目标的基础和前提。 (　　)

5. 教学技巧的主要特征是教师形成了自己独特的教学风格。(常考) (　　)

四、简答题

简述教案设计的要求。

专题2 课堂教学技能

一、单项选择题

1. 陈老师在讲解《草原》一课前说道:"同学们,上节课我们跟随老舍爷爷访问了内蒙古大草原,那一碧千里、翠色欲流的草原风光是那样令人神往。天涯碧草,美如画卷,已经深深地印在了我们心中。这节课我们将继续围绕诗句'蒙汉情深何忍别,天涯碧草话斜阳'去着重体会动态描写,感受蒙汉情深。"这种课堂导入方法属于(　　)

A. 直接导入法　　B. 故事导入法　　C. 悬疑导入法　　D. 延伸导入法

2. 数学老师在黑板上列出例题演算,并在例题基础上推导出相应公式。这种教学板书形式属于(　　)

A. 板书　　B. 板演　　C. 板画　　D. 板展

3. 课堂教学中的开场白是指(　　)

A. 导入　　B. 提问　　C. 讲授　　D. 小结

4. 李老师在讲解"作用力与反作用力"的时候,先让学生们分别用轻微、用力、非常用力三个力度鼓掌,然后请同学们谈感受,同学们都说左右手越用力越疼。李老师的这种课堂教学导入属于(　　)(常考)

A. 悬念导入　　B. 温故导入　　C. 问题导入　　D. 实验导入

5. 不管是教师向学生提问还是学生回答问题或质疑,都可以给学生提供参与讨论、发表意见、锻炼语言表达能力的机会。这属于提问功能中的(　　)

A. 激发学习动机,集中注意力　　B. 提示学习重点

C. 启发学生思维　　D. 培养学生的参与能力

6. 课堂上,老师对小明的回答进行了口头表扬,鼓励其他小朋友要向他学习,对他的表现进行强化。这属于教学强化类型中的(　　)

A. 标志强化　　B. 语言强化　　C. 动作强化　　D. 活动强化

7. (　　)是指在课堂教学中,通过教师、学生、文本材料之间的相互交流和沟通,有效地实现教学目标的行为方式。

A. 课堂导入　　B. 课堂对话　　C. 课堂提问　　D. 教学反馈

8. 课堂对话主要包括人与客体的对话、(　　)和人与自身的对话。

A. 人与人的对话　　B. 人与自然的对话

C. 人与社会的对话　　D. 人机对话

9. 最常见的、几乎适用于所有学科的板书形式是(　　)(常考)

A. 语词式板书　　B. 表格式板书　　C. 纲要式板书　　D. 线索式板书

10. 板书设计的(　　)体现在一个"真"字上,即真实、准确,具体包括两个方面的内容:一是要有明确的目的性;二是要确切地反映结构教学内容的各个要素(知识点),以及这些要素之间的联系(即教学内容本身具有的规律性)。

A. 规范性原则　　B. 启发性原则　　C. 时效性原则　　D. 客观性原则

11. 在课程结束时,教师通过班级分组竞赛的方式进行结课。这属于(　　)

A. 比较结课　　B. 活动结课　　C. 悬念结课　　D. 拓展延伸结课

12. 结课的好坏是衡量教师教学艺术水平高低的标志之一,如杨老师在一堂课结束后为引起学生的求知欲,留下疑问并对学生说:"欲知后事如何,且听下回分解。"杨老师采用的这种结课方式是(　　)

A. 悬念式结课　　B. 拓展延伸式结课

C. 讨论式结课　　D. 归纳式结课

13. 刘老师为了让学生对本堂课的内容留下总体印象,在结课时引导学生对整节课的内容进行概括总结。这种结课方法为(　　)(常考)

A. 悬念法　　B. 游戏法　　C. 归纳法　　D. 练习法

14. 一个好的问题犹如一条纽带,会将师生间的认识和感情紧密联系起来,架起师生双向沟通的桥梁。这属于教学提问的(　　)功能。

A. 集中学生注意力　　B. 提供教学反馈信息

C. 激发学生兴趣　　D. 增进师生交流

15. 老师上课用实物和标本导入,这种导入方式属于(　　)

A. 直接导入　　B. 问题导入　　C. 故事导入　　D. 直观导入

16. 以学生原有的生活经验为出发点,教师通过生动而富有感染力的讲解、谈话或提问引起回忆,从而引导学生发现问题的导入方法是(　　)

A. 间接导入　　B. 直观导入　　C. 事例导入　　D. 经验导入

17. 生物课上,教师问道:"构成生物体结构和功能的基本单位是什么?"学生回答:"细胞。"这种提问类型属于(　　)

A. 知识水平的提问　　B. 综合水平的提问

C. 应用水平的提问　　D. 理解水平的提问

18. 研究表明,令学生耳目一新的"新异刺激",可以有效地强化学生的感知态度,吸引学生的注意。这启示教师在进行课堂导入时,(　　)

A. 要有针对性　　B. 要有新颖性

C. 要有启发性　　D. 要把握导入的"度"

19. 黄老师在进行提问时,小芳回答了正确答案,但过程不够详细,黄老师应进行的追问方式是(　　)(易错)

A. 探究　　B. 提示　　C. 延伸　　D. 转引

20. 刘老师在上《狐假虎威》一课时是这样导入的:"同学们,你们觉得老虎和狐狸谁更厉害呢?"学生回答:"当然是被称作百兽之王的老虎更厉害!"刘老师接着说:"但是在我们今天要学习的这篇课文中,狐狸却比老虎更厉害,这是怎么回事呢? 和老师一起在课文中寻找答案吧!"刘老师这样的导入方式属于(　　)

A. 情境导入法　　B. 悬念导入法　　C. 游戏导入法　　D. 温故导入法

21. 新的一课开始前,老师为了介绍作家老舍,便这样开场:"我出两个谜语给大家猜,看谁能先猜出来:第一,'挑嫩的';第二,'晚年离婚'。两则谜语谜底相同,打一作家名。"有学生反应很快,答道:"老舍。"其他同学恍然大悟。老师接着说:"猜得很对! 大家很聪明嘛! 好,现在我们就来走进老舍的文学世界……"这位老师所采用的课堂导入方法是(　　)

A. 悬念导入　　B. 谜语导入

C. 观念冲突导入　　D. 情境导入

22. 反映教学内容中有关诠释性、延伸性信息,提示有关零散的知识,一般随教学进程的发展随写随擦或择要保留的板书是(　　)(常考)

A. 系统板书　　B. 辅助板书　　C. 基本板书　　D. 主板书

二、多项选择题

1. 根据提问的具体方式,教师课堂教学提问的类型有(　　)

A. 直问和曲问　　B. 正问和逆问　　C. 单问和复问　　D. 快问和慢问

2. 教师在进行《原电池的形成条件》一课的教学时,巧妙地设置了一系列需要学生思考解答的问题,学生在教师提问的引导下,积极分析和探索。上述过程体现的提问功能有(　　)

A. 激发学生的学习动机　　B. 集中学生注意力

C. 培养学生参与能力　　D. 启发学生思维

3. 课堂对话的特点主要有民主性、________、多边性、________和倾听性等。(　　)

A. 生成性　　B. 整合性　　C. 严肃性　　D. 开放性

4. 下列属于教学强化的基本要求的有(　　)

A. 强化目标要明确　　B. 强化时机要恰当

C. 强化要与反馈有机结合　　D. 要以促进学生的学习为目的

5. 板书设计的主要原则有(　　)(易错)

A. 规范性原则　　B. 客观性原则　　C. 针对性原则　　D. 启发性原则

6. 教学反馈具有(　　)

A. 激励作用　　B. 媒介作用　　C. 预测作用　　D. 调控作用

7. 课堂导入不能为了导入而导入,要根据不同的教学内容和教学对象,确定不同的导入方式。有效导入的基本要求包括(　　)(常考)

A. 趣味性　　B. 规范性　　C. 针对性　　D. 新颖性

8. 下列有关导入的说法,正确的有(　　)

A. 导入是课堂教学的第一步

B. 课堂教学中最常用、最简单的导入方法是问题导入

C. 教师通过提出富有启发性的问题进而引入新的教学内容的方法是复习导入

D. 教师从探究题意入手导入新课的方法是审题导入

9. 依据课堂提问的过程与实施步骤，为优化提问教学的效果，下列做法中恰当的是（　　）

A. 先点名，后提问　　B. 先思考，后回答

C. 先讨论，后总结　　D. 先鼓励，后更正

10. 根据布卢姆的目标分类学中关于认知目标的层次，课堂提问的类型包括（　　）

A. 理解提问　　B. 综合提问　　C. 应用提问　　D. 分析提问

三、判断题

1. 板书要求整齐、规范、美观，因此板书的文字、图表、格式要统一，不得有变化。（　　）

2. 温故导入的特点是由已知导向未知，过渡流畅自然，适用于连贯性和逻辑性较强的知识内容。（　　）

3. 游戏结课主要适用于低年级。（　　）

4. 在教学中，教师要把导入与整个教学过程综合起来考虑。（　　）

5. 提问注意力容易分散的学生可以使其集中精力，对胆小害羞的学生提问其力所能及的问题可以帮助其树立自信。（　　）

6. 课堂提问的问题越简单越好。（常考）（　　）

7. 教师在板书时，要将所教的内容统统写在黑板上。（　　）

8. 课堂板书要具有直观形象性、高度概括性和艺术性的特点。（　　）

9. 课堂教学技能是整个教学技能的核心。（　　）

四、简答题

1. 简述课堂板书的基本要求。

2. 简述课堂提问的基本要求。

专题3 教学语言技能、说课技能与教学反思技能

一、单项选择题

1. 下列选项中，属于教师反思途径的是（　　）

A. 撰写教学日志　　B. 进行案例教学

C. 参加集体备课　　D. 开展课题研究

2. （　　）是指教师对已经发生或正在发生的教学活动进行积极、持续、周密、深入、自我调节性的思考，并寻求多种方法解决问题的过程。

A. 教学反思　　B. 教学强化　　C. 教学反馈　　D. 教学准备

3. 关于教师教学姿态的要求，表述不正确的是(　　)

A. 站姿要有安定感和力度，不得变换站姿　　B. 不指手画脚，盛气凌人

C. 要用普通话教学，力求发音准确　　D. 面部表情要丰富，但不做作

4. 教师的身姿变化不包括(　　)

A. 眼神　　B. 走姿　　C. 手势　　D. 站姿

5. (　　)是传情达意的有效手段和工具，是教师角色行为中动作变化最快、最多、最大的。

A. 站姿　　B. 走姿　　C. 坐姿　　D. 手势

6. (　　)是对教学设想、教学效果等的检查和督促，又叫作"汇报性说课"。(易混)

A. 研讨性说课　　B. 示范性说课　　C. 检查性说课　　D. 评比性说课

7. 说课的重点是(　　)，要把教学构想、教学效果及其理论依据说清楚。

A. 为什么这样做　　B. 会怎样做

C. 应该怎么做　　D. 如何改进教学

8. (　　)是教师最基本、最广泛的表达工具。(常考)

A. 教学仪容　　B. 教学仪表　　C. 教学口语　　D. 教学仪态

9. 相对于教学口语而言，教态语言的特征不包括(　　)

A. 辅助性　　B. 科学性　　C. 连续性　　D. 动作性

10. 下列选项中，不属于教师的教态语言的是(　　)

A. 身姿变化　　B. 面部表情　　C. 外表修饰　　D. 语音语调

11. "论述简明扼要，提纲挈领；分析透彻，丝丝入扣。"这是指教师语言的(　　)

A. 生动性　　B. 准确性　　C. 条理性　　D. 启发性

二、多项选择题

1. 下列说法中，属于说课的意义的有(　　)

A. 有利于提高课堂教学的效率　　B. 有时间和场地等的限制

C. 有利于提高教研活动的实效　　D. 有利于提高教师的自身素质

2. 教态语言的功能包括(　　)

A. 传递信息功能　　B. 激励功能　　C. 调控功能　　D. 教育功能

3. 教学反思的特点包括(　　)

A. 超越性　　B. 实践性　　C. 过程性　　D. 主体性

三、判断题

1. 教师的教学口语要具有针对性和教育性。(　　)

2. 说课就是说教学过程。(易错)(　　)

3. 检查性说课具有一定的指导和导向功能。(　　)

4. 面部表情是教师通过眼、眉、唇等器官和面部肌肉的活动变化来传递信息的一种形式。(　　)

5. 备课就是教师阐述在课堂教学中做什么，怎么做，为什么这么做的教学研究活动。(易混)(　　)

6. 评比性说课一般是为突破教学难点，探讨教学热点问题，寻找解决问题的方法而进行的说课。(　　)

7. 领导可以通过教师说课，检查其备课情况，指出存在的问题，促进其修改教学方案，进一步提高备课质量。(　　)

提升必刷

一、单项选择题

1. 在学习《散步》一课前，王老师先给学生展示了生活中人们散步的幻灯片，然后用优美的语言导入新课："我们在田野散步：我，我的母亲，我的妻子和儿子。简单的人物介绍，他们之间会发生什么样的故事呢？"学生纷纷感到好奇，继续阅读文章内容。王老师使用的导入方式是（　　）

A. 直观导入　　B. 练习导入　　C. 悬念导入　　D. 游戏导入

2. 某化学教师在课堂结束时说道："今天我们学完了元素和元素符号，这只是学习化学的基础，想要了解更多化学的奥秘，我们下节课再见。"这种结课方式属于（　　）

A. 激励式结课　　B. 延伸式结课　　C. 总结式结课　　D. 悬念式结课

3. "引起'代沟'的原因是什么？"这种提问属于（　　）

A. 理解水平的提问　　B. 应用水平的提问

C. 分析水平的提问　　D. 综合水平的提问

4. 有些教师在教学过程中，看似课堂气氛活跃，学生回答问题积极，师生双边活动体现得很好，但实际问的全是诸如：对不对、是不是、美不美等问题。这一教学方法存在的主要问题是（　　）（常考）

A. 问题太过繁琐，缺乏思考价值

B. 问题太过空泛，让学生不知从何说起

C. 问题脱离学生实际，超过了学生的认知水平

D. 问题带有暗示色彩，对启迪学生思维意义不大

5. 一位老师在教学《骆驼与羊》一课时，这样导入新课："同学们，在动物的王国里，有时也会像人一样发生争论。今天就有两位动物不知为什么事争论起来了，你们想知道是谁和谁争吵，又为什么争吵吗？"这一课堂导入的方式是（　　）

A. 直接导入　　B. 故事导入　　C. 提问导入　　D. 情境导入

6. 如果要巧妙引入新课，使学生在不知不觉中获得新知，往往采取（　　）

A. 先讲后书　　B. 先书后讲　　C. 边讲边书　　D. 视情况而定

7. 下列选项不属于说课对象的是（　　）（易错）

A. 领导　　B. 同行　　C. 学生　　D. 教研人员

8. 张老师开始讲《詹天佑》这篇课文时说："同学们，你们知道吗？詹天佑是我国著名的铁路专家，主持修建了举世闻名的京张铁路，今天我们就来学习这一课。"这属于（　　）

A. 直接导入　　B. 经验导入　　C. 故事导入　　D. 悬念导入

9. "已知一正方形的边长是5cm，那么该正方形的面积是多少？"这属于（　　）（常考）

A. 知识水平的提问　　B. 理解水平的提问

C. 应用水平的提问　　D. 分析水平的提问

10. 某教师上课过程中发现有一个学生分心，便在讲课的同时用目光凝视这个学生，引起他的注意，促使其重新专心听讲。这位教师运用的是（　　）

A. 直观技能　　B. 教态语言技能　　C. 提示技能　　D. 批评技能

11. “师徒四人去西天取经,可是迷路了。孙悟空叫来了土地爷,可是土地爷只给了他一张地图,比例是1:10000。唐僧掐指一算,这也是取经道路上的一难。同学们,你们能帮帮他们吗?”这种导入方式是( )

A. 情景导入 B. 悬念导入 C. 故事导入 D. 直接导入

12. 教《警察与赞美诗》(初中教材)时,教师设计了这样的结束语:欧·亨利是世界三大短篇小说巨匠之一,他的小说善于捕捉生活中令人啼笑皆非而富于哲理的戏剧性场景,用漫画般的笔触勾勒出人物的特点。作品在结尾时突然出现一个意料不到的结局,使读者惊愕之余,不能不承认故事合情合理,进而赞叹作者构思的巧妙。《最后一片叶子》和《麦琪的礼物》是他的代表作品,同学们可以抽时间读一读。这种结课方式属于( )

A. 激励式结课 B. 拓展延伸式结课

C. 诱发想象式结课 D. 悬念式结课

13. 导入新课、复习课、承启教学环节等场合较为常用的提问类型是( )

A. 理解水平的提问 B. 回忆水平的提问

C. 综合水平的提问 D. 应用水平的提问

14. 吴老师为了规范学生化学方程式的书写,进行板书演示,其主要作用是( )

A. 集中注意力 B. 提供示范 C. 激发兴趣 D. 概括要点

15. 下列关于板书作用的说法,不正确的是( )

A. 简明扼要、提纲挈领地表现教学内容 B. 有效地辅助口头语言教学

C. 揭示知识的结构体系和内在联系 D. 明确教学任务分配和学习准备

16. 下列哪种类型的板书遵循事物发生、发展的顺序,能使学生了解事物发生、发展的前因后果,对内容有较全面的理解( )

A. 问题式板书 B. 提纲式板书 C. 线索式板书 D. 表格式板书

17. 教师建立一个简单的问题情境,让学生运用新获得的知识和回忆过去所学过的知识来解决新的问题。这种提问属于( )

A. 回忆提问 B. 理解提问 C. 分析提问 D. 运用提问

二、多项选择题

1. 体现教师仪表风度的方法有( )

A. 努力塑造优雅的风度 B. 注重高雅的谈吐和文明举止

C. 注重自己的仪表端庄 D. 对学生公正无私

2. 课堂提问是教师在课堂教学中常用的方式方法,能够不断引起学生的注意,使学生积极参与教学活动,激发学生的学习积极性,促进教师及时了解学生的掌握程度。下列关于课堂提问的说法,正确的是( )(易错)

A. 教师课堂提问的问题一定要经过精心筛选

B. 教师课堂提问不要做出批评

C. 教师课堂提问要多采用灵活多变的提问方法

D. 教师课堂提问要把握好提问时机

3. 下列属于导入技能的是( )

A. 围绕标题精心设计一系列问题

B. 从学生实际生活中选择与教学内容有密切联系的实例进行讲解

C. 通过组织学生讨论、操作、游戏等活动,调动学生学习的积极性

D. 强调课堂纪律,从而发展学生的自控能力

4. 在教《孔乙己》一课时，某教师的导入设计为："同学们，我们都知道鲁迅，他是著名的文学家、思想家和革命家，他是我们浙江绍兴人，应该说是我们浙江人的骄傲。今天我们就来学习他的一部优秀的小说作品《孔乙己》。"这种导入(　　)

A. 模糊了导入的目的性　　B. 忽视了导入的有效性

C. 遵循了导入的启发性　　D. 体现了导入的趣味性

5. 下列符合课堂教学结束技能要求的是(　　)

A. 数学教师在下课前归纳概括了正弦函数的特点

B. 历史教师讲完"中国共产党的成立"后，要求学生课后观看《建党伟业》

C. 语文教师下课前鼓励学生续写《最后一课》

D. 生物教师利用课堂最后10分钟测验学生对本节课所学知识的掌握情况

6. 在学生回答问题有困难、不能作答或回答不完全时，教师应适时介入，一般包括(　　)

A. 核查学生是否明白问题的意思　　B. 鼓励学生尽快作出回答或完成教学指示

C. 切勿提示问题的要点、关键或答案的结构　　D. 在学生没听清题意时，原样重复所提问题

三、案例分析题

语文老师在讲授孙犁的散文名篇《黄鹂》时，是这样开头的：教师先问："大家能说出哪些有关黄鹂的诗文?"学生根据自己的知识积淀，能够说出"两个黄鹂鸣翠柳，一行白鹭上青天"(杜甫)，"千里莺啼绿映红，水村山郭酒旗风"(杜牧)，"留连戏蝶时时舞，自在娇莺恰恰啼"(杜甫)，"漠漠水田飞白鹭，阴阴夏木啭黄鹂"(王维)。然后教师总结："在这些诗文中，黄鹂作为春天的使者，给大好春光增添了盎然的生机和无限的活力。那么，在我国著名的散文家孙犁的笔下，黄鹂又是怎样的呢?"

材料中的老师运用了哪种课堂导入方法？简述课堂导入在课堂教学中的作用。

真题必刷

一、单项选择题

1. [郑州二七区]在讲授《愚公移山》时,张老师通过提问"愚公年龄多大了"来考查学生对"年且九十"中"且"的含义的理解。这种提问属于(　　)(易错)

A. 直问　　B. 复问　　C. 顺问　　D. 曲问

2. [信阳淮滨]下列教学技能中,"能根据课程标准和学生接受能力对教材进行恰当处理"属于(　　)

A. 课堂教学技能　　B. 教学设计技能　　C. 教学研究技能　　D. 辅导技能

3. [洛阳洛龙区]"不愤不启,不悱不发"是(　　)导入新课的教育理念。

A. 开门见山　　B. 设置悬念　　C. 直观演示　　D. 趣味方式

4. [安阳滑县]有的教师经常采用讲故事、做游戏等方式结课。下列对此表述正确的是(　　)

A. 有利于提升学生发现问题及解决问题的能力

B. 有利于学生主观能动性的发挥和主体性的显现

C. 能够很好地把前后两节课联系起来,为后一节课做好铺垫

D. 能够调动学生的学习积极性,让学生在精彩的活动中巩固知识

5. [安阳汤阴]数学老师在讲授圆柱、圆锥的侧面积与表面积时,先让学生观察模型及侧面展开图,进而引导学生推导出计算公式。该老师运用的导入方法是(　　)

A. 经验导入　　B. 直观导入　　C. 活动导入　　D. 举例导入

6. [洛阳伊川]语文老师上课时说,我们今天学习第20课《咕咚》,随后板书课题。接下来问同学们,咕咚是什么东西?这篇课文讲了一件什么事,你们想不想知道?请同学们打开书本,我们学完本课就知道了。老师用的导入方法是(　　)(常考)

A. 故事导入　　B. 情境导入　　C. 悬念导入　　D. 直观导入

7. [郑州管城区]"为什么说五四运动是中国新民主主义革命的开端?"此提问属于(　　)

A. 分析型问题　　B. 评价型问题　　C. 综合型问题　　D. 应用型问题

8. [永城]课堂上,教师用体态语言(如点头、微笑、摇头、鼓掌等)对学生的表现进行强化,属于教学强化的一种类型。这种类型应是(　　)

A. 语言强化　　B. 动作强化　　C. 活动强化　　D. 标志强化

9. [永城]疑问是学习的起点,也是学习的动力。激发学生思维,活跃课堂气氛,使学生带着问题学习,促进对知识理解的课堂导入方法是(　　)

A. 问题导入　　B. 悬念导入　　C. 直接导入　　D. 实例导入

10. [南阳南召]教学技能是教师在已有的知识经验基础上,通过实践练习和反思体悟而形成的一系列教学行为和心智活动方式,下列对它的定义理解不正确的是(　　)

A. 教师教学时间越长,教学技能就越丰富

B. 教学技能的形成是内外兼修的结果

C. 教学技能是一系列教学行为和心智活动方式的整体体现

D. 教学技能是在教师已有的知识经验的基础上形成和发展起来的

11. [周口沈丘]以集体备课为主要形式，为突破重点难点、寻找解决问题的方法而进行的说课是(　　)

A. 研讨性说课　　B. 示范性说课　　C. 检查性说课　　D. 评比性说课

12. [安阳殷都]在课堂教学中，丁老师有意识地收集和分析教与学的状况，并做出相应反应的教学行为是(　　)

A. 教学反馈　　B. 教学反思　　C. 教学研究　　D. 教学评价

13. [周口太康](　　)是课时计划的主要组成部分，应写得详细具体。(常考)

A. 教学目标　　B. 教学重点和难点

C. 教学方法　　D. 教学过程

二、多项选择题

1. [郑州二七区]下列关于教学设计的论述正确的有(　　)

A. 教学设计的方案一般不能修改

B. 在教学设计过程的模式中包括学习目标、学习内容、学生特征、教学策略和教学评价

C. 教学设计具有灵活性的特点

D. 教学设计需要用系统的方法进行设计

2. [安阳滑县]板书是教师们教学过程中必不可少的一项技能。下列关于板书的作用表述正确的是(　　)

A. 有利于学生的课堂理解与课后复习　　B. 有助于教师阐述和讲解教学内容

C. 有利于激发学生学习兴趣，集中注意力　　D. 有利于突出重难点，形成知识结构

3. [信阳光山]成功的结课往往能对整堂课起到画龙点睛的作用。因此，教师在结课时(　　)(常考)

A. 要有趣味性　　B. 要有针对性　　C. 要全面而深刻　　D. 要简洁明快

4. [洛阳洛龙区]导入技能是教师在进入新课时，营造和谐氛围、激发学生兴趣、建立知识联系的一种教学行为。在当前新课改的背景下，导入技能的主要构成要素包括(　　)

A. 问题情境　　B. 知识衔接　　C. 目标指引　　D. 巩固练习

5. [濮阳经开区]教案是教师经过周密策划而设计出来的关于课堂教学的具体实施方案，通常以一节课为单位编写。教案的编写不仅要切合实际还要坚持(　　)

A. 科学性　　B. 教育性　　C. 实用性　　D. 经济性

6. [郑州惠济区]下列关于教师板书的相关行为，做法恰当的是(　　)

A. 根据不同的教学目的设计不同的板书　　B. 不写或少写板书

C. 对难度较大的概念、公式先书后讲　　D. 尽可能将所教授内容都写在黑板上

7. [信阳罗山]课堂导入的好坏对教学成败起着至关重要的作用，有效的课堂导入能(　　)(常考)

A. 激发学生的学习兴趣和求知欲　　B. 营造和谐的课堂氛围

C. 可以重点复习以往的教学内容　　D. 建立新旧知识之间的联系

8. [平顶山卫东区]教学技能的特点是(　　)

A. 复杂性、示范性　　B. 发展性、持续性

C. 操作性、整体性　　D. 发展性、示范性

9. [濮阳市直]王老师的课堂提问中，属于理解型提问的有(　　)

A. 你能用自己的话解释诗歌的尾联吗？　　B. 这篇课文的文体属于以下哪类？

C. 你觉得作者为什么说出这句话？　　D. 对于作者所表达的情感有何判断呢？

三、判断题

1. [郑州高新区]课堂教学中，板书可以帮助学生理清课堂教学思路，形成系统完整的知识结构。（　　）

2. [安阳滑县]教师的基本板书要能体现教学目的与教学内容内在联系的重点、难点和关键点，能表现教学中心内容的基本事实、基本思想。（　　）

3. [信阳浉河区]教学反思就是教师以研究者的心态或视角，审视自己教学实践的过程。（　　）

4. [新乡封丘]一般来说，教学口语的语速要适当高于一般人际交往口语的语速，以提高课堂教学的效率。（　　）

四、案例分析

[开封龙亭区]一位教师在教学“平面图形的周长和面积总复习”一课时，巧妙地利用“用绳圈菜地”的故事激疑：从前有个老人，他有6个儿子。一天，他把所有的儿子叫到跟前说：“孩子们，我已经老了，我没有多少家产留给你们，只有园子里还有几亩地，就分给你们吧。”说着，老人拿出6根绳子，对6个儿子说：“你们看，我这里有6根同样长的绳子，现在你们每人拿1根绳子到园子里去圈地，谁圈到多大一块地，那块地就属于谁，剩下的地就留给我种吧。”6个儿子一听，赶忙拿着绳子往园子里跑。大儿子围成的是长方形，二儿子围成的是正方形，三儿子围成了三角形，四儿子围成了平行四边形，五儿子围成了梯形，六儿子围成的是圆形。如果你是其中的一个儿子，拿着同样长的绳子去围地，你会围成一个什么图形？一石激起千层浪，课堂上顿时活跃起来，学生原有的认知结构中有关平面图形面积的知识模块被激活。他们各抒己见，有的说围成正方形，有的说围成长方形，有的说围成圆形……正当学生争论不休时，教师看准火候，及时导入新课，并鼓励学生比一比，看谁学习了新课后能够正确解释这个现象。

(1)分析上述案例中的导入类型。

(2)分析这种导入方式的优点。

(3)结合实际教学，谈谈在设计这种教学导入时应该注意什么。

第八部分　教育写作与教育活动设计

基础必刷

专题1 教育写作

1. 国家发布《新时代基础教育强师计划》，强调要做高质量教师。某校长分享，要成为高质量教师，应该要唱好三支歌：

第一支歌是《在希望的田野上》，教育是希望的行业；

第二支歌是《爱拼才会赢》，教师要勇于拼搏，砥砺前行；

第三支歌是《众人划桨开大船》，强调要通力协作。

结合上面三首歌，谈谈你的感悟和感想，并说一说你要如何让自己成为一名高质量教师。

要求：选定立意，自定文体，自写题目，写一篇不少于600字的文章。

2. 根据以下材料，写一篇不少于800字的论述文，题目自拟。

两位小学语文老师，在每次期末考试阅卷时，一位老师阅卷只要符合题意，就给分，对每张试卷根据卷面整洁给1到10分的卷面分，她认为小学阶段应以鼓励为主，让学生开开心心上学，高高兴兴回家。另一位老师阅卷只要不符合答案或语意，就不给分，也没有卷面分，他认为要在小学阶段对学生严格教育，这样以后进行纠正就不需要付出更多努力了，也不影响其他方面的发展。

3. 根据以下材料，写一篇不少于800字的论述文，题目自拟。

“内卷”一般意味着，当资源无法满足所有人的需求时，人往往会通过强烈甚至无序的竞争来争抢资源。简单来说，就是一种无实质意义的内向消耗，表现为与预期的目标严重偏离、被动地应对、低水平地模仿、将简单问题复杂化、限制创造力的内部竞争、无意义的精益求精等。

目前，教育领域的“内卷”也比较严重，比如有的学校教师或家长明明知道“双减”政策的益处，但现实中难以落实，甚至不得不层层加码，作业量不减，课外辅导繁多，导致学生身心劳累，运动时间减少，好奇心、想象力和创造性受到压抑。另外，学区房、补课费、资料费等也屡禁不止。

4. 阅读下面材料，根据要求写作。

教师要成为大先生，做学生为学、为事、为人的示范，促进学生成长为全面发展的人。

——习近平

（希望教师）当好学生成长的引路人，为培养德智体美劳全面发展的社会主义建设者和接班人、全面建设社会主义现代化国家不断作出新贡献。

——习近平

结合材料，深入思考，自拟题目，写一篇不少于600字的议论文。

5. 阅读下面的材料，根据要求写作。

人生犹如攀登台阶，无论在哪一层，阶下总有人在仰望你，阶上也有人在俯视你。有人认为，抬头自卑，低头自得，唯有平视，才能看到真正的自己。也有人认为，抬头不自卑，低头不自得，才是从容淡定的自己。还有人认为……

对于上述材料，你有怎样的感悟和思考？请写一篇议论文，表明你的态度，阐述你的看法。

要求：自拟标题，自选角度，确定立意；符合文体特征；不要套作，不得抄袭；不得泄露个人信息；不少于700字。

6. 每到毕业季，总会看到一些中小学举行毕业典礼，毕业典礼似乎已经成为了学校的一种标识，成为了师生的一种情怀，成为了一届又一届毕业生回望母校时一道绕不过的风景线。有人质疑，学校教育是否真的需要这样的仪式?《小王子》一书对“仪式”的解释是:使某一天与其他日子不同，使某一时刻与其他时刻不同。对于学生的成长而言，显然也需要这样的仪式感，需要这样一个又一个与其他日子不同的日子，一个又一个与其他时刻不同的时刻。因为“人活在世界上会面临各种存在处境的断裂状况”，尤其是一个人在生命成长的最初阶段，更会不断地面临着“存在的断裂”，只有跨过这一个又一个“断裂”门槛，才能够更好地成长。如果在一个又一个特别的仪式里，能够让学生体验到一些特别的东西，那么，他们的生命里就会有一股新的力量油然而生，牵引着他们，越过“断裂”门槛，开始新的出发。

认真分析上述材料，结合你对报考岗位的思考，写一篇不少于800字的议论文。

要求:自拟题目，观点明确，思想深刻，思路清晰，内容充实，表述流畅。

专题2 教育活动设计

一、教育方案设计

1. 洁净的空气、幽雅的环境是我们共享的。环境的好坏与我们的学习、生活、发展等方面息息相关，我们每个人都应对环境保护尽一份力。一直以来，习近平总书记都强调，“绿水青山不仅是金山银山，也是人民群众健康的重要保障。对生态环境污染问题，各级党委和政府必须高度重视，要正视问题、着力解决问题，而不要去掩盖问题”。虽然我国生态文明建设和生态环境保护到目前为止取得了历史性成就、发生了历史性变革，在有效利用能源、减少环境污染等事项中有了极大的改善，但依然存在肆意焚烧垃圾、砍伐树木、任意排放污水等现象。因此打造青山常在、绿水长流、空气常新的美丽中国，让我们能望得见青山，看得见绿水、记得住乡愁，在优美的生态环境中生活，依然是我们要时刻警惕、并一直进行下去的“事业”。

基于此，某市一学校的班主任打算通过主题班会的形式，对学生展开一次深入的“环境保护”教育。

若你是这名班主任，请结合主题设计一个教育活动方案（至少包括主题、设计依据、目标、内容与过程、预设效果与检验方法等）。

要求：（1）自选一个学段（小学、初中）并标明；

（2）主题鲜明，依据合理，方案具有针对性和可操作性；

（3）逻辑严谨，条理清晰。

2. 前不久，教育部印发《义务教育劳动课程标准(2022年版)》(以下简称“新课标”)。同年秋季学期起，劳动所占课时将从综合实践活动课程中独立出来，多种劳动技能将纳入课程。这引发了人们对于劳动课的关注。劳动教育的价值体现在哪些方面？怎样才能让劳动课落在实处，避免沦为形式主义？

如果你是一位班主任，请结合上述材料，以“培养劳动技能助‘双减’”为主题设计一份活动方案。

要求：目标清晰，环节完整，内容详实，具有可操作性。

3. 东方小学拟立足于平时的活动，以现实问题为驱动，确立“提升学生质疑能力的实践探索”的研究课题，这一研究着眼于培养学生的质疑能力，让学生带着问题去活动、带着问题去探索、带着问题去合作、带着问题去总结。在批判与反思中实现学习方式与方法的改变、学习能力的提升。

现请你担任课题负责人，对本课题的研究目标、研究内容、研究方法、研究步骤做出系统设计。

4.　　　　　　　　　　　　　　　　**“诚信”教育主题班会**

现在社会存在的虚假东西太多了，在市场经济的大潮中，许多人急功近利，言而无信，迷失自我，客观上导致了人与人之间的相互不信任，相互欺骗，扭曲了人与人之间的真诚关系。

这些直接影响着在校学生，他们小小年纪就学会了说谎。最近发现班级有同学作业没完成谎称忘在家里，为了不上体育课谎称自己身体不舒服，甚至有的满口谎言，让老师真假难分。班主任齐老师对这种现象十分担忧。

假如你是齐老师，请针对该班级存在的上述问题，设计一个教育活动方案（至少包括主题、设计依据、目标、内容与过程、预计效果与检验方法等）。

要求：

（1）自选一个学段（小学、初中、高中）并标明；

（2）主题鲜明、依据合理，方案具有针对性和可操作性；

（3）逻辑严谨，条理清晰；

（4）总字数800～1000字。

5. 班主任李老师最近发现，班级同学比较害羞、胆小，不敢在公开场合表现自己，同学之间缺乏合作。针对这种情况，李老师想组织一次文艺活动。让学生在愉悦的氛围中敞开心扉，加强沟通合作，锻炼自己的自信心和表现力。

假如你是李老师，请设计一个活动方案（至少包括主题、设计依据、目标、内容与过程、预计效果与检验方法等）。

要求：

（1）自选一个学段（小学、初中、高中）并标明；

（2）主题鲜明、依据合理，方案具有针对性和可操作性；

（3）逻辑严谨，条理清晰；

（4）总字数800～1000字。

二、教案设计

1. 阅读下面的古诗,设计一份课时教案。

题西林壁

(宋)苏轼

横看成岭侧成峰,
远近高低各不同。
不识庐山真面目,
只缘身在此山中。

2. 时间时时伴随着人们的生活,学生对“秒”接触和感知的机会也比较多,应该说对“秒”并不陌生。但是“秒”和其他时间单位一样,相对于长度、重量单位来说比较抽象,而且学生缺少系统、充分的认识,对于时间的体验也较少。因此,本课设计时注意从学生的生活经验入手,通过动手操作等丰富的学习活动,让学生体验一段时间,建立1秒及1分(60秒)的时间观念。

请根据上述材料中的教材内容,编写教学设计。

要求:

(1)写出一篇要素完整的教学简案;

(2)要恰当设定本课的教学目标、教学重点和难点;

(3)合理地设计学习活动和作业要求。

3. 某版本《道德与法治》四年级上册第一单元“与班级共成长”第一课《我们班四岁了》。第一课时有两个主题，第一个主题是“我们班的成长足迹”：我们在一起学习已经三年多了，三年多的班级生活给我们留下许多美好的回忆。让我们一起对着过去的照片，回忆一下班里发生过哪些有趣或难忘的事，重温一下班级的成长足迹吧！第二个主题是“我们班很棒”：每个班都有自己的优点，你能说出自己班棒在哪里吗？每个班都有自己的不足，我们一起来找一找自己班还存在哪些问题。

请为本节课设计教学目标和导入环节。

真题必刷

1. [郑州二七区]**材料** “人生最浪漫的事莫过于：祖国召唤时，我们正青春。”到祖国和人民最需要的地方去，是青春该有的模样。在广袤乡村“自讨苦吃”，努力把中国饭碗牢牢端在自己的手中；在风雪边关枕戈待旦，让五星红旗高高飘扬；在科技前沿创新竞进，助力“中国制造”向“中国智造”迈进；在三尺讲台默默坚守，一支粉笔书写芳华。我们欣喜地看到，民族复兴的接力棒传到当下，新时代青年在基层一线磨砺成长，奔赴山河、发光发热，做起而行之的行动者，当攻坚克难的奋斗者，让青春的光谱广阔绚烂。

请结合你对材料的理解，写一篇文章，体现你的认识和思考。

要求：自选角度，自拟题目，观点鲜明，论述充分，结构完整，语言流畅，字数在800字左右。

2.［漯河市直］在传承非遗的路上，“90后”羌绣非遗传承人张居悦并不孤单。“00后”女生坚持10年，只为学习濒危戏曲；“90后”小伙用声音将《口技》中的场景表现得活灵活现；木版年画传承人打造品牌“解忧年画铺”，让佛山木版年画活跃在大众视野……如今，越来越多年轻人加入传承非遗，各显其能，以自己的方式让古老的非遗充盈起澎湃的青春活力。丰富多彩的非遗是中华文化的瑰宝，是中华文明绵延传承的生动见证。昆曲、古琴、云锦织造、花儿、皮影戏……今天，品类众多、覆盖领域广泛的非遗依旧闪耀着夺目光彩，是生命力顽强的“活化石”，以独特魅力深深吸引着年轻一代。

如果你是班主任李老师，请以“为非遗传承发展贡献青春力量”为主题，设计一个有针对性的教育活动方案（至少包括主题、设计依据、目标、内容与过程、效果检验方法等）。

要求：

(1)活动主题鲜明，概括准确；

(2)设计依据清晰、合理，表达简洁；

(3)目标明确，内容充实、措施得当、具有针对性和操作性；

(4)评估恰当，方法可行；

(5)条理清晰，字数600字左右。

山香教育

河南省教师招聘考试

高分题库

教育理论基础

4200 答案

山香教育考试命题研究中心　主编

首都师范大学出版社
CAPITAL NORMAL UNIVERSITY PRESS

目 录

第一部分 教育学

第二部分　心理学

第三部分　教育心理学

第四部分　新课程改革

第五部分　教师职业道德

第六部分　教育法律法规及政策

第七部分　教材教法

第八部分　教育写作与教育活动设计

第一部分　教育学

第一章　教育与教育学

基础必刷

1-1 基础必刷答案详解

专题1 教育及其产生与发展

答案速查

1～5	BCABC	6～10	DCCCC	11～15	BCBCB	16～20	DDABA
21～25	BBAAD	26～30	ACBBC	31～35	CCBBA	36～40	DADBB
1～5	ABC ABCD AD AD ACD			6～10	ABCD ABC ACD BD ABC		
1～5	××√××			6～10	√×××√		
11～15	√×√××						

专题2 教育学及其产生与发展

答案速查

1～5	CDDDD	6～10	BBBDA	11～15	BBDDB	16～20	ADDDB
21～25	BDBBC	26～30	DDCAB	31～35	BBDCB	36～40	AAACA
41～45	CDBCB	46～48	DCD	1～5	AB ABCD BC ACD ABCD		
6～10	ACD AB ABC AC ABCD			11～14	AD ACD ABCD ACD		
1～6	×××××√						

四、填空题

1. 梁漱溟

2. 培根

3.《理想国》《爱弥儿》《民主主义与教育》

4. 陶行知

5. 荀子

五、简答题(参考答案)

1. 简述陶行知的生活教育理论。

(1)“生活即教育”,主张以人类的生活作为教育内容,在生活实践中接受教育。这是生活教育的本质论及核心。(2)“社会即学校”,要“把学校里的一切延伸到大自然界中去”,这是生活教育的范围论。(3)“教学做合一”,强调学做结合,这是生活教育的方法论。

2. 简述实用主义教育学的主要观点。

(1)教育即生活,教育的过程与生活的过程是合一的;(2)教育即学生个体经验持续不断的增长;(3)学校是一个雏形的社会;(4)课程组织应以学生的经验为中心;(5)师生关系以儿童为中心;(6)教学过程注重学生的独立发现和体验,尊重学生发展的个体差异。

专题3 教育研究及其方法

答案速查

1～5	ABDBA	6～10	DCADD	11～15	BCABA	16～20	BAADB
21～25	DADBB			1～6	BCD ABC ACD ABD ABC ABC		

三、简答题(参考答案)

1. 简述教育研究的基本过程。

(1)选择研究课题;(2)教育文献检索与综述;(3)制订研究计划;(4)教育研究资料的收集、整理与分析;(5)教育研究论文与报告的撰写。

2. 简述实验研究法的优点。

(1)能确立因果关系,认识事物的本质和规律;(2)研究结果客观、准确、可靠;(3)能对变量进行控制,提高研究的信度;(4)能为理论的构建提供佐证和说明;(5)能将实验变量和其他变量的影响分离开来;(6)严密的逻辑性是其他研究方法难以比拟的。

提升必刷

答案速查

1～5	DDCBB	6～10	DBCCC	11～15	BAADC	16～20	CBDAA
21～25	CDDDA	26～30	CCDDD	31～34	BBBC		
1～5	BCD ACD BCD BCD ABD			6～10	ACD ABC AB BCD BCD		
1～5	× × × √ ×			6～10	√ × × √ ×		

一、单项选择题

1. D 【解析】教育的基本要素包括教育者、受教育者(学习者)和教育影响(教育媒介)。其中,教育影响即教育活动中教育者作用于学习者的全部信息,既包括信息的内容,也包括信息选择、传递和反馈的形式,是形式与内容的统一。正是这种教育内容与教育形式的统一所构成的教育影响,使得教育活动成为一种区别于其他社会活动的相对独立的社会实践活动。故选D项。

2. D 【解析】教育者与受教育者的教学互动是以激励学生之学为基础、为动力的,旨在使青少年学生积极主动地成为自觉学习、自我教育的人。题干引文说明孔子十分重视学生学习与自我教育的自觉性、选择性与针对性,反映了教育是激励与教导受教育者自觉学习和自我教育的活动。(具体内容参见王道俊、郭文安主编的《教育学(第7版)》)

3. C 【解析】文献检索的作用之一就是可以吸取前人研究的经验教训,避免重复研究。

4. B 【解析】"相观而善之谓摩"的意思是:互相取长补短,叫作观摩。对于教师来说,就是要在教学中相互观摩,取长补短。

5. B 【解析】近代社会教育的特点之一是教育的世俗化。与公立教育的发展相对应，教育逐渐建立了实用功利的教育目的，从宗教中分离出来。有些国家明确规定，宗教、政党不得干预学校教育。比如，英国在全面实施义务教育和加强对教育管理的同时，规定公立学校可以不进行宗教教学，允许学生不参加学校的宗教教学，学生家长可以要求子女不参加学校的宗教仪式和宗教教学。故选B项。

6. D 【解析】实用主义教育学是19世纪末20世纪初兴起于美国的一种教育思潮，其代表人物是杜威、克伯屈。A项错误。定量研究是实验教育学所强调的研究范式。B项错误。马克思主义教育学认为教育的根本目的是促进学生的全面发展；批判教育学认为教育目的是要对师生进行“启蒙”，以达到意识“解放”。C项错误。

7. B 【解析】结构性观察即事先经过设计，规定好观察项目，选定观察对象，采用观察工具，在观察中填写观察量表等进行的观察。

8. C 【解析】袁振国的《当代教育学》把教育平等的理论划分为：(1)古代朴素的教育平等观点，如孔子的“有教无类”“因材施教”等；(2)古典自由主义的观点，如夸美纽斯的“把一切知识教给一切人类”等；(3)“民主主义学派”的观点，这种观点强调“个人自由”是人类的最高理念，而教育平等是实现个人自由与社会民主的基本途径；(4)技术绩效主义的观点，这种观点把社会不平等归结为个体的竞争能力，因而学校教育的大众化可以为个体提供各种发展机会，进而可以促进经济和社会的平等。故A、B、D三项均是教育平等观念的体现。“学不躐等”即教学要遵循学生的心理发展特点，循序渐进。故C项不能体现教育平等观念。

9. C 【解析】“新生儿吮吸母乳”属于人类的本能行为，不属于教育。

易错提示 根据教育的定义和本质属性可知，人类社会中的一些行为是不属于教育的。例如：
(1)没有明确目的的、偶然发生的行为，如孩子偶然把手指伸到火苗上，被灼伤，由此获得有关火的知识；
(2)日常家庭生活中的“抚养”“养育”行为，如父母养育孩子；
(3)人类的本能行为，如新生儿吮吸母乳等；
(4)机械的灌输和随心所欲的学习；
(5)一些错误观念的影响。

10. C 【解析】赫尔巴特认为任何教学都必须经历四个阶段：(1)“明了(清楚)”，即把新教材分解为各个构成部分，并和意识中相关的观念，即已经掌握的知识进行比较；(2)“联合(联想)”，即建立新旧观念的联系，使学生在新旧观念的联系中继续深入学习新教材；(3)“系统”，即学生在教师的指导下，在新旧观念联系的基础上进行深入思考，寻求结论和规律；(4)“方法”，即通过实际练习，运用系统的知识，使之变得更熟练、更牢固。引导学生将知识运用到实际中去，即重视学生的实际练习，体现的是赫尔巴特教学过程思想中的“方法”。

11. B 【解析】教育的历史性即不同时期的教育有其不同的历史形态、特征。“西汉初期实行的‘罢黜百家，尊崇儒术’的文教政策”反映了当时教育的历史形态和特征，体现了教育的历史性。故选B项。

12. A 【解析】在教育基本要素都具备的情况下，教育者的主导性要素起着决定性的作用。教育者是教育活动的组织者，控制着教育目的和采用的方法、手段，教育者创设环境、选择教具与器材，调控受教育者的活动，教育者的观念和教育行为方式，影响着其他各基本要素功能的充分发挥。

13. A 【解析】夸美纽斯强调教育的自然性，自然性首先是指人也是自然的一部分，人都有相同的自然性，都应受到同样的教育；其次是说教育要遵循人的自然发展的原则，尊重人的自由发展；最后是说要进行把广泛的自然知识传授给普通人的“泛智教育”，而不是仅强调宗教教育。故B、C、D三项正确。夸美纽斯极力倡导最广泛的学校教育，认为这样可以使每个人都学到广泛的知识，达到“泛智”的目的。A项表述错误。

14. D 【解析】叙事研究是抓住人类经验的故事性特征进行研究并用故事的形式呈现研究结果的一种研究方

式。A项说法错误。质性研究是基于经验和直觉，以研究者本人作为研究工具，凭借研究者自身的洞察力，在与研究对象的互动中理解和解释其行为和意义建构的研究方法，它最早起源于人类学、社会学、民俗学等学科。B项说法错误。调查研究最突出的优点是可以深入了解教育现状，发现问题，弄清事实，为教育行政部门制定教育政策、教育规划以及为教育改革提供事实依据。C项说法错误。行动研究的基本过程大致分为循序渐进的四个环节，即计划、行动、考察和反思。D项正确。

15. C 【解析】《学记》中提出："学者有四失，教者必知之。人之学也，或失则多，或失则寡，或失则易，或失则止。此四者，心之莫同也。知其心，然后能救其失也。教也者，长善而救其失者也。"由此可知，针对学生学习"过少、过急、过难、过易"的问题，就需要通过长善救失的教育原则进行解决。

16. C 【解析】自然主义教育的核心是"归于自然"。"顺木之天，以致其性"的意思是：种树要能够顺应树木的自然生长规律，使它的本性充分发展。这体现的是自然主义教育思想。

17. B 【解析】原始社会的教育是与社会生活、生产劳动紧密相连的。奴隶社会里，出现了专门从事教育工作的教师，产生了学校教育。教育从社会活动中分化出来，成为独立的形态。这时，学校教育与生产劳动开始脱离。

18. D 【解析】隐性教育功能是非预期的且具有较大隐藏性的功能，如不公正的教育复制了现有的社会关系，再现了社会的不平等；对有些家长而言，学校起了照管儿童的功能等，都是隐性教育功能的表现。

19. A 【解析】杜威的"儿童中心"教育就是解放儿童的教育，这是传统教育转向现代教育的重要标志。

20. A 【解析】题干中的这句话说明人要成为人，就必须接受教育，教育应以培养人作为专门职能。这在一定程度上揭示了教育的本质属性，即教育是一种有目的地培养人的社会实践活动。

21. C 【解析】我国古代教育的目的是为统治阶级培养人才，而从政者是不需要从事生产劳动的，所以孔子认为"君子"以不闻道为患，不因贫困而忧虑，还把请教种庄稼、种菜问题的樊迟视为"小人"。这反映了我国古代教育与生产劳动相脱离的特点。

22. D 【解析】按教育功能作用的方向，教育功能可分为正向功能和负向功能。正向功能指教育有助于社会进步和个体发展的积极影响和作用。负向功能指教育阻碍社会进步和个体发展的消极影响和作用。"纪律教育可以让学生养成良好的服从习惯"体现了教育的正向功能；"纪律教育也可能规训了学生的心智以致其缺乏自主性"体现了教育的负向功能。

23. D 【解析】"正如王老师所料，学生的学习热情高涨，成绩明显提高"体现的是教育的正向显性功能。"但没有想到的是学生之间相互猜忌、隐瞒学习资料等现象日趋严重"体现的是教育的负向隐性功能。

24. D 【解析】封建社会的生产仍是手工操作的小生产，生产劳动者的培养不需要通过学校教育，因而封建社会的学校教育，仍然没有培养生产劳动者的任务，基本上是与生产劳动脱离的。

25. A 【解析】原始社会的教育具有非独立性，教育和社会生活、生产劳动紧密相连。古代社会的教育一般指奴隶社会和封建社会的教育，学校教育与生产劳动相脱离和相对立。资本主义社会的教育，生产性不断增强，教育同生产劳动从分离走向结合。

26. C 【解析】实用主义教育学是在批判以赫尔巴特为代表的传统教育学的基础上提出来的，其基本主张有：(1)教育即生活，教育的过程与生活的过程是合一的；(2)教育即学生个体经验持续不断的增长；(3)学校是一个雏形的社会；(4)课程组织应以学生的经验为中心；(5)师生关系以儿童为中心；(6)教学过程注重学生的独立发现和体验，尊重学生发展的个体差异。C项正确。

27. C 【解析】教育民主化包括教育的民主与民主的教育两个侧面。前者是民主的外延扩大，即把政治的民主扩展到教育领域，使受教育成为公民的权利和义务；后者是教育内涵的加深，即把专制的、不民主的、不充分民主的教育改造成为民主的教育。C项表述片面。

28. D 【解析】A、B、C三项均出自《学记》，A项“不陵节而施”和B项“学不躐等”阐述的是循序渐进教学原则，C项“当其可之谓时”阐述的是及时施教原则。D项出自《孟子·离娄下》，原文为“源泉混混，不舍昼夜，盈科而后进，放乎四海”。故选D项。

29. D 【解析】教育学具有沟通教育理论与实践的价值。教育学研究的目的不仅是促进教育理论知识的增长，而且是更好地开展教育实践。在这个过程中，教育学扮演着一种“中介”或“桥梁”的作用。

30. D 【解析】现代教育的生产性是指现代教育越来越与人类的物质生产结合起来，越来越与生产领域发生密切的、多样化的关系，生产的发展也越来越对教育系统提出新的要求。

31. B 【解析】制订研究计划要做好的工作包括：(1)确定研究类型和方法；(2)选择研究对象；(3)分析研究变量；(4)形成研究计划。题干中的张老师已经选择了研究对象，确定了自变量和因变量，正在思考研究方法。这说明张老师的课题研究处于制订计划环节。

32. B 【解析】魏晋南北朝时期的官僚选拔采用“九品中正制”，将察举对象分为上上、上中、上下，中上、中中、中下，下上、下中、下下九个品级，“中正”是负责对士人品级进行评定的官职的名称。“九品所取，大概多以世家为主”，这是一种等级制度，造成了“上品无寒门，下品无士族”的现象。故体现了教育的等级性。

易错提示 教育的阶级性和等级性容易混淆，考生需注意区分。

(1)阶级性的典型体现：夏、商、西周的“学在官府”，限定只招收王太子、王子、诸侯之子、公卿大夫之嫡子入学，乡学只收奴隶主贵族子弟学习“六艺”。

(2)等级性的典型体现：唐朝的中央官学设有“六学二馆”，规定：弘文馆、崇文馆招收皇帝及一品大臣以上的子孙；国子学、太学、四门学分别招收三品、五品、七品以上文武官员的子孙；书学、算学、律学则招收“八品以下子孙及庶人通其学者”。

33. B 【解析】教育公平主要包括起点公平、过程公平和结果公平。

A项，教育起点公平包括教育权利平等和教育机会平等两个方面。权利平等是指人人享有的基本权利应该完全平等以及人人享有的非基本权利比例是相同的。教育机会平等主要是指每个人无论性别、出身、民族、身体状况、智力水平、政治地位、经济基础、居住地等情况，都有接受教育的机会。故A、D项不符合题意。

B项，教育过程公平是指在接受教育的过程中享受平等的待遇，不仅包括建筑、场地、教学设施等硬件资源，还包括学校管理、教师队伍等软件资源，同时还包括教师在课堂教学过程中平等对待每一位学生，根据每位学生的身体智力水平、家庭背景、特长爱好、教养程度进行教育。由题干中“促进义务教育学校的均衡发展，要提供同样质量的师资、课程、评价”可知，这体现的是教育过程公平。B项符合题意。

C项，教育结果公平即教育质量的公平，是指学生在毕业时所获得的知识与技能、过程与方法、情感态度价值观在同一水平，实现实质上的平等。C项不符合题意。

34. C 【解析】抽样调查是指从被调查的总体中，用科学的取样法抽取一部分对象进行调查，并根据调查结果推断或说明总体。因此，C项属于抽样调查。

二、多项选择题

1. BCD 【解析】小升初民办学校摇号入学政策的实施有利于提供均等的入学机会，体现了教育民主化，这是对教育的等级化、特权化和专制性的否定。

2. ACD 【解析】蔡元培从资产阶级哲学观和政治观出发，认为：人的发展，应该是和谐、健全的发展，“养成健全的人格”。所以，教育必须是全面的教育。根据这样的理论基础，他提出了德、智、体、美和谐发展的教育方针。故A项对应正确。

亚里士多德主张体育先于智育进行，因为智力的健全依赖于身体的健全。故B项对应错误。

在教学的原则和方法上，昆体良的一个重要见解是反对体罚，他是最早提出反对体罚的教育家。故C项对应正确。

奥苏贝尔强调主动地接受学习，并认为学生接受知识的学习过程是一种有意义的学习过程。故D项对应正确。

3. BCD 【解析】教育的生物起源学说的代表人物是法国社会学家、哲学家利托尔诺与英国教育家沛西·能。利托尔诺在《各人种的教育演化》一书中认为，教育活动不仅存在于人类社会之中，而且也存在于人类社会之外，甚至存在于动物界；不仅在脊椎动物中存在，甚至在非脊椎动物中也存在。人类社会的教育是对动物界教育的继承、改善和发展。沛西·能在1923年不列颠协会教育科学组大会上以“人民的教育”为题说，“教育从它的起源来说，是一个生物学的过程”“生物的冲动是教育的主要动力”。这就是说，教育的产生完全来自动物的本能，是种族发展的本能需要。A项表述不符合生物起源说的观点。

4. BCD 【解析】题干中的“建立健全义务教育均衡发展保障机制……校舍等资源”体现了教育的民主化，“大力发展现代化远程教育……远程开放继续教育及公共服务平台，搭建终身学习‘立交桥’”体现了教育的信息化和终身化。

5. ABD 【解析】苏格拉底的“产婆术”分为四步：讽刺（讥讽）、助产术、归纳、定义。故A项正确。昆体良是古罗马教学法大师，他的代表作《雄辩术原理》是西方最早的教育著作。故B项正确。柏拉图是“寓学习于游戏”的最早提倡者，他要求不强迫孩子们学习，主张采用做游戏的方法，在游戏中更好地了解每个孩子的天性。故D项正确。首次提出“教育遵循自然”观点的教育家是亚里士多德。故C项错误。

6. ACD 【解析】卢梭提出了“消极教育”，所谓“消极教育”即成人的不干预、不灌输、不压制和让儿童遵循自然率性发展。但“消极教育”并非无所作为，还有两件事要做：(1)观察自由活动中的儿童，了解他的自然倾向和特点；(2)防范来自外界的不良影响。

7. ABC 【解析】陶行知的“生活即教育”和杜威的“教育即生活”的相同点是：(1)承认教育和生活之间存在着密切的联系，反对将教育与生活分离；(2)认为生活含有重要的教育意义；(3)承认教育对改造生活的重要作用。杜威认为学校是社会生活的一种形式，教育不是为生活做准备，而是最完全的现实生活；陶行知认为生活就是教育，生活的内容至广至大，因而生活也是一种广泛的教育。故选A、B、C三项。

易错提示 陶行知师从杜威，但陶行知与杜威的教育思想又有所不同，考生需注意区分。

维度	杜威	陶行知
关于教育本质	教育即生活	生活即教育
关于教育范围	学校即社会	社会即学校
关于教育方法	从做中学	教学做合一

8. AB 【解析】孔子主张因材施教的教学原则，“中人以上，可以语上也；中人以下，不可以语上也”，即施教应考虑学生程度水平。故A项可选。孔子提倡启发诱导的教学原则，主张“不愤不启，不悱不发。举一隅不以三隅反，则不复也”。故B项可选。“尽信《书》，则不如无《书》”出自《孟子·尽心下》，意为：完全相信《尚书》，就不如没有《尚书》。故C项不选。“业精于勤荒于嬉，行成于思毁于随”出自韩愈的《进学解》，概括了学业与品德进步与否的主

要原因,告诫人们要勤奋学习和善于思考。故D项不选。

9. BCD 【解析】题干中对学生入学资格的规定反映了政治经济制度决定着受教育的权利;不同级别官员的子孙进入不同等级的学校学习反映了我国古代社会学校教育的等级性特点,也反映出教育具有象征性,即能不能受教育和受什么样的教育是区别社会地位的象征。

10. BCD 【解析】终身教育是人一生各阶段当中所受各种教育的总和,也是人所受的不同类型教育的综合。前者从纵向上讲,说明终身教育不仅仅是青少年的教育,而且涵盖了人的一生。后者从横向上讲,说明终身教育既包括正规教育,也包括非正规教育和非正式教育。这如同英国学者里士满与终身教育的倡导者朗格朗会谈所讲的:"终身教育的含义相当简单,指教育并非局限于学校教育。相反,它的影响扩展到学习者的私人生活和公众生活的所有方面——他的家庭和职业关系、他的政治倾向、他的社会活动、他的业余爱好,等等。终身教育求助于各种各样的机构:学校、学院、大学,同时还有家庭、社区和工作领域、书籍、出版社、剧场和大众传播媒介。"故A项表述错误。

三、判断题

1. × 【解析】广义的教育者指对受教育者态度、知识、技能、思想、品德等方面起到教育影响作用的人。其范围广泛,包括各级各类教育管理人员、专兼职教师、校外教育机构中的工作人员、家长乃至自己。狭义的教育者指从事学校教育活动的人。其中,教师是学校教育者的主体。

易错提示 教育的基本要素中,教育者和受教育者都有广义和狭义之分,考生需注意:教育者≠教师,受教育者≠学生,前者的范围大于后者。

2. × 【解析】西方的自然主义教育思想是要使人的自然本性得到张扬,要求把人作为中心,是要培养自然状态的人,能够充分利用人的自然本性,发扬人的自然本性。道家的"道法自然"教育思想是要让人完全地融入到大自然中,达到自然与人的统一。所以两者存在本质差别。

3. × 【解析】陶行知早年留学美国,师从杜威并深受其教育思想影响。回国后,他创造性地把杜威的教育哲学与中国的教育实际相结合,提出了生活教育理论,即"生活即教育""社会即学校""教学做合一",这是对杜威"教育即生活""学校即社会""从做中学"的改造,并不是杜威教育理论的翻版,所以题干表述不正确。

4. √ 【解析】调查研究方案设计的原则之一为整体性原则。即调查某一问题必须获得与调查问题有关的各方面材料,调查面尽可能宽些,调查内容尽可能体现全面性与代表性。

5. × 【解析】赫尔巴特强调教师的权威作用和中心地位,而卢梭等人主张自然教育,强调教师不要过多干预儿童的发展。

6. √ 【解析】我国在西周时已建立了典型的政教合一的官学体系,而私学是在春秋战国时期兴起的,故官学的出现早于私学。

7. × 【解析】教育的隐性功能是非预期的且具有较大隐藏性的功能。隐性功能既有积极的,也有消极的。

8. × 【解析】原始社会的教育没有阶级性,每个社会成员都可以受到平等的教育。学校产生于奴隶社会。故题干所述错误。

9. √ 【解析】教育作为社会结构的子系统,它通过培养人进而影响社会的存在和发展。教育的社会功能是教育的本体功能在社会结构中的衍生,是教育的派生功能。由此可见,教育的基本功能是影响人的发展。

10. × 【解析】原始社会教育的无阶级性主要表现在两个方面:一是每一个社会成员都可以接受教育;二是每一个教育对象都能受到平等的教育。但这只是原始状态下的教育机会均等,只因年龄、性别和劳动分工不同而有差别。古代社会的教育具有鲜明的阶级性与严格的等级性,但也有了专门的教育机构和专职的教育人员,使教育从一般的生产和生活过程中分化出来成为一种独立存在的社会活动形式,从而大大提高了教育实践的专门程度,具备了独立的社会职能。故题干的观点不正确。

四、论述题(参考答案)

(1)“教学做合一”的含义:教的方法根据学的方法;学的方法根据做的方法。事怎样做便怎样学,怎样学便怎样教。教与学都以“做”为中心。在做上教的是先生,在做上学的是学生。

(2)“教学做合一”包含以下要点:首先,“教学做合一”要求“在劳力上劳心”;其次,“教学做合一”是因为“行是知之始”;其三,“教学做合一”要求“有教先学”和“有学有教”;其四,“教学做合一”还是对注入式教学法的否定。(考生可结合实际加以阐述,言之有理即可)

五、案例分析题(参考答案)

1. 案例中教师的做法是不符合现代社会的特点和现代教育发展趋势的。

首先,现代社会是一个多元化的社会,学生可以通过多种途径接受不同的信息。尤其在这个科学技术迅猛发展的时代,学生从课堂外接收到的信息往往要比在课堂上接收到的信息更加丰富。而案例中教师的行为等同于闭门造车,因此,“他的教学效果很一般”。

其次,终身教育成为现代教育中一个富有生命力和感召力的教育理念,这是现代教育的发展趋势之一。在这种趋势下,教师更应顺应时代要求,树立终身学习的理念,积极学习新鲜事物和新的教育教学思想,不断提升自身的知识素养和教学能力。

2. (1)观察法和访谈法。

(2)选择之一:教育行动研究

理由:①在研究目的方面,对于李老师要探索新的教学策略这一实践性较强的研究目的来说,以改进实践为基本取向的教育行动研究更为适合。②在研究过程方面,教育行动研究在实际情境中进行,无需严格的变量控制,对李老师而言,相对简单、易于操作。③在研究主体方面,教育行动研究更强调行动者成为研究者,这对李老师的专业发展更有好处。

选择之二:教育实验研究

理由:①在研究目的方面,教育实验研究更侧重于因果关系的探究,更有利于李老师确证“扩展课外阅读”与“外来务工人员子女语文学习成绩”之间的因果关系。②在研究过程方面,教育实验研究要求对变量作适度控制,研究过程的规范性强,研究结果的普适性高,更有利于李老师研究成果的推广应用。③在研究主体方面,选择做实验,李老师的研究可以在学校科研顾问的指导下进行,这更有利于研究结果在理论上的概括提升和李老师教育理论水平的提高。

真题必刷

答案速查

1~5	CACCC	6~10	ADADC	11~13	BDC
1~5	ABCD BC ACD ABC ABC			1~6	××××× √

一、单项选择题

1. C 【解析】A项,教育功能的客观性是指,教育功能不是主观臆想的,它是由教育的本质和教育系统的结构所决定的。B项,教育功能的整体性不仅表现在教育系统内部的协调一致,还表现在教育与社会系统的整体联动。C项,教育对社会方方面面的作用,决定了教育功能的多样性。故本题答案选C项。D项,教育功能的条件性是指,教育功能的实现是需要条件的。

2. A 【解析】孔子是春秋末期的大思想家、大教育家,儒家学派的创始人,他的教育思想主要体现在《论语》一书中。孔子提出的教学原则与方法主要有:(1)启发诱导;(2)因材施教;(3)学、思、行结合;(4)温故知新;等等。所以,题干所述教育家为孔子。

3. C 【解析】亚里士多德在教育史上首次提出了“教育遵循自然”的观点,他最早提出教育要适应儿童的年龄阶段,进行德智体多方面和谐发展的教育。故本题选C项。

4. C 【解析】按作用的方向,教育功能可分为正向功能和负向功能。其中,负向功能是指教育阻碍社会进步和个体发展的消极影响和作用。“孩子压力过大,产生厌学情绪”说明教育对学生的发展产生了消极影响,体现了教育对学生发展的负向功能。

5. C 【解析】“五经”是《诗》《书》《礼》《易》《春秋》的合称,故选C项。A项中的《大学》《中庸》《论语》《孟子》属于“四书”的内容。

6. A 【解析】法国教育家保罗·朗格朗最早系统论述了终身教育,故选A项。

7. D 【解析】校本研究是以校为本的教学研究的简称,指以学校自身条件为基础,以学校校长、教师为主力军,针对学校现实存在的问题而开展的有计划的研究活动。

8. A 【解析】《学记》从正反两方面总结了儒家的教育理论和经验,以简约的语言、生动的比喻,系统地阐发了教育的作用和任务,教育教学的制度、原则和方法,教师的地位和作用,师生关系和同学关系等,是罕见的世界教育思想遗产。

9. D 【解析】斯宾塞是英国著名的实证主义者,他反对思辨,主张科学是对经验事实的描写和记录。他强调生理学、卫生学、数学、机械学、物理学、化学、地质学、生物学等实用学科的重要性,反对古典语言和文学的教育。他还特别重视体育。在教学方法方面,他主张启发学生学习的自觉性,反对形式教育,重视实科教育。D项是德国教育家拉伊的主张。

10. C 【解析】杜威提出“新三中心论”,即学生(儿童)中心、活动中心、经验中心。

易错提示 杜威与赫尔巴特都提出了教育的三中心论,考生应注意区分:
(1)赫尔巴特——旧三中心——教师中心、课堂中心、教材中心;
(2)杜威——新三中心——儿童中心、活动中心、经验中心。

11. B 【解析】张老师所教学生的合作意识和能力有所提高,这既是对学生的积极影响,也是张老师采用小组合作学习形式所预期的结果,体现了教育的正向显性功能。

12. D 【解析】教育具有相对独立性,它既表现在教育有其自身的规律,又表现在特定时期的教育形态不一定跟其当时的社会形态保持一致,而存在教育“超前”或“滞后”的现象。

13. C 【解析】美国教育学家孟禄认为教育起源于日常生活中儿童对成人的无意识模仿。这一学说把人类有意识的教育行为混同于无意识模仿,否定了教育活动的目的性和意识性,导致了教育的生物学化,否认了教育的社会属性。

二、多项选择题

1. ABCD 【解析】从横向上看,教育的基本形式包括学校教育、家庭教育、社会教育、自我教育、自然形态的教育。故本题全选。

2. BC 【解析】西周时期,学校教育制度发展得比较完备,有“国学”“乡学”之分。故B、C两项属于西周时期的学校类型。A项,太学是西汉时期设立的教育机构,故A项排除。D项,社学产生于元朝,明朝继承和发展了元朝的社学制度，大加提倡，在全国城镇和乡村地区广泛设立。故D项排除。

3. ACD 【解析】赫尔巴特强调系统知识的传授，强调课堂教学的作用，强调教材的重要性，强调教师的权威作用和中心地位，形成了传统教育“课堂中心”“教材中心”“教师中心”的特点。故选择A、C、D三项。

4. ABC 【解析】教育稳定的质的特点有：(1)有目的地培养人的活动；(2)教育者引导受教育者传承经验的互动活动；(3)激励与教导受教育者自觉学习和自我教育的活动。(具体内容参见王道俊、郭文安主编的《教育学(第7版)》)

5. ABC 【解析】教育的社会属性有：(1)永恒性；(2)历史性；(3)继承性；(4)长期性；(5)相对独立性；(6)生产性；(7)民族性。

三、判断题

1. × 【解析】学习者是构成教育活动的基本要素之一。学习者从形式上看是教育影响的受体，但从本质上而言，却是学习活动认识和发展的主体。故题干表述错误。

2. × 【解析】赞科夫重视发展学生的智力，强调教学应走在学生发展的前面，促进学生的一般发展。布鲁纳提出了“学科基本结构”的观点，强调学习学科基本结构的重要性，主张让学生尽早尽快地学习基础学科的重要知识，重视学生能力的培养。故题干说法错误。

3. × 【解析】教育者、受教育者(学习者)和教育影响(教育媒介)是构成教育活动的基本要素。其中，教育媒介包括教育内容、教育方法、教育组织形式和教育手段等。因此题干说法错误。

易错提示 关于教育的基本要素，主要有以下几种常见的说法：

(1)三要素说：

①教育者、受教育者(学习者)、教育影响(教育媒介)；

②教育者、受教育者、教育措施；

③教育者、受教育者、教育内容。

(2)四要素说：

①教育者、受教育者、教育内容与教育物资；

②教育者、受教育者、教育内容和教育手段。

关于教育的构成要素的说法比较多，但最基本的两个要素是教育者和受教育者。

4. × 【解析】教育的本质属性是育人，即教育是一种有目的地培养人的社会活动。老鹰教小鹰属于动物的本能活动，不属于教育现象。

5. × 【解析】教育叙事研究是在片面追求科学化的研究范式在教育实践中遇到困境，教育研究转向意义追寻的背景下出现的以多种学科理论及研究方法为基础的一种研究方法。它源于叙事学，得益于后现代思想的影响，归属于质性研究。教育叙事研究是“自下而上”的研究。所以题干表述错误。

6. √ 【解析】教育是有目的、有计划、系统地培养人的社会活动，这是教育活动质的规定性。

四、简答题(参考答案)

孔子的“有教无类”从字面意思理解，体现了教育公平。它打破了贵贱、贫富和种族的界限，把受教育的范围扩大到平民，这是历史性的进步，适应了社会发展需要。孔子曾说过：“自行束脩以上，吾未尝无诲焉。”意思是只要本人有学习的愿望，主动奉送十条干肉以履行师生见面礼，就可以成为他的弟子。实行开放性的“有教无类”方针，满足了平民入学受教育的愿望，适应了社会发展需要。孔子的私学成为当时规模最大、培养人才最多、社会影响最广的一所学校，从总的社会实践效果来看，是值得肯定的。

第二章 教育的基本规律

基础必刷

1-2基础必刷答案详解

专题1 教育与社会发展

答案速查

1～5	ABBCA	6～10	BDCBD	11～15	DCCAA	16～20	BCABA
21～26	ABBBAA			1～6	ABD BCDE ABCDE ABCD ABD ABCD		
1～5	×√√√√			6～9	×××√		

四、简答题(参考答案)

1. 生产力发展水平对教育的制约作用体现在哪些方面?

(1)生产力的发展水平制约着教育发展的规模和速度;(2)生产力的发展水平制约着教育结构的变化;(3)生产力发展水平制约着教育的内容、方法与手段;(4)生产力发展水平制约着学校的专业设置。

2. 简述教育的政治功能。

(1)教育培养出政治经济制度所需要的人才;(2)教育通过传播思想、形成舆论作用于一定的政治经济制度;(3)教育促进民主化进程,但对政治经济制度不起决定作用。

3. 简述教育的人口功能。

(1)调控人口数量,控制人口增长;(2)改善人口素质,提高人口质量;(3)使人口结构趋向合理化;(4)有助于人口迁移。

五、案例分析题(参考答案)

(1)教育对政治的重要作用体现在教育通过培养一定社会所需要的政治人才而服务于政治。在阶级社会里,无论哪个时代、哪个国家,掌握政权的阶级总是利用手中的权力掌握、支配教育的优先权,利用占统治地位的思想道德培养新一代统治者。其原因在于,任何政权在政治斗争和国家管理都需要一批专门的人才。现代社会,要使社会政治实现民主化,国家在重大决策中实现科学化,必须培养出具有高文化素养和政治素养的政治人才。对于统治阶级来说,提高本阶级执政者的文化素养和政治觉悟,是提高本阶级领导水平,使本阶级制定的方针、政策得以贯彻的重要保证。而学校教育对于培养政治人才具有极为重要的作用。

(2)材料中,唐代中央政权所办的各类学校中,在校学生的总额为2681人,其中2000余人毕业后都充当各级官吏。这与政治制度制约教育目的有关。教育最明显地反映着统治阶级的需要。唐代社会,其统治者就是要为封建统治制度培养管理人才,这才导致相当多的学生毕业后都做了官吏。而美国和苏联设立管理学院或系科都是因为统治者掌握着国家权力,他们利用手中的权力控制教育的领导权,设立专门的管理学院或系科,为自己的统治培养接班人。

专题2 教育与人的发展

答案速查

1～5	DACAA	6～10	DBCDB	11～15	CDCBD	16～20	DCCCC
21～24	ABBB			1～7	ABC AD ABD ACD ABCD BCD ABCD		
1～5	×√×××			6～11	×√×√××		

四、简答题(参考答案)

1. 简述遗传素质在人的身心发展中的作用。

(1)遗传素质是人的身心发展的前提,为人的发展提供了可能性,但不能决定人的发展;(2)遗传素质的个别差异是人的身心发展的个别差异的原因之一;(3)遗传素质的成熟机制制约着人的身心发展的水平及阶段。

2. 环境对人的身心发展的影响主要表现在哪些方面?

(1)社会环境为个体的发展提供了多种可能,使遗传提供的发展可能变成现实;(2)环境是推动人身心发展的动力;(3)环境不决定人的发展;(4)人对环境的反应是能动的。

3. 简述个体身心发展的个别差异性的教育要求。

个体身心发展的个别差异性要求教育必须因材施教,充分发挥每个学生的潜能和积极因素,有的放矢地选择适宜、有效的教育途径和方法手段,使每个学生都能得到最大的发展。如在教学中采取弹性教学制度、采取能力分组、组织兴趣小组等。

4. 简述个体身心发展的互补性的教育要求。

(1)要树立信心,相信每一个学生,特别是暂时落后或在某些方面有缺陷的学生,通过其他方面的补偿性发展,都会达到与一般正常学生一样的发展水平;(2)要掌握科学的教育方法,发现学生的优势,扬长避短,长善救失,激发学生自我发展的信心和自觉。

五、案例分析题(参考答案)

(1)学校教育在人的身心发展中起主导作用。①学校教育对个体发展做出社会性规范;②学校教育具有开发个体特殊才能和发展个性的功能;③学校教育对个体发展的影响具有即时和延时的价值;④学校教育具有加速个体发展的特殊功能。案例中,学校教育提高了季羡林学习的自我意识和自我教育能力,对他的个人发展具有长远意义。教师对季羡林在作文方面的表扬,促进了他的其他学科学习成绩的提高,加速了他个体身心发展的速度。这些都是学校教育对人的发展起主导作用的表现。

(2)个体的主观能动性是人的一种内在需要和动力,是一种寻求发展的积极动机和渴望。所以,个体的主观能动性是人的身心发展的内在动力,也是促进个体发展从潜在的可能状态转向现实状态的决定性因素。季羡林的老师和山大校长王寿彭的表扬和奖励激发了他学习的主观能动性,“从此认真注意考试名次,不再掉以轻心”,从而使四次期考得了四个甲等第一。这是个体发挥主观能动性的结果。

总之,学校教育对人的身心发展起主导作用,个体主观能动性是人的身心发展的内因和动力。二者彼此关联、相互配合,共同发挥作用,促进人的身心发展。

提升必刷

答案速查

1～5	ADAAB	6～10	BACBC	11～15	ABBAA	16～20	ACBDC
1～5	ABC BD ABCD AC ABC			6～10	BCD ACD ABC AD ABD		
1～5	√××××						

一、单项选择题

1. A 【解析】题干观点出自霍尔，他认为"一两的遗传胜过一吨的教育"，个体心理发展是人类进化过程的简单重复，个体心理发展由种系发展决定(复演说)。这属于内发论的观点。

2. D 【解析】教育具有促进经济增长的作用。教育是以培养人为己任的社会活动，而在生产力三要素中，人是最关键、最能动的因素。教育能够通过自身的独有功能提高劳动力的劳动熟练程度，进而提高劳动生产率，促进经济的发展。有研究证明，一个受过初等教育的工人可以使劳动生产率提高30%；而一个熟练工人进修一年后，劳动生产率比他在工厂工作一年提高1.6倍。故题干所述内容说明教育能促进经济增长。

3. A 【解析】题干中孔子的话译为："居住在有仁风的地方才好。选择住处，不居住在有仁风的地方，怎能说是明智呢?"荀子的话译为："因此，君子居住要选择好的环境，出游必定要接近有学问品行的人，才能够防微杜渐保其中庸正直。"孔子和荀子的话都强调了环境对人身心发展的影响，故答案选A项。

4. A 【解析】知识的认识价值体现在：学生掌握知识，意味着他对知识所指的事物的认识，弄清事物是什么，把握住事物的特性。学生掌握知识的广度和深度，制约着他对事物的视域和对世界认识的广度和深度。"秀才不出门，能知天下事"，在很大程度上可能是就此而言的。

5. B 【解析】内发论强调内在因素，如"需要""成熟"，强调人的身心发展的力量主要源于人自身的内在需要，身心发展的顺序也是由身心成熟机制决定的。孟子认为人的本性是善的，万物皆备于我，人的本性中就有"恻隐、羞恶、辞让、是非"之心，这是"仁、义、礼、智"四种基本品性的根源，人只要善于修身养性，向内寻求，这些品性就能得到发展。这种观点符合内发论。故本题选B项。

6. B 【解析】教育的经济功能的表现之一是教育再生产劳动力。教育再生产劳动力的具体表现之一是：教育可以改变劳动力的形态，把一个简单劳动力训练成一个复杂劳动力，把一个体力劳动者培养成一个脑力劳动者。故根据题干中的"复杂劳动""简单劳动""受过教育的人才能从事复杂劳动"等内容可以看出，教育可以改变劳动力的形态，教育具有经济功能。

7. A 【解析】根据个体发展的个别差异性规律，教育必须因材施教，充分发挥每个学生的潜能和积极因素，有的放矢地选择适宜、有效的教育途径和方法手段，使每个学生都能得到最大的发展。故"辩证地看待学生的优缺点，不绝对化"做到了尊重学生的个别差异。

8. C 【解析】题干引文的意思是：增长才干必须刻苦学习，不努力学习就不能增长才干，不明确志向就不能在学习上获得成就。这里所提到的影响人的身心发展的因素是教育和个体主观能动性。

9. B 【解析】教育能够传播、交流和融合文化，来自不同种族与家庭的学生通过接受学校教育，促进了文化的交流与融合，从而形成了独特的族群和阶层文化。这体现了教育的文化功能。

10. C 【解析】人口结构制约着教育的内部结构。无论是人口的自然结构(主要指人口的年龄结构、人口的性别结构)还是人口的社会结构都对教育结构产生影响。人口的年龄结构会影响各级各类学校在教育系统中的比例。随着人口老龄化现象的出现，终身教育的发展，老年人的教育问题会突出起来。故选C项。

11. A 【解析】题干引文出自《学记》,强调的是要把握教学的最佳时机,反映了在人的身心发展过程中存在关键期。

12. B 【解析】孟子认为“万物皆备于我”“人的心中自有浩然之气”,强调人的身心发展的力量主要源于人自身的内在需要,这属于内发论的观点。

13. B 【解析】社会政治经济制度决定受教育权。在阶级社会中,统治阶级总是要采取种种直接或间接的手段,决定和影响受教育权在社会中的分配,决定谁有享受学校教育的权利、谁无享受学校教育的权利、谁有受什么样学校教育的权利等问题。唐朝“六学二馆”等级森严的入学条件是对受教育权的规定。

14. A 【解析】古今中外,通过学校制造舆论影响政治的不乏其例,如我国现代的“五四”运动和“一二·九”运动,便发端于学校,扩展到社会,进而形成全国性的政治运动。故选A项。

15. A 【解析】A项,人力资本理论主张人力资本的积累是社会经济增长的源泉,教育是使个人社会收入分配趋于平等的因素。故选A项。

B项,教育万能论主张教育对人的成长起决定作用,人的才智差别源于人所处的不同环境和受到的不同教育。与题干观点无关。

C项,教育独立论主张教育超越于政党斗争和宗教教派斗争而处于独立地位。与题干观点无关。

D项,劳动力市场理论主张在主要劳动力市场的劳动力的受教育程度与工资水平的正比例关系基本上是成立的;而在次要劳动力市场的劳动力受教育程度与工资水平的正比例关系是不成立的。与题干观点无关。

16. A 【解析】对青少年来说,社会化的任务主要是:(1)学习生活技能,掌握个人成为社会成员、参与社会生活所必需的社会生活技能和职业技能;(2)接受和认同社会的意识形态、文化传统和行为规范,遵守国家法律法规、社会规范和主流文化价值观,形成符合社会要求的行为习惯,实现政治社会化和道德社会化;(3)正确认识个人与社会的关系,使个人追求的目标与社会要求相一致、个人的发展与社会的要求相统一,实现行为的社会化;(4)学会认同身份和在每一场合下自己所处的角色,自觉按照角色所规定的行为规范办事,实现角色的社会化。故题干所述属于教育的个体社会化功能。

17. C 【解析】社会政治经济制度决定受教育权。在阶级社会中,统治阶级总是要采取种种直接或间接的手段,决定和影响受教育权在社会中的分配,决定谁有享受学校教育的权利,谁无享受学校教育的权利,谁有受什么样学校教育的权利等问题。故在资本主义社会中,劳动人民的子女接受大学教育的机会远少于资本家的子女就体现了政治经济制度对受教育权利的制约。

18. B 【解析】题干所述说明青春初期的孩子身高体重的发展水平与其骨化过程是不均衡的,这说明个体的身心发展具有不均衡性。

19. D 【解析】由题干可知教育既可能促进个体发展,也可能阻碍个体发展,这说明并非所有的教育都能够促进个体发展,教育促进个体的发展是有条件的。故选D项。

20. C 【解析】题干所述突出强调的是后天因素即社会环境和教育对儿童身心发展的影响。

二、多项选择题

1. ABC 【解析】个体身心发展的顺序性规律是指人的身心发展是一个由低级到高级、由简单到复杂、由量变到质变的过程,这要求教育者要遵循量力性原则,循序渐进地施教。D项,教师不传授超出学生接受能力的知识体现了顺序性规律。A、B、C三项均没有体现个体身心发展的顺序性规律。

2. BD 【解析】小强上幼儿园时,才刚刚学会认字,小强妈妈就给他报了一个作文班,这违背了儿童身心发展的顺序性规律;“明知道儿子不喜欢弹钢琴,还是给他报了钢琴兴趣班”,没有做到因材施教,这违背了儿童身心发展的个别差异性规律。

3. ABCD 【解析】学校教育主导作用和促进作用的实现是相对的、有条件的。从外部环境方面来说，它要求社会的发展为个体的发展提供相应的前提，它依赖于家庭环境的影响，依赖于社会发展的状况；从教育系统内部来说，它依赖于教育自身的状况，依赖于学习者的主观能动性，它要求教育遵循儿童的身心发展规律，还要积极协调社会、家庭等各方面的教育影响。

4. AC 【解析】AC两项说明学校通过开设专门的课程与开展主题活动向学生传播政治思想意识，这体现了教育对政治的促进作用。

5. ABC 【解析】题干所述体现的是环境对人发展的影响。“染于苍则苍，染于黄则黄”“蓬生麻中，不扶而直”及“孟母三迁”的故事，都说明了社会环境对人发展的影响。“唯上智与下愚不移”体现的是遗传因素对人发展的影响。

6. BCD 【解析】生产力发展水平制约着教育的内容、方法与手段；科学技术能够影响教育的内容、方法和手段；社会政治经济制度决定着教育内容的取舍。所以答案选B、C、D三项。人口数量制约着教育发展的规模、速度和教育经费等。

7. ACD 【解析】遗传决定论者认为，人性的个体差异是由个体的遗传素质或人的自然素质中的某些特点所决定的。在这一类思想中，有代表性的观点包括柏拉图的人分三等论、基督教的“原罪说”和中国古代的性善论等。B项洛克的“白板说”属于环境决定论的观点。

8. ABC 【解析】教育的个体社会化的功能主要体现在三个方面：(1)教育促进个体思想意识的社会化；(2)教育促进个体行为的社会化；(3)教育促进角色和职业的社会化。所以，A、B、C三项都是学校教育促进个体社会化的体现，D项属于学校教育促进个体个性化的体现。

9. AD 【解析】题干所述说明遗传因素在人的身心发展中不起决定性的作用，所以我们不能夸大遗传因素的作用。

10. ABD 【解析】A项，生产力的发展水平制约着教育结构的变化。故A项表述正确。

B项，社会政治经济制度决定受教育权。在阶级社会中，统治阶级决定谁有享受学校教育的权利、谁有受什么样学校教育的权利等问题。故B项表述正确。

C项，文化传统制约着教育的传统与变革。我国是一个具有历史悠久的儒家文化传统的国家，儒家文化的价值取向一直对我国的教育、对年青一代的价值观的形成有着重要的影响。故C项表述不正确。

D项，“三孩”政策的实施有助于人口数量的增加，而人口增长影响和制约着教育发展战略目标的实现和战略重点的选择。故D项表述正确。

三、判断题

1. √ 【解析】格塞尔通过同卵双生子爬梯实验证明了他的“成熟势力说”，强调成熟机制对人的发展的决定作用。他认为，胎儿的发育大部分是由基因制约的，这种由基因制约的发展过程的机制就是成熟。格塞尔的观点属于遗传决定论，夸大了遗传的作用。

2. × 【解析】片面强调人的自然性，就会形成遗传决定论的教育思想；单纯强调人的社会性，也可能导致环境决定论。这两种倾向在教育思想史上都不乏先例。马克思主义在这个问题上坚持人的自然性与社会性的统一，因此，才使教育观摆脱了以往的片面性。故题干表述错误。

3. × 【解析】教育能够通过传播思想、形成舆论作用于一定的政治经济制度。“服民以道德，渐民以教化”的意思是：用道德使百姓顺服，用教育感化百姓，使百姓逐渐受到感染。这说明教育能够通过传播思想意识，影响社会的风俗习惯和道德面貌等，为一定的政治经济服务，体现了教育的政治功能。

4. × 【解析】所谓“教育先行”，是指在一定的生产力发展条件下，为了发展经济必须注意首先发展教育，并不是说教育的发展不受生产力发展水平的制约。

5. × 【解析】在人口增长速度快的地区，教育发展应以扩大规模、满足数量需求为战略重点；而在人口增长速度较为平缓且经济发展有保障的地区，教育发展则以提高教育质量为战略重点。

四、论述题（参考答案）

1. 试述“近朱者赤，近墨者黑”“勤能补拙”体现的教育学原理。

(1)社会环境是人的发展的外部条件，为个体的发展提供了多种可能。离开社会环境这种外部条件，再好的遗传素质也难以发挥作用。“近朱者赤，近墨者黑”体现了环境对个体身心发展的影响。

(2)个体的主观能动性是一种寻求发展的积极动机和渴望，是人的身心发展的内在动力，也是促进个体发展从潜在的可能状态转向现实状态的决定性因素。“勤能补拙”体现了遗传不决定人的发展，决定人发展的是个体的主观能动性。

(3)影响人的身心发展的因素是多方面的。遗传素质是人的身心发展的物质前提，环境为个体的发展提供了多种可能，而教育作为特殊的环境对人的身心发展起主导作用，个体主观能动性是人的身心发展的内因和动力。这些因素彼此关联、相互配合，共同发挥作用，促进人的身心发展。

2. 试述学校教育的个体个性化功能和个体社会化功能。

(1)个体个性化指个体在社会适应、社会参与过程中所体现出的稳定的独特性。教育的个体个性化发展功能主要体现在三个方面：①教育促进人的主体意识的形成和主体能力的发展；②教育促进个性差异的充分发展，形成人的独特性；③教育开发人的创造性，促进个体价值的实现。

(2)个体社会化一般是指个体在出生后的发展中，习得社会化规范、价值观念和行为习惯等，并借以适应社会、参与社会的过程，即由一个“自然人”转化为“社会人”的过程。教育的个体社会化的功能主要体现在三个方面：①教育促进个体思想意识的社会化；②教育促进个体行为的社会化；③教育促进角色和职业的社会化。

五、案例分析题（参考答案）

(1)个体身心发展的顺序性是客观的、不以人的意志为转移的，教育工作要遵循这种顺序性，循序渐进地促进人的发展。所以，教育一般不可“陵节而施”，否则就会出现教育的异化，造成教育的负效应。早期教育并不是越早越好，过于夸大早期教育的目的和作用是极为错误的。而小敏的妈妈在小敏6岁的时候就带她上各种特长班，违背了小敏身心发展的顺序性，最后使得对小敏的教育取得了反效果。

(2)①个体身心发展的顺序性，是指人的身心发展是一个由低级到高级、由简单到复杂、由量变到质变的连续不断的发展过程。②个体身心发展的阶段性，是指个体身心发展在不同的年龄阶段表现出不同的总体特征及主要矛盾，面临着不同的发展任务。③个体身心发展的不平衡性（不均衡性），一方面是指身心发展的同一方面的发展速度，在不同的年龄阶段是不平衡的；另一方面是就个体身心发展的不同方面而言的。④个体身心发展的互补性，是指机体某一方面的机能受损甚至缺失后，可通过其他方面的超常发展得到部分补偿。⑤个体身心发展的个别差异性，是指个体之间的身心发展以及个体身心发展的不同方面之间，存在着发展程度和速度的不同。⑥个体身心发展的整体性，是指学生是一个整体的人，以其整个身心投入教学生活，并以整个身心来感知、体验、享受和创造这种教学生活。

真题必刷

答案速查

1～5	AADCA	6～10	BBCAA	1～4	BCD AB ABD AB
1～4	×√×√				

一、单项选择题

1. A 【解析】作为一种有目的地培养人的社会活动，教育的发展受社会政治经济制度、生产力水平、科学技术和文化传统等的影响，并对这些因素的变化发展产生反作用。所以，社会发展与教育是相互制约与促进的关系。

2. A 【解析】社会物质生产是教育存在和发展的绝对条件和永恒基础。物质资料的生产是一切社会生存和发展的基础，无人类社会的物质生产，人类社会存在的物质基础就会崩溃，人类社会关系的纽带就会瓦解，也就谈不上教育活动的存在与发展。可以说，社会物质生产水平的高低直接决定了社会能够提供给教育的物质条件及个人受教育时间的多少，从而也就从根本上决定了社会成员发展的可能性。故本题选A项。

3. D 【解析】个体身心发展的顺序性是指人的身心发展是一个由低级到高级、由简单到复杂、由量变到质变的连续不断的发展过程。依据儿童身心发展的顺序性，要求教育必须遵循量力性原则和循序渐进原则，有序地、慢慢地促进儿童发展，不可"陵节而施"。故选D项。A项是适应儿童身心发展个别差异性的要求，B项是适应儿童身心发展不平衡性的要求，C项是适应儿童身心发展互补性的要求。

4. C 【解析】教育的经济功能包括：(1)教育再生产劳动力；(2)教育再生产科学知识。正是因为教育具有经济功能，人们才能够通过教育提高劳动力的质量和素质，改变劳动力的形态，促进经济的发展，从而摆脱愚昧和贫困，阻断贫困代际传递。故选C项。

5. A 【解析】民国版、人教版、部编版语文教材的变化，是一代又一代人智慧的结晶，这说明教育对一定社会文化具有保存、整理、创新的作用。

6. B 【解析】个体不同方面的发展具有不平衡性，有的方面在较早的年龄阶段就已达到较高的发展水平，有的则要到较晚的年龄阶段才能达到成熟的水平。例如，在心理方面，感知成熟在先，思维成熟在后，情感成熟更后。故选B项。

7. B 【解析】现代教育发展的根本动因是科技进步。科学技术对教育的影响，首先表现为对教育的动力作用。

8. C 【解析】外铄论(环境决定论)认为人的发展主要依靠外在的力量，诸如环境的刺激和要求、他人的影响和学校的教育等。华生的这句话夸大了外在力量在人的发展中的作用，属于环境决定论。

9. A 【解析】遗传决定论强调人的身心发展的力量主要源于人自身的内在需要，身心发展的顺序也是由身心成熟机制决定的，即在人的身心发展过程中起决定作用的是遗传素质。题干中池田夫妇根据对大儿子的教育经验，断言能力在于遗传，因此对二儿子没有进行相应的体操训练，导致他没有任何体操技能，这有力地批判了遗传决定论。

10. A 【解析】题干中池田夫妇的观点属于遗传决定论，霍尔认为"一两的遗传胜过一吨的教育"，这一观点与池田夫妇的观点相同。故选A项。荀子、洛克、华生是环境决定论的代表人物。

二、多项选择题

1. BCD 【解析】威尔逊是内发论的主要代表人物，他认为"基因复制"是决定人的一切行为的本质力量。除了威尔逊，内发论的代表人物还有孟子、弗洛伊德、高尔顿、霍尔、格塞尔等。A项属于外铄论的代表人物。

2. AB 【解析】美国心理学家吴伟士认为，人的发展等于遗传和环境的乘积。故A项说法正确。董仲舒提出"性三品"说，把人性分为三种，认为这些都是天生的，命定的，绝对不能改变的。故B项表述正确。霍尔认为"一两的遗传胜过一吨的教育"。故C项说法错误。洛克提出了"白板说"。故D项说法错误。故本题选A、B两项。

3. ABD 【解析】个体身心发展的个别差异性表现在：(1)不同儿童同一方面发展速度和水平之间的差异；(2)不同儿童不同方面的发展存在差异；(3)不同儿童具有不同的个性心理；(4)群体间的差异，如男女性别的差异。C项不属于个体身心发展的个别差异性的表现。

4. AB 【解析】遗传素质是人的身心发展的前提，为人的发展提供了可能性，但不能决定人的发展。"虎父无犬子""龙生龙，凤生凤，老鼠的儿子会打洞"都强调遗传素质在人的发展中的重大作用，A、B两项符合题意。C、D项强调教育对人发展的影响。

三、判断题

1. × 【解析】在影响人的发展的因素中，教育对人的发展特别是对年青一代的发展起着主导作用和促进作用。儿童发展有自身的规律，教育必须遵循这种规律，并不是早教育就能早发展。

2. √ 【解析】文化对课程的影响主要体现在两个方面：(1)课程内容的丰富；(2)课程结构的更新。课程的发展不是随文化变迁而自发更新嬗变的过程，而是有意识的创造性转换的过程。故本题说法正确。

3. × 【解析】关键期是指人的某种身心潜能在人的某一年龄段有一个最好的发展时期。在这一时期内，对个体某一方面进行训练可以获得最佳成效，并能充分发挥个体在这一方面的潜力。错过了关键期，训练的效果就会降低，甚至永远无法补偿。当然，关键期也并不是绝对的，错过关键期之后，经过补偿性学习仍有可能得到发展，只是难度要大些。

4. √ 【解析】内发论强调内在因素，如"需要""成熟"，强调人的身心发展的力量主要源于人自身的内在需要，身心发展的顺序也是由身心成熟机制决定的。即在人的身心发展过程中起决定作用的是遗传素质。

四、简答题(参考答案)

简述教育与社会政治经济制度的关系。

(1)社会政治经济制度对教育发展的影响和制约：社会政治经济制度决定教育的领导权；社会政治经济制度决定受教育权；社会政治经济制度决定教育目的；社会政治经济制度决定着教育内容的取舍；社会政治经济制度决定着教育体制；社会政治经济制度制约教育的改革与发展；教育相对独立于政治经济制度。

(2)教育对政治经济制度有维护、巩固和加强的作用：教育培养出政治经济制度所需要的人才；教育通过传播思想、形成舆论作用于一定的政治经济制度；教育促进民主化进程，但对政治经济制度不起决定作用。

五、案例分析题(参考答案)

(1)材料反映了个体身心发展的个别差异性和互补性规律。

①个体身心发展的个别差异性的一个重要表现即不同儿童所具有的个性心理不同，如同年龄的儿童具有不同的兴趣、爱好和性格等。材料中的两个孩子分别喜欢弹琴和绘画，这说明他们具有不同的个性心理，体现了个体身心发展的个别差异性规律。

②个体身心发展的互补性是指机体某一方面的机能受损甚至缺失后，可通过其他方面的超常发展得到部分补偿。此外，互补性也存在于心理机能与生理机能之间。人的精神力量、意志、情绪状态对整个机能起到调节作用，能帮助人战胜疾病和残缺，使身心依然得到发展。材料中喜欢弹琴的孩子失聪后改学绘画，最终成为美术家；而喜欢绘画的孩子在失明后开始学习弹琴，最终成为音乐家。他们虽然分别丧失了听力和视力，但通过他们身体其他方面的超常发展和坚强的意志努力最终获得了良好的发展，这体现了个体身心发展的互补性规律。

(2)①个体身心发展的差异性要求教育必须因材施教,充分发挥每个学生的潜能和积极因素,有的放矢地选择适宜、有效的教育途径和方法手段,使每个学生都能得到最大的发展。针对材料中的两个孩子,教师应根据其不同个性特点,有的放矢地进行引导,发挥其优势,调动他们的主观能动性,使他们的身心得到发展。

②个体身心发展的互补性要求教师首先要树立信心,相信每一个学生,特别是暂时落后或在某些方面有缺陷的学生,通过其他方面的补偿性发展,都会达到与一般正常学生一样的发展水平。其次,要掌握科学的教育方法,发现学生的优势,扬长避短,长善救失,激发学生自我发展的信心和自觉。例如,材料中,鼓励失聪的孩子学习绘画,失明的孩子学习弹琴。

第三章　教育目的与教育制度

基础必刷

1-3基础必刷答案详解

专题1 教育目的概述

答案速查

1～5	CABBA	6～10	DBACC	11～15	CBDCD	16～22	BBBBCCC
1～4	ACDE ABC BDE ABCD						

三、填空题

1. 个人本位论

2. 教师的教学目标(教学目标)

3. 宗教本位(神学)

4. 教育方针

5. 教育目的

四、案例分析题(参考答案)

(1)这所小学的做法明显不符合我国的教育方针。我国当前的教育方针是:“教育必须为社会主义现代化建设服务、为人民服务,必须与生产劳动和社会实践相结合,培养德智体美劳全面发展的社会主义建设者和接班人。”

(2)案例中该学校把分数作为评价学生和教师的唯一标准和全部依据,学校不开设体育、音乐、美术等课程,几乎所有时间都是上语文课、数学课。这些做法都体现了该学校只注重对学生智育的培养,忽视了学生德育、美育、体育、劳动技术教育等方面的发展,有违教育方针中全面发展的要求,这样培养出来的学生是有缺陷的,如案例中提到的“体质普遍下降、近视率增高”“不知五线谱为何物”“没有学习的兴趣和信心,更谈不上什么业余爱好”就是这种应试教育的弊端。

专题2 我国的教育目的

答案速查

1～5	BBDCB	6～10	CBBDD	11～15	BBCAD	16～22	ACADADC
1～5	ABD BCD ABDE BCD ABCDE			1～6	××××× √		

四、简答题(参考答案)

1. 德育的基本任务有哪些?

(1)培养学生良好的道德品质;(2)培养学生正确的政治方向;(3)培养学生正确的价值观;(4)培养学生良好、健康的心理品质;(5)培养学生良好的思想品德能力等。

2. 简述美育的特征。

(1)情感激励性;(2)认知形象性;(3)意志自由性。

五、案例分析题(参考答案)

案例中老师们的认识都是在实施素质教育中出现的误区。

(1)王老师的认识是对素质教育形式化的误解。教育培养人的基本途径是教学,学生的基本任务是在接受人类文化精华的过程中获得发展。这就决定了素质教育的主渠道是教学,主阵地是课堂。

(2)李老师的看法是对考试的误解,考试包括百分制考试本身没有错,要说错的话,就是应试教育中使用者将其看作学习的目的。考试作为评价的手段,是衡量学生发展的尺度之一,也是激励学生发展的手段之一。

专题3 学校与学校教育制度

答案速查

1~5	BABAD	6~10	ACABA	11~15	ABCAA	16~22	BDADBDC
1~4	ABCD ABC ABD ABD						

三、填空题

1. 历史性

2. 华勒

3. 非正规教育 非学校化

4. 职业教育

5. 普及化

四、简答题(参考答案)

1. 建立学制的依据有哪些?

(1)生产力发展水平和科学技术发展状况;(2)社会政治经济制度;(3)青少年儿童身心发展规律;(4)人口发展状况;(5)文化传统;(6)本国学制的历史发展和国外学制的影响。

2. 简述现代教育制度的发展趋势。

(1)加强学前教育并重视与小学教育的衔接;(2)强化普及义务教育,延长义务教育年限;(3)中等教育中普通教育与职业教育朝着相互渗透的方向发展;(4)高等教育的大众化;(5)终身教育体系的建构;(6)教育社会化与社会教育化;(7)教育的国际交流加强;(8)学历教育与非学历教育的界限逐渐淡化。

3. 简述学校文化的特点。

(1)学校文化是以有形的物质为载体的无形文化;(2)学校文化是一种软约束性的文化;(3)学校文化是一种具有相对稳定性和连续性的文化;(4)学校文化是一种有个性的文化。

专题4 我国的学校教育制度

答案速查

1～5	BCADA	6～10	CBCCA	11～15	ADAAA	16～21	ACDDDD
1～3	ACD CD ABCE						

三、简答题(参考答案)

简述我国当前学制改革的主要内容。

(1)加强基础教育,落实义务教育;(2)调整中等教育结构,发展职业技术教育;(3)稳步发展高等教育,走内涵发展为主的道路;(4)重视成人教育,发展终身教育。

提升必刷

答案速查

1～5	BABDA	6～10	ACACD	11～15	BCABC	16～20	ABABD
1～5	BD AC ABC ABD AC			6～8	ABC ABC ABCD		
1～5	×√√××			6～10	√√√××		

一、单项选择题

1. B 【解析】全面发展教育思想是素质教育的理论基础,素质教育是全面发展教育在社会主义建设时期的具体落实和深化。它是马克思主义关于人的全面发展学说在中国教育界的具体实践。

2. A 【解析】单轨制最早产生于美国,之所以数十年没有重大变化,并被世界许多国家先后采纳,是因为它有利于教育的逐级普及。故选A项。

3. B 【解析】非制度化教育是相对于制度化教育而言的。它指出了制度化教育的弊端,但又不是对制度化教育的全盘否定。非制度化教育相对于制度化教育而言,改变的不仅是教育形式,更重要的是教育理念。

4. D 【解析】从学制类型上看,我国现行学制是从单轨学制发展而来的分支型学制。故A项表述错误。壬寅学制是中国近代教育史上最早由国家正式颁布的学制系统,但并未实行;癸卯学制是中国近代教育史上第一部由国家颁布的并在全国实行的学制系统。故B项表述错误。壬戌学制是以美国学制为蓝本的,故C项表述错误。单轨制产生于美国,故选D项。

5. A 【解析】分支型学制的代表国家是苏联,其学制特点是前段(小学、初中阶段)是单轨,后段分叉,上通(高等学校)下达(初等学校),左(中等专业学校)右(中等职业技术学校)畅通。我国高中阶段实行普通高中与职业高中的分流,采用的教育制度是典型的分支型学制。

6. A 【解析】素质教育是依据人的发展和社会发展的实际需要,以全面提高全体学生的基本素质为根本目的,以尊重学生主体性和主动精神,注重开发人的智慧潜能,形成人的健全个性为根本特征的教育。故A项说法错误。其余三项说法均正确。

7. C 【解析】1999年的《中共中央国务院关于深化教育改革全面推进素质教育的决定》把教育目的表述为:“以培养学生的创新精神和实践能力为重点,造就‘有理想、有道德、有文化、有纪律’的、德智体美等全面发展的社会主义事业建设者和接班人。”

8. A 【解析】教育目的的功能包括导向功能、调控功能和评价功能。其中,教育目的对教育活动的调控功能是指，一定的教育目的，是一定社会根据自身或人的发展需要对教育活动进行调节、控制的一种重要手段，以便达到其自身发展的目的。就调节控制的对象而言，既包括对教育工作者教育观念、教育行为的调控，也含有对受教育者的调控。故题干中的老师在课堂教学中满足两名同学的不同要求的做法体现了教育目的的调控功能。

9. C 【解析】1912～1913年的"壬子癸丑学制"第一次规定了男女同校，废除读经，充实了自然科学的内容，将学堂改为学校。

10. D 【解析】全面发展与个性发展是一致的、统一的。全面发展是指每个人的全面发展，即"个性的全面发展"。个性是每个人在全面发展的过程中由于客观存在的各种差异而形成的各不相同的个性，是全面发展的自然结果，即"全面发展的个性"。马克思主义的全面发展有一个重要的维度是自由发展，是以个人合乎本性的自由发展为条件的。所以，全面发展不等于平均发展或平面发展，不是整齐划一的发展，不是也不可能是每个人同样的发展。

11. B 【解析】马克思和恩格斯是在两个层次上谈论人的全面发展的。一是指劳动能力的全面发展；二是指克服人发展的一切片面性，实现人的个性的真正全面和自由的发展。

12. C 【解析】个体把自己独特的美感用各种不同的形式表达出来，这就是对美的创造。创造美的能力包括艺术美的创造，也包括现实美的创造。对于大多数人来说，创造美的能力首先是创造现实生活中美的能力。例如，按照美的规律对自己的劳动条件和劳动产品进行设计和加工；对居室、日用品、服饰等方面按美的标准做出选择与合理的配置；以自己在行为、表情、语言、仪态等方面的优美表现，创造交际方式的美等。因此，题干所述属于美育中的创造美的能力。

13. A 【解析】特定的社会政治、经济、文化背景是确立教育目的的一个客观依据。从美国和苏联这两个政治制度不同的国家的教育目的的表述中，可以清晰地看到不同的社会政治、经济、文化等因素对教育目的的制约。故选A项。

14. B 【解析】教育方针反映了一个国家教育的根本性质、总的指导思想和教育工作的总方向等要素，它既包含"为谁培养人""培养什么样的人"的问题，也包含"怎样培养人"的问题和教育事业发展的基本原则。故选B项。

15. C 【解析】1985年颁布的《中共中央关于教育体制改革的决定》提出，地方承担九年义务教育的责任，有计划、有步骤地普及九年制义务教育。

16. A 【解析】差异性原则强调对学生进行美育应当根据学生的年龄特征、个性差异及审美情趣的不同，选择不同的内容和方式进行，使他们的审美兴趣、爱好与创造才能得到自由的发展。贯彻差异性原则要注重下述要求：(1)要尊重和爱护儿童爱美的天性；(2)要根据学生的个性差异进行审美教育。故本题答案选A项。B项体现了美育的活动性原则，C项体现了美育的形象性原则，D项体现了美育的情感性原则。

17. B 【解析】智育为其他各育的实施提供认识基础，体育是实施各育的物质保证和物质基础。故B选项说法错误。

易错提示 美育有助于学生劳动观点的树立、劳动技能的形成？(√)

劳动对象、生产资料和物质产品都有审美价值，尤其是在科学技术革命时代，随着劳动美学、技术美学的普及，美育与劳动技术相结合将会推动科学技术的发展。所以，美育也有助于学生劳动观点的树立、劳动技能的形成。

18. A 【解析】题干中的"外化"一词体现了受教育者"修己、立己、成己"的目的是为社会服务。故题干体现的是教育目的的"社会本位"价值取向。

19. B 【解析】人的发展是促进个体社会化的发展，人的发展要受到社会的制约。人的社会化要求教育活动的方向必须与社会相一致，只有这样，才能培养出社会所需要的人，因此教育要充分考虑社会发展的需要。

20. D 【解析】马克思主义关于"人的全面发展学说"提出,人的全面发展是指人的劳动能力,即人的体力和智力的全面、和谐、充分的发展,还包括人的道德的发展和人的个性的充分发展。故我国依据马克思主义关于"人的全面发展学说"而确立的全面发展的教育目的的核心要求是所有学生德智体美劳全面发展。故选D项。

二、多项选择题

1. BD 【解析】我国素质教育产生的背景有:(1)当代社会对高素质人才的需求;(2)教育自身存在的不能适应社会发展的问题;(3)信息化社会知识总量急剧增长,知识更新速度空前加快;(4)对教育的认识的深化。故A项说法正确。素质教育是面向全体学生的教育。素质教育倡导人人有受教育的权利,强调在教育中每个人都得到发展,而不是只注重一部分人,更不是只注重少数人的发展。故B项说法错误。素质教育不是一种具体的教育模式,而是一种教育价值取向。故C项说法正确。素质教育就是不要考试,特别是不要百分制考试。这是对考试的误解,是实施素质教育的误区之一。故D项说法错误。

2. AC 【解析】壬子癸丑学制规定"初等小学四年,为义务教育"。故A项正确。特殊学校、特殊班级的设立必须考虑学生的一般身心发展规律。故B项错误。义务教育制度是伴随大工业生产的发展逐渐实行的。进入当代社会以后,各发达国家不但普遍实施了义务教育,而且其年限在不断延长。义务教育年限的长短成为一国教育发展程度的标志之一。故C项正确。1922年的"壬戌学制"采用美国式的六三三分段法,即小学六年、初中三年、高中三年,因此又称"新学制"或"六三三学制"。故D项错误。

3. ABC 【解析】教育无目的论是由美国教育家杜威提出的理论,他反对学校和家长为儿童制定教育目的,认为强加给活动的目的是固定的、呆板的,不能在特定情境下激发智慧,它是脱离生活实际的,是遥远的,与用以达到目的的手段无关。他并非完全否认教育目的的存在,只是在强调应提倡什么类型的教育目的。所以,杜威一方面着力宣传教育唯一的目的就是使学生得以成长;另一方面他又认为教育不仅要使个人能维持生活,还应尽其所能为社会服务,把儿童培养成为美国社会的合格公民。

4. ABD 【解析】确立教育目的的基本依据包括主观和客观两个方面。其中,客观依据主要是特定的社会政治、经济、文化背景以及人的身心发展特点和需要;主观依据是人们的教育理想。故B、D两项说法正确,C项说法错误。教育目的具有社会性和时代性。教育是培养人的社会活动,无不受到社会及各个时代的制约,这也就使得教育目的在历史的发展中常常带有社会不同时代的特点,体现不同时代的要求。故A项正确。

5. AC 【解析】制度化教育主要指的是正规教育,也就是具有层次结构的、按年龄分级的教育制度。我国近代制度化教育兴起的标志是清朝末年的"废科举,兴学校",以及颁布了全国统一的教育宗旨和近代学制。因此,A、C两项属于制度化教育。另外,B项属于非制度化教育;D项属于前制度化教育。故本题选A、C两项。

6. ABC 【解析】1912~1913年的"壬子癸丑学制"第一次规定了男女同校,废除读经,充实了自然科学的内容,将学堂改为学校。故D项说法错误。

7. ABC 【解析】教育目的在表现形式上是主观的,作为观念存在于人的表象之中,但其内容具有客观性,它是客观存在的反映。故D项说法不正确。A、B、C三项说法均正确。

8. ABCD 【解析】从材料中可以看出该学校开展了"童心课堂""童趣社团""童真沙龙"等系列教育活动来营造活泼的学习氛围,这体现了素质教育可以开展丰富多彩的活动,故选C项;该学校开展的一系列教育活动是针对全校学生的,这体现了素质教育是面向全体学生的教育,故选A项;该学校开展的系列教育活动以及"童乐校园"的建设使学生好学乐学,身心得到全面发展,这体现了素质教育可以使学生主动学习,促进学生的全面发展,故选B、D两项。

三、判断题

1. × 【解析】学校教育是指通过专门的教育机构对受教育者所进行的一种有目的、有计划、有组织、有系统的,传授知识技能、培养思想品德、发展智力和体力的教育活动。学校教育是一种制度化的教育。在现代教育体系中,学校教育形态是教育的主体形态。故题干表述错误。

2. √ 【解析】从根本上说,教育目的是存在于人的头脑中的一种观念,它反映的是教育者在观念上预先建立起来的关于未来新人的主观形象。因此,教育目的是一种理想,属于理想的范畴。所以题干表述正确。

3. √ 【解析】学生是一个完整的人,不能把学生仅仅看成是知识的容器。素质教育所关心的是整个的人,而不是作为产品的人。

4. × 【解析】非制度化教育指出了制度化教育的弊端,但又不是对制度化教育的全盘否定。

5. × 【解析】事实上,五育在各种教学活动中是相互渗透的,相辅相成的,不存在所谓单独的德育、智育、体育、美育或劳动技术教育。

6. √ 【解析】教育目的对一切教育工作都具有导向作用。无论是教育政策的制定、教育制度的确立、教育内容的取舍、教育方法和手段的选择,还是对教育效果的评价,都是以教育目的为依据和前提的。无论是对教育者还是受教育者来说,教育目的都具有导向作用。

7. √ 【解析】在五育中,德育为首,智育为主。二者并不矛盾,所有强调一方面忽略另一方面的观点都是错误的。

8. √ 【解析】教育目的一般由两部分组成:一是就教育所要培养的人的身心素质做出规定;二是就教育所要培养的人的社会价值做出规定。其中,关于身心素质的规定是教育目的内容结构的核心部分。

9. × 【解析】"教育无目的论"并非主张真正教育无目的,而是认为无教育过程之外的"外在"目的。

10. × 【解析】个人本位的教育目的论典型的错误是抽象地谈论人的本性。

四、论述题(参考答案)

1. 全面发展教育是对含有各方面的素质培养功能的整体教育的一种概括,是对为使受教育者多方面得到发展而实施的多种素质培养的教育活动的总称。试论述我国全面发展教育的内容。

一般认为,我国现在中小学的全面发展教育主要包括德育、智育、体育、美育、劳动技术教育。

(1)德育。德育是培养学生正确的人生观、世界观、价值观,使学生具有良好的道德品质和正确的政治观念,形成正确的思想方法的教育。

(2)智育。智育是传授给学生系统的科学文化知识、技能,发展他们的智力和与学习有关的非认知因素的教育。智育的主要内容和任务包括传授知识、发展技能、培养自主性和创造性。

(3)体育。体育是授予学生关于健康的知识、技能,发展他们的体力,增强他们的自我保健意识和体质,培养他们参加体育活动的需要和习惯,增强其意志力的教育。

(4)美育。美育又称审美教育,是培养学生健康的审美观,发展他们感受美、鉴赏美、创造美的能力,培养他们高尚的情操与文明素养的教育。

(5)劳动技术教育。劳动技术教育是引导学生掌握劳动技术知识和技能,形成劳动观点和习惯的教育。

2. 试分析评价社会本位的教育目的论与个人本位的教育目的论的基本主张。

(1)个人本位论认为,确立教育目的的根据是人的本性,教育的目的是培养健全发展的人,发展人的本性,挖掘人的潜能,增进受教育者的个人价值,个人价值高于社会价值,而不是为某个社会集团或阶级服务。简言之,教育的根本目的是人的本性和本能的高度发展。其特点如下:①重视人的价值、个性的发展及其需要,把人的个性发展及需要的满足视为教育的价值所在;②认为教育的根本目的在于使人的本性、本能得到自然发展,使其需要得到满足;③主张应当按照人的本性和发展的需要来确定教育目的。

(2)社会本位论认为,确立教育目的的根据是社会的要求,个人的发展必须服从社会需要,因为个人生活在社会中,受制于社会环境。教育的目的是为社会培养合格的成员和公民,使受教育者社会化,社会价值高于个人价值,教育质量和效果可以用社会发展的各种指标来评价。简言之,教育以社会的稳定和发展为最高宗旨。

(3)个人价值与社会价值并没有一个孰重孰轻的问题,个人本位论与社会本位论也没有一个谁正确谁错误的问题。从理论上讲,二者具有同等的合理性与同等的局限性。教育目的中个人价值与社会价值的权衡与选择,要受具体的社会历史条件的制约,是随社会历史条件的变化而有所变化与侧重的。社会需要与个人发展是辩证统一的,教育目的必须体现这种辩证统一的关系。

3. 在我国教育目的的实践中,多年来一直存在着中小学片面追求升学率的倾向,严重背离了教育目的的基本精神。试结合所学知识,谈谈如何克服这种消极现象。

(1)这有赖于整个社会的发展。只有社会生产力得到大发展,教育的发展才具有坚实的物质基础,教育资源上的供需矛盾得到根本解决才具有现实的可能性。

(2)要深化教育体制改革。①要努力建立更加灵活和开放的教育体制,加大教育发展力度,多渠道办学,充分挖掘教育资源,加速非义务教育的发展,扩大教育机会,从而缓解教育机会竞争;②要加大新一轮基础教育课程改革的力度,在课程理念、课程内容、课程结构、课程评价、课程管理等方面规范和引导学校办学;③要积极推进高考制度的改革,为中小学教育树立正确导向;④要进一步深化中等教育结构的改革,特别是要大力提高中等职业学校的办学水平;⑤要合理配置教育资源,加强中小学的学校建设。

(3)中小学本身也应积极进行改革,端正办学思想,认真落实教育方针和教育目的,深化教育教学改革,提高教育教学的质量和效益,促进全体受教育者身心全面发展。

五、案例分析题(参考答案)

1. (1)①从学校来讲,劳动与技术课程经常被占用,师资、场地、经费缺乏,劳动教育无计划、无考核;有的教师把劳动当作惩罚手段,劳动多教育少,忽视劳动观念和劳动习惯的培养。②从家庭来讲,体力劳动和生产劳动在家庭教育中被忽视,家长往往只关心孩子的学业成绩,只要学习好,什么都不用干。③从社会来讲,一夜暴富、不劳而获的思想有所蔓延,体力劳动和生产劳动被淡化。

(2)①劳动能使儿童的肌体充满活力,改善肌体的各种生理素质,增强体质。②劳动教育能培养儿童的自信心、责任心、情感和意志等思想品质。③劳动教育能促进人的体力发展和智力发展,培养学生的创新精神和实践能力,养成尊重劳动的思想品德。

(3)在校内:①劳动教育要和思想品德教育相结合。要实现劳动教育的目的,就必须在劳动教育中贯穿思想品德教育。“一些孩子不爱劳动、不会劳动,甚至扫一下地都不愿意”,因此要在劳动教育中贯穿思想品德教育,帮助学生改掉怕苦、怕累的思想情感,树立正确的劳动观念。②劳动教育要和各科教学相结合。其他学科也要有机融入劳动教育,如在语文、历史等学科教学中加大劳动观念和态度的培养,在物理、化学、生物等学科教学中加大动手操作和劳动技能、职业技能的培养,在其他学科教学和相关教育活动中也应有机融入劳动教育内容。在教学中各科教师要互相配合,帮助学生树立正确的劳动观念。③劳动教育要因地制宜地进行。地方和学校可结合实际在地方和校本课程中加强劳动教育,开设家政、烹饪、手工、园艺、非物质文化遗产等相关课程。

在校外:①组织校外劳动实践,结合研学旅行、社会实践活动,组织学生学工学农、参加公益劳动与志愿服务。②鼓励学生积极参加家务劳动,教育学生自己的事情自己做,家里的事情帮着做,引导学生践行中华传统美德,参与孝亲、敬老、爱幼等方面的劳动。针对“一些孩子不爱劳动、不会劳动,甚至扫一下地都不愿意”的问题,学校可以安排适量的劳动家庭作业,如洗碗、洗衣服、扫地、整理自己的书包等。

2.(1)黄老师的观念是不正确的,他没有正确理解素质教育的内涵。

(2)素质教育是面向全体学生的教育。素质教育倡导人人有受教育的权利,强调在教育中每个人都得到发展,而不是只注重一部分人,更不是只注重少数人的发展。案例中,在看到学生的随堂测验成绩后,黄老师认为,如果按照优秀学生的水平进行教学,则基础不好的学生会跟不上讲课的进度,所以应该按照班上学生的最低英语水平进行教学,这样才能确保每一位学生都能听懂。这样的做法,照顾到了英语水平低的学生,使他们得以跟上讲课的进度。但是对于英语水平高的学生,其在课堂上的收获是极少的。教师要根据学生的个别差异,有的放矢地进行有差别的教学,使每个学生都能扬长避短,获得最佳的发展。而黄老师的做法,无法使优秀学生获得最佳的发展。

真题必刷

答案速查

1~5	AABDD	6~12	CDCDDCB	1~6	BCD ABCD BC ACD ABC CD
1~5	√×√××			6~8	√√√

一、单项选择题

1. A 【解析】我国新时期的教育方针的内容一般包括以下三个组成部分:(1)教育的性质和服务方向;(2)教育目的;(3)实现教育目的的根本途径。其中,教育目的是教育方针中核心和基本的内容。

2. A 【解析】素质教育是依据人的发展和社会发展的实际需要,以全面提高全体学生的基本素质为根本目的,以尊重学生主体性和主动精神,注重开发人的智慧潜能,形成人的健全个性为根本特征的教育。

3. B 【解析】学校文化由观念文化、规范文化和物质文化构成。其中,规范文化又叫制度文化,是一种确立组织机构、明确成员角色和职责、规范成员行为的文化。规范文化有三种表达方式,即组织形态、规章制度、角色规范。中小学生行为准则明确了中小学生行为的标准和要求,属于制度文化。

4. D 【解析】德育作为全面发展教育的组成部分,对其他各育起着保证方向和保持动力的作用,它体现了社会主义教育的方向,是“五育”的灵魂,是实施各育的思想基础。

5. D 【解析】校园精神文化是校园文化的核心内容,A项错误。校园组织与制度文化是校园文化的内在机制,B项错误。校园文化是学校教师与学生共同创造的,C项错误。校园文化是学校文化的缩影,D项正确。

6. C 【解析】近代学校系统的出现,开启了制度化教育的新阶段。制度化的教育指向形成系统的各级各类学校。学校教育系统的形成,即意味着制度化教育的形成。

7. D 【解析】癸卯学制是中国近代教育史上第一部由国家颁布的并在全国实行的学制系统。

8. C 【解析】从教育目的作用的特点来看,教育目的有价值性和功用性之分;从教育目的要求的特点看,教育目的有终极性和发展性之分;从被实际所重视的程度看,教育目的有正式决策和非正式决策之分;从体现的范围看,教育目的有内在教育目的和外在教育目的之分。C项正确。

9. D 【解析】教育目的是由国家提出来的,其决策要经过一定的组织程序,一般体现在国家的教育文本和教育法令中。培养目标是根据国家的教育目的制定的某一级或某一类学校、某一专业对人才培养的具体要求,是国家教育目的在不同教育阶段、不同级别的学校、不同专业方向的具体化。教育目的与培养目标不能等同,两者是普遍与特殊的关系。A、B、C三项说法均错误。

10. D 【解析】教师的教学目标是指教学活动结束后学生所能达到的预期标准,也即教育者在教育教学过程中，在完成某一阶段的工作时，希望受教育者达到的要求或产生的变化。根据题干所述，老师要求学生在学完“昆虫的种类”这节课后能准确识别昆虫，这属于教师的教学目标。

11. C 【解析】马克思认为，教育与生产劳动相结合是培养全面发展的人的根本途径，也是唯一途径。

12. B 【解析】个人本位论认为确立教育目的的根据是人的本性，教育的目的是培养健全发展的人，发展人的本性，挖掘人的潜能，增进受教育者的个人价值，个人价值高于社会价值，而不是为某个社会集团或阶级服务。裴斯泰洛齐的话肯定个人的价值，强调发展人的内在力量，反映的是个人本位论的观点。

二、多项选择题

1. BCD 【解析】五育是指德育、智育、体育、美育和劳动技术教育。《学校体育工作条例》中明确指出，学校体育工作的基本任务包括四个方面的内容。而“掌握体育基本知识”只是其中一点内容。A项表述片面。劳动技术教育包括劳动教育和技术教育两个方面。其中，劳动教育要重视“劳育结合”，避免“以劳代育”现象。劳动教育不同于单纯的劳动训练，不仅是为了提高劳动技能水平，更要通过劳动过程实现提升精神面貌和价值取向的教育目标。B项表述正确。学校美育内容主要包括形式教育、理想教育、艺术教育。C项表述正确。智育是教育者创设一定的情境以提升教育对象的智慧水平为目标的教育。智育的根本任务是要培育或发展学生的智慧，尤其是智力。D项表述正确。

2. ABCD 【解析】人们一般根据美的形态把美育的内容分为艺术美、自然美和社会美。但还有一种美的形态，因为美学教科书的忽视而不被关注，那就是科学美。实际上，科学美和艺术美、自然美、社会美一样，是一种相对独立的审美形态。由此，我们将美育的内容划分为艺术美、社会美、科学美和自然美四个方面。(具体内容参见项贤明主编的《教育学原理》)

3. BC 【解析】教育目的的内容结构是指教育目的由哪几个部分构成及其相互之间的关系。教育目的一般由两部分组成：一是就教育所要培养的人的身心素质做出规定；二是就教育所要培养的人的社会价值做出规定。

4. ACD 【解析】全面发展是从教育对所有学生的共同要求的角度来看的，但每一个学生都有其个别性，教育还要尊重并充分发展学生的个性。因此，全面发展与因材施教应该结合起来。A项正确。全面发展是指人的各方面素质的和谐发展，因此，全面发展不能理解为要求学生平均发展。B项错误。“五育”中的每一组成部分都有其相对独立性，有其特定的任务、内容和功能，对其他各育起着影响、促进的作用，各育不可分割，又不能相互代替。C项正确。“五育”之间具有内在联系，它们互为条件，互相促进，相辅相成，构成一个统一的整体。它们的关系具有在活动中相互渗透的特征。D项正确。

5. ABC 【解析】学校观念文化又叫精神文化，包括办学指导思想、教育观、道德观、思维方式、校风、行为习惯等。观念文化可分解为四种成分，即认知成分、情感成分、价值成分、理想成分。

6. CD 【解析】《中共中央国务院关于深化教育改革全面推进素质教育的决定》中指出，全面推进素质教育，根本上要靠法治、靠制度保障。

三、判断题

1. √ 【解析】个人本位论的特点有：(1)重视人的价值、个性的发展及其需要，把人的个性发展及其需要的满足视为教育的价值所在；(2)认为教育的根本目的在于使人的本性、本能得到自然发展，使其需要得到满足；(3)主张应当按照人的本性和发展的需要来确定教育目的。故题干说法正确。

2. × 【解析】现代学制主要有三种类型：一是双轨学制，二是单轨学制，三是分支型学制。其中，双轨制不利于教育的普及，具有明显的等级性；单轨制有利于教育的逐级普及，是机会均等地普及教育的好形式，它最明显的特点是体现了教育的公平性。题干说法错误。

3. √ 【解析】我国新时期的教育方针的内容一般包括以下三个组成部分：(1)教育的性质和服务方向，即“教育必须为社会主义现代化建设服务、为人民服务”；(2)教育目的，即“培养德智体美劳全面发展的社会主义建设者和接班人”；(3)实现教育目的的根本途径，即“教育必须与生产劳动和社会实践相结合”。

4. × 【解析】素质教育的三要义包括：(1)面向全体。面向全体是素质教育本质属性之一(即全员性)的体现，是国家教育方针的一贯要求。(2)全面提高。全面提高是素质教育本质属性之二(即整体性)的体现，是素质教育的终极目标。(3)主动发展。主动发展是素质教育本质属性之三(即主体性)的体现，是素质教育的灵魂。故题干表述错误。

5. × 【解析】现代学校是一种有目的、有计划、有组织并系统地开展教育活动的专门机构。现代学校教育是面向全体受教育者，实施以提高受教育者素质为目的的教育。故本题说法错误。

6. √ 【解析】马克思阐述了关于人的全面发展学说，这一学说是我国确立教育目的的理论依据和基础。

7. √ 【解析】教育目的贯穿于教育活动的全过程，对一切教育活动都有指导意义，其作用包括导向功能、调控功能和评价功能。

易错提示 关于教育目的的功能，主要有以下几种说法，考生可根据试题有针对性地选用：

(1)导向、激励、评价；

(2)导向、调控、评价；

(3)定向、调控、评价；

(4)导向、协调、激励、评价。

8. √ 【解析】劳动技术教育是引导学生掌握劳动技术知识和技能，形成劳动观点和习惯的教育。它包括劳动教育和技术教育两个方面。

四、填空题

1. 旧式劳动分工

2. 分支型学制(中间型学制/“Y”型学制)

五、简答题(参考答案)

简述我国教育目的的基本精神。

(1)坚持社会主义方向性；(2)坚持全面发展；(3)培养独立个性；(4)教育与生产劳动相结合，是实现我国教育目的的根本途径；(5)注重提高全民族素质。

六、论述题(参考答案)

1. 请结合实际谈谈你对新时代“五育并举”育人体系的理解。

“五育并举”是指德育、智育、体育、美育、劳动技术教育五方面的有机结合，五育各有其特定的任务、内容和功能，不可偏废，也不能相互代替，它们相辅相成，是一个不可分割的统一整体。构建“五育并举”育人体系是人的全面发展的内在要求，也是新时代立德树人根本任务的必然选择。这一育人体系的构建，有助于全面贯彻党的教育方针，落实立德树人根本任务，培养德智体美劳全面发展的社会主义建设者和接班人，有利于提升教育公平和质量，加快推进教育现代化，建设教育强国，办好人民满意的教育。

(1)德育是培养学生正确的世界观、人生观、价值观，使学生具有良好的道德品质和正确的政治观念，形成正确的思想方法的教育。构建“五育并举”育人体系，要突出德育实效：完善德育工作体系，认真制定德育工作实施方案，深化课程育人、文化育人、活动育人、实践育人、管理育人、协同育人；大力开展理想信念、社会主义核心价值观、中华优秀传统文化、生态文明和心理健康教育；加强爱国主义、集体主义、社会主义教育，引导少年儿童听党话、跟党走；广泛开展先进典型、英雄模范学习宣传活动；等等。

(2)智育是传授给学生系统的科学文化知识、技能,发展他们的智力和与学习有关的非认知因素的教育。构建"五育并举"育人体系,要提升智育水平:着力培养认知能力,促进思维发展,激发创新意识;严格按照国家课程方案和课程标准实施教学,确保学生达到国家规定学业质量标准;突出学生主体地位,注重保护学生好奇心、想象力、求知欲,激发学习兴趣,提高学习能力;加强科学教育和实验教学,广泛开展多种形式的读书活动;等等。

(3)体育是授予学生关于健康的知识、技能,发展他们的体力,增强他们的自我保健意识和体质,培养他们参加体育活动的需要和习惯,增强其意志力的教育。构建"五育并举"育人体系,要强化体育锻炼:坚持健康第一,实施学校体育固本行动;严格执行学生体质健康合格标准,健全国家监测制度;开齐开足体育课,将体育科目纳入高中阶段学校考试招生录取计分科目;等等。

(4)美育是培养学生健康的审美观,发展他们感受美、鉴赏美、创造美的能力,培养他们高尚的情操与文明素养的教育。构建"五育并举"育人体系,要增强美育熏陶:实施学校美育提升行动,严格落实音乐、美术、书法等课程,结合地方文化设立艺术特色课程;广泛开展校园艺术活动,帮助每位学生学会1至2项艺术技能、会唱主旋律歌曲;引导学生了解世界优秀艺术,增强文化理解;等等。

(5)劳动技术教育是引导学生掌握劳动技术知识和技能,形成劳动观点和习惯的教育。构建"五育并举"育人体系,要加强劳动教育:充分发挥劳动综合育人功能,制定劳动教育指导纲要,加强学生生活实践、劳动技术和职业体验教育;优化综合实践活动课程结构,确保劳动教育课时不少于一半;家长要给孩子安排力所能及的家务劳动,学校要坚持学生值日制度,组织学生参加校园劳动,积极开展校外劳动实践和社区志愿服务;创建一批劳动教育实验区;等等。

2.(1)素质教育是依据人的发展和社会发展的实际需要,以全面提高全体学生的基本素质为根本目的,以尊重学生主体性和主动精神,注重开发人的智慧潜能,形成人的健全个性为根本特征的教育。

素质教育的内涵具体包括:①素质教育是面向全体学生的教育;②素质教育是促进学生全面发展的教育;③素质教育是促进学生个性发展的教育;④素质教育是以培养创新精神和实践能力为重点的教育。

(2)以小学语文学科为例,可通过以下方法发挥学科特色和作用来全面提高学生的素质。

①组织语文实践活动:可以组织学生开展各种语文实践活动,如课本剧表演、朗诵比赛、写作比赛等,让学生在实践中提高语文创作能力和素质。

②结合地方文化开展活动:可以结合当地的文化特色,组织学生参观文化遗址、历史博物馆等,了解当地的历史文化,在实地考察中提高学生的文化素养。

③开展阅读分享活动:可以组织学生开展阅读分享活动,让学生分享自己喜欢的书籍、文章等,培养学生的阅读兴趣和阅读习惯,提高学生的阅读能力和素养。

④结合社会热点开展讨论:教师可以结合社会热点问题,组织学生进行讨论和交流,引导学生关注社会问题,培养学生的社会责任感和思考能力。

⑤开展语文游戏和竞赛活动:教师可以设计各种语文游戏和竞赛,如成语接龙、诗词朗诵等,让学生在轻松愉快的氛围中学习语文知识,提高语文能力和素质。

⑥与其他学科结合开展综合实践活动:可以与其他学科的教师合作,共同设计综合实践活动,如与历史学科结合的"探寻当地历史文化"活动、与艺术学科结合的"欣赏中国传统艺术"活动等,让学生在实践中提高自己的综合素质。

七、综合分析题(参考答案)

劳动教育是中国特色社会主义教育制度的重要内容,直接决定社会主义建设者和接班人的劳动精神面貌、劳动价值取向和劳动技能水平。全社会必须高度重视，采取有效措施切实加强劳动教育。劳动教育进入中小学课堂的意义如下：

（1）劳动可以促进学生良好道德品质的形成。通过劳动教育，让学生体验劳动的艰辛，从而明白不能浪费，养成节俭的品质。通过劳动满足自己的价值追求。激发学生形成勤劳、乐观的性格，形成对那些好逸恶劳、不劳而获、窃取别人劳动的行为的厌恶。

（2）劳动可以锻炼身体、增强意志。劳动会让学生养成面对困难、不畏艰辛、坚持不懈的精神。在劳动中可以培养孩子的意志，增强体质，强健体魄，增进健康，同时也有助于品德教育和心理健康教育。

（3）劳动可以使学生增进对社会和职业的认知。现在，很多学生对社会的各行各业缺乏了解，以至于选择专业或择业时都是一脸茫然。通过劳动教育可以增进学生对社会生活、工作的认识，从而坚定学习的目的性，找到人生的方向。

（4）劳动可以让学生掌握生活技能。学生通过劳动可以学会一定的生产基础知识和劳动技能，劳动教育能促进学生智力发展，培养其创新精神和实践能力，达到综合发展的目的。

因此，我们必须重视劳动教育，把它作为贯彻教育方针的有机组成部分，切实加强领导。

第四章　教师与学生

基础必刷

1-4基础必刷答案详解

专题1 教师及其职业素养

答案速查

1～5	ADBAC	6～10	ADDAB	11～15	DABDC	16～20	BCABC
21～25	DCCCA	26～30	BDBCB	31～36	DDDCDD		
1～5	ABCDE CD BCE ABCD ACDE			6～10	ABD ABCDE ACDE ABDE ABCD		

三、填空题

1. 文化
2. “生存关注”
3. 职业素养
4. 任务
5. 教师个体的专业发展
6. 教育机智
7. 教师的专业能力
8. 热爱教育事业
9. 示范性
10. 间接性

四、简答题（参考答案）

1. 教师的职业角色表现在哪些方面？

（1）“传道者”角色（人类灵魂的工程师）；（2）“授业、解惑者”角色（知识传授者、人类文化的传递者）；（3）示范者角色(榜样);(4)"教育教学活动的设计者、组织者和管理者"角色;(5)"家长代理人、父母"和"朋友、知己"的角色;(6)"研究者"角色和"学习者""学者"角色。

2. 简述教师劳动的特点。

(1)教师劳动的复杂性和创造性;(2)教师劳动的连续性和广延性;(3)教师劳动的长期性和间接性;(4)教师劳动的主体性和示范性。

3. 简述教师职业道德素养的主要内容。

(1)对待事业:忠于人民的教育事业;(2)对待学生:热爱学生;(3)对待集体:团结协作;(4)对待自己:为人师表(良好的道德修养)。

4. 教师应如何热爱学生?

(1)把对学生的爱与严格要求相结合;(2)把爱与尊重、信任相结合;(3)要全面关怀学生;(4)要关爱全体学生;(5)理解和宽容学生;(6)解放学生;(7)对学生要保持积极、稳定的情绪。

五、案例分析题(参考答案)

案例中的赵老师具备精深的学科专业知识、广博的科学文化知识、必备的教育科学知识和实践性知识等知识素养。

(1)精深的学科专业知识(本体性知识)。这是教师知识结构的核心,也是教师向学生传授知识的必备基础。案例中的赵老师为了成为一名称职的语文教师,在校学习期间,认真学习本专业知识;走上工作岗位之后,经常阅读中外名家名著。这就体现了他具有精深的学科专业知识。

(2)教师的知识不仅要"专",而且要"博",教师的专业知识应建立在广博的科学文化知识的基础之上。案例中的赵老师在校学习期间,广泛涉猎其他专业知识,从事语文教学之后,经常阅读中外名家名著,这体现了他具有广博的科学文化知识。

(3)教师要加强教育工作的科学性和有效性,就必须掌握必备的教育科学知识(条件性知识)。其中,教育学、心理学及各科教材教法是教师首先要掌握的最为基本的教育科学知识。案例中的赵老师不断地学习教育学、心理学和现代教育技术的知识,这体现了他具有必备的教育科学知识。

(4)教师的实践性知识是基于教师个人的经验积累,在对待和处理教育问题时体现出的个人特质和教育智慧。案例中的赵老师通过反思自己的教学实践,创新教育教学方式,形成了独特的教学风格和实践智慧,这体现了他具有丰富的实践性知识。

专题2 学生

答案速查

1~5	BCBAD	6~10	DBBDB	11~15	BBCDB	16~20	ACDCC
1~4	ABC CDE ABD ABD						

三、论述题(参考答案)

试述学生的特点。

(1)学生是教育的对象(客体)。依据:①从教师方面看,教师是教育过程的组织者、领导者,学生是教师教育实践活动的作用对象,是被教育者、被组织者和被领导者。②从学生自身特点看,学生具有可塑性、依赖性和向师性。表现:①学生明确自己的主要任务是学习,具有愿意接受教育的心理倾向;②学生服从教师的指导,接受教师的帮助,期待从教师那里汲取营养,促进自身的身心发展;③学生所参加的是一种规范化的学习,学生的学习是有目的、有计划、有组织地进行的,它是由一定的教育制度以及学校的各项规章制度所规定了的。

(2)学生是自我教育和发展的主体。依据:①学生是具有主观能动性的人。学生是有意识、有情感、有个性的社会人,他们不是盲目、机械、被动地接受作用于他们的影响,而是具有主观能动性的人。②学生在接受教育的过程中,也具有一定的素质,可以进行自我教育。表现:学生的主观能动性主要表现在三个方面,即自觉性、独立性、创造性。

(3)学生是发展中的人。学生不是成人,他们正处于身心发展最迅速的时期,生理和心理两方面都不太成熟,具有很大的发展的可能性与可塑性。学生是发展中的人,包括四层含义:①学生具有和成人不同的身心发展特点;②学生具有发展的巨大潜在可能性;③学生具有发展的需要;④学生具有获得成人教育关怀的需要。

四、案例分析题(参考答案)

1.(1)每个学生都有自身的独特性。案例中的班主任很明显没有认识到这一点,"学生的一些行为真的让我觉得既可爱又可恨……""我这个班主任可以说是完全为他们几个而当的,晚上自己睡不踏实,还得去寝室看看,留心一下那几个学生在不在。"每个人都有其独特的内心世界,都有其独特性,这也意味着每个学生都有差异性,差异不仅是教育的基础,也是学生发展的前提。教师应该让每一个学生在原有基础上得到完全、自由的发展。不是"可爱的"就"省心","可恨的"就"多操心"。

(2)"有那么几个调皮捣蛋的家伙就让我时时牵挂着……"学生是处于发展过程中的人,作为发展中的人,意味着学生是一个正在成长的人,没有缺陷,就没有发展的动力和方向。教师要帮助学生解决问题,改正错误,从而不断促进学生的进步与发展。

(3)学生是具有独立意义的人,是不以教师的意志为转移的客观存在。教师应该尊重学生的主观能动性,否则会挫伤学生的主动性、积极性,扼杀他们的学习兴趣,窒息他们的思想,引起他们自觉或不自觉的抵制或抗拒。学生是学习活动的主体,是具有主体性的人。教师的教在于构建学生的主体地位。在教学中,教师要发挥主导作用,因材施教,了解研究学生,进而采取相应措施促进学生发展。

(4)总之,学生的学习应该在教师的指导下进行,教师要引导学生主动积极地发展。教师只有在尊重和调动学生主动性、积极性的基础上发挥主导作用,才能促进学生的发展。

2.(1)学生观就是教师对学生的基本看法,它影响教师对学生的认识及其态度与行为,进而影响学生的发展。作为教师,应树立现代学生观:①学生是发展中的人,要用发展的观点认识学生;②学生是独特的人;③学生是具有独立意义的人。

(2)班主任王老师的做法体现了新课程倡导的学生观,是正确的。

①班主任王老师把学生看成是发展中的人,用发展的观点认识学生。王老师在教育小明时,没有直接根据小明的现实表现推断小明没有出息、没有潜力,而是理解小明身上存在的不足,帮助小明改正错误,促进小明发展与进步。

②班主任王老师把学生看成是独特的人。王老师针对小明出现的问题,耐心调查,主动家访,并针对小明的情况进行因材施教。

③班主任王老师把学生看成是具有独立意义的人。王老师让小明做体育委员,管理班级纪律的做法,尊重了小明的主观能动性,提高了小明的学习积极性,促进了小明的成长与进步。

专题3 师生关系

答案速查

1~5	DDABD	6~10	AABBA	11~15	CADAD	16~20	CDCBD
1~5	ABC ABDE ABCD ACD BC			1~6	××√×√√		

四、简答题(参考答案)

良好师生关系的作用有哪些?

(1)良好的师生关系是教育教学活动顺利进行的重要条件;(2)师生关系是衡量教师和学生学校生活质量的重要指标;(3)师生关系是一种重要的课程资源和校园文化。

五、论述题(参考答案)

1. 试述"教师中心论"和"儿童中心论"的主要观点并进行评价。

(1)教师中心论的典型代表是赫尔巴特,他认为教师在教育教学过程中起主宰作用,强调教师的权威作用。儿童中心论(学生中心论)则认为教育的目的在于促进儿童的成长,因此教育要从学生的兴趣和需要出发,整个教育过程要围绕儿童进行,其代表人物有法国的卢梭和美国的杜威。

(2)教师中心论仅看到了教师的主导作用,忽视了学生的主观能动性,在教育实践中使教育活动脱离学生的实际,以致难以达到预期的效果。学生中心论则过分夸大了学生的主观能动性,忽视了学生是教育对象这一基本事实,结果会导致教育质量下降。教师和学生的关系是辩证统一的,既要重视教师的主导作用,又要重视学生的主观能动性。

2. 影响师生关系的因素有哪些?

(1)教师方面:①教师对学生的态度。学生受教师的评价影响很大。教师对学生的评价往往通过语言暗示、表情等反映。②教师的领导方式。教师的领导方式有专制型、民主型、放任型三种。大量教育实践表明,民主型领导方式下的师生关系比较融洽,最能发挥学生的主观能动性。③教师的智慧。学识渊博是学生亲近教师的重要因素之一。④教师的人格因素。教师的性格、气质、兴趣等是影响师生关系的重要因素。

(2)学生方面:学生对师生关系的影响主要产生于学生对教师的认识。

(3)环境方面:影响师生关系的环境主要是学校的人际关系环境和课堂的组织环境。学校领导与教师的关系、教师之间的关系、教师与家长的关系,必然影响师生关系。课堂的组织环境主要包括教室的布置、座位的排列、学生的人数等。

3. 如何全面地认识教师与学生的关系?

师生之间的现实关系是不断变化和丰富多样的,可以从不同的层面进行划分,主要表现为社会关系、教育关系、心理关系和伦理关系。

(1)社会关系。它以年青一代的成长为目标,是人与人的各种社会关系在教育教学中的反映。主要表现为师生之间存在的代际关系、政治关系、文化的授受关系、道德关系以及法律关系。

(2)教育关系。师生之间的教育关系是指教师与学生在教育教学活动中为完成一定的教育任务,以"教"和"学"为中介,以促进学生的整体发展和自主发展为目标而建立的一种工作关系。教育关系是基本关系,其他师生关系皆服务于这一关系。

(3)心理关系。师生心理关系的实质是师生个体之间的情感是否融洽、个性是否冲突、人际关系是否和谐。

(4)伦理关系。师生之间的伦理关系是指在教育教学活动中,教师与学生构成一个特殊的道德共同体,各自承担一定的伦理责任,履行一定的伦理义务。这种关系是师生关系体系中最高层次的关系形式,对其他关系形式具有约束和规范作用。

提升必刷

答案速查

1~5	CBBCA	6~10	CBACC	11~15	ADAAC	16~20	ABBBC
21~25	BCBBD			1~6	BC CD AC AB BCD CD		
1~5	×√×√×			6~10	××√×√		

一、单项选择题

1. C 【解析】教师劳动的示范性指教师的言行举止,如人品、才能、治学态度等都会成为学生学习的对象。《说文解字》对"教育"二字的阐释可翻译为:"教",就是上面做示范,下面来模仿;"育",就是培养后代让他们多做好事。所以,《说文解字》对"教育"二字的阐释体现了我们的祖先重视教师劳动的示范性特点。

2. B 【解析】"谁要是自己还没有发展、培养和教育好"体现的是教师的学。"他就不能发展、培养和教育别人"体现的是教师的教。故题干所述说明教师的学影响教师的教。

3. B 【解析】教育能力素养主要指保证教师顺利完成教育、教学任务的基本操作能力。这要求教师善于从事各种教育、教学活动,成为教育方面的"临床专家",能够像医生那样进行"分析""诊断"和"开处方",解决教育教学中的各种问题。故题干所述体现了教师的能力素养。(具体内容参见王道俊、郭文安主编的《教育学(第7版)》)

4. C 【解析】师生在人格上是平等的关系,具体表现在:(1)学生作为一个独立的社会个体,在人格上与教师是平等的;(2)教师和学生是一种朋友式的友好帮助关系。故③④说法正确,②说法错误。教师在教学过程中要对学生进行指导、引导,以促进学生的自主发展,而不是让学生自由发展,①说法错误。故答案选C项。

5. A 【解析】题干引文的意思是:弟子不一定什么都不如老师,老师也不一定什么都比弟子贤明。懂得道理有先有后,技术上、学问上各有各的研究,也就如此罢了。这启示教师应该做到教学相长,与学生相互尊重。

6. C 【解析】题干中的教师面对学生提出的问题,没有直接传授知识,而是让学生分组进行调查,体现了教师的促进者角色。

7. B 【解析】教师职业的经济地位指将教师职业与其他职业相比较,其劳动报酬的差异状况及其经济生活状态。它是教师社会地位的最直接体现。自古以来,除少数大师、鸿儒外,普通教师的经济地位一直比较低下,"家有一斗粮,不当孩子王""两袖清风"等正是这种情况的真实写照。

8. A 【解析】学生具有可塑性。学生处于长知识、长身体的时期,也是他们的品德、人格正在形成的时期,各方面尚未成熟,具有很大的发展潜力,而且尚未定型,极容易受外部环境因素的影响,具有"染于苍则苍,染于黄则黄"的特点。"世之质文,随教而变"的意思是:社会风气的朴实和浮华,随着教化而改变。这一现象反映在学生身上,说明学生是可以改变的,体现了学生的可塑性。

9. C 【解析】"征于色,发于声,而后喻"的意思是:(一个人的想法,只有)从脸色上显露出来,在声音中表现出来,然后才能为人们所了解。意在强调教师在教学过程中要注意表情、语言表达等方面,即教师要重视提高自己的语言表达能力。故选C项。

10. C 【解析】教师劳动的主体性指教师自身可以成为活生生的教育因素和具有影响力的榜样。对于教师来说,首先,教育教学过程就是教师直接用自身的知识、智慧、品德影响学生的过程。再者,教师劳动工具的主体化也是教师劳动主体性的表现。教师所使用的教具、教材，也必须为教师自己所掌握，成为教师自己的东西，才能向学生传授。故本题选C项。

11. A 【解析】题干所述表明良好的师生关系能够激励教师努力搞好教育事业，培养更多的人才；激发学生的学习热情、奋发向上。这说明良好的师生关系具有激励功能，能够促进教师和学生共同进步、成长。

12. D 【解析】“同课异构”是指选用同一教学内容，根据学生实际、现有的教学条件和教师自身的特点，进行不同的教学设计。由此可见“同课异构”是一种因材施教，这是教师劳动的创造性的体现。

13. A 【解析】《中华人民共和国教师法》规定：“教师是履行教育教学职责的专业人员，承担教书育人，培养社会主义事业建设者和接班人、提高民族素质的使命。”《中华人民共和国公务员法》规定：“本法所称公务员，是指依法履行公职、纳入国家行政编制、由国家财政负担工资福利的工作人员。”公务员使用行政编制，履行行政职能，而教师使用事业编制中的“教育专项编制”，履行基础教育类公益服务职能。故教师不是国家公务员。

14. A 【解析】教师能力素养包括语言表达能力、组织管理能力、组织教育和教学的能力、自我调控和自我反思能力。组织教育和教学的能力要求教师要善于组织课堂教学，以保证教学过程的顺利进行和教学任务的完成。题干所述说明王老师欠缺驾驭课堂教学的能力，在今后的工作中应首先提高自身组织教育和教学的能力。

15. C 【解析】甲、乙的比喻分别有教师中心和学生中心的倾向，在教育中，应将学生主体地位与教师主导作用结合起来。

16. A 【解析】文化知识传递者的角色是教师职业角色中最具核心性和基础性的角色，也是教师职业得以产生发展并延续到今天的根本原因。故选A项。

17. B 【解析】符合时代特征的学生观要求教师全面理解学生的发展，理解学生全面发展与个性发展、全体发展与个体发展、现实发展与未来发展的关系。

18. B 【解析】题干中的教师小张为参加讲课比赛，认真钻研教材、设计课件等行为说明了教师工作的复杂性；小张面对评委的提问，能够迅速做出正确的回答，说明了他具有教育机智，体现了教师工作的创造性。

19. B 【解析】“资之深，则取之左右逢其源”的意思是：知识积累深厚了，就能在取用之时左右逢源而取之不尽。对于教师来说，就是强调教师具备精深的学科专业知识的重要性。

20. C 【解析】新课程提倡的学生观的主要观点有：(1)学生是发展中的人，要用发展的观点认识学生；(2)学生是独特的人；(3)学生是具有独立意义的人。其中，把学生看成是具有独立意义的人，包含以下三个基本含义：每个学生都是独立于教师的头脑之外，不以教师的意志为转移的客观存在；学生是学习的主体；学生是责权主体。题干中的苏老师认识到了学生是学习的主体，注重引导学生自觉学习，激发学生学习的主动性和积极性，符合学生是具有独立意义的人的观点。

21. B 【解析】“我就是课程”强调教师要有课程意识，只有如此，教师才能真正地进入课程，才能使静态的课程设计转化为动态的课程实施，才能使预设的课程转化为创生的课程。即教师在教学过程中，要不断创生和发展课程，这体现了教师劳动的创造性。

22. C 【解析】关于师生关系，有两种对立的观点，即教师中心论和儿童中心论。教师中心论认为教师在教育教学过程中起主宰作用，强调教师的权威作用，但忽视了学生的主观能动性，在教育实践中使教育活动脱离学生的实际，以致难以达到预期的效果。而学生中心论正好相反，学生中心论过分夸大了学生的主观能动性，忽视了学生是教育对象这一基本事实，结果会导致教育质量下降。题干所述观点忽视了学生的主观能动性，属于教师中心论的观点。

23. B 【解析】教师职业的发展经历了非职业化阶段、职业化阶段、专门化阶段、专业化阶段。职业化阶段，独立的教师行业伴随着私学的出现而出现。例如，我国春秋时期的诸子百家，其中影响和规模最大的是儒、墨两家。这种私学教师在一定程度上改变了官学教师身上过重的官吏色彩，使教师开始回归到专业教育工作者的角色上来。从这个意义上来看，春秋战国时期这些出卖脑力劳动的“士”堪称中国第一代教师群。古希腊的“智者”也以专门教授人们知识为生。这时，私学教师逐渐形成一种行业。不过，这时虽有专门的教师，但教师职业基本上还不具备专门化水平，私学教师没有形成从教的专业技能。“自行束脩以上，吾未尝无悔焉”意思是只要是主动给我十条干肉作为见面礼物的，我从没有不给予教诲的。这表明此时的教师以专门教授人们知识为生，故属于教师职业发展的职业化阶段。

24. B 【解析】题干中的这位教师之所以不能回答学生的提问，是因为他的知识不够渊博，缺乏广博的科学文化知识即通用知识。

25. D 【解析】示范性是指教师的言行举止，如人品、才能、治学态度等都会成为学生学习的对象。题干的描述反映了教师劳动的示范性。

二、多项选择题

1. BC 【解析】影响师生关系的环境主要是学校的人际关系环境和课堂的组织环境。学校领导与教师的关系、教师之间的关系、教师与家长的关系，必然影响师生关系。课堂的组织环境主要包括教室的布置、座位的排列、学生的人数等。

2. CD 【解析】教师的能力素养包括语言表达能力、组织管理能力、组织教育和教学的能力、自我调控和自我反思能力(较高的教育机智)。“要使学生获得一点知识的亮光，教师应吸进整个光的海洋”是指教师需要具备广博的科学文化知识，故A项属于教师的知识素养。教师应“既知教之所由兴，又知教之所由废”是指教师既要懂得教育成功的因素，又要知道教育失败的原因，故B项体现了教师的知识素养。C项，教师语言表达要做到“生动、形象、具有启发性”属于教师能力素养中的语言表达能力。D项，教师应注意课堂教学中的自我监控与课后的自我反思属于教师能力素养中的自我调控和自我反思能力。

3. AC 【解析】教育机智是教师在教育教学过程中的一种特殊定向能力，是指教师能根据学生新的特别是意外的情况，迅速而正确地做出判断，随机应变地采取及时、恰当而有效的教育措施解决问题的能力。A、C两项属于教师巧妙运用教育机智的表现。

4. AB 【解析】该幼儿园教师在读师范时，认真学好各门功课，体现了教师应该具备精深的学科专业知识；除此之外，该教师“还认真学习画画、练美术字……”“学指挥、练习弹钢琴”等，这些在其后来的工作中都发挥了很大作用，体现了教师应该具备广博的科学文化知识。故选A、B两项。

5. BCD 【解析】教师是一种从事专门职业活动的专业人员，具备其资格的特定要求有：(1)要达到规定的学历；(2)要具备相应的专业知识；(3)要符合与其职业相称的其他有关规定；(4)专门从事教育教学工作。

6. CD 【解析】教育能力是指教师完成一定的教育教学活动的本领，具体表现为完成一定的教育教学活动的方式、方法和效率。教师的教育能力是教师职业的特殊要求，如语言表达能力。没有较强语言表达能力的教师，很难成为一名优秀教师。教师的语言首先要求准确、明了、有逻辑性；其次是要求富有情感、感染力；再进一步的要求是富有个性，能够体现出一名教师的独特风采。

三、判断题

1. × 【解析】教师的根本任务是教书育人，所以教师在教学活动中表现出来的最突出的角色是教员的角色，即“传道者”角色和“授业、解惑者”角色。

2. √ 【解析】在教学过程中，教与学两方面互相影响和促进，都会得到提高。教师和学生都能够在双方共同建构的教学活动中不断进行吸纳、总结、反思,形成彼此收益、互惠互利、互动双赢的教学关系。"教学相长"正体现了这一点。

3. × 【解析】"师者,所以传道受业解惑也"的意思是:所谓老师,就是为学生传授道理、教授知识、解答困惑的人。韩愈的这句诗明确了教师所肩负的职责,并不包含教师对学生下命令一定要正确的意思。

4. √ 【解析】新时代对师生关系的认识不再是单纯意义上的"教师中心"或"学生中心",而是从更深入和更全面的角度考查师生关系。

5. × 【解析】教师个体专业化是指教师在整个专业生涯中,依托专业组织,通过终身专业训练,习得教育专业知识技能,实施专业自主,表现专业道德,逐步提高自身从教素质,成为一个良好的教育专业工作者的专业成长过程。

6. × 【解析】"身教重于言传"体现的是教师劳动的示范性特点。

7. × 【解析】随着儿童成长、知识的增加,其个体主观能动性也相应增强,对教师的向师性、依赖性会逐渐减弱。

8. √ 【解析】现代教育理论认为,在教育过程中,学生既是认识的客体,又是认识的主体。学生在教育过程中处于主体地位,是主体与客体的统一。

9. × 【解析】由于信息的多样化,教育活动也不再只是局限于学校范围内,教育是家庭、学校、社区、其他社会机构共同的事业,是一个系统工程。在多样化的教育中,教师由于是教育专业人员,受过专门训练,因此,教师应该成为各种教育的中心人物,成为教育共同体的协调员,发挥主导作用。

10. √ 【解析】一名教师对学生的影响不仅仅是知识上、智力上的影响,更是思想上、人格上的影响。所以作为一名教师,不仅要成为"经师",更要成为"人师"。

四、简答题(参考答案)

1. 如何理解"学生是发展中的人,要用发展的观点认识学生"?

(1)学生的身心发展是有规律的。学生的身心发展具有顺序性、阶段性、不平衡性(不均衡性)、互补性、个别差异性以及整体性,这是经过现代科学和教育实践证实的。

(2)学生具有巨大的发展潜能,智力水平可以明显提高,这已被科学研究,如裂脑研究、左右脑研究等证实。

(3)学生是处于发展过程中的人。作为发展中的人,意味着学生还是不成熟的人,是一个正在成长的人。

(4)学生的发展是全面的发展。现代学生观强调,教师在教育教学实践中,不仅要重视"知识与技能"的传授,更要看到"过程与方法""情感态度与价值观"的重要性,把学生培养成全面发展的人。

2. 为什么说教师的知识不仅要"专",而且要"博"?

(1)这是科学知识日益融合和渗透的要求;(2)这是青少年多方面发展的要求;(3)教师的任务是教书育人。

五、论述题(参考答案)

试述四种主要的教师管理类型的特点。

(1)强硬专断型。教师对学生严加监视,要求即刻无条件地接受一切命令,认为表扬可能宠坏学生,所以很少给予表扬;认为没有教师的监督,学生就不可能自觉学习。学生的典型反应为:屈服,但一开始就不信服和厌恶这种领导;推卸责任是常见的事情;易激怒,不愿合作,而且可能会在背后伤人;教师一旦离开教室,学习就明显松垮。

(2)仁慈专断型。教师不认为自己是一个专断独行的人;表扬学生,关心学生;他专断的症结在于他的自信,他的口头禅是:"我喜欢这样做"或"你能让我这样做吗";以"我"为班级一切工作的标准。学生的典型反应是:大部分学生喜欢他,但看穿他这套办法的学生可能恨他;在各方面都依赖教师——在学生身上没有多大的创造性;屈从,并缺乏个人的发展；班级的工作量可能是多的，而质也可能是好的。

(3)放任自流型。教师在和学生打交道中几乎没有什么信心，或认为学生爱怎样就怎样；很难做出决定，对学生的管理没有明确目标；既不鼓励学生，也不反对学生；既不参加学生的活动，也不提供帮助或方法。学生的典型反应为：不仅道德差，而且学习也差；学生中有许多“推卸责任”“寻找替罪羊”“容易激怒”的行为；没有合作，谁也不知道该做些什么。

(4)民主管理型。教师善于和集体共同制订计划和做出决定，在不损害集体的情况下，很乐意给个别学生以帮助、指导，尽可能鼓励集体的活动，给予客观的表扬和批评。学生的典型反应是：喜欢学习，喜欢和别人尤其是教师一道工作；学生学习的质和量都很高，相互鼓励，而且独自承担某些责任；不论教师在不在课堂，需要加以改正的问题很少。

六、案例分析题(参考答案)

1. (1)案例中的王老师恶狠狠地批评徐同学，言语中还带有侮辱人格的话，这说明王老师没有做到热爱、尊重学生。热爱学生包括热爱所有学生，对学生充满爱心，经常走到学生之中，忌挖苦、讽刺和粗暴地对待学生。尊重学生特别要尊重学生的人格，保护学生的自尊心，维护学生的合法权益，避免师生对立。教师处理问题必须公正无私，使学生心悦诚服。

(2)在教育教学过程中，师生之间发生矛盾是难免的。教师要善于驾驭自己的情绪，冷静全面地分析矛盾，正视自身的问题，敢于做自我批评，对学生的错误进行耐心的说服教育或必要的等待、解释等。要能与学生进行心理互换，设身处地地为学生着想，理解学生，帮助学生，满足学生的正当要求，启发学生自省改错。很显然，案例中的王老师一开始并没有做到这些，反而是校长做到了这一点。

(3)王老师经过反思，改变了自己用粗暴方式处理问题的思路，这体现了其职业素养的提高。教师的道德素养、知识素养和能力素养是学生尊重教师的重要条件，也是教师提高教育影响力的保证。教师以其高尚的品德、渊博的知识、高超的教育教学艺术来为学生提供高效而优质的服务，也必然会赢得学生的尊重和爱戴。

2. (1)学生是发展中的人，要用发展的观点认识学生。学生具有巨大的发展潜能。案例中，陈老师班里“有的同学老是找不到学习的方法，也不愿意发言，习惯当听众。小明就是这样的孩子，有次陈老师让小明发言，小明站起来紧张得面红耳赤，陈老师示意小明坐下，课后……在陈老师的多次鼓励下，小明慢慢克服了胆怯，也敢上台发言了”。这就体现了陈老师把学生当作发展中的人来看待，相信每个学生都有巨大的发展潜能，并通过积极的鼓励来促进学生的发展。

(2)学生是具有独立意义的人。首先，每个学生都是独立于教师的头脑之外，不以教师的意志为转移的客观存在。其次，学生是学习的主体。教师主导对学生客体的教育与改造，只是学生发展的外部条件和外因，学生的主体活动才是学生获得发展的内在机制和内因。案例中的陈老师在语文教学中，总是先让学生明确学习目标，然后提出问题，让学生围绕问题各自探索并在小组内进行交流。大家都解决不了的问题，就由陈老师来讲解。这体现了陈老师把学生当成学习的主体，鼓励学生发挥主体作用，不但帮助学生收获了知识，还提升了学生解决问题的能力。

3. (1)“授业、解惑者”角色。胡老师总结了画公鸡的七个要素并将画公鸡的技能传授给学生，体现了这一点。

(2)“教育教学活动的设计者、组织者和管理者”角色。首先，好的教学设计可以使教学有序进行，给教学提供良好的环境，使学生养成循序渐进的习惯，全面地完成教学任务。胡老师在教学中精心进行教学设计，全面把握了教学的任务和学生的特点等要素。其次，胡老师在教学时间分配、内容安排和教学活动展开等方面都做了合理的组织与安排，调动了全班同学共同参与的积极性，在预设的时间内完成了教学任务。最后，胡老师在教学过程中还肩负了教育教学管理的职责，确定了教学目标，维持了班级纪律，使班级活动有序地进行，并不断引导学生，在和谐的班级环境中完成学习任务。

(3)学生学习的“促进者”角色。新课程倡导教师要成为学生学习的促进者，学生学习能力的培养者。教师不仅传授知识，而且重在检查学生对知识的掌握程度。教师应成为学生学习的激发者。胡老师在教学中没有批评任何一个学生画得不像，而是不时地对学生进行指导，最终帮助学生顺利完成任务。

4. (1)现代学生观认为学生是发展中的人，要用发展的观点认识学生。学生的身心发展是有规律的，教师应依据学生身心发展的规律和特点来开展教育活动。马老师根据学生的特点，给予学生鼓励、期待，对症下药，使学生的性格得到了完善，成绩获得了提升，促进了学生的发展。

(2)现代学生观认为学生是独特的人，每个学生都有自身的独特性。高虎因家庭情况不敢与人交流，很自卑、孤僻，马老师注意到他后经常给予他关心、帮助，鼓励他积极向上，而高虎也在马老师的鼓励关心下完善了性格，提高了成绩。这表明马老师具有现代学生观的理念，尊重了学生的独特性。

5. (1)提高教师政治地位是实现中华民族伟大复兴的根本大计。中华民族自古以来就有尊师重教、崇智尚学的优良传统，实现中华民族伟大复兴体现了中华民族和中国人民的整体利益，教师是推进新时代中国特色社会主义事业，提升综合国力的重要力量，全党全社会要弘扬尊师重教的社会风尚，让广大教师享有应有的声望是实现中华民族伟大复兴的国之大计、党之大计。

(2)提高教师社会地位是满足人民对美好生活需要，实现教育公平的关键。教师是立教之本、兴教之源，承担着让每个孩子健康成长、办好人民满意教育的重任。国家要始终把教育摆在优先发展的战略位置，教育投入要更多向教师倾斜，不断改善教师的工作、学习和生活条件，培养造就一支师德高尚、业务精湛、结构合理、充满活力的高素质专业化教师队伍，让每个孩子享有受教育和人生出彩的机会。

(3)提高教师职业地位是增强国家核心竞争力的根本。当今世界，科技进步日新月异，国际竞争日趋激烈。增强教师教书育人的荣誉感和责任感，确立人民教师无上光荣，教师是太阳底下最高尚的职业成为全党全社会的共识，以凝聚人心、完善人格、开发人力、培育人才、造福人民，为确保我国科技创新人才持续迸发，增强我国在未来激烈的国际竞争中的重要潜在力量和后发优势提供坚强支撑。

真题必刷

答案速查

1~5	AABDA	6~10	CBACD	1~7	ABC ABC CD ABCD ABC ACD AB
1~6	√×√××√				

一、单项选择题

1. A 【解析】强硬专断型的教师对学生严加监视，要求即刻无条件接受一切命令，很少表扬学生；认为没有教师的监督，学生不可能自觉学习。故唐老师的领导风格最有可能是强硬专断型。

2. A 【解析】教师专业发展主要有三种取向：理智取向(理性取向)、实践—反思取向、文化生态取向。其中，理性取向认为，教师的专业发展就是教师接受充足的学科知识与教育知识。有效教学的影响因素就在于教师自己拥有的学科知识和将这些知识、技能传递给学生的教育知识。

3. B 【解析】掌握扎实的专业知识是包括班主任在内的每个教师的职责所在。因为面对学生，教师只有“居高”才能“临下”，只有“深入”才能“浅出”。

4. D 【解析】学生是发展中的人，具有巨大的发展潜能。教师应坚信每个学生都是有培养前途的，是追求进步和完善的，是可以获得成功的，因而对教育好每一个学生应充满信心。题干中李老师把作业从难到易分成三类，说明李老师看到了学生的差异性，但是不允许学生“跨级”做作业，说明李老师没有看到中等生、学困生的学习潜力。故答案选D项。A项，李老师只是给学生划定了固定的作业难度，并没有根据每个学生的特点因材施教。B项，李老师只是划分了作业的难易程度，实际上的作业量并未减少，没有减轻学生学习负担。C项，教学相长的意思是教与学互相增长，指通过教授、学习，不但能使学生得到进步，而且教师本身的水准也可借此提高。题干未体现。

5. A 【解析】教师的能力素养包括：语言表达能力、组织管理能力、组织教育和教学的能力、自我调控和自我反思能力（较高的教育机智）。其中，教育和教学的组织能力包括对教材和各种影响因素的加工能力和传导能力。教师自己所具备的知识或教材内容需要教师再加工，使之处于学生能够接受和易于接受的传输状态。题干所述即教师通过长期的辛勤劳动，对知识进行再加工，使之处于学生能够接受的状态，从而帮助学生提高了思想品德素养，完善了知识与能力，是教师的教育教学能力在教学工作中的体现。

6. C 【解析】学生具有向师性。学生入学后，会自然地亲近、信赖、尊敬甚至崇拜教师，把教师作为获取知识的智囊、解决问题的顾问、行为举止的楷模。

7. B 【解析】民主平等不仅是现代社会民主化趋势的需要，也是教学生活的人文性的直接要求和现代人格的具体体现。它要求教师理解学生，发挥非权力性影响，并一视同仁地与所有学生交往，善于倾听不同意见，同时也要求学生正确表达自己的思想和行为，学会合作和共同学习。题干中的“微笑着”“蹲下来”等体现了师生关系的民主平等的特点。

8. A 【解析】教师职业的最大特点在于职业角色的多样化，一般来说，教师的职业角色主要有：(1)“传道者”角色；(2)“授业、解惑者”角色（知识传授者、人类文化的传递者）；(3)示范者角色（榜样）；(4)“教育教学活动的设计者、组织者和管理者”角色；(5)“家长代理人、父母”和“朋友、知己”的角色；(6)“研究者”角色和“学习者”“学者”角色；(7)教育共同体的协调员角色。故选A项。

9. C 【解析】教师的言行是学生学习和模仿的榜样。学生具有可塑性和向师性的特点，教师的言谈举止、行为方式、为人处世的态度等都会对学生产生耳濡目染、潜移默化的影响。题干中夸美纽斯的话，正是对教师的示范者角色的诠释。

10. D 【解析】教师劳动的复杂性是由其工作性质、任务及过程的特殊性所决定的。

二、多项选择题

1. ABC 【解析】学生的本质属性主要包括：(1)学生是现实社会的成员之一；(2)学生是处于人生阶段身心发展最迅速时期的人；(3)学生是教育的对象，又是学习的主体。故A、B、C三项符合题意。学生是具有能动性的教育对象，故D项表述错误。

2. ABC 【解析】教师的教育科学知识主要包括三个方面：(1)学生身心发展的知识；(2)教与学的知识；(3)学生成绩评价的知识。其中，教育学、心理学及各科教材教法是教师首先要掌握的最为基本的教育科学知识。教育机智属于教师的能力素养。

3. CD 【解析】教师的管理类型可分为：强硬专断型、仁慈专断型、放任自流型、民主管理型。其中，强硬专断型的教师对学生时时严加监视，要求即刻无条件接受一切命令；认为表扬可能会宠坏学生，所以很少给予表扬；认为没有教师的监督，学生就不可能自觉学习。故C、D两项符合题意。A、B两项属于放任自流型教师的行为特征，故排除。

4. ABCD 【解析】师生之间的现实关系是不断变化和丰富多样的，可以从不同的层面进行划分，主要表现为社会关系、教育关系、心理关系和伦理关系。

5. ABC 【解析】师生之间的伦理关系是指在教育教学活动中，教师与学生构成一个特殊的道德共同体，各自承担一定的伦理责任，履行一定的伦理义务。这种关系是师生关系体系中最高层次的关系形式，对其他关系形式具有约束和规范作用。故D项表述错误，A、B、C三项表述正确，当选。

6. ACD 【解析】从对师生关系的意义及稳定性等的综合分析，师生关系主要表现为以下几方面：(1)以年青一代成长为目标的社会关系；(2)以直接促进学生发展为目标的教育关系；(3)以维持和发展教育关系为目标的心理关系。

7. AB 【解析】教师劳动的专业性突出表现在教师对育人的崇高敬业精神和道德修养上，对教育教学专门化知识和技能的掌握以及教育活动的自主权上。

三、判断题

1. √ 【解析】学生既是教育的对象，又是教育的主体。了解和研究学生的本质、特点、地位、作用和发展规律是教育工作的出发点和归宿。只有了解学生，遵循学生身心发展的规律，教育才会获得最好的效果。

2. × 【解析】建立良好师生关系的过程中，教师要正确处理师生矛盾。教育教学过程中，师生之间发生矛盾是难免的。解决师生冲突的关键是教师。教师要善于驾驭自己的情绪，冷静全面地分析矛盾，正视自身的问题，敢于做自我批评，对学生的错误进行耐心的说服教育或必要的等待、解释等。要能与学生心理互换，设身处地地为学生着想，理解学生，帮助学生，满足学生的正当要求，启发学生自省改错。

3. √ 【解析】良好师生关系的意义包括：(1)有助于提高教学效果；(2)有助于提高教师的威信；(3)有助于师生心理健康发展；(4)有助于优化校园文化。故题干说法正确。

4. × 【解析】良好的师生关系和惩罚并不矛盾，惩罚是一种必要的教育手段，只是运用时应适度。合理正确地运用惩罚有利于良好、和谐师生关系的建构。故题干说法错误。

5. × 【解析】最早提出教师要做"人类灵魂的工程师"的教育家是苏联的加里宁。他说："很多教师常常忘记他们应该是教育家，而教育家也就是人类灵魂的工程师。"

6. √ 【解析】对于学生主体性的培养，一般从三个方面着手：(1)建立民主而和谐的师生关系，重视学生自学能力的培养；(2)重视培养学生主体参与课堂，让学生获得主体参与的体验，尤其让学生体验成功；(3)尊重学生的个性差异，对学生进行具有针对性的教育。

四、简答题(参考答案)

1. 简述良好师生关系建立的途径和方法。

(1)教师方面。①了解和研究学生；②树立正确的学生观；③提高教师自身的素质；④热爱、尊重学生，公平对待学生；⑤发扬教育民主；⑥主动与学生沟通，善于与学生交往；⑦正确处理师生矛盾；⑧提高法制意识，保护学生的合法权利；⑨加强师德建设，纯化师生关系。

(2)学生方面。①正确认识自己；②正确认识教师。

(3)环境方面。①加强校园文化建设，确保校园文化的相对独立性、完整性和纯洁性；②加强学风教育，促进良好学风养成，使学生在一个良好的氛围中健康地学习。

2. 新型师生关系的基本特征有哪些？

(1)人际关系：尊师爱生。(2)社会关系：民主平等。(3)教育关系：教学相长。(4)心理关系：心理相容。

五、案例分析题(参考答案)

(1)学校环境中学生的个体差异主要表现为：学生家庭文化背景的差异、先前知识的差异、志向水平的差异(即学习动机的差异)、智力的差异、学业能力倾向的差异、学习风格的差异和男女生的差异等。

(2)要培养“四有学生”,需要树立以人为本的现代学生观,具体表现为:

①学生是发展中的人,要用发展的观点认识学生。②学生是独特的人,每个学生都是完整的人,都有自身的独特性,与成人之间存在巨大差异,教师要尊重学生个体的独特性和差异性。③学生是具有独立意义的人,每个学生都是独立于教师的头脑之外,不以教师的意志为转移的客观存在,是学习的主体,教师要善于发挥学生的主体性。

第五章　课　程

基础必刷

1-5基础必刷答案详解

专题1 课程概述

答案速查

1~5	DDBCC	6~10	DDDCB	11~15	ADBAB	16~22	ADDDBAA
1~7	BCD BC AD AB ACD CD BCD			1~5	√ × × √ ×		
6~10	× × × × ×						

四、名词解释(参考答案)

1. 课程(广义)

广义的课程是指学校为实现培养目标而选择的教育内容及其进程的总和,它包括学校所教的各门学科和有目的、有计划的教育活动。

2. 综合课程

综合课程是指采用各种有机整合的形式,使学校教学系统中分化的各种要素及各成分之间形成有机联系的课程形态。简单来说,就是指打破传统的分科课程的知识领域,组合两门或两门以上学科领域而构成的一门学科。

五、简答题(参考答案)

1. 学科课程是应用最为广泛的一种课程组织形态。简要回答学科课程的缺点。

(1)从学生发展角度讲,过多考虑知识的逻辑和体系,不能完全照顾学生的需要和兴趣;(2)从课程本身角度讲,与现实生活存在较远距离,缺乏活力,造成学习内容的凝固化;(3)从教师教学角度讲,容易导致偏重知识授受的倾向,不利于学生全面和富有个性地发展。

2. 简要列举学生中心课程理论的基本主张和特点。

基本主张:(1)经验论;(2)以儿童为中心的活动论;(3)主动作业论;(4)课程组织的心理顺序论。

特点:(1)重视儿童的兴趣和需要;(2)重视教材的心理组织;(3)认为教育即生活,而不是生活的准备。

专题2 课程目标与课程内容

答案速查

1~5	CDCAC	6~10	DBCAD	11~15	DAACA	16~18	DAA
1~5	ABCD ACD ABCD ABD ABC						

三、填空题

1. 表现性

2. 教科书　讲义

3. 知识与技能

四、辨析题(参考答案)

1. 新课程特别强调三维课程目标中的“过程与方法”“情感态度与价值观”目标,这说明“知识与技能”目标不是很重要了。

(1)这种说法是不正确的。(2)“知识与技能”目标强调基础知识和基本技能的获得,相当于传统的“双基”教学。“过程与方法”目标突出的是让学生“学会学习”,使学生获得知识的过程同时成为获得学习方法和能力发展的过程。“情感态度与价值观”目标强调教学过程中激发学生的情感共鸣,引起积极的态度体验,形成正确的价值观。三维课程目标应是一个整体,知识与技能、过程与方法、情感态度与价值观三个方面互相联系,融为一体。在教学中,既没有离开情感态度与价值观、过程与方法的知识与技能的学习,也没有离开知识与技能的情感态度与价值观、过程与方法的学习。

2. 课程计划是根据学科课程标准制订的。

(1)这种说法是不正确的。(2)课程计划是根据一定的教育目的和培养目标,由教育行政部门制定的有关学校教育和教学工作的指导性文件。课程标准是课程计划的分学科展开,每门学科都有对应的学科课程标准。因此题干说法不正确。

五、简答题(参考答案)

简述教科书编写应遵循的基本原则。

(1)科学性与思想性统一;(2)强调内容的基础性与适用性(基础性是教科书不同于其他任何书籍的基本特点);(3)知识的内在逻辑与教学法要求的统一;(4)理论与实践统一;(5)教科书的编排形式要有利于学生的学习;(6)注意与其他学科的纵向和横向联系。

专题3 课程结构与课程管理

答案速查

1～6	CAABCA	1～4	BC　AC　ABC　ABC

三、简答题(参考答案)

简述新一轮基础教育课程体系的设计构想。

(1)整体设置九年一贯的义务教育课程;(2)高中以分科课程为主;(3)从小学至高中设置综合实践活动课程并作为必修课程;(4)农村中学课程要为当地社会经济发展服务。

四、案例分析题(参考答案)

(1)校本课程开发要树立“学生为本”的课程理念,校本课程开发要基于学生的实际发展需要,尤其重视学生个体的有差异的学习需要,同时兼顾社会的需要。案例中的“茶道课”引起了学生的学习兴趣,同时能够改变学生不健康的习惯,符合“学生为本”的课程理念。

(2)校本课程开发要体现“全员参与”的合作精神。在校本课程开发过程中,要充分发挥校长、学生家长、学生和社区人士等的作用,形成一个开发校本课程的合作共同体,大家都有权对课程发表自己的看法,集思广益,最终形成一个大家都能够接受的课程方案。案例中，校本课程的开发由家长提议，得到了班主任和家长委员会的积极响应，学生也积极参与，体现了“全员参与”的合作精神。

(3)校本课程开发要善于利用蕴藏在当地社区和学校师生中的各种课程资源，更好地反映学生的实际生活。校本课程开发要根据已有的条件进行切实可行的资源重组，开发出适合自己学校的、具有特色的、学生喜欢的课程。案例中的“茶道课”是在学生家长提议、家长委员会购置茶具、由研究茶文化的学生家长担任教师等因素的组合下开发出来的课程，这充分利用了已有资源，开发出了学生喜欢的特色课程。

专题4 课程设计与实施

答案速查

1～5	BDDCD	6～10	DBADD	11～15	BDCDA
1～5	AD BCD ABD ACD ABCD			1～2	√√

专题5 课程评价与课程资源

答案速查

1～7	ADBDADA	8～14	CCDBBBC
1～5	ABCD CD AB ACD ABCD	6～8	ABCD ABCD ABD
1～5	×√×××		

四、简答题(参考答案)

教师应树立哪些新的课程资源开发和利用的理念？

(1)课程标准和教科书等是基本而特殊的课程资源；(2)教师是最重要的课程资源；(3)学生既是课程资源的消费者，又是课程资源的开发者；(4)教学过程是师生运用课程资源共同建构知识和人生的过程。

提升必刷

答案速查

1～5	DCCCB	6～10	BADAC	11～15	DCCDA	16～20	DCDCA
1～6	CD ABCD BC BD AB ABD						

一、单项选择题

1. D 【解析】结构主义课程理论与活动课程理论存在本质的差别。结构主义课程理论是在学科课程理论的基础上发展起来的，强调学科结构的重要性，它主张课程要分科设置，每门学科的课程要根据科学的联系性、连贯性进行编制。活动课程理论是与结构主义课程理论相对立的一种课程理论，它主张课程内容要适合儿童的需要和接受能力，要求以活动为中心组织教学，没有固定的课程标准和教材。

2. C 【解析】核心课程亦称“问题课程”，是以问题为核心，将几门学科结合起来，由一个教师或教师小组连续教学的课程。核心课程旨在把独立的学科知识综合起来，并谋求与生活实际紧密结合。例如，以环境污染、贫富差距、战争等问题作为主题而设计的一门课程。故本题选C项。

方法技巧 理解综合课程的四种形式时需注意，相关课程、融合课程、广域课程、核心课程都是综合课程的形式，但是它们的综合程度不同。相关课程将两种或两种以上学科在一些主题或观点上相互联系起来，但又维持各学科原来的独立状态。融合课程即把有内在联系的学科的内容融合在一起而形成一门新的学科。广域课程即合并数门相邻学科的内容形成的综合课程，在范围上比融合课程要大。核心课程即以问题为核心，将几门学科结合起来的课程。考生在做题的时候应注意区分。

3. C 【解析】19世纪末20世纪初，学生中心课程论经过美国学者杜威的发展而形成了比较完整的理论体系。杜威根据其实用主义的哲学观、“社会个人主义”的社会观和机能主义的心理学，提出了他的“儿童中心”课程思想。他主张以儿童的活动为课程的中心，而不是以学科为中心。他认为“学校科目相互联系的真正中心，不是科学，不是文学，不是历史，不是地理，而是儿童本身的社会活动”。所以，题干观点体现的是学生中心课程论。

4. C 【解析】以赫钦斯为代表的永恒主义课程理论认为教育内容或课程涉及的第一个根本问题就是：为了实现教育目的，什么知识最有价值或如何选择学科。永恒主义的回答是具有理智训练价值的传统的“永恒学科”的价值高于实用学科的价值。题干中“不变的学问”“广泛流传的经典著作”都属于“永恒学科”，所以这种观点属于课程理论流派中的永恒主义。

5. B 【解析】泰勒主张教育目标的确定首先要考虑学生的兴趣和需要，把学习者作为教育目标的第一个来源，是基于教育是改变人们行为方式的过程的认识。

6. B 【解析】义务教育阶段教学计划的普遍性表现在：适用范围要比普通的教学计划宽得多，它规定的培养目标和课程设置等是针对全国绝大多数学校、绝大部分地区和绝大多数学生的，既不过高也不过低，坚持“下要保底，上不封顶”的原则。

7. A 【解析】学科中心主义课程论忽视学生的学习兴趣和需要，容易导致理论和实践脱节，不能学以致用。

8. D 【解析】活动课程与课外活动是两个既有联系又完全不同的概念，活动课程来源于课外活动，但高于课外活动，它是课外活动的发展与升华。故D项说法不正确。

9. A 【解析】要素主义课程理论的主要观点包括：(1)课程的内容应该是人类文化的“共同要素”，首先要考虑的是国家和民族的利益；(2)学科课程是向学生提供经验的最佳方法；(3)重视系统知识的传授，以学科课程为中心。A项正确。

10. C 【解析】“过程与方法”目标突出的是让学生“学会学习”，使学生获得知识的过程同时成为获得学习方法和能力发展的过程。C项体现了对学生能力的培养，属于过程与方法目标。A、B两项属于知识与技能目标，D项属于情感态度与价值观目标。

11. D 【解析】教材与课程标准的关系是：(1)教材编写必须依据课程标准，教材编写者必须领会和掌握本学科课程标准的基本思想和各部分的内容，并在教材中予以充分体现。课程标准是教材的编写指南和评价依据，教材又是课程标准最主要的载体。(2)义务教育的课程标准应适应普及义务教育的要求，让绝大多数学生经过努力都能达到。也就是说，课程标准只是一个最低限度的要求，是一个基本性的要求，这为编写多样化的教科书提供了广阔的空间。(3)教材是对课程标准的一次再创造、再组织。(4)教材的编写和实验可以检验课程标准的合理性。

12. C 【解析】教材的编排通常采取直线式和螺旋式两种：(1)直线排列式即对某一科教材内容采取环环相扣、直线推进、不予重复的排列方式；(2)螺旋排列式即针对学生的接受能力，按照简繁、深浅、难易的程度，使某一科教材内容的基本概念和基本原理重复出现，逐步扩展，螺旋上升。故C项说法不正确。

13. C 【解析】为了深化对课程实施的认识，提升课程实施的成效，急需将学生纳入课程实施及其研究之中，并给予相当程度的关注。

14. D 【解析】综合课程是指打破传统的学科课程的知识领域，组合两门或两门以上学科领域而构成的一门学科,其主导价值在于通过相关学科的集合,促使学生认识的整体发展并形成把握和解决问题的全面视野与方法。“从政治的、经济的、地理的和历史的角度探讨英国与欧盟关系的问题”就是通过相关学科的集合,使学生全面认识英国与欧盟的关系问题,故属于综合课程。

15. A 【解析】学科课程是指以文化知识(科学、道德、艺术)为基础,按照一定的价值标准,从不同的知识领域或学术领域选择一定的内容,根据知识的逻辑体系,将所选出的知识组织为学科的课程类型。夸美纽斯倡导的“泛智课程”,斯宾塞根据功利主义原则设置的课程都属于学科课程。

16. D 【解析】张老师利用校内资源给学生上生物课,体现了其课程资源的开发者角色。

17. C 【解析】同一资源对于不同课程具有不同的用途和价值,体现了课程资源的多质性特点。

18. D 【解析】美国学者古德莱德归纳出五种不同的课程:(1)理想的课程,即由一些研究机构、学术团体和课程专家提出的应该开设的课程;(2)正式的课程,即列入学校课程表中的课程;(3)领悟的课程,即任课教师所领会的课程;(4)运作的课程,即在课堂上实际实施的课程;(5)经验的课程,即学生实际体验到的东西。故题干中每位学生在课堂上感受到的不同的课程属于经验的课程,选D项。

19. C 【解析】陶行知先生提出了生活教育理论。他认为,生活含有教育的意义,实际生活是教育的中心,生活决定教育,教育改造生活。“教学做合一”,要求“在劳力上劳心”,即把传统教育下的劳力与劳心连接起来,这是对注入式教学法的否定。他的理论重视实际的生活和实践,符合活动课程的特点。

20. A 【解析】“课程”一词在我国始见于唐宋期间。唐朝孔颖达在《五经正义》里为《诗经·小雅·巧言》中“奕奕寝庙,君子作之”一句注疏:“维护课程,必君子监之,乃得依法制也。”这是“课程”一词在汉语文献中的最早显露。但这里所说的课程并不是现代意义上的。宋朝朱熹在《朱子全书·论学》中多次提及课程,如“宽着期限,紧着课程”,这里的课程已含有学习范围、进程、计划的程序之义。这与我们现在许多人对课程的理解有相似之处。

易错提示 在我国,最早提出的“课程”一词≠现代意义上的“课程”?(√)

关于“课程”一词在中国的发展,现代意义上的“课程”与“课程”一词的最早提出这两个出处是易混淆的知识点,考生需要理解在不同出处中“课程”一词的含义:“维护课程,必君子监之,乃得依法制也”是我国“课程”一词的最早出处,指的是“秩序”;“宽着期限,紧着课程”中的“课程”已含有学习范围、进程、计划的程序之义,因而与现代意义上的“课程”更接近。

二、多项选择题

1. CD 【解析】显性课程是学校正规学术性课程和计划内课外活动,通常是学校有计划列入课程表内的所有课程,是教学计划中明确规定的各门学科为内容的课程。显性课程的特点是:一方面,它是有目的、有计划、有组织的学习活动;另一方面,学生参与这类课程是有意识的。(具体内容参见柳海民主编的《教育学》)

2. ABCD 【解析】国家对课程的管理主要体现在:(1)教育部总体规划基础教育课程;(2)制定课程管理的各项政策;(3)制定基础教育课程标准;(4)积极试行新的课程评价制度。

3. BC 【解析】“知道”“描述”等体现的是知识与技能目标,“与同学合作”“验证自己的猜想”体现的是过程与方法目标。

4. BD 【解析】拓展型课程注重拓展学生的知识和能力,开阔学生的知识视野,发展学生各种不同的特殊能力,并迁移到其他方面的学习。例如,注重加强学生文学、艺术鉴赏方面的教育与拓展学生文化素质的文化素养课程和艺术团队活动,注重加强学生科学素质教育、培养学生知识与社会实践相结合的能力的环境保护等课程,都属于拓展型课程。A项适用于基础型课程;C项适用于研究型课程。

5. AB 【解析】杜威并不否认课程的组织要考虑教材的逻辑顺序,但他更重视课程的组织要考虑儿童的心理顺序,故A项观点错误。“课程”一词是由拉丁语派生而来的,故B项观点错误。

6. ABD 【解析】课程资源是指课程设计、实施和评价等整个课程教学过程中可以利用的一切人力、物力以及自然资源的总和,包括教材、教师、学生、家长以及学校、家庭和社区中所有有利于实现课程目标,促进教师专业成长和学生有个性的全面发展的各种资源。故AD两项说法错误,C项说法正确。B项说法错误,学校可自主开发的是校本课程,地方课程是由省级教育行政部门开发设计的。

易错提示 (1)教师和学生不是课程资源?(×)

教师不仅是课程资源,还是最重要的课程资源;而学生不仅是课程资源的消费者,其本身也是重要的课程资源。

(2)课程资源=教材/教科书?(×)

课程资源的范围非常广泛,教材只是其中一种,但教材是课程资源的核心和主体。

(3)学校可以自主开发地方课程?(×)

学校自主开发的课程为校本课程(学校课程);地方课程由省级教育行政部门开发;国家课程由中央教育行政部门编制。

三、辨析题(参考答案)

1. 综合课程比分科课程更优越。

(1)这种说法是不正确的。(2)分科课程使学生获得逻辑严密和条理清晰的文化知识,但是容易带来科目过多、分科过细的问题。综合课程的缺点主要有两点:一是教科书的编写较为困难,只专不博的教师很难胜任综合课程的教学,教学具有一定的难度;二是难以向学生提供系统完整的专业理论知识,不利于高级专业化人才的培养。分科课程与综合课程各有优缺点,因此,不能说综合课程比分科课程更优越。

2. 课程标准是中小学试题命制的主要依据。

(1)这种说法是正确的。(2)课程标准是课程计划中每门学科以纲要的形式编写的、有关学科教学内容的指导性文件,是课程计划的分学科展开。它是教材编写、教学、评估和考试命题的依据,是国家管理和评价课程的基础。应体现国家对不同阶段的学生在知识与技能、过程与方法、情感态度与价值观等方面的基本要求,规定各门课程的性质、目标、内容框架,提出教学建议和评价建议。

四、简答题(参考答案)

1. 当前课程评价发展的基本特点是什么?

(1)重视发展,淡化甄别与选拔,实现评价功能的转变;(2)重综合评价,关注个体差异,实现评价指标的多元化;(3)强调质性评价,定性与定量相结合,实现评价方法的多样化;(4)强调参与与互动、自评与他评相结合,实现评价主体的多元化;(5)注重过程,终结性评价与形成性评价相结合,实现评价重心的转移。

2. 简述课程实施的运行结构。

(1)安排课程表;(2)分析教学任务;(3)研究学生的学习特点;(4)选择并确定教学模式;(5)规划教学单元和课;(6)组织教学活动;(7)评价教学活动的过程与结果。

五、论述题(参考答案)

关于课程的分类有许多维度。从课程内容所固有的属性来看,分为学科课程和活动课程。试阐述学科课程与活动课程的区别。

(1)从目的上看,学科课程主要是向学生传递人类长期创造和积累起来的种族经验的精华,活动课程则主要是让学生获得包括直接经验和直接感知的新信息在内的个体教育性经验。

(2)从编排方式上看，学科课程重视学科知识逻辑的系统性，活动课程则强调各种有教育意义的学生活动的系统性。

(3)从教学方式上看，学科课程主要是以教师为主导去认识人类种族经验，活动课程则主要是以学生自主的实践交往为主获取直接经验。

(4)从评价上看，学科课程强调终结性评价，侧重考查学生学习的结果，而活动课程则重视过程性评价，侧重考查学生学习的过程。

六、案例分析题(参考答案)

1.(1)案例中老师的做法是不正确的，此教师持有"静态的课程观"。虽然说这种课程观比较有利于规范教师的教学行为，但是一味只从教材出发，在很大程度上会限制学生创造性的发挥，教师容易忽视学生的自主性和创新性以及学生在学习过程中的情感体验，从而挫伤学生主动学习的积极性，不利于学生的全面发展。

(2)教师应树立正确的课程观。新课程背景下的课堂教学，要求教师要根据各科教学的任务和学生的需求，从知识与技能、过程与方法、情感态度与价值观三个维度出发设计课程目标。具体到教学实践，就是要把原来目标单一的课堂转变为目标多维的课堂。新课程认为，教学是课程创生与开发的过程，教师和学生是课程的有机构成部分，是课程的创造者和主体，他们共同参与课程开发的过程。

2.(1)在传统课程体系中，全国实行统一的课程计划和教学大纲；使用一套统编教材；课程结构和教学要求也比较单一；以学科课程为主，缺少活动课、综合课。新课程改革非常强调课程结构的调整，强调课程结构的综合性原则、均衡性原则、选择性原则。

(2)事实上校本课程开发作为一种新的课程开发策略，一种新的课程变革模式，一种新的课程管理模式，作为对国家课程的补充，作为学校特色的体现，具有以下几点重要的意义与作用：①完善课程体系；②促进学生个性的形成；③促进教师专业成长；④促进学校特色的形成；⑤充分利用地方和学校的课程资源。

(3)上海市这所中学的课程改革走在了全国的前列，为我们提供了一个很好的学校课程体系范例。这所中学在国家课程、地方课程的基础上，重新构建了学校课程体系，把学科课程与活动课结合起来，普通课与职业课结合起来，国家课程与学校的特色课程结合起来，充分利用学校自身的课程资源，满足了不同资质、特长、发展方向的学生的需要。

真题必刷

答案速查

1~5	CCDBB	6~10	BCBCC	11~15	ADAAB
1~6	BD BCD ABC CD ADE BCD			1~6	××××√××

一、单项选择题

1. C 【解析】直线式是指把一门课程的内容按照由浅入深、由易到难的原则，在逻辑上前后联系，直线推进，不重复地进行排列。苏联教学论专家赞科夫主张，教师所讲的内容，只要学生懂了就可以往下讲，不要原地踏步。因为过多地重复同一内容，会使学生感到厌倦。不断呈现新内容，学生总觉得在学习新东西，能使学生保持学习的兴趣。

2. C 【解析】课程实施的取向主要有三种：忠实取向、相互调适取向、创生取向。课程实施的创生取向认为，设计好的课程并不是固定不变的，课程实施的过程也是课程的设计过程。课程实施的过程是在具体教育情境中由师生共同创生新的教育经验的过程，原来设计好的课程只是这个"经验"创生过程中可供选择的材料之一。根据题干中的“连续创造”“人的解放”可知，这反映的课程实施取向是创生取向。故本题选C项。

3. D 【解析】进入20世纪70年代，课程的内涵发生了重要变化，呈现出如下六个趋势：(1)从强调学科内容到强调学习者的经验和体验；(2)从强调目标、计划到强调过程本身的价值；(3)从强调教材这一单因素到强调教师、学生、教材、环境四因素的整合；(4)从只强调显性课程到强调显性课程与隐性课程并重；(5)从强调“实际课程”到强调“实际课程”与“空无课程”并重；(6)从只强调学校课程到强调学校课程与校外课程的整合。

4. B 【解析】课程目标的特征主要有：(1)整体性：各级各类的课程目标是相互关联的，而不是彼此孤立的。(2)阶段性：课程目标是一个多层次和全方位的系统，如小学课程目标、初中课程目标、高中课程目标。(3)持续性：高年级课程目标是低年级课程目标的延续和深化。(4)层次性：课程目标可以逐步分解为总目标和从属目标。(5)递进性：低年级课程目标是高年级课程目标的基础，没有低年级课程目标的实现，就难以达到高年级的课程目标。(6)时间性：随着时间的推移，课程目标会有相应的调整。所以，题干描述的是课程目标的递进性。

5. B 【解析】普遍性目标是将一般教育宗旨或原则直接运用于课程领域，成为课程领域一般性、规范性的课程目标。它把可普遍运用于所有教育实践中的一般教育宗旨或原则等同于课程目标，是对课程全局的总体考虑和安排，具有普遍性、方向性、指令性特点。“团结、勤奋、求实、创新”对各门学科都有普遍的指导价值，属于普遍性目标。因此选B项。A项，表现性目标是指在教育情境的种种际遇中每一学生个性化的创造性表现。C项，生成性目标是在教育情境之中随着教育过程的展开而自然生成的课程目标。D项，行为性目标是以显性化、精确性、具体的、可操作的行为的形式加以陈述的课程目标。

6. B 【解析】过程与方法目标常用的行为动词有：经历、感受、参加、参与、尝试、寻找、讨论、交流、合作、分享、参观、访问、考察、接触、体验等。由题干中的“描述与讨论”“尝试”“感受”可知，李老师的美术教学注重学生在教学过程中的经历和感受，这体现了三维课程目标的“过程与方法”目标。

7. C 【解析】课程实施的创生观认为，课程并不是在实施前就固定下来的，课程实施过程也是制定课程的一部分，课程是由教师和学生共同参与的教育实践的结果，教师是课程的开发者，教师与学生一起来创造课程。这种研究取向将课程的实施过程看作课程形成过程的一部分，认为在教学之前并没有一种完整的、规定好的课程，而教师和学生的教学实践是修正和制定课程的过程，他们可以根据自己的实际情况来确定课程的目标与内容。故选C项。

8. B 【解析】课程内容的选择简称“课程选择”，是根据特定的教育价值观及相应的课程目标，从学科知识、当代社会生活经验或学习者的经验中选择课程要素的过程。

9. C 【解析】课程评价在整个课程系统中占有十分重要的地位。因为它既是课程设计与实施的终点，又是课程设计与实施继续向前发展的起点。

10. C 【解析】所谓学科课程的综合化改造，概括地讲就是指在保持学科课程基本体系、结构的基础上，充实、完善其综合性内容，使之成为为学习者提供“真知”，以满足其综合性应用知识和从事创造性实践的知识基础。语文、数学、美术教师基于不同的学科角度共同上劳动课，体现了学科课程综合化的内涵。

11. A 【解析】目的游离评价模式是由美国学者斯克里文针对目标评价模式的弊病而提出来的。他主张把评价的重点从“课程计划预期的结果”转向“课程计划实际的结果”上来。评价者不应受预期的课程目标的影响，尽管这些目标在编制课程时可能是有用的，但不适宜作为评价的准则。

12. D 【解析】课程内容的横向组织是指打破学科的知识界限和传统的知识体系，按照学生发展的阶段，以学生发展阶段需要探索的、社会和个人最关心的问题为依据，组织课程内容，构成一个个相对独立的内容专题。故选D项。

13. A 【解析】“课程是知识”是一种比较早、影响相当深远的观点,也是比较传统的观点。目前,在国内这种课程观仍然最具代表性和广泛性。在我国,中小学普遍实行的学科课程及相应的理论,就是这种观点的表现。

14. A 【解析】学科课程的基本特点包括:分科设置;课程内容按学科知识的逻辑结构来选择和安排,重视学科内容的内在联系;强调教师的系统讲授。

15. B 【解析】从课程内容的固有属性来划分,课程可分为学科课程与活动课程。题干中物理老师在教学时,注意考虑学生的兴趣和需要,并让学生动手做实验,在实践中获得知识。这类课程属于活动课程。

二、多项选择题

1. BD 【解析】学科课程的优点是:逻辑性、系统性和简约性强,有利于教师传授知识与学生学习巩固知识。其缺点是:容易形成学科分隔,不利于学生联系实际,忽视学生的需要和兴趣。

2. BCD 【解析】古德莱德认为,存在着五种不同的课程:(1)理想的课程,即由一些研究机构、学术团体和课程专家提出的应该开设的课程。题干中未体现,排除。(2)正式的课程,即由教育行政部门规定的课程计划、课程标准和教材,也就是列入学校课程表中的课程。题干中的老师讲解杜牧的《秋夕》,这属于列入课程表中的课程,属于正式的课程,B项当选。(3)领悟的课程,即任课教师所领会的课程。由于教师对正式课程会有多种解释方式,因此教师对课程的领会与正式的课程之间会有一定的距离。我国学者将这种由教师重构后的课程称作“师定课程”。题干中的老师讲解杜牧的《秋夕》是根据自己对正式课程的理解来进行的,属于领悟的课程。C项当选。(4)运作的课程(操作的课程),即在课堂上实际实施的课程。题干中老师讲解《秋夕》以及后来对课程的调整,都属于课堂上实际实施的课程,故D项当选。(5)经验的课程,即学生实际体验到的东西,称作“生定课程”。

3. ABC 【解析】结构主义课程理论以学科结构为课程中心,认为人的学习是认知结构不断改进与完善的过程,因此,学科基本结构的学习对学习者的认知结构发展最有价值。A项正确。结构主义课程理论强调学科基本结构的学习要与学生的认识发展水平相一致,因此在编制学科课程时,要依据学习者的思维发展水平,采用螺旋上升的方式编制课程。B项正确。在课程实施上,结构主义课程理论倡导发现式学习法,重视培养学习者的直觉思维和独立思考能力。C项正确。要素主义课程理论认为课程的内容应该是人类文化的“共同要素”,首先要考虑的是国家和民族的利益。因此,D项不属于结构主义课程理论的主要观点。

4. CD 【解析】隐性课程资源是指以潜在的方式对教育教学活动施加影响的课程资源,如学校的风气,社会风气,家庭氛围,师生关系,教师或学生的经验、感受、困惑、意见等。由此可知,CD两项属于隐性课程资源。AB两项属于显性课程资源,故不选。

5. ADE 【解析】我国新课程结构的内容包括:(1)整体设置九年一贯的义务教育课程。小学阶段以综合课程为主;初中阶段设置分科与综合课程相结合的课程。(2)高中阶段以分科课程为主。(3)从小学至高中设置综合实践活动课程并作为必修课程。(4)农村中学课程要为当地社会经济发展服务。

易错提示 考生需注意区分新课程背景下中小学课程设置特点。

阶段	小学	初中	高中
课程设置特点	综合	分科+综合	分科

6. BCD 【解析】新课程改革中以“课程标准”代替“教学大纲”,至少应包含以下几方面的理解和考虑:(1)课程价值趋向从精英教育转向大众教育;(2)课程目标着眼于学生素质的全面提高;(3)从只关注教师教学转向关注课程实施过程;(4)课程管理从刚性转向弹性。A项错误,故不选。

三、判断题

1. × 【解析】核心课程即以问题为核心，将几门学科结合起来的课程。融合课程是指把有内在联系的学科的内容融合在一起而形成一门新的学科。故题干所述课程属于核心课程。

2. × 【解析】课时目标一般由教师参考课程标准和教学参考书，并结合学生的学习实际而自行编订。

3. × 【解析】泰勒的课程编制原理又称泰勒原理，泰勒原理的实质是以目标为中心的模式，它主要强调的是课程目标的主导作用。题干说法错误。

4. √ 【解析】新课程将教材视为"跳板"而非"圣经"，倡导教师"用教材教"，而不是简单地"教教材"。新的课程计划和课程标准为教学活动预留了充分的空间，视教材为案例，开放教材，鼓励教师充实并超越教材。教师应将教材视为教学活动的"跳板"，使之成为学生学习和创新的有力凭借。

5. × 【解析】泰勒对影响课程编制的因素进行了总结，从"对学生的研究""对当代社会生活的研究""学科专家的建议"这三方面确定课程目标。所以，题干表述错误。

6. × 【解析】显性课程是指在学校情境中以直接的、明显的方式呈现的课程。隐性课程是学校情境中以间接的、内隐的方式呈现的课程，它有四种表现形式，其中，观念性隐性课程包括隐藏于显性课程之中的意识形态，学校的校风、学风，有关领导与教师的教育理念、价值观、知识观、教学风格、教学指导思想等。所以，题干所述属于隐性课程。

四、填空题

1. 过程与方法

2. 校内课程资源和校外课程资源

3. 布鲁纳

五、简答题(参考答案)

1. 什么是学校课程？学校课程的形式是什么？

(1)学校课程即校本课程，是学校在确保国家课程和地方课程有效实施的前提下，针对学生的兴趣和需要，结合学校的传统和优势以及办学理念，充分利用学校和社区的课程资源，自主开发或选用的课程。

(2)学校课程(校本课程)的形式包括：筛选已有的课程、改编已有的课程和开发全新的校本课程。

2. 简要回答国家课程、地方课程和校本课程三者之间的区别。

(1)国家课程是由中央教育行政机构编制和审定的课程，其管理权限属中央级教育机关。国家课程的主导价值在于通过课程体现国家的教育意志，它侧重于学生发展的基本要求与共同素质，强调课程内容的一致性、共同性和发展性，在实施上具有强制性。

(2)地方课程是省级教育行政部门以国家课程为基础，依据当地的政治、经济、文化、民族等发展的需要而开发设计的课程。地方课程的主导价值在于通过课程满足地方社会发展的现实需要，它是一种为突出地方特色与地方文化，满足地方发展需要而设置的课程，具有区域性、本土性的特点。

(3)校本课程即学校课程，是学校在确保国家课程和地方课程有效实施的前提下，针对学生的兴趣和需要，结合学校的传统和优势以及办学理念，充分利用学校和社区的课程资源，自主开发或选用的课程。校本课程的主导价值在于通过课程展示学校的办学宗旨和特色，提升学校的办学水平，促进学生的个性发展。

第六章　教　学

基础必刷

1-6基础必刷答案详解

专题1 教学及其过程

答案速查

1～5	DDBBD	6～10	BCADB	11～15	ABAAC	16～20	CCACB
21～25	CCACD	26～30	BCDBB	1～7	ABD ACD BCD ABC ABCD AD ABD		
1～8	××√√√√××						

四、简答题(参考答案)

1. 简述教学的特点。

(1)教学以培养全面发展的人为根本目的;(2)教学由教与学两方面组成,教学是师生双方的共同活动;(3)学生的认识活动是教学中的重要组成部分;(4)教学具有多种形态,是共性与多样性的统一。

2. 教学过程的基本阶段有哪些?结合教学实践谈谈你的看法。

(1)激发学习动机;(2)领会知识;(3)巩固知识;(4)运用知识;(5)检查知识。

(考生可结合实际加以阐述,言之有理即可)

3. 简述教学过程中的教育性规律。

教学过程中的教育性规律是指传授知识与思想品德教育相统一的规律。在教学过程中,学生掌握科学文化知识和提高思想品德修养水平是相辅相成的,具体体现在以下三点:(1)知识是思想品德形成的基础;(2)思想品德修养水平的提高为学生积极地学习知识提供动力;(3)贯彻传授知识与思想品德教育相统一的规律时,既不能脱离知识进行思想品德教育,也不能只强调传授知识,忽视思想品德教育,要注意把二者有机结合起来。

4. 在教学过程中,必须处理好的关系有哪些?

(1)间接经验与直接经验的关系;(2)教师主导作用与学生主体作用的关系;(3)知识与能力的关系;(4)知识教育与思想道德教育的关系;(5)智力因素与非智力因素的关系。

5. 发挥教师主导作用的条件有哪些?

(1)教师主导作用的实现有赖于教师自身的条件,即具备应有的知识和能力素质、品德及人格;(2)教师主导作用的发挥还必须具备各种客观条件,如教师在教育过程中的地位是否得到应有的肯定、教师工作的条件是否得到基本的保证。

专题2 教学原则与教学方法

答案速查

1～5	ADBDB	6～10	BBBDD	11～15	BADDB	16～20	DBCBD
21～25	BABDA	26～30	CDBDC	31～37	BAABDBB		
1～8	BD ABD BCD ACD ABCD ABC AD ABD			1～8	×√×××××√		

四、填空题

1. 因材施教原则

2. 自然　人生

3. 准备性参观

4. 欣赏教学法　情境教学法

5. 实践活动法

五、简答题(参考答案)

1. 简述运用演示法的基本要求。

(1)明确演示目的,做好演示准备;(2)演示必须精确可靠、操作规范;(3)演示时要引导学生集中注意力,运用多种感官去感知,以发展学生的思考力和观察力;(4)演示结束后,教师要引导学生分析观察结果以及各种变化之间的关系,通过分析、对比、归纳、综合得出正确结论。

2. 运用教学方法应遵循的原则有哪些?

(1)要发挥教学的整体功能;(2)必须坚持以启发式为指导思想;(3)要注意综合性和灵活性。

3. 简述贯彻因材施教原则的要求。

(1)要坚持课程计划和学科课程标准的统一要求;(2)教师要了解学生,从实际出发进行教学;(3)教师要善于发现每个学生的兴趣、爱好,并创造条件,尽可能使每个学生的不同特长都得以发挥。

4. 简述贯彻直观性原则的基本要求。

(1)正确选择直观教具和教学手段;(2)将直观教具的演示与语言讲解结合起来;(3)重视运用言语直观。

5. 讲授法的基本要求包括哪几个方面?

(1)讲授内容要有科学性、系统性和思想性,要认真组织;(2)讲授要讲究策略和方式,要系统完整,层次分明,重点突出,符合知识的系统性要求,教师讲授要有启发性,讲的内容要清楚,但不要"一览无余",要给学生留下思维的空间;(3)教师要努力提高语言表达水平,讲究语言艺术;(4)要组织学生听讲;(5)要与其他教学方法配合使用。

6. 简述我国中小学常用的教学原则。

(1)思想性(教育性)和科学性相统一的原则;(2)理论联系实际原则;(3)直观性原则;(4)启发性原则;(5)循序渐进原则;(6)巩固性原则;(7)因材施教原则;(8)量力性原则。

六、论述题(参考答案)

联系实际,谈谈在教学中应如何贯彻理论联系实际的原则。

(1)重视书本知识的教学,在传授知识的过程中注重联系实际;(2)重视引导和培养学生运用知识的能力;(3)加强教学的实践性环节,逐步培养与形成学生综合运用知识的能力,进行"第三次学习";(4)正确处理知识教学与能力训练的关系;(5)补充必要的乡土教材。

(考生可结合实际加以阐述,言之有理即可)

七、案例分析题(参考答案)

1. (1)王老师在教学中主要贯彻了启发性教学原则。启发性原则是指在教学活动中,教师要调动学生的主动性和积极性,引导他们通过独立思考、积极探索,生动活泼地学习,自觉地掌握科学知识,提高分析问题和解决问题的能力。案例中的王老师首先向学生提出了一个问题,然后引起学生们活跃的讨论,纷纷从不同的角度阐述自己的观点,最后得出了一致的结果。王老师的做法调动了学生学习的主动性和积极性,引起了学生的思考和探索,使问题得到了解决。这表明王老师在教学中主要贯彻了启发性教学原则。

(2)王老师运用的教学方法是讨论法。讨论法是全班或小组成员在教师的指导下,围绕某一中心问题发表自己的看法和见解,从而进行相互学习的一种方法。案例中的王老师让同学们围绕“再别康桥”这个题目中的“再别”是否应该改成“告别”这一问题展开讨论,发表自己的看法和见解。这表明王老师运用的教学方法是讨论法。

2. 谢老师主要采用了演示法、谈话法、发现法、讲授法和讨论法。

(1)演示法是指教师通过展示实物、教具和示范性的实验来说明、印证某一事物和现象,使学生掌握新知识的一种教学方法。谢老师播放短视频、用PPT展示动植物的图片,运用的是演示法。

(2)谈话法也叫问答法,它是教师按一定的教学要求向学生提出问题让学生回答,通过问答、对话的形式来引导学生思考、探究,获取或巩固知识,促进学生智能发展的方法。谢老师提出一系列的问题让学生自己发现问题、分析问题,运用的是谈话法。

(3)发现法又称探索法、研究法,是指学生在教师指导下,对所提出的课题和所提供的材料进行分析、综合、抽象和概括,自行发现并掌握相应的原理和结论的一种教学方法。谢老师先是提出一系列问题,启发学生自己去发现、分析问题,然后在讲解完课堂内容之后组织学生讨论并绘制食物网,解决之前提出的问题,从而提高学生分析问题、解决问题的能力。这一系列过程运用的是发现法。

(4)讲授法是教师运用口头语言系统连贯地向学生传授知识、技能,发展学生智力的教学方法。谢老师讲解食物链和食物网的概念,运用的是讲授法。

(5)讨论法是全班或小组成员在教师的指导下,围绕某一中心问题发表自己的看法和见解,从而进行相互学习的一种方法。谢老师将全班学生分为4个小组,要求他们讨论并绘制食物网,运用的是讨论法。

专题3 教学组织形式与教学工作的基本环节

答案速查

1~5	ABDDD	6~10	DBABC	11~15	ACDBA	16~23	ACADACAA
1~5	ABCD ABCD ABCD ABD ABCD			6~8	ABCD AB AD		
1~5	××√√√			6~10	√√×××		

四、填空题

1. 复式教学
2. 秧田形
3. 上课
4. 学科课程标准
5. 平时考查　考试

五、名词解释(参考答案)

1. 教学组织形式

教学组织形式是指教学活动中教师与学生为实现教学目标所采用的社会结合方式。

2. 班级授课制

班级授课制是把学生按年龄和文化程度分成固定人数的班级,教师根据课程计划和规定的时间表进行教学的一种组织形式。

3. 复式教学

复式教学是把两个或两个以上不同年级的学生编在一个教室里，由一位教师分别用不同的教材，在一节课里对不同年级的学生进行教学的一种特殊组织形式。它适用于学生少、教师少、校舍和教学设备较差的农村以及偏远地区。

六、简答题(参考答案)

1. 简述分组教学的优点。

(1)分组教学比班级上课更适应学生个人的水平和特点，便于因材施教，有利于人才的培养；(2)便于学生的交流合作；(3)有助于学生组织能力、管理能力、表达能力以及问题解决能力的培养；(4)有利于学生在与小组成员的竞争与合作中，强化自己的学习动机。

2. 简述上好课的基本要求。

(1)教学目标明确；(2)教学内容准确；(3)教学结构合理；(4)教学方法适当；(5)讲究教学艺术；(6)板书有序；(7)充分发挥学生的主体性。

3. 简述教学工作的基本环节。

教师教学工作包括五个基本环节：(1)备课；(2)上课；(3)作业的布置与反馈；(4)课外辅导；(5)学业成绩的检查与评定。

4. 简述当前教学组织形式改革的重点。

(1)适当缩小班级规模，使教学单位趋向合理化；(2)改进班级授课制，实现多种教学组织形式的综合运用；(3)多样化的座位排列，加强课堂教学的交往互动；(4)探索个别化教学。

七、案例分析题(参考答案)

(1)教学目标明确。课堂教学中的一切活动都应该围绕教学目标来进行。案例中的老师的教学目标不仅是让学生学会《赠汪伦》这首诗，还包括体会诗中蕴含的感情。让学生采用分角色表演的方式，以及演唱表示离别的歌曲，都是围绕着教学目标而进行的。

(2)教学内容准确。在进行教学时，教师既要突出教材的重点、难点和关键点，又要考虑教材的整体性和连贯性，既要注重新旧知识之间的联系，又要注意理论与实践的结合。案例中的老师让学生分角色表演李白和汪伦离别时的情景，可以让学生更深刻地体会诗中蕴含的思想，更容易掌握本节课的重难点。

(3)教学方法适当。教师要善于启发、调动学生学习的积极性，各种方法有机结合、运用自如，师生密切配合、感情融洽，使教学过程中既有紧张的学习活动，又有生动活泼的学习气氛。案例中教师并没有死板地灌输知识，而是采用灵活的方法创设生动活泼的学习气氛，从而调动学生的学习积极性。

(4)充分发挥学生的主体性，这是上好课的最根本的要求。案例中的老师让学生自己表演的做法充分体现了这一点。

专题4 教学评价与教学模式

答案速查

1～5	CCCDB	6～10	BCDCC	11～15	BCADC	16～21	CACCBD
1～5	BCD ABC ABC BCD ABC			1～7	××××√×√		

四、名词解释(参考答案)

1. 外部评价

外部评价是被评价者之外的专业人员对评价对象进行明显的(看得见的、众所周知的)统计分析或文字描述。

2. 教学模式

教学模式是指比较稳定的教学程序及其方法体系,它具有特定的教学理论指导,具有特定的教学目标定位,对教学因素及其组合结构具有特定的要求,对教学活动及其流程具有特定的规定。

五、案例分析题(参考答案)

(1)案例中魏老师的做法体现了因材施教的教学原则,综合运用了多种评价方式。

(2)因材施教原则是指教师在教学中,要从课时计划、学科课程标准的统一要求出发,面向全体学生,同时又要根据学生的个别差异,有的放矢地进行有差别的教学,使每个学生都能扬长避短,获得最佳的发展。案例中,魏老师帮这名学生检查学习的效果,帮他确定学习内容,不断地督促、检查他的学习落实情况,而不是对全班同学采取统一标准,充分体现了因材施教的教学原则。

(3)魏老师对刚接任的班级进行摸底测验,属于诊断性评价,该评价是在学期开始或一个单元教学开始时,为了了解学生的学习准备状况及影响学习的因素而进行的评价。通过这种评价可以了解学生的知识基础和准备状况,以判断他们是否具备实现当前教学目标所要求的条件,为实现因材施教提供依据。从整个教学进程来看,案例中"在期中考试时,他考了40多分……""到了期末考试的时候,他已经可以考到70多分了……"这是个体内差异评价的一种体现。这种评价的最大优点是充分体现了尊重个体差异的因材施教原则,适当减轻了评价对象的压力。总之,教师在教学过程中,应建立促进学生全面发展的评价体系。评价不仅要关注学生的学业成绩,而且要发现和发展学生多方面的潜能,了解学生发展中的需求,帮助学生认识自我,建立自信,发挥评价的教育功能,促进学生在原有水平上不断发展。

提升必刷

答案速查

1～5	DADBA	6～10	BAACB	11～15	BABCA	16～20	CCBCB
21～25	DBDDD	26～31	ADACBD	1～6	BCD ABD ABD ACDE AD AB		

一、单项选择题

1. D 【解析】"教必有法"是指我们的教育教学活动是有规律可遵循,有法则可遵守,有模式可遵照,有可以掌握的基本方法、基本规律的;"教无定法"指的是教学的模式、方法、技能等不是机械的、教条的,而是灵活多变、富有个性、充满灵性的。因此,教学方法的运用必须做到原则性与灵活性相结合。

2. A 【解析】贯彻启发性原则的基本要求之一是发扬教学民主。要创造宽松、和谐、民主、平等、坦率、活跃的课堂教学氛围,这是启发教学的重要条件。只有这样,学生的心情才会放松,他们的聪明才智才能充分发挥出来。教师切不可唯我独尊、搞一言堂,要鼓励学生发表自己的见解,包括与教师不同的见解。对学生的发言,不应吹毛求疵、求全责备,压抑学生的积极性。要提倡相互尊重、相互学习,不可相互鄙薄。故题干中教师的做法对应启发性原则。

3. D 【解析】发展性原则是指教学评价是鼓励师生、促进教学的手段,所以教学评价应着眼于学生的学习进步和动态发展,着眼于教师的教学改进和能力提高,以调动师生的积极性,提高教学质量。题干中的教学评价侧重于鼓励学生,提高学生学习的积极性,体现了这一原则的内涵。

4. B 【解析】总结性评价又称事后评价，一般是在教学活动告一段落时，为把握活动最终效果而进行的评价。故A项说法错误。教学评价有诊断功能、激励功能、调控功能、教学功能、导向功能，故B项说法正确。定性评价是对评价做"质"的分析，是运用分析和综合、比较和分类、归纳和演绎等逻辑分析的方法对评价所获取的数据资料进行思维加工。故C项说法错误。从课堂纪律状况分析控制水平属于与教师因素有关的指标，与学生因素有关的指标有从表情上分析学生对讲课内容和速度的适应性、从课堂提问中分析学生对功课的理解程度。故D项说法错误。

5. A 【解析】题干中孟老师引导学生自己说出"年、月、日"的内容，运用了自主探究法。自主探究法是以引导探究为主的方法。以引导探究为主的方法是指教师组织和引导学生通过独立的探究和研究活动而获得知识的方法。

6. B 【解析】讲述的侧重点在于讲事而不是说理。与讲述相比，讲解侧重于讲理而不是说事，其目的在于帮助学生发展理论思维能力。

7. A 【解析】探索水平的主要特点是：教师注重启发、诱导、激励，善于提出发人深思、能挑战学生智慧的问题；学生能主动质疑、辨析、独立思考、发表个人见解，进行探究与论争；师生协力，集思广益，推动探取真知的教学活动不断深入；师生双方的主动性都得到发挥，对教学都感到有收获、有乐趣、很眷恋。故题干所述说明该教师的教学处于探索水平。

8. A 【解析】中世纪捷克教育家夸美纽斯率先提出了教学的直观性原则，他在著作《大教学论》中指出："凡是需要知道的事物，都要通过事物本身来进行教学。就是说，应该尽可能地把事物本身或代替它的图像放在面前，让学生去看看、摸摸、听听、闻闻等等。"故选A项。

9. C 【解析】启发性原则是指在教学活动中，教师要调动学生的主动性和积极性，引导他们通过独立思考、积极探索，生动活泼地学习，自觉地掌握科学知识，提高分析问题和解决问题的能力。贯彻启发性原则的要求之一是：设置问题情境，启发学生独立思考，培养学生良好的思维方法和思维能力。题干中的教师在教学生学习圆锥体的体积计算方法时，对学生提出了一系列问题，有利于调动学生学习的积极性，引导学生积极探索，这体现了启发性教学原则。

10. B 【解析】陶行知认为："我们必须有从自己经验里发出来的知识做根，然后别人的相类似的经验才能接得上去。倘使自己对于某事毫无经验，我们决不能了解或运用别人关于此事之经验。"可见，学生个人的直接经验在其间接经验的学习过程中具有不可替代的特殊价值。题干的比喻说明间接知识的学习要以直接知识为基础。

11. B 【解析】导生制也称"贝尔—兰喀斯特制"，是贝尔和兰喀斯特所创建的一种教学组织形式。在使用"导生制"的学校里，一个大教室安置许多排长课桌；每排10多个学生，其中有一个导生。教师首先教这些导生，然后由他们领着一排学生围站在一个地方，把刚学到的教学内容再转教给其他学生，以后，也由导生对这些学生进行检查和考试。

12. A 【解析】布置课外作业是为了使学生进一步巩固所学知识，并培养独立学习和工作的能力。

13. B 【解析】"叩其两端"出自《论语·子罕》。"子曰：'吾有知乎哉？无知也。有鄙夫问于我，空空如也，我叩其两端而竭焉。'"大意为"孔子说：我有知识吗？其实没有知识。有一个乡下人问我问题，我对他提的问题本来一点也不知道。我只是从问题的正反两方面询问，这样对此问题就可以全部搞清楚了"。"叩其两端"的方法即让学生注意事物的正反两面，从事物的矛盾中求得正确的答案。这属于现代意义上的谈话法。

14. C 【解析】题干引文的意思是：如果老师开导了(学生)还是不懂，那么暂时放弃开导，也是可以的。这在一定程度上表明教学的内容、方法、分量和进度要适合学生的身心发展，使他们能够接受。这符合量力性原则的内涵。

15. A 【解析】“一个教师要紧的不是忙着用这一种教法去否定另一种教法，不是证明多种教法的没道理”说明教学是有程式的。“更不是糊里糊涂地照搬某种教法到自己的课堂上，不加任何改变就用”“酿造自己课堂教学的蜜”说明教师的教学不能程式化。故选A项。BCD三项题干内容未体现。

16. C 【解析】演示法是指教师通过展示实物、教具和示范性的实验来说明、印证某一事物和现象，使学生掌握新知识的一种教学方法。李老师借助学生熟悉的短视频进行导课，运用了演示法。讲授法是教师运用口头语言系统连贯地向学生传授知识、技能，发展学生智力的教学方法。“给学生讲解了我国古代历史上朝代灭亡的一般规律”这个教学过程运用了讲授法。

17. C 【解析】形成性评价是在教学过程中为改进和完善教学活动而进行的对学生学习过程及结果的评价。它包括在一节课或一个课题的教学中对学生的口头提问和书面测试。题干中该教师在课堂上进行提问，想要了解学生对这首诗的理解情况属于教学过程中的形成性评价。

18. B 【解析】理解水平的教学是教师教学应达到的基本要求。在这种水平的教学中，教师能系统、明确地联系实际讲解教学内容及其运用、操作，学生通过观察、思考与练习，能较好地掌握所学知识、技能。故题干描述的教学属于理解水平的教学。

19. C 【解析】道尔顿制的目的是废除年级和班级教学，学生在教师的指导下，各自主动地在实验室（作业室）内，根据拟定的学习计划，以不同的教材、不同的速度和时间进行学习，用以适应其能力、兴趣和需要，从而发展其个性。

20. B 【解析】以引导探究为主的方法，是指教师组织和引导学生通过独立的探究和研究活动而获得知识的方法。题干中的老师先让学生进行猜想，然后让学生进行实验操作，解释和交流实验结论。在这个过程中，主要是以学生的独立探究为主，老师处于辅助地位。故该教师采用的是探究教学法。

21. D 【解析】助长生命可以从四个方面去理解和把握：(1)感知生命；(2)感受生长；(3)体验生活；(4)感悟生存。在当代教学中，学生的生长就是他们在学校教育设计下的生活的展开和改进的过程。生长，当然是源于内、形于外的，当然是自我的、个性的，因而也应该是富有价值感的和蓬勃向上的。这就意味着，教学活动从动力因素到发生机制，从理智投入到情感表达，从目标追求到行为取向，都应该关照学习者自身的意识和需要，关涉学习者自身的品质和特点，进而更应该关心学习者自身的生长和完善。故题干的描述属于助长生命。

22. B 【解析】直观性原则是指在教学活动中，教师应尽量利用学生的多种感官和已有的经验，通过各种形式的感知，使学生获得生动的表象，从而比较全面、深刻地掌握知识。直观手段一般分为三大类：实物直观、模像直观和言语直观。其中，言语直观指在生动形象的言语作用下唤起学生头脑中的表象，以提供感性材料的直观方式。王老师用生动形象的语言进行描述，能够唤起学生头脑中有关秋天的表象，这里运用了言语直观的方式，体现了直观性教学原则。

23. D 【解析】情境教学法是指在教学过程中，教师有目的地引入或创设具有一定情绪色彩的生动具体的场景，以引起学生一定的情感体验，从而帮助学生理解教材，并使学生的心理机能得到发展的教学方法。题干所述正是对这一教学方法的运用。

24. D 【解析】班级授课制不利于因材施教，难以满足学生个性化的学习需要。故A、B、C三项可排除，选D项。

25. D 【解析】学生的个体认识始终是在教师的指导下进行的。区别于一般的认识过程，教学认识是在主客体之间“嵌入”一个起主导作用的中介因素——教师，形成学生——课程与教材——教师相互作用的特殊的“三体结构”。学生的认识实际上走的是人类认识的捷径。故题干所述体现了教学过程的指导性特点。

26. A 【解析】领会知识包括使学生感知和理解教材，其中，在感知教材阶段，教师要引导学生通过感知形成清晰的表象和鲜明的观点，为理解抽象概念提供感性知识的基础并发展学生相应的能力。题干中的教师通过播放视频使学生对地球环境恶化的状况有所了解，就是让学生形成清晰的表象，为学习环境保护知识打下基础，属于教学过程的领会知识阶段。

27. D 【解析】题干中“师傅”和“个人”的关系体现了教学中教师主导作用与学生主体作用相统一的规律。

28. A 【解析】备课过程中的“吃透两头”是指“吃透教材”和“吃透学生”。“吃透教材”是指教师要熟悉所教学科的教学内容、知识体系以及明确教材的重点、难点；“吃透学生”是指教师要了解学生的个性特点、学习基础、学习兴趣、学习风格等。故选A项。

29. C 【解析】实习作业法是指教师根据学科课程标准的要求，指导学生运用所学知识在课上或课外进行实际操作，将知识运用于实践的教学方法。这种方法在自然学科的教学中占有重要的地位，如数学课的测量练习、生物课的植物栽培和动物饲养等。故选C项。

30. B 【解析】一位接受了亚里士多德或裴斯泰洛齐唯实论哲学思想的教师，在认识论上必然认为认识来源于人们对物体的感觉，通过对感觉材料的抽象才能形成与现实物体相应的概念，因此，这位教师在教学活动中肯定会强调直观性原则，并利用各种方式充分刺激学生感官的活动。故选B项。

31. D 【解析】尝试教学活动有其鲜明的特征，可归纳成两句话：先试后导，先练后讲。“先试后导，先练后讲”其实也就是“先学后教”，让学生先去尝试练习或操作，依靠自己的努力初步解决问题，最后教师根据学生练习中的难点，有针对性地进行讲解。

二、多项选择题

1. BCD 【解析】讲授的时机包括：(1)为学生定向时，必须讲；(2)学生分析理解难以到位时，必须讲；(3)学生出现误读时，必须讲。

2. ABD 【解析】题干中，“张老师首先向同学们讲述了花的基本结构”运用的是讲授法；张老师“向同学们展示了花的解剖标本，放映了花的结构图片”运用的是演示法；“张老师帮助同学们修订实验计划，指导同学们用镊子、刀片解剖一朵真正的百合花”运用的是实验法。故选ABD三项。

3. ABD 【解析】贯彻循序渐进原则的要求有：(1)教师的教学要有系统性；(2)抓主要矛盾，解决好重点与难点；(3)教师要引导学生将知识体系化、系统化；(4)按照学生的认识顺序，由浅入深、由易到难、由简到繁地进行教学。C项是理论联系实际原则的贯彻要求。E项是启发性原则的贯彻要求。

4. ACDE 【解析】活动式教学理论体系的特点：(1)在知识上强调通过自我发现去掌握知识，重视掌握知识的质；(2)在学习方式上重视学习的过程，重视思维的过程，强调掌握知识的方法；(3)在动机形式上，强调内在动机，重视对知识本身的兴趣与热爱；(4)在教师角色上，重视教师的引导，教师是顾问、咨询者；(5)在学生角色上，学生是主动的分析者、探究者。接受式教学理论体系强调积累知识，重视掌握知识的量。

5. AD 【解析】形成性评价是掌握学习理论的一个重要思想和措施。形成性评价的基本思想是采取频繁的反馈和根据每个学生的需要因人而异地帮助进行纠正。A项正确。教师在教学过程中就所学知识对学生进行提问属于形成性评价，B项错误。高考是选拔性的考试，属于常模参照性评价，C项错误。终结性评价的直接目的是作出教育效果的判断，从而区别优劣、分出等级或鉴定学生是否合格，D项正确。个体内差异评价最大的优点是充分体现了尊重个体差异的因材施教原则，适当减轻了评价对象的压力，E项错误。

6. AB 【解析】讲授法是教师运用口头语言系统连贯地向学生传授知识、技能,发展学生智力的教学方法。演示法是指教师通过展示实物、教具和示范性的实验来说明、印证某一事物和现象,使学生掌握新知识的一种教学方法。题干中的“演示”和“讲解”说明该物理老师运用了讲授法和演示法。

三、辨析题(参考答案)

1. 教学方法一旦形成后,就不会随着社会的变革而发生变化。

(1)这种说法是不正确的。(2)教学方法不是一成不变的,而是随着教学实践的内外部条件的变化以及教育教学的发展而不断变化和发展的。也就是说,教学目的和任务、教学内容、时代要求和生产力的发展水平,是影响教学方法发展的直接因素。但是,教学方法并不是被这些因素消极决定的,教学方法一旦形成之后,又具有相对的稳定性和独立性,并非简单地随着不同社会变革的不同而变化。所以,题干表述错误。

2. 学生的认识活动是教学中最主要的活动。

(1)这种说法是正确的。(2)教学过程中有两类不同性质的活动(教和学),但教学过程的主要矛盾是学生与其所学的知识之间的矛盾(教师提出的教学任务同学生完成这些任务的需要、实际水平之间的矛盾),实际上也就是学生认识过程的矛盾,是认识主体与其客体之间的矛盾,因此学生的认识活动是教学中最主要的活动。

3. 新课程改革的背景下,强调教育要回归儿童的生活和实际,因此儿童在学校的主要任务就是学习直接经验。

(1)这种说法是不正确的。(2)新课程强调改变课程内容“繁、难、偏、旧”和过于注重书本知识的现状,加强课程内容与学生生活以及现代社会科技发展的联系,关注学生的学习兴趣和经验,精选终身学习必备的基础知识和技能。人们认识客观事物主要有两条途径:一是获取直接经验,二是获取间接经验。教学活动是学生认识客观世界的过程,要以间接经验为主、直接经验为辅,将二者有机结合起来。所以,题干说法错误。

4. 坚持以教学为主的办学规律,要求学校领导集中全校所有的人力、物力和财力用于教学活动。

(1)这种说法是不正确的。(2)学校工作以教学为主,既是由教学本身的性质决定的,也是多年来教育工作经验的总结。但这并不意味着可以轻视甚至忽略其他工作,应当坚持“教学为主,全面安排”的原则,要求学校领导集中有关的人力、物力、财力用于教学活动。

5. 问题教学法是一种启发式教学方法,而讲授法是一种注入式教学方法。

(1)这种说法是不正确的。(2)问题教学法和讲授法既有可能是启发式教学方法,也有可能是注入式教学方法。依据指导思想不同,各种教学方法可归并为两大类:注入式和启发式。衡量一种教学方法是否具有启发性,关键是看教师能否促进学生积极主动地去学习,而不是单从形式上去加以判断。当教师从学生实际出发,采取各种有效的形式去调动学生学习的积极性,指导他们自己去学习时即启发式教学。当教师从主观出发,把学生看成单纯接受知识的容器,向学生灌输知识,无视学生在学习上的主观能动性时即注入式教学。

四、论述题(参考答案)

1. “教学有法,教无定法,贵在得法。”这句话中的三个“法”分别是什么意思?结合教育理论知识和教育实践谈谈你对这句话的认识。

(1)①“教学有法”是指我们的教育教学活动是有规律可遵循,有法则可遵守,有模式可遵照,是有可以掌握的基本方法、基本规律的。“教学有法”中的“法”指的是教学活动自身的基本规律和基本方法。②“教无定法”指的是教学的模式、方法、技能等不是机械的、教条的,而是灵活多变、富有个性、充满灵性的。教无定法是我们组织教育教学活动的依据。“教无定法”中的“法”指的是教学的模式、方法、技能等。③“贵在得法”指的是教师将各种教学方法、手段、技巧等恰如其分、灵活巧妙地应用于具体的教学情景中。“贵在得法”中的“法”指的是教师采用的教学手段、方法、技巧等，即科学化的教法。

(2)在实际教学中，教师要想做到“得法”就要选择和运用好教学方法，教师要根据教学目的和任务的要求，课程性质和特点，学生年龄特征，自身的业务水平、实际经验及个性特点等选择适合的教学方法。教师要综合、灵活、创造性地运用教学方法。教学方法运用的综合性是指根据教学任务和教学内容的需要，综合运用多种教学方法，而不要长期只使用一种教学方法；教学方法运用的灵活性是指在实际应用中，要从实际需要出发，随时对其进行调整；教学方法运用的创造性是指从教学实践出发，在把握现有教学方法的基础上有所创造。

2. 备好课是上好课的前提。新课程理念下，你认为教师应如何“分析教材”？

分析教材包括学习学科课程标准、钻研教科书和阅读有关参考资料。首先，学习学科课程标准就是指教师要弄清楚本学科的教学目的，教材的体系、结构、基本内容和教学法上的基本要求。其次，教师必须钻研教科书，掌握学科主要内容、重点、难点所在，同时也要考虑如何利用它来促进学生态度、情感、价值观的转变，知识的拓展及各种能力的提高。此外，各种参考资料是教科书的重要补充，教师应广泛阅读有关参考书来获得有价值的信息，以满足教学需求。

3. 请对“教师是教学过程的主角，学生学得好坏由教师决定”这句话进行分析。

这种观点是错误的，它没有正确认识教师和学生在教学过程中的地位。在教学过程中，既要发挥教师的主导作用，也要充分发挥学生主体参与教学的能力。教师的主导作用和学生的主体作用是相互促进的。教师的主导作用要依赖于学生主体作用的发挥。学生学习的主动性、积极性越高，说明教师的主导作用发挥得越好。反过来，学生主体作用要依赖于教师的主导作用来实现。只有教师、学生两方面互相配合，才能收到最佳的教学效果。

五、案例分析题(参考答案)

1. (1)李老师的教学改革采取了翻转课堂的教学模式。所谓翻转课堂，就是在信息化环境中，课程教师提供以教学视频为主要形式的学习资源，学生在上课前完成对教学视频等学习资源的观看和学习，师生在课堂上一起完成作业答疑、协作探究和互动交流等活动的一种新型的教学模式。案例中李老师通过搜集资料、录制教学微视频，让学生在课余时间观看微视频、通过合作交流完成学习任务，在课堂上进行检测、答疑以及拓展延伸，体现了翻转课堂的教学模式。

(2)翻转课堂是一种先学后教的模式，是自主性、互动式、个性化的教学模式，有利于提升教学质量和学习质量。与传统教学相比较，主要有以下突出特点：

①翻转了教学理念。不似在传统教学中要紧跟教师的节奏，翻转课堂中学习者有更多的自主性，更加突出“以学习者为中心”“因材施教”，实现个性化学习。

②翻转了教学流程。传统课堂的教学，教学流程基本上是先课堂、后课外。翻转课堂的教学流程基本上是先课外、后课堂。学习者课前自主学习，通过观看教师事先制作的线上课程学习知识，在课堂中通过做作业、解惑、讨论研究等活动消化知识，掌握和学习运用课前学到的新知识与技能。

③翻转了师生主体角色。在传统教学中，教师站在高高的讲台上，往往被认为是知识的“权威”，负责将知识传播下去，而学习者被动地听。这种上课方式，抑制了学习者的主观能动性，也削弱了学习者的学习积极性。在翻转课堂学习中，课下，学习者以自己的学习需要和能力为基础，主动学习；课上，无论在学习小组还是班集体，主要是学习者在研讨发言。学习者在课内和课外的学习过程中，都占据主动地位，而教师在其中只是起到组织、指导、帮助、督促的作用。

④翻转了教学模式。由传统课堂的教与学，转变为由网络技术和课堂双支持的教与学，并且将知识传授和知识内化进行了优化。在翻转课堂中，教师课前把帮助学习者学习的学案、课程PPT、教学视频、测试题等各种学习

资源共享到线上学习平台，学习者可以随时随地进行学习；上课时，学习者和教师集中在线下的课堂中实时交流。利用信息技术的混合学习模式将在线学习和面对面的教学有机结合起来。

2.（1）案例中的课明显体现了教学过程中传授知识与思想品德教育相统一的规律，即教育性规律。教师要上“具有文化味道的课”的原因：①在教学过程中，学生掌握科学文化知识和提高思想品德修养是相辅相成的。知识是思想品德形成的基础，思想品德修养水平的提高为学生积极地学习知识提供动力。②脱离知识进行思想品德教育，这会使思想品德教育成为无源之水、无本之木，不仅不利于学生品德修养水平的提高，而且还影响系统知识的教学。③只强调传授知识，忽视思想品德教育，不利于学生的成长。教学的教育性必须要经过教师给学生施加积极影响，必须通过启发、激励，使学生对所学知识产生积极的态度，教学的教育性才能得以实现。在教学过程中要注意把二者有机结合起来。

（2）教学的一般任务包括：①引导学生掌握科学文化基础知识和基本技能；②发展学生智能，特别是培养学生的创新精神和实践能力；③发展学生体能，提高学生身心健康水平；④培养学生高尚的审美情趣，养成良好的思想品德，奠定学生的科学世界观基础；⑤关注学生个性的发展。

3.（1）该案例体现了教学过程的间接经验与直接经验相结合的特点。以间接经验为主是教学活动的主要特点，但在教学中必须重视直接经验的作用。在案例中，学生对雨的观察得到的是直接经验，而老师将其引向古诗这一间接经验，这一教学过程即体现了直接经验与间接经验相结合的特点。

（2）案例体现了教学过程的教师主导作用与学生主体作用相统一的特点。教师在教学活动中起主导作用，而学生是教学活动中具有能动性的主体。学生是具有主观能动性的人，他们能够能动地反映客观事物。他们的学习动机、兴趣、意志等因素直接影响学习效果。因此，在教学中必须发挥学生的主体作用。教师的主导作用和学生的能动性是相互促进的。无论多么优秀的教师，都无法代替学生学习。成功的教学有赖于学生主观能动性的发挥。本案例中，老师只是提了一个问题，给了学生一句评价。虽然话不多，但是很关键，充分调动了学生学习的积极性，给了学生很大的想象空间，引导他们主动思考，收到了良好的教学效果。

4.（1）案例中这位老师的做法体现了理论联系实际和启发性的教学原则。①理论联系实际原则是指教师在教学中，应使学生从理论与实际的结合中来理解和掌握知识，并引导他们运用新获得的知识去解决各种实际问题，培养他们分析问题和解决问题的能力。这一原则是直接经验与间接经验相统一的教学规律在教学中的体现。教师通过让学生自己学习并亲手去做菜来帮助写作文，这充分体现了理论与实际相结合的教学原则。②启发性原则是指在教学活动中，教师要调动学生的主动性和积极性，引导他们通过独立思考、积极探索，生动活泼地学习，自觉地掌握科学知识，提高分析问题和解决问题的能力。教师提出去学生家吃饭，引导学生学习做菜，调动了学生做菜的积极性，从而为写好作文奠定了基础。这是运用启发性教学原则的体现。

（2）该案例中的老师主要是运用谈话法进行教学的。谈话法也叫问答法，它是教师按一定的教学要求向学生提出问题让学生回答，通过问答、对话的形式来引导学生思考、探究，获取或巩固知识，促进学生智能发展的方法。运用谈话法能够照顾到每个学生的特点，充分激发学生的思维活动，有利于发展学生的语言表达能力；并使教师通过谈话直接了解学生的学习程度，及时检验自己的教学效果，从而提出一些补救措施来弥补学生的知识缺陷，开拓学生的思路，使学生保持注意和兴趣。案例中，教师与学生的问答过程是运用谈话法的体现。

（3）案例中的这位老师遵循了教学过程中直接经验与间接经验相结合的规律以及教师主导作用与学生主体作用相统一的规律。①学生在学习过程中以间接经验为主，但是学习间接经验要以直接经验为基础。案例中的老师让学生回家学习做菜，然后再根据自己做菜的经验来写作文，体现了直接经验与间接经验相结合的规律。②教师在教学过程中要注重发挥主导作用,同时也要充分发挥学生学习的积极主动性。案例中的老师运用对话的形式一步步引导学生自己去学做菜,并且引导学生将做菜的过程说出来、写出来,这体现了教师主导作用与学生主体作用的统一。

真题必刷

答案速查

1～5	CCBBA	6～10	DCDCA	11～14	DBDD
1～5	ABD BDE ABD ABCD BC			1～5	××× √ √

一、单项选择题

1. C 【解析】教学目标是教学模式的核心要素,对其他因素有着制约的作用。一定的教学模式总是与特定的教学目标相联系的,或者说总是为了完成特定的教学目标而设计和形成的。所以,在选择教学模式时,教师需要考虑的核心要素是教学目标的达成。

2. C 【解析】题干引文意为:君子教人是按照一定顺序进行的。先传授那些小的、贴近学生的知识,而后传授那些重要的、深远的知识。该句反映了循序渐进的教学原则。

3. B 【解析】讨论法是全班或小组成员在教师的指导下,围绕某一中心问题发表自己的看法和见解,从而进行相互学习的一种方法。运用讨论法需要学生具备一定的基础知识、一定的理解能力和独立思考能力,因此,讨论法在高年级运用得比较多。此外,通过对所学内容的讨论,学生之间可以集思广益,互相启发,加深理解,提高认识。故选B项。

4. B 【解析】间接经验是指人类在长期认识过程中积累的认识成果,主要表现为书本知识或记录在其他媒体上的知识。直接经验是指个体通过亲自实践直接获得的知识、经验。间接经验与直接经验相结合规律,反映了教学中传授系统的科学文化知识与丰富学生感性知识的关系、理论与实践的关系、知与行的关系。

5. A 【解析】传递—接受式教学模式以传授系统知识、培养基本技能为目标,其着眼点在于充分挖掘人的记忆力、推理能力以及间接经验在掌握知识方面的作用,使学生能够快速有效地掌握更多的信息量。该模式强调教师的指导作用,认为知识是从教师到学生的一种单向传递,非常注重教师的权威性。因此,A项正确。

6. D 【解析】学生看书了解理论知识得到的是间接经验,到大自然中亲身感受得到的是直接经验,因此,题干的表述体现了间接经验与直接经验相统一的教学规律。

7. C 【解析】教学过程的阶段之一是运用知识。在教学中,运用知识、形成技能技巧主要是通过教学实践来实现的,如完成各种书面或口头作业、实验等。此外,运用知识不只局限于技能和技巧的掌握,还包括“知识迁移”的能力和创造能力的发挥等。题干所述属于学生掌握知识的运用知识阶段。

8. D 【解析】思想性(教育性)和科学性相统一的原则是指教学要以马克思主义为指导,授予学生科学知识,并结合知识教学对学生进行社会主义品德和正确人生观、科学世界观教育。这一原则的实质是要求在教学活动中把教书和育人有机地结合起来。张老师既讲解《离骚》的主要内容,又向同学们介绍屈原忧国忧民的情怀,把教书和育人结合了起来,体现的正是思想性(教育性)和科学性相统一的原则。

9. C 【解析】理论联系实际原则是指教师在教学中,应使学生从理论与实际的结合中来理解和掌握知识,并引导他们运用新获得的知识去解决各种实际问题,培养他们分析问题和解决问题的能力。王老师在讲解过理论知识之后,引导学生将新知识运用于实际,使学生将所学知识与实际结合起来,主要贯彻了理论联系实际原则。

10. A 【解析】设计教案(课时计划)是教师备课工作的最后一个环节,也是教师备课工作中最全面系统、深入具体的一步，是保证教师有计划、有步骤地上好课的必要手段，对提高教学质量有着重要意义。

11. D 【解析】谈话法也叫问答法，它是教师按一定的教学要求向学生提出问题让学生回答，通过问答、对话的形式来引导学生思考、探究，获取或巩固知识，促进学生智能发展的方法。

12. B 【解析】1632年，捷克教育家夸美纽斯出版的《大教学论》最早从理论上对班级授课制做了阐述，为班级授课制奠定了理论基础。

13. D 【解析】教学是在一定教育目的规范下，教师的教和学生的学共同组成的传递和掌握社会经验的双边活动。题干为教学的内涵，故选D项。

14. D 【解析】范例教学的关键在于范例的选择。范例的选择是范例教学的第一步。之后，教师要利用所选择的范例，引导学生学习和掌握范例所内含的原理、法则和概念。故选D项。

二、多项选择题

1. ABD 【解析】形成性评价一般在教学过程中进行，目的是改善教学。A、B、D三项均是在教学过程中为改善教学而进行的评价，属于形成性评价。升学考试是在学期末对学生学习结果的整体评价，属于总结性评价；此外，升学考试有一定的标准，学生达标即可通过考试，所以，升学考试也是一种绝对性评价。

2. BDE 【解析】讲授法是教师运用口头语言系统连贯地向学生传授知识、技能，发展学生智力的教学方法。科学课老师给学生介绍昆虫的概念主要是通过口头语言进行的，运用的是讲授法。演示法是指教师通过展示实物、教具和示范性的实验来说明、印证某一事物和现象，使学生掌握新知识的一种教学方法。科学课老师呈现相关的标本和图片让学生分组观察，运用的是演示法。讨论法是全班或小组成员在教师的指导下，围绕某一中心问题发表自己的看法和见解，从而进行相互学习的一种方法。科学课老师让学生在全班交流学习成果，就是围绕昆虫的生活习性发表自己的见解，运用的是讨论法。

3. ABD 【解析】班级授课制仍然是我国教育教学的重要组织形式并不断改革和更新，这是当代教学组织形式的发展趋势之一，故A项正确。B项属于班级授课制的优点之一。班级授课制最早是由捷克教育家夸美纽斯提出的，意在普及教育，实现“把一切知识教给一切人”的教育理想。故C项错误。夸美纽斯在总结当时教育经验的基础上，在其《大教学论》(1632年)等著作中对班级授课制进行了系统总结和理论论证，奠定了班级授课制的理论基础，确定了班级授课制的基本轮廓。故D项正确。

4. ABCD 【解析】教学过程通常由四个因素组成，即教师、学生、教学内容、教学手段。教学是由这些要素相互作用、相互制约、相互影响而形成对立统一的整体，于是便形成了教师与学生的矛盾、教师与教学内容的矛盾、教师与教学手段的矛盾、学生与教学内容的矛盾、学生与教学手段的矛盾、教学内容与教学手段的矛盾。

5. BC 【解析】A项，“人不知而不愠”意为：别人不了解(我)，(我)也不生气，体现了孔子提出的修养克己的原则。

B项，“问则疑，疑则思”意为：当老师提出了问题之后学生就会有疑惑，有疑惑以后就会主动的思考问题。这表明教师在教学过程中要善于启发诱导，体现了启发性教学原则。

C项，“教之而不受，虽强告之无益”意为：教导他但他不接受，即使强行告诉他也没有任何益处。这表明教学要注重启发而不是强制灌输，体现了启发性教学原则。

D项，“不陵节而施之谓孙”意为：不超过学的人的接受能力而进行(教育)，叫做合乎顺序。这体现了循序渐进的教学原则。

故选BC两项。

三、判断题

1. × 【解析】教学过程是认识的一种特殊形式，其特殊性在于：它是学生个体的认识，是由教师领导未成熟的主体通过学习知识去间接认识世界。题干中的“普遍的认识过程”说法错误。

2. × 【解析】相对性评价有利于学生在群体内做出横向比较，有利于学生在相互比较中判断自己的位置，激发学生的竞争意识。而绝对性评价的最大特点是有一个共同的、客观的标准可以参照，它不受学生所在群体的发展状况的影响。故题干说法错误。

3. × 【解析】量力性原则也称可接受性原则，这一原则是为了防止发生教学难度低于或高于学生实际程度而提出的。

4. √ 【解析】教学是学校教育的中心工作，学校教育工作必须坚持“教学为主，全面安排”的原则。

5. √ 【解析】复式教学便于儿童就近入学，可以最大限度地节约师资、教室和教学设备等，充分利用教育资源，有利于教育的普及。它是班级教学的一种特殊组织形式。

四、填空题

1. 班级授课制

2. 复式教学

五、简答题（参考答案）

教学中的启发性原则是什么？贯彻该原则的要求有哪些？

(1)启发性原则是指在教学活动中，教师要调动学生的主动性和积极性，引导他们通过独立思考、积极探索，生动活泼地学习，自觉地掌握科学知识，提高分析问题和解决问题的能力。

(2)贯彻该原则的要求有：①加强学习的目的性教育，调动学生学习的主动性；②设置问题情境，启发学生独立思考，培养学生良好的思维方法和思维能力；③让学生动手，培养学生独立解决问题的能力，鼓励学生将知识创造性地运用于实际；④发扬教学民主。

六、案例分析题（参考答案）

(1)该案例中教师采用了演示法、发现法、讨论法。

①演示法是指教师通过展示实物、教具和示范性的实验来说明、印证某一事物和现象，使学生掌握新知识的一种教学方法。案例中教师用多媒体课件演示平行四边形和三角形面积公式的推导过程、展示电脑桌面图片以及演示“拼组、割补和添补”图形的变化过程，帮助学生理解并掌握新知识，体现了对演示法的运用。

②发现法是指学生在教师指导下，对所提出的课题和所提供的材料进行分析、综合、抽象和概括，自行发现并掌握相应的原理和结论的一种教学方法。案例中教师引导学生围绕着“推导梯形面积计算公式”这一课题展开研究，通过思考与操作后，最终得出了梯形面积的计算公式，体现了对发现法的运用。

③讨论法是全班或小组成员在教师的指导下，围绕某一中心问题发表自己的看法和见解，从而进行相互学习的一种方法。案例中教师对学生进行异质分组，学生在小组内分工合作，探讨梯形面积计算公式这一问题，并与其他小组一起交流汇报，最终得出了梯形面积的计算公式，体现了对讨论法的运用。

综上所述，案例中教师采用的这些教学方法尊重了学生的主体性，能够充分发挥学生学习的主观能动性，调动学生参与课堂学习的积极性，激发其主动探究、合作学习的热情，同时又能使教学任务圆满完成，达到既定的教学目标。

(2)任何一种教学方法都是为促进学生学习和提高学生学习满意度服务的，其本身无所谓优劣、好坏，只有对特定教学目标、教学内容、教育对象以及教育情境适宜程度之别。选择教学方法的基本依据包括：①教学目的和任务的要求；②课程性质和特点；③每节课的重点、难点；④学生年龄特征；⑤教学时间、设备、条件；⑥教师业务水平、实际经验及个性特点。此外，教学方法的选择与运用还受教学手段、教学环境等因素的制约。

案例中的教师根据本节课的教学内容特点，兼顾学生动手探究能力、合作学习能力的发展，选取了符合教学任务要求的三种教学方法，取得了很好的教育成效。这启示我，在教学过程中选择教学方法要全面、具体、综合地考虑各种相关因素，进行权衡取舍。

第七章　德　育

基础必刷

1-7基础必刷答案详解

专题1 德育及其过程与模式

答案速查

1～5	BBCDA	6～10	CDBDB	11～15	BACBB	16～20	CBACB
21～25	ADDCD	26～30	ADABD	1～5	ABCD ABC BCD ABCD ACD		
1～8	×√√×√××√						

四、填空题

1. 学会做人
2. 社会性
3. 品德行为

五、简答题(参考答案)

简述德育过程的基本规律。

(1)德育过程是对学生知、情、意、行的培养与提高过程；(2)德育过程是一个促进学生思想内部矛盾斗争的发展过程，是教育与自我教育相结合的过程；(3)德育过程是组织学生的活动和交往，统一多方面教育影响的过程；(4)德育过程是一个长期的、反复的、逐步提高的过程。

专题2 德育原则、途径与方法

答案速查

1～5	BCBDD	6～10	CCDDB	11～15	BAACB	16～20	CDBAD
21～25	DBADB	26～28	CDA	1～7	ACD AC ABCD BCD ABC ABCD AB		
1～5	×××√×						

四、填空题

1. 榜样示范法
2. 循循善诱原则
3. 德育组织形式
4. 实际锻炼法

五、名词解释(参考答案)

1. 德育原则

德育原则是根据教育目的、德育目标和德育过程规律而提出的指导德育工作的基本要求。

2. 德育方法

德育方法是为达到德育目的,在德育过程中采用的教育者和受教育者相互作用的活动方式的总和。

3. 人格陶冶

人格陶冶是教育者以自身的品德和情感为情境对学生进行的陶冶,即教师通过对教育工作的爱、对学生的爱等人格魅力对学生产生影响和作用。

六、简答题(参考答案)

1. 简述德育的因材施教原则的贯彻要求。

(1)以发展的眼光客观、全面、深入地了解学生,正确认识和评价当代青少年学生的思想特点;(2)根据不同年龄阶段学生的特点,选择不同的内容和方法进行教育,防止一般化、成人化、模式化;(3)注意学生的个别差异,因材施教。

2. 简述运用自我修养指导法的要求。

(1)扶志养气。要把扶志和养气结合起来,强调道德修养中理智与情感的统一。

(2)锻炼意志。锻炼意志必须有决心、信心、恒心,经历内心冲突,排除各种阻难。

(3)改过迁善。人一生不犯过错是不可能的,关键在于改过迁善。培养知耻、改过、迁善的态度对学生自我修养的提高极为重要。

3. 作为教师,应怎样贯彻尊重信任学生与严格要求学生相结合的德育原则?

(1)教育者要有强烈的事业心、责任感以及尊重热爱学生的态度;(2)教育者应根据教育目的和德育目标,对学生严格要求,认真管理;(3)教育者要从学生的年龄特征和品德发展状况出发,提出适度的要求,并坚定不渝地贯彻到底。

4. 简述贯彻正面教育与纪律约束相结合原则的要求。

(1)坚持正面教育原则,以客观的事实、先进的榜样和表扬鼓励为主的方法教育和引导学生;(2)坚持摆事实,讲道理,以理服人,启发自觉;(3)建立健全学校规章制度和集体组织的公约、守则等,并且严格管理,认真执行。

5. 我国中小学常用的德育方法有哪些?

(1)说服教育法;(2)榜样示范法;(3)陶冶教育法;(4)实际锻炼法;(5)自我修养指导法;(6)品德评价法。此外,常用的德育方法还有角色扮演法、合作学习法等。

6. 简述教育影响的一致性与连贯性原则的贯彻要求。

(1)充分发挥教师集体的作用,统一学校内部的多种教育力量,使之成为一个分工合作的优化群体;(2)争取家长和社会的配合,主动协调好与家庭、社会教育的关系,逐步形成以学校为中心的"三位一体"的德育网络;(3)保持德育工作的经常性和制度化,处理好衔接工作,保证对学生影响的连续性、系统性,使学生的思想品德得以循序渐进地持续发展。

7. 简述贯彻集体教育和个别教育相结合原则的要求。

(1)建立健全的学生集体;(2)开展丰富多彩的集体活动,充分发挥学生集体的教育作用;(3)加强个别教育,并通过个别教育影响集体,增强集体的生机和活力。

8. 简述运用陶冶教育法的基本要求。

(1)创设良好的环境;(2)与启发、说服相结合;(3)引导学生参与情境的创设。

七、案例分析题(参考答案)

1.(1)①捕捉亮点,正面引导。如案例中小叶初二时新来的班主任那般,善于发现小叶身上的亮点——亲近动物,并对小叶进行正面引导。②善于发现学生的爱好,并针对其爱好进行引导教育。如案例中新来的班主任发现小叶喜欢上生物课,于是就找小叶谈话,针对小叶的爱好,让其当动物兴趣小组的小组长。③用欣赏的眼光看待学生。案例中新来的班主任就是以欣赏的眼光看待小叶。④善于发现每一个学生的优点,以表扬为主,鼓励学生进步。⑤培养自己的观察能力,同时多和学生接触以创造“机缘”。⑥肯定学生行为中合理的地方,赞赏学生解决问题的创造性。⑦包容学生的过失,能用期待的心情等待学生的每一点进步,用喜悦的语气去赞许学生的每一份成功。⑧创造条件,给予学生成功的机会,增强他们战胜困难的信心。(考生可结合案例适当阐述,言之有理即可)

(2)①教育者要用一分为二的观点,全面分析,客观地评价学生的优点和不足;②教育者要有意识地创造条件,将学生思想中的消极因素转化为积极因素;③教育者要提高学生自我认识、自我评价能力,启发他们自觉思考,克服缺点,发扬优点。

2.杨老师采用了如下德育方法:

(1)榜样示范法。榜样示范法是用榜样人物的优秀品德来影响学生的思想、情感和行为的方法。由于榜样能把社会真实的思想、政治和法纪、道德关系表现得更直接、更亲切、更典型,因而能给人以极大的影响、感染和激励,教育、带动和鼓舞人们前进;运用榜样示范法符合青少年学生爱好学习,善于模仿,崇拜英雄,追求上进的年龄特点,也符合人的认识由直观到抽象的发展规律。

(2)陶冶教育法。陶冶教育法是教师利用环境和自身的教育因素,对学生进行潜移默化的熏陶和感染,使其在耳濡目染中受到感化的德育方法。

(3)品德评价法。品德评价法本是通过对学生品德进行肯定或否定的评价而予以激励或抑制,促使其品德健康形成和发展的德育方法。然而杨老师通过学生对自己理发效果进行评价,得到大多数学生的公认,而使学生受到教育的做法更是具有新意,让人耳目一新。

(4)说理教育法。说理教育法是通过语言说理,使学生明晓道理,分清是非,提高品德认识的德育方法。这是一种坚持正面理论教育和正面思想引导,增强辨别是非能力,促进道德发展的重要方法。案例中的杨老师就理发事件开展了五分钟的交流会,这体现了他对说理教育法的运用。在运用说理教育法时,杨老师注意到了说理的趣味性,而且抓住了运用该方法的时机。

(5)自我修养指导法。自我修养指导法是学生在教育者的帮助下,主动地进行自我学习、自我反思、自我锻炼、自我监控等来提升自己修养的一种德育方法。从“……发现那几个男生的长发变短了……”可以看出,学生在听到杨老师的一番话后进行了反思。这样,就体现了杨老师运用自我修养指导法达到的效果。

提升必刷

答案速查

1~5	CBACA	6~10	AADBC
11~15	BBBDC	1~6	CD ABCD AC CD BC ABD

一、单项选择题

1.C 【解析】德育过程是组织学生的活动和交往,统一多方面教育影响的过程。组织活动和交往是德育过程的基础。学生在活动中,必定受到多方面的影响,其中既有校内的正式影响,又有校外的非正式影响;既有积极正面的影响,也有消极负面的影响。学校德育应在多方面影响中发挥主导作用,将多方面教育影响统一到教育目的上来,形成学校与家庭、社会教育的合力,促使学生良好品德的形成和发展。

2. B 【解析】品德评价法是通过对学生品德进行肯定或否定的评价而予以激励或抑制，促使其品德健康形成和发展的德育方法。包括奖励、惩罚、评比和操行评定等。题干中“选择表现好、进步大的学生作为当周小明星，并将照片贴在‘明星墙’”是通过评比的方式对学生进行奖励、鼓舞，这种德育方法属于品德评价法。

3. A 【解析】知行统一原则是指教育者在进行德育时，既要重视对学生进行系统的思想道德的理论教育，又要重视组织学生参加实践锻炼，把提高认识和行为养成结合起来，使学生做到言行一致。题干中，从古至今的爱国之士都是先有忧国忧民的认知，然后落实在具体实践中。这说明对学生进行德育要做到知行统一，也即应该贯彻知行统一原则。

4. C 【解析】使学生改变态度，按要求行事，有三种办法：以力服人，以理服人，以德服人。以力服人，系权宜之计，不得已而为之；以理服人，才是上策；以德服人，则是上上策。故本题选C。

5. A 【解析】体谅模式认为道德教育重在提高学生的人际意识和社会意识，引导学生学会关心。“己所不欲，勿施于人”表达了要换位思考、关心别人的思想。这体现了体谅模式的观点。

6. A 【解析】疏导原则是指进行德育时要循循善诱、以理服人，从提高学生认识入手，调动学生的主动性，使他们积极向上。我国古代教育家孔子很善于诱导他的学生，其弟子颜回这样称赞道：“夫子循循然善诱人，博我以文，约我以礼，欲罢不能。”意思是：老师善于有步骤地引导我们，用各种文献来丰富我们的知识，用礼来约束我们的行为，我们想要停止学习都不可能。故选A项。

7. A 【解析】说服教育法又叫说理教育法，是通过语言说理，使学生明晓道理，分清是非，提高品德认识的德育方法。说服教育法的方式：第一类是运用语言文字进行说服的方式，如讲解、报告、谈话、讨论、辩论、读书指导等；第二类是运用事实进行说理教育的方式，主要包括参观、访问和调查。题干中某校组织学生到大别山革命老区接受红色教育是以参观的形式进行的，故该校运用的德育方法是说服教育法。

8. D 【解析】社会模仿模式在文化环境与人的道德发展相互作用方面有重要的成果，系统论述了示范榜样对道德发展的内在作用机制以及影响道德行为的各种形式和途径。依据题干的描述可知，该班主任的做法体现的德育模式是社会模仿模式。

9. B 【解析】角色扮演法是通过让儿童扮演处境特别的求助者或其他有异于自己的社会角色，使扮演者暂时置身于他人的位置，按照他人的处境或角色来行事、处事，以求在体验别人的态度、方式中，增进扮演者对他人及其社会角色的理解和认同。角色扮演法对于发展个体关爱他人、体谅他人的社会情感以及发展人际交往能力有着重要意义。因此，该教师运用的德育方法是角色扮演法。

10. C 【解析】德育的最终目标是要促进学生实现道德认知、道德情感向行为的转化。

11. B 【解析】所谓道德两难，指的是同时涉及两种道德规范、两者不可兼得的情境或者问题。它除了可以用于测量儿童的道德判断的发展水平，还具有非常特别的教育意义：可用于促进儿童的道德判断力的发展；可用于提高学生的道德敏感性；可用于提高学生在道德问题上的行动抉择能力；可用于深化学生的道德理解，提高道德认识。

12. B 【解析】题干中句子的意思是：现在，那些善于教化其子弟的人，也必须延请著名的德高望重的儒士们，使他们与之相处，以熏陶成性，潜移默化。故题干引文体现的是陶冶教育法。

13. B 【解析】实际锻炼法是有目的地组织学生参加各种实际活动，使其在活动中锻炼思想，增长才干，培养优良的思想和行为习惯的德育方法。锻炼的方式主要有学习活动、社会活动、生产劳动和课外文体科技活动。题干中某小学通过开展“当一次环卫工”主题教育活动，来提高学生爱护公共卫生环境的意识，体现了对实际锻炼法的运用。

14. D 【解析】正面教育与纪律约束相结合原则是指德育工作既要正面引导,说服教育,启发自觉,调动学生接受教育的内在动力,又要辅之以必要的纪律约束,并使两者有机结合起来。题干中,张老师不仅开班会强调守时的重要性,还组织学生建立了班规,体现了正面教育与纪律约束相结合的原则。

15. C 【解析】A项以强制灌输的方法进行政治法纪教育是不恰当的;B项用罚款的方式解决班级卫生问题侵犯了学生的财产权;D项将破坏课堂纪律的同学赶出教室侵犯了学生的受教育权。因此,ABD三项采用的德育方法都是不合理的,C项采用的德育方法符合学生的身心发展特点,故选C项。

二、多项选择题

1. CD 【解析】德育即思想品德教育,是对学生思想品德给予多方面培养的各种教育活动的总称。故A项正确。德育工作的主渠道是课堂教学,教师要有意识地将德育渗透到学科内容的教学过程中,使学生受到熏陶。故B项正确。德育内容及重点在不同学段是不同的。故C项错误。网络文化对德育工作的影响既有正面的,也有负面的。故D项错误。

2. ABCD 【解析】学校德育中的政治教育、思想教育和道德教育所包含的内容主要有:(1)爱国主义教育;(2)理想教育;(3)集体主义教育;(4)劳动教育;(5)人道主义与社会公德教育;(6)自觉纪律教育;(7)民主与法制观念的教育;(8)科学世界观和人生观教育。故选项ABCD均符合题意。

3. AC 【解析】题干中的老师根据学生的实际情况肯定学生的优点,体现了老师对学生的尊重、信任,但同时又对学生提出了一定的要求。故选AC两项。

4. CD 【解析】德育应"服从最强烈的人性冲动"是情感派的理论主张。情感派认为,情感是德育的构成性要素,而且在德育中起着本源的作用。舍弃情感,仅靠理性推理而来的道德,在情感派看来简直就是毫无意义的。情感论者虽然并不是完全否认认知在德育中的作用,但他们认为理性的作用仅在于发现真伪,德育的根本应植根于情感的培养。故选CD两项。A项属于认知派的启示,B项属于行为派的启示。

5. BC 【解析】题干说明进行德育要贯彻教育影响的一致性与连贯性原则,教育者要重视社会教育和家庭教育对学生的影响,要争取家长和社会的配合,主动协调好与家庭、社会教育的关系,逐步形成以学校为中心的"三位一体"的德育网络;要保持德育工作的经常性和制度化,处理好衔接工作,保证对学生影响的连续性、系统性,使学生的思想品德得以循序渐进地持续发展。故选B、C两项,A、D两项说法与题干无关。

6. ABD 【解析】学生思想品德的任何变化,都依赖于学生个体的心理活动。任何外界的教育和影响,都必须通过学生思想状态的变化,经过学生思想内部的矛盾斗争,才能发生作用,促使学生品德的真正形成。因此,学校的德育工作必须放在促进学生品德发展内部矛盾的产生与积极转化上。故C项说法不正确。

三、辨析题(参考答案)

1. 只要运用正面说服的教育方法,一切学生都能教育好。

(1)这种说法是不正确的。(2)在对学生进行德育时,进行正面的说服教育起着重要作用,但说服教育法不是万能的,不可能把一切学生都教育好。青少年学生缺乏一定的行为自控能力,因此在教育过程中要坚持正面教育与纪律约束相结合的原则,既要正面引导,说服教育,启发自觉,调动学生接受教育的内在动力,又要辅之以必要的纪律约束,使两者有机结合起来。所以并不是运用正面说服的教育方法就能把一切学生都教育好。

2. 学校的课程、教学中所采用的方法以及学校中每一样工作、学校生活中发生的每一件小事,都充满了进行道德教育的可能性。

(1)这种说法是正确的。(2)我国学校德育途径是广泛多样的,其中基本途径是思想品德课(思想政治课)与其他学科教学。此外,学校的思想工作、管理工作、辅助性服务工作等,也是学校德育不容忽视的渠道。总之,学校的课程、教学中所采用的方法以及学校中每一样工作、学校生活中发生的每一件小事，都充满了进行道德教育的可能性。

3. 教师和家长应尽量为学生提供各种各样的活动和交往，来促进学生道德发展。

(1)这种说法是正确的。(2)德育过程是学生在活动和交往中形成思想品德的过程。活动与交往既是学生思想品德形成的源泉，也是学生思想品德发展的条件。可以说，活动与交往是激发个体道德情感和意志，促进其知行转化的最有效的途径。一个人的品德发展是其与外在环境交互作用的结果。个体只有在活动中才能形成和发展自己的品德。如果个体没有积极主动地与环境发生交互作用，也即未能通过自身的活动能动地作用于外在环境，那么，环境就不会自然而然地对自己产生影响。由此可见，教师和家长应尽量为学生提供各种各样的活动和交往，来促进学生道德发展。

4. 德育过程就是学生思想品德形成过程。

(1)这种说法是不正确的。(2)德育过程与思想品德形成过程是教育与发展的关系。德育过程的最终目标是使受教育者形成一定的思想品德。品德形成属于人的发展过程，德育过程是对品德的形成与发展过程的调节与控制。德育只有遵循人的品德形成发展规律，才能有效地促进人的品德形成与发展。二者既有一定的联系，又有一定的区别，不能把二者等同起来。

5. 德育应该遵循疏导原则。因此，正确的德育严禁惩罚。

(1)这种说法是不正确的。(2)疏导原则是指进行德育时要循循善诱、以理服人，从提高学生认识入手，调动学生的主动性，使他们积极向上。贯彻疏导原则要求以表扬、激励为主，坚持正面教育，但这并不等于德育要严禁惩罚。适当的惩罚在人的品德形成过程中是非常必要的。

四、论述题(参考答案)

为什么说德育过程是一个长期的、反复的、逐步提高的过程？

(1)德育过程的长期性是由人类认识规律决定的。构成思想品德的因素比较复杂，知、情、意、行各因素本身和各因素之间要通过不断斗争，才能得到发展和统一。(2)青少年正处于成长时期，可塑性比较强，思想不成熟，其发展也具有双向性，某一阶段出现某些倒退是正常的，这使得德育过程是一个反复的持续的过程。(3)德育过程中，学生除了接受学校的有目的有计划有组织的正规教育影响外，还受到来自社会的、家庭的多种影响，这些影响中难免会有负面的，因而一个人思想品德提高过程中出现反复是正常的。(4)当前意识形态领域中斗争的复杂性，也使得对学生社会主义品德的培养是长期的、反复的过程。(5)据此规律，教育者必须树立“抓反复，反复抓”的德育思想。

五、案例分析题(参考答案)

1. (1)①进行德育时要注重引导学生把思想政治观念和社会道德规范的学习同参与生活实践结合起来，把提高道德认识与养成良好道德行为结合起来，做到心口如一，言行一致。陶行知先生指出，“我们希望担任训育的人，要打破知识、品行分家的二元论，而在知识品行合一上研究些办法出来”，就体现了这一思想。②理论学习要结合学生生活实际，切实提高学生的思想。思想认识是行为的先导。在德育中，以一定的道德观念和思想政治理论教育学生是必要的。道德源于生活，品德养成于生活。德育要以生活为基础，要寓于经常的活动与交往之中。陶行知先生所指出的“把教育看作知识范围以内的事，训育看作品行范围以内的事，以为学习知识与修养品行是受不同的原理支配的，甚至于一校之中管教务与训育者不相接洽，或背道而驰”，就违背了这一思想。

(2)导向性原则；疏导原则；因材施教原则(从学生实际出发原则)；知行统一原则；集体教育和个别教育相结合原则；尊重信任学生与严格要求学生相结合原则；正面教育与纪律约束相结合原则；依靠积极因素，克服消极因素的原则(长善救失原则)；教育影响的一致性和连贯性原则。(考生可适当结合材料加以阐述，言之有理即可)

2.（1）案例中教师的做法体现了以下德育原则：

①因材施教原则。案例中的德育老师对学生进行德育时，先从学生的思想认识和品德发展的实际出发；之后根据他们的年龄特征和个性差异施以不同的教育；最终，教师从最初的对学生进行批评教育转变为组织活动以达到德育效果。德育老师教学行为前后的转变体现了因材施教的原则。

②知行统一原则。知行统一原则是指教育者在进行德育时，既要重视对学生进行系统的思想道德的理论教育，又要重视组织学生参加实践锻炼，把提高认识和行为养成结合起来，使学生做到言行一致。贯彻这一原则的要求之一是：组织和引导学生参加社会实践，通过实践活动加深认识，增强情感体验，养成良好的行为习惯。案例中，老师通过活动提高了学生的道德认识，培养了学生不再偷盗水果的良好习惯，这是遵循知行统一德育原则的体现。

（2）案例中老师的做法体现的德育方法是实际锻炼法。实际锻炼法是有目的地组织学生参加各种实际活动，使其在活动中锻炼思想，增长才干，培养优良的思想和行为习惯的德育方法。案例中的德育老师采用组织活动的方式对学生实施德育，使学生在实际活动中得以形成良好的品德。

3.刘老师的做法遵循了以下德育规律：

（1）德育过程是对学生知、情、意、行的培养与提高的过程。学生的思想品德由知、情、意、行四个心理因素构成。学生思想品德的形成与发展，即这四个心理因素的形成与发展的过程。案例中，刘老师通过组织学生们观看纪录片、进行分组讨论和集体交流等方式提高了学生们对“献爱心”的认识，激发了他们的道德情感。

（2）德育过程是一个促进学生思想内部矛盾斗争的发展过程，是教育与自我教育相结合的过程。学生思想品德的任何变化，都依赖于学生个体的心理活动。任何外界的教育和影响，都必须通过学生思想状态的变化，经过学生思想内部的矛盾斗争，才能发生作用，促使学生品德的真正形成。刘老师在听到学生的“嘀咕”后，因势利导，通过有计划的活动提高了学生的自我意识，发展了他们的自我教育能力，同时也促进了他们品德的发展。

（3）德育过程是组织学生的活动和交往，统一多方面教育影响的过程。个体的思想品德是在活动和交往的过程中，接受外界教育影响，逐渐形成和发展，并通过活动和交往的过程表现出来的。刘老师通过精心设计并实施活动，促进了学生品德的发展。

真题必刷

答案速查

1～5	ACCCB	6～13	DCBCDDDD
1～3	ABCD ABCDE CD	1～6	×√××√×

一、单项选择题

1. A 【解析】认知派认为，人的品德取决于道德知识的掌握和信念、智慧以及动机等因素的形成。大部分的罪行和不道德的举动，都是由于愚昧无知、缺乏对各种事物的健全的概念造成的。他们主张，在道德教育中必须给予伦理谈话和系统知识的讲解。认知派的德育思想可以追溯到古希腊的苏格拉底。苏格拉底认为“美德即知识”，在他看来，任何行为只有受到知识的指导，才可能是善的。

2. C 【解析】知行统一原则是指教育者在进行德育时，既要重视对学生进行系统的思想道德的理论教育，又要重视组织学生参加实践锻炼，把提高认识和行为养成结合起来，使学生做到言行一致。题干中，该学校组织学生到博物馆参与传统文化教育活动，并体验中国传统工艺品团扇的创作，通过实践活动加深学生认识，增强学生情感体验，体现了知行统一的德育原则。

3. C 【解析】德育过程通常由教育者、受教育者、德育内容和德育方法四个相互制约的要素构成。

4. C 【解析】德育过程是学生在活动和交往中形成思想品德规律的过程。首先,学生的思想品德是在活动中能动地实现的;其次,活动和交往是促进外在道德要求转化为学生自身品德的基础。故选C项。

5. B 【解析】我国中小学德育的基本原则主要有导向性原则;疏导原则;因材施教原则;知行统一原则;集体教育和个别教育相结合原则;尊重信任学生与严格要求学生相结合的原则;正面教育与纪律约束相结合的原则;依靠积极因素,克服消极因素的原则;教育影响的一致性与连贯性原则等。故选B项。

6. D 【解析】贯彻知行统一原则的要求之一是:组织和引导学生参加社会实践,通过实践活动加深认识,增强情感体验,养成良好的行为习惯。所以,题干所述体现了知行统一原则。

7. C 【解析】道德教育的认知模式是当代德育理论中流行最为广泛、占据主导地位的德育学说。其特色之一就是提出以公正观发展为主线的德育发展阶段理论。

8. B 【解析】社会模仿模式主要由美国的班杜拉创立,该模式认为人与环境是一个互动体,人既能对刺激做出反应,也能主动地解释并作用于情境。题干所述为社会模仿模式的主要观点,故选B项。

9. C 【解析】思想品德课(思想政治课)与其他学科教学是学校有目的、有计划、系统地对学生进行德育的基本途径,故选C项。

10. D 【解析】实际锻炼法是有目的地组织学生参加各种实际活动,使其在活动中锻炼思想,增长才干,培养优良的思想和行为习惯的德育方法。题干中的学校安排学生在开学前参加军训,运用的是实际锻炼法。

11. D 【解析】与认知性道德发展模式强调道德认知发展不同,体谅模式把道德情感的培养置于中心地位。

12. D 【解析】我国学校德育内容主要有政治教育、思想教育、道德教育和心理健康教育。故选D项。

13. D 【解析】德育具有社会性功能、个体性功能、教育性功能。其中,德育的社会性功能指的是学校德育能够在何种程度上对社会发挥何种性质的作用。具体来说,主要指学校德育对社会政治、经济、文化等发生影响的政治功能、经济功能、文化功能等。题干为德育的社会性功能,故选D项。

二、多项选择题

1. ABCD 【解析】实践锻炼法的方式主要包括:(1)学习活动。通过学生日常学习生活使学生得到锻炼。(2)委托任务。教师或学生集体委托学生个人完成一定的工作任务,在执行任务过程中接受锻炼。例如委托学生担任班干部、办黑板报、筹办晚会等。(3)组织活动。组织学生参加各种实际活动,如课外活动、生产劳动和一定的社会实践活动,从而使其得到锻炼。(4)执行制度。教师指导学生按照学校的规章制度和学生日常行为规范进行经常性训练,以形成良好的品德行为习惯。所以,选项均属于实践锻炼法的主要类型。

2. ABCDE 【解析】运用榜样示范法的要求有:(1)选好学习的榜样;(2)激起学生对榜样的敬慕之情;(3)狠抓落实,引导学生用榜样来调节行为,提高修养。

3. CD 【解析】毛老师言出必行,对自己承诺的事情严格履行,是坚持知行统一原则的体现。在教育爱撒谎的李明时,毛老师私下找他谈心后,又在班级进行了一次主题班会教育,坚持了集体教育与个别教育相结合的原则。

三、判断题

1. × 【解析】在理解德育的社会功能时,要充分注意德育社会功能实现的间接性。学校德育的政治、经济等功能绝不意味着学校德育对学校发展要起完全、直接的参与作用。社会功能的实现首要的中介环节在于学校德育通过系统本身影响、塑造好受教育者的品德人格。学校主要通过德才兼备的"产品"去影响社会。

2. √ 【解析】价值澄清学派以让儿童根据其经验自由决定其价值观为理论核心,否定通过灌输使学生接受既定价值观的教育过程,把道德教育视为促使人们对自己和整个社会的价值观做出充分自由和深思熟虑反应的"澄清"过程。故题干表述正确。

3. × 【解析】贯彻疏导原则的要求有:(1)讲明道理,疏通思想;(2)因势利导,循循善诱;(3)以表扬、激励为主,坚持正面教育。题干中的“表扬、激励为辅”表述错误。

4. × 【解析】教师尊重学生的自由意志和道德自主性,并不意味着教师在德育过程中应保持价值中立的立场。在价值日益多元化的时代,尤其是在价值相对主义的冲击下,教师更应该坚守理性的价值观,诚实而负责任地向学生传达个人与社会的道德经验,引导学生尊重人类共同生活的基本价值,倡导师生间、生生间在平等、相互尊重、相互理解、宽容的氛围中就价值问题展开坦诚而深入的对话,与学生一起持一种开放而有底线的价值立场,营造容纳不同价值取向而又有共同生活准则的教育氛围。

5. √ 【解析】德育过程通常由教育者、受教育者、德育内容和德育方法四个相互制约的要素构成。其中,受教育者包括受教育者个体和群体,他们都是德育的对象。在德育过程中,受教育者既是德育的客体,又是德育的主体。

6. × 【解析】当代影响较大的德育模式有认知模式、体谅模式、社会模仿模式和价值澄清模式等。大体上说,认知模式重知,体谅模式重情,社会模仿模式重行。

四、简答题(参考答案)

在德育工作中贯彻知行统一原则的基本要求有哪些?

(1)加强理论教育,提高学生的思想道德认识;(2)组织和引导学生参加社会实践,通过实践活动加深认识,增强情感体验,养成良好的行为习惯;(3)对学生的评价和要求要坚持知行统一的原则;(4)教育者要以身作则,严于律己,言行一致。

五、材料分析题(参考答案)

(1)陶行知运用了德育的疏导原则。这一原则是指进行德育时要循循善诱、以理服人,从提高学生认识入手,调动学生的主动性,使他们积极向上。运用这一原则时,教师需做到:①讲明道理,疏通思想;②因势利导,循循善诱;③以表扬、激励为主,坚持正面教育。案例中陶行知通过奖励王友糖果的方式,因势利导,循循善诱,使王友认识到用泥块砸同学的行为是错误的,提高了王友的认识,体现了该原则。

(2)陶行知运用了德育的长善救失原则(依靠积极因素、克服消极因素的原则)。这一原则是指在德育工作中,教育者要善于依靠、发扬学生自身的积极因素,调动学生自我教育的积极性,克服消极因素,以达到长善救失的目的。运用这一原则时,教育者需做到:①用一分为二的观点,全面分析,客观地评价学生的优点和不足;②有意识地创造条件,将学生思想中的消极因素转化为积极因素;③提高学生自我认识、自我评价的能力,启发他们自觉思考,克服缺点,发扬优点。案例中陶行知每奖励王友一颗糖果都会对王友进行客观的评价,帮助王友看到自己的优点,提高王友自我认识、自我评价的能力,从而启发王友认识到自己的缺点并加以改正,体现了该原则。

第八章　班级管理与班主任工作

基础必刷

1-8基础必刷答案详解

专题1 班级与班级管理

答案速查

1～5	BCBAA	6～10	BBBCB	11～17	CDADBAD

1~5	BCD ABCD ABCD ABD ABC	6~8	ABD ABD ABCD
1~3	××√		

四、填空题

1. 班级

2. 班级常规管理

五、简答题(参考答案)

1. 班级是学校的基本单位,班级教学是现代最具代表性的一种教育形态。简述班级组织的社会化功能。

(1)传递社会价值观,指导生活目标;(2)传授科学文化知识,形成社会生活的基本技能;(3)教导社会生活规范,训练社会行为方式;(4)提供角色学习条件,培养社会角色。

2. 简述班级组织建构的原则。

(1)有利于教育的原则;(2)目标一致的原则;(3)有利于身心发展的原则。

专题2 良好班集体的培养

答案速查

1~5	BACAA	6~10	ABBDA
1~5	BCD ABCD ABC ABC ABCD	1~5	√×××√

专题3 班主任工作概述

答案速查

1~5	DADAB	6~10	CAAAA	11~15	ACDBC	16~21	ABBCCC
1~5	ACD ABCD BD ABCD ABCE			6~8	ABCDE ABCDE ACE		
1~5	×××√×						

四、名词解释(参考答案)

1. 班主任

班主任是班集体的组织者和领导者,是学校贯彻国家教育方针,促进学生健康成长的骨干力量。

2. 操行评定

操行评定是以教育目的为指导思想,以“学生守则”为基本依据,对学生一个学期内在学习、劳动、生活、品行等方面的小结与评价。

3. 偶发事件

偶发事件是指在教育的过程中发生的事先难以预料、出现频率较低,但必须迅速做出反应、加以特殊处理的事件。

五、简答题(参考答案)

1. 简述教师应如何教育和转化后进生。

(1)关心爱护后进生,尊重他们的人格;(2)培养和激发他们的学习动机。

2. 简述做好个别学生教育工作的一般要求。

(1)摸清情况,分析原因,区别对待;(2)热爱和尊重学生,促其转化;(3)发现"闪光点",及时表扬,逐步提高;(4)自我剖析,制定措施,接受监督;(5)常抓不懈,持之以恒。

提升必刷

答案速查

1~5	CCDAB	6~13	BACABCDC	1~5	BC ABD ABC ABC ABCD
1~5	√√××√			6~11	√√×√×√

一、单项选择题

1. C 【解析】班级作为一种社会组织,其基本成员是班主任、教师和学生,它通过师生相互影响的过程来达到预定的教育目标。

2. C 【解析】集体都有一定的规范和舆论,它是约束其成员行为的一种准则。正确的班级规范和舆论能起到巨大的教育作用。如果一个班级大多数学生在大多数情况下都不遵守课堂纪律,最主要的原因是班级缺乏良好的规范和舆论的引导。

3. D 【解析】班级组织在结构上存在正式组织与非正式组织。班级中的正式组织机构主要有以下几种形式:班委会、班内小组、班级少先队组织和班级共青团组织。D项属于正式组织,故选D项。非正式组织是源于班级组织的个人属性层面的人际关系,是学生在共同的学习与活动中基于成员间的需求、能力、特点的不同,从个人的好感出发而自然形成的。故ABC三项属于非正式组织。

4. A 【解析】提供角色学习条件,培养社会角色是班级组织的社会化功能之一。在班级组织中,每个学生都需要承担其服务者、管理者和被管理者的多重角色,为他们的角色学习提供了多方面的条件。班级教学过程中的师生交往和小组学习中的伙伴交往,以及集体生活的多种多样的教育情境,为学生积累交往经验、学习变换角色、提高担当角色的能力,提供了锻炼和体验的机会和条件。题干中小李同学的一系列变化是其社会化的表现,体现了班级对学生社会化的影响。

5. B 【解析】在班主任的地位和作用中,班主任最重要的角色是学生的精神关怀者。"精神关怀"更深刻、更准确地反映了班主任教育劳动的意蕴,体现了班主任以人为本的教育理念,表达了班主任对学生的情感和态度。因此,精神关怀应当成为班主任工作的核心内容。

6. B 【解析】班级管理是一个动态的过程,它是班主任和教师根据一定的目的和要求,采用一定的手段和措施,带领全班学生对班级中的各种资源进行计划、组织、协调、控制,以实现教育目标的组织活动过程。班级管理的根本目的是实现教育目的,使学生得到充分的、全面的发展。因此,ACD三项正确。班级管理的对象是班级中的各种管理资源,而主要对象是学生,B项错误。

7. A 【解析】班主任在教育学生的过程中,应做到尊重信任学生,相信学生的潜能。针对唐明被同学嘲笑这一事件,班主任首先要制止同学的嘲笑,然后鼓励唐明努力去实现其梦想。

8. C 【解析】班级组织的个性特点表现为:(1)班级组织的目标是使所有学生获得发展;(2)班级组织中师生之间是一种直接的、面对面的互动;(3)情感是班级组织中师生之间、生生之间的纽带;(4)班级组织中的师与生交往是全面的和多层次的;(5)班主任和教师的人格力量使班级活动得以有效开展。故选C项。

9. A 【解析】班级文化是班级中教师和学生共同创造出来的联合的生活方式。它包括三种状态:最为显性的班级环境布置,最为隐性的班级人际关系和班风,以及处于中间状态的班级制度与规范等。

10. B 【解析】核心初步形成阶段的特点是：师生之间、同学之间有了一定的了解，产生了一定的友谊与信赖，学生积极分子不断涌现并团结在班主任周围，班的组织与功能较健全，班的核心初步形成，班主任与集体机构一道履行集体的领导与教育职能。这时，班集体能够在班主任的指导下积极组织和开展班的工作与活动，班主任开始从直接领导、指挥班的活动，逐步过渡到向他们提出建议，由班干部来组织开展集体的工作与活动。

11. C 【解析】对自尊心强、能力强又调皮的学生，班主任要注意严格要求，防止自满，也要发挥其优势，促进全班进步。因此，C项的教育措施最佳。

12. D 【解析】班级的社会化功能之一即教导社会生活规范，训练社会行为方式。班级制度、课堂规则、学习纪律，集体的传统、舆论、风气等都扮演着传递社会规范的角色，对学生有一种同化力和约束力，使生活在其中的学生潜移默化地受到影响和熏陶。题干所述体现的是班级的社会化功能。

13. C 【解析】班级组织的个体化功能主要表现在：(1)促进发展的功能；(2)满足需求的功能；(3)诊断功能；(4)矫正功能。其中，诊断功能强调学生置身于班级组织中时，其人格及能力上的特点、差异以及不足就会显现出来。在班级开展的各项活动中，每一个成员都会通过自己和他人的表现以及在所获得的评价中，判断其表现的优势与不足。如社会技能的欠缺、共鸣的欠缺、情绪不稳定、自我控制的欠缺或过剩、过度利己主义、极端个人主义、极端内向或外向、过度的不安、洁癖、坏心眼、粗暴、说谎以及其他人格偏颇。特别是在班级组织有团体要求时，学生违反这种要求的倾向将会显现无遗。这些问题的暴露，为班主任或教师开展有针对性的教育、引导和矫正学生的不良倾向创造了有利条件。题干体现了班级组织的诊断功能，故选C项。

二、多项选择题

1. BC 【解析】班主任作为教育因素，对班级组织和学生的影响表现为两个方面：一是以自身修养为基础，通过自己的价值观念、人品、学识、态度、行为习惯等潜移默化地感染学生；二是通过做好班级管理工作，使学生受到更多更好的教育。

2. ABD 【解析】班级物质文化包含教室内的环境布置（包括教室墙壁布置、桌椅的摆放、环境卫生的打扫与保持等等）及师生的仪表等，具有“桃李不言”的隐性教育功能与教育效果，故ABD三项属于班级物质文化建设的内容。C项属于班级精神文化建设的内容。

3. ABC 【解析】班级文化对成员的制约功能主要通过三条途径得以实现：氛围制约、制度制约、观念制约。

4. ABC 【解析】班级的规章制度主要由三部分组成：(1)教育行政部门统一规定的有关班集体与学生管理的制度，如学生守则、日常行为规范等；(2)学校根据教育目标、上级有关指示制定的学校常规制度，如考勤制度、奖惩制度、作业要求等；(3)班集体根据学校要求和班级实际情况讨论制定的班级规范，如班规、值日生制度、考勤制度等。

5. ABCD 【解析】良好的班集体对初中生的心理发展影响体现在以下几个方面：(1)为学生提供良好的学习生活环境；(2)增加学生积极的情绪情感体验；(3)增进学生的人际互动；(4)促进学生的主动学习；(5)有利于学生健康人格的发展。

三、判断题

1. √ 【解析】学生不仅是班级管理的对象，更重要的是班级管理的参与者。所以，在班级管理中，一方面教育行政部门、学校和教师要承担起应尽的职责；另一方面又要引导学生开展自我管理和参与管理。在某种意义上说，让学生学会自我管理和参与管理，是班级管理的重要目标，表明达到“管是为了不管”的最高境界。所以题干表述正确。

2. √ 【解析】后进生通常会缺乏自信，教师可以通过赞扬学生让学生恢复自信，从而更好地表现自己。

3. × 【解析】组织班会时，班主任要做好“导演”而不是“演员”。

4. × 【解析】了解和研究学生是班主任工作的前提和基础，是做好班级工作的先决条件，也是班级教育过程中有效开展各项工作必不可少的基本环节。

5. √ 【解析】在现代学校教育中，班级活动完全是一种培养人的实践活动，满足学生发展的需要既是班级活动的出发点，又是班级活动的最终归宿。

6. √ 【解析】为有效履行职责、取得教育实效，当代学校教育中的班主任必须实行由管理者角色向指导者角色的重心转移。

7. √ 【解析】班级个别教育是集体教育的深化和补充，只有使每个学生都得到发展，班集体才能健康地发展。

8. × 【解析】班级越大，情感纽带的力量就越弱。

9. √ 【解析】要解决我国班级管理中存在的问题，必须建立以学生为本的班级管理新机制，尊重学生的人格和主体性，充分发挥学生自身的聪明才智，发扬学生在班级自我管理中的主人翁精神，强调师生合作、生生合作。故题干说法正确。

10. × 【解析】正确的舆论和良好的班风是班集体形成的重要标志。

11. √ 【解析】要做好后进生的教育工作，班主任应注意捕捉亮点、正面引导。后进生并不是一切都差，也有好的方面和“闪光点”等积极因素。作为班主任要长善救失，一分为二地看待后进生，善于利用“闪光点”作为推动后进生前进的动力和转化的良好开端，时时细心观察，努力发现和挖掘他们身上的长处。

四、简答题（参考答案）

1. 简述班级教学管理的主要内容。

(1)明确教学管理的目标和任务；(2)建立行之有效的班级教学秩序；(3)建立班级管理指挥系统；(4)指导学生学会学习。

2. 简述班级文化的类型。

(1)班级物质文化；(2)班级行为文化；(3)班级制度文化；(4)班级精神文化。

五、论述题（参考答案）

1. 谈谈你对“教学中心”和“集体中心”的领导方式的理解。

(1)在当前班级管理实践中，班主任在具体操作过程中有两种领导方式运用得比较多，即“教学中心”和“集体中心”的领导方式。

(2)“教学中心”是目前用得较多的领导方式，这与现行的班主任工作评价机制不无关系，它最大的弊端是忽视人的因素，班级工作只见教学不见学生，只看学生分数不看学生发展。“集体中心”的领导方式视集体为管理主体，主张信赖而不是怀疑集体，用集体领导的手段管理班级，将班级作为教育的对象。尽管如此，班集体是由每一个具有不同个性的学生个体组成的，所以在实施“集体中心”的领导方式时，既要重视发挥班集体的教育功能，又要重视教育转化个别学生，促进班级的管理和发展。

2. 联系实际，谈谈我国学校班级管理中存在的问题及如何解决这些问题。

(1)当前班级管理中存在的问题：①班主任的班级管理方式偏重于专断型；②班级管理制度缺乏活力，学生参与班级管理的程度较低。

(2)解决策略是建立以学生为本的班级管理机制：

①以满足学生的发展为目的。学生的发展是班级管理的核心。班级管理的实质就是让学生的潜能得到尽可

能的开发。在现代学校教育中，班级活动完全是一种培养人的实践活动，满足学生发展的需要既是班级活动的出发点，又是班级活动的最终归宿。

②确立学生在班级中的主体地位。发展学生的主体性是学校管理的宗旨。在传统的班级管理模式下，学生在某种程度上是教师的“附属物”，学生的主体地位根本无法保障。现代班级管理强调以学生为核心，建立一套能够持久地激发学生主动性、积极性的管理机制，确保学生的持久发展。

③有目的地训练学生自我管理班级的能力。以训练学生自我管理能力为主的班级管理制度改革的重点是：适当增加“小干部”岗位，实行“小干部”轮换制度；按照民主程序选举干部；使“小干部”从“教师的助手”变成“学生的代表”；把学生的注意力从当干部引向当“合格的班级小主人”；注重实践教育、体验教育、养成教育，引导学生自觉实践、自主参与、养成良好习惯，把以教师为中心的班级教育活动转变为学生的自我教育活动，把班集体作为学生自我教育的主体。

（考生可联系实际加以阐述，言之有理即可）

六、案例分析题（参考答案）

1.（1）学生是发展中的人。学生不是成人，他们正处于身心发展最迅速的时期，生理和心理两方面都不太成熟，具有很大的发展可能性与可塑性。学生是发展中的人，包括四层含义：①学生具有和成人不同的身心发展特点；②学生具有发展的巨大潜在可能性；③学生具有发展的需要；④学生具有获得成人教育关怀的需要。

（2）班主任做好操行评定应注意：①要实事求是，抓主要问题，评定要准确反映学生思想品德的全面表现和发展趋向；②要充分肯定学生的进步，并适当指出他们的不足；③评语要简明、具体、贴切，严防用词不当伤害学生的情感。

2.（1）现代班级管理观要求以学生为本建立班级管理新机制，尊重学生的人格和主体性，充分发挥学生自身的聪明才智，发扬学生在班级自我管理中的主人翁精神，强调师生合作、生生合作。

（2）吴老师最初在进行班级管理时并没有以学生为本，而是采用专制型的领导方式。这种领导方式属于支配性领导，无视学生的个别差异，以僵硬的对策为基础，只给予统一强制的指导，或一味地斥责、威胁。坚持以教师为中心，学生必须被动地按照教师的要求去做，缺乏自主性。这必将引起学生的不满。

（3）吴老师后来管理成功是因为他改变了原来的班级管理方式，建立了民主型的领导方式，这种领导方式属于综合性的指导，能够灵活地适应学生的个别差异，以此为基础引出学生的自发行为，促进班级同学的思想在合作中进行交流。“让学生共同参与班级管理主题班会”“组织学生开展小组竞赛”“一起为班级建设提建议”“增强双方沟通”满足了学生的发展需要，确立了学生在班级中的主体地位，有目的地训练了学生进行班级管理的能力。

真题必刷

答案速查

1～5	BCBDD	6～12	DCAABBC
1～5	BCD BCD BCD ABCD ABCD	1～8	√×√√√×××

一、单项选择题

1. B 【解析】班级管理目标制定的原则有三点，即确定目标要切合实际、规定目标达成的时间要合理、评价目标达成的标准要科学。具体如下：(1)发展性原则。班级管理目标应体现促进学生发展的要求。(2)针对性原则。班级管理目标应符合班级管理对象的实际。(3)层次性原则。班级管理目标应具有层次性。题干所述符合班级管理目标制定的针对性原则。

2. C 【解析】一个优秀班集体的形成，一般要经过如下阶段：组建阶段、形核（形成）阶段、发展阶段、成熟阶段。在形核阶段，班级有了组织机制并基本稳定，同学之间开始相互了解，在班主任的引导培养下，涌现出了一批积极分子，开始协助班主任开展各项工作。但是，班级仍然离不开班主任的组织、指挥。此时，正确的舆论与良好的班风尚未形成。故选C项。

3. B 【解析】班主任的角色特点决定着他对学生的全面发展负有以下责任：(1)教育的责任，即教育学生学会做人，学会做事；(2)培养的责任，即利用和创造条件，使学生的整体素质得到提高，使学生健康和谐地发展；(3)发现的责任，即发现学生的个性特点、兴趣爱好、特殊才能、发展的内驱力等，挖掘他们的潜力，使他们得到充分的发展；(4)激活的责任，即启动学生的积极意识和进取心，给予他们成功的体验，引发他们产生健康的、积极的欲望和需求，使他们形成自我教育的要求和能力；(5)夯实的责任，即为学生的发展打下坚实的基础，使学生在德、智、体、美、劳各个方面具有可持续发展的能力。故题干所述为班主任对学生负有培养的责任。

4. D 【解析】班级建设的设计是指班主任根据学校的整体办学思想，在主客观条件许可的范围内所提出的相对理想的班级模式，包括班级建设的目标，实现目标的途径、具体方法和工作程序。其中，以班级建设目标的制定最为重要。

5. D 【解析】学生能够参与处理班级事务，积极进行交流互动，敢于质疑，这说明李老师的班级管理方式属于民主型。

6. D 【解析】班集体发展的成熟阶段是班集体趋向成熟的时期，集体的特征得到充分而完全的体现，并为集体成员所内化，全班已成为一个组织制度健全的有机整体，学生积极参与班级活动，并使自己的个性特长得到发展，整个班级洋溢着一种平等、和谐、上进、合作的心理气氛。由题干中的“这个班级洋溢着一种和谐、平等、上进、合作的气氛”可知，该班级的发展处于成熟阶段。

7. C 【解析】班级是学校对学生进行日常管理、思想道德教育和组织教学活动的基本单位。

8. A 【解析】教育部印发的《中小学班主任工作规定》指出：“班主任是中小学日常思想道德教育和学生管理工作的主要实施者，是中小学生健康成长的引领者，班主任要努力成为中小学生的人生导师。”

9. A 【解析】对学生进行思想品德教育是班主任的工作重点和经常性的工作。

10. B 【解析】学生置身于班级组织中时，其人格及能力上的特点、差异以及不足就会显现出来。在班级开展的各项活动中，每一个成员都会通过自己和他人的表现以及在所获得的评价中，判断其表现的优势与不足。这是班级组织个性化功能中的诊断功能。

11. B 【解析】实行班级民主管理要求建立班级民主管理制度，如干部轮换制度、定期评议制度、值日生制度、值周生制度、民主教育活动制度等。故ACD三项均属于民主管理方式。B项属于班级常规管理的要求。

12. C 【解析】班级平行管理是指班主任既通过对集体的管理去间接影响个人，又通过对个人的直接管理去影响集体，从而把对集体和个人的管理结合起来的管理方式。故选C项。

二、多项选择题

1. BCD 【解析】班级管理过程是一个动态发展的过程，是螺旋式上升的过程。A项说法错误，故选BCD三项。

2. BCD 【解析】班集体的教育作用主要有：(1)有利于形成学生的群体意识；(2)有利于培养学生的社会交往能力与适应能力；(3)有利于训练学生的自我教育能力。因此，BCD三项正确。A项属于班级管理的主要功能。

3. BCD 【解析】教师应按照民主程序选举干部，而不是简单地指定或挑选品学兼优的学生为班干部。故A项表述错误。

4. ABCD 【解析】班级管理的基本内容包括:(1)班级教学管理。教学是学校教育的中心工作,也是班级管理的一项主要活动。(2)班级德育管理。对学生进行思想品德教育是班级管理的重要内容,是班主任的基本职责。(3)班级体育卫生和课外活动的管理。体育卫生和课外活动是学生身心健康发展的基本条件和重要手段。(4)班级生活指导。班级管理的重要内容之一是使学生适应未来、学会生活、学会做人。故本题全选。(具体内容参见袁振国主编的《当代教育学》)

5. ABCD 【解析】就班级文化建设的内容而言,就是要落实班级物质文化、制度文化和精神文化的建设。(1)班级物质文化建设。班级物质文化是班级文化建设的物质基础,主要是指教室的自然环境,包括教室墙壁布置、标语口号的拟定、图书角的设置、桌椅的摆放、环境卫生的打扫与保持等。(2)班级制度文化建设。规范的班级管理制度有利于学生形成良好的行为习惯,建立良好的班集体必然需要相应的班纪班规来约束学生的行为。(3)班级精神文化建设。班级精神文化是班级文化的核心和灵魂,班级精神文化建设要着重抓好班风、人际关系、舆论等的建设。故本题全选。

三、判断题

1. √ 【解析】倾听,是一种尊重、一种理解、一种宽容。班主任要做个忠实的“听众”,给学生充分表达的机会。

2. × 【解析】班主任工作计划一般分为学期计划、月或周计划以及具体的活动计划。

3. √ 【解析】学生的发展是班级管理的核心。班级管理的实质就是让学生的潜能得到尽可能的开发。

4. √ 【解析】只有在集体中形成了正确的舆论与良好的班风,才能使集体明辨是非、善恶、美丑,扶正祛邪,发扬优点,抵制不良思想习气的侵蚀,才能使集体具有自我教育的能力,成为教育的主体。这是一个坚强集体的重要标志。

5. √ 【解析】操行评定是以教育目的为指导思想,以“学生守则”为基本依据,对学生一个学期内在学习、劳动、生活、品行等方面的小结与评价。题干表述体现了操行评定的概念。

6. × 【解析】实行班干部轮岗制,不仅能增强学生的集体意识和班级的凝聚力,而且能让每个学生都有参与班级管理的机会,能充分发扬学生的主人翁精神,锻炼组织能力,培养责任感。故题干说法错误。

7. × 【解析】偶发事件是指在教育的过程中发生的事先难以预料、出现频率较低,但必须迅速做出反应、加以特殊处理的事件。因此,对于偶发事件,教师应机智果断应对,而不是冷眼旁观。

8. × 【解析】采用民主型领导方式的班主任比较善于倾听学生的意见,不是以直接的方式管理班级,而是以间接的方式引导学生。采用权威型领导方式的班主任侧重于在领导与服从的关系上实施影响。

四、简答题(参考答案)

如果你是新生班主任,如何组织和培养班集体?

(1)确定班集体的发展目标;(2)建立得力的班集体核心;(3)建立班集体的正常秩序;(4)组织形式多样的教育活动;(5)培养正确的舆论和良好的班风。

五、案例分析题(参考答案)

案例中体现了民主管理的班级管理模式。黄老师让学生直接参与班级管理,通过四个班级事务委员会调动学生的自觉性、自主性,形成团结、友爱、协作、民主的班风就体现了这一班级管理模式。

实行班级民主管理的要求包括:(1)组织全体学生参与班级全程管理,即在班级管理的计划、实行、检查、总结的各个阶段,都让学生参与进来。黄老师从班级事务委员会的建立到各个委员会的具体事务,都让学生进行负责与管理,表明他贯彻了这一要求。(2)建立班级民主管理制度,如干部轮换制度、定期评议制度、值日生制度、值周生制度、民主教育活动制度等。班干部的轮换和班级岗位的设立，有利于学生公民意识的形成和综合素质的提升，对班级的发展也能起到积极的促进作用。黄老师指导学生建立了“学习合作委员会”“纪律文明委员会”“活动策划委员会”“纠纷调解委员会”，表明他积极建立班级民主管理制度。

第九章　课外、校外教育与三结合教育

基础必刷

1-9 基础必刷答案详解

专题1 课外、校外教育

答案速查

1～5	AACBD	6～10	ABBDB	11～17	DBACCCB
1～5	ABD ABCD ABC ACD ABC			1～5	√××√×

四、简答题(参考答案)

1. 开展课外、校外教育应遵循哪些要求？

(1)要有明确的目的性、计划性；(2)活动内容要丰富多彩，形式要多样化，要富有吸引力；(3)注意发挥学生集体和个人的主动性、独立性和创造性，并与教师指导相结合；(4)要考虑学生的兴趣爱好和特长，符合学生的年龄特征；(5)课堂教学与课外活动互相配合、互相促进；(6)因地、因校制宜。

2. 简述课外、校外教育的主要内容。

(1)思想品德教育活动；(2)学科活动；(3)科技活动；(4)文学艺术活动；(5)体育活动；(6)社会活动；(7)传统的节假日活动；(8)课外阅读活动。

专题2 学校、家庭、社会三结合教育

答案速查

1～5	ABAAA	6～10	DBDCB
1～5	ACD ABCD ABD BCD BD	1～5	√√√√×

四、简答题(参考答案)

1. 如何理解学校教育在学校、家庭、社会三结合教育中占主导地位？

(1)学校作为专职教育机构，有着明确的目的、周密的计划、科学的组织，有经验丰富、掌握青少年学生身心发展规律的专门教育工作者。

(2)学校具有青少年学生集中、学习环境好、规章制度健全、育人周期长等明显教育优势，并在社会上具有广泛的凝聚力、号召力，容易得到包括党政机关在内的社会各界的支持协助。

2. 简述家庭教育的基本要求。

(1)环境和谐——创造和谐的家庭环境；(2)方法科学——家长教育子女需要科学的态度和方法；(3)以身作则——树立良好的榜样；(4)爱严相济——家长要把对孩子的关心爱护与严格要求紧密结合；(5)要求一致——家长对孩子的要求应统一，前后一贯；(6)全面关心——要对孩子的物质生活与精神生活、身体健康与心理健康、智力开发与非智力因素的培养等多方面给予全面关心，把孩子培养成全面发展的合格公民。

提升必刷

答案速查

1~5	CBBBB	6~10	CDCCA	11~15	DBCDA
1~5	ABC AC BCD ABCD ABCD				

一、单项选择题

1. C 【解析】课外活动有利于发展学生的智力,培养学生的各种能力。A、B、D三项属于课堂教学的特点。

2. B 【解析】课外活动是实现教育目的的重要途径。每项活动都要有明确而具体的目的,防止出现"为活动而活动"的形式主义倾向。

3. B 【解析】"遇物而诲""择机而教"的意思是:教育孩子并非只是在课堂内,而要在生活中遇到什么事情就相机而教,以鲜活的事例对孩子进行形象生动的教育。这种教育对儿童具有现实性、针对性、及时性。

4. B 【解析】开展兴趣小组,有利于因材施教,发展学生的个性特长。故选B项。

5. B 【解析】B项出自《学记》,意思是:大学的教育活动,按时令进行,各有正式课业;休息的时候,也有课外作业。这体现了课堂教学与课外活动相结合的思想。

6. C 【解析】家庭教育是一种稳定的、持久性的教育。在正常情况下,家长是不变的,家庭相对于其他社会组织有很强的稳定性、持久性。因此,我国父母对子女的教育影响具有典型的连续性和永久性,家庭教育的连续性往往表现为一个家庭的家风,家风的好坏往往要延续几代人,甚至于十几代人。因此,社会发展中经常会出现"杏林世家""梨园世家""教育世家"等现象。

7. D 【解析】在家庭生活中,丹丹母亲就丹丹挑食、偏食的问题对丹丹进行的教育属于家庭教育。

8. C 【解析】C项,对课文进行阅读赏析属于课堂教学活动,故选C项。AD两项属于社会活动;B项属于科技活动。

9. C 【解析】群众性活动是一种面向多数或全体学生的带有普及性质的活动。从题干中的"全校性"可知此活动是全体学生都参加的活动,属于群众性活动。

10. A 【解析】科技活动是学习现代科学技术知识、进行各种科技实践性作业的活动。科技活动的宗旨在于使学生掌握一定的科学知识,获取科技信息,掌握一定的技能技巧,培养学生的科学态度和创造精神以及初步的科学研究能力,形成爱科学、学科学、用科学的良好风气。所以A项正确。文学艺术活动以发展学生对文学艺术的兴趣爱好、培养审美情趣、发展文艺方面的才能为主要目的;社会实践活动是让学生走出学校接触社会,了解科学技术的发展,了解社会生活、经济建设的实际的教育活动;学科活动是一种学科性的课外学习和研究活动,能加深学生对知识的理解,扩大学生的知识面,发展学生的智力和培养学生的各种能力。(具体内容参见班华主编的《中学教育学》)

11. D 【解析】课外活动的主要内容有思想品德教育活动、学科活动、科技活动、文学艺术活动、体育活动、社会活动、传统的节假日活动、课外阅读活动等。A项的美术兴趣小组属于文学艺术活动,B项的英语角属于学科活动,C项的读书会属于课外阅读活动。D项不属于课外活动的内容,故选D项。

12. B 【解析】课外、校外教育的自主性表明:课外、校外教育可以由学生自己组织、设计和动手。可以说,课外、校外教育活动是学生自己的活动,学生是课外活动的主体。同时,这也突出了学生的独立性。教师是活动的指导者、辅导者,对学生活动的组织起辅助作用。题干所述突出体现了课外活动的自主性特点,故选B项。

13. C 【解析】家庭教育是学校教育的基础和补充,有不可替代的教育作用。因此教师应该尊重家长,帮助家长树立威信，与家长一起做好教育工作。

14. D 【解析】课外、校外教育的组织形式主要有群众性活动、小组活动和个人活动。其中，小组活动是根据学生的兴趣爱好和学校的具体条件，进行有目的、有计划的经常性活动。根据题干“为热爱体育的学生创设”“羽毛球队、篮球队”“10～20人左右”可知，这种课外活动组织形式属于小组活动。

15. A 【解析】教学是教育学生的基本途径。选项A说法错误，故选A项。

二、多项选择题

1. ABC 【解析】处理教师与家长的关系时，需注意：(1)建立平等的沟通关系。(2)尊重家长的人格。(3)形成良好的沟通习惯。教师与家长建立良好沟通的要求包括：①熟悉家长特点，密切联系家长；②理解家长，倾听家长的意见；③坚持主动交往，避免推卸责任；④在合作中共进取。(4)教育学生尊重家长。故D项说法错误。

2. AC 【解析】根据时间长短，可将课外活动分为：(1)长期性活动，如课外阅读、科技实验、收听收看广播电视、墙报等；(2)短期性活动，如训练班、演出队、“科技活动月”等；(3)临时性活动，如报告、讲座、竞赛、表演、参观、劳动等。故AC两项属于临时性活动，B项课外阅读属于长期性活动，D项训练班属于短期性活动。

3. BCD 【解析】为使学校、家庭、社会形成教育合力，应做到：(1)学校教育占主导地位；(2)家庭、社会和学校三者协调一致，互相配合；(3)加强学校与家庭之间的相互联系；(4)加强学校与社会教育机构之间的相互联系。A项说法错误，故选BCD三项。

4. ABCD 【解析】实施课外活动的基本要求：(1)要有明确的目的性、计划性；(2)活动内容要丰富多彩，形式要多样化，要富有吸引力；(3)注意发挥学生集体和个人的主动性、独立性和创造性，并与教师指导相结合；(4)要考虑学生的兴趣爱好和特长，符合学生的年龄特征；(5)课堂教学与课外活动互相配合、互相促进；(6)因地、因校制宜。题干中的小学开展的课外活动有明确的目的，即发展学生的特长和创造性。A项正确。针对低、中、高年级设置不同的活动主题，这些活动既符合学生的年龄特点，也有利于锻炼学生动手、动脑的能力，还唤起了学生的创作欲望，充分发挥了学生的积极性。B、D项正确。组织“折纸”制作、“手抄报”设计、“劳动智慧星”小发明创造等不同的活动就体现了课外活动的丰富多彩、新颖有趣。C项正确。

5. ABCD 【解析】家庭教育的教育方法主要有解答疑难、指导读书、树立榜样、游戏。

三、辨析题(参考答案)

1. 与课堂教学相比，课外活动更有利于因材施教原则的实施。

(1)这种说法是正确的。(2)课堂教学是面对全体学生进行的，而课外活动则具有自愿性、自主性、灵活性等特点，能够比较充分地照顾到每个学生的兴趣和爱好，故课外活动更有利于因材施教原则的实施。

2. 课外活动的开展要因地制宜，要与当地的经济、文化发展要求相适应。

(1)这种说法是正确的。(2)我国幅员辽阔，各地情况千差万别。发达地区和边远地区、城市和农村、重点学校与一般学校，在经济文化背景、学校物质条件和师资水平等方面相差很大。因此，开展课外活动要因地制宜、因校制宜，与当地的经济、文化发展要求相适应。

四、简答题(参考答案)

简述课外、校外教育与课堂教学的关系。

(1)从两者的联系看，它们的目的是一致的，都是为了实现全面发展的教育目的，完成学校的教育任务；两者都是在学校的统一领导下有计划、有组织地进行的。同时，两者在教育过程中是互相配合的。课堂教学使学生掌握系统的科学文化知识，又为课外、校外教育提供条件；课外、校外教育运用所学知识，锻炼活动能力，使教学效果得到发展和提高。

(2)课外、校外教育又区别于课堂教学,有着不可替代的教育作用。它对课堂学习有一定的促进作用,但又不仅局限于课堂教学的内容和教学大纲的范围。

五、案例分析题(参考答案)

1.(1)小王长期逃课却没被发现,足以说明家庭与学校的沟通工作没做好。小王的原班主任在小王长时间缺课的情况下并没有引起重视并告知小王的家长,这说明该班主任的工作失职。此外,小王一个月没去上课,家长竟然不知道,这也说明了家庭教育的失当。

(2)家长得知小王一个月没去上课而是在网吧后将孩子毒打一顿,这种做法是非常不可取的。正确的做法应该是了解小王不去上学的原因,对小王进行说服教育,动之以情、晓之以理。此外,家长还要向小王道歉,不仅是针对毒打事件,还有平时对小王的忽略。

(3)如果我是小王的班主任,我会这么做:

①了解小王去网吧的原因,并针对具体情况具体分析。

②做好与小王家长的沟通,向家长汇报其在校表现,并向家长了解小王在家的表现。

③开展主题班会,带领全班同学一起帮助小王摆脱网吧的影响。

④走访网吧,要求网吧老板严格执行"未满十八周岁少年不得进入"的规定。如果该网吧拒不执行,可以联系相关部门对其进行处置。

2.(1)家校冲突时有发生,家校共育缺乏协调。学校和家长在家校共育过程中的责任边界不明确;学校开放度不够,家长参与学校工作不够深入,对孩子在校情况缺乏必要的了解;学校和家长对教育理念共识度不高,难以形成合力。材料中"九成以上班主任认为家校沟通存在问题,家长参与沟通积极性不高,家校教育理念存在差异"等是家校共育缺乏协调的体现。

(2)①在学校章程建设中完善家校共育的条款设计,指导学校通过家长委员会、家长代表、全体家长会等形式,了解国家关于家长不同于学校和老师的监护责任,帮助家长区分自己和学校的学生安全责任分工,为预防、缓解、消除家校矛盾做好铺垫。

②指导家长"言传身教",营造良好家庭氛围,塑造学生良好的社会性,纠正其片面化的升学竞争观念。

③进一步完善家校联系机制,明确家长学校和家长委员会的管理体制、创新运行模式,设立家庭教育专项基金。

④不断完善妇联、村(社区)及学校对家庭教育的指导、支持,帮助家长树立正确的保育、教育观念,掌握科学的教育知识与方法,不断改善家庭教育功能正常履行所需要的物质条件、政策空间。

⑤通过政策解读、专题培训、主题研讨、现场指导、案例展示等灵活多样的方式方法,帮助家长明确家庭教育的监护权和教育权。

⑥通过加强教师和家长的日常交往联系,增进家校信任。

真题必刷

答案速查

1~4	CBDB	1~4	BCD BCD BCD AB	1~3	×√×

一、单项选择题

1. C 【解析】课外教育与课堂教学的目的是一致的,都是为了实现全面发展的教育目的,完成学校的教育任务;两者都是在学校的统一领导下有计划、有组织地进行的。故C项说法正确。

2. B 【解析】家庭教育有其优势,有其有利的因素或条件,这是显而易见的。但同时也必须看到,家庭教育同其他任何事物一样,也有一定的局限性。因此,家庭教育要与学校教育、社会教育相结合,形成教育合力,共同促进孩子的成长。题干的说法从侧面反映了家庭教育的局限性。

3. D 【解析】自习课不属于课外活动,故选D项。

4. B 【解析】课堂教学是课外校外教育活动的基础,课外校外教育活动是课堂教学的必要补充。

二、多项选择题

1. BCD 【解析】课外活动的组织形式主要有群众性活动、小组活动、个人活动(个别活动)三种,故选BCD三项。

2. BCD 【解析】三结合教育即学校教育、家庭教育、社会教育三者相互结合。

3. BCD 【解析】目前中国家庭教育存在的问题有:(1)家长不能把孩子摆在恰当的位置。(2)家长对子女的期望过高。(3)不能全面关心子女的成长。主要体现在:①重视孩子的营养,忽视孩子的身体锻炼;②重视孩子的物质生活,忽视孩子的精神生活;③重视孩子的智力开发、文化学习,忽视孩子的思想品德、个性心理品质的培养;④过分照顾孩子,忽视培养孩子的自立意识、自立能力,特别是抗挫折的心理承受能力。

4. AB 【解析】科技活动是学习现代科学技术知识,进行各种科技实践性作业的活动。如学习无线电,制作科技小模型,气象观测,采集标本,动物小观察与小饲养,小种植实验与良种培育,教具制作,以及举办科技知识讲座、科学家故事会、科技表演与竞赛等。故本题选A、B两项。歌咏舞蹈属于文学艺术活动。支农劳动属于劳动技术活动。

三、判断题

1. × 【解析】由校外教育机构领导和组织的课余教育活动,称作校外教育。由学校、班级组织实施的课余教育活动,称作课外教育。

2. √ 【解析】课外、校外教育有利于发展学生智力,培养学生的各种能力。"科学思维"体现了课外、校外教育在发展学生智力方面的作用。故题干说法正确。

3. × 【解析】课外、校外教育的自愿性是指课外、校外教育活动是在课堂教学计划之外,学生自由选择、自愿参加的一种活动,强调学生可以按照自己的兴趣爱好和特长自愿选择。他们可以根据自己的条件、能力和状态,选择、控制、调节活动内容和方式等。课外、校外教育的自主性是指课外、校外教育可以由学生自己组织、设计和动手。课外、校外活动中教师或辅导人员处于指导、辅导的地位,只给学生提供咨询,鼓励学生独立自主地进行学习活动。故题干说法错误。

四、综合应用题(参考答案)

该校举办的"实践周"活动实际上是一种良好的课外、校外教育形式,促进了学生的全面发展,是非常有益的。

课外、校外教育有利于学生开阔眼界,获得知识;有利于发展学生智力,培养学生的各种能力;是进行德育的重要途径;也是因材施教,发展学生个性特长的广阔天地。材料中,全运会的故事让学生学会了从不同角度看待问题,尊重他人,促进了学生的德育发展;关于"矫形器的作用与发展"增加了学生的知识储备量,拓宽了学生的视野;孩子们自制美食、分享自己的美食制作秘方等培养了学生的动手能力;老师根据不同学生的兴趣与特点分组分任务,满足了每一个孩子的兴趣和需求,促进了学生的个性发展。

综上所述,该学校举办的"实践周"活动非常值得我们借鉴学习。

第二部分　心理学

第一章　心理学概述

基础必刷

2-1基础必刷答案详解

专题1 心理学的研究与发展

答案速查

1～5	BBABD	6～10	DCBDD	11～15	CDACC	16～17	DB
1～4	ABD ABC BCD ABC						

三、填空题

1. 心理过程　个性心理

2. 格式塔(完形)

3.《论灵魂》

4. 冯特

专题2 心理的实质

答案速查

1～5	DBDCA	6～10	DCBAD	1～4	ABC BC AC ACD
1～3	√√×				

四、填空题

1. 视觉

2. 第二信号

提升必刷

答案速查

1～5	BBABD	6～10	BABCB	1～2	ABC BD
1～5	√√×××				

一、单项选择题

1. B 【解析】个性心理特征是指在个体身上经常表现出来的、比较稳定的心理特征，主要包括气质、性格和能力等方面。个性心理特征影响着个体的行为举止，集中地体现了人的心理活动的独特性。

2. B 【解析】现代心理学的诞生和发展有两个重要的历史渊源：(1)受到近代哲学思潮的影响，特别是唯理论和经验论的影响，为西方现代心理学的诞生提供了理论基础；(2)受到实验生理学的影响，为心理学提供了一系列客观的实验方法。

3. A 【解析】兴奋和抑制的相互诱导在效果上可分为负诱导和正诱导。负诱导是由兴奋过程引起或加强邻近区域的抑制过程，正诱导是由抑制过程引起或加强邻近区域的兴奋过程。按诱导出现的时间不同，可将其分为同时性诱导和相继性诱导。其中，相继性负诱导是指兴奋灶兴奋过后，该区出现抑制增强的现象。例如，由于晚上"开夜车"学习，大脑皮层上的兴奋导致第二天无精打采、昏昏欲睡的大脑抑制。故选A项。

方法技巧 考生易混淆兴奋和抑制的相互诱导的内容。考生需牢记：(1)区分同时性与相继性的关键点在于时间，即同时发生为同时性，存在时间差为相继性；(2)区分正诱导和负诱导的关键点在于事物的兴奋与抑制，即抑制过程为负诱导，兴奋过程为正诱导。

4. B 【解析】小王夜里很晚睡觉到第二天参加高考，在时间上有先后顺序，表明诱导是相继的。小王在凌晨三点半平复心情后进入睡眠到第二天在考场上精神抖擞，出色地答完试卷，这表明抑制消除后出现兴奋加强，属于正诱导。所以，题干所述体现了相继性正诱导。

5. D 【解析】一般来说，小学生还没有形成非常确定的信念，更没有形成世界观，他们的个性心理倾向性主要表现为兴趣、爱好和理想等。

6. B 【解析】个性心理倾向性是人进行活动的基本动力，决定着人对现实的态度，决定着人对认识和活动对象的趋向和选择，是个性结构中最活跃的因素。它包括需要、动机、兴趣、爱好、信念、理想、世界观等。个性心理倾向性中，世界观居于最高层次。决定一个人的总的思想倾向和行动方向。

7. A 【解析】草履虫是单细胞动物，没有神经系统，所以不存在反射行为，其趋利避害反应属于应激行为。

8. B 【解析】心理状态是指人在某一时刻的心理活动水平。人的认知、情感和意志等心理活动都可能出现相对稳定的心理状态。例如：伴随着心理过程的注意状态；在创造性思维过程中出现的灵感状态；在情绪过程中出现的心境状态、激情状态；在意志过程中表现出来的信心、决心和犹豫状态；等等。

9. C 【解析】用具体事物作为条件刺激而建立的条件反射系统叫作第一信号系统，是人和动物共有的；用语词作为条件刺激而建立的条件反射系统叫作第二信号系统，是人类特有的。狗听到主人叫它的名字就会跑过去，这是后天学习的结果，并非本能反应，A、B两项排除。题干中强调动物的反射活动，这属于第一信号系统。故本题选C项。

10. B 【解析】神经元一般分为细胞体(或称胞体)、树突和轴突三部分。树突多，短而密且有不少分支；轴突只有一个，形状像车轴，比较长，分支少。神经元通过树突接受外来的刺激(信息)，经胞体整合后再通过轴突将信息传出去。

二、多项选择题

1. ABC 【解析】信念是坚信某种观点的正确性，并支配自己行动的个性倾向。信念是通过以下三种方式形成的：(1)直接经验；(2)间接经验；(3)推论。

2. BD 【解析】条件反射又称信号反射，是后天经过学习才能得到的反射，即所谓有意识学习得来的知识、技能、经验等。AC两项均属于条件反射；BD两项属于本能行为，是无条件反射。

三、判断题

1. √ 【解析】心理是在社会实践活动中产生和发展的。没有脑，没有客观现实，心理现象不会产生。有了正常的大脑，有了客观现实的刺激，心理现象也不一定会产生。这是因为，心理是在人认识世界和改造世界的社会实践中实现的。人的心理不是自发产生的，只有作为心理源泉和内容的客观现实和作为反映器官的脑共同作用，才能产生正常的心理，而这种相互作用是通过人的实践活动实现的。人所有的心理现象都是在各种实践活动中，在人们彼此交往过程中产生和发展起来的。因此，有了人脑和客观现实不一定就会产生人的心理。题干说法正确。

2. √ 【解析】现代科学的研究表明，人的一切心理活动就其产生方式来说都是脑的反射活动。故题干说法正确。

3. × 【解析】人本主义心理学主张以正常人、健康人为研究对象，强调人的价值、本性和尊严。

4. × 【解析】大脑两半球的单侧化研究发现右半球与创造性有关。

5. × 【解析】构造主义心理学致力于发现心理事实，研究人类心理的一般规律，忽视个体差异，不考虑应用，因此严重脱离社会生活，研究范围非常狭窄。

真题必刷

答案速查

1～5	DAADC	6～11	ADBBDB	1～5	AB ABC BD ACD BCD
1～2	××				

一、单项选择题

1. D 【解析】反射是神经系统活动的基本形式，是有机体通过神经系统对体内外刺激产生的有规律的应答活动。

2. A 【解析】个性心理特征包括个体的气质、性格、能力等。A项正确。B项思维属于认知过程，C、D两项信念和需要均属于个性心理倾向性。

3. A 【解析】1879年，德国著名心理学家冯特在德国莱比锡大学创建了世界上第一个心理学实验室，开始对心理现象进行系统的实验研究。在心理学史上，人们把这一事件看作是心理学脱离哲学，走上独立发展道路的标志，也意味着科学心理学的诞生。故选A项。

4. D 【解析】心理过程是心理活动的一种动态过程，是人脑对客观现实的反映过程。心理过程可分为三个方面：(1)认知过程，包括感觉、知觉、记忆、想象、思维等。(2)情绪情感过程。(3)意志过程。故选D项。

5. C 【解析】A项构造主义心理学的代表人物是冯特、铁钦纳。B项机能主义心理学的代表人物是詹姆士、杜威和安吉尔。C项精神分析心理学的代表人物是弗洛伊德。C项符合题意，当选。D项人本主义心理学的代表人物是罗杰斯、马斯洛。

6. A 【解析】1967年，奈塞尔出版了《认知心理学》一书，这标志着认知心理学的诞生。

7. D 【解析】脊髓的活动受高级神经中枢的调节，它的功能主要有两种：一是传导神经冲动，它是脑和周围神经的桥梁；二是完成一些简单的反射活动，如膝跳反射、跟腱反射、肘反射等。眨眼反射属于脑干的功能。本题为选非题，故选D项。

8. B 【解析】无条件反射是指与生俱来的、无意识的本能行为。根据题干描述可知，狗吃到食物时分泌唾液属于生理反应，不需要学习。因此，这种反应属于无条件反射。第一信号系统、第二信号系统同属于条件反射，故ACD三项排除。

9. B 【解析】第一信号系统是用具体事物作为条件刺激而建立的条件反射系统，是人和动物共有的；第二信号系统是用语词作为条件刺激而建立的条件反射系统，这是人类特有的。A项，“一朝被蛇咬，十年怕井绳”是对井绳这个具体事物进行反应，故属于第一信号系统。A项排除。B项，“谈虎色变”比喻一提到可怕的事情，情绪就非常紧张。这是借助语词作为条件刺激，故属于第二信号系统。B项符合题意。C项，“望梅止渴”是指看到梅子流口水止住口渴。这是以具体事物梅子作为条件刺激，故属于第一信号系统。C项排除。D项“马做算术题”，马作为动物并不理解数字的意思，只是对数字的外部特征做出反应，故属于第一信号系统。D项排除。

10. D 【解析】神经活动主要是指大脑皮层活动，它的基本过程是兴奋和抑制。

11. B 【解析】个性心理倾向性是人进行活动的基本动力，决定着人对现实的态度，决定着人对认识和活动对象的趋向和选择，是个性结构中最活跃的因素。

二、多项选择题

1. AB 【解析】罗杰斯、马斯洛是人本主义心理学的代表人物；华生是行为主义心理学的代表人物；杜威是机能主义心理学的代表人物。

2. ABC 【解析】个性心理特征包括气质、性格和能力。气质是表现在心理活动的强度、速度、灵活性与指向性等方面的一种稳定的心理特征，如有的人活泼好动、反应敏捷，有的人直率热情、情绪易冲动等。性格是指人的较稳定的态度与习惯化了的行为方式相结合而形成的人格特征，其结构包括态度特征、意志特征、情绪特征和理智特征。能力是直接影响人的活动效率，促使活动顺利完成的个性心理特征，它包括观察力、记忆力、注意力、想象力和思维力等成分。A项描述的是想象力，属于能力的一种；B项中的热情、直爽属于气质类型，亲和力也是人稳定表现出来的特点，属于个性心理特征；C项描述的是性格的意志特征；D项描述的是兴趣，属于个性心理倾向性的内容。故选ABC三项。

3. BD 【解析】机能主义主张研究意识，但是他们不把意识看成是个别心理元素的集合，而是看成一种持续不断、川流不息的过程，提出了“意识流”。机能主义反对把心理学只看作一门纯科学，重视心理学的实际应用。故BD两项说法正确。AC两项是构造主义心理学的观点。

4. ACD 【解析】行为主义心理学派的主要代表人物有巴甫洛夫、桑代克、斯金纳等；苛勒属于认知派的代表人物。故选ACD三项。

5. BCD 【解析】认知过程，包括感觉、知觉、记忆、想象、思维等。故选BCD三项。A项信念属于个性心理倾向性。

三、判断题

1. × 【解析】注意不是一种独立的心理过程，也不属于某一种心理过程，而是伴随各种心理过程存在的特殊心理状态。故题干说法错误。

2. × 【解析】负诱导是由兴奋过程引起或加强邻近区域的抑制过程，正诱导是由抑制过程引起或加强邻近区域的兴奋过程。相继性诱导是在大脑皮层的相同位置上以兴奋与抑制发生的先后来分的。由于通宵打游戏，大脑皮层上的兴奋导致第二天无精打采(大脑抑制)，是相继性负诱导。故题干说法错误。

第二章　认知过程

基础必刷

2-2基础必刷答案详解

专题1 感觉与知觉

答案速查

1～5	CDCDC	6～10	DCABD	11～15	BACCD	16～20	AAAAC
21～25	DAABD	26～30	CDCBA	1～6	ABCD AB ABC ACD ABCD ABC		
1～4	×××√			5～8	√√√√		

四、名词解释(参考答案)

1. 投射效应

投射效应指由于个体具有某种特性,因而推断他人也有与自己相同特性的心理现象。如“以小人之心,度君子之腹”。

2. 晕轮效应

当我们认为某人具有某种特征时,就会对他的其他特征做相似判断,这就是晕轮效应,也称光环效应。

3. 最小可觉差

刚刚能引起差别感觉的刺激物间的最小差异量叫差别感觉阈限,又称最小可觉差。

4. 似动现象

似动现象是指在一定的时间和空间条件下,人们在静止的物体间看到了运动,或者在没有连续位移的地方看到了连续的运动。

五、案例分析题(参考答案)

(1)观察是人的一种有目的、有计划、持久的知觉活动,是知觉的高级形式。观察力是指人迅速、敏锐地发现事物细节和特征等方面的知觉能力。

(2)在学校教育教学中,培养学生的观察力可以从以下几个方面入手:①引导学生明确观察的目的与任务,是良好观察的重要条件;②充分的准备、周密的计划、提出观察的具体方法,是引导学生完成观察的重要条件;③在实际观察中应加强对学生的个别指导,有针对性地培养学生良好的观察习惯;④引导学生学会记录、整理观察结果,在分析研究的基础上,写出观察报告、日记或作文;⑤引导学生开展讨论、交流并汇报观察成果,不断提高学生的观察能力,培养学生良好的观察品质。此外,教师还应努力培养学生的观察兴趣与优良的性格特征,如学习的坚韧性、独立性等。

(3)周老师的做法贯彻了培养学生观察力的基本要求:①周老师提醒学生不要忘了观察的目的,意在引导学生明确观察的目的和内容;②周老师经常指导学生制订观察计划、设计观察工具,目的在于引导学生做充分的准备、周密的计划;③周老师在学生遇到困难的时候,耐心与学生讨论交流,加强了对学生的个别指导;④周老师让学生撰写观察报告,引导学生学会记录、整理观察结果;⑤通过一学年的努力,周老师班上的学生的观察能力明显提高,这说明周老师帮助学生形成了良好的观察品质。

专题2 记忆

答案速查

1～5	CCCAB	6～10	CCBBC	11～15	CADDB	16～20	DDACB
21～25	CDADB	26～30	BBCDC	1～5	AC ABC ABCD ABCD ABD		
6～8	BC ACD ABCD			1～5	×√××√		
6～11	×××√××						

四、简答题(参考答案)

如何依据记忆规律合理安排和组织教学?

(1)合理安排教学。①学校在排课时应尽可能地避免把性质相近的课程排在一起,这样能减少材料相似性引起的前摄抑制、倒摄抑制对记忆的干扰。②教师要保证学生的课间休息。③教师应控制每堂课的信息投入量。(2)教师应根据不同的教学内容,向学生提出明确的识记任务。(3)使学生处于良好的情绪和注意状态。(4)充分利用无意识记的规律组织教学。(5)使学生理解所学内容并把它系统化。(6)培养学生良好的记忆品质,提高其记忆能力。

五、论述题(参考答案)

试述影响遗忘的因素以及防止遗忘的方法。

(1)影响遗忘的因素有:①学习材料的性质;②系列位置效应;③识记材料的数量和学习程度;④记忆任务的长久性与重要性;⑤识记的方法;⑥时间因素;⑦情绪和动机。

(2)防止遗忘的方法:组织有效的复习。

①复习时机要得当:及时复习;合理安排复习时间;间隔复习;循环复习。②复习方法要合理:分散复习与集中复习相结合;复习方法多样化;运用多种感官参与复习;尝试回忆与反复识记相结合。③复习次数要适宜:复习内容的数量要适当;提倡适当的过度学习。④重视对记忆品质的培养。⑤注意用脑卫生。

六、案例分析题(参考答案)

(1)记忆品质包括敏捷性、持久性、准确性和准备性。

①记忆的敏捷性是指能够在较短的时间内记住较多的东西,是记忆速度和效率方面的特征。材料中有些同学记忆力非常好,仅读几遍,就能够顺利地背出来,记得很快,这是记忆敏捷性良好的体现。

②记忆的持久性是指能够把知识经验长时间地保留在头脑中,甚至终身不忘,是记忆内容在记忆系统中保持时间长短方面的特征。材料中有些同学背得很流利,声情并茂,而且记忆深刻,是记忆保持性良好的体现。

③记忆的准确性是指对于所识记的材料,在再认和回忆时,没有歪曲、遗漏、增补和臆测。材料中有些同学能够顺利、正确地背出古诗词,这体现的是记忆的准确性。

④记忆的准备性是使人能及时、迅速、灵活地从记忆信息的储存库中提取所需要的知识经验,以解决当前的实际问题。材料中有的同学背得磕磕巴巴,在多次提醒后才能勉强背出来是记忆的准备性不好的体现。

(2)记忆过程包括识记、保持、再现(再认或回忆)三个环节。从信息加工的角度来看,记忆过程是对输入信息的编码、储存和提取的过程。信息的输入编码是识记过程,信息的储存相当于保持过程,信息的提取是再认或回忆过程。

①识记。识记是记忆过程的第一个基本环节,是个体获得知识经验的过程。

②保持。保持是指已获得的知识经验在人脑中的巩固过程,是记忆过程的第二个环节。

③再认或回忆。再认是指人们对感知过、思考过或体验过的事物,当它再度呈现时,仍能认识的心理过程。回忆是过去经历过的事物不在面前时,人们在头脑中把它重新呈现出来的过程。

专题3 想象与表象、言语与思维

答案速查

1~5	BBBBD	6~10	ACBCC	11~15	CCACD	16~20	DCACB
21~25	DDBAC	26~30	BAABA	31~35	BDAAB	36~40	ACBCD
1~5	BD ABD ABCD AD ABD			6~10	ABC ABD ABD ABC BC		
1~5	√√×××			6~12	√××√×√×		

四、简答题(参考答案)

1. 简述表象的作用。

(1)表象是知识的重要表征形式;(2)表象为概念形成提供了感性基础;(3)表象促进问题解决;(4)表象促进语言理解。

2. 简述创造想象产生的条件。

(1)强烈的创造愿望;(2)丰富的表象储备;(3)积累必要的知识经验;(4)原型启发;(5)积极的思维活动;(6)灵感的作用。此外,创造性思维能力、高水平的表象改造能力、丰富的情绪生活、正确的理想和世界观也是创造想象产生的条件。

3. 简述思维的一般过程。

思维的一般过程包括:(1)分析与综合;(2)比较与分类;(3)抽象与概括;(4)系统化与具体化。其中,分析与综合是思维的基本过程,其他过程都是由此派生出来的。

五、论述题(参考答案)

1. 联系教学实际,试述如何培养学生的创造性想象。

(1)引导学生学会观察,丰富学生的表象储备;(2)引导学生积极思考,有利于打开想象力的大门;(3)引导学生努力学习科学文化知识,扩大学生的知识经验以发展学生的空间想象能力;(4)注意发展学生的语言能力;(5)结合学科教学,有目的地训练学生的想象力;(6)引导学生进行积极的幻想。

2. 联系实际试述教师如何帮助学生掌握概念。

(1)以感性材料作为概念掌握的基础;(2)合理利用过去的知识经验;(3)提供概念范例,配合运用正例和反例,适当运用比较;(4)突出有关特征,控制好无关特征的数量和强度,正确而充分地利用“变式”;(5)正确运用语言表达,明确提示概念的本质特征;(6)形成正确的概念体系,并运用于实践中。

3. 如何培养学生的创造性思维能力?

(1)运用启发式教学,保护学生的好奇心,激发学生的求知欲,培养创造性动机,调动学生学习的积极性和主动性;(2)培养学生的发散思维,并将发散思维和集中思维相结合;(3)发展学生的创造性想象能力;(4)组织创造性活动,正确评价学生的创造性;(5)开设具体的创造性课程,教授学生创造性思维策略和创造技法;(6)结合各学科特点进行创造性思维训练。

专题4 注意

答案速查

1～5	DCBDA	6～10	CABBB	11～15	DBAAA	16～20	DDCBD
21～25	BDAAA			1～4	AB ACD BD ABD		
5～7	AC ABC AC			1～5	√√××√		

四、简答题(参考答案)

1. 简述引起无意注意的条件。

(1)客观条件,即刺激物本身的特点。包括:①刺激物的强度;②刺激物之间显著的对比关系;③刺激物的活动和变化;④刺激物的新异性。

(2)主观条件,即人本身的状态。包括:①当时的需要;②当时的特殊情绪状态;③当时的直接兴趣;④个体的知识经验等。

2. 如何培养学生的有意注意?

(1)明确学习的目的和任务;(2)培养间接兴趣;(3)合理组织课堂教学,防止学生分心;(4)运用多种教学手段。

五、案例分析题(参考答案)

(1)材料中该班级的学生存在注意不稳定的问题。注意的稳定性,是指注意保持在某一对象或某一活动上的时间长短特性。持续时间愈长,注意就愈稳定。注意不稳定表现为注意的分散,也叫分心。注意的分散是指注意离开了当前应当完成的任务而被无关的事物所吸引。材料中的学生“上课几分钟就开始东张西望、边听课边玩铅笔、被窗外的鸟语声吸引”都说明了该班级学生存在注意不稳定(分散)的问题。

(2)①彭老师根据学生“东张西望、边听课边玩铅笔”等表现了解到了学生没有在认真听讲,体现了彭老师能根据学生注意的外部表现了解学生的听课状态。在课堂教学中,学生如果是认真听讲,注意教师的教学活动,就会有相应的外部表现。教师通过观察学生的外部表现,既能够判断学生是否在专心听讲,又能够了解自己的教学效果,从而保证课堂教学的最优化。

②彭老师运用“清晰的语言、响亮的声音”讲课,采用“竞赛、小组合作学习等方式”是运用无意注意的规律组织教学的表现。运用无意注意的规律组织教学的方法包括:第一,创造良好的教学环境;第二,注重讲演、板书技巧和教具的使用;第三,注重教学内容的组织和教学形式的多样化。

③彭老师“适当重复让学生明确教学要点”为学生明确了学习的目的,是运用有意注意的规律组织教学的表现。彭老师“及时表扬专心听讲、正确回答问题的学生”“用眼神、手势等非言语线索提醒学生”属于合理组织课堂教学,防止学生分心,也是运用有意注意的规律组织教学的表现。运用有意注意的规律组织教学的方法包括:第一,明确学习的目的和任务;第二,培养间接兴趣;第三,合理组织课堂教学,防止学生分心;第四,运用多种教学手段。

④彭老师在课堂上运用了无意注意和有意注意两种注意相互转换的规律组织教学。这样既不会引起学生疲劳,又有利于学生克服学习过程中的困难。在教学过程中如果过分地要求学生使用有意注意,则容易引起疲劳;而如果只让学生凭借无意注意来学习,则不利于他们克服学习过程中的困难。所以,无论是在一堂课上,还是在整个教学活动过程中,教师都应充分利用两种注意转换的规律来组织教学。

提升必刷

答案速查

1～5	CCDAB	6～10	ACBDB	11～15	ABDBC	16～20	BADCC
21～25	DABCA	26～30	BABCB	31～36	DBCBAB		
1～5	BD ACD ABC ACD AB			6～9	CD ABCD BC CD		
1～4	√××√			5～7	√√×		

一、单项选择题

1. C 【解析】科诺发现，注意与学习者的自我管理能力有关，注意力差的学生很难计划和控制自己的学习。应该教给学生抑制分心的策略，以帮助他们进行自我管理和调节，如注意此刻正在做什么，避免接触分散注意力的事物等。故选C项。

2. C 【解析】提取失败说认为，存储在长时记忆中的信息是不会丢失的，我们之所以想不起来一些事情，是因为在提取有关信息的时候没有找到适当的提取线索。题干中强调学生背熟的公式(已进入长时记忆)记不起来，就是因为暂时没有找到适当的提取线索。

3. D 【解析】有意注意也称随意注意，是有预先目的、必要时需要意志努力、主动地对一定事物所发生的注意。维持有意注意的条件有：(1)加深对目的任务的理解。(2)合理组织活动。(3)对兴趣的依从性。(4)排除内外因素的干扰，提高意志力水平。D项"教师对教学重点反复强调"属于加深对目的任务的理解，引起的是学生的有意注意。A、B、C三项引起的是学生的无意注意。故选D项。

4. A 【解析】深度知觉，也称为距离知觉，是个体对同一物体的凹凸或对不同物体的远近的知觉。故本题选A。B项方位知觉是个体对自身或物体所处位置和方向的反映。C项大小知觉是个体对物体空间尺寸的反映。D项形状知觉是个体对物体各个部分排列组合的反映。

5. B 【解析】直觉行动思维是最低水平的思维，这种思维方式在2～3岁幼儿身上表现最为突出，在3～4岁幼儿身上也常有表现。故A项不符合题意。具体形象思维是指儿童依靠头脑中的具体事物形象和表象来进行的思维活动，是3～6岁幼儿思维的典型方式，表象是这类思维的支柱。它是介于直觉行动思维和抽象逻辑思维之间的一种过渡性的思维方式。故B项符合题意。到了幼儿晚期，幼儿开始能够对事物的一些本质特征进行初步的认识，抽象逻辑思维开始萌芽。故C项不符合题意。D项为干扰选项。综上所述，故选B项。

6. A 【解析】直觉思维是一种以对问题进行内隐式的感知为特征的思维形式，是非逻辑性的、跳跃式的、没有具体步骤的。

7. C 【解析】知觉的整体性是指人根据自己的知识经验把直接作用于感官的客观事物的多种属性整合为统一整体的过程。知觉是在知识经验的基础上对感觉信息的整合过程，知觉的整体性就是人把事物各部分属性综合起来，从而能够整体地把握该事物。知觉的整体性既有助于人的知觉能力与速度的提高，也可能妨碍和干扰对部分与细节特征的反映。题干中人们根据寥寥数笔就能判断是哪处景点，正是利用了知觉的整体性。

8. B 【解析】知觉的规律包括：选择性、整体性、理解性、恒常性。其中，知觉的理解性是指人以知识经验为基础对感知的事物加工处理，并用语词加以概括、赋予说明的加工过程。人在知觉的过程中，不是被动地把知觉对象的特点登记下来，而是以过去的知识经验为依据，力求对知觉对象做出某种解释，使它具有一定的意义。题干中古人用鬼神之说对不能解释的自然现象进行理解，体现了知觉的理解性。

9. D 【解析】A项，投篮的动作属于动作记忆，动作记忆中的信息进行保持和提取都比较容易，也不容易遗忘。材料的性质不同对遗忘进程的影响也不同。一般地说熟练的技能遗忘最慢，形象材料次之，言词材料遗忘较快，无意义的材料遗忘最快。B项，学会吟唱的儿歌属于熟练的技能；C项，山河美景属于形象材料；D项，死记硬背的数学公式属于无意义材料，因此D项遗忘最快。

10. B 【解析】A项时间知觉是对客观事物时间关系（即事物运动的速度、延续性和顺序性）的反映。B项方位知觉是人们对自身或客体在空间的方向和位置关系的知觉。C项视知觉是一种将到达眼睛的可见光信息解释，并利用其来计划或行动的能力。D项运动知觉是对物体在空间位置移动的知觉，直接依赖于对象运动的速度。字的上下、左右结构属于空间方位，因此题干描述说明小学生的方位知觉发展比较差。

11. A 【解析】注意有选择功能、保持功能、调节和监督功能。其中，注意可以提高活动的效率，这体现在它的调节和监督功能。注意集中的情况下，错误减少，准确性和速度提高。另外，注意的分配和转移保证活动的顺利进行，并适应变化多端的环境。

12. B 【解析】具体形象思维是以直观形象和表象为支柱的思维过程，在人脑中对各种道路的表象进行思维的过程是具体形象思维过程。

13. D 【解析】思维之所以能揭示事物的本质和内在规律性的关系，主要来自大脑对信息进行的概括加工，即来自抽象和概括的过程。概括是在思想上根据抽象出来的事物的共同本质的特征或内在联系结合起来的过程。数学法则“合并同类项”就是对“概括”的科学而生动的表达。所以概括过程又被称为“类化”过程。故题干所述体现了学生思维具有概括性。

14. B 【解析】知觉的理解性是指人以知识经验为基础对感知的事物加工处理，并用语词加以概括赋予说明的加工过程。教师要求学生联系上下文来猜测词义是让学生以知识经验为基础对生词进行推理加工，这体现了知觉的理解性。

15. C 【解析】思维间接性的表现有：思维能对不在眼前、没有直接作用于感官的事物加以反映；思维能对根本不能直接感知的事物进行反映；思维能在对现实事物认识的基础上，做出某种预见。ABD三项表述正确。C项是思维概括性的表现。

16. B 【解析】思维的广阔性是指思路开阔，能从各个角度、多个方面揭露事物的联系，全面地思考问题。教师讲课时能“左右逢源”，说明其知识面广，思维具有广阔性。

17. A 【解析】错误概念的转变是新旧经验相互作用的集中体现，是新经验对已有经验的改造；概念转变过程是认知冲突的引发及其解决的过程。故选A项。

18. D 【解析】对客观事物进行分辨是概念形成的重要一步。题干所述是对爬行动物这个概念的辨别过程。

19. C 【解析】语义记忆又称语词逻辑记忆，是以语词所概括的事物的关系以及事物本身的意义和性质为内容的记忆。例如，概念、定理、公式和规则等。情景记忆是以亲身经历的、发生在一定时间和地点的事件（情景）为内容的记忆。C项，记住“孺子”的意思属于语义记忆，记得前年校庆晚会上教师的合唱节目属于情景记忆。故选C项。

20. C 【解析】相对运动错觉是对物体在空间位移的判断发生的错误知觉，常表现为速度判断错误和对物体位移方向判断错误，在海上飞行和云中飞行时较为常见。相对运动错觉是错觉的一种。错觉是指在特定条件下对事物必然会产生的某种固有倾向的歪曲知觉，是对客观事物不正确的知觉，是知觉的一种特殊情况。

21. D 【解析】归纳推理是由具体事物归纳出一般规律的推理过程，即从特殊到一般的推理过程。演绎推理是从一般到特殊或具体的推理过程。例如,所有的哺乳类动物都是胎生的,虎是哺乳类动物,因此得出的结论是:虎也是胎生的。故选D项。

22. A 【解析】刺激物对感受器的作用停止以后,感觉现象并不立即消失,它能保留一个短暂的时间,这种现象叫后像。正是由于后像的作用,才能使人们看到连续的电影画面。

23. B 【解析】B项,想象的补充功能是指借助想象可以弥补人们认识活动的时空局限,超越个体狭隘的经验范围,获得更多的知识。想象的补充功能可以使人"思接千载,视通万里""精骛八极,心游万仞",不受时空的限制。故选B项。A项,预见功能是指想象能预见活动的结果,指导活动进行的方向。C项,替代功能是指一些不能满足的现实需要能借助想象从心理上得到一定的补偿和满足。D项,调节功能是指想象对机体的生理活动过程有调节作用,它能改变人体外周部分的机能活动过程。

24. C 【解析】每个人都有精力不集中、思想开小差的时候。例如,在上课时,你根本就没有听到老师在讲什么,满脑子都是刚看过的武侠小说中的情节。这种意识状态叫做白日梦状态。

25. A 【解析】有意注意是有预先目的、必要时需要意志努力、主动地对一定事物所发生的注意。儿童早期学习汉字时,对汉字字形、结构、正误的注意是有目的的,需要意志努力的,因此属于有意注意。

26. B 【解析】人在头脑中创造新形象的过程是创造想象,创造想象依赖于已有表象材料的数量和质量。创造想象的产生需要丰富的表象储备作为条件。

27. A 【解析】概念获得包含两种方式:概念形成和概念同化。概念形成是指个体通过反复接触大量同一类事物或现象的共同特征或共同属性,并通过肯定的例子(正例)或否定的例子(反例)加以证实的过程。概念同化,就是利用学习者认知结构中原有的概念,以定义的方式直接给学习者提示概念的关键特征,从而使学习者获得概念的方式。根据题干描述可知,小学生是在日常生活中大量反复接触"你、我、他""上、下、左、右"等词语形成相应概念的,这是典型的概念形成的过程。故选A项。

28. B 【解析】视敏度是指视觉系统分辨最小物体或物体细节的能力,医学上称之为视力。

29. C 【解析】知觉的整体性表明对部分的理解需要依赖整体。学生对本节课整体知识结构的了解,促进了学生对知识内容的吸收,提高了学习效率。这体现了知觉的整体性。

30. B 【解析】由于内部言语是简略的、片断的,所以其在转化为外部言语的过程中往往有转化困难的现象存在。这时的言语者就表现为虽然明白某种思想却不能表达清楚。故选B项。

31. D 【解析】工作记忆在对刺激信息进行加工处理的同时,又将信息加以存储,因而具有加工处理信息与存储信息的双重功能。题干中,医生在询问患者病情的过程中,需要同时记住患者的回答和书写病历,这涉及同时处理和存储不同信息的能力。因此,医生书写病历借助的是工作记忆。故选D项。

32. B 【解析】小学儿童在运算过程中思维深刻性不断发展。首先,儿童寻找"标准量"的水平逐步提高,推理的间接性不断增强。其次,小学儿童不断掌握运算法则,认识事物数量变化的规律性。再次,小学儿童不断提出"假设",独立地自编应用题的抽象逻辑性在逐步发展。最后,三、四年级是小学儿童在运算中思维深刻性发展的一个转折点。

33. C 【解析】根据思维的概括性,思维可分为艺术型、思维型和中间型。艺术型的人具有知觉印象的鲜明性、记忆的形象性、高度的情绪易感性、想象的丰富性等特点。他们善于识记图形、颜色、声音等直观材料。作家、诗人、画家、演员等多属于这种类型。故选C项。思维型的人具有较强的分析能力、概括能力和抽象思维能力。他们在数、理、哲等学科方面有优势,善于抽象、分析、逻辑推理。中间型的人处于艺术型和思维型之间,兼有两者的特点。在现实生活中，艺术型和思维型的人数较少，大多数人都属于中间型。

34. B 【解析】感觉是人脑对直接作用于感觉器官的客观事物的个别属性的反映。知觉是在感觉的基础上产生的，它是人脑对直接作用于感觉器官的客观事物的整体属性的反映。例如，某物体用眼看，有一定大小，呈椭圆状，绿中透红；用手摸，表皮光滑，有一定硬度；用鼻子嗅，有清香的水果气味；用舌头尝，有酸甜味。人脑把这些属性综合起来，便形成对该物体的整体印象，并知道它是"苹果"。这就是对苹果的知觉过程。故A项表述错误。知觉不是个别感觉信息的简单总和，而是各种感觉的整合，它来自感觉，但是高于感觉。故B项说法正确，D项说法错误。知觉受感觉系统的生理因素、人的过去经验、心理特点的制约，与词联系在一起。故C项说法错误。因此，答案选B项。

35. A 【解析】注意的广度也称注意的范围，是指在同一时间内，人们能够清楚地知觉出的对象的数目。"一目十行"指的就是注意的范围。英语考试中快速读短文，这主要是注意的范围在起作用。

36. B 【解析】A项，对比律是指被感知的事物与它的背景条件应有明显的差别，形成突出的对比感，这样容易使学生迅速感知到对象。所以，在教学中凡是要学生重点感知的内容，通过加强对象和背景的强弱对比、动静对比、明暗对比和大小对比等方法都可以取得良好的教学效果。故A项，不合题意。

B项，强度律是指在制作和使用教具时，刺激量不应太强或太弱，应考虑各种刺激的感觉阈限。如果刺激量太强，易给学生形成"超限刺激"，使他们在心理上、生理上都难以接受，从而影响教学效果；若刺激量太弱，学生们根本知觉不到，同样也不会有效果。所以，教室的环境以及教师的着装，都应遵守强度律。如教室外的环境不应有超过60分贝的噪音，教室内的布置也不应有对比太强的色彩图案，教师的着装不能新奇古怪，否则都会削弱教学效果。故B项符合题意。

C项，组合律是指被感知的事物在空间和时间上接近，有联系或连续性，易构成一个整体而被清晰地感知到。比如，教师讲课时从内容的连续上进行总结概括，进行合理的组合，在图示方面要注意图形分布的合理性，语音语调的抑扬顿挫变化等，都可以使学生获得整体性的信息，易于接受，取得良好的讲课效果。故C项不符合题意。

D项，协同律是指在教学过程中，多种感官共同活动，多种知觉系统发挥作用，以提高感知效果。故D项不符合题意。

综上所述，本题选B项。

二、多项选择题

1. BD 【解析】似动知觉是指在一定的时间和空间条件下，人们在静止的物体间看到了运动，或者在没有连续位移的地方看到了连续的运动。似动知觉包括动景运动、诱导运动、自主运动和运动后效。其中，动景运动是指当两个刺激(如光点、直线、图形等)按一定空间间隔和时距相继呈现时，我们就会看到从一个刺激物向另一个刺激物的连续运动。例如，我们看到的电影、电视、霓虹灯活动广告都是按照动景运动发生的原理制成的。

2. ACD 【解析】许多学科的教学需要借助教具作为辅助手段，尤其在低幼儿童的教学中，合理使用教具可以激发学生的直接兴趣，吸引学生的无意注意。而过多地使用教具、仪器、设备等会影响儿童的注意力，造成注意力分散。所以B项错误。

3. ABC 【解析】过滤器理论、衰减理论和后期选择理论都假设注意是一个容量有限的通道，它们的不同在于对过滤器的位置和过滤器选择的原则看法不同。认知资源理论和双加工理论把注意看成是对刺激进行识别和加工的认知资源，其容量或能量是有限的。

4. ACD 【解析】要扩大注意的广度，需要学生积累本学科相当的知识经验和一定的素养。教师应该指导学生迅速增加知识储备,勤学多练。如在外语教学中要提高学生的阅读水平,就要指导学生扩大词汇量,熟练掌握语法规则,大量进行阅读训练。A项正确。要增强注意的稳定性,就要防止注意的分散。一方面要保证整洁、安静的教学环境,防止外部无关刺激的干扰,另一方面要注重学生良好学习习惯的形成和意志力的锻炼,克服内部干扰。此外,加强学习目的性教育,端正学习态度,组织内容丰富、形式多样的教学活动,也是提高注意稳定性的重要手段。C项正确。注意的分配在教学中有实践意义。为提高课堂效率,教师需要学生边听课边记笔记。D项正确。注意的转移与人的先天的神经活动类型有关,但也可以通过对外在因素的控制和后天训练加以改善和提高。活动安排要力求合理,把能够引起学生浓厚兴趣、易使其过于兴奋的活动安排在前就可能妨碍学生对后继活动的投入。所以,先上体育课,再上文化课是不合适的。B项错误。故选ACD三项。

5. AB 【解析】在一定时间内,事件发生的数量越多,性质越复杂,人倾向于把时间估计得较短;而事件的数量少,性质简单,人倾向于把时间估计得较长。AB两项说法正确。人们对自己感兴趣的东西,会觉得时间过得快,出现对时间的估计不足。C项说法错误。在期待某种事物时,会觉得时间过得很慢。D项说法错误。

6. CD 【解析】根据想象的目的和计划性,可将想象分为无意想象和有意想象。无意想象又称不随意想象,是没有预定目的,不由自主产生的想象。梦是无意想象的极端表现。故C、D两项属于无意想象。有意想象又称随意想象,是指有预定目的、自觉进行的想象,是意识活动的一种形式。B项属于有意想象。回忆是过去经历过的事物不在面前,人们在头脑中把它重新呈现出来的过程。A项属于回忆。故本题选C、D两项。

7. ABCD 【解析】影响再认的因素有:(1)过去经历过的事物的巩固程度。(2)当前呈现的事物与过去经历的该事物的类似程度。(3)材料的性质和数量。(4)时间间隔。(5)思维活动的积极性。(6)个体的期待。

8. BC 【解析】加拿大心理学家图尔文根据长时记忆中储存的信息内容不同,将长时记忆分为语义记忆和情景记忆。

9. CD 【解析】投射效应是指以己度人,认为自己具有某种特性,他人也一定会有与自己相同的特性,即把自己的感情、意志、特性投射到他人身上并强加于人的一种心理现象。A项,“三人成虎”比喻说的人多了,就能使人们把谣言当事实。B项,“众口铄金”比喻众口一词可以混淆是非。C项,“将心比心”是用自己的心去比照别人的心,指设身处地地为别人着想。D项,“疑邻盗斧”是指心里怀疑邻居偷了斧头,则看起来邻居的行为就像真的偷了斧头一样。故答案选择C、D两项。

三、判断题

1. √ 【解析】时间知觉是对事物发展的延续性、顺序性的知觉,具体表现为对时间的分辨、对时间的确认、对持续时间的估量、对时间的预测。在不同的心理状态下,人们对时间的估计有很大差别。研究表明,在悲伤的情绪下,人们在时间估计方面会出现高估现象;在欢快的情绪下,在时间估计方面会出现低估现象。

2. × 【解析】空间知觉是指物体的大小、形状、距离、方位等空间特性在人脑中的反映,包括形状知觉、大小知觉、深度知觉、方位知觉等。其中,深度知觉是指对物体的远近等空间特性的知觉,也称为距离知觉或立体知觉。吉布森和沃克通过“视崖实验”,认为六个月的婴儿就已经具有了深度知觉。故题干说法错误。

3. × 【解析】与知觉比较,表象有下列特点:①表象不如知觉完整,不能反映客体的详尽特征,它甚至是残缺的、片断的;②表象不如知觉稳定,它是变换的、流动的;③表象不如知觉鲜明,它是比较模糊的、暗淡的,反映的仅是客体的大体轮廓和一些主要特征。故题干说法错误。

4. √ 【解析】概念掌握又称为概念获得,即掌握了这一概念所反映的一类事物的本质属性与共同特征。如儿童看到麻雀、乌鸦、燕子等,分析综合后形成关于“鸟”的日常概念。

5. √ 【解析】反复阅读与尝试回忆相结合的方法，能使学习者及时了解到识记的成绩，从而提高学习的兴趣，激起进一步学习的动机。同时，在每次回忆后，学习者可以及时检查记忆效果，在重新阅读时就会有针对性地集中精力攻克难点，纠正错误，不至于平均用力。

6. √ 【解析】空间知觉是指物体的空间特性在人脑中的反映，包括形状知觉、大小知觉、深度知觉、方位知觉等。辨别汉字的偏旁和结构属于空间知觉中的方位知觉。

7. × 【解析】推测与假设训练的主要目的是发展学生的想象力和对事物的敏感性，并促使学生深入思考，灵活应对。例如，让学生听一段无结局的故事，鼓励他们去猜测可能的结局；让学生读文章的标题，去猜测文中的具体内容。自我设计训练一般是教师根据学生的兴趣和知识经验，给学生提供某些必要的材料与工具，让学生利用这些材料，动手去制作某种物品。题干描述的是猜测与假设训练。

四、简答题(参考答案)

1. 简述影响知觉整体性的因素。

(1)知觉对象的特点，如接近、相似、闭合、连续等因素。(2)知觉对象各组成部分之间的强度关系。(3)知觉对象各部分之间的结构关系也影响知觉的整体性。(4)知觉的整体性主要依赖于知觉者本身的主观状态，其中最主要的是知识与经验。

2. 再造想象与创造想象有什么相同点与不同点？

相同点：再造想象与创造想象都属于有意想象。

不同点：(1)二者的概念不同。再造想象是依据词语或符号的描述、示意在头脑中形成与之相应的新形象的过程。创造想象是按照一定目的、任务，使用自己以往积累的表象，在头脑中独立地创造出新形象的过程。

(2)二者产生的条件不同。再造想象的产生条件：①必须具有丰富的表象储备；②为再造想象提供的词语及实物标志要准确、鲜明、生动；③正确理解词语与实物标志的意义。创造想象的产生条件：①强烈的创造愿望；②丰富的表象储备；③积累必要的知识经验；④原型启发；⑤积极的思维活动；⑥灵感的作用。

(3)二者的创造程度不同。创造想象要独立地创造新形象，其创造程度高于再造想象。

3. 联系实际简述教师如何帮助学生转变错误概念。

(1)创设开放的、相互接纳的课堂气氛；(2)倾听、洞察学生的经验世界；(3)引发认知冲突；(4)鼓励学生交流讨论。

五、论述题(参考答案)

试述注意规律在教学中的运用。

(1)运用注意规律组织教学。①根据注意的外部表现了解学生的听课状态；②运用无意注意的规律组织教学；③运用有意注意的规律组织教学；④运用两种注意相互转换的规律组织教学。

(2)在教学过程中培养学生良好的注意品质。①要增强注意的稳定性，就要防止注意的分散；②要扩大注意的广度，需要学生积累本学科相应的知识经验和具备一定的素养；③注意的分配在教学中有实践意义；④注意的转移同人的先天的神经活动类型有关，但也可以通过对外在因素的控制和后天训练加以改善和提高。

六、案例分析题(参考答案)

1. (1)①思维的深刻性是指能深入地思考问题，善于透过事物的表面现象，抓住事物的实质，揭露事物之间的内在联系。小叶不仅深思好学、触类旁通，有独立见解，还能透过现象看本质体现了思维的深刻性。

②思维的独立性(独创性)是指既能不受他人暗示，不人云亦云，不盲从别人的见解，不依赖现成的方法和结

论,又能不武断、不一意孤行、不固执己见、不唯我是从,充分地发挥个人的主观能动性,独立地发现、思考、处理和解决问题。小叶有自己的独立见解,体现了思维的独立性(独创性)。

③思维的敏捷性是指思维活动迅速正确,能当机立断。小叶解决问题当机立断,毫不犹豫,体现了其思维的敏捷性。

④思维的灵活性是指能灵活地思考问题,它表现为能从不同角度、运用不同方法思考问题,在条件发生变化时,能随机应变,及时地改变原有计划、方案,寻找新的解决问题的途径。小叶在数学课上,当问题与条件发生变化时,他总能打破常规,想出新办法,体现了其思维的灵活性。

(2)教师在教育教学过程中培养学生良好的思维品质可以从以下几个方面着手:①加强科学思维方法的训练;②运用启发式方法调动学生思维的积极性、主动性;③加强言语交流训练;④发挥定势的积极作用;⑤培养学生解决实际问题的思维品质。梁老师在班上开展课前讲故事活动,提高学生的言语表达能力和对数学题意的理解力;在课堂教学中,梁老师设置问题情境,激励学生独立发现问题,提出问题,鼓励学生运用已有知识经验去思考如何解决问题,调动了学生的积极性,培养了学生解决实际问题的思维品质。

2. 李老师对待成绩较差和成绩优异的学生的态度,体现了心理学中的晕轮效应。晕轮效应是指当我们认为某人具有某种特征时,就会对他的其他特征做相似判断。王刚学习成绩不好,李老师就认为他各方面都不行,一无是处。因此,当王刚起来擦黑板时,老师说他不负责任。

李老师的这种做法会在学生中造成很坏的影响:被教师宠爱的学生往往自以为是、目中无人,一旦不如意或偶尔不受教师重视,则会由爱生恨,导致师生关系紧张;受教师冷淡或厌恶的学生,会从教师的言行中意识到教师的偏心和歧视,也会以消极的态度对待教师,不理会或拒绝教师的要求,在学习上或品行上表现出“破罐破摔”,不求进步的倾向。

为防止晕轮效应带来的不良后果,教师应实事求是、全面地掌握学生的信息,切忌一叶障目。仅凭对学生的点滴了解而对学生作出的评价,往往与学生的实际不相符。只有全面了解学生的心理行为特点,才能有针对性地教育学生,避免因对学生的不公正的评价而损伤学生的自尊心。

3. 影响识记效果的因素有:

(1)识记的目的与任务。有无明确的识记目的与任务直接影响识记的效果。案例中老师明确要求学生理解掌握并牢记“三角形的内角和等于180度”这个重要理论,并说明记住这个理论的重要性,这向学生提出了明确的识记目的与任务,会提高学生的识记效果。

(2)识记的态度和情绪状态。一般来说,在积极的态度和情绪状态下,人的识记效果好;在消极的态度和情绪状态下,人的识记效率低。案例中老师通过折纸游戏让学生动手实践验证“三角形的内角和是180度”,引发学生的学习兴趣,激起学生的学习动机,会提高学生的识记效果。

(3)活动任务的性质。当识记的材料成为人活动的直接对象时,识记的效果就好;记忆任务的远近与记忆内容保持的长久性与否也有关系;不同的识记任务和要求会影响人的识记方法、进程和效果。案例中老师让学生亲自动手证明所要牢记的重要理论,使识记对象成为学生活动的直接对象,会提高识记效果;老师说这个理论需要学生牢牢记住,识记任务长久、要求高,会提高学生的识记效果。

(4)材料的数量和性质。识记直观形象的材料比识记抽象的材料效果要好些。案例中老师通过展示三角形图片,提供直观的形象材料来提高学生的识记效果。

(5)识记的方法。采用不同的方法和途径识记材料,效果也是不同的。

真题必刷

答案速查

1～5	DDCDB	6～11	CDDDBB	1～5	BCD ABCD CD BD ABC
1～6	√√√√×√				

一、单项选择题

1. D 【解析】知觉的恒常性是指客观事物本身不变，但知觉条件在一定范围内发生变化时，人的知觉映像仍相对不变。题干中强调对煤炭、粉笔和国旗颜色的知觉映像不会因光照的不同而改变，这体现了知觉的恒常性。故选D项。

2. D 【解析】前摄抑制是先学习的材料对识记和回忆后学习材料的干扰作用。实验结果表明，在对无意义材料的识记中，前摄抑制是造成大量遗忘的重要原因之一。至于对有意义材料的识记，由于联系较多，比较容易建立和保持分化，受前摄抑制的影响可能较少。

3. C 【解析】老师一上课就强调本节课学习内容的重要性，明确了学习的目的和任务，属于运用有意注意规律组织教学的具体措施。故C项正确。A、B两项均属于运用无意注意规律组织教学，D项教师换了色彩鲜艳的衣服在教室里走，这会引起学生的无意注意，导致学生分心，此行为未正确运用注意规律。

4. D 【解析】有意想象又称随意想象，是指有预定目的、自觉进行的想象，是意识活动的一种形式。根据创造程度的不同，有意想象可以分为再造想象和创造想象。其中，再造想象是依据词语或符号的描述、示意在头脑中形成与之相应的新形象的过程。题干中在阅读《沁园春·雪》时头脑中浮现出相应的形象属于想象中的再造想象。

5. B 【解析】诱导运动指由于一个物体的运动使其相邻的静止的物体产生运动的现象。题干中由于旁边车辆的运动，而使相邻的静止的车辆（自己的车）看起来在运动，这属于诱导运动。

6. C 【解析】幼儿的时间知觉主要是依靠生活中接触到的周围现象的变化。例如，幼儿主要依靠生活作息制度来认识时间。如幼儿认为“早上是到外面玩的时候”“上午是上课的时候”“下午是午睡起来以后”“晚上是爸爸妈妈来接我们回家的时候”等等。

7. D 【解析】记忆痕迹衰退说认为，学习者通过学习与复习，可在大脑中留下相应的痕迹。这种痕迹如果得以持续强化巩固，能够很好地保存下来。相反，如果不再复习巩固的话，记忆痕迹因得不到强化而逐渐减弱，以致最后消退。故选D项。A项属于压抑说（动机说）的观点；B项属于干扰说的观点；C项属于提取失败说的观点。

8. D 【解析】记忆的准备性是记忆的提取和应用特征。培养记忆的准备性，关键是要使掌握的知识系统化，这样才能做到有条不紊地从记忆仓库中，随时迅速地提取所需要的材料。

9. D 【解析】注意的转移是根据新的任务，主动地把注意从一个对象转移到另一个对象或由一种活动转移到另一种活动的现象。因毫无灵感，小新决定出去打球放松一下，这属于注意的转移，故选D项。

10. B 【解析】注意的分散，又称为分心，是指注意离开了当前应当完成的任务而被无关的事物所吸引。小红上课爱开小差，是一种分心现象，体现了注意的分散。

11. B 【解析】感觉适应是指刺激对感受器的持续作用而使感受性发生变化的现象。题干中的学生由“很热”到“慢慢地就不觉得热了”，这是一种感觉适应现象。

二、多项选择题

1. BCD 【解析】晕轮效应即“一好百好”“一坏百坏”“爱屋及乌”，从个体的某一特征推及他的其他特征，并往往带有夸大的成分。BCD三项都是从个体的某一特征推及他的其他特征，符合题意。A项强调不能从现状推测将来，克服了晕轮效应，故排除。

2. ABCD 【解析】语义记忆又称语词逻辑记忆，是个体对以各种有组织的知识为内容的记忆。语义记忆是以语词所概括的事物的关系以及事物本身的意义和性质为内容的记忆。例如，概念、定理、公式和规则等。故ABCD四项均为语义记忆。

3. CD 【解析】发散思维，也叫求异思维、分散思维、辐射思维，是指人们解决问题时，思路朝着各种可能的方向扩散，从而求得多种答案。"一题多解"就是培养学生的发散思维。故选CD两项。A项逻辑思维是以词为中介来反映现实的思维过程，也叫词的思维或抽象逻辑思维。B项辐合思维是指人们根据已知的信息和利用熟悉的规则，产生逻辑的结论从而解决问题。AB两项均不符合题意，排除。

4. BD 【解析】认知资源理论将注意视为一组对刺激进行归类和识别的认知资源或认知能力。认知资源是有限的，对刺激的识别需要占用认知资源，当刺激越复杂或加工任务越复杂时，占用的认知资源就越多，当认知资源完全被占用时，新的刺激将得不到加工(未被注意)。A项错误，B项正确。认知资源理论还假设，输入刺激本身并不能自动地占用资源，而是在认知系统内有一个机制负责资源的分配。这一机制是灵活的，可以受我们的控制，这样我们可以把认知资源分配到重要的刺激上。C项错误，D项正确。

5. ABC 【解析】相对于大多数学习而言，分散复习的效果优于集中复习，因为分散复习可以降低疲劳感，可以减少前摄抑制和倒摄抑制的影响。D项说法错误。反复阅读与尝试回忆(重现)相结合的方法，能使学习者及时了解到识记的成绩，从而提高学习的兴趣，激起进一步学习的动机。因此A项说法正确。系列位置效应就是指接近开头和末尾的记忆材料的记忆效果好于中间部分的记忆效果的趋势。因此，在复习时应加强对中间部分记忆材料的复习。B项说法正确。遗忘发展的规律表明，识记后遗忘很快就会发生。因此，对于新学习的材料，为了防止遗忘，必须"趁热打铁"及时进行复习。C项说法正确。

三、判断题

1. √ 【解析】首因效应是指在总体印象形成上最初获得的信息比后来获得的信息影响更大的现象。故题干表述正确。

2. √ 【解析】注意的集中性是指心理活动停留在被选择的对象上的强度或紧张度，它使心理活动离开一切无关的事物，并且抑制多余的活动，以保证注意的对象能得到比较鲜明和清晰的反映。人在注意力高度集中时，对目标物之外的其他事物就会"视而不见，听而不闻"了。题干中的学生在做题时，将与解题无关的人和物都排除在外，体现了注意的集中性。

3. √ 【解析】观察是人的一种有目的、有计划、持久的知觉活动，是知觉的高级形式。故题干说法正确。

4. √ 【解析】多次的识记称为复习。复习的作用是给信息加工提供机会，对所学材料不断地进行再编码，不断提高编码的适宜性。所谓编码，就是拿已贮存的信息，对新输入的信息不断地加以处理，使其愈来愈与个人贮存在长时记忆中的心理格局合模，从而妥帖地加入个人的经验体系中去。因此，多复习一次就是多一次加工，就多一次重新考虑或寻找材料之间关系的机会，从而增进加工深度，记得更好。

5. × 【解析】记忆的储存指将已经编码的信息留存在记忆中，以备后用。记忆的编码指个体在加工信息时，将外在刺激的物理性特征(如声音、形状、颜色等)转换成另一种抽象的形式，以便在记忆中储存并供以后使用的心理表征。

6. √ 【解析】分析和综合在认识过程中是相互联系的。没有分析就不可能有综合；通过对事物的分析，人的认识才能深入。离开了分析，对事物的整体认识就是肤浅、空洞的。同样，只有分析，没有综合，分析的材料将是彼此孤立、互不联系的，因而也就不可能形成对事物完整、全面的认识。

第三章　情绪情感、意志过程

基础必刷

2-3基础必刷答案详解

专题1 情绪和情感

答案速查

1～5	DAACD	6～10	BCACC	11～15	CABAA	16～20	DBCDB
21～26	DACBCD			1～4	CD ABCD BC BC		
5～8	BC ABD AD BC			1～4	×√√×		

四、简答题(参考答案)

简述小学生情绪情感的发展特点。

(1)情感体验的内容日益丰富，社会性成分不断增加；(2)情感表现的深刻性逐步增加；(3)友谊感逐渐发展；(4)情感的动力特征明显；(5)高级情感得到进一步发展；(6)情绪、情感的稳定性明显增强；(7)情绪、情感的自控力不断增强。

五、论述题(参考答案)

试述情绪和情感的关系。

(1)区别。①从需要的角度来看，情绪是原始的、低级的态度体验，与生理需要是否满足相联系，是人和动物共有的；情感是后继的、高级的态度体验，与社会需要是否满足相联系。②从发生的角度来看，情绪可以由对事物单纯的感知觉直接引起，具有情境性和易变性；情感则由对事物复杂意义的理解所引起，具有稳定性和持久性。③从表现形式来看，情绪体验强度大，往往带有冲动性，并伴随明显的外部表现；情感则比较内隐，较为深沉。

(2)联系。①情绪是情感的基础，情感离不开情绪。人的情感是在大量情绪体验的基础上形成和发展起来的，也是通过情绪表达出来的。②对人类而言，情绪离不开情感，是情感的具体表现。情绪是情感的外在表现，情感是情绪的本质内容。

专题2 意志

答案速查

1～5	ADDCB	6～10	ADDBA	11～15	DDADA	16～20	CCACB
21～23	DAC			1～5	CD ABC ACD CD AD		
1～4	√×√√			5～7	√××		

四、案例分析题(参考答案)

(1)①意志的自觉性是指一个人清晰地意识到自己行动的目的和意义，并且能够主动地支配自己的行动，使之符合既定目的的意志品质。学生A做事有自己的主见和想法，从不受他人影响，总能按照自己的认识和想法合理地采取决定，说明其自觉性较好。

②意志的坚韧性是一个人在行动中坚持决定，百折不挠地克服重重困难去达到行动目的的品质。坚持是对行动目的的坚持。学生B做事目标明确，面对困难不退缩，再大的压力在她面前总能被克服，体现了其具有较好的坚韧性。

③意志的果断性是一种善于辨明是非、抓住时机、迅速而合理地采取决定并执行决定的意志品质。与果断性相反的意志品质是优柔寡断和草率武断。优柔寡断的人表现为犹豫不决，疑虑重重，该断不断，其结果常常是错失良机。草率武断的人懒于思考，滥下结论，行动鲁莽，轻举妄动。学生C犹豫不决的性格说明其缺乏意志的果断性。

④意志的自制性是一个人善于控制和支配自己的情绪，约束自己言行的品质。与自制性相反的意志品质是任性和怯懦。前者不能约束自己的行动；后者在行动中畏缩不前，惊慌失措。这都是意志自制性薄弱的表现。学生D做事前从不考虑后果，想做就做，比较任性。可一碰上关键任务，第一个掉链子的、临阵退缩的就是他。这表明其缺乏意志的自制性。

(2)①加强生活目的性教育，树立科学的世界观、远大的理想和信念，培养学生行为的目的性，减少其行动的盲目性；②加强养成教育，培养学生的自制能力；③组织实践活动，在困难环境中锻炼学生的意志，让学生取得意志锻炼的直接经验；④教育学生正确地对待挫折；⑤根据学生意志品质上的差异，采取不同的锻炼措施；⑥发挥教师、班集体和榜样的模范作用，给予必要的纪律约束；⑦加强自我锻炼，从点滴小事做起。

提升必刷

答案速查

1～5	DDAAA	6～10	CBACB	11～15	BDADB
1～5	ABCD AD ACD ABCD ABC			1～6	×√√×√√

一、单项选择题

1. D 【解析】我国心理学家对儿童的道德感进行了系统的研究，研究结果发现，小学儿童的道德感处于不断发展的过程之中。低年级儿童主要是以社会反应作为自己情感体验的依据，中年级儿童则主要以一定的道德行为规范为依据，而高年级儿童开始以内化的抽象道德观念作为依据。

2. D 【解析】挫折产生时，儿童会寻找不正当的理由为自己辩解，推诿自己应负的责任，甚至会产生攻击性行为。同时，挫折会使人产生不良的情绪反应，使一个人减少自尊心和自信心，增加失败感、愧疚感和思想负担。题干所述行为往往会在挫折后产生。

3. A 【解析】情感是同人的社会性需要相联系的态度体验，是人类所特有的心理活动，具有一定的社会历史性。从情感的社会内容角度来看，人类的情感有道德感、美感和理智感三种形式。故道德感、理智感、美感是与社会需要相联系的情感。

4. A 【解析】詹姆斯—兰格认为，情绪刺激引起身体的生理反应，而生理反应进一步导致情绪体验的产生。微笑可以使愤怒的情绪消失，即生理反应引起情绪的变化，符合詹姆斯—兰格的观点。

5. A 【解析】意志的坚韧性(坚持性)是一个人在行动中坚持决定，百折不挠地克服重重困难去达到行动目的的品质。拾金不昧并不能体现意志的坚持性。

6. C 【解析】小学低年级学生的情感带有很大的冲动性，低年级学生不善于掩饰、控制，如低年级学生在玩得入迷的时候，忘记了写家庭作业。在独立学习和集体生活的锻炼下，中、高年级学生控制、调节情感的能力逐渐发展起来，他们能根据学校纪律的要求约束自己，在未完成作业时，能抑制自己想去玩的愿望，即学生情感的可控性逐渐增强。

7. B 【解析】心理学研究表明，人们的认识和情感有时并不完全一致。因此，在师生沟通中，教师的有些话虽然完全正确，但学生却因碍于情感而觉得难以接受，这时，直言不讳的效果一般不太好。如果教师把话语磨去些“棱角”，变得软化一些，使学生在与教师沟通时仍感到自己是被人尊重的，学生就能从理智上、情感上接受教师的意见，这就是委婉的妙用。

8. A 【解析】在日常生活中常见的异常情绪有如下几方面：(1)抑郁。(2)焦虑。(3)自卑。(4)情感淡漠。人人都有喜、怒、哀、惧，这些都是正常的情绪反应。如果一个学生对周围的一切事物都丧失兴趣，一概采取漠然的态度，这就是情绪不正常。(5)过度恐惧。

9. C 【解析】情绪和情感伴随着认识活动的发展而发展。古语“知之深，爱之切”，就是说随着了解的深入，感情不断地加深。

10. B 【解析】整个小学阶段，小学儿童的情感带有很大的情境性。尤其低年级学生，容易受具体事物、具体情景的变化而变化，表现出情感不稳定。例如，有的低年级学生回答不出教师提出的问题就哭起来，而后教师生动形象的教学，又能使他破涕为笑。

11. B 【解析】挫折主要包含如下三层含义：(1)挫折情境，即干扰或阻碍意志行为的情境。(2)挫折认知，即个体对挫折情境的认知、态度和评价，这是产生挫折感和如何对待挫折的关键。(3)挫折行为，即伴随着挫折认知而产生的情绪和行为反应。因此，个体是否产生挫折感和如何对待挫折的关键在于挫折认知。

12. D 【解析】意志的自觉性是指一个人清晰地意识到自己行动的目的和意义，并且能够主动地支配自己的行动，使之符合既定目的的意志品质。题干中小明能自觉上网课、不玩游戏，说明其意志的自觉性品质好。

13. A 【解析】自我防御机制包括否认、压抑、文饰(合理化)、投射、补偿、升华等。其中，补偿是指通过新的满足来弥补原有欲望达不到的痛苦。例如，身躯残缺就在学问上下功夫；其貌不扬就努力培养良好的气质、风度等。通过努力学习来弥补身材矮小、受人嘲笑的痛苦属于补偿。

14. D 【解析】A项，情绪与情感是人对客观事物是否符合自己的需要而产生的主观体验。故A项说法正确。

B项，一般来说，凡是能满足人的需要或符合人的愿望、观点的客观事物，就能使人产生愉快、喜爱等积极的情绪与情感体验；反之，就会使人产生烦闷、厌恶等消极的情绪与情感体验。故B项说法正确。

C项，情绪和情感二者不是完全一样的，情绪主要与生理需要相联系，而情感主要与社会需要相联系。故C项说法正确。

D项，依据情绪发生的强度、持续性和紧张度的不同，可以把情绪状态划分为激情、心境、应激三种。其中，激情是一种爆发式的、猛烈而时间短暂的情绪状态。激情属于情绪状态而不是情感状态，故D项说法错误。

15. B 【解析】情绪的动机功能是指情绪是动机的源泉之一，是动机系统的一个基本成分。它能够激励人的活动，提高人的活动效率。适度的情绪兴奋，可以使身心处于活动的最佳状态，推动人们有效地完成任务。题干中教师通过游戏导入教学，使学生处于轻松愉悦的课堂氛围中，能够提高学生的学习效果，这体现了情绪的动机功能。

二、多项选择题

1. ABCD 【解析】提高学生心理承受力是提高其社会适应性的有效措施，学校和教师应主动开展挫折心理训练和挫折教育，提高学生的心理承受力。主要可以从以下几方面进行：(1)使学生树立辩证挫折观，对挫折持积极态度；(2)提高学生对挫折的容忍力和超越力；(3)调整期望目标，正确认识自我和评价自我；(4)设置挫折情境，锻炼学生心理承受力。故选ABCD四项。

2. AD 【解析】情绪和情感的两极性是指每一种情绪和情感都能找到与之对立的情绪和情感。情绪和情感的两极性既存在着矛盾性，也存在着内在的同一性，在一定条件下又可以相互转化。乐极生悲、破涕为笑是情绪和情感两极性转化的表现。故选AD两项。

3. ACD 【解析】在意志行动目的性的发展方面，随着年龄增长，儿童意志行为目的性经历不同的发展水平。学前儿童意志行动的目的性、有意性较为模糊、笼统，行为目的大多与自己的需要、愿望、兴趣相联系。小学儿童开始能按老师、父母的要求行动，行动目的开始具有一定的社会意义。中学生则按自己的意图，自觉地作出意志行动，行动目的具有重要的社会意义。在克服困难的意志行动的发展方面，高中生能自觉地克服各种内外困难、抵制各种诱因的干扰，坚持完成任务实现既定的目的。B项说法错误，不选。

4. ABCD 【解析】情绪和情感是由独特的主观体验、外部表现和生理唤醒三种成分组成的。情绪和情感具有两极性。由此，本题答案选ABCD四项。

5. ABC 【解析】情绪的维度是指情绪所固有的某些特征，如情绪的动力性、激动性、强度和紧张度等。

三、判断题

1. × 【解析】意志的坚韧性是指一个人在行动中坚持决定，百折不挠地克服重重困难去达到行动目的的品质。意志的自觉性是指一个人清晰地意识到自己行动的目的和意义，并且能够主动地支配自己的行动，使之符合既定目的的意志品质。题干所述内容是指个体可以不被外界舆论干扰自己的行动目的，体现的是意志的自觉性。

2. √ 【解析】小学生理智感的发展表现在求知欲的扩展和加深。儿童的求知欲是促进学生深入理解知识、扩大和加深知识的一种学习动力，保护、鼓励和培养小学生的强烈的求知欲，可促使他们更加自觉地学习和掌握知识。

3. √ 【解析】情感既可以成为意志行动的动力，也可以成为阻力；意志可以调节、控制人的情感。“胜不骄，败不馁”就是情感服从于意志的表现。

4. × 【解析】根据情绪调节过程的来源，可将情绪的调节分为内部调节和外部调节。故题干说法错误。

5. √ 【解析】主观体验、生理唤醒和外部行为作为情绪的三个组成部分，在评定情绪时缺一不可。只有三者同时活动，同时存在，才能构成一个完整的情绪体验过程。题干所述只有外部行为，没有真正的内在主观体验，因而称不上真正的情绪过程。

6. √ 【解析】情绪和情感的两极性是指每一种情绪和情感都能找到与之对立的情绪和情感。在快感度、紧张度、激动度和强度上，情绪和情感都表现出互相对立的两极。这种两极性是情绪和情感的主要特征之一。题干表述正确。

四、简答题(参考答案)

简述意志与认识过程的关系。

(1)认识过程是意志形成的前提和基础。只有当人们认识了客观世界的规律性，认识到自身的需要和客观规律之间的关系时，才能提出正确的目的和实现目的的适当的方式和方法。(2)意志对认识过程具有反作用。人们在认识客观世界的过程中，总会遇到一定的困难，需要及时做出种种意志努力去克服它，以达到认知的目的。

五、案例分析题（参考答案）

1. 少年期又称学龄中期，大致相当于初中阶段，是身心发展的半幼稚、半成熟期，其意志品质有以下特点：

（1）自觉性和幼稚性、独立性与依赖性处在矛盾状态。少年期意志的自觉性有所提高，但由于认识的局限性，他们还不善于鉴别意志品质的正反优劣。材料中，学生在学习方面，主动性、自觉性不够，“等、要、靠”的思想严重；稍遇到困难就逃避、畏缩不前体现了初中生自觉性发展的局限性。

（2）意志的果断性发展，反应快、行动快。少年反应快、行动快，果断性发展，但是，他们又常常把不假思索的行为当成果断行为，在他们的意志行动中，轻率和优柔寡断都较多，但轻率比寡断更为突出。材料中，学生在与同学、老师相处或者面对突发事件时，容易冲动、盲从，轻率行事，不计行为后果，容易把不假思索的冒失看成是果断行为，这体现了初中生意志的果断性有所发展，但也有局限性的特点。

（3）自制能力增强。少年期的自制能力有所增强，但由于他们高级神经活动的兴奋性明显高于抑制性，二者还相当不平衡，所以，他们意志的自制性还是相当有限的。初中生愿意承担艰苦的任务，承受一定的压力，控制自己的不良情绪，这些都是自制性的表现。但是，在很多情况下，他们抵抗诱惑、控制自我的能力还比较差，所以，他们容易陷入某种活动中不能自拔；容易违规，违纪，搞恶作剧。材料中，学生在家里作息不规律，玩手机、打游戏没有节制等都体现了初中生自制能力发展有局限性的特点。

（4）坚韧性还不够。少年做事容易“三分钟热血”，虎头蛇尾，半途而废。初中生的毅力、恒心虽有发展，但还很不成熟，见异思迁，在短期目标中能够坚持到底，完成任务，但对较长久的目标、行动则不能善始善终，易出现动摇或半途而废。材料中，学生对每项班级活动都是最初热情高涨，但是由于坚持性差，很多活动无果而终，这也体现了初中生坚韧性发展不成熟的特点。

2. （1）人们把狼又请进丛林中，鹿就面临着生存的威胁，就不会安逸少动。安逸的环境不利于鹿的生存和发展，同样的，安逸舒服的环境也不利于培养学生坚强的意志力。培养学生坚强的意志力，应从以下几个方面做起：①加强生活目的性教育，树立科学的世界观、远大的理想和信念，培养学生行为的目的性，减少其行动的盲目性；②加强养成教育，培养学生的自制能力；③组织实践活动，在困难环境中锻炼学生的意志，让学生取得意志锻炼的直接经验；④教育学生正确地对待挫折；⑤根据学生意志品质上的差异，采取不同的锻炼措施；⑥发挥教师、班集体和榜样的模范作用，给予必要的纪律约束；⑦加强自我锻炼，从点滴小事做起。

（2）案例中鹿的生存转变说明了竞争的重要性。同样的，在对学生进行教育的过程中，学生也需要有竞争。有竞争才会激发出学生更加强烈的学习热情，让学生在学习时更加充满活力。另外，教师在教育学生过程中，要注意控制竞争的程度，适当的竞争可以促进学生的发展，过度的竞争会造成学生互相攀比、相互倾轧等不良影响。

真题必刷

答案速查

1～5	DDAAA	6～11	DCDADC	1～5	BCD ABC AC BCD AB
1～4	√×××				

一、单项选择题

1. D 【解析】情绪和情感的适应功能表现在：情绪和情感是有机体适应生存和发展的一种重要方式。在成人的生活中，情绪直接地反映人们生存的状况，是人们心理活动的晴雨计，如通过愉快表示处境良好，通过痛苦表示处境困难。人们还通过情绪进行社会适应，如用微笑表示友好，通过移情维护人际关系，通过察言观色了解对方的情绪状况，以便采取适当的、相应的措施或对策等。人们通过各种情绪了解自身或他人的处境与状况，适应社会的需要，求得更好的生存和发展。

2. D 【解析】应激是出乎意料的紧迫情况所引起的急速而高度紧张的情绪状态。当人们遇到突然出现的事件或意外发生危险时，为了应付瞬息万变的紧急情况，就得果断地采取决定，迅速地做出反应。应激正是在这种情境中产生的内心体验。

3. A 【解析】情绪的信号功能体现在个体将自己的愿望、要求、观点、态度通过一定的情感表达方式传递给别人并加以影响。根据题干的描述，A正确。

4. A 【解析】否认是指对某种痛苦的现实无意识地加以否定，因为不承认似乎就不会痛苦。这一过程可使一个人逐渐地接受现实而不致猛然承受不了坏消息或痛苦，是一种保护性质的、正常的防御。题干中“掩耳盗铃”“自欺欺人”“讳疾忌医”等都是否认机制的表现。

5. A 【解析】不良情绪调节的方法有：合理宣泄、转移、自我控制、自我安慰、幽默、升华等。极端发泄不属于不良情绪调节的方法。

6. D 【解析】意志是指人自觉地确定目的，有意识地根据目的、动机调节支配行动，努力克服困难，实现目标的心理过程。根据题干描述可知，学生总是在体育活动中叫苦叫累，这说明他们缺乏良好的意志品质。因此，袁老师应在全班进行意志品质的培养。

7. C 【解析】依据情绪发生的强度、持续性和紧张度的不同，可以把情绪状态划分为激情、心境、应激三种。激情是一种爆发式的、猛烈而时间短暂的情绪状态；心境是一种微弱的、持续时间较长的，带有弥漫性的情绪状态；应激是出乎意料的紧迫情况所引起的急速而高度紧张的情绪状态。根据题干中的关键词“义愤填膺”可知，历史老师的情绪非常猛烈，且属于爆发式的，故属于激情。

8. D 【解析】从情感的社会内容角度来看，人类的情感有道德感、美感和理智感三种形式。其中，道德感是根据一定的道德标准评价人的思想、意图和言行时所产生的主观体验。它表现在对待国家、集体、工作、事业、学习以及人与人之间的关系等各个方面，如爱国主义情感、集体主义情感、责任感、事业心、荣誉感、自尊心等。题干中的可可因为帮助别人而感到开心，这属于道德感。故选D项。

9. A 【解析】情绪和情感的组织作用表现在促成知觉选择、监视信息的移动、影响工作记忆、影响思维活动和人的行为表现等方面。积极的情绪和情感具有调节和组织作用；消极的情绪和情感则具有干扰、破坏作用。积极的情绪有助于拓宽注意的范围，促进问题的解决，这体现了情绪对认知和操作的正向功能，符合组织功能的内涵，故选A项。

10. D 【解析】合理化又称文饰作用，指通过无意识地用一种似乎有理的解释或实际上站不住脚的理由来为其难以接受的情感、行为或动机辩护以使其可以接受。合理化有两种表现：(1)酸葡萄心理，即把得不到的东西说成是不好的；(2)甜柠檬心理，即当得不到葡萄而只有柠檬时，就说柠檬是甜的。两者均是掩盖其错误或失败，以保持内心的安宁。题干中的小静在落选班干部后，心里感到失落，却用当个普通学生更自由自在的理由来安慰自己，故属于文饰作用。

11. C 【解析】趋避冲突是指对同一目的兼具好恶的矛盾心理。题干中学生既想参加比赛，又怕比赛出丑受人讥笑，即对同一目的兼具好恶，因此，属于趋避冲突。故选C项。

二、多项选择题

1. BCD 【解析】依据情绪发生的强度、持续性和紧张度的不同，可以把情绪状态划分为激情、心境、应激三种。

2. ABC 【解析】意志行动的特征表现为：(1)意志行动是人特有的自觉确定目的的行动。(2)意志对活动有调节支配作用，使人的行动能按设定好的目的去改造世界。(3)克服内部和外部的困难是意志行动最重要的特征。(4)意志行动以随意动作为基础。

3. AC 【解析】意志的自制性是指一个人善于控制和支配自己的情绪，约束自己言行的品质。与自制性相反的意志品质为任性和怯懦。故选AC两项。B项，优柔寡断是与果断性相反的意志品质，故排除；D项，动摇性是与坚持性相反的意志品质，故排除。

4. BCD 【解析】依据情绪发生的强度、持续性和紧张度的不同，可以把情绪状态划分为激情、心境、应激三种。B项，应激是出乎意料的紧迫情况所引起的急速而高度紧张的情绪状态。当人们遇到突然出现的事件或意外发生危险时，为了应付瞬息万变的紧急情况，就得果断地采取决定，迅速地做出反应。小军躲闪飞过来的篮球属于应激。C项，激情是一种爆发式的、猛烈而时间短暂的情绪状态。例如，狂喜、暴怒、恐惧、绝望、剧烈的悲痛等，都是激情的表现。学生对于获奖兴奋的表现属于激情。D项，心境是一种微弱的、持续时间较长的，带有弥漫性的情绪状态。小亮收到录取通知书后愉悦的心情属于心境。A项属于干扰选项，故不选。

5. AB 【解析】心境是一种微弱的、持续时间较长的，带有弥漫性的情绪状态。心境一经产生就不只表现在某一特定对象上，而是在相当长的一段时间内，使人的整个心理活动都染上某种情绪色彩，影响人的整个行为表现，成为情绪生活的背景。“忧者见之则忧，喜者见之则喜”说的就是心境。A、B两项中个体的情绪都持续了较长时间，属于心境；C项属于应激；D项属于激情。

三、判断题

1. √ 【解析】理智感是人认识事物和探求真理的需要是否得到满足而产生的主观体验。理智感与认知(认识事物、探求真理)有关。人们在探求未知的事物时所表现出的求知欲、兴趣和好奇心，发现问题的惊奇感，问题解决的喜悦感，为真理献身的自豪感，问题不解的苦闷感等都属于理智感。故题干说法正确。

2. × 【解析】意志的坚韧性是指一个人在行动中坚持决定，百折不挠地克服重重困难去达到行动目的的品质。意志的果断性是指一种善于辨明是非、抓住时机、迅速而合理地采取决定并执行决定的意志品质。题干中强调学生们克服困难、坚持锻炼，故体现了意志的坚韧性。

3. × 【解析】对情绪的调节与控制不能等同于对情绪的抑制或压抑。正常的情绪体验和反应如果受到过多的压抑，会有害于身心健康。

4. × 【解析】认识过程是意志形成的前提和基础。只有当人们认识了客观世界的规律性，认识到自身的需要和客观规律之间的关系时，才能提出正确的目的和实现目的的适当的方式和方法。意志对认识过程具有反作用。人们在认识客观世界的过程中，总会遇到一定的困难，需要及时做出种种意志努力去克服它，以达到认知的目的。题干说法错误。

第四章　个性心理

基础必刷

2-4基础必刷答案详解

专题1 需要、动机与兴趣

答案速查

1~5	DCCBA	6~10	DDCDB	11~15	DDACA	16~20	BBBDD
21~24	BDBD			1~3	ACD AB ABC		
1~5	√√√×√						

四、论述题(参考答案)

试述马斯洛的动机理论中需要的七种层次及各层次的关系。

马斯洛是美国当代人本主义心理学家。他的需要层次理论是最富有影响力的需要理论。他根据需要出现的先后及强弱顺序,把需要分成了七个层次,即生理需要、安全需要、归属与爱的需要、尊重需要、求知需要、审美需要和自我实现的需要。

(1)生理需要。该需要是人对食物、水分、空气、睡眠、性等的需要。(2)安全需要。该需要是指希求受到保护与免遭威胁从而获得安全感的需要。(3)归属与爱的需要,也称社交需要,是指每个人都有被他人或群体接纳、爱护、关注、鼓励及支持的需要。(4)尊重需要。该需要包括自尊和受到别人的尊重(他尊)两个方面。(5)求知需要,又称认知与理解的需要,是指个人对自身和周围世界的探索、理解及解决疑难问题的需要。(6)审美需要。该需要是指对对称、秩序、完整结构以及对行为完美的需要。(7)自我实现的需要。所谓"自我实现",即追求自我理想的实现,是充分发挥个人潜能、才能的心理需要,也是一种创造和自我价值得到体现的需要。

关于低级需要与高级需要的关系,马斯洛认为,需要的层次越低,它的力量越强,潜力越大。随着需要层次的上升,需要的力量相应减弱。在高级需要出现之前,必须先满足低级需要。只有在低级需要得到满足或部分得到满足以后,高级需要才有可能出现。

五、案例分析题(参考答案)

教师可以通过以下途径来培养和激发学生的学习兴趣:(1)通过各种活动发展学生的兴趣;(2)通过提高教学水平,引发学生兴趣;(3)引导学生将广泛兴趣与中心兴趣结合起来;(4)要根据学生的年龄特征来提高学生的学习兴趣;(5)要根据学生的知识基础培养学生的学习兴趣;(6)通过积极的评价使学生的兴趣得以强化;(7)充分利用原有兴趣的迁移。

案例中的小丽老师为了激发学生学习英语的兴趣,根据中学生的年龄特征,设计了"鳄鱼池逃生"的游戏,这既增加了教学的趣味性,也有利于激发学生学习英语的兴趣。同时,小丽老师新奇的教学方式也有利于学生原有兴趣的迁移,即将学生对游戏的兴趣转移到学习英语的兴趣上。

专题2 // 能力

答案速查

1~5	DCABB	6~10	CACCB	11~15	CCBCB	16~20	ADABD
21~23	DAB			1~5	AB ABD ACD BCD ABD		
6~9	CD AB ABD BCD			1~4	√ × × ×		
5~7	× × √						

四、简答题(参考答案)

1. 谈一谈加德纳的多元智力理论对我国当前教学改革有哪些启示。

(1)积极乐观的学生观。(2)科学的智力观。长期以来,学校教育偏重于培养学生的言语智力和逻辑—数学智力,而多元智力理论把培养学生的多种能力放在同等重要的地位。(3)因材施教的教学观。(4)多样化人才观和成才观。

2. 简述知识与能力之间的联系。

知识与能力之间的联系表现为:(1)能力是掌握知识与技能的前提。能力的高低会影响到知识掌握的深浅、难易和技能水平的高低。(2)能力是在掌握知识和技能的过程中形成和发展起来的,掌握系统的知识和技能有利于能力的增长和发挥。(3)从一个人掌握知识、技能的速度与质量上,可以看出其能力的大小。

五、论述题(参考答案)

试述影响能力形成和发展的因素。

(1)遗传与营养。遗传素质是智力发展的生物前提、基础和自然条件。胎儿及婴幼儿的营养状况也会影响智力的发展。(2)早期经验。研究表明,早期阶段获得的经验越多,智力发展得就越迅速,不少人把学龄前期称为智力发展的一个关键期。(3)教育与教学。智力不是天生的,教育和教学对智力的发展起着主导作用。(4)社会实践。社会实践不仅是学习知识的重要途径,也是智力发展的重要基础。(5)主观努力。环境和教育的决定作用,只能机械、被动地影响智力的发展。如果没有主观努力和个人的勤奋,要想获得事业的成功和智力的发展是根本不可能的。

六、案例分析题(参考答案)

根据加德纳的多元智力理论可知,人的智力结构中存在着七种相对独立的智力,这七种智力在每个人身上的组合方式是多种多样的,每个人在不同领域的智力发展水平是不同步的。宝拉回归正常班级后,她的有同情心的女教师发现其运动智力,即支配肢体完成精密作业的能力比较突出。因此,在教学中教师注意发展她这方面的智能。教师的这一做法,不但激发了宝拉的学习兴趣,也唤起了宝拉学习的自信心和求知欲,最终其读、写能力都得到了极大的提高。

专题3 // 气质与性格

答案速查

1~5	ABDBA	6~10	ABBAA	11~15	ACCDC	16~20	AACBC
21~23	BCA			1~4	AD ABCD ACD AC		

5～8	AB ACD ABD ABC	1～5	××× √ ×
6～9	× √ √ ×		

四、简答题(参考答案)

1. 现代气质类型说对教育有什么启示?

(1)对待学生应克服气质偏见;(2)针对学生气质差异因材施教;(3)帮助学生进行气质的自我分析、自我教育,培养良好的气质品质;(4)特别重视胆汁质和抑郁质学生;(5)组建学生干部队伍时,应考虑学生的气质类型。

2. 请简述性格与气质的联系和区别。

联系:(1)性格与气质都属于稳定的人格特征。(2)性格与气质相互渗透,彼此制约,二者相互影响。这表现在:①气质影响到一个人对事物的态度和行为方式,因而使性格带上某种气质的色彩和具有某种特殊的形式;②气质影响性格的形成和发展,以及形成的速度;③性格可以掩蔽和改造气质,指导气质的发展,使它服从于生活实践的要求。

区别:(1)气质受生理影响大,性格受社会影响大。(2)气质的稳定性强,性格的可塑性强。(3)气质特征表现较早,性格特征表现较晚。(4)气质无所谓好坏,性格有优劣之分。

3. 简述影响性格形成与发展的因素。

(1)家庭;(2)学校教育;(3)同伴群体;(4)社会实践;(5)自我教育;(6)社会文化因素。

4. 简述如何培养学生良好的性格。

(1)加强人生观、世界观和价值观的教育;(2)及时强化学生的积极行为;(3)充分利用榜样人物的示范作用;(4)利用集体的教育力量;(5)提供实际锻炼的机会;(6)及时进行个别指导;(7)提高学生的自我教育能力。

五、论述题(参考答案)

作为一名教师,试述如何根据学生的不同气质类型进行因材施教。

(1)对胆汁质的学生,教师应采取直截了当的方式,但是这些学生不宜轻易激怒,对其严厉批评要有说服力,培养其自制力、坚持到底的精神和豪放、勇于进取的人格品质。

(2)对多血质的学生,可以采取多种教育方式,但要定期提醒,对其缺点严厉批评。教师应鼓励他们勇于克服困难,培养扎实专一的精神,防止其见异思迁;创造条件,多给他们活动的机会,培养他们朝气蓬勃、足智多谋的优点。

(3)对黏液质的学生,教师要采取耐心教育的方式,让他们有考虑和做出反应的足够时间,培养其生气勃勃的精神,热情开朗的个性和以诚待人、工作踏实、顽强的优点。

(4)对抑郁质的学生,则应采取委婉暗示的方式,对其多关心、爱护,不宜在公开场合下指责,不宜过于严厉的批评。教师应培养他们亲切、友好、善于交往、富有自信的精神,培养其敏感、机智、认真、细致、高自尊的优点。

六、案例分析题(参考答案)

(1)甲属于抑郁质气质类型,乙属于胆汁质气质类型,丙属于多血质气质类型。

(2)①抑郁质的人以敏锐、稳重、体验深刻、外表温柔、怯懦、孤独、行动缓慢为特征;②胆汁质的人以精力旺盛、粗枝大叶、表里如一、刚强、易感情用事为特征;③多血质的人以反应迅速、有朝气、活泼好动、动作敏捷、情绪不稳定为特征。

(3)①对甲的教育:应采取委婉暗示的方式,对其多关心、爱护,不宜在公开场合下指责,不宜过于严厉的批评。应培养他亲切、友好、善于交往、富有自信的精神;培养其敏感、机智、认真、细致、高自尊的优点。

②对乙的教育：应采取直截了当的方式，但不宜轻易激怒，对其严厉批评要有说服力，培养其自制力、坚持到底的精神和豪放、勇于进取的人格品质。

③对丙的教育：可以采取多种教育方式，但要定期提醒，对其缺点严厉批评。教师应鼓励她勇于克服困难，培养扎实专一的精神，防止其见异思迁；创造条件，多给她活动的机会，培养她朝气蓬勃、足智多谋的优点。

提升必刷

答案速查

1～5	BBBCD	6～10	DABCD	11～15	BBCBD	16～20	CBCDD
21～25	CDBAD	26～30	ADCBB	31～33	CAD		
1～6	BCD BCD ABD AB ABCD ACD						

一、单项选择题

1. B 【解析】加德纳提出了多元智力理论，他认为人的智力结构中存在着七种相对独立的智力，这七种智力在每个人身上的组合方式是多种多样的，每个人在不同领域的智力发展水平是不同步的。有人可能在某一两个方面是天才，而在其余方面却是蠢材；有人可能每种智力都很一般，但如果他所拥有的各种智力被巧妙地结合在一起，则可能在解决某些问题时会显得很出色。

2. B 【解析】需要是有机体内部的一种不平衡状态，表现为有机体对内外环境条件的欲求。A项表述正确。需要都有对象，没有对象的需要是不存在的；需要又是不断发展的，人的需要永远不会停留在一个水平上。故B项表述错误，C项表述正确。当旧的需要得到满足，不平衡消除之后，新的不平衡又会产生，人们又会为满足新的需要去追求新的对象，所以，需要是推动有机体活动的动力和源泉。D项表述正确。本题为选非题，故选B项。

3. B 【解析】有学者对胆汁质、多血质、黏液质和抑郁质这四种气质类型分别提出了10条观察指标。其中，多血质的观察指标是：内心体验会在面部表情中表现；积极参加学校活动但有始无终；学习新功课容易产生兴趣但很快厌烦；学习疲倦容易恢复；理解问题比别人快但学习容易见异思迁；希望做难度大的作业但不耐心细致；容易产生骄傲情绪；容易激动但情绪表现不强烈；情感变化迅速；善于交际，但缺乏知心好友。黏液质的观察指标是：不易激动，情感少外露；遵守纪律，生活有规律；理解问题比别人慢；学习认真严谨；容易集中注意力，但注意的转移困难；学习需要安静的环境；有耐久力，能承担长时间的繁重工作；沉默寡言，说话没有感情渲染；善于克制忍让；反应较慢，不做没有把握的事。因此，题干中的例子体现了不同个体气质方面的差异。

4. C 【解析】瑞文智力测验是一种非语言式的智力测验，不受知识经验、民族习惯等因素的影响，可用于不同年龄、不同性别的个别测验或团体测验。因此，对中国儿童和国外儿童智力发展差异的研究，最理想的智力测验工具是瑞文智力测验。

5. D 【解析】兴趣的稳定性，指对事物具有持续、稳定的兴趣。题干中居里夫人对科学研究的兴趣持续一生，是稳定而持久的，故选D项。

6. D 【解析】多元智力理论是由美国心理学家加德纳提出来的。加德纳认为，人的智力结构中存在着七种相对独立的智力，这七种智力在每个人身上的组合方式是多种多样的，每个人在不同领域的智力发展水平是不同步的。并且通过提供丰富的环境、适当的训练与指导，能促使绝大多数学生将任何一种智力发展到更高水平。故AB两项说法正确。逻辑—数学智力是指数字运算与逻辑思考的能力以及科学分析的能力，故C项说法正确。多元智力理论不赞同采用智力测验来鉴别智力的高低，故D项说法错误。

7. A 【解析】根据加德纳的多元智力理论可知,内省智力是指认识自我和善于自我反省的能力,能正确认识自己的长处和短处,把握自己的情绪、意向、动机、欲望,对自己的生活有规划,能自尊、自律,会吸取他人的长处,喜欢独立工作,有自我选择的空间。故选A项。

8. B 【解析】黏液质的人稳重、踏实,善于克制自己。因此对于长跑、登山等需要坚持性的运动可以长期进行下去。

9. C 【解析】需要从低级向高级发展,但高级需要对低级需要具有调节作用,且人的需要具有社会性,是人类社会历史发展的结果。并不是只有低级需要完全得到满足后高级需要才出现,低级需要和高级需要并不是绝对对立的。边远贫困地区的基础条件不好,但是在自我实现等高级需要的支配下,志愿者自愿到边远贫困地区支教就体现了低级需要和高级需要并不是绝对对立的。

10. D 【解析】A项,在1999年,加德纳提出了第八种智力,即认识自然的智力。A项表述正确。B项,加德纳认为,人的智力结构中存在着九种相对独立的智力,分别为言语智力、逻辑—数学智力、视觉—空间智力、音乐智力、运动智力、人际智力(社交智力)、自知智力(内省智力)、认识自然智力(自然观察智力)及存在智力。B项表述正确。C项,加德纳的多元智力理论对传统的智力观念提出了新的诠释,为我国新课程改革"建立促进学生全面发展的评价体系"提供了有力的理论依据与支持。C项表述正确。D项,加德纳认为多元智力理论中的几种智力因素是相互独立的。D项表述错误。本题为选非题,故选D项。

11. B 【解析】独立型的人具有坚定的个人信念,善于独立思考,能够独立地发现、分析和解决问题;自信心强,不容易受他人的暗示和其他因素的干扰;在遇到紧急情况和困难时,显得沉着冷静。根据题干描述可知,李倩的性格类型属于独立型。

12. B 【解析】性格是指人的较稳定的态度与习惯化了的行为方式相结合而形成的人格特征。它是一个人的心理面貌本质属性的独特结合,是人与人相互区别的主要方面。题干所述体现了人的性格差异。

13. C 【解析】与其他人格测验相比,投射测验有几个鲜明的特点:(1)使用非结构任务,这种任务允许被试有各种各样不受限制的反应。(2)测量目标具有掩蔽性。(3)解释的整体性。

14. B 【解析】由于气质特征影响着智力活动的特点、效率以及智力活动的方式,因此,在教学过程中应针对学生的不同气质特征,在学习途径、方式和方法上,贯彻个别对待的原则,充分发挥各种气质类型的积极特征,控制其消极特征。如:对胆汁质应充分发挥其思维灵敏、学习热情、刚强不屈等特点,克服其粗心与简单化的学习方式和方法;对多血质的学生应发挥其机智、灵敏、兴趣广泛、适应性强等特点,控制其不踏实、不细致的学习方式;对黏液质的学生要以其刻苦、踏实、认真、细致的学习作风,弥补其迟缓、不够灵活的缺点;对抑郁质的学生发扬其谨慎、细心、思维的深刻和细致等特点,以弥补其犹豫、迟缓等不足。故题干中小峰的气质类型是多血质。

15. D 【解析】根据动机的意识水平,人的动机可分为有意识的动机和无意识的动机。有意识的动机,是指行为者能觉察到的、并对其内容明确的那种动机。例如,人对某事物、现象或活动所表现出来的兴趣;以道德感、义务感和社会责任感为内容的理想和信念等。无意识的动机,是指一种在不知不觉中出现的、决定人的活动倾向的动机。例如,一位教师对某个学生的印象比较好,认为他聪明、勤奋、成绩优秀,因而在评分时不自觉地降低了评分的标准,并有可能忽略了其试卷中存在的某些错误;反之,对印象差的学生,不相信他在考试中会获得优秀的成绩,因而在评分时不自觉地提高了要求,对其试卷中的问题也比较敏感。

16. C 【解析】创造性智力是一种能超越已知给定的内容,产生新颖有趣结果的能力。个体的创造性智力主要包括想象、假设、构思、创造和发明等能力。具有创造力的人常常是特别出色的综合思维者,能够发现别人所不能发现的联合(综合)点。

17. B 【解析】注意的转移与大脑皮层神经兴奋过程和抑制过程相互转换的灵活性有关。灵活性强的人,注意转移比较容易;灵活性差的人,注意转移较难。多血质的人灵活性强,因此注意力容易转移。

18. C 【解析】动机的指向功能是指动机使机体的活动针对一定的目标或对象。动机不同,活动的方向和它所追求的目标也不同。例如,在学习动机的支配下,学生的活动指向的是书本;而在娱乐动机的支配下,其活动指向的则是娱乐设施。

19. D 【解析】在加德纳的多元智力理论中,人际关系智力是指注意到他人行为的细微之处的能力,如能理解别人语气的含义、觉察出他人的目的和欲望、利用有关他人的知识来影响其思想和行为等。试着理解好朋友的伤心属于人际关系智力。D项说法错误。

20. D 【解析】难度指题目的难易程度。区分度指对答题者在该项题目上的区分情况。对常模参照性测验来说,试题的难度在0.5左右时,区分度较好;难度接近1或0的试题,无区分度可言。对标准参照性测验而言,试卷的区分度意义不大。在教育与心理学中经常使用的智力测验一般就是常模参照测验。因此,对于智力测验来说,难度适中(接近0.5)的试题的区分度最大。

21. C 【解析】逻辑—数学智力是指数学运算与逻辑思考的能力以及科学分析的能力。故A项排除。人际智力是指与人交往并和睦相处的能力。故B项排除。内省智力是指认识自己并选择自己生活方向的能力。它的中心成分是对自己情绪的感知、区分,并以此指导行为的能力,以及对自己的力量、弱点、期望和智力的了解。故选C项。自然观察智力是指认识自然,并对我们周围环境中的各种事物进行分类的能力。故D项排除。

22. D 【解析】A项,信度是指一个测验量表的可靠程度(或可信程度),它以反复测验时能否提供相同的结果来说明,与是否闭卷无关。B项,效度是指一个测验工具希望测到某种行为特征的有效性与准确程度,本次测验李老师选题较难,不够合理,不能很好地预测后续行为。C项,难度指题目的难易程度,本次测验李老师选难题、易错题组成试卷,题目难度较大。D项区分度是指该项题目对不同水平的答题者反应的区分程度和鉴别能力。难度适中时,区分度较高。本次测验题目难度较大,区分度较低。故选D项。

23. B 【解析】效度是指一个测验工具希望测到某种行为特征的有效性与准确程度。效度是评价一个测验优劣的最为重要的指标。对于一个测验来说,即使它有百般优点,但若没有可接受的效度指标,也不能肯定它是一个良好的测验。

24. A 【解析】气质是依赖于人的生理素质或身体特点的人格特征。气质是表现在心理活动的强度、速度、灵活性与指向性等方面的一种稳定的心理特征,即我们平时说的脾气、禀性。气质是人的天性,无好坏之分。巴甫洛夫认为人的气质是由人的高级神经活动类型决定的,这为体液说提供了新的解释。故B、D两项说法正确。多血质的人的感受性低而耐受性高;活泼好动,言语、行为敏捷,反应速度、注意的转移速度比较快;行为外向,容易适应外界环境的变化,善交际,不怯生,容易接受新事物;注意力容易分散,兴趣多变,情绪不稳定。故C项说法正确。气质类型不决定人的智力水平和社会价值。气质属于人的心理过程的动力方面的特征,它不决定人的智力发展水平,也不决定人的性格、品德,更不决定人的社会成就的大小。故A项说法错误。

25. D 【解析】性格与气质相互渗透,彼此制约,二者相互影响。故A项正确。性格与气质的生理基础不同。气质差异是由高级神经活动的类型差异形成的,由此决定了气质在很大程度上受遗传和先天因素的制约。性格的生理机制是高级神经活动类型的特点和外界环境影响下后天获得的暂时神经联系系统共同作用的结果。故B项正确。性格可以掩蔽和改造气质,指导气质的发展,使它服从于生活实践的要求。故C项正确。气质是个性心理特征中遗传色彩最浓的部分，具有先天性。故D项错误。

26. A 【解析】胆汁质的学生精力充沛，学习新课轻松，对复习旧课不感兴趣；而抑郁质的学生容易疲倦，学习新课时注意不易集中，但特别喜欢复习旧课，思维深入细致。因此，对胆汁质的学生进行教育时，教师应当力求用训练的方式发展其处于落后状态的抑制过程，培养其善于抑制自己的能力。教师应当经常和蔼地，但坚定不移地要求这些学生能沉着地、深思熟虑地回答问题，能镇静地和缓慢地进行活动。教师要系统地培养这些学生在行为中和在对待同学和成年人的态度上的自制力。故选A项。

27. D 【解析】需要层次理论说明，在某种程度上学生缺乏学习动机可能是由于某种缺失性需要没有得到充分满足而引起的。归属与爱的需要是学生交往的动力，在学校环境中，师生交往、同伴交往既是学习的条件，也是学习的内容。教师和家长要尽可能地给学生以爱，要创造一个良好和善的学习环境；要重视师生之间的交互作用，要让学生在集体中受到欢迎和接纳，得到友情、友谊，而千万不能使学生遭到拒绝或排斥。题干中的学生一开始因为归属与爱的需要没有得到满足，导致该生无心学习。后来在班主任的帮助下，满足了归属与爱的需要(缺失性需要)，从而使该学生获得了学习动机。

28. C 【解析】斯坦福—比纳量表用智商代表智力水平，它所反映的是智龄和实际年龄的关系，即智商(IQ)=智龄(MA)÷实龄(CA)×100。一个人心理年龄3岁，实际年龄为4岁，根据公式可得其智商为75。依据斯坦福—比纳量表的智商分布情况可知，智商110~119属于中上水平，智商80~89属于中下水平，智商70~79属于临界智能不足，智商69以下为智力缺陷。故本题选C。

29. B 【解析】言语智力是说话、阅读、书写的能力，表现为个人能够顺利而高效地利用语言描述事件、表达思想并与人交流的能力，以及对声音、韵律、单词的意义和语言不同功用的敏感能力。故选B项。

30. B 【解析】流体智力是一种以生理为基础的认知能力。它受先天遗传因素的影响较大，主要表现为对新奇事物的快速辨认、记忆、理解等，如记忆广度，在性质上属于流体智力。流体智力是解决新问题的能力，其对个体习得知识的依赖相对很少。流体智力的经典测验即瑞文推理测验，因为其使用的测验材料不涉及语言文字，被称为文化公平测验，常在跨文化研究中使用，主要测查个体的推理能力，测验中的题目需要受测试者观察给定图形(一个或多个)的规律，进而选出符合该规律的图形填入空缺处。故答案选B项。

31. C 【解析】美国心理学家卡特尔根据因素分析结果，按心智功能上的差异，将人的智力分为流体智力和晶体智力两种不同的形态。晶体智力指已获得的知识和技能，由词汇、社会推理以及问题解决等测验度量。根据定义可知，理解词汇的能力属于晶体智力。流体智力是指信息加工和问题解决过程中洞察复杂关系的能力。如对关系的认识、类比、演绎推理的能力，形成抽象概念的能力，知觉速度，识别图形的能力等。故A、B、D三项均属于流体智力。

32. A 【解析】气质类型包括多血质、胆汁质、黏液质和抑郁质。其中，胆汁质的观察指标是：有强烈的情绪色彩；各项课外活动积极参与；完成作业匆忙；工作效率高；学习的理解能力和接受能力很快，但不求甚解；喜欢与同学争辩；容易激动；喜欢在公开场合表现自己；表情丰富；喜欢看小说和电影。

33. D 【解析】影响能力形成与发展的因素有：(1)遗传素质与营养状况；(2)早期经验；(3)家庭环境；(4)学校教育；(5)社会经济文化；(6)个体的主观能动性。环境和教育的因素可以影响能力发展，但没有个人主观努力和个人能动性，能力要想发展是根本不可能的。“勤奋出天才”“勤能补拙”，能力是否能获得较快和较大的增长，与个体发挥主观能动性的大小分不开。一个人能力的发展与他的自我意象及追求有关，如果他发现自己有某方面的爱好、特长，他就会在这方面努力进取，最终会有所成就；如果缺乏自信，遇事退缩，逃避挑战，久而久之就会一事无成。题干中陈景润能够废寝忘食地学习数学，最终成为著名的数学家，这体现了个体的主观能动性对能力发展的影响。

二、多项选择题

1. BCD 【解析】信度的影响因素主要来源于四个方面：测题数量、测题难度、施测对象和施测过程。增加测题数量可以提高信度，但是测题数量须有一定限制，并非越多越好。所以，A项说法错误。施测对象适当的动机和焦虑水平是保证测验信度的必要条件，过强或过弱的动机和焦虑水平都不利于测验信度的提高。所以，B项说法正确。测验的环境条件如通风、室温、采光等条件会影响到测验的稳定性，室内燥热、考场周围嘈杂、座位拥挤、考试秩序混乱等都会导致测验信度下降。所以，C项说法正确。测题的难度和信度没有直接的关系。然而，如果测题对某团体过难或太易，则分数范围将缩小，信度也将降低。所以，D项说法正确。

2. BCD 【解析】气质是不以活动目的和内容为转移的典型的、稳定的心理活动的动力特点。A项属于人的性格特征。

3. ABD 【解析】马斯洛的需要层次理论中各层次需要之间的关系有：(1)七种基本需要按一定顺序逐级上升；(2)只有低一级需要基本满足后，高一级需要才能成为行为动力；(3)高一级需要产生时，低级需要并不消失；(4)同一时期内，人有多种需要并存，但有的需要占主导地位。ABD三项说法正确，C项说法错误。

4. AB 【解析】定序测量是按事物的大小、轻重等特征依次排列，进行分类和比较。定序测量的结果有大小和等级的序列关系，例如，体育比赛结果按名次排列，把儿童的阅读能力划分为优、中、差三个等级等，都属于定序测量。故AB两项属于定序测量，C项属于定名测量，D项属于定距测量。

5. ABCD 【解析】为顺利通过考试，学生上课专心听讲，下课主动完成作业体现了动机的激活功能；去看之前不想看的辅导材料体现了动机的指向(定向)功能；生病了还坚持学习体现了动机的维持和调节功能。

6. ACD 【解析】多血质的高级神经活动的特点是强、平衡而且灵活。具有这种气质类型的人感受性低而耐受性高，属于敏捷好动的类型，具有活泼好动、反应迅速、情绪发生快而多变、兴趣容易转移等特征。多血质的人容易适应环境的变化，性情活泼热情，善于人际交往，在群体中精神愉快，相处自然，能机智地摆脱困境；在学习和工作上肯动脑，主意多，不安于机械、刻板、循规蹈矩，常表现出较强的工作能力和办事效果；对外界事物兴趣广泛，但注意力容易分散，兴趣多变，容易失于浮躁，见异思迁。故选ACD三项。善于忍耐属于黏液质的特点，故排除B项。

三、辨析题(参考答案)

1. 在人的各种气质类型中，抑郁质是最差的一种气质类型。

(1)这种说法是不正确的。(2)气质是依赖人的生理素质或身体特点的人格特征，是表现在心理活动的强度、速度、灵活性与指向性等方面的一种稳定的心理特征，即我们平时说的脾气、禀性。气质仅使人的行为带有某种动力特征，无所谓好坏；同时，每一种气质类型都有其积极的方面，也都有其消极的方面，无法比较好坏。

2. “江山易改，禀性难移”说明气质是不可以改变的。

(1)这种说法是不正确的。(2)由于气质较多地受生物因素的制约，因此，气质变化较难、较慢，但并不意味着它完全不起变化，在生活环境和教育条件的影响下，在性格的掩盖下，气质可以得到相当程度的改造。

3. 教育测验中有信度就一定有效度。

(1)这种说法是不正确的。(2)信度是效度的必要条件，但不是充分条件。一个测量工具要有效度必须有信度，没有信度就没有效度；但是有了信度不一定有效度。信度低，效度不可能高；信度高，效度未必高。效度低，信度很可能高；效度高，信度也必然高。

4. 学生的学习兴趣既可以来自对学习活动本身的直接兴趣,也可以来自对学习结果的间接兴趣。

(1)这种说法是正确的。(2)直接兴趣是由认识事物本身的需要引起的;间接兴趣是由认识事物的目的和结果所引起的。学生的学习兴趣既可以来自直接兴趣,也可以来自间接兴趣。

四、简答题(参考答案)

1. 简述性格与能力的关系。

(1)区别:性格与能力是个性心理特征中的两个不同侧面。①能力是决定心理活动的基本因素,活动能否顺利进行与能力有关;②性格则表现为人的活动指向什么,采取什么态度,怎样进行。

(2)联系:性格与能力是在一个人统一实践的过程中发展起来的,二者之间相互影响、相互联系。①性格制约着能力的形成与发展。一方面,性格影响能力的发展水平;另一方面,优良的性格特征往往能够补偿能力的某种缺陷,但不良的性格特征也会阻碍能力的发展,甚至使能力衰退。②能力的形成与发展也会促使相应的性格特征随之发展。

2. 简述斯腾伯格的三元智力理论。

美国耶鲁大学的心理学家斯腾伯格提出了智力的三元理论。他把智力看作一套相互依存的加工过程,认为智力有三个相互关联的方面:分析能力、创造能力和实践能力。每个方面都对应不同的亚理论,分别是智力成分亚理论、智力经验亚理论和智力情境亚理论。

智力成分亚理论认为,智力包括三种成分及相应的三种过程,即元成分、操作成分和知识获得成分。元成分是用于计划、控制和决策的高级执行过程;操作成分表现在任务的执行过程中,是指接收刺激,将信息保持在短时记忆中,并进行比较,它负责执行元成分的决策;知识获得成分是指获取和保存新信息的过程,负责接收新刺激,做出判断与反应,以及对新信息的编码与存储。在智力成分中,元成分起着核心作用,它决定人们解决问题时所使用的策略。

智力经验亚理论认为,智力包括两种能力:一种是处理新任务和新环境时所要求的能力;另一种是信息加工过程中自动化的能力。

智力情境亚理论认为,智力是指获得与情境拟合的心理活动。在日常生活中,智力表现为有目的地适应环境、塑造环境和选择新环境的能力,这些能力统称为情境智力。

五、论述题(参考答案)

试根据能力与知识、技能的关系分析“高分低能”现象。

能力与知识、技能既有区别,又紧密联系。(1)能力与知识、技能的区别如下:①概括水平不同。知识是对人类社会历史经验的概括和总结,技能是对一系列活动方式的概括,而能力是对从事某种活动时表现出来的多种心理品质的概括。②发展程度不同。在一个人身上,知识和技能的发展是无止境的,它随着学习进程的不断增多而不断丰富;而能力的发展则有一定的限度。③知识、技能的掌握和能力的发展是不同步的。知识多了,能力不一定就高。(2)能力与知识、技能又是紧密相连的,其联系如下:①能力是掌握知识与技能的前提。能力的高低会影响到知识掌握的深浅、难易和技能水平的高低;②能力是在掌握知识、技能的过程中形成和发展起来的,掌握系统的知识和技能,有利于能力的增长和发挥。③从一个人掌握知识、技能的速度与质量上,可以看出其能力的大小。(3)“高分低能”的人,他们具有比较多的知识,但在生活实践中不能把知识灵活应用。这主要是因为在发展知识的同时没有注重能力的培养。因此,教师在教学活动中,要注意不仅要传授给学生必要的知识与技能,更重要的是创造有利条件,促进学生掌握的知识与技能向能力迁移,同时让学生多参加社会实践,在实践中使能力得到培养和锻炼。

六、案例分析题(参考答案)

1. (1)马斯洛是美国当代人本主义心理学家,他的需要层次理论是最富有影响力的需要理论。他根据需要出现的先后及强弱顺序,把需要分成了七个层次,即生理需要、安全需要、归属与爱的需要、尊重需要、求知需要、审美需要和自我实现的需要。其中前四种需要是个体生存所必需的,必须得到一定程度的满足。其中,归属与爱的需要,也称社交需要,是指每个人都有被他人或群体接纳、爱护、关注、鼓励及支持的需要。尊重需要是在生理、安全、归属与爱的需要得到基本满足后产生的对自己社会价值追求的需要,包括自尊和受到别人的尊重两个方面。小林现状的危害是:小林父母对其很少管教,他与同学、教师关系不融洽,导致其缺乏归属与爱的需要;学习成绩不好、教师的教育方式的不合理,使其尊重需要得不到满足,甚至有弃学的心理。

(2)针对小林的现状,应采取的改进意见有:①小林的父母应对其予以关心和教导,教师和同学应多与其进行交流,建立融洽的人际关系,满足其归属与爱的需要;②教师应对小林多进行鼓励,使其获得成功的体验,激发起学习动机,满足其尊重需要。

2. 学生优良性格的培养要做到:(1)加强人生观、世界观和价值观教育。吴明的父母忙于农活,并且文化水平不高,对吴明缺乏教育,老师要多注意这一点,加强对吴明人生观、世界观和价值观的教育。(2)及时强化学生的积极行为。吴明对于学习马马虎虎,每次作业都是应付了事,老师应多注意观察他的积极行为,并给予及时的强化。(3)充分利用榜样人物的示范作用。教师应经常给学生讲解优秀人物的事迹,激励学生向他们学习。吴明成绩排名靠后,可以引导他将品学兼优的学生作为榜样,帮助他树立学习目标。(4)利用集体的教育力量。一个好的集体是锤炼并完善一个人的大熔炉,生活在一个具有良好组织纪律性和凝聚力的集体里,才能让学生产生集体荣誉感和归属感,并在集体活动中锻炼自己坚韧不拔的毅力,通过与他人的合作、交流建立良好的人际关系,逐步完善自己的性格。应该加强班集体对吴明的吸引力,让他真正成为班级的一员,改掉对集体利益漠不关心的态度。(5)提供实际锻炼的机会。学生的性格是在后天的各种实践活动中不断形成的,性格的不断发展与完善也要通过具体的实践活动才能实现。老师在为吴明提供实际锻炼机会的同时,要给他提出明确的锻炼要求与目的。(6)及时进行个别指导。个别指导在性格培养中特别重要。教师在对学生进行性格培养时,既要考虑学生的共性,也不能忽视个别性。吴明的情况比较特殊,老师应该给予特别的关心和个别辅导,帮助他更快地形成良好的性格。(7)提高学生的自我教育能力。做任何事情想要成功都要有强烈的自觉能动性,外因只是起一个辅助作用,而内在的主观能动性是决定性的因素。因此,教师应注重培养吴明的自我教育能力,使他养成良好的自我教育习惯。

真题必刷

答案速查

1~5	ADBDA	6~11	DCAAAA	1~4	BCD ABCD ABCD ABCDE
5~7	ACD ABD BC			1~5	√××√×

一、单项选择题

1. A 【解析】马斯洛是美国当代人本主义心理学家,他的需要层次理论是最富有影响力的需要理论。早期,他根据需要出现的先后及强弱顺序,把需要分成了五个层次,即生理需要、安全需要、归属与爱的需要(社交需要)、尊重需要和自我实现的需要。故选A项。

2. D 【解析】自我实现的需要是最高层次的需要。

3. B 【解析】动机是激发和维持有机体的行动,并使该行动朝向一定目标的心理倾向或内部驱力。故选B项。

4. D 【解析】社会性动机是以人的社会文化需要为基础的。人有认识的需要、成就的需要、权力的需要、社会交往的需要等,因而产生了相应的兴趣、学习动机、成就动机、权力动机、交往动机等。其中,兴趣是人们探究某种事物或从事某种活动的心理倾向,它以认识或探索外界的需要为基础,是推动人们认识事物、探求真理的重要动机。

5. A 【解析】美国心理学家卡特尔根据因素分析的结果,按心智能力在功能上的差异,将人的智力分为流体智力和晶体智力两种不同的形态。其中,一般人在20岁以后,流体智力的发展达到顶峰,30岁以后随着年龄的增长而降低。

6. D 【解析】斯坦福—比纳量表用智商代表智力水平,它所反映的是智龄和实际年龄的关系,即智商(IQ)=智龄(MA)÷实龄(CA)×100。利用这个公式,可以计算出该小学生的智商是150。

7. C 【解析】黏液质的特征是稳重,但灵活性不足;踏实,但有些死板;沉着冷静,但缺乏生气。根据题干中的关键词“沉着冷静”“踏实”“死板”“灵活性不足”可知,萌萌的气质类型属于黏液质。故选C项。

8. A 【解析】智力成分亚理论认为,智力包括三种成分及相应的三种过程,即元成分、操作成分和知识获得成分。其中,元成分是用于计划、控制和决策的高级执行过程,如确定问题的性质、选择解题步骤、调整解题思路、分配心理资源等;操作成分表现在任务的执行过程,是指接收刺激,将信息保持在短时记忆中,并进行比较,它负责执行元成分的决策;知识获得成分是指获取和保存新信息的过程,负责接收新刺激,做出判断与反应,以及对新信息的编码与存储。

9. A 【解析】胆汁质气质类型的人基本特点是具有很高的兴奋性和较弱的抑制性,以及由此在行为上表现出的均衡性。具有这种气质的人像“夏天里的一团火”,有股火爆的脾气。这种人的情绪爆发快,“一点就着”,但难持久,如同一阵狂风、一场雷阵雨,来去匆匆。这种人精力旺盛,争强好斗,做事勇敢果断,为人热情直率、朴实真诚;但是他们的思维活动常常是粗枝大叶、不求甚解,遇事常欠思量、鲁莽冒失,做事也常常感情用事,但表里如一。

10. A 【解析】个性是人的心理发展到一定水平后形成的稳定的、有社会意义的心理特征系统。

11. A 【解析】动机的激活功能是指动机具有发动行为的作用,能推动个体产生某种活动,使个体由静止状态转向活动状态。题干中“为了获得优秀的成绩而努力,为了取得他人的赞扬而勤奋工作,为了摆脱孤独而结交朋友”都体现了动机对个体行为的发动作用,即动机的激活功能。

二、多项选择题

1. BCD 【解析】在马斯洛的需要层次理论中,生理需要、安全需要、归属与爱的需要、尊重需要属于缺失需要;求知需要、审美需要和自我实现的需要属于成长需要。

2. ABCD 【解析】智力也即智能,是使人能顺利完成某种活动所必需的各种认知能力的有机结合,它包括观察力、记忆力、注意力、想象力和思维力等成分,并以思维力为核心。

3. ABCD 【解析】信度是效度的必要条件,但不是充分条件。二者的关系具体表现为:信度低,效度不可能高。信度高,效度未必高。效度低,信度很可能高。效度高,信度也必然高。

4. ABCDE 【解析】气质是人的天性,没有好坏之分。故A项说法正确。气质不能决定人的社会价值与成就的高低,也不直接具有社会道德评价含义,但气质对人在不同性质的活动中的适应性,甚至活动的效率却有一定的影响。也就是说,气质特征是职业选择的依据之一。故BCE三项说法正确。针对学生的气质差异,在教育过程中对不同气质类型的学生采取的方法应尽可能地因人而异,做到“一把钥匙开一把锁”。因此,气质特征是因材施教的依据之一,故D项说法正确。

5. ACD 【解析】斯腾伯格把智力看作一套相互依存的加工过程，认为智力有三个相互关联的方面：分析能力、创造能力和实践能力。每个方面都对应不同的亚理论，分别是智力成分亚理论、智力经验亚理论和智力情境亚理论。

6. ABD 【解析】卡特尔根据因素分析的结果，按心智能力功能上的差异，将人的智力分为流体智力和晶体智力两种不同的形态。流体智力（流体能力）以生理为基础，受先天遗传的因素影响比较大，主要表现为对关系的认识、演绎推理的能力等。晶体智力（晶体能力）以学得的经验为基础，受后天经验的影响较大，主要表现为掌握的技能、语言文字能力、判断力、联想力等。

7. BC 【解析】个性特征不同，对考试的反应也不一样。从气质上来说，由于不同气质的人在神经活动类型的强弱、平衡性、灵活性等方面有所不同，所以对考试的反应也有差异。一般来说，多血质、黏液质的人考试焦虑较低，胆汁质、抑郁质的人较容易引起考试焦虑。

三、判断题

1. √ 【解析】生理需要是指人对食物、水分、空气、睡眠、性等的需要，它是最基本、最原始，也是最强有力的需要。

2. × 【解析】最早的智力测验是由法国心理学家比纳（比奈）和西蒙于1905年编制的，称为比纳（比奈）—西蒙智力量表。

3. × 【解析】加德纳认为人的智力结构中存在着七种相对独立的智力，这七种智力在每个人身上的组合方式是多种多样的，每个人在不同领域的智力发展水平是不同步的。故本题说法错误。

4. √ 【解析】气质仅使人的行为带有某种动力特征，无所谓好坏；同时，每一种气质类型都有其积极的方面，也都有其消极的方面，无法比较好坏。教师应帮助学生对自己的气质特点进行分析，让他们主动用自己坚强的意志力去克服气质的消极面，或以气质的积极面去掩盖其消极面。因此本题答案正确。

5. × 【解析】自我实现的需要是最高层次的需要，所谓“自我实现”，即追求自我理想的实现，是充分发挥个人潜能、才能的心理需要，也是一种创造和自我价值得到体现的需要。希望自己的工作和才能得到别人的承认、赏识、重视和高度评价属于尊重需要。

第三部分　教育心理学

第一章　教育心理学概述

基础必刷

3-1基础必刷答案详解

专题1 教育心理学的研究

答案速查

1～5	AADCB	6～10	DCCCA	11～15	ADBBC
1～4	ABC CD ABCD ACD			1～4	√√××

四、名词解释(参考答案)

1. 系统性原则

系统性原则要求在教育心理学的研究中,坚持以全面的、发展的和整体的观点去观察、分析和解决问题。

2. 现场实验

现场实验又叫自然实验,是在自然情境下,由实验者创设或改变一些条件,以引起学生某些心理活动的变化从而进行研究的方法。

3. 产品分析法

产品分析法又称活动产品分析或作品分析法,是指通过分析学生的活动产品,以了解学生的能力、倾向、技能、熟练程度、情感状态和知识范围。

4. 评价/反思过程

评价/反思是教师以学生和自身的活动为思考对象,对学生和自己做出的行为、决策及由此所产生的结果进行审视和分析的过程,是一种通过提高参与者的自我决策水平来促进能力发展的途径。

专题2 教育心理学的发展

答案速查

1～5	CABCD	6～8	ABA	1～2	×√

三、填空题

1. 程序教学　教学机器

2. 房东岳

3. 20世纪60年代至70年代末

4. 心理学

提升必刷

答案速查

1～3	CBD	1～2	× √

一、单项选择题

1. C 【解析】教育心理学可以帮助教师准确地了解问题。学生的情况是千差万别的，一旦出现了学习困难，教育心理学可提供多种方法帮助教师了解原因。李老师应用教育心理学的理论和研究方法，对学生阅读方面存在的问题追根溯源，找到了困难的症结，这体现了该作用。故选C项。A项，为实际教学提供科学的理论指导是指教育心理学为实际教学提供了一般性的原则或技术，教师可结合实际的教学内容、教学对象、教学材料、教学环境等，将这些原则转变为具体的教学程序或活动。B项，帮助教师预测并干预学生是指教师不仅可以利用教育心理学原理正确分析、了解学生，而且可以预测学生将要发生的行为或发展的方向，并采取相应的干预或预防措施，达到预期的效果。D项，帮助教师结合实际教学进行研究是指教育心理学给教师提供进行科学研究的思路和方法，使教师不仅能够理解、应用某些基本的原理和方法，而且还可以结合自己的教学实际进行创造性的研究，去验证这些原理并解决特定的问题。

2. B 【解析】教育心理学是从横向角度研究某种教学、教育条件或措施与学生掌握知识、技能及形成能力、品格之间所具有的内在有效的关系。

3. D 【解析】观察法的主要优点是：(1)可以观察到被试者在自然状态下的行为表现，所获结果比较真实；(2)可以真实地观察到行为的发生、发展，能够把握当时的全面情况、特殊的气氛和情境。观察法收集资料颇费时间，D项说法错误。

二、判断题

1. × 【解析】教育心理学是一门独立的学科，有自己的理论、研究方法、问题和技术。教育心理学不是一般心理学原理在教育中的简单应用，它拥有自身独特的研究课题。

2. √ 【解析】教育心理学是从心理学许多分支中吸取了研究成果而发展起来的，又由于其研究内容的复杂广泛性，它与许多学科有密切的联系。近年来，越来越多的教育心理学家认识到教育心理学是一门独立的科学，有自己的理论、研究方法、问题和技术。故本题说法正确。

真题必刷

答案速查

1～5	AACCA	1～4	ABC ABCD BCD BCDE

一、单项选择题

1. A 【解析】实验法是指根据研究目的，改变或控制某些条件，以引起被试某种心理活动的变化，从而揭示特定条件与这种心理活动之间关系的方法。实验研究可以通过对变量的操纵、控制来深入揭示变量间的因果关系，这是实验法的突出优势。故本题选A项。

2. A 【解析】1903年，美国心理学家桑代克出版了《教育心理学》，这是西方第一本以"教育心理学"命名的著作。1913～1914年，该书又扩充为三卷本的《教育心理大纲》，奠定了教育心理学发展的基础，西方教育心理学的名称和体系由此确立，桑代克也因此被称为"教育心理学之父"。

3. C 【解析】教育心理学是一门研究学校情境中学与教的基本心理规律的科学,包括受教育者的各种心理现象及其变化和发展规律,以及教育者如何通过这些规律对受教育者进行有效的教育。故选C项。

4. C 【解析】调查法是通过各种途径间接了解被试心理活动的一种研究方法。常用的调查方法有问卷法、访谈法、个案调查和文献分析法等。题干中强调刘老师通过家访来了解李明成绩下滑的原因,即运用了访谈法。因此,答案选C项。

5. A 【解析】年龄差异主要体现在思维水平的差异。如中学生和小学生具有不同的思维水平,其学与教的过程也会表现出相应的不同。

二、多项选择题

1. ABC 【解析】学与教的相互作用过程是一个系统过程,该系统包含学生、教师、教学内容、教学媒体和教学环境五种要素。

2. ABCD 【解析】教育心理学诞生的心理学背景包括:(1)教育心理化运动;(2)心理测验运动;(3)儿童研究运动;(4)冯特的科学心理学;(5)艾宾浩斯的记忆研究;(6)动物心理研究。

3. BCD 【解析】教学环境包括物质环境和社会环境两个方面。物质环境包括课堂自然条件(如温度和照明)、教学设施(如桌椅、黑板和投影仪)以及空间布置(如座位的排列)等。社会环境包括课堂纪律、课堂气氛、师生关系、同学关系、校风以及社会文化背景等。A项属于物质环境,BCD三项属于社会环境。

4. BCDE 【解析】教育心理学对教育实践具有描述、解释、预测和控制的作用。

三、填空题

1. 个体差异

2.《教育心理学》

第二章 心理发展及个别差异

基础必刷

3-2基础必刷答案详解

专题1 心理发展概述

答案速查

1~5	DBBCB	6~10	AADDD	11~13	DAB
1~2	BCD ABCE				

三、简答题(参考答案)

1. 简述学生心理发展的一般规律。

(1)连续性与阶段性;(2)定向性与顺序性;(3)不平衡性;(4)差异性。

2. 简述影响个体心理发展的因素。

(1)遗传。遗传素质在个体心理发展中的作用是不可忽视的,它是个体心理发展的生物前提和物质基础。(2)环境。环境对个体的心理发展有着巨大的影响。(3)教育。教育制约着学生心理发展的过程、方向、趋势、速度和程度。因此,教育在儿童心理发展上比一般的环境影响起着更为主要的作用。(4)主观能动性。个体的主观能动性是个体心理发展的内在动力。

四、案例分析题(参考答案)

案例中华生的观点过于强调环境对学生心理发展的决定性作用，该观点是片面的和偏激的。

环境对个体的心理发展有着巨大的影响，人所处的环境和一般动物有着本质的区别，离开了社会环境与社会实践，人的心理就不可能向人的方向发展。环境对人的心理发展具有一定的影响，但不能决定人的发展，影响个体心理发展的因素还有：(1)遗传，它是个体心理发展的生物前提和物质基础；(2)教育，它制约着学生心理发展的过程、方向、趋势、速度和程度；(3)主观能动性，它是个体心理发展的内在动力。虽然环境制约着人的心理发展，但是人在一定程度上又可以发挥主观能动性，超越环境的制约，因此，夸大环境对人的发展的作用的观点是错误的。

专题2 认知发展与教育

答案速查

1～5	BBBAA	6～10	CDDBA	11～16	DBCABA	17～22	DABAAA
1～4	ABCDE BD ABC AB			1～4	√√×√		

四、简答题(参考答案)

简述最近发展区的概念及其在教学中的意义。

(1)最近发展区的概念。维果斯基认为，儿童有两种发展水平：一是儿童的现有水平，即由一定的已经完成的发展系统所形成的儿童心理机能的发展水平；二是可能达到的发展水平。这两种水平之间的差异，就是最近发展区。也就是说，最近发展区是儿童在有指导的情况下，借助成人的帮助所能达到的解决问题的水平与独自解决问题所达到的水平之间的差异，实际上是两个邻近发展阶段间的过渡状态。(2)最近发展区的教学意义。在维果斯基看来，教学的可能性由学生的最近发展区决定，“教学应走在发展的前面”。维果斯基强调教育者不应只看到儿童今天已达到的发展水平，还应看到仍处于形成的状态，正在发展的过程。教学不能只适应发展的现有水平，还应适应最近发展区，从而走在发展的前面，最终跨越“最近发展区”而达到新的发展水平。

五、案例分析题(参考答案)

(1)瑶瑶会回答：瓶子里的牛奶比坛子里的多。

(2)四岁的瑶瑶认知发展水平处于前运算阶段，前运算阶段的儿童还没有“守恒”能力或没有形成“守恒”的概念，思维缺乏观念的传递性。儿童观察事物时往往只能注意表面的、显著的特征，倾向于注意事物的静止状态。思维活动表现的关系单一，不能进行可逆运算。瑶瑶看到把瓶子里的牛奶倒进坛子里高度会比原来低，于是会产生“瓶子里的牛奶比坛子里的多”这样的回答。

专题3 中小学生人格、社会化发展与教育

答案速查

1～5	DCCCA	6～10	DBDBD	11～15	BBCAD
1～4	ABC ABD ABD ABCDE			1～5	√××√√

四、简答题(参考答案)

简述影响人格形成与发展的因素。

(1)生物遗传因素。(2)社会因素，包括家庭教养方式、学校教育和同伴群体。(3)个人主观因素。

五、论述题(参考答案)

试述中学生自我意识发展的特点。

(1)初中生自我意识的发展表现出的特点:①初中生的自我体验随着年龄的增长而不断发展。主要表现在:第一,出现成人感。第二,自尊感增强。第三,出现自卑感。②自我开始分化,开始分成“主我”和“客我”或“理想的自我”和“现实的自我”。③能够更自觉地评价别人的和自己的个性品质,但评价别人和自己的个性品质的能力与高中生相比,水平还不高,而且也不稳定。

(2)高中生自我意识的发展表现出的特点:①自我意识中独立意向的发展;②自我意识的组成成分分化;③强烈地关心着自己的个性成长;④自我形象受到了空前的关注;⑤自我评价逐渐成熟;⑥自尊心强。高中生在自我观察、自我评价、自我体验、自我监督、自我控制等自我意识的诸成分上都获得了高度的发展,并趋于成熟。

专题4 学生的个别差异

答案速查

1~5	AAADA	6~10	BABAB	11~17	CBDDCCB
1~5	ABD BCD AD ABC CD			1~4	× √ × ×

四、简答题(参考答案)

1. 简述认知方式差异的教育意义。

我们必须根据学生认知差异的特点,不断改革教学,因材施教。这要求我们做到:(1)创设适应学生认知差异的教学组织形式。为了适应学生的智力差异,我们常常采用的教学组织形式包括:分校、分班、班内分组(同质分组)、复式教学、升留级、跳级、开设特长班和课外兴趣班等。(2)采用适应认知差异的教学方式,努力使教学方式个别化。掌握学习、个别指导教学法和个人化教学系统是其中的三种教学方式。(3)运用适应认知差异的教学手段。当前直接应用于教学的现代技术设备主要有计算机辅助教学、多媒体计算机辅助教学(电视及录像设备、电声设备、光学投影设备、教学机器)等。

2. 简述学生性格差异的教育意义。

(1)性格虽然不会决定学习是否发生,但它却会影响学生的学习方式。性格也可作为动力因素影响学习的速度和质量。性格的个别差异又会影响学生对学习内容的选择,而且还会影响学生的社会性学习和个体社会化。

(2)为了促进学生的全面发展,学校教育应更重视性格因素的作用,使教育内容的选择和组织更好地适应学生的性格差异。

五、案例分析题(参考答案)

陈明的认知风格属于场独立型,罗亮的认知风格属于场依存型。

(1)场独立型的学生对客观事物的判断常以自己的内部线索(经验、价值观)为依据,不易受到周围环境因素的影响和干扰,倾向于对事物的独立判断;行为常是非社会定向的,社会敏感性差,不善于社交,关心抽象的概念和理论,喜欢独处。案例中的陈明在处理图形逻辑问题时速度很快,在学习上遇到问题时,常利用个人经验独立对其进行判断,喜欢用概括的与逻辑的方式分析问题,很少受到同学与老师建议的影响。这符合场独立型认知风格的表现。

(2)场依存型的学生对客观事物的判断常以外部线索为依据,其态度和自我认知易受周围环境或背景(尤其是权威人士)的影响,往往不易独立地对事物做出判断,而是人云亦云,从他人处获得标准;行为常以社会为定向,社会敏感性强，爱好社交活动。案例中的罗亮处理图形逻辑问题的速度较慢，在学习上遇到问题时更愿意听老师和同学的建议，并以他们的建议作为分析问题的依据。另外，罗亮还喜欢察言观色，关注社会问题。这符合场依存型认知风格的表现。

提升必刷

答案速查

1～5	BBBBD	6～10	DCDCB	11～17	DDCBCCA
1～5	ABCD ABC ABCD BCD ABD			1～7	×√××√√×

一、单项选择题

1. B 【解析】勤奋感对自卑感阶段（6～12岁）的发展任务是培养勤奋感，小学生正处于此阶段。该阶段的学生若在学习中多次遭受挫折，容易形成自卑感。依据题干所述，该学生很可能发展出自卑感。

2. B 【解析】维果斯基认为，儿童的自言自语是儿童和自己的一种交流，是借以指导自己行为的特殊方式，随着儿童的成熟，这种自言自语逐渐发展为耳语、口唇动作、内部语言和思维，从而完成内化过程。在内化过程中，语言发展中的自我中心言语起着至关重要的作用，自我中心语言的出现表明儿童的符号系统已经开始内化。故本题选B项。

3. B 【解析】前运算阶段与感知运动阶段相比有了质的飞跃。其最大的特点就是符号功能的发展。由于符号功能的出现，儿童开始从具体的动作中摆脱出来，凭借象征性格式在头脑里进行“表象性思维”。故本题答案选B项。

4. B 【解析】皮亚杰认为智力的本质是适应。儿童的认知是在已有图式的基础上，通过同化、顺应和平衡，不断从低级向高级发展。

5. D 【解析】场依存型的人较易于接受别人的暗示，他们学习的努力程度往往受到外来因素的影响。因而，场依存型的学生在诱因来自外部时学得更好。而场独立型的学生在内在动机作用下学习，时常会产生更好的效果。A、B两项表述正确。冲动型学生面对问题时总是急于求成，不能全面细致地分析问题的各种可能性。C项表述正确。在对不同学习内容的测验上，沉思型学生与冲动型学生的成绩也存在明显差异。一般来说，较之冲动型学生，沉思型学生的阅读成绩、再认测验成绩及推理测验成绩较好，其创造性设计成绩优秀。相比之下，冲动型学生往往阅读困难，较多表现出学习能力缺失、学习成绩不及格。D项表述不正确。

6. D 【解析】主动感对内疚感阶段的主要任务是发展主动性。这个阶段儿童的主要活动是游戏，经常进行角色游戏，模仿成人，使儿童与社会联系，对待危机的态度是有目的地积极解决或无价值感。因此，儿童喜爱用玩具模仿大人炒菜的活动最可能发生在主动感对内疚感的阶段。

7. C 【解析】学习风格是学习者在探究、解决其学习任务时所表现出来的典型的、一贯的、独具个人特色的学习策略和学习倾向。题干所述体现了不同学生各具特色的学习风格，故选C项。

8. D 【解析】顺应是指当有机体不能利用原有图式接受和解释新刺激时，其认知结构发生改变来适应刺激的影响。“吃一堑”是不能利用原有图式接受和解释新刺激，“长一智”是认知结构发生改变，符合顺应的定义。

9. C 【解析】人格由本我、自我和超我三部分构成。其中，超我位于人格结构的最高层，是道德化了的自我，由社会规范、伦理道德、价值观念内化而来，其形成是社会化的结果。超我遵循道德原则，它具有三个作用：(1)抑制本我的冲动；(2)对自我进行监控；(3)追求完善的境界。题干中小楠没有受到批评还是感到内疚，正是超我在道德层面对自我进行监控的结果，故选C项。

10. B 【解析】心理的发展可以因进行的速度、到达的时间和最终达到的高度而表现出多样化的发展模式。一方面表现出个体不同系统在发展的速度、发展的起止时间与到达成熟时期的进程不同;另一方面也表现出同一机能特性在发展的不同时期有不同的发展速率。心理发展具有速度的不平衡性,如智力的发展,如美国心理学家布卢姆的研究,最初的发展极为迅速,在4周岁前就可达到成人智力成熟水平的一半,而后则呈阶梯状减速发展。因此,本题选B项。

11. D 【解析】图式是知识的一种表征方式,是概括化的动作模式和动作的结构或组织。根据皮亚杰的理论,图式在前运算阶段不具有可逆性,在具体运算阶段图式获得可逆性。故D项说法不准确。

12. D 【解析】小学生自我概念的发展表现出以下特点:(1)自我描述从比较具体的、外部的特征向比较抽象的、内部的特征发展。(2)开始用心理词汇描述自己,但仍以具体形式看待自己,把自己的特征视为不绝对的。例如,8~11岁儿童,他们认为自己是善良的,因为自己将东西分给了同学或帮助了同学。但他们还不太理解自己的个性特征在不同的场合下会有不同的表现。(3)自我概念内容中的社会性随年级的升高而增多。

13. C 【解析】弗洛伊德将人格结构分成三个层次:本我、自我和超我。超我位于人格结构的最高层次,是道德化了的自我,由社会规范、伦理道德、价值观念内化而来,其形成是社会化的结果。超我遵循道德原则,它具有三个作用:(1)抑制本我的冲动;(2)对自我进行监控;(3)追求完善的境界。学生最终放弃作弊正是超我在道德层面对自我进行监控的结果。

14. B 【解析】投射自我是指个体想象中他人对自己的看法,如想象自己在他人心目中的形象,想象他人对自己的评价,以及由此而产生的自我感。

15. C 【解析】所谓"社会自我"就是个人对自己在人际关系、社会关系中的角色的意识,包括个人对自己在人际关系、社会关系中的作用与地位的意识,对自己所承担的社会义务和享有的社会权利的意识等。

16. C 【解析】学生的认知倾向的表现会因教师的教学风格、教学策略及课堂教学目标和学习内容的类型等因素的影响而有所差异,它可以通过教学来加以培养调整。如对场依存型的学生,注意培养其独立思考的能力;对冲动型的学生,注意培养其有条理地、细心地分析问题、解决问题的能力等。

17. A 【解析】埃里克森强调社会文化背景的作用,认为人格发展会受特定文化背景的影响和制约。A项说法错误。霍尔认为个体心理发展是人类进化过程的简单重复,个体心理发展由种系发展决定。B项说法正确。教育是个体在心理发展过程中所接受的来自环境的最主要的影响,也是个体心理发展过程中起主导作用的因素。C项说法正确。皮亚杰认为心理发展就是个体通过同化和顺应日益复杂的环境而达到平衡的过程,个体也正是在平衡与不平衡的交替过程中不断建构和完善认知结构,从而实现认知发展的。D项说法正确。

二、多项选择题

1. ABCD 【解析】处于自我同一性对角色混乱的阶段的个体正处于身心迅速发展和接近成熟的时期,他们对周围世界开始有了自己的评价和判断,自我意识增强,情感更加丰富,但他们又缺乏对世界的实际了解,缺乏自立能力,思想、情感常处于一种冲突和混乱之中。如何形成自我同一性,克服自我角色的混乱是这一时期所面临的任务。如果学校和家庭给予他们正确的引导,提供适当的工作和锻炼的机会,将有助于他们建立稳定的自我同一性。

2. ABC 【解析】自我意识的突然高涨、中枢神经系统的兴奋性过强以及独立意识的出现是初中生产生反抗心理的主要原因。

3. ABCD 【解析】认知方面的差异研究表明:从13岁开始,男性空间知觉能力明显优于女性。男女记忆方面的优势不同,女性机械记忆能力强,短时记忆广度超过男性;男性的理解记忆、长时记忆优于女性。从婴儿期到青春前期,女孩言语发展一直优于男孩,在包括接受性和创造性言语任务及需要高水平言语能力的任务中,女孩得分均高于男孩。

4. BCD 【解析】所谓自卑感是指一种轻视自己、不相信自己、对自己持否定态度的一种自我体验。自卑的人热衷于与人比较,他们对自己有很高的期待,但无法接受追求成功过程中的失败,因为他们对自己缺乏客观、清醒的认识,无法悦纳自己。A项说法错误,B项说法正确。一旦失败受挫,就容易产生自我怀疑和自我否定,引发一系列的心理困扰。C项说法正确。自卑是不容易处理的心理问题,教师若能引导学生对自己进行客观全面的认知,对成败进行正确的归因,消除非理性观念,使他们不时地得到成功体验,都有助于减少学生的自卑感。事实上,超越自卑除了外在的帮助外,当事人自身的心理资质和自助意向也是一个要素。D项说法正确。

5. ABD 【解析】皮亚杰提出了认知发展的阶段理论,将个体的认知发展分为四个阶段,其中11岁~成人属于形式运算阶段。A项正确。根据埃里克森的人格发展理论,初、高中阶段(即12~18岁)处于自我同一性对角色混乱阶段,这一阶段的发展任务是培养自我同一性。B项正确。最近发展区是儿童在有指导的情况下,借助成人的帮助所能达到的解决问题的水平与独自解决问题所达到的水平之间的差异,实际上是两个邻近发展阶段间的过渡状态。C项是学习准备的含义。青年初期,智力接近成熟,抽象逻辑思维由"经验型"向"理论型"转化,开始出现辩证思维,与人生观相联系的情感占主要地位,道德感、理智感和美感有了深刻的发展。D项正确。

三、判断题

1. × 【解析】儿童在2~3岁的时候,掌握代名词"我",是儿童自我意识萌芽的最重要标志。

2. √ 【解析】按照皮亚杰的认知发展阶段理论,初中生的思维发展正处于形式运算阶段。皮亚杰认为同一个人在某一学科领域的思维可以达到形式运算水平,但遇到新的困难问题时,其思维又会退回到具体运算水平。

3. × 【解析】学习风格是学习者在长期的学习过程中受多种因素影响逐步形成的相对稳定的学习方式偏爱。学习风格一经形成,就具有持久性和稳定性,并且无高低、好坏之分。

4. × 【解析】少年期学生处于生理发育的第二个高峰期。整个少年期充满独立性和依赖性、自觉性和幼稚性错综的矛盾。这一时期也被称为"心理断乳期"或"危险期"。对这一阶段的少年如果管教过严,会使他们出现逆反心理。要尊重、支持和引导少年独立的要求,丰富少年的内心世界,使其形成正确的自我意识和自我理想。

5. √ 【解析】在阅读教学中,场独立型者善于理解、记忆文章中的具体细节或部分,但往往把握不住文章的主题;而场依存型者正相反,他们能掌握文章总的框架结构或基本思想,但对文中的具体细节不能分析清楚。

6. √ 【解析】处于学龄期(6~12岁)这一阶段的儿童,都应在学校接受教育。学校是训练儿童适应社会、掌握今后生活所必需的知识和技能的地方。如果他们能顺利地完成学习课程,他们就会获得勤奋感,这使他们在今后的独立生活和承担工作任务时充满信心。反之,就会产生自卑感。因此,对于这一阶段的儿童,教师应积极训练儿童适应社会、掌握今后生活所必需的知识和技能。

7. × 【解析】皮亚杰认为,儿童的心理发展是一个连续的过程,这个过程具有阶段性,可以分为感知运动、前运算、具体运算和形式运算四个阶段。同时,每两个阶段之间都不是截然分开的,而是有着一定的交叉和重叠。他认为四个阶段的顺序是不变的,因为每个阶段都是下一个阶段的必要条件,前一个阶段的认知图式是后一阶段的基础。所有的儿童都要依次经历这四个发展阶段,不能跨越,也不能颠倒。但是,由于环境、文化、教育等差异,这些阶段可能加速或推迟。因此,题干说法错误。

四、案例分析题(参考答案)

1. (1)为人师者,下此结论是一种不负责任的草率行为。

(2)影响人心理发展的主要因素有:遗传、环境、教育和主观能动性。案例中的小女孩主要是因为家庭教养方式的关系,本身性格比较内向,加上环境不熟悉,教师如果仅凭孩子"整日闷声不响",就断定孩子傻,是不科学的。

(3)通过"智力测验"并不能完全断定一个人的智力,还需要一定的医学鉴定。作为教师或学校,想以此判断孩子智商的优劣，是不科学的，毕竟教育在人的发展中具有主导作用。教育学、心理学的实验证明，人的智力是呈正态分布的，智障儿童和天才儿童都是极少数，大多数人的智力属于中等水平。由于智力的发展是一个循序渐进的过程，班主任老师毫无科学依据的说法是错误的，而且还可能对孩子心理的发展造成伤害。

2. (1)我认为造成张晓这些行为的原因有以下几个方面：①张晓是一名初中二年级的学生，初中时期也被称为“心理断乳期”或“危险期”。处于该年龄阶段的学生，具有很强的逆反心理。②家庭方面：张晓的父母由于工作繁忙，经常出差，与张晓沟通较少。正是因为父母没有给予张晓足够的关心、陪伴和及时的沟通、引导，才会导致处于青春期的张晓变得更加叛逆。③环境方面：同伴群体对张晓的负面影响。④学校教育方面：班主任李老师对张晓采取的是直接批评的教育方式，没有注意保护学生的自尊心。

(2)通过以上分析，我将提出以下解决方法：①班主任李老师应该给予张晓更多的关注，并且注意沟通的方式和技巧，尊重和理解她，从关爱张晓的角度出发，走进她的内心，帮助张晓形成正确的态度和价值观。②作为老师，应该多与家长就张晓的行为表现进行沟通交流，并且要求家长重视对孩子的教育和引导，要多关心和陪伴张晓，多沟通和交流。

真题必刷

答案速查

1 ~ 7	ACCBDDD	1 ~ 3	ABCE ABC BC
1 ~ 4	× √ √ √		

一、单项选择题

1. A 【解析】勤奋感对自卑感(6 ~ 12岁)阶段的发展任务是培养勤奋感。本阶段影响儿童活动的主要因素已由父母转向同伴、学校和其他社会机构。教师在培养勤奋感方面具有特殊作用。敏感、耐心、富于指导经验的教师有可能使具有自卑感的学生重新获得勤奋感。埃里克森指出，许多人对工作和学习的态度习惯可以追溯到本阶段的勤奋感。

2. C 【解析】主动感对内疚感阶段的发展任务是培养主动性。这一阶段儿童的活动范围逐渐超出家庭的圈子，儿童开始追求出于自我利益和动机的活动。他们想象自己正在扮演成年人的角色，并因以为自己能从事成年人的角色和胜任这些活动而体验一种愉快的情绪。这一阶段，成年人应监督而不是干涉儿童的主动性和创造性的活动。过多的干涉可能会造成儿童缺乏尝试和主动性的性格。题干中，雯雯一开始独立尝试操作抓娃娃机，后因未抓到而被妈妈制止，妈妈亲身示范并传授操作技巧，但雯雯仍未成功抓到娃娃，内心感到挫败，因而放弃玩抓娃娃机。这表明妈妈的行为干扰了雯雯在游戏活动中的主动尝试与独立探索，打击了雯雯的主动性。因此，雯雯最可能处于主动感对内疚感阶段。本题选C项。

3. C 【解析】塞尔曼认为，儿童的角色采择能力的发展表现为以下五个阶段。阶段0：自我中心的观点采择(3 ~ 6岁)；阶段1：社会信息的观点采择(6 ~ 8岁)；阶段2：自我反省的观点采择(8 ~ 10岁)，在此阶段，儿童逐渐认识到即使得到相同的信息，自己和他人的观点也可能会有冲突。他们已能考虑他人的观点，并预期他人的行为反应，但儿童还不能同时考虑自己和他人的观点。阶段3：相互的观点采择(10 ~ 12岁)；阶段4：社会和传统体系的观点采择(12 ~ 15岁以上)。综上，本题选C项。

4. B 【解析】弗洛伊德认为，在儿童时期，三个重要的性感区是口腔、肛门和生殖器。这三个区域以特有的阶段次序成为儿童的兴奋中心，也形成了相应的五个人格发展阶段：口唇期(0 ~ 1岁)、肛门期(1 ~ 3岁)、性器期(3 ~ 6岁)、潜伏期(6 ~ 12岁)、生殖期(12 ~ 20岁)。其中，在潜伏期阶段，力比多处于休眠状态。儿童将性器期以异性父母为对象的性冲动转移到环境中的其他事情上去。本题选B项。

5. D 【解析】本我是生物本能我，遵循快乐原则。自我是心理社会我，遵循现实原则。超我是道德理想我，遵循道德原则。故选D项。

6. D 【解析】埃里克森的人格发展阶段理论中自我同一性对角色混乱对应的年龄段是12～18岁，故选D项。

7. D 【解析】处于同一性早闭状态的青少年对同一性的探索提前结束，他们没有对有关自我发展的重大问题进行过思考，对自我投入的目标、价值、信仰反映了父母或其他权威人物的希望。故选D项。

二、多项选择题

1. ABCE 【解析】个体心理发展的一般特征有：(1)连续性与阶段性；(2)定向性与顺序性；(3)不平衡性；(4)差异性。

2. ABC 【解析】根据皮亚杰的认知发展阶段理论可知，在感知运动阶段的后期，完整清晰的客体永久性(客体永恒性)已经形成。此时，尽管儿童并没有看见这些物体放在某个特定的地方，但也能积极地寻找他们认为被藏起来的东西。题干中的儿童寻找被藏起来的饼干，正体现了客体永恒性。前运算阶段的儿童还没有"守恒"能力或没有形成"守恒"的概念，思维缺乏观念的传递性，即不能进行可逆运算。题干中的儿童在饼干被掰成两半后，认为饼干变多了，这是不能进行可逆运算、思维不守恒的表现。因此，答案选ABC三项。

3. BC 【解析】场依存型学生一般较偏爱社会科学，他们的学习常常依赖外部反馈，对人比对物更感兴趣，故BC两项符合题意。AD两项属于场独立型学生的特点。

三、判断题

1. × 【解析】皮亚杰将个体的认知发展分为以下四个阶段：(1)感知运动阶段(0～2岁)；(2)前运算阶段(2～7岁)；(3)具体运算阶段(7～11岁)；(4)形式运算阶段(11岁～成人)。客体永久性属于感知运动阶段的特征，在这个阶段，儿童只能依靠自己的肌肉动作和感觉应付环境中的刺激。在前运算阶段，儿童的思维具有早期的信号功能，儿童能将各种感知信息以心理符号的形式储存下来，积累了表象素材，促进了表象性思维的发展。因此，儿童在前运算阶段开始用符号表征事物。

2. √ 【解析】智力的性别差异表现在：(1)男女智力的总体水平大致相等，但男性智力分布的离散程度比女性大。(2)男女的智力结构存在差异，各自具有自己的优势领域。男生女生在空间能力上存在性别差异，一般认为，男性的空间能力优于女性。

3. √ 【解析】心理自我是在青春期开始发展和形成的。这时，青年开始形成自觉地按照一定的行动目标和社会准则来评价自己的心理品质和能力。故题干说法正确。

4. √ 【解析】最近发展区是儿童在有指导的情况下，借助成人的帮助所能达到的解决问题的水平与独自解决问题所达到的水平之间的差异。在合作学习中，按照维果斯基的理论，只要具备更多知识的同伴根据儿童的最近发展区给儿童提供帮助，他们就可以使儿童学习进步。故题干说法正确。

四、简答题(参考答案)

简述埃里克森的心理社会发展阶段论。

美国精神分析学家埃里克森认为，人格发展是一个逐渐形成的过程，必须经历八个顺序不变的阶段：(1)基本的信任感对基本的不信任感(0～1.5岁)；(2)自主感对羞耻感(1.5～3岁)；(3)主动感对内疚感(3～6岁)；(4)勤奋感对自卑感(6～12岁)；(5)自我同一性对角色混乱(12～18岁)；(6)亲密感对孤独感(成年早期)；(7)繁殖感对停滞感(成年中期)；(8)自我整合对绝望感(成年晚期)。

五、案例分析题(参考答案)

(1)“最近发展区理论”是著名心理学家维果斯基提出的,他认为,学生有两种发展水平:一是学生的现有水平,即由一定的已经完成的发展系统所形成的学生心理机能的发展水平;二是学生可能达到的发展水平。这两种水平之间的差异,就是最近发展区。也就是说,最近发展区是学生在有指导的情况下,借助教学的帮助所能达到的解决问题的水平与独自解决问题所达到的水平之间的差异,实际上是两个邻近发展阶段间的过渡状态。因此,在教学中,要让学生站在“学生的现有水平”上,跳一跳摘到“桃子”。学生跳起来的空间就是“最近发展区”,而“桃子”就是“学生可能达到的发展水平”,通过教学不断地将“可能达到的发展水平”转化为“学生的现有水平”,使全部教学工作走在学生发展的前面,最终跨越“最近发展区”而达到新的发展水平。

(2)上述教学案例通过运用“最近发展区理论”实施有效教学,值得我们学习和借鉴,案例中的教师具体是从以下几个方面入手的:

①创设学习情境,引导有效教学。在片段一中,该教师以故事背景提出问题,让学生对学习内容产生浓厚的兴趣,并由“鱼的呼吸”联想到人类呼吸。该片段中的教师将教学中的问题情境建立在学生浓厚的兴趣上,必能使学生以愉快的心情探索问题的答案,激发思维的灵活性,并且在这种活跃的氛围中设置问题,能使学生由惊奇转入积极的思维状态,让学生展开想象的翅膀,思考问题的答案。该教师的教学手段值得我们学习借鉴。

②准备恰当的垫脚石,帮助学生建构知识体系。在课堂教学过程中,教师的教应以满足学生的学为前提,但一味地主张学生的主体性,又难免使教学陷入另一种窘境。因此,我们可以学习片段二中教师的做法,一边调动学生“放出”问题,一边引领学生“收回”问题,在宽松的对话、沟通中进行教学。即在教学中,教师要适时地提供恰当的垫脚石,帮助学生顺利地建构知识体系,明确学习目标直至到达“可能的发展水平”。

③组织实践活动,探究获取真知。在片段三中,教师鼓励学生进行观察实验,让学生科学探究“土壤中有什么”。该教师的做法真正落实了学生在学习中的主体地位,使得学生既学会了知识、方法与技能,又提高了学生的能力,较好地促进了学生实践素养的形成。因此,在教学中,我们应学习该教师的做法,将实践探究活动与教学内容、教学目标有机地结合起来,把教学内容与学生生活有关,但又存在难点的部分作为教学的“探究点”,让学生在探究中获取真知。

第三章　学习理论

基础必刷

3-3基础必刷答案详解

专题1 学习概述

答案速查

1~5	ADBCB	6~10	DAAAA	11~16	BAAACB
1~4	××××				

三、简答题(参考答案)

1.简述加涅提出的五种学习结果分类。

加涅根据学习结果,将学习分为五种类型:(1)智慧技能,是指运用符号或概念与环境交互作用的能力。智慧技能又可分为五个小类:辨别学习、具体概念学习、定义性概念学习、规则学习、高级规则的学习。(2)认知策略,是指调控自己的注意、学习、记忆和思维等内部心理过程的技能。(3)言语信息,是指有关事物的名称、时间、地点、定义以及特征等方面的事实性信息。(4)动作技能,是指通过身体动作的质量的不断改善而形成整体动作模式。(5)态度,是指影响个人对人、事、物采取行动的内部状态。以上五项内容分属于三个领域:前三项内容属于认知领域;第四项内容属于动作技能领域;第五项内容属于情感领域。

2. 简述学生学习的特点。

(1)接受学习是学习的主要形式,具有目的性、计划性和组织性;(2)学习过程是主动构建过程,具有自主性、策略性和风格性,是师生互动的过程;(3)学习内容以系统学习人类的间接知识经验为主,具有间接性;(4)学习目标具有全面性、多重目的性;(5)学生的学习具有一定程度的被动性。

专题2 行为主义学习理论

答案速查

1 ~ 5	DABDC	6 ~ 10	ABCDD	11 ~ 15	BCBDC	16 ~ 20	CDADD
21 ~ 25	ACDBA	26 ~ 30	BDBDB	31 ~ 35	ABDDD		
1 ~ 5	AB ABCD AD BD AD			6 ~ 9	CD AC AB BC		
1 ~ 5	×√√√×			6 ~ 11	××√√××		

四、案例分析题(参考答案)

(1)班杜拉以儿童的社会行为习得为研究对象,形成了其关于学习的基本思路,即观察学习是人的学习最重要的形式。班杜拉认为,学习是个体通过对他人的行为及其强化结果的观察,从而获得某些新的行为反应或已有的行为反应得到修正的过程。案例中儿童出现攻击行为,是因为他们观看成年男子对充气玩偶进行攻击(如大声吼叫或拳打脚踢)的视频后,发生了观察学习。

(2)替代强化是指观察者因看到榜样的行为被强化而受到强化。案例中"第一组儿童产生较多的攻击性行为,第二组则比第三组表现出更少的攻击性行为",是因为第一组儿童和第二组儿童在观看过程中出现了替代强化。

专题3 认知派学习理论

答案速查

1 ~ 5	CDDBD	6 ~ 10	AAABB	11 ~ 14	AACA
1 ~ 5	AD BCD BC ABD ABC			6 ~ 8	BC BCD BC
1 ~ 6	××√×××				

四、简答题(参考答案)

1. 简述完形顿悟说的基本内容。

(1)学习的实质——形成新的完形。从学习的结果来看,学习并不是形成刺激—反应的联结,而是形成了新的格式塔(完形)。

(2)学习的过程——顿悟过程。从学习的过程来看,学习是通过顿悟过程实现的。因此,学习不是一种盲目的尝试,而是由于对情境的顿悟而获得的成功。所谓顿悟,就是领会到自己的动作和情境,特别是和目的物之间的关系。

2. 简述布鲁纳的认知发现学习理论。

布鲁纳主张学习的目的在于以发现学习的方式,使学科的基本结构转变为学生头脑中的认知结构。

(1)学习观:①学习的实质在于主动形成认知结构;②学习包括获得、转化和评价三个过程。

(2)教学观:①教学的目的在于理解学科的基本结构;②掌握学科的基本结构的教学原则包括动机原则、结构原则、程序原则、强化原则。

(3)布鲁纳认为,发现是教育儿童的主要手段,学生掌握学科的基本结构的最好方法是发现学习。发现学习是指给学生提供有关的学习材料,让学生通过探索、操作和思考,自行发现知识、理解概念和原理的教学方法。

3. 什么是先行组织者?简述其类型及功能。

(1)先行组织者是指先于某个学习任务本身呈现的引导性学习材料。先行组织者的抽象、概括和综合水平高于学习任务,并与认知结构中的原有观念及新的学习任务相关联。

(2)先行组织者可以分为两类:说明性组织者(陈述性组织者)和比较性组织者。

(3)先行组织者的作用:奥苏贝尔认为,先行组织者不仅能够帮助学习者学习新知识,而且可以帮助其保持知识。具体表现在以下几个方面:①能够将学生的注意力集中在将要学习的新知识中的重点部分;②突出强调新知识与已有知识的关系,为新知识提供一种框架;③能够帮助学生回忆起与新知识相关的已有知识,以便更好地建立联系。

专题4 人本主义学习理论和建构主义学习理论

答案速查

1~5	DCDCD	6~10	DDBCA	1~6	AB ABC ABD ABD CD ACD

三、论述题(参考答案)

简述建构主义学习理论的基本观点。

建构主义学习理论的基本观点有:

(1)建构主义知识观。建构主义在一定程度上质疑知识的客观性和确定性,强调知识的动态性。

(2)建构主义学习观。建构主义在学习观上强调学习的主动建构性、社会互动性和情境性三方面。建构主义学习理论认为"情境""协作""会话"和"意义建构"是学习环境中的四大要素或四大属性。

(3)建构主义教学观。在教学上,建构主义者提出要尊重学生的观点和经验,并重视与学生相关的问题,而且这些问题应当是学生所关注的,可引起他们的兴趣。针对学生的观点进行教学,主张教师在教学中应坚持"少而精"的原则。

(4)建构主义学生观。建构主义非常强调学习者本身已有的经验结构,认为学习者在学习新信息、解决新问题时往往可以基于相关的经验,依靠其认知能力形成对问题的解释。

(5)建构主义教师观。信息加工的认知主义更多地把教师看成是学生学习的指导者、设计者,而建构主义更愿意把教师看成是学生学习的帮助者、合作者。建构主义认为教学不是由教师到学生的简单的转移和传递,而是在师生的共同活动中,教师通过提供帮助和支持,引导学生从原有的知识经验中"生长"出新的知识经验。

提升必刷

答案速查

1～5	DACAC	6～10	DAABD	11～15	DBBBC	16～20	DBBCD
21～23	CDA			1～5	AB ACD ABCD ABCD BCD		
6～11	ABCD ABD ABC ABC ABC BCD			1～7	×√×√√×√		

一、单项选择题

1. D 【解析】建构主义学习理论认为,学习是学习者建构自己知识的过程,学习者不是被动的信息接受者,而是信息意义的主动建构者,他要对外部信息进行主动的选择与加工,主动建构信息的意义。外部信息的意义并不是由信息本身决定的,外部信息本身没有意义,意义是学习者通过新旧知识经验之间反复的、双向的相互作用过程而建构成的。题干所述属于建构主义学习观的内容。

2. A 【解析】罗杰斯提出了非指导性教学模式。所谓"非指导性教学",就是非操纵教学,教师不是直接地教学生,而仅仅是促进他们学习。这种教学活动把学生放在居中的位置上,把学生的"自我"看成是教学的根本要求,教师竭尽所能地创造和谐、融洽、宽松的课堂气氛,使学生在整个学习过程中都感到安全与自信,充分显露自己的潜能,朝自我实现的目标发展。

3. C 【解析】效果律是指刺激和反应之间的联结可因导致满意的结果而加强,也可因导致烦恼的结果而减弱。题干中陈老师给学习成绩不理想的同学预支分数并进行鼓励,增强了学生的学习兴趣,转变了学生的学习态度,这是因满意的结果导致的,故体现了效果律。答案选C项。

4. A 【解析】斯金纳将操作性条件反射原理应用到教学活动上,提出了程序教学论及其教学模式。斯金纳认为,程序教学可以利用教学机器进行,把每一知识项目编制成知识框面,通过教学机器上的窗口或屏幕呈现给学习者,并能记录学习者回答的对错,出示下一步该学习哪一框面中的知识项目等信息。程序教学也可以通过编制成书本来进行,每页呈现一项问题,并根据学生的回答指示学生下一步该学习哪一页的知识。故本题最佳答案选A项。

5. C 【解析】斯金纳把人和动物的行为分为两类:应答性行为和操作性行为。应答性行为是由特定刺激引起的,是不随意的反射性反应;而操作性行为则不与任何特定刺激相联系,是有机体自发做出的随意反应。在日常生活中,人的大部分行为都是操作性行为。经典性条件反射理论可以解释应答性行为的产生,而操作性条件作用理论可以解释操作性行为的产生。A、B、D三项是由特定刺激引起的行为,它们可用经典性条件反射理论来解释,故属于应答性行为。C项是先前的行为后果影响随后的行为,可用操作性条件作用理论来解释,故属于操作性行为。因此,答案选C项。

6. D 【解析】布鲁纳提出四条基本教学原则:动机原则、结构原则、程序原则、强化原则。强化原则中,布鲁纳认为,为掌握某个课题,学生必须获得反馈,知道效果如何。题干中小张老师没有依据自己课堂所讲内容布置课后作业,也不做评价,是没有反馈的体现,没有遵循强化原则,本题选择D项。

7. A 【解析】加涅提出了学习过程的八个阶段,包括动机、了解(领会)、获得(习得)、保持、回忆、概括、操作、反馈。其中,动机阶段强调激发学习者的学习动机;领会阶段强调注意和选择性知觉;习得阶段强调所学的信息进入短时记忆,并编码和储存;保持阶段强调已编码的信息进入长时记忆储存。题干中的物理老师通过新颖的引入和提出问题的方式使学生形成学习期望,这属于学习动机的激发,故选A项。

8. A 【解析】学生的学习具有以下特点:(1)接受学习是学习的主要形式,具有目的性、计划性和组织性。

(2)学习过程是主动构建过程，具有自主性、策略性和风格性，是师生互动的过程。(3)学习内容以系统学习人类的间接知识经验为主，具有间接性。(4)学习目标具有全面性、多重目的性。(5)学生的学习具有一定程度的被动性。其中，学生学习的多重目的性指学生在学校的学习不仅要掌握知识经验，而且要发展能力，锻炼健康的体魄，同时还要培养良好的品德，形成科学的世界观和人生观，促进健康人格的形成和发展。

9. B 【解析】先行组织者即先于某个学习任务本身呈现的引导性学习材料。先行组织者不仅能够帮助学习者学习新知识，而且可以帮助其保持知识。奥苏贝尔主张应用“先行组织者技术”的用意是帮助学习者学习和保持新知识，为学生学习新知识奠定知识背景。故本题选B项。

10. D 【解析】一级强化是满足人和动物的基本生理需要，如食物、水、安全、温暖、性等。二级强化是任何一个中性刺激如果与一级强化反复联合，它就能获得自身的强化性质。二级强化可分为社会强化（如社会接纳、微笑等）、信物（如钱、级别、奖品等）和活动（如自由地玩、听音乐、旅游等）。因此，温暖属于一级强化，金钱、微笑、听音乐属于二级强化，故选D项。

11. D 【解析】新学习一定要适合学习者当时的认知发展水平，任何新能力的学习需要先学习包含在新能力里面的从属的能力。奥苏贝尔非常强调原有的认知结构在新的学习中的作用，他在《教育心理学：认知观点》中写道：“假如让我把全部教育心理学仅仅归结为一条原理的话，那么，我将一言以蔽之：影响学习的唯一最重要的因素，就是学习者已经知道了什么。要探明这一点，并应据此进行教学。”

12. B 【解析】“比较性组织者”通过比较新知识与认知结构中类似的或邻近的知识的异同，提高两者的可辨别性，从而促进对新知识的有意义的学习，保证学生获得精确的知识。

13. B 【解析】先行组织者的抽象、概括和综合水平高于学习任务，并与认知结构中的原有观念及新的学习任务相关联。其使用目的是为新的学习任务提供观念上的固着点，增加新旧知识之间的可辨别性，以促进学习的迁移。

14. B 【解析】布鲁纳认为，任何知识结构都可以用动作、图像和符号三种表征形式来呈现。对于不同年龄、知识背景的学生和不同学科性质的知识而言，以哪一种形式呈现给学生会直接影响学生获得知识的难易程度和正确性。在本题中，因为四年级（10～11岁）是儿童思维从以具体形象思维为主过渡到以抽象逻辑思维为主的关键年龄期（如果教育条件适当，这个关键年龄可以提前到三年级），所以，小学高段和中学低段学生的抽象逻辑思维发展良好。对于他们来说，符号表象是最佳的知识呈现形式。

15. C 【解析】中性刺激一旦成为条件刺激，可以起到与无条件刺激相同的作用。另一个中性刺激与其反复结合，可形成新的条件作用，这一过程被称为高级条件作用。例如，测验失败引起学生条件性的紧张或焦虑等情绪反应，就经历了一个高级条件作用的形成过程。测验失败一开始也许只是一个中性事件，但逐渐与家长或老师的批评联系起来，而批评本身是引起学生焦虑的条件刺激，久而久之，测验失败引起焦虑。再进一步，与测验情境有关的线索也可能成为条件刺激，例如，当学生走进考场时，或者老师宣布即将举行考试时，学生感到非常焦虑。

16. D 【解析】罗杰斯提出了以学生为中心的人本主义教学模式。其基本要点是：(1)教师要以真诚、关怀和理解的态度对待学生的情感和兴趣，创造一种促进学习的良好氛围。所以，A项不符合题意。(2)学习的决策是师生共同参与的过程，学生单独或协同制定学习方案，并对他们自己选择的后果分担责任。所以，B项不符合题意。(3)学习集体的着眼点集中在促进学习过程的不断发展上面，学习内容退居于第二位。所以，C项不符合题意。(4)课程的安排是无结构的，主要是从事自由的讨论，使学生能形成和表达他们自己的看法和感受。所以，D项符合题意。(5)教师是一个非强制的知识资源，在学生有问题时提供有价值的评论或可参考的读物，教师鼓励学生把个人的知识和经验纳入这种学习资源之中。(6)自律是学习达到目的的必备条件，学生把自律看作是他们自己的责任，自律代替外加纪律。(7)学习评估主要由学生自己来做。(8)在这种促进生长的氛围中，学习会更加深入，速度更快，而且在学生的生活和行为中普遍产生影响。

17. B 【解析】有意义学习产生的条件之一是学习材料本身具有逻辑意义，而机械学习借助的手段是人为任意附加的联系。记忆术往往利用形象或其他媒介、线索将本来没有联系的事物连接起来，达到对无意义材料或人们没有掌握意义材料的记忆。题干所述属于机械学习。

18. B 【解析】可变时距强化(变化时距强化)以强化物之间所经历的时间为基础，不定间隔的时间后给予一次强化，强化是不可预测的。例如，教师想要学生每天按时完成作业，所以随机抽查学生的作业，学生并不知道自己什么时候会被检查，认真完成作业的习惯便得以养成。

19. C 【解析】建构主义在学习观上强调主动建构性、社会互动性和情境性。孙老师带领学生在具体的情境中观察学习，并让同学们组成学习小组分享自己的观察结果。这体现的是建构主义的观点。

20. D 【解析】学习是有机体适应环境并与外界保持平衡的重要途径，动物通过学习适应环境的变化，人类则不仅要适应环境，还要主动去改变环境以更好地生存和发展。

21. C 【解析】低年级儿童对学习的过程和学习的外部活动更感兴趣，而对学习内容和结果的兴趣相对较弱。

22. D 【解析】有意义学习是指一种涉及学习者是完整的人，使个体的行为、态度、个性以及在未来选择行动方针时发生重大变化的学习，是一种与学习者各种经验融合在一起的、使个体全身心地投入其中的学习。莉莉在几个月内掌握了一种新的语言而且学会了当地的口音，属于有意义学习。

23. A 【解析】抑制效应指观察者看到他人的不良(或良好)行为受到社会谴责，观察者会暂时抑制受到谴责的不良(或良好)行为。题干所述属于抑制效应。B项习得效应，是指通过观察习得新的技能和行为模式。C项环境加强效应(刺激指向效应)，指通过观察榜样行为，观察者将自己的注意指向特定的刺激。D项情绪唤醒效应，指看到榜样表达的情感，在观察者身上容易唤起类似的情感。

二、多项选择题

1. AB 【解析】A项是格式塔学派的完形—顿悟学习理论的观点，B项是托尔曼的符号学习理论的观点，这两个理论均属于认知主义学习理论，故AB两项符合题意。CD两项属于行为主义学习理论。

2. ACD 【解析】加涅认为学习是一个有始有终的过程，这一过程可分为若干阶段，每一阶段需要进行不同的信息加工。A项说法正确。在各个信息加工阶段发生的事件，称为学习事件。学习事件是学生内部加工的过程，它形成了学习的信息加工理论的基本结构。与此相应，教学过程既要根据学生的内部加工过程，又要影响这一过程。因此，教学过程阶段与学习阶段是完全对应的。B项说法错误，C项说法正确。在每一教学阶段发生的事情，即教学事件，这是学习的外部条件。教学就是由教师安排和控制这些外部条件构成的，而教学的艺术就在于学习阶段与教学阶段的完全吻合。D项说法正确。

3. ABCD 【解析】固定比例强化指间隔一定的次数给予强化，如计件工资，A项正确。变化比例强化指每两次强化之间间隔的反应次数是变化不定的，如老虎机、钓鱼、买彩票等，B项正确。变化时间强化指强化之间间隔的时间是变化的，如冲浪运动、随时小测验等，C项正确。固定时间强化指间隔一定的时间给予强化，如每隔5分钟给予1次强化、计时工资，D项正确。

4. ABCD 【解析】人本主义心理学家提出的促进有意义学习的基本条件有：(1)强调以学生为中心，突出学习者在教学过程中的中心地位；(2)让学生觉察到学习的内容与自我的关系；(3)让学生身处一个和谐、融洽、被人关爱和理解的氛围，并且将这种气氛由教师逐步扩大到学生之间；(4)强调要注重从做中学。

5. BCD 【解析】联结学习理论认为，一切学习都是通过条件作用，在刺激和反应之间建立直接联结的过程。

强化在刺激—反应联结的建立中起着重要作用。在刺激—反应联结中，个体学到的是习惯，而习惯是反复练习和强化的结果。习惯一旦形成，只要原来的或类似的刺激情境出现，习得的习惯性反应就会自动出现。A项属于认知派学习理论的观点。

6. ABCD 【解析】题干中的“让学生自己探索知识”主要体现了张老师主张发现学习的教育理念。布鲁纳是发现学习的首创者。在他看来，在发现学习中，教师的主要作用在于：(1)鼓励学生有发现的自信心；(2)激发学生的好奇心和求知欲；(3)帮助学生寻找新问题与已知知识的联系；(4)训练学生运用知识解决问题的能力；(5)协助学生进行自我评价；(6)启发学生进行对比。

7. ABD 【解析】A项中加涅不是人本主义心理学的代表人物；B项中人本主义推行学生中心的教育理念，“教师”只是学习的促进者、协作者，“学生”是学习的关键；D项中人本主义主张学习的本质在于有意义的学习。

8. ABC 【解析】布鲁纳认为，在学习任何一门学科时，常有一连串的情节，每个情节都涉及获得、转化和评价三个过程。题干所述就是运用发现法，先给儿童以必要的事实，然后引导他们靠自己的思考与探索获取知识，接着对其来源、出处进行检核或估计。

9. ABC 【解析】建构主义学习理论强调学生已有知识经验的重要性，其认为学习是学习者主动地建构内部心理表征的过程，故A项说法正确。知识并不能精确地概括世界的法则，而是需要针对具体情境进行再创造，故B项说法正确。建构主义认为，知识结构不是加涅所指的直线结构或如布鲁纳、奥苏贝尔等人所提倡的层次结构，而是围绕关键概念而建构起来的网络结构，故C项说法正确。

10. ABC 【解析】罗杰斯提出的“有意义的自由学习”冲击了传统教育理论，推动了教育改革运动的发展，主要表现在：(1)突出情感在教学活动中的地位和作用，形成了一种以知情协调活动为主线、以情感作为教学活动的基本动力的新教学模式；(2)以学生的“自我”完善为核心，强调人际关系在教学过程中的重要性，认为课程内容、教学方法、教学手段等都维系于课堂人际关系的形成和发展；(3)把教学活动的重心从教师引向学生，把学生的思想、情感、体验和行为看作教学的主体，从而促进了个别化教学运动的发展。故选ABC三项。D项是马斯洛的观点，排除。

11. BCD 【解析】一级强化物包括所有在没有任何学习发生的情况下也起强化作用的刺激，如食物、水、安全、温暖、性等满足生理基本需要的东西。二级强化物包括那些在开始时不起强化作用，但后来作为与一级强化物或其他强化物配对的结果而起强化作用的刺激。金钱、考试成绩和手机游戏均属于二级强化物。

三、判断题

1. × 【解析】例—规法指在教学中先呈现一系列例证，让学生在例证中概括出原理。规—例法指先呈现要学习的规则，然后用例证来说明规则。

2. √ 【解析】奥苏贝尔从两个维度对学习做了区分：从学生学习的方式上，将学习分为接受学习与发现学习；从学习内容与学习者认知结构的关系上，又将学习分为有意义学习和机械学习。听教师精心设计的教学在学生学习方式的维度上属于有指导的发现学习，在学习内容与学习者认知结构的关系维度上属于有意义学习。

3. × 【解析】桑代克的实验研究是对学习问题进行的开创性研究，对后继研究有重要的启发作用。他的学习的准备律逐渐发展成今天的学习动机，而效果律逐渐演化为强化理论。

4. √ 【解析】从狭义的教育来说，学生学习的根本特点是接受学习，这是由学生所处的教育系统的整体特性决定的。学生通过占有传授者所提供的经验，来掌握前人所创造的经验，把别人的经验变成自己的经验。

5. √ 【解析】加涅汲取了各种学习理论的成分，他一方面认为行为的基本单元是刺激—反应联结，另一方面着力探讨刺激与反应之间的中介因素——心智活动。他把学习按照从不知到知的过程分成八个阶段。

6. × 【解析】尝试错误和顿悟在人类学习中均极为常见，它们是两种不同方式、不同阶段或不同水平的学习类型。一般来说，简单的、主体已有经验可循的问题解决，往往不需要进行反复地尝试错误；而对于复杂的、创造性的问题解决，大多需要经过尝试错误的过程，方能产生顿悟。

7. √ 【解析】抛锚式教学的主要目的是使学生在一个完整、真实的问题背景中产生学习的需要，并通过镶嵌式教学以及学习共同体中成员间的互动、交流，即合作学习，凭借自己的主动学习、生成学习，亲身体验从识别目标到提出和达到目标的全过程，故本题正确。

四、简答题(参考答案)

简述桑代克的联结—试误学习理论与完形—顿悟学习理论的关系。

格式塔学派对学习理论的发展做出了重要贡献，肯定了主体的能动作用，把学习视为主动构造完形的过程，强调观察、顿悟和理解等认知功能在学习中的作用，同时也批判了桑代克的联结—试误学习理论。

但是，完形—顿悟学习与桑代克的联结—试误学习也并不是互相排斥和绝对对立的。联结—试误往往是顿悟的前奏，顿悟则是练习到某种程度时出现的结果。联结—试误和顿悟在人类学习中均极为常见，它们是两种不同方式、不同阶段或不同水平的学习类型。一般来说，简单的、主体已有经验可循的问题解决，往往不需要进行反复的尝试错误；而对于复杂的、创造性的问题解决，大多需要经过联结—试误的过程，方能产生顿悟。

五、论述题(参考答案)

1. 奥苏贝尔的有意义学习与罗杰斯的有意义学习有何不同？

(1)在概念上，奥苏贝尔的有意义学习是以符号为代表的新观念与学习者认知结构中原有的适当观念建立起非人为的和实质性的联系。罗杰斯的有意义学习是指一种涉及学习者是完整的人，使个体的行为、态度、个性以及在未来选择行动方针时发生重大变化的学习，是一种与学习者各种经验融合在一起的、使个体全身心地投入其中的学习。

(2)在学习结果上，奥苏贝尔的有意义学习是在对事物理解的基础上，依据事物的内在联系所进行的学习，即新的学习材料如何纳入已有的知识系统之中。罗杰斯的有意义学习不局限于知识的简单积累，而是渗入到个人的行为之中，渗入到他为了未来而选择的一系列活动之中。学习使其态度和人格发生变化，是智德融为一体的人格教育和价值观的熏陶。

(3)在概念范畴上，奥苏贝尔的有意义学习属于认知范畴；罗杰斯的有意义学习属于知情统一。

2. 有人建议，在教育实践中，“要多使用奖励，而尽量少用惩罚”。请简要阐述你对这种建议的看法。

我认为奖比罚好，原因如下：

(1)惩罚并不能使行为发生永久性的改变，它只能暂时抑制行为，而不能根除行为。惩罚的运用必须慎重，惩罚一种不良行为应与强化一种良好行为结合起来，方能取得预期的效果。一般来说，要尽可能地少用惩罚，在必要的时候才使用。一个经常惩罚孩子的家长或教师，本身就给孩子树立了一个不好的榜样。惩罚的目的可能没有达到，反而使孩子学会了粗暴的不顾别人自尊的处事方式。惩罚的运用应该及时，即在学生做出某种行为之后，立即给予惩罚。惩罚紧跟在错误行为之后，与错误的行为之间建立联结。在惩罚时，最好选择一样替代反应进行强化，即指出正确的行为方式，在孩子做出正确的行为后给予强化。

(2)但是奖励也不是越多越好，教师在使用奖励的时候应该注意，在对学生的行为进行奖励时，应注意避免外部奖励对内部兴趣的破坏。在很多情况下，维持行为的强化物是活动本身带来的快乐，这时再给予外部的奖励，就会使学生活动的目的逐渐变为获得外部奖励。因此，当学生已经自行从事某种活动时，教师应谨慎考虑奖励是否必要，避免给予不必要的奖励。奖励虽然是塑造行为的有效手段，但是奖励的运用必须得当，否则便会强化不良行为。例如，小孩的许多无理取闹的行为实际上是学习的结果，因为他们通过哭闹能得到诸如玩具、冷饮等强化物。

六、案例分析题（参考答案）

1.（1）①强化是采用适当的强化物而使机体反应频率、强度和速度增加的过程。斯金纳认为，强化是塑造行为的有效而重要的条件，塑造行为的过程，就是学习的过程。②强化的原理基础是斯金纳的操作性条件作用理论。操作性条件作用理论认为，学习是有机体的自发行为受到后续刺激的强化作用的结果。③强化对于课堂管理的意义是：要维持良好的课堂秩序，需要对好的行为予以强化，对不良的行为予以惩罚。根据行为主义的强化与惩罚原理，对于课堂上出现的不同行为采取不同的措施，分别予以强化或惩罚。对于表现良好的行为给予强化，而对于课堂上出现的与课堂氛围不协调的行为，要给予及时处理。例如，在本案例中，对于遵守课堂纪律或表现出合作性等行为表现的给予强化，即往瓶子里放一个玻璃球。行为主义者研究还表明，对于学生的不正确行为，单纯给予惩罚的效果不明显，要让学生知道什么是正确的行为，用正确的行为替代不正确的行为比单纯抑制不正确的行为要好。当我们想要学生从事某一种学生可能感到枯燥的活动时，我们可以运用普雷马克原理，把这种活动与学生喜爱的某活动结合在一起。

（2）①斯金纳认为强化的程序不止一种。所谓强化程序，是按合乎要求的反应次数以及各次强化之间的时距的适当组合而做出的各种强化安排。斯金纳通过大量实验研究，总结出一套复杂的强化作用模式。他把强化程序分为连续强化和间隔强化、固定比例强化和变化比例强化、固定时间强化和变化时间强化等。②一般来说，间隔强化的效果比连续强化的效果好；可变间隔和可变比例强化的效果好于固定间隔和固定比例强化的效果。③在本案例中，张老师采用的是可变间隔强化，效果良好。

（3）凡是能增强行为频率的刺激或事件叫作强化物。张老师对学生的强化使用了不同的强化物，如食物（如冰淇淋和其他好吃的东西）、代币（如玻璃球）、学生喜爱的活动（如组织联欢会和看卡通片）等。

2.（1）人本主义心理学认为心理学应该探讨完整的人，强调人的价值，强调人有发展的潜能，而且有发挥潜能的内在倾向，即自我实现倾向。人本主义者的教育理想是培养“躯体、心智、情感、精神、心力融汇一体”的人，要想实现这一教育理想，应该有一个现实的教学目标，这就是“促进变化和学习，培养能够适应变化和知道如何学习的人”。因为作业的繁重和家长的看管，学生冰冰自由支配学习的时间少，可自主学习的机会也比较少。学生家长也没有关心冰冰的个性需要。家长的做法和冰冰现在的学习状态不符合人本主义学习理论的基本观点。

（2）有意义学习主要具有四个特征：①学习是学习者自我参与的过程，整个人都要参与到学习之中，既包括认知参与，也包括情感参与；②学习是学习者自我发起的，内在动力在学习中起主要作用；③学习是渗透性的，它会使学生的行为、态度以及个性等都发生变化；④学习的结果由学习者自我评价，他们知道自己想学什么和学到了什么。

（3）①教育者应无条件积极关注学生，为学生提供学习的手段和条件，促进学生自由地成长；②教育者应尊重学生，把学生看作学习活动的主体，相信学生可以自己指导自己，具有“自我实现”的潜能；③教育者应该尊重学生的意愿、情感、需要，为学生的成长提供帮助；④教育者应培养学生学习的积极性和主动性，并为此做出努力。

（考生可适当结合材料加以阐述，言之有理即可）

真题必刷

答案速查

1～5	CBACC	6～10	DDDAA	11～13	CDD
1～4	BC ABC ABC BCD				

一、单项选择题

1. C 【解析】奥苏贝尔从学习内容与学习者认知结构的关系上，也即学习的性质上，将学习分为有意义学习和机械学习。机械学习指学习者并未理解符号所代表的知识，只是依据字面上的联系，记住某些符号的词句或组合，死记硬背。有意义学习指将符号所代表的新知识与学习者认知结构中已有的适当观念建立起非人为的和实质性的联系。"弄清概念之间的关系""听导师精心设计的指导"和"科学研究"都属于有意义学习。故本题选C项。

2. B 【解析】加涅将学习过程看作信息加工流程。在信息加工学习模式中，学生的期望事项和执行控制在这一过程中起着极为重要的作用，整个学习过程都是在这两个结构的作用下进行的。期望事项是指学生期望达到的目标，即学习的动机。执行控制即学生在信息加工过程中的认知策略，执行控制过程决定哪些信息从感觉登记进入短时记忆，如何进行编码，采用何种提取策略等。故本题选B项。

3. A 【解析】逃避条件作用是指当厌恶刺激出现时，有机体做出某种反应，从而逃避了厌恶刺激，则该反应在以后的类似情境中发生的概率便增加的一类条件作用。题干中，小刚遇到计算量大的题时直接跳过不做，说明"计算量大的题"对于小刚来说属于厌恶刺激，"跳过不做"则是小刚为了逃避厌恶刺激时产生的反应，故本题选A项。

4. C 【解析】观察学习的效应包括：习得效应、抑制效应与去抑制效应、反应促进效应、刺激指向效应、情绪唤醒效应。其中，情绪唤醒效应指看到榜样表达的情感，在观察者身上容易唤起类似的情感。例如，人们在观看电影、电视剧或舞台戏剧时，看到剧情中人物的命运，自己常常情不自禁地表现出与剧中人物相同的喜、怒、哀、乐的情感。故题干所述属于观察学习的情绪唤醒效应。

5. C 【解析】奥苏贝尔从两个维度对学习做了区分：从学生学习的方式上，将学习分为接受学习与发现学习；从学习内容与学习者认知结构的关系上，又将学习分为有意义学习和机械学习。题干中背诵的方式属于接受学习，而对不理解知识的学习属于机械学习。故答案为C。

6. D 【解析】布鲁纳的认知—发现学习理论的学习观主要包括：(1)学习的实质在于主动形成认知结构。(2)学习包括获得、转化和评价三个过程。其中，学习活动首先是新知识的获得。知识的转化就是超越给定的信息，运用各种方法将它们变成另外的形式，以适应新任务，并获得更多的知识。故A、B、C三项表述正确。布鲁纳的学习与教学理论完全放弃知识的系统讲授，代之以发现法教学，这忽视了知识学习活动的特殊性。故D项说法错误。

7. D 【解析】按学习时的意识水平，可以将学习分为内隐学习和外显学习。其中，内隐学习这一概念最早是由美国心理学家阿瑟·S·雷伯提出的，它是指有机体在与环境接触的过程中不知不觉地获得了一些经验，并因此改变其事后某些行为的学习。例如，人们能够辨别哪些语句符合语法，却不一定能够说出这些语法规则是什么。题干中乒乓球运动员能够接住复杂的发球，但无法说出背后的规则，这种学习属于内隐学习。

8. D 【解析】根据学习情境由简单到复杂、学习水平由低到高的顺序，加涅把学习分为八类，建构了一个完整的学习层级结构：(1)信号学习；(2)刺激—反应学习；(3)连锁学习；(4)言语联结学习；(5)辨别学习；(6)概念学习；(7)原理学习；(8)解决问题的学习。其中，概念学习是指对刺激进行分类时，学会对一类刺激做出同样的反应，也就是对事物的抽象特征的反应。D项，小婉能够对"蜻蜓""蝴蝶"这类刺激做出同样的反应(概括为昆虫)，属于概念学习。此外，A项属于解决问题的学习，B项属于言语联结学习，C项属于连锁学习。

9. A 【解析】加涅根据学习结果，将学习分为智慧技能、认知策略、言语信息、动作技能和态度五种类型。其中，智慧技能指运用符号或概念与环境交互作用的能力。题干中学生小光能在口语交际中正确使用"should"来提出建议，这属于运用符号与环境交互作用的能力，因此这里发生的学习是智慧技能的学习。故选A项。

10. A 【解析】机体对与条件刺激相似的刺激做出条件反应，属于刺激的泛化。题干中的俗语分别强调被蛇咬后对井绳也产生了恐惧心理，看到杯中的倒影也会以为是蛇影，这均体现了刺激的泛化。

11. C 【解析】A项正强化也称积极强化，是通过呈现想要的愉快刺激来增强反应频率。B项负强化也称消极强化，是通过消除或中止厌恶、不愉快刺激来增强反应频率。C项惩罚是指当有机体做出某种反应以后，呈现一个厌恶刺激或失去一个愉快刺激，以消除或抑制此反应的过程。D项自我强化是指对自己表现出的符合或超出标准的行为进行自我奖励。题干中老师让学生将错题重做十遍的目的是让学生不再出错，即呈现厌恶刺激来降低反应频率，故属于惩罚。

12. D 【解析】班杜拉把强化分为三种：(1)直接强化。直接强化是指观察者因表现出观察行为而受到强化。(2)替代强化。替代强化是指观察者因看到榜样的行为被强化而受到强化。(3)自我强化。自我强化是指对自己表现出的符合或超出标准的行为进行自我奖励。题干所述符合替代强化的定义，故选D项。

13. D 【解析】布鲁纳认为学习包括三种几乎同时发生的过程，这三种过程是：新知识的获得、知识的转化和知识的评价。其中，知识的转化就是超越给定的信息，运用各种方法将它们变成另外的形式，以适应新任务，并获得更多的知识。故选D项。

二、多项选择题

1. BC 【解析】学习的发生是由于经验引起的。这种经验不仅包括外部环境刺激以及个体的练习，更重要的是包括个体与环境之间复杂的交互作用。故A项说法正确。并非所有的行为变化都是由学习产生的，如生理成熟、疲劳、药物等因素亦可引起行为的变化。故B项说法错误。"飞蛾扑火"属于本能反应，故C项说法错误。学习的作用表现在：(1)学习是个体和环境取得平衡的条件；(2)学习可以影响成熟；(3)学习能激发人脑智力的潜力，从而促进个体心理的发展。故D项说法正确。

2. ABC 【解析】班杜拉以儿童的社会行为习得为研究对象，形成了其关于学习的基本思路，即观察学习是人的学习最重要的形式。观察学习，也叫榜样学习，是社会学习理论的核心。班杜拉认为，学习是个体通过对他人的行为及其强化结果的观察，从而获得某些新的行为反应或已有的行为反应得到修正的过程。班杜拉提出的观察学习为教育中的示范教学、观摩教学以及教学演示等行为提供了理论依据。

3. ABC 【解析】加涅将学习过程分为八个阶段：动机阶段、了解(领会)阶段、获得阶段、保持阶段、回忆阶段、概括阶段、操作阶段、反馈阶段。

4. BCD 【解析】建构主义在学习观上强调学习的主动建构性、社会互动性和情境性三方面。

三、简答题(参考答案)

简述程序教学的原则。

(1)小步子原则；(2)积极反应原则；(3)自定步调原则；(4)及时反馈原则；(5)低错误率原则。

第四章　学习心理

基础必刷

3-4基础必刷答案详解

专题1 学习动机

答案速查

1～5	CCBBB	6～10	CBBCD	11～15	ADBCC	16～20	ACDDA
21～25	BCBDB	26～29	CABA	1～5	ABCD ABC CD ABD ACD		

6～10	ABD AD BCD ABCD ABCD	11～15	AC BC CD ABD AD
1～5	√×√××	6～11	√√×××√

四、简答题(参考答案)

1. 简述影响学习动机形成的因素。

(1)主观因素:①需要与目标结构;②成熟与年龄特点;③性格特征与个别差异;④志向水平与价值观;⑤焦虑程度。

(2)客观因素:①家庭环境与社会环境;②学校教育。

2. 简述自我效能感的作用。

(1)自我效能感决定人们对活动的选择,以及对活动的坚持性;(2)自我效能感影响人们在困难面前的态度;(3)自我效能感不仅影响新行为的习得,而且影响已习得行为的表现;(4)自我效能感还会影响活动时的情绪。

五、论述题(参考答案)

1. 根据韦纳的成败归因理论,谈谈如何帮助学生正确归因以提高学习成绩。

(1)教师根据学生的自我归因可预测其此后的学习动机。学生的自我归因虽未必正确,但却是重要的。因为归因促使学生在从了解自己到认识别人的过程中,建立起明确的自我概念,促进自身的成长。而如果学生有不正确的归因,则更表明他们需要教师的辅导与帮助。

(2)长期消极的归因不利于学生的人格成长,这就需要教师利用反馈的作用,并在反馈中给予鼓励和支持,帮助学生正确归因,重塑自信。韦纳发现,在师生交互作用的教学过程中,学生对自己成败的归因,并非完全以其考试分数的高低为基础,而是受到教师对他的成绩表现所做反馈的影响。

(3)通过归因训练改变学生消极的自我认识,提高学习动机。改变学生不正确的归因,提高学习动机可以从以下两方面入手:①"努力归因",无论成功或失败都归因于努力与否的结果。因为学生将自己的成败归因于努力与否会提高学生学习的积极性,当学习困难或成绩不佳时,一般不会因一时的失败而降低将来会取得成功的期望。②"现实归因",针对一些具体问题引导学生进行现实归因,以帮助学生分析除努力这个因素外,影响学习成绩的因素还有哪些,是智力、学习方法,还是家庭环境、教师等因素。这些因素在多大程度上影响其学习成绩,并尽力指出解决这些问题的方法,以提高学生克服困难的勇气,增强自信心。

2. 试述成就动机理论及其教育启示。

(1)成就动机理论的主要代表人物是阿特金森。成就动机是指个体努力克服障碍,施展才能,力求又快又好地解决某一问题的愿望或趋势。阿特金森把个体的成就动机分为两类:力求成功的动机和避免失败的动机。力求成功者的目的是获取成就,即通过各种活动努力提高自尊心和获得心理上的满足,成功概率为50%的任务是他们最有可能选择的。避免失败者则往往通过各种活动防止自尊心受伤害和产生心理烦恼,倾向于选择非常容易或非常困难的任务。

(2)成就动机理论的教育启示。①在教育实践中对力求成功者,应通过给予新颖且有一定难度的任务,安排竞争的情境,严格评定分数等方式来激发其学习动机;②对于避免失败者,则要安排少竞争或竞争性不强的情境,如果取得成功则要及时表扬并给予强化,评定分数时要求稍稍放宽些,并尽量避免在公共场合下指责其错误;③由于力求成功的动机比避免失败的动机具有更大的主动性,因此,对学生还应增加他们力求成功的成分,使他们不以避免失败为满足,而以获取成功为快乐,这样才能真正调动一个人的积极性。

3. 我们经常遇到这种情况,在重要的考试中,往往平常会做的题目在考试过程中却不会做,这种情况在心理学中怎么解释?

心理学研究发现,动机与情绪是影响问题理解的重要因素。"耶克斯—多德森定律"表明,动机不足或过分强烈都会影响学习效果。动机的最佳水平随着任务性质的不同而不同。在比较容易的任务中，行为效果(工作效率)随着动机的提高而上升；随着任务难度的增加，动机的最佳水平有逐渐下降的趋势。也就是说，当解决较简单的问题时，动机强度大效率反而高；而在解决较为复杂的问题时，动机强度过大，情绪过度紧张，反而会使问题解决的效率明显下降。在重要的考试中，由于我们过度紧张，动机强度过大，所以常常会出现平常会做的题目在考试过程中却不会做的情况。

六、案例分析题(参考答案)

1.(1)材料中老师通过合理组织教学，适当予以强化，激发了学生学习成语的兴趣。最初学生缺乏学习成语的动机，教师便设置奖惩制度，并适当开展学习竞争，以此来激发学生学习成语的外部动机，即在学习活动以外由外部的诱因激发出来的学习动机。如材料中学生为得到橡皮、笔记本等学习用品，而积极学习成语。逐渐地，学生开始对成语本身产生了极大兴趣，即学生因对活动本身发生兴趣而产生的动机，属于内部学习动机。材料中的学生由最初的因对橡皮、笔记本等外在奖励感兴趣而学习成语，逐渐转变为对成语本身感兴趣而学习成语，体现了学生的学习动机由外在动机转变为内在动机。

(2)学习动机的培养：①了解和满足学生的需要，促进学习动机的产生；②重视立志教育，对学生进行成就动机训练；③帮助学生树立正确的自我概念，获得自我效能感；④培养学生努力导致成功的归因观；⑤培养对学习的兴趣；⑥利用原有动机的迁移，使学生产生学习的需要。

学习动机的激发：①创设问题情境，激发兴趣，维持好奇心；②设置合适的目标；③根据作业难度，恰当控制动机水平；④表达明确的期望；⑤提供明确的、及时的、经常性的反馈；⑥正确运用奖励与惩罚；⑦有效地运用表扬；⑧对学生进行竞争教育，适当开展学习竞争。

2.(1)美国心理学家韦纳把人经历过事情的成败归结为六种因素，即能力、努力程度、工作难度、运气、身心状况和外界环境。又把上述六项因素按各自的性质，分别归入三个维度：内部归因和外部归因、稳定性归因和不稳定性归因、可控制归因和不可控制归因。案例中甲同学将自己取得好成绩的原因归结于自己的不懈努力，而努力属于内部的、可控的、不稳定的因素；乙同学将自己的失败归因于没有能力，而能力属于内部的、不可控的、稳定的因素；丙同学将自己的成功归因于运气，而运气属于外部的、不可控的、不稳定的因素。

(2)甲同学将自己学习上的成功归因于努力，这会增强他在学习上的信心，最终他会在学习上投入更多的精力，以更加积极的态度对待学习任务，形成良好的动机状态。

乙同学将自己学习上的失败归因于能力，那么他就会听天由命，自暴自弃，最终对学习失去信心。

丙同学将自己学习上的成功归因于运气，那么他就会产生听天由命的心理，希望类似的事情再次出现，随着时间的推移，他不愿意在学习上花费过多的精力和做出更多的努力，逐渐减弱学习动机。

3.(1)这种做法试图通过刺激学生的自尊心，激起学生的“尊重需要”，来进一步激发学生的学习动机。

(2)①总体而言，在一般情况下，学习动机与学习效果的关系是一致的。学习动机越强，有机体对学习活动的积极性就越高，学习效果就越佳，表现为学习动机可以促进学习，提高成绩。②对一项具体的学习活动而言，学习动机与学习效果的关系并不是那么简单。只有当学习动机的强度处于最佳水平时，才能产生最好的学习效果。“耶克斯—多德森定律”表明，动机不足或过分强烈都会影响学习效果。具体表现在：第一，动机的最佳水平随着任务性质的不同而不同。在比较容易的任务中，行为效果(工作效率)随着动机的提高而上升；随着任务难度的增加，动机的最佳水平有逐渐下降的趋势。第二，一般来讲，最佳水平为中等强度的动机。第三，动机水平与行为效果呈倒U形曲线。

(3)采取刺激学生的“尊重需要”来激发学习动机、改善学习效果的方式，对有些学生可能具有一定的促进作用，但对那些比较内向的、学习水平偏低的学生则易使其处于过度紧张的状态中，反而限制了他们正常的智力活动，降低其思维活跃性和学习效率，甚至还可能引发其中一些学生出现自暴自弃、学业自我妨碍等问题。

4.（1）成就目标理论由德维克提出。动机的成就目标理论认为人们对能力有两种不同的内隐观念，即能力增长观和能力实体观。持能力增长观的个体将成就情境看成是提高自身能力的机会，把对任务的掌握和自身能力的发展作为追求的目标，是一种学习目标定向。持能力实体观的个体则将成就情境看成是对自身能力的一种检验和测量，关心的是如何获得高成就，以证明自己的胜任力，避免低能的评价，是一种成绩目标定向。

（2）分析：案例中王刚和李强二人的成就目标存在差异，李强他倾向于确立掌握目标，希望通过学习来提高自己的能力，因此李强并不沮丧，他认为学到了很多营销新知识，提高了能力，并且工作很有挑战性，认为只要自己努力，业绩就会有所提高。而王刚倾向于确立表现目标，他希望在学习过程中证明或表现自己的能力，当成绩不如他人时会有挫败感，并感到沮丧。

专题2 学习策略

答案速查

1～5	CBBBA	6～10	DCACA	11～15	DCBCC	16～20	CCABC
21～26	AABCDD			1～6	ABC ABC ACD ACD ACD ABC		
1～6	× √ √ × √ ×						

四、案例分析题（参考答案）

1.（1）①时间管理策略。在时间管理上，应做到：统筹安排学习时间、高效利用最佳时间、灵活利用零碎时间。材料中根据自己的生物钟安排学习活动体现了时间管理策略。

②努力管理策略。努力管理策略是指学生对自己在学习中排除干扰、集中精力和付出努力大小进行管理的策略。它包括意志控制策略和自我强化策略。意志控制的作用是促进学习过程按照事先计划的学习目标和时间安排进行，保证学习过程顺利有效地开展下去。正是意志控制的作用，才促进学习者克服学习过程中的困难、排除学习中的各种干扰，集中精力并付出努力实现自己的学习目标。自我强化是指对自己表现出的符合或超出标准的行为进行自我奖励。案例中的王明每次想懈怠的时候，看到“做最好的自己”这句话，就会瞬间有一股力量，推动自己继续努力，为考上自己理想的高中用功学习，体现了努力管理策略。

③学业求助策略。学业求助策略指当学生在学习上遇到困难时，向他人请求帮助的行为。学业求助包括两个方面：一是学习工具的利用，如善于利用参考资料、工具书、图书馆、电脑等；二是社会性人力资源的利用，如善于利用老师的帮助以及同学间的合作与讨论来加深对学习内容的理解。案例中的王老师经常在班上开展小组合作学习，让学生之间在学习上多交流，分享彼此的观点和知识，这体现了学业求助策略。

（2）①在时间管理方面：学习者需学会如何统筹安排学习时间，做好学习的时间计划，防止拖拉；如何高效利用最佳时间，把握自己的精力变化，使自己尽量在精力最充沛的时间学习；如何灵活利用零碎时间进行学习；等等。

②在努力管理方面：学习者要学会如何激发和维持学习动机；如何树立正确的学习信念；如何让自己坚持学习；等等。

③在学业求助方面，学习者要学会如何利用各种工具，如工具书、参考资料、影视资料、互联网等；如何获得老师和同学的帮助；等等。

2.（1）张老师的出发点是让学生掌握学习的方法，能够运用这些学习方法提高学习效率和成绩，学会学习。

但张老师的教学最终失败了，没有收到好的效果，这主要是因为他没有把握好训练学习策略的原则与方法。

(2)教师在对学生进行学习策略的训练时应注意遵循以下原则：①主体性原则，指在学习策略教学中应该发挥和促进学生的主体作用。张老师只是开设了关于学习方法的讲座，从理论上给学生讲解了各种学习方法，而没有让学生充分发挥自己的主体性，找到适合自己的学习方法。②内化性原则，指在学习策略的学习过程中，学生能够不断实践各种学习策略，逐步将其内化成自己的学习能力，熟练掌握并达到自动化的水平，从而能够在新的情境中灵活应用。张老师仅仅是讲授各种学习方法，而没有给学生练习的机会，因此学生不能够将其讲解的学习方法内化为自己的方法。③特定性原则，指学习策略一定要适合学习目标和学生的类型。张老师没有对学生进行深入了解，因而没有强调不同类型的学生适合采用什么样的学习方法。④生成性原则，指在学习过程中要利用学习策略对学习的材料重新进行加工，产生某种新的东西。张老师在讲解学习方法之后，仅仅是对讲座内容进行书面考试，并没有采取其他措施让学生对学习材料进行重新加工，因而最终学生的成绩没有提高。

(3)单纯的理论讲授不利于学生掌握学习的方法，因此，在实际教学中，教师应当遵循学习策略的训练原则，选择合适的教学模式，如合作学习、交互式教学、指导教学、程序化训练、完形训练等，通过实践帮助学生将知识内化为能力，真正地让学生学会学习。

专题3 学习迁移

答案速查

1～5	ACCDD	6～10	ABADC	11～15	CABDC	16～20	ADCBC
21～23	ACB			1～6	ABD AB ACD ABCD AC BCD		
1～5	√ × × × √						

四、简答题(参考答案)

1. 影响学习迁移的因素有哪些？

(1)学习材料的特点；(2)原有的认知结构；(3)对学习情境的理解；(4)学习的心理准备状态；(5)学习策略的水平；(6)智力与能力；(7)教师的指导。

2. 如何促进学习的迁移？

(1)改革教材内容，促进迁移；(2)合理编排教学方式，促进迁移；(3)教授学习策略，提高学生的迁移意识；(4)改进对学生的评价。

专题4 知识的学习

答案速查

1～5	ABABC	6～10	BCCBB	11～15	CCBCB	16～20	ACADC
21～25	ABDAD	26～31	DACCDB	1～5	AB ABD BCD ABC ABC		
6～10	ABD BCD AC ABCD BD			1～7	√ √ √ × × √ ×		

四、简答题(参考答案)

如何有效地进行知识概括？

(1)配合运用正例和反例；(2)正确运用变式；(3)科学地进行比较；(4)启发学生进行自觉概括。

五、案例分析题(参考答案)

(1)①林老师为了上好《两栖动物的生殖与发育》一课,分别采用了实物直观、模像直观的教学手段,但是他没有合理安排和有效利用这些教学手段,不但没有达到教学效果,反而适得其反。②本案例中,林老师只使用了实物直观和模像直观,没有适时做出讲解,没有与言语直观相结合,没有利用词与形象的配合。另外,林老师准备的PPT背景上的浅色字很模糊,不符合感知规律中的强度律,没有突出所讲内容的特点,导致知识直观效果不好。更重要的是,林老师没有让学生充分参与直观过程,只是自己单独呈现各种直观方式,没有及时跟学生沟通反馈,了解学生的想法和建议。

(2)教师可通过以下方法来提高知识直观的效果:①灵活选用实物直观和模像直观;②加强词和形象的配合;③运用感知规律,突出直观对象的特点;④培养学生的观察能力;⑤让学生充分参与直观过程。

专题5 技能的形成

答案速查

1~5	DBCDA	6~10	BADAB	11~17	ADDABAA
1~7	ABC ABC BD ACD ABC ACD ABCD			1~6	√×√×√√

四、简答题(参考答案)

1. 简述操作技能的培训要求。

(1)准确的示范与讲解;(2)必要而适当的练习;(3)充分而有效的反馈;(4)建立稳定清晰的动觉。

2. 简述培养学生的心智技能的要求。

(1)确立合理的智力活动原型;(2)有效进行分阶段练习;(3)知识影响技能的形成,因此要了解学生的知识基础,并为学生提供相关知识;(4)注重培养学生认真思考的习惯和独立思考的能力。

五、案例分析题(参考答案)

(1)练习是形成各种操作技能所不可缺少的关键环节,通过应用不同形式的练习,可以使个体掌握某种技能。一般来说,随着练习次数的增多,动作的精确性、速度、协调性等会逐步提高。

(2)虽然不同的学习者的练习曲线存在差异,但也具有共同点,表现在:①开始进步快。②中间有一个明显的、暂时的停顿期,即高原期。通常把学生在学习过程中出现一段时间的学习成绩和学习效率停滞不前,甚至学过的知识感觉模糊的现象,称为"高原现象"。在本案例中,学习英语单词过程中的滞留时间和收发电报练习中的成绩停顿属于高原现象。③后期进步较慢。在本案例中,随着词汇量的增加,学习出现的滞留期变长,说明练习后期的进步缓慢,但坚持练习还会有提升。④总趋势是进步的,但有时出现暂时的退步。整个练习过程中,成绩往往会有一些波动起伏现象。而且,多数情况下,练习曲线反映出来的技能的进步是先快后慢;也有少数情况可能出现先慢后快的趋势。在本案例中,体现了这一特点的是:在收发电报练习成绩停顿时,虽有练习,但成绩却不见提高甚至下滑。

(3)"高原现象"产生的原因在于:①学习方法的固定化;②学习任务的复杂化;③学习动机减弱;④兴趣降低;⑤心理和生理上的疲劳;⑥意志不够顽强。高原现象一般在学习中期出现,可以采取一些措施,帮助学生顺利度过"高原现象"。在教学中组织练习时,应明确练习的目的和要求,增强学习动机。另外,还需要帮助学生掌握正确的练习方法,并且及时进行反馈。具体表现在:①练习需要循序渐进,由易到难、先简后繁;②正确掌握练习速度,保证练习质量;③适当安排练习的次数和时间;④练习方式多样化。

专题6 问题解决与创造性

答案速查

1~5	ABAAB	6~10	BCBDB	11~15	DDCDB	16~20	AABCB
21~25	CDDAD	26~28	DAD	1~5	ACD ABD AB ABC ABCD		
6~10	ABD AC ABCD ABD BCD			1~7	××√√×××		

四、简答题(参考答案)

1. 影响问题解决的因素有哪些?

(1)问题情境与知识表征的方式;(2)定势与功能固着;(3)原型启发;(4)已有知识经验;(5)情绪与动机。此外,个体的认知结构、个性特征、人际关系以及问题的特点等也会影响问题解决。

2. 如何培养学生的问题解决能力?

(1)培养学生主动质疑和解决问题的内在动机;(2)问题的难度要适当;(3)帮助学生正确表征问题;(4)帮助学生养成分析问题和对问题归类的习惯;(5)提高学生知识储备的数量和质量,指导学生善于从记忆中提取信息;(6)训练学生陈述自己的假设及其步骤,鼓励自我评价和反思;(7)教授与训练解决问题的方法和策略;(8)提供多种练习机会;(9)训练逻辑思维能力,提高思维水平。

3. 影响创造性的因素有哪些?

(1)环境。家庭与学校的教育环境以及社会文化是影响个体创造性的重要因素。

(2)智力。创造性的研究表明,创造性与智力并非简单的线性关系,二者既有独立性,又在某种条件下具有相关性,在整体上呈正相关趋势。高智力是高创造性的必要条件,但不是充分条件。

(3)个性。创造性与个性之间具有互为因果的关系。

五、论述题(参考答案)

可以通过哪些途径来培养学生的创造性?

(1)培养创造性认知能力。①培养创造性的知识基础。知识是提高创造性的基础。②培养创造性思维。

(2)注重创造性个性的塑造。①保护好奇心。②解除个体对答错问题的恐惧心理。③鼓励独立性和创新精神。④重视非逻辑思维能力。⑤给学生提供具有创造性的榜样。

(3)创设有利的社会环境。①创设宽松的心理环境。②给学生留有充分选择的余地。③改革考试制度与考试内容。

(4)培养创造型的教师队伍。要培养学生的创造性,必须对教师进行有关创造性的相应培训和专门指导。具体表现在:①要转变教师的教育教学观念,使教师形成理解并鼓励学生的创造,把培养创造性作为一种教学目标的现代教育理念;②要教给教师必要的创造技法和思维策略,提高他们自身的创造意识和创造能力;③要为教师提供比较明晰的具有实际应用价值的关于创造性的操作定义、相应的评价标准和程序、有效的教学策略和技能;④要鼓励教师使用创造性的教学范例和模式。

专题7 态度与品德的形成

答案速查

1～5	CCBBC	6～10	CDCBB	11～15	ACBBA	16～20	CABAC
21～25	ABDAD	26～30	BBCAC	1～7	CD ABCD ABCD CD ABCD ABCD ABD		
1～4	×√×√			5～8	××××		

四、简答题(参考答案)

1. 简述培养学生良好的态度与品德的途径。

(1)有效的说服;(2)树立良好的榜样;(3)利用群体约定;(4)价值辨析;(5)给予适当的奖励和惩罚。除上述所介绍的各种方法外,角色扮演、小组道德讨论等方法对于态度与品德的形成和改变都是非常有效的。

方法技巧 本知识点常以多项选择题和简答题的形式进行考查,主要考查识记能力。考生可采用以下口诀帮助记忆:嫁(价值辨析)给(给予奖励和惩罚)有(有效的说服)理(利用群体约定)数(树立榜样)。

2. 简述影响态度与品德学习的一般条件。

(1)外部条件:①家庭教养方式;②社会风气;③同伴群体。

(2)内部条件:①认知失调;②态度定势;③道德认知。

3. 简述皮亚杰的儿童品德发展的四个阶段。

(1)自我中心阶段(2～5岁)。自我中心阶段是从儿童能够接受外界的准则开始的。(2)权威阶段(他律道德阶段或道德实在论阶段)(6～8岁)。该时期的儿童服从外部规则,接受权威指定的规范,把人们规定的准则看作是固定的、不可变更的,而且只根据行为后果来判断对错。(3)可逆性阶段(自律或合作道德阶段)(9～10岁)。这一阶段的儿童已不把准则看成是不可改变的,而把它看作是同伴间共同约定的。该阶段的特征:儿童一般都形成了这样的概念,如果所有的人都同意的话,规则是可以改变的。(4)公正阶段(11～12岁)。这一阶段的公正观念是从可逆的道德认知中脱胎而来的。他们开始倾向于主持公正、公平等。

五、案例分析题(参考答案)

1. 上述四种观点均可行。理由如下:

培养态度与品德的常用方法有言语说服、榜样示范、群体约定、价值辨析、给予适当的奖惩等。

(1)有效的说服。这是提高道德认知的途径。因此,观点一中运用言语来说服同学改变不良态度的方法可行。同时在进行说服时应注意运用以下技巧:①有效地利用正反论据;②发挥情感的作用,不仅要以理服人更要以情动人;③考虑原有态度的特点。

(2)树立良好的榜样。这是加强道德行为的途径。根据班杜拉的社会学习理论,榜样在观察学习过程中起着非常重要的作用,榜样的特点、示范的形式及榜样所示范的行为的性质和后果都会影响到观察学习的效果。因此,观点二中选举道德模范,通过观察、模仿榜样的行为而习得良好态度的方法可行。

(3)利用群体约定。教师可以利用集体讨论后做出的集体约定,来改变学生的态度。因此,观点四中学生一起制定规则,利用群体约定,规范大家的行为的方法可行。

(4)给予适当的奖励和惩罚。奖励和惩罚作为外部调控手段,不仅影响着认知、技能和策略的学习,而且对个体道德的形成也起到一定的作用。因此,观点三中对有不良行为的学生给予适当的惩罚,对保持良好行为规范的学生给予适当奖励的方法可行。

除了上述四种方法外，还可以通过价值辨析的方式来培养学生良好的态度与品德。价值辨析是指引导个体利用理性思维和情绪体验来检查自己的行为模式，努力去发现自身的价值观并指导自己的道德行为。

2. (1)该案例中师生的对话直接改变了小刚的道德认知。品德是由知、情、意、行四者构成，培养学生品德的过程，就是培养四种品德心理因素并使之协调发展的过程。知即道德认知，道德认知是指对于行为规范及其意义的认识，是人的认识过程在道德上的表现。道德认知是个体道德的基础，是道德情感、道德意志产生的依据，对道德行为具有定向的意义，是行为的调节机制。品德的核心是道德认知。

(2)本案例中，教师通过对话引导小刚认识到在超市拿起话梅就吃的行为是不对的。教师引导他对是非进行判断，使小刚产生正确的道德认知，为其品德形成奠定了基础。

提升必刷

答案速查

1～5	DDACB	6～10	ABDCC	11～15	CBBAA	16～20	AAABB
21～25	DAADD	26～28	CDD	1～5	AD BCD BCD ACD ABCD		
6～10	ABD AC ABC BCD AC			11～13	ABCD ABCD AB		
1～5	√××× √			6～10	×××××		
11～14	√×√×						

一、单项选择题

1. D 【解析】“心不及墨”是指大脑容易忘记，不如用笔记下可靠。强调了记笔记的重要性，故选D项。

2. D 【解析】自我效能感的影响因素有：(1)个人自身行为的成败经验。这一效能信息源对自我效能感的影响最大。一般来说，成功经验会提高效能期望，反复的失败会降低效能感。(2)替代经验。个体的许多效能期望是来源于对他人的观察，如果看到一个与自己一样或不如自己的人成功，自己的效能感就会提高。(3)言语暗示。他人的言语暗示能提高自己的效能感，但缺乏经验基础的言语暗示效果是不牢固的。(4)情绪唤醒。高水平的情绪唤醒使成绩降低而影响自我效能，只有当人们不为厌恶刺激所困扰时，更能期望成功。A项和C项属于通过增加学生的直接经验提高其自我效能感；B项属于增加替代经验从而提高自我效能感；D项学生处于高水平的情绪唤醒，会降低学生的自我效能感。本题为选非题，故选D项。

3. A 【解析】建构主义认为，所谓学习迁移，实际上就是认知结构在新条件下的重新建构。建构性的学习旨在使学生形成对知识的深刻理解。由于知识意义的理解主要反映在对知识的应用上，因此，对知识的理解取决于学习时的使用情境。要使学生达到对知识深刻理解的目的，就要把知识置于真实的、复杂的情境中，通过知识的应用来达到对知识的深层理解，从而使学习能适应不同的问题情境，在实际生活中能得到广泛的迁移。这样，学习迁移就是在新的情境中应用知识，在新条件下对知识的进一步学习，对知识的深入理解。题干中的小明在数学计算测验中成绩优秀，但在购物时却不能正确地计算金额，这体现的是知识学习情境和应用对迁移的影响，故可用建构主义迁移理论来解释。

4. C 【解析】有效的时间管理策略包括：(1)确立有规律的学习时段。(2)确立切合实际的目标。(3)使用固定的学习区域。(4)分清任务的轻重缓急。(5)学会对分心的事情说“不”。(6)自我奖励学习上的成功。故C项当选。

5. B 【解析】(1)陈述性知识可用来区别和辨别事物，具有静态性，程序性知识与实践操作联系密切，具有动态的性质。故C选项说法正确。(2)从测量方式看，陈述性知识可以通过“陈述”或“告诉”的方式加以测量；而程序性知识往往只能通过观察个体的行为间接测量。(3)从表征方式上看，陈述性知识主要以命题、命题网络、表象等形式在头脑中得到表征;而程序性知识则主要以产生式和产生式系统等形式来表征。(4)从意识控制角度看,陈述性知识的激活速度一般较慢,其提取往往是一个有意识的搜寻过程,要求有较好的意识控制;而程序性知识的激活速度较快,能相互激活,一旦启动之后,意识控制程度的要求很低,特别是当某项操作达到自动化水平之后更是如此。故D选项说法正确。(5)从习得与遗忘速度看,由于陈述性知识习得的速度较快,有可能在较短的时间内有较多的积累,但遗忘也快。而程序性知识的学习速度相对较慢,常常需要过度学习,要通过大量练习后才能熟练掌握,但遗忘较慢,有些技能甚至能终生不忘。故选项B说法错误。(6)从获得后的修改或调整看,获得之后,要对陈述性知识进行调整或修改的话,比较容易;而要对程序性知识进行修改,具有很大的难度。故选项A说法正确。

6. A 【解析】对社会规范的认同,是指学习者在认识、情感和行为上与规范趋于一致,自愿对规范遵从的现象。认同分偶像认同和价值认同。偶像认同是指因对某人或某团体的崇拜、仰慕等趋同心理而产生的遵从现象。题干中公众人物需要严格自律,正是因为存在偶像认同,故选A项。

7. B 【解析】了解学生,使新的学习内容与学生已有的知识水平构成一个适当的跨度,这是创设问题情境的核心。

8. D 【解析】精细加工策略是指把新信息与头脑中的旧信息联系起来从而增加新信息意义的深层加工策略。它常被描述成一种理解记忆的策略,其要旨在于建立信息间的联系。联系越多,能回忆出信息原貌的途径就越多,即提取的线索就越多。精细加工越深入、细致,回忆就越容易。利用学生头脑中生动而鲜明的形象帮助记忆,就是精细加工策略的应用。

9. C 【解析】模像直观指观察与教材相关的模型与图像(如图片、图表、幻灯片、电影、录像、电视等),形成感知表象。模像直观具有一定的优势,首先,它能通过人为的手段消除或减弱实物的非本质因素对本质因素的掩蔽作用。其次,它可以突破时间和空间的限制,来扩大感性材料的来源。故题干中使用的教学直观方式为模像直观。

10. C 【解析】个体的许多效能期望是来源于对他人的观察,如果看到一个与自己一样或不如自己的人成功,自己的效能感就会提高。"热血"视频对于学生来说属于替代经验,学生看到成绩不好的学生通过努力学习考上了理想的大学有利于培养其自我效能感。

11. C 【解析】上位学习遵循从具体到一般的归纳概括过程,属于发现学习。A项正确。上位学习对学生获得基本概念和一般原理与规则具有重要意义。B项正确。下位学习对新学知识效率高。C项错误。下位学习遵循从一般到特殊的过程,属于接受学习。D项正确。故答案选C项。

12. B 【解析】正例又称肯定例证,指包含着概念或规则的本质特征和内在联系的例证;反例又称否定例证,指不包含或只包含了一小部分概念或规则的主要属性和关键特征的例证。正例的呈现可以防止"欠概括化"现象,反例的呈现可以避免"过度概括化"现象。故题干中刘老师最佳的做法是为学生呈现出反例。

13. B 【解析】教学中采取的促进策略性知识学习的有效教学措施主要有以下几种策略和方法:(1)只教给学生少量的策略和策略性知识,并且每一种都要教好;(2)教会学生使用有效的自我监控和自我反思;(3)策略性知识的教学与陈述性知识和程序性知识的教学应有机地结合起来,并突出策略教学的成功之处;(4)激发学生学习策略性知识的内在动机;(5)在具体情境中教策略;(6)坚持长期教学。

14. A 【解析】深度加工,是指通过对要学习的新材料增加相关的信息来达到对新材料的理解和记忆的方法,如对材料补充细节、举出例子、做出推论,或使之与其他观念形成联想。故题干所述为深度加工的内涵。

15. A 【解析】抄写属于复述策略,口述属于精加工策略,列提纲属于组织策略,复述策略、精加工策略和组织策略同属于认知策略。故选A项。

16. A 【解析】通常把学生在学习过程中出现一段时间的学习成绩和学习效率停滞不前,甚至学过的知识感觉模糊的现象，称为“高原现象”，这一现象，用王国维在《人间词话》中的诗句描述就是“衣带渐宽终不悔，为伊消得人憔悴”。

17. A 【解析】自我价值感理论将学生划分为四种类型：高驱低避型、低驱高避型、高驱高避型、低驱低避型。其中，高驱低避型的学生拥有无穷的好奇心，对学习有极高的自我卷入水平。他们的学习超越了对能力状况和失败状况的考虑，他们学习仅仅因为学习是他们快乐的手段，是他们生命的存在方式。低驱高避型的学生又被称为“逃避失败者”，这类学生更看重逃避失败而非期望成功。高驱高避型的人同时受到成功的诱惑和失败的恐惧。对任务又爱又恨，既追求又排斥让他们常常处于一种冲突状态。低驱低避型的人不奢望成功，对失败也不感到丝毫恐惧或者羞愧。题干所述的意思是，孔子说：“颜回的品质是多么高尚啊！一箪饭，一瓢水，住在简陋的小屋里，别人都忍受不了这种穷困清苦，颜回却没有改变他好学的乐趣。”这说明颜回以学习为乐，因此属于高驱低避型学生。

18. A 【解析】菲茨和波斯纳将操作技能形成的过程分为认知、联系形成和自动化三个阶段。第一阶段为认知阶段，在学习一种新的动作技能初期，个体首先要通过对示范动作的观察及对刺激情境的知觉，形成一个内部的动作意象，以作为实际执行动作时的参照。这个阶段的主要任务是领会技能的基本要求、重点，掌握组成技能的局部动作。题干所述小宇观察字帖上的字属于认知阶段。

19. B 【解析】小学生常常出现好心办坏事的现象，主要原因是他们不善于分析具体情境后再采取合理的行为方式与方法，或不具有某些行为技能。

20. B 【解析】所谓变式，就是变换使用不同形式的直观材料或事例说明事物的属性，使本质属性保持不变而非本质属性或有或无，以便突出本质属性。B项中，“沙子”属于“固体”，而不是“液体”，属于运用反例的策略。

21. D 【解析】命题、概念、命题网络均属于陈述性知识的表征方式。D项产生式系统属于程序性知识的表征方式。运动技能的形成需要先掌握程序性知识，再通过实际操作将程序性知识转化为外显的动作。因此运动技能的表征方式是产生式系统。

22. A 【解析】陈述性知识也叫描述性知识，是个人能用言语进行直接陈述的知识，主要用于区别和辨别事物。程序性知识即操作性知识，是一种经过学习后自动化了的关于行为步骤的知识，表现为在信息转换活动中进行具体操作。根据定义可以判断，数学、物理、化学属于程序性知识型的学科；历史、政治属于陈述性知识型的学科；语文、生物、地理属于混合型学科。

23. A 【解析】道德认知是个体道德的基础，是道德情感、道德意志产生的依据，对道德行为具有定向的意义，是行为的调节机制。因此要培养学生的道德品质，必须先培养学生的道德认知。

24. D 【解析】儿童关于狗的相关知识是陈述性知识。陈述性知识的表征方式主要有：命题、命题网络、概念、表象和图式。图式用于表征人类对某个主题的知识所具有的综合性质。一般认为，图式是指有组织的知识结构，是对范畴的规律性做出编码的一种形式。这些规律既可以是知觉性的，也可以是命题性的。儿童形成的关于狗的一般特征、生活习性、典型行为的基本理解属于图式。

25. D 【解析】陈述性记忆是对陈述性知识的记忆，是对有关事实和事件的记忆；程序性记忆是对程序性知识的记忆，是对如何做事情的记忆。因此，AB两项说法正确。程序性知识是在陈述性知识的基础上进一步发展起来的，个体把陈述性知识与具体的任务目标联系起来，从而去解决某个问题，在解决问题的过程中，个体把陈述性知识转化成程序性知识。故C项说法正确。程序性知识的表现不是被个体回忆起来，而是对所接受的信息进行加工变换。故D项说法错误。

26. C 【解析】根据题干描述可知，本题解题的关键句为“班主任利用游戏与学习的关系，希望把小刚的注意力从游戏引到学习上”。因此，激发小刚学习动机的最佳做法是促进学生动机的迁移，故选C项。

27. D 【解析】认知失调理论的原理是人类力求维持自己的观点、信念的一致,以保持心理平衡。当认知不平衡或不协调时,如新出现的事物与自己原有的经验不一致,或者自己的观点与他人的、社会的观点或风气不一致等,这时内心就会有不愉快或紧张的感受,个体就试图通过改变自己的观点或信念,以达到新的平衡。只有使学生认识到作业潦草的危害性才会引起其认知的失调,因此,D项符合题意。

28. D 【解析】教育心理学的研究表明,新的学习需要可以通过两条途径来形成:(1)直接发生途径;(2)间接转化途径。其中,间接转化途径指新的学习需要由原来满足某种需要的手段或工具转化而来。从间接途径考虑,主要应通过各种活动,提供各种机会,满足学生其他方面的要求和爱好。就各种课外活动小组而言,很多参加的学生,最初可能并不是由于对某一门学科的爱好,而很可能是追求活动中的娱乐和与同伴交流的快乐。因此,D项符合题意。

二、多项选择题

1. AD 【解析】数字运算对字母运算的影响是积极的,因此是正迁移;数字运算是下位的较低层次的,因此是自下而上的垂直迁移。

2. BCD 【解析】焦虑与学习之间的关系是复杂的,它对学习既有促进作用,也有抑制作用。A项说法错误。焦虑水平与学习效率之间呈倒U形关系,即中等水平的焦虑有利于学习效率的提高,而过低或过高的焦虑均对学习不利。BD两项说法正确。焦虑存在水平上的差异,分为正常焦虑、低度焦虑和高度焦虑。C项说法正确。

3. BCD 【解析】研究表明,学生的态度和品德特征与家庭的教养方式有密切关系。民主、信任、宽容的家庭教养方式有助于儿童优良态度和品德的形成与发展。家长对待子女过分严格或放任,则孩子更容易产生不良的、敌对的行为。因此,答案选BCD三项。

4. ACD 【解析】创造性的培养措施包括:(1)培养创造性认知能力。(2)注重创造性个性的塑造。包括保护好奇心;解除个体对答错问题的恐惧心理;鼓励独立性和创新精神;重视非逻辑思维能力;给学生提供具有创造性的榜样。(3)创设有利的社会环境。包括创设宽松的心理环境;给学生留有充分选择的余地;改革考试制度与考试内容。(4)培养创造型的教师队伍。在本题中,数学老师赞许小乐提出与自己不同的解题思路和方法,并总是耐心地听他分析。这说明数学老师给学生创建了一个能支持或容忍标新立异者或偏离常规思维者的宽松的心理环境,解除了学生对答错问题的恐惧心理,鼓励学生的创新精神。所以,AC两项符合题意。数学老师也鼓励同学们大胆进行猜测,这体现的是数学老师重视非逻辑思维能力。所以,D项符合题意。B项在题干中没有体现,故选ACD三项。

5. ABCD 【解析】要在教学中促进正迁移的发生从而带动更好的学习,就要遵循以下几点:(1)突出不同学习情境中的相同要素,促进学生对教学知识产生正迁移;(2)抓住关键概念的本质特征,促进学生对相近概念的理解;(3)改革教学方法,为学生知识的正迁移创造条件;(4)学生积极的学习态度有利于知识的正迁移。

6. ABD 【解析】A项提前预习和B项进行自我检查属于元认知策略,符合题意。C项建立类比属于认知策略中的精加工策略,不符合题意。D项灵活利用零碎时间属于资源管理策略中的时间管理策略,符合题意。故选ABD三项。

7. AC 【解析】外部奖赏会在一定程度上维持一部分学生的学习动机,但外部奖赏运用不当,也很可能会引起意想不到的负面效果,可能会使部分成绩较差的学生没有成就感。故选AC两项。

8. ABC 【解析】在运用奖励和惩罚时应该注意:(1)要使学生树立正确的奖惩观;(2)奖励与惩罚一定要公平、适当;(3)奖惩时应注意学生的年龄特点、个性特点和性别差异。

9. BCD 【解析】学习动机与学习目的之间具有复杂的关系。学习动机与学习目的之间并不都是一一对应的。A项说法错误。通常一个学习动机不限于一个学习目的,而一个学习目的也可以受多个学习动机支配。BC两项说法正确。相同的学习目的,学习动机可能会有所不同;同样,学习动机相同的学生,学习目的也可能不同。D项说法正确。

10. AC 【解析】学习策略的特征包括:(1)主动性。一般学习者采用学习策略都是有意识的心理过程。学习时,学习者先要分析学习任务和自己的特点,然后,根据这些条件制订适当的学习计划。对于较新的学习任务,学习者总是在有意识、有目的地思考着学习过程的计划。题干中小月在自习课前制定学习策略体现了主动性,A项当选。(2)有效性。所谓策略,实际上是相对效果和效率而言的。一个人在做某件事时,使用最原始的方法,最终也可能达到目的,但效果不会好,效率也不会高。题干中未体现,因此排除。(3)过程性。学习策略是有关学习过程的策略。它规定学习时做什么不做什么、先做什么后做什么、用什么方式做、做到什么程度等诸方面的问题。因此C项当选。(4)程序性。学习策略是学习者制订的学习计划,由规则和技能构成。每一次学习都有相应的计划,每一次学习的学习策略也不同。但是,相对而言,对于同一种类型的学习,存在着基本相同的计划,这些基本相同的计划就是我们常见的一些学习策略。题干中未体现,因此排除。

11. ABCD 【解析】在动作技能学习的不同阶段,个体的操作表现特征是不同的。动作技能一旦形成并达到熟练后,必然会在他们的实际操作中发生明显的变化。与动作技能形成的初期相比较,已形成并达到熟练程度的技能动作发生了质的变化。这种变化具有一些典型的特征:(1)意识控制的变化;(2)动作控制方式的变化;(3)动作品质的变化;(4)动作协调性的变化。故选A、B、C、D四项。

12. ABCD 【解析】强化训练可以分为四种形式:(1)奖赏训练;(2)取消训练;(3)惩罚训练;(4)回避训练。

13. AB 【解析】影响知识理解的客观方面的因素有:(1)学习材料的内容;(2)学习材料的形式;(3)教师言语的提示和指导。主观方面的因素有:(1)原有知识经验背景的影响;(2)学生的能力水平;(3)主动理解的意识与方法。故选AB两项。

三、判断题

1. √ 【解析】“学无当于五官,五官弗得不治”这句话强调的是学习时要运用多种感官协同记忆。从学习策略上来看,这属于复述策略。

2. × 【解析】在物质活动或物质化活动阶段会借助于实物或实物的模型、图表、标本等进行学习。例如,小学生学习加法时,利用小石子、小棍、手指来完成计算活动。因此,题干中的说法是错误的。

3. × 【解析】下位学习包括派生类属学习和相关类属学习。前者指新观念是认知结构中原有观念的特例或例证,新知识只是旧知识的派生物。当新知识扩展、修饰或限定学生已有的旧知识,并使其精确化时,便产生了相关类属学习。因此,在下位学习的相关类属学习中,原有观念会发生本质属性的改变。

4. × 【解析】心智技能是借助于内部言语在头脑中进行的合乎法则的认知活动方式,包括基本技能和认知策略。练习是指以形成某种技能为目的的学习活动,是以掌握一定的活动方式为目标而进行的反复操作。心智技能的学习不仅要熟练掌握相应的一套合乎法则的认知活动方式,还涉及灵活地运用。在心智技能学习中,学生需要通过一定的练习将建立起来的活动程序计划以外显的方式付诸执行,并随着练习促使活动方式定型化、简缩化和自动化。反复练习只是提供了促进这种基本的熟悉达到自动化的机会,并不能自动解决心智技能的灵活运用的问题,即学会在何时何处使用该技能的认知策略,因而也就不能真正实现心智技能的掌握或获得。

5. √ 【解析】认知策略是学习内容必不可少的工具,而元认知策略则监控和指导认知策略的运用。所以,元认知策略总是和认知策略一起起作用。

6. × 【解析】对于那些尚无学习动机或者学习动机不高的学生,尤其是年龄较小的学生,教师没有必要推迟学习活动。教学的最好办法是，把重点放在学习的认知方面而不是动机方面，致力于有效地教他们掌握有关知识，让他们获得成功的体验。学生尝到了学习的乐趣，就有可能产生或者增强其学习的动机。

7. × 【解析】根据桑代克的相同要素说，两种学习材料或对象在客观上具有某些共同点是实现迁移的必要条件。两种材料之间存在的共同因素越多，越容易发生学习迁移。共同因素对学习迁移的影响可以从不同的角度来进行研究。现代心理学家倾向于从学习对象的构成成分来分析。他们把学习对象的构成成分区分为结构成分和表面成分两大类。所谓结构成分是指学习任务中与最终所要达到的目标或结果有关的成分，而表面成分是指学习任务中与最终目标的获得无关的成分。如果两个任务具有共同的结构成分，则会产生正迁移；结构成分不同则不能促进正迁移，甚至会产生负迁移。但不管是表面的还是结构的相似性，都将增加学习者对两个任务的相似程度的知觉，而知觉的相似性决定迁移量的多少，两种情境的结构相似性则决定迁移的正或负。

8. × 【解析】知识的掌握是技能形成的前提，技能的形成一般都需要经过由陈述性知识向程序性知识转化的过程。在技能形成之初，学习者接受他人指导，了解操作过程，保存运动图式，模仿活动方式，乃至力求完成动作时，首先存留在头脑中的信息基本是陈述性知识。因此，技能的掌握与陈述性知识有关。

9. × 【解析】问题解决具有目的性、认知性、序列性的特征。其中序列性是指问题解决包含一系列的心理活动，如分析、联想、比较、推论等，仅有一个心理操作不能称为问题解决。而且这些心理操作是有一定序列的，序列出错，问题也无法解决。简单的记忆操作不能称之为问题解决，如回忆某人的名字等。故题干说法错误。

10. × 【解析】根据三级记忆模型，感觉记忆中的信息经过注意进入短时记忆，短时记忆是信息从感觉记忆到长时记忆的过渡阶段。而长时记忆中的信息经过提取可以转入短时记忆。由此可知短时记忆中的信息既来源于感觉记忆，一部分也来源于长时记忆。

11. √ 【解析】学习迁移的作用如下：(1)对学习迁移的研究可以促进学习理论的完善；(2)学习迁移对提高解决问题的能力具有直接的促进作用；(3)学习迁移促进认知结构的完善；(4)学习迁移是促进学生心理发展的关键；(5)学习迁移规律对学习者和教育工作者以及有关的培训人员具有重要的指导作用。题干说法正确。

12. × 【解析】在下位学习中，概念不但获得了新意义，而且原有起到归类作用的概念也得到充实和修正，促进了认知结构的分化。在并列结合学习和上位学习中，除了获得新意义之外，认知结构原有因素也经历新的组合而获得了新的意义，即促进了认知结构的重建。故题干说法错误。

13. √ 【解析】认同，即在思想、情感、态度和行为上主动接受规范，从而试图与之保持一致。认同实质上就是对榜样的模仿，其出发点就是试图与榜样一致。

14. × 【解析】形式训练说主张迁移要经历一个“形式训练”的过程才能产生，认为心理官能只有通过训练才得以发展，而迁移训练就是心理官能得到训练后发展的结果。进行官能训练时，关键不在于训练的内容，而在于训练的形式。因为内容经常容易忘记，其作用是暂时的，但形式是永久的。

四、简答题(参考答案)

如何矫正学生的不良行为？

(1)改善人际关系，消除疑惧心理和对立情绪；(2)保护自尊心，培养集体荣誉感；(3)讲究谈话艺术，提高道德认知；(4)锻炼与诱因做斗争的毅力，巩固新的行为习惯；(5)注重个别差异，运用教育机智。

五、论述题(参考答案)

需要层次理论对学习动机的培养有何启发？

(1)教师发现学生行为异常时，要了解学生的日常状况，看其低级的生理需要是否得到满足。

(2)个体要有一个有秩序、规范的生活环境和生活方式，这是一种生存的需要，是在生理的需要满足以后产生的。生理需要和安全需要虽然并不直接推动学习,但却是保证学生进行有效学习的前提条件。这两种需求得不到满足,不仅学习活动无法进行,而且会导致学生出现身心疾病。

(3)归属与爱的需要是学生交往的动力,在学校环境中,师生交往、同伴交往既是学习的条件,也是学习的内容。教师和家长要尽可能地给学生以爱,要创造一个良好和善的学习环境;要重视师生之间的交互作用,要让学生在集体中受到欢迎和接纳,得到友情,尽可能使学生不遭到拒绝或排斥。

(4)尊重需要是推动学生学习的重要动力,学生具有好胜心、求成欲、自尊的动机和避免失败的心愿,因此,教师要很好地利用这一特点,使学生有成功和获得赞许的机会,使他们从中获得成功的体验,同时要重视和珍惜他们的每一点进步和每一次成功。

(5)求知需要就是学习动机,审美需要在很大程度上也是学习动机,它们推动人去求真、求善、求美。

(6)自我实现的需要推动人发挥自己的潜能,是学校教育应该重点加以培养的。培养自我实现的人在学习上至关重要,同时也是教育的主要目标。

六、案例分析题(参考答案)

1.(1)配合运用正例和反例。正例又称肯定例证,指包含着概念或规则的本质特征和内在联系的例证;反例又称否定例证,指不包含或只包含了一小部分概念或规则的主要属性和关键特征的例证。一般而言,概念或规则的正例传递了最有利于概括的信息,反例则传递了最有利于辨别的信息。在该案例中,蔡老师通过探究问题,让学生积极思考能被磁铁吸引和不能被磁铁吸引的物品,及时引导学生得出结论。

(2)正确运用变式。变式就是变换使用不同形式的直观材料或事例说明事物的属性,使本质属性保持不变而非本质属性或有或无,以便突出本质属性。在该案例中,学生在发现固体可以隔物吸铁后,又被蔡老师引导思考液体能不能隔物吸铁,蔡老师充分使用不同形式的变式,使学生进一步得出磁铁可以隔物吸铁的结论。

(3)科学地进行比较。比较主要有两种方式:同类比较和异类比较。同类比较是关于同类事物之间的比较。异类比较即不同类但相似、相近、相关的事物之间的比较。在第二个实验中,学生通过观察比较发现,硬币有着能被磁铁吸引和不能被磁铁吸引的差别,最终得出能被磁铁吸引的为铁质硬币。

(4)启发学生进行自觉概括。为了促进知识的获得,在实际的教学情境中,教师应该启发学生去进行自觉的概括,鼓励学生自己去总结原理、原则。在该案例中,蔡老师对学生积极引导,引发学生进行探究,最终得出磁铁吸铁、磁铁可以隔物吸铁等实验结论。

2.(1)①测验是为了掌握学生的学习情况,从而达到调整教学,以评促教,促进学生学习的目的。该教师大胆创新,允许学生“公然”作弊,学生通过在A4纸上写东西,带进考场参加考试,形成了“从他们在那张A4纸上总结的内容就能看出高低来”这种结果,反思了“为什么张某某能考好?为什么李某某考不了高分?”并“开始交流哪种学习方法好”。学生们明确了学习的方向和目的。这正是体现了测验的价值和目的。

②该教师为了改变学生作弊的不良行为,采取了斯金纳行为塑造的方法。我们不能等到学习者完全不表现作弊行为的时候再给予强化,而需要把目标行为分解,分成一个个逐渐趋向目标的小步子,“第二次考试让每个学生带半张A4纸,第三次带四分之一……”这种方式逐渐改善了学生带小抄作弊的不良行为。

(2)学习策略训练的原则:

①教师创设了适当的机会让他们感受策略的效力,发挥了学生的主动性和能动性,即“写上自己想写的任何东西”,通过这一举动指导他们分析和反思策略使用的过程和效果,体现了主体性原则和个人效能感原则。

②生成性原则,即要对所学材料进行深层次加工,层次加工越深,学习效果越好。案例中的学生采用了不同层次的学习策略,是他们学习成绩差异的主要原因。

③有效监控原则，让他们明白学习结果和学习策略使用的关系，使学生明白要灵活、适时地采用不同的学习策略。本案例中“为什么张某某能考好？为什么李某某考不了高分？”“开始交流哪种学习方法好”即体现了这一点。

3. 心智技能也称为智力技能、认知技能，是通过学习而形成的合乎法则的心智活动方式。我国教育心理学家冯忠良通过教学实验，提出了心智技能的形成理论，具体阶段为：

(1)原型定向。原型定向就是了解原型的活动结构，从而使主体明确活动的方向，知道该做哪些动作和怎样去完成这些动作。材料中，教师运用运算规律进行算式的变形，帮助学生明确计算的方向，即教师引导学生进行了原型定向。

(2)原型操作。原型操作是依据智力技能的实践模式，把学生在头脑中已建立起来的活动程序计划以外显的操作方式付诸实施，获得完备的动觉映像的过程。材料中，教师通过出一些类似的题目引导学生进行纸笔操作练习，这是进行原型操作的过程。

(3)原型内化。原型内化，即智力活动的实践模式(原型)向头脑内部转化，由物质的、外显的、展开的形式变成观念的、内潜的、简缩的形式的过程。材料中，学生通过纸笔操作练习，从而产生言语表征，形成熟练的心算技能，这是进行原型内化的过程。

4. (1)社会规范的接受和内化，大致经历以下三个阶段。

①社会规范的依从。依从，即表面上接受规范，按照规范的要求来行动，但对规范的必要性或根据缺乏认识，甚至有抵触情绪。

②社会规范的认同。认同，即在思想、情感、态度和行为上主动接受规范，从而试图与之保持一致。认同实质上就是对榜样的模仿，其出发点就是试图与榜样一致，包括偶像认同或价值认同。

③内化(社会规范的信奉)。信奉是内化的最高阶段，是学习者对社会规范及其价值有了深刻的理解，在思想观点上与社会规范及其价值保持一致，将自己所认同的思想和自己原有的观点、信念融为一体，构成一个完整的价值体系。在内化阶段，个体的行为具有高度的自觉性和主动性，并具有坚定性。

案例中的王老师首先可以制定一些课堂规则，让学生按照规范的要求来行动。其次，为学生树立榜样人物，使学生在思想、情感、态度和行为上主动接受规范，从而试图与榜样保持一致。最后，帮助学生构建完整的价值体系，使学生主动、自觉地遵守课堂规则。

(2)社会规范学习是青少年社会性学习的核心，是提高青少年社会适应性的根本途径。

①规范学习有助于青少年良好品德和性格的构建。品德和性格是青少年行为的重要调节机制和个性的重要组成部分。良好品德和性格是在一定先天素质的基础上，在社会生活环境中，在规范学习的过程中逐渐形成和发展起来的。

②规范学习有助于青少年社会化的实现。社会化从实质上讲是个体从生物人成长为社会人，具备社会特性并逐渐适应社会生活的过程。社会化对青少年发展极其重要，它主要包括个性的发展、社会文化的传递和社会角色的获得三个基本方面。这三个基本方面都离不开规范的学习。

③规范学习有助于促进青少年心理健康。社会适应性说到底是一种社会规范适应。社会对于个体的作用突出表现在为个体的社会行为制订一套规范系统，一套如何做人、如何与他人相处的规则和准则。这套系统随着社会的发展不断调整和更新。青少年只有通过社会规范学习，内化规范系统，以此指导自己的行为，达到良好的社会适应。因此，社会规范学习是提高青少年社会适应性，进而提高心理健康水平的重要途径。

真题必刷

答案速查

1～5	BBDBD	6～9	CCCA	1～5	ABC BC BCD AB ABC
1～7	√××××× √				

一、单项选择题

1. B 【解析】内部学习动机是指诱因来自学习者本身的内在因素，即学生因对活动本身发生兴趣而产生的动机。因此，学习材料的趣味性能够激起学生的内部学习动机，故选B项。

2. B 【解析】理解问题即明确问题，就是把握问题的性质和关键信息，摒弃无关因素，并在头脑中形成有关问题的初步印象，即形成问题的表征。根据题干描述可知，张老师的做法有利于学生形成对问题的表征。故选B项。

3. D 【解析】个人自身行为的成败经验(直接经验)对自我效能感的影响最大。因此，培养学生自我效能感的最佳途径是帮助学生创造成功的经验，产生成就感。

4. B 【解析】他律道德阶段又称权威阶段，本阶段的儿童尊重和顺从权威，认为规则是不变的，根据后果的严重性来判断行为的好坏，而不看主观动机。

5. D 【解析】发散思维的特征有流畅性、灵活性和独创性(独特性)。其中，流畅性是指在限定时间内产生观念数量的多少。在短时间内产生的观念越多，流畅性越大。题干中的晓雨在有限时间内提供答案的数量最多，这说明其思维的流畅性好。

6. C 【解析】迈克卡等人将学习策略分为认知策略、元认知策略和资源管理策略三种。其中，认知策略包括复述策略、精加工策略和组织策略。精加工策略(精细加工策略)包括记忆术、做笔记、提问、生成性学习等。谐音联想法属于记忆术的一种，因此答案选择C项。

7. C 【解析】认知失调主要源于四种情况：逻辑上不一致；与社会风气不一致；个人一贯行为倾向与其特殊的行为不一致；新事物与个体的旧经验不一致。故本题选C项。

8. C 【解析】粗大技能是指运用大肌肉，而且经常要涉及整个身体，例如游泳、打球、跑步等。精细技能主要局限在较狭窄的空间内进行并要求较精巧的协调动作，主要表现为腕关节和手指运动，例如穿针引线、写字、弹钢琴等。但是手工技能并不是精细动作技能的全部，声带在演说或唱歌中的使用，摆动耳朵等也属于精细动作技能的范畴。

9. A 【解析】知识概括是指主体通过对感性材料的分析、综合、比较、抽象、概括等深度加工改造，从而获得对一类事物的本质特征与内在联系的抽象的、一般的、理性的认识的活动过程。

二、多项选择题

1. ABC 【解析】模像直观指观察与教材相关的模型与图像(如图片、图表、幻灯片、电影、录像、电视等)，形成感知表象。故ABC三项属于模像直观。标本属于实物直观，故D项不符合题意，排除。

2. BC 【解析】监控策略是指在认知过程中，根据认知目标及时检测认知过程，寻找两者之间的差异，并对学习过程及时进行调整，以期顺利实现有效学习的策略。监控策略包括阅读时对注意加以跟踪、对材料进行自我提问、考试时监视自己的速度和时间等。故答案选BC两项，而AD两项属于计划策略。

3. BCD 【解析】奈尔森-黎高按照求助者的目的将学业求助分为两大类。(1)执行性求助，它是指学习者面临自己不能解决的学习困难时，请求他人“替”自己解决困难。这种求助类型的学生只想要答案或者希望尽快完成任务，自己不做任何尝试就放弃了获得成就的努力，选择了依赖而非独立掌握。(2)工具性求助，也称适应性求助，它是学习者遇到学习困难时,借助他人的力量达到自己解决问题或者实现目标的目的。适应性学业求助的目的是独立地学习,而不是仅仅获得正确答案。因此使用工具性求助策略的学生,在自己能够解决问题的时候会拒绝他人的帮助;在需要帮助时,又能够主动寻求他人的帮助。除了这两种求助类型的学生,也有一些学生在遇到无法独立解决的困难时选择了回避求助,因为他们担心别人会认为他们很笨。因此,B、C、D三项符合题意。

4. AB 【解析】操作技能又叫运动技能、动作技能,是通过学习而形成的合乎法则的操作活动方式。写字技能和体操技能均属于动作技能。心智技能也称为智力技能、认知技能,是通过学习而形成的合乎法则的心智活动方式。因此,排除CD两项,答案选AB两项。

5. ABC 【解析】归因训练的基本假设是,只要学生相信努力将带来成功,他们就会坚持不懈地努力学习。因此,归因训练的关键在于使学生反复体验学习的成败,同时引导他们学会并养成将成败的原因归结于努力与否的归因倾向。故A、B两项说法错误。学生的不良行为产生的原因有客观和主观因素,因此,改善不良行为的过程也会受多种因素影响,需要多种干预手段,归因训练只是其中的一种,并不能改善所有的不良行为。故C项说法错误。为了使训练结果长期保持并迁移到其他学习活动中去,还应在训练后,找适当的时机进行多次强化训练,才会取得良好的效果。故D项说法正确。

三、判断题

1. √ 【解析】"耶克斯—多德森定律"表明,动机不足或过分强烈都会影响学习效果。一般来讲,最佳水平为中等强度的动机。

2. × 【解析】概念学习是指掌握概念的一般意义,其实质是掌握一类事物的共同的本质属性和关键特征。故题干所述的学习为概念学习。

3. × 【解析】资源管理策略是辅助学习者管理可用环境和资源的策略。包括:(1)时间管理策略;(2)环境管理策略;(3)努力管理策略;(4)学业求助策略。因此,题干中的"对学习环境的管理"属于资源管理策略,故题干说法错误。

4. × 【解析】学习迁移也称训练迁移,是指一种学习对另一种学习的影响,或习得的经验对完成其他活动的影响。"近朱者赤,近墨者黑"比喻接近好人会让自己变好,接近坏人会让自己变坏,强调环境对人的影响。故题干表述错误。

5. × 【解析】按照问题的组织程度可以把问题分为结构良好问题和结构不良问题。其中,学习者在学科学习中遇到的绝大多数问题都是结构良好问题。例如,"从哈尔滨到三亚应该怎么走路程最短"其初始状态、目标状态和操作都是具体明确的,故属于结构良好问题。

6. × 【解析】阿特金森把个体的成就动机分为两类:力求成功的动机和避免失败的动机。成就动机的总强度等于追求成功的意向与回避失败的意向之差。但需要说明的是,成就动机不是学生学习活动的唯一动机,因此有的人成就动机的总强度为负值或0时也会努力学习。题干表述错误。

7. √ 【解析】安德森根据知识的不同表征形式,将知识分为陈述性知识和程序性知识。陈述性知识也叫描述性知识,是个人能用言语进行直接陈述的知识,主要用于区别和辨别事物。程序性知识即操作性知识,是一种经过学习后自动化了的关于行为步骤的知识,表现为在信息转换活动中进行具体操作。二者属于不同种类的知识,因此在教学中应采用不同的教学方法和评价方式。题干说法正确。

四、简答题(参考答案)

简述科尔伯格的品德发展阶段理论。

科尔伯格采用"道德两难故事法"对儿童的道德判断能力进行研究。他以道德判断的发展代表道德认知的发展，进而代表品德发展的水平。他将道德判断分为三个水平，每一水平包含两个阶段，六个阶段依照由低到高的层次发展。

(1)前习俗水平，包括：①服从与惩罚的道德定向阶段；②相对功利的道德定向阶段。(2)习俗水平，包括：①好孩子的道德定向阶段；②维护权威或秩序的道德定向阶段。(3)后习俗水平，包括：①社会契约的道德定向阶段；②普遍原则的道德定向阶段。

五、案例分析题(参考答案)

(1)原因：实验组的狗产生了习得性无助的现象。习得性无助是指由于连续的失败体验而导致个体产生的对行为结果感到无力控制、无能为力的心理状态。材料中实验组的狗在第一个笼子中，经过再三努力仍无法逃脱，最后不再挣扎。随后，在容易逃脱的笼子中也不再尝试逃脱，这正是由于多次失败而产生了习得性无助的现象。

(2)做法：实验者需要把它们带到笼子的另一边，即没有电击的一边，从而逃脱电击。用行为主义的知识解释就是，实验组的狗把在第一个情境中习得的经验不恰当地泛化到了第二个情境中，尽管隔板的高度是狗可以轻易跳过去的，但它们表现出的却是先前习得的行为。因此，要让狗学会逃避电击，实验者必须把狗带到没有电击的一边，使它们懂得笼子中的电击是可以逃避的。

第五章　教学心理

基础必刷

3-5基础必刷答案详解

专题1 教学设计

答案速查

1～5	BCDBA	6～10	BCAAC	11～15	DACCA	16～20	BABDD
21～25	AABBD	26～29	ABDB	1～5	ABD ACD ABCD CD ABD		
6～9	ABD ABCD ABD ABCD			1～3	×××		

专题2 课堂管理

答案速查

1～5	ADABA	6～10	BDCCC	11～15	CBAAB	16～22	DACCBAD
1～5	ACD AC ABD BD ABCD			6～8	BCD ACD AB		
1～5	×××××			6～7	√√		

四、简答题(参考答案)

1. 班级规模对课堂管理的影响表现在哪些方面?

(1)班级的大小会影响成员之间的情感联系；(2)学生越多，学生间的个别差异就越大，课堂管理所遇到的阻力也可能越大；(3)班级的大小也会影响交往模式；(4)班级越大，内部越容易形成各种非正式小群体。

2. 简述舒茨的人际需要理论。

美国心理学家舒茨提出了人际需要的理论，最基本的人际关系需要有三类：(1)包容需要。这种需要表现为希望与别人发生相互作用，建立联系并维持和谐关系的愿望。(2)控制(支配)需要。这种需要表现为在权力或权威基础上与别人建立和维持良好关系的愿望。(3)感情(情感)需要。这种需要表现为在情感上与他人建立和维持良好关系的愿望。

3. 如何协调正式群体与非正式群体?

(1)要不断巩固和发展正式群体,使班内学生之间形成共同的目标和利益关系,产生共同遵守的群体规范,并以此协调大家的行动,满足成员的归属需要和彼此之间的相互认同,从而使班级成为团结的集体。(2)要正确对待非正式群体。在支持、保护积极型非正式群体的同时,还要对消极型的非正式群体给予教育、引导和改造,必要时依据校规、法律加以惩处或制裁。

4. 简述影响课堂气氛的因素。

课堂气氛是师生在课堂活动中相互作用而产生的,主要受教师、学生、课堂内物环境等三方面因素的影响。

(1)教师因素。教师是课堂教学中的主导者,教师的领导方式、教师的移情、教师对学生的期望、教师的情绪状态、教师的教学能力是影响课堂气氛的决定因素。(2)学生因素。课堂气氛是师生共同营造的,学生是课堂活动的主体。因此,学生的一些特点也是影响课堂气氛的重要因素。(3)课堂内物环境因素。课堂内物环境又称作教学的时空环境,主要指教学时间和空间因素构成的特定的教学环境,包括教学时间的安排、班级规模、教室内的设备、教具、乐音或噪音、光线充足与否、空气清新或浑浊、高温或低温、座位编排方式等。这些因素虽然不是决定课堂气氛的主要原因,但是它们的优劣会对课堂气氛的形成起着促进或阻碍作用。

5. 简述如何维持课堂纪律。

(1)建立有效的课堂规则;(2)合理组织课堂教学;(3)做好课堂监控;(4)培养学生的自律品质。

五、案例分析题(参考答案)

1. (1)学生违反课堂纪律的原因有:①引起教师的注意。小方表现出不良行为是为了获得教师的注意,哪怕是消极的注意,教师的斥责对他而言起到了强化作用。②引起同伴的注意。小方表现出不良行为的另外一个原因,就是为了获得同学的注意和赞赏。③逃避不愉快的状态或活动。不良行为第三个重要的强化是逃避烦闷、挫折、乏味和不愉快的活动。根据行为主义学习理论,逃避不愉快的刺激就是一种强化。那些在学校里反复遭受失败的学生把许多事都看作是不愉快、烦闷、挫折和疲惫的,他们会频繁请求上洗手间、削铅笔,在自习课上做作业时比听讲时更容易提出这些请求,因为课堂作业使他们更容易感到挫折和焦虑。因此,小方在课堂上随意发言也是为了逃避不愉快的活动。

(2)①使用幽默。变化课程内容、运用不同的材料和方法进行教学,教师显示出幽默和热情,以及让学生进行合作学习等也都能够减少学生因疲劳而引发问题行为的可能性。②非言语暗示。由于一般问题行为大都是一些暂时性的干扰,教师在处理这些行为时,通常只需要运用简单的非言语线索进行暗示,就可以得到既制止问题行为又不影响课堂教学进程的双重效果。③表扬。对许多学生来说,表扬是一种强有力的激励。此外,表扬其他学生的良好行为也可以促使出现问题行为的学生表现出类似的良好行为,从而达到消除问题行为的目的。④言语提醒。当非言语线索不能制止学生的问题行为时,教师采用适当的言语提醒也有助于让学生回到学习活动中来。⑤有意忽视。个别学生有时为了引起教师和其他同学的注意,做出一些问题行为。在这种情况下,教师采取有意忽视的态度,装作视而不见,是比较合适的处理方式。⑥转移注意。如采用比喻、声东击西等方法加以暗示,转移学生的注意力,终止学生的问题行为。

2. (1)根据案例描述可知,出现课堂失控,教师方面的主要原因有:①教师的教学能力有待提高;②教师的教学设计能力有待提高;③教师的领导方式存在问题,缺乏教师威信。

(2)创设良好的课堂气氛可从以下方面入手:

①发挥教师的主导作用。教师在营造良好的课堂氛围的过程中起着主导作用。如果教师能精心组织课堂教

学，巧妙把握语言艺术，善于用良好的情绪情感感染学生，并善于处理课堂问题，就更容易创造出良好的课堂氛围。

②尊重学生的主体地位。创造良好的课堂氛围，关键在于教师能否切实调动学生学习的主观能动性，使学生真正成为教学的主体，学习的主人。因此，教师必须调动学生参与的积极性和主动性，让学生保持最佳的学习心态。

③构建和谐的师生关系。课堂中的师生关系，直接影响课堂气氛，可以采取以下措施来使师生关系更加和谐：第一，师生民主平等；第二，树立一定的教师威信；第三，教师要关心爱护学生。

3.（1）中学生主要的人际关系有三种，即亲子关系、师生关系和同伴关系，对于初中生而言，与同伴相处的时间已经超越了家庭以及别的一切社会关系。

（2）美国心理学家舒茨认为有三种最基本的人际关系需要，即包容需要、控制需要以及感情需要。初中生最希望从集体当中获得包容需要，从同伴身上获得感情需要。陈某主要的困惑在于感情需要没有得到充分满足。

（3）作为陈某的朋友，需要对陈某加以积极的关注；作为陈某，也应该认识到自己的朋友也可以有其他的朋友，她也可以积极地融入到朋友的朋友圈中去。

提升必刷

答案速查

1~5	AACDB	6~11	ABADDA	1~5	BCD ABD BC BC ABCD
1~5	×√×√×				

一、单项选择题

1. A 【解析】国外学者参照科尔伯格道德发展的阶段理论，将不同年龄阶段儿童的纪律发展水平划分为反抗行为阶段、自我服务行为阶段、人际纪律阶段和自我约束阶段四个阶段。其中处于自我服务行为阶段的学生很少具有自我纪律感。他们可能在这节课上表现很好，而在另一节课上失去自我控制。故选A项。B项，在反抗行为阶段的儿童表现为当教师盯住他们时，他们会表现得中规中矩，但是稍微不注意，他们就会失去控制。C项，处于人际纪律阶段的学生其行为取向是要建立一种相互的人际关系，他们做出的行为往往与“我怎样才能取悦你”联系在一起，他们这样做是因为你要求他们这样做；他们关心自己在别人心目中的形象，希望别人喜欢自己。D项，处于自我约束阶段的学生很少陷入什么麻烦，因为他们能够明辨是非，理解遵守纪律的意义，也能够做到自我约束。

2. A 【解析】从众是个体在群体的压力下，放弃自己的意见而采取与大多数人一致的行为的社会现象。从众现象产生的原因之一是一个人往往不愿意被群体视为越轨者或不合群者，为了避免他人的非议或排斥，避免受孤立，从而产生从众。在本题中某学生随地吐痰后，因受到班里其他同学的压力（如排斥或孤立）而改掉了这一不良习惯，这是产生了从众现象。

易错提示 考生容易混淆从众和服从的概念。两者的区别在于：从众的原因是群体压力；服从的原因是权威命令、社会舆论或群体气氛的压力。考生可以这样记忆：“众”代表的是群体；“服”一般是对权威、舆论等的服从。

3. C 【解析】美国教育心理学家布卢姆将认知领域的教学目标分为知识、领会、运用（应用）、分析、综合、评价六级。其中，领会是指把握所学材料的意义，代表最低水平的理解。C项强调概括文章的故事情节，这属于领会。故本题选C项。A项强调给定事实材料，写出一篇报道，这属于综合；B项强调评价人物的价值观，这属于评价；D项强调背诵，这属于知识。

4. D 【解析】课堂环境可以分为“硬环境”（物理环境）和“软环境”（精神环境）两个方面，前者主要是指课堂中的物理环境，如课堂内的温度、色彩、空间大小、座位编排方式等时空环境和物质环境；后者主要指课堂中的社会心理环境,如课堂教学气氛、学习目标定向等。其中,课堂教学气氛主要指在课堂教学过程中通过师生之间的相互作用而形成的一种心理环境,主要包括师生的心境、态度、情绪和课堂秩序。故答案选D项。

5. B 【解析】常模参照测验以团体测验的平均成绩即常模为参照点,从而判断被试在所属团体中的相对位置。在艾森克人格问卷中,需要对照常模团体来确定测验组人群所处的水平,故其属于常模参照测验。因此,答案选B项。而C项句子完成测验属于投射测验,D项医师资格测验属于标准参照测验。A项教师自编测验属于非标准化测验。

6. A 【解析】布卢姆主张能够作为教学目标的项目,必须是通过短期教学可达到的、具体化的、可观察的、可测量的外显行为。B、C、D三项均为短期教学可完成的具体的目标。只有A项培养学生的思维能力不可能在短期的教学中得到提升,思维能力不够具体化,非常宏观,也不宜测量。因此答案选A。

7. B 【解析】课堂具有不可预测性,因此,即使教师周密细致地做好了计划,一切准备就绪,课仍有可能被打断。

8. A 【解析】学生座位的安排会影响课堂教学的学习,有研究表明,坐在教室前面几排及中间几列的学生似乎是最积极的学习者,教师大多时间都站在这些座位的前面,师生之间的言语交流大多集中在教室的这一区域。

9. D 【解析】教学目标的明确化是陈述教学目标的基本要求,需要做到:(1)教学目标要用可观察的行为来表述,使教学目标具有可操作性;(2)教学目标的表述要反映学生行为的变化,陈述学生的学习结果。"理解""了解""感受"等词语都是比较模糊的词语,不可观察或者测量。而"流利背诵"是可以观察和测量的,故选D项。

10. D 【解析】综合是指将所学的零碎知识整合为知识体系,强调的是创造能力,需要产生新的模式或结构。学生写一首七律诗,是调用了关于七律诗的知识并加入自己的创造完成的,所以是综合水平。因此答案选D。

11. A 【解析】课堂教学效率的高低,取决于教师、学生和课堂情境三大要素的相互协调。A项正确。民主式的教师领导方式,学生在活动中会表现出极大的兴趣和主动精神,善于合作,活动效果很好。B项错误。教师不能对学生实施体罚及剥夺其受教育权。C项错误。班级越大,情感纽带的力量就越弱,内部越容易形成各种非正式小群体,而这些小群体又会影响课堂教学目标的实现。D项错误。

二、多项选择题

1. BCD 【解析】影响课堂气氛的因素有很多,其中,教师方面的因素是影响课堂气氛的主要因素。故A项说法错误。

2. ABD 【解析】班级中的"小团体"属于非正式群体,这些团体的活动无时不在影响着整个班级的交往和人际关系,进而影响到班级的道德面貌、学习风气和行为习惯。所以,AD两项说法正确。班级小团体没有严格的组织和规范,它只是在学生彼此认同的基础上而结成的既亲密又松散的伙伴关系。班级小团体对学生个体和正式群体既有积极影响,也有消极影响。所以,C项说法错误,B项说法正确。

3. BC 【解析】教师促成的纪律应该包括结构的创设和体贴。教师的指导、监督、惩罚、规定、限制、奖励、操纵、组织、安排日程和维护标准等,都属于结构的创设;而体贴则包括同情、理解、协调、支持、征求和采纳学生的意见等。

4. BC 【解析】当学生发生问题行为时,首先,教师必须确定干预会在多大程度上妨碍教学活动;其次,应该根据问题行为的性质和严重性、涉及的学生和违规行为发生的时间来确定如何干预。根据题干所述,教师应该先采用非言语暗示或者言语提醒来制止学生的议论,维持课堂教学秩序。课后再与学生交流,了解学生议论的原因,再进一步做出处理。BC两项说法正确。不分缘由地当场批评一是会中断课堂教学的有序进行,二是可能激起学生的逆反心理。故A项做法不合适。D项对家长进行批评教育亦不可取。

5. ABCD 【解析】班级中的同伴关系对于教学目标的实现具有重要作用，主要体现在以下四个方面：(1)对学生学业成绩的影响；(2)对学生社会化的影响；(3)对学生换位思考能力的影响；(4)对学生自我概念和人格发展的影响。

三、判断题

1. × 【解析】掌握学习是指将学习内容分成小的单元，学生每次学习一个小的单元并参加单元考试，直到学生以80%～100%的掌握水平通过考试，才能进入下一个单元的学习。它代表着一种非常乐观的教学方法，它假设只要给以足够的学习时间和相应的教学，大多数学生都能够学会学校里的科目。采用掌握学习进行教学，学生的成绩仍然有差异，但这种差异表现在他们所掌握的单元数或成功学完这些单元所花时间上。

2. √ 【解析】著名心理学家马杰认为，教学目标应该陈述“学生能做什么以证明他的成绩以及教师怎样知道学生能做什么”。

3. × 【解析】教师的移情是教师将自身的情绪或情感投射到学生身上，感受到学生的情感体验，并引起与学生相似的情绪性反应，由此产生和谐的心理互动。题干所述体现了教师移情的重要性。

4. √ 【解析】课堂气氛是课堂管理的核心因素，也是课堂活动中的着眼点。故本题说法正确。

5. × 【解析】课堂管理包括课堂人际关系管理、课堂环境管理、课堂纪律管理等方面。课堂纪律管理指的是课堂行为规范、准则的制订与实施，应对学生的问题行为等活动。题干说法错误。

四、案例分析题(参考答案)

1. 课堂纪律是指为保障或促进学生的学习而设置的行为标准及施加的控制。良好的课堂纪律是课堂教学得以顺利进行的重要保障条件，有助于维持课堂秩序，减少学习干扰，也有助于学生获得情绪上的安全感。而材料中两位老师的不同理念和行为导致了不同的教学后果。王老师的课堂纪律失控，有时甚至导致教学无法正常进行；而在肖老师的课堂上，学生却变得更加自觉了，课堂效率也越来越高。因此，为了提高课堂效率，教师可从以下方面着手进行有效地课堂管理：

(1)在开学的第一堂课应集中精力建立规则和程序。在开始的几周里，教师应明确传达学业和行为标准，并且始终如一地给予强化。为了有利于教学，占用一些时间、花费一些功夫建立、强化规则和程序是很值得的。因此在材料中，肖老师的行为是正确的。(2)开学的第一天或第一节课，教师可以做好准备，备有姓名簿、解释某些基本的规则、在不得不为管理任务分心时让学生做一些活动。但是有效的课堂管理应当及时处理课堂问题，不忽视任何违反课堂规则和程序的行为。(3)教师要能理解学生的需要和所关心的事情，知道什么时候修改教学活动，要能把课程设计得更好。

2. (1)①针对案例中李丽与同桌的问题行为，赵老师停顿了一下，看了他们一眼，通过眼神示意和语言停顿引导其认真听课，即使用了非言语线索和细小的停顿；②针对案例中王伟的问题行为，赵老师用眼神示意制止未果后，立即采用了言语说服教育，即使用了言语提醒；③针对案例中刘鹏的问题行为，赵老师及时批评指正，即使用了执行结果。

(2)课堂问题行为处理的要求有：

①教师应避免下列误解：以为学生愈安静，学习效果愈好；以为教师的权威建立在学生对教师命令的服从上；以为学生的行为即代表学生的品性。

②教师应了解儿童。儿童就是儿童，不是小成人，不可用成人的行为标准来要求他们。

③教师应认清真正的问题行为之所在。

④教师应确认，处理的对象是学生所表现的行为，而不是学生本身。教师只是不喜欢他的行为，而不是不喜欢他这个人。

⑤教师应教育学生知道如何表达其情绪，尤其要避免压抑，以促进身心健康。

⑥教师处理问题行为时，务必先了解症结所在才能作有效的处理。

⑦教师在处理问题行为时，不宜伤其自尊，以避免新的问题行为。

⑧注意方法的运用，如发现原先使用的方法经一段时间后仍无效果，则应转换方法，以免错失良机。

3. (1)①合作学习的基本程序一般为：首先分组；然后分工；最后进行小组活动。在这一过程中，小组内应建立活动机制，组员根据具体情况，加强协调，自我完善。在本案例中充分体现了合作学习的基本程序，例如：分组查找中秋节资料，最后进行小组展示；根据班上学生的兴趣分组，然后分工制作手抄报；进行小组竞赛活动。②合作学习的方式主要有：小组成绩分工法；游戏竞赛法；切块拼接法；共同学习法；小组调查法。在本案例中小组合作学习使用了小组调查法和游戏竞赛的方法，如花费一个月的时间收集中秋节的资料；举办中秋节知识擂台赛。

(2)①不足之处：在第一步中进行的分组只设定了小组目标，而没有进行个人责任的明确分工，会造成学生任务选择和分配的不当。并且组内没有明确的责任分工，也可能会造成个别不主动、能力差的学生坐享其成，从而达不到合作学习的效果。

②优点：在第三步中进行的分组，责任分工明确细致，将小组任务分解到个人，使组内的每个成员都承担了小组任务中的特定部分，将学习成效的大小同个人是否尽责联系到了一起。在第四步中秋知识擂台赛中的小组合作，有利于小组成员间的彼此合作，因为学习目标是为小组而不是为个人设立的，有助于小组形成合理的组内互帮互助、组间公平竞争的良性机制。这些分组都是可取的。

4. 教师自编测验必须遵循以下几项原则，所编制的测验才能达到应有的效果。

(1)测验应反映教学目标与内容。教师自编测验最重要的一个原则是要密切结合教学的目标和内容。测验必须是教学内容的良好取样，它应该考查学生对教学或课程中最重要的概念和技能的掌握情况。(2)测验的结构以测验目标为依据。在编制测验时，教师要明确该测验是做什么评价，是阶段性测验还是总结性测验，是预测性测验还是诊断性测验，根据评价目的选择适宜的题目。(3)注意测验的信度。教师在编制题目时，要界定好题目内容，使内容明确，不可含糊其词；减少区分度小的题目；还可以增加题量等。这些都可以提高测验的信度。(4)测验要促进学生的学习。测验在教学中是作为教学的一个环节而进行的，因此它要起到对学生学习的指导、促进作用。这就要求教师在测验后及时给学生反馈信息，并纠正其错误，指导学生进一步学习的方向和方法。

真题必刷

答案速查

1~6	DABBDA	1~3	ABCD AD ABCD
1~4	××× √		

一、单项选择题

1. D 【解析】认知领域的教学目标分为知识、领会、运用(应用)、分析、综合、评价六级。其中，分析水平是将整体材料分解成其构成成分并理解其组织结构，包括对要素的分析、关系的分析和组织原理的分析。因此，题干中观察各种图形，对三角形和正方形的特征的分析属于分析水平。

2. A 【解析】正式群体是指在学校行政部门、班主任或社会团体的领导下，按一定章程组成的学生群体，如班级、小组、少先队等都属于正式群体；非正式群体是指在同伴交往过程中，一些学生自由结合、自发形成的小群体；参照群体又叫标准群体或榜样群体，这种群体的标准和规范是人们追求的目标，人们会自觉把自己的行为与这种群体的标准进行对照和比较；非参照群体也叫一般群体，它是指那些虽然存在，但其标准和目标还没有成为人们行为准则的群体。题干中的少先队属于正式群体；小丽非常渴望加入，可见少先队是其追求的目标，这属于参照群体。故选A项。

3. B 【解析】常模参照测验以学生团体测验的平均成绩即常模为参照点，比较分析某一学生的学业成绩在团体中的相对位置。它采用相对的观点解释学生的学业成就，着重于学生之间的比较，主要用于选拔、编组等。选拔性考试属于典型的常模参照测验。

4. B 【解析】课堂管理是指教师通过协调课堂内的各种人际关系而有效实现预定教学目标的过程。

5. D 【解析】A项的做法不能阻止林帆在课堂上发生的问题行为，所以该做法不可取；B项的做法会损害学生的自尊心，所以该做法不可取；C项的做法会干预正常的课堂秩序，违背了最少干预原则，所以不可取。在处理课堂问题行为时，应遵循最少干预原则，即用最简短的干预纠正学生的问题行为，如运用积极的言语和非言语线索。当非言语线索（如目光接触）不能制止学生的问题行为时，教师采用适当的言语提醒也有助于让学生回到学习活动中来。故选D项。

6. A 【解析】直接教学是以学习成绩为中心、在教师指导下使用结构化的有序材料的课堂教学策略。

二、多项选择题

1. ABCD 【解析】教学设计包括教学过程中的学习者分析，教学目标与内容设计，教学过程、方法和组织形式设计，教学情境与活动设计，教学媒体的选择与运用，教学评价设计等。故选ABCD四项。

2. AD 【解析】影响课堂管理效果的因素有：(1)教师的领导风格；(2)班级规模；(3)班级的性质；(4)对教师的期望。故选AD两项。

3. ABCD 【解析】课堂纪律的类型包括：(1)教师促成的纪律；(2)集体促成的纪律；(3)任务促成的纪律；(4)自我促成的纪律。故本题答案全选。

三、判断题

1. × 【解析】设计具体而明确的教学目标是教学设计中最先要考虑的问题。

2. × 【解析】掌握学习是由美国心理学家布卢姆提出来的，不是由布鲁纳提出来的。故题干说法错误。

3. × 【解析】顺从，即表面接受他人的意见或观点，在外显行为方面与他人相一致，而在认识与情感上与他人并不一致。故题干表述错误。

4. √ 【解析】社会助长是指个体与别人在一起活动或有别人在场时，个体的行为效率提高的现象。

四、论述题（参考答案）

在教学过程中，如何正确对待和教育班级中的非正式群体？请结合所报学段（小学/初中/高中）学生身心特点加以论述。

(1)对于积极型的非正式群体，应该支持和保护。可以利用其成员间感情密切的特点，引导他们相互学习，取长补短；利用其成员间相互信任、说话投机的特点，引导他们开展批评与自我批评；利用其成员间信息沟通迅速的特点，可以及时搜集学生的相关信息，做到心中有数；利用其归属感强、爱好社交的特点，把正式组织无力顾及的工作交给他们去完成；利用其自发形成的领袖人物威信高的特点，可授予其适当的合法权利，使之纳入班级目标的轨道。

(2)对于中间型的非正式群体，要持慎重态度，积极引导，联络感情，加强班级目标导向。

(3)对于消极型的非正式群体，要教育、争取、引导和改造。

(4)对于破坏型的非正式群体，要在教育、改造的基础上，密切注视其活动，及时采取措施，防止他们继续恶化和变质，必要时依据校规和法律给予制裁。

（考生可结合所报学段对上述内容展开阐述，言之有理即可）

第六章　心理健康与教师职业心理

基础必刷

3-6基础必刷答案详解

专题1 心理健康概述

答案速查

1～5	AADAA	6～11	ADDCDB	1～5	BCD ABC AC ABC BD
1～5	×√××√				

四、简答题(参考答案)

1. 心理健康的标准有哪些?

(1)自我意识正确;(2)人际关系协调;(3)性别角色分化;(4)社会适应良好;(5)情绪积极稳定;(6)人格结构完整。

2. 简述学校开展心理健康教育的基本途径。

(1)开设心理健康教育的有关课程和心理辅导的活动课;(2)在学科教学中渗透心理健康教育的内容;(3)结合班级、团体活动开展心理健康教育;(4)个别心理辅导或咨询;(5)小组辅导。

3. 简述学校心理健康教育的意义。

(1)心理健康教育是预防精神疾病,保障学生心理健康的需要,而学校是学生心理健康教育的主要场所。(2)心理健康教育是提高学生心理素质,促进其人格健全发展的需要。(3)心理健康教育是学校日常教育教学工作的配合与补充。

专题2 学生心理辅导

答案速查

1～5	BDCCB	6～10	DBCDC	11～15	BBDBA	16～18	ABC
1～4	ABC BCD AB AC			1～6	√×××××		

四、简答题(参考答案)

1. 如何维护学生的心理健康?

(1)学生个体进行积极的自我调适;(2)学校通过多种方式进行心理健康教育,维护学生心理健康;(3)与家长合作构建社会支持网络。

2. 简要说明合理情绪疗法。

理性—情绪疗法(RET),又称合理情绪疗法,是20世纪50年代由艾利斯在美国创立的,它是认知疗法的一种,因其采用了行为治疗的一些方法,故又被称为认知—行为疗法。艾利斯认为,人的情绪是由他的思想决定的,合理的观念导致健康的情绪,不合理的观念导致负向的、不稳定的情绪。人们持有的不合理信念总结起来有三个特征:(1)绝对化要求;(2)概括化要求;(3)糟糕至极。他提出了解释人的行为的ABC理论。其中,A是指个体遇到的主要事实、行为、事件;B是指个体对A的信念、观点;C是指事件造成的情绪结果。我们的情绪反应C是由B(我们的信念)直接决定的。可是许多人只注意A与C的关系,而忽略了C是由B造成的。B如果是一个非理性的观念,就会造成负向情绪。若要改善情绪状态,必须驳斥(D)非理性信念B,建立新观念并获得正向的情绪效果(E)。这就是艾利斯理性情绪治疗的ABCDE步骤。

五、案例分析题(参考答案)

(1)李某的症状属于考试焦虑症。考试焦虑是一种复杂的情绪现象,是在一定的应试情境下,受个体认知评价能力、人格倾向与其他身心因素制约,以担忧为基本特征,以防御或逃避为行为方式,通过一定程度的情绪反应所表现出来的心理状态。

(2)针对李某的问题,教师应该:①采用认知矫正程序,指导学生在考试中使用正向的自我对话,如"我能应付这个考试";②锻炼学生的性格,提高挫折应对能力,帮助学生增强自信心和心理承受能力;③引导学生调整好考前情绪;④进行考试策略方面的辅导;⑤纠正学生对考试成绩的错误看法。

专题3 教师职业心理

答案速查

1~5	DCDDC	6~10	BADCC	11~15	CCBBA	16~17	AD
1~5	ABD ABCD BCD ABD BCD			1~5	√√√√×		

四、简答题(参考答案)

1. 建立教师威信的途径有哪些?

(1)培养自身良好的道德品质;(2)培养良好的认知能力和性格特征;(3)注重良好仪表、风度和行为习惯的养成;(4)给学生以良好的第一印象;(5)做学生的朋友与知己。

2. 简述教师成长的途径。

(1)观摩和分析优秀教师的教学活动;(2)开展微格教学;(3)进行专门训练;(4)进行教学反思。

五、案例分析题(参考答案)

1. 根据新教师和老教师的教学数据分析可知,两位教师教学过程的差异体现在以下方面:

(1)维持学生注意的差异。在维持学生注意上,专家型教师有一套完善的维持学生注意的方法;新手型教师则相对缺乏。案例中,在学生课堂注意的时间比例上,老教师能使学生的注意在课堂教学时间的95%左右都维持在课堂上,而新教师只能使学生的注意维持在课堂教学时间的70%左右,这说明专家型教师更善于在课堂中维持学生的注意力。

(2)课堂练习的差异。在课堂练习方面,专家型教师针对全体学生,且学生的课堂作业效果较好;而新手型教师只关注自己关心的学生,不顾其他学生,且学生的课堂作业效果一般。案例中,老教师的课堂练习作业"好"的比例为75%,且练习针对全体学生;而新教师的课堂练习作业"好"的比例仅为44%,且练习主要针对中等生。这说明专家型教师的课堂练习更具针对性,且效果较好。

(3)课堂规则的制定与执行的差异。专家型教师制定的课堂规则比较明确,并能坚持执行;新手型教师的课堂规则较为含糊,不能坚持执行下去。案例中,老教师的课堂中学生执行课堂规则的情况为"优",而新教师的课堂中学生执行课堂规则的情况为"中"。这说明了二者在课堂规则的制定与执行上的差异。

(4)教学策略的运用存在差异。专家型教师具有丰富的教学策略,并能灵活运用;新手型教师缺乏或不会运用教学策略。在提问策略与反馈策略上,专家型教师比新手型教师更善于提问和追问,从而让更多的学生获得反馈。案例中,老教师对于学生的回答反馈忽略较少,仅为5%,同时善于鼓励和追问学生;而新教师的反馈策略则较差,容易忽视对学生的回答反馈。这说明专家型教师具有丰富的教学策略。

2. (1)从案例中可以看出杨老师的教学效能感高,而陈老师的教学效能感低。教学效能感一般指教师对自己影响学生行为和学习结果的能力的一种主观判断。这种判断会影响教师对学生的期待和指导,从而影响教师的工作效率。教学效能感又分两个部分:一般教学效能感和个人教学效能感。前者指教师对教与学的关系、教育在学生身心发展中的作用等问题的一般看法和判断;后者指教师认为自己能够有效地影响学生,相信自己具有教好学生的能力。

(2)提高教师的教学效能感需要从教师自身和外部环境两方面入手。从教师的自身方面来说:①要形成科学的教育观;②向他人学习好的经验,增强自信心;③教师要对自己的教学进行总结和反思,不断改进自己的教学。从教师所处的外部环境来说:①在社会上,必须树立尊师重教的良好风气;②在学校内,必须建立一套完整、合理的管理制度和规则并严格加以执行,以及努力创立进修、培训等有利于教师发展和实现其自身价值的条件;③良好的校风建设、提高福利待遇等措施也会对教师的教学效能感产生积极的影响。

3. (1)教师职业倦怠产生的原因有:①社会因素,即教师职业的声望压力;②职业因素,即教师担当的多种角色所产生的角色职责压力、角色冲突、学生问题、升学考试压力等;③工作环境,即教师与学生、家长、领导、同事之间的人际关系压力,学校的考评、聘任制度所带来的压力;④个人因素,即教师个人的认知方式和应对紧张的策略与心理压力的产生密切相关。

(2)玛勒斯等人认为职业倦怠主要表现为三个方面:①情绪耗竭,指个体情绪情感处于极度的疲劳状态,工作热情完全丧失;②去人性化,即刻意在自身和工作对象间保持距离,对工作对象和环境采取冷漠和忽视的态度;③个人成就感低,表现为消极地评价自己,贬低工作的意义和价值。

(3)合理的预防、积极的应对以减少和消除职业倦怠的方法主要有以下三点:①个体的自我干预。个体干预的目的是通过改变个体自身的某些特点来增强其适应工作环境的能力。个体干预的主要方法有:放松训练、人际压力管理、时间管理、社交训练、压力管理和态度改变等。②组织的有效干预。组织干预的思路是通过削减过度的工作时间、降低工作负荷、明确工作任务、积极沟通与反馈、建立有效的社会支持系统来防止和缓解职业倦怠。学校对教学的评价机制是影响教师工作的积极性和创造性的重要因素,改善学校领导方式是缓解教师职业压力的有效途径。③构建社会支持网络。减少和消除职业倦怠,需要建立一个和谐的社会支持网络。首先,对教师的角色期待进行合理定位;其次,国家应切实采取措施提高教师的经济待遇和社会地位,维护教师的合法权利,使教师切实感受到社会的尊重;最后,教育部门应探索出有效的教师教育培训体系,将职前与职后培训有机结合起来,提高教师智力方面与非智力方面的水平,重视教师承受压力和自我缓解压力的训练。

提升必刷

答案速查

1～5	BACCB	6～11	BBCBAC	1～4	ACD ABD AD ABCD
1～5	×××××				

一、单项选择题

1. B 【解析】概括化要求即过分概括化,这是一种以偏概全的不合理的思维方式,它包括对自己和对他人的不合理评价。一次失败就认为自己没用,一次出丑就认定自己又笨又蠢,题干的描述正是过分概括化的特征。

2. A 【解析】作为教师,必须具备心理健康教育、心理咨询的知识和技能,以担当起这方面的责任,成为学生的“心理咨询者”“心理调节者”。题干中萧老师帮助学生时刻处于良好的情绪状态,这扮演的正是心理健康调节者的角色。

3. C 【解析】教师期望效应也叫罗森塔尔效应或皮格马利翁效应,即教师的期望或明或暗地传送给学生,会使学生按照教师所期望的方向来塑造自己的行为。教师相信学生、热爱学生,会自觉或不自觉地通过语言、行动、态度等表现出来。而在学生方面,一旦通过种种途径感受到这种热爱和期待,则会自觉或不自觉地通过自身的努力来回应它们,从而向教师所期望和暗示的方向去努力。

4. C 【解析】在课堂教学中,教师是否具有一定的教学监控能力,是检验其能否发挥主导作用、实现教学目标、提高教学效果的重要标志。

5. B 【解析】教师期望效应分为自我应验效应和维持性期望效应。维持性期望效应是指老师认为学生将维持以前的发展模式。其问题在于,如果老师认可这种模式,将很难注意和利用学生潜在能力的发展。例如,老师对差生和优等生的不同期望,使得他很难关注差生的进步,甚至对其进步持怀疑态度,认定他是在别人的帮助下甚至是通过作弊得到好成绩。这种期望维持甚至增大了优等生和差生的差距。老师因为小李以前成绩不好,所以对小李的进步持怀疑态度,这打击了小李的自信心,使小李的成绩更差了,这体现的就是维持性期望效应。

6. B 【解析】学校心理辅导强调面向全体学生,辅导以正常学生为主要对象,以发展辅导为主要内容,A、C两项说法错误。心理辅导是一种专业活动,是专业知识和技能的运用,但不等同于心理咨询与心理治疗,D项说法错误。

7. B 【解析】福勒和布朗根据教师的需要和不同时期所关注的焦点问题,把教师的成长划分为关注生存、关注情境和关注学生三个阶段。“站好讲台”对应的教师成长阶段是关注学生阶段。

8. C 【解析】在学校心理辅导的尊重与理解学生原则中,尊重就是尊重学生的人格与尊严,尊重每个学生的个人价值,承认他是不同于其他人的独立的个体,承认他与教师、与其他人在人格上具有平等的地位,它是理解的基石。理解,则要求教师以平等态度,按学生的所作所为、思考、感受的本来面目去了解学生,即站在学生的角度看问题,达到“感同身受”的理解。因此,“无条件积极关注”体现了尊重与理解学生原则。

9. B 【解析】智力水平与心理健康水平没有必然关系。故B项是不合理的判断。

10. A 【解析】当人确信某种紧张情境不能改变或控制时,情绪会变得更低落,这时抑郁逐渐取代了焦虑。

11. C 【解析】学校心理健康教育的内容有学习心理指导、智力训练、情感教育、性格教育、人际关系指导、自我意识指导等。其中,人际关系指导包括亲子关系、师生关系、同伴关系等方面的问题,如社交恐怖、缺少社会兴趣、社交过度、人际冲突等。题干中强调巍巍在同伴关系方面存在问题,故对其进行的心理辅导属于人际关系指导。

二、多项选择题

1. ACD 【解析】预防与矫治考试焦虑的措施有:(1)营造宽松的成长环境,减轻压力。(2)改变认知,端正考试动机。(3)掌握应试技巧。(4)掌握调控紧张情绪的技巧。

2. ABD 【解析】自我坚定训练,又叫肯定性训练,主要用于改善人们在社会交往方面的不适应行为以及相伴随的焦虑反应。许多人在与他人打交道时表现得被动、畏缩、依赖;在自己或他人受到不公正待遇时,虽心有不平,却不挺身维护自己的利益;或者在需要做出选择、决策的时候,不能轻松地进行决断;与某些重要人物,如上司、权威、异性打交道时拘谨、紧张或回避。因此,ABD三项中的心理问题都可以使用自我坚定训练辅导。

3. AD 【解析】影响教师威信形成的客观因素是多方面的,社会对教师职业的态度,教育行政机关及学校领导干部对教师的态度,学生家长对教师的态度,学生对教师工作的认识和态度等对教师威信的形成有着重要影响。其中,最重要的是社会对教师职业的态度和教师职业的社会地位。

4. ABCD 【解析】教师期望效应的发生,既取决于教师自身的因素,也取决于学生的人格特征、原有认知水平、归因风格和自我意识等心理因素。

三、判断题

1. × 【解析】反思日记是教师将自己的课堂实践的某些方面,连同自己的体会和感受诉诸笔端,是实现自我监控最直接、最简易的方式。

2. × 【解析】教师的教学监控能力的发展趋势主要表现在以下四个方面:(1)从他控到自控;(2)从不自觉经过自觉达到自动化;(3)敏感性逐渐增强;(4)迁移性逐渐增强。其中,迁移性的增强是教师教学监控能力真正提高的重要标志。

3. × 【解析】一般来说,倾向于做内归因的教师会更主动地调整自己的教学行为,积极地影响学生的学习活动,在结果上也更可能促进学生的发展;倾向于做外归因的教师则更可能怨天尤人,听之任之,在结果上也更消极。

4. × 【解析】心理健康状况兼顾个体内部协调与对外良好适应两方面。一个心理健康的人应该是一个能适应社会的人。

5. × 【解析】学校心理健康教育的任务有两个:(1)面对全体学生,开展预防性和发展性的心理健康教育。这是学校开展心理健康教育的基础和工作重点,也可以说是主要任务。(2)面向少数有心理困扰和心理障碍的学生,开展补救性和矫治性的心理咨询与辅导。故题干表述错误。

四、简答题(参考答案)

简述马斯洛关于心理健康的标准。

(1)有充分的安全感;(2)对自己有充分的了解,并能对自己的能力做出适当的评价;(3)生活理想和目标切合实际;(4)与周围环境保持良好的接触;(5)能保持自身人格的完整与和谐;(6)具有从经验中学习的能力;(7)保持良好的人际关系;(8)适度的情绪发展与控制;(9)在集体要求的前提下,较好地发挥自己的个性;(10)在社会规范的前提下,恰当满足个人的基本需要。

五、论述题(参考答案)

举例说明如何运用代币奖励法改变儿童的不良行为习惯。

代币是一种象征性强化物,筹码、小红星、盖章的卡片、特制的塑料币等都可作为代币。当学生做出教师期待的良好行为后,教师就发给他们数量相当的代币作为强化物,学生用代币可以兑换有实际价值的奖励物或活动。例如,某老师使用特制的筹码作为代币来改变儿童的不良行为习惯,当儿童在一节课中表现良好时,即没有出现走神、发呆、做小动作、说小话等行为时,老师就奖励其1枚筹码,当集齐10枚筹码时,可以奖励集齐筹码的儿童看一集自己喜欢的动画片,以此来改变儿童在课堂上的不良行为习惯。

(考生可结合其他例子进行说明,言之有理即可)

六、案例分析题(参考答案)

(1)陈哲在上课时的表现,已经有儿童多动综合征的特点。儿童多动综合征(简称多动症)是小学生中最为常见的一种以注意力缺陷和活动过度为主要特征的行为障碍综合征。而陈哲在课堂上的行为表现就具有了这些特点:①活动过多;②注意力不集中;③冲动行为。陈哲出现这种现状主要是家庭原因。陈哲在家里受到的家庭教养方式有父亲的专制和母亲的放纵,这导致陈哲的性格容易出现问题。母亲对陈哲过于溺爱,让他随心所欲,导致他表现出任性、自私、野蛮、无礼、蛮横无理、胡闹等行为表现。

(2)帮助陈哲改变现状的措施有:

①对陈哲的家庭给予指导,要促使陈哲父母尽量给他一个和谐的家庭氛围,多尊重他,给他一定的自主权,给予他积极正确的指导,不随意打骂也不无限度娇惯他。这样才能使陈哲慢慢地变得活泼、自立、友好、合作、思想活跃。

②班主任可以让陈哲的父母根据陈哲多动症表现的程度,请专业的心理辅导人员对他进行合适的心理辅导,帮助他从根本上减少那些不良行为。

③班主任可以同任课教师一起,在课堂上对陈哲的行为进行合理的引导,提高对他的期望,多表扬他积极的、好的表现,减少对陈哲不良行为的关注,慢慢地改变他的行为方式。

④针对陈哲爱看娱乐节目,节目看不完决不罢休的行为,可以利用普雷马克原理进行改变,即用高频活动作为低频活动的有效强化物。父母可以要求陈哲写完作业才可以看自己喜欢的节目。用喜欢的电视节目强化陈哲认真完成作业这一行为。

⑤“陈哲一旦认真学习,比其他同学接受还快。”表明老师和家长要发现孩子自身的特质,注意个别差异,因材施教。

⑥老师和家长要注意培养陈哲良好的学习习惯,可以从以下六方面入手:第一,彰显良好学习习惯的重要性。第二,逐步提出要求。良好学习习惯的养成不可能一蹴而就,家长和老师要从陈哲的实际出发,逐步提出具体的切实可行的要求,有计划地逐步扩展。第三,指导具体的学习方法。老师和家长要有耐心,一步一步地指导陈哲正确的学习习惯和学习方法。第四,制定规范、适当制约。针对陈哲一边做作业一边玩、注意力不集中的情况,家长和教师应当制定一定的行为规范,逐步培养陈哲良好的学习习惯。第五,反复实践与外部强化相结合。老师在课堂上应加强对学生的指导,并及时检查与督促,同时老师还可以利用外部强化来塑造和巩固学生的良好学习习惯。第六,开发专门的学习习惯培养课程。

真题必刷

答案速查

1～5	ADBDC	6～7	AB	1～3	ACD BCD ABD
1～3	√√√				

一、单项选择题

1. A 【解析】心理评估指依据用心理学方法和技术搜集得来的资料,对学生的心理特征与行为表现进行评鉴,以确定其性质和水平并进行分类诊断的过程。

2. D 【解析】强化法用来培养新的适应行为。根据学习原理,一个行为发生后,如果紧跟着一个强化刺激,这个行为就会再一次发生。例如,一个学生不敢同老师说话,学习上遇到了疑难问题也没有勇气向老师求教,当他一旦敢于主动向老师请教,老师就给予表扬,并耐心解答问题时,这个学生就能学会主动向老师请教的行为方式。故题干中王老师运用的方法属于强化法。

3. B 【解析】强迫症是一种以强迫观念和强迫行为为特征的神经症,是指个体主观上感到有某种不可抗拒的、不能自行克制的观念、意向和行为的存在。强迫观念指当事人身不由己地思考他不想考虑的事情,强迫行为指当事人反复去做他不希望执行的动作,如果不这样想、不这样做,他就会感到极端焦虑。题干中学生抑制不住地想自己考不上高中,甚至影响了正常学习,这属于强迫观念。

4. D 【解析】教学监控能力是指教师为了保证教学达到预期的目的而在教学的全过程中,将教学活动本身作为意识对象,不断对其进行积极主动的计划、检查、评价、反馈、控制和调节的能力。故题干所述体现了教学监控能力的内涵。

5. C 【解析】教师期望效应也叫罗森塔尔效应或皮格马利翁效应,即教师的期望或明或暗地传递给学生,会使学生按照教师所期望的方向来塑造自己的行为。题干所述表明教师将自己积极的期望传递给学生,会诱发出一种积极向上的激情，这体现了罗森塔尔效应的内涵。

6. A 【解析】福勒和布朗根据教师的需要和不同时期所关注的焦点问题，把教师的成长划分为关注生存、关注情境和关注学生三个阶段。其中，处于关注生存阶段的一般是新教师，他们非常关注自己的生存适应性，最担心的问题是“学生喜欢我吗”“同事们如何看我”“领导是否觉得我干得不错”等。因而，处于这个阶段的教师可能会把大量的时间花在如何与学生搞好个人关系上，想方设法地控制学生，而不是更多地考虑如何让学生获得学习上的进步。故选A项。

7. B 【解析】心理学中常见的行为演练的基本方法有以下几种：(1)全身松弛法；(2)系统脱敏法；(3)肯定性训练。其中，肯定性训练是通过角色扮演以增强自信心，然后再将学得的应对方式应用到实际生活情境中。故选B项。

二、多项选择题

1. ACD 【解析】根据国内外的研究和实践，人的心理健康水平大致可划分为三个等级：(1)一般常态心理；(2)轻度失调心理；(3)严重病态心理。

2. BCD 【解析】要做好心理辅导工作，必须遵循的原则主要有：(1)面向全体学生；(2)预防与发展相结合；(3)尊重与理解学生；(4)发挥学生主体性；(5)个别对待学生；(6)促进学生整体性发展。

3. ABD 【解析】教师专业发展的途径有：(1)观摩和分析优秀教师的教学活动。(2)开展微格教学。(3)进行专门训练，如训练新教师掌握教学过程中有效的教学策略等。(4)进行教学反思。此外，促进教师专业发展的途径还有校本研究、专家引领、同伴互助等。故答案选ABD三项。

三、判断题

1. √ 【解析】学校心理健康教育的对象是全体学生。题干表述正确。

2. √ 【解析】与新手型教师相比，专家型教师的课时计划简洁、灵活、以学生为中心，并具有预见性。

3. √ 【解析】心理健康概念具有相对性，即心理健康有高低层次之分。高层次(积极)的心理健康不仅是没有心理疾病，而且是能充分发挥个人潜能，发展建设性人际关系，从事具有社会价值的活动，追求高层次需要的满足，追求生活的意义。而低层次的心理健康主要指没有心理疾病。

四、案例分析题(参考答案)

(1)福勒和布朗根据教师的需要和不同时期所关注的焦点问题，把教师的成长划分为关注生存、关注情境和关注学生三个阶段。①处于关注生存阶段的教师会把大量的时间花在如何与学生搞好个人关系上，而不是更多地考虑如何让学生获得学习上的进步。案例中的李老师在刚入职时把大量时间花在如何与学生搞好关系上，此时他处于关注生存阶段。②处于关注情境阶段的教师关心的是如何教好每一堂课，以及班级大小、时间压力和备课材料是否充分等与教学情境有关的问题。后来李老师为了上好每一堂课而认真备课、观摩优秀教师的教学，此时他处于关注情境阶段。③处于关注学生阶段的教师将考虑学生的个别差异，认识到不同发展水平的学生有不同的需要，根据学生的差异采取适当的教学，促进学生发展。最后李老师能考虑学生的个别差异，对其进行因材施教，此时他处于关注学生阶段。因此，李老师的专业发展经历了从关注生存到关注情境再到关注学生三个阶段。

(2)教师专业发展的途径包括：①观摩和分析优秀教师的教学活动；②开展微格教学；③进行专门训练；④进行教学反思。

第四部分　新课程改革

基础必刷

4基础必刷答案详解

专题1 新课程改革的背景、目标与理念

答案速查

1～5	BDACA	6～10	BACAD	11～16	DCBBCB
1～5	ACD ABCD ABCD ABCD BCD			1～2	×√

四、填空题

1. 生活
2. 素质教育
3. 学习方式转变
4. 全面发展

五、简答题(参考答案)

1. 简述新课程改革的具体目标。

(1)实现课程功能的转变;(2)体现课程结构的均衡性、综合性和选择性;(3)密切课程内容与生活和时代的联系;(4)改善学生的学习方式;(5)建立与素质教育理念相一致的评价与考试制度;(6)实行三级课程管理制度。

2. 简述基础教育课程改革的基本理念。

基础教育课程改革的基本理念是:走出知识传授的目标取向,确立培养“整体的人”的课程目标;破除书本知识的桎梏,构筑具有生活意义的课程内容;摆脱被知识奴役的处境,恢复个体在知识生成中的合法身份;改变学校个性缺失的现实,创建富有个性的学校文化。

3. 简述我国基础教育课程改革的背景。

(1)时代发展特征的新要求(时代背景);(2)我国政治经济发展的客观需要(社会背景);(3)我国基础教育发展的内在需求;(4)国外课程改革的启示。

专题2 教学改革与综合实践活动

答案速查

1～5	ADBDD	6～10	DADBB	11～15	ADBCB	16～21	BDBBAC
1～5	ABCD BCD ABE ABCDE ABCDE			6～7	ABCE BCD		
1～5	××× √ ×			6～8	√√√		

四、简答题(参考答案)

1. 简述我国当前教学改革的主要观点。

(1)实施素质教育——我国当前教学改革的主题;(2)坚持整体教学改革和实验——我国当前教学改革的基本策略;(3)建立合理的课程结构——我国当前教学改革的重心;(4)实施科学的教学评价。

2. 简述本次教学改革的主要任务。

(1)要改革旧的教育观念,真正确立起与新课程相适应的、体现素质教育精神的教育观念;(2)要坚定不移地推进教学方式和学习方式的转变;(3)要致力于教学管理制度的重建。

3. 新课改中教师的教学行为将发生哪些变化?

(1)在对待师生关系上,新课程强调尊重、赞赏;(2)在对待教学关系上,新课程强调帮助、引导;(3)在对待自我上,新课程强调反思;(4)在对待与其他教育者的关系上,新课程强调合作。

4. 现代学习方式的基本特征是什么?

(1)主动性;(2)独立性;(3)独特性;(4)体验性;(5)问题性。

提升必刷

答案速查

1~5	DDADC	6~10	CCBAD	11~15	DCBDA	16~18	BBD
1~5	BCD ABCD ABCD AB ABCD			1~3	×√√		

一、单项选择题

1. D 【解析】教师在教学中承担促进者的角色,即教师需要引导、帮助学生确定适当的学习目标,帮助学生确认和协调达到目标的最佳途径,帮助学生掌握学习策略,指导学生掌握基础知识和基本技能,指导学生在获得知识的同时发展各种能力,激发学生的学习动机,帮助学生形成正确的学习态度,促进学生在学习态度、学习方法等方面实现有效迁移。所以,题干所述集中体现了张老师在教学中担任促进者的角色。

2. D 【解析】回归生活世界的课程生态观,从本质意义上说,是强调自然、社会和人在课程体系中的有机统一,使自然、社会和人成为课程的基本来源。

3. A 【解析】传统课程倡导的教学观认为课程是教学的方向、目标或计划,是在教学过程之前和教学情境之外预先规定的,教学的过程就是忠实而有效地传递课程的过程,教师是既定课程的阐述者和传递者,学生则是课程的接受者和吸收者。新课程所倡导的教学观认为教师和学生是课程的有机构成部分,是课程的创造者和主体,他们共同参与课程开发的过程。教学成为课程内容持续生成与转化、课程意义不断建构与提升的过程。A项属于传统课程倡导的教学观。

4. D 【解析】学生带着问题走进教室,带着更多的问题走出教室,这就是以问题为纽带的教育。教师并不以知识的传授为目的,而是以激发学生的问题意识、加深问题的深度、探求解决问题的方法为目的,特别是以形成自己对解决问题的独立见解为目的。

5. C 【解析】探究学习是一种以问题为依托的学习,是学生通过主动探究解决问题的过程。故题干所述为探究学习,选C项。

6. C 【解析】综合实践活动具有自主性的特点。综合实践活动充分尊重学生的兴趣、爱好,为学生自主性的充分发挥开辟了广阔的空间。学生自己选择学习的目标、内容、方式及指导教师，自己决定活动结果呈现的形式，指导教师只对其进行必要的指导，不包揽学生的工作。根据题干所述，学生在综合实践活动过程中自己选择老师，自己查阅资料、确定活动方案，自己呈现活动结果，这体现了综合实践活动的自主性。故选C项。

7. C 【解析】第八次课程改革的价值追求表现在：(1)教育公平。这意味着课程必须谋求所有适龄儿童平等享受高质量的基础教育。(2)国际理解。这意味着我国的课程体系必须追求国际性与民族性的内在统一，必须追求多样文化的教育价值观。(3)回归生活世界。回归生活世界的课程在内容上意味着要突破狭隘的科学世界的约束，因此，除了科学以外，艺术、道德、个人世界、自由的日常交往都是重要的课程资源。(4)关爱自然。(5)个性发展。这意味着课程必须尊重每一位学生个性发展的完整性、独立性、具体性、特殊性。因此，课程应创设有助于个性发展的社会情境。故C项不属于第八次课程改革的价值追求。

8. B 【解析】研究性学习综合了自主学习和协作学习的优势。故选B项。

9. A 【解析】当代教学观的变革趋势之一是从重视教师的教向重视学生的学转变。依据题干描述，夏老师过于注重知识的传授，重视教的方面，没有做到让学生学会学习，故夏老师应从重视教师的教法转变为重视学生的学法。

10. D 【解析】题干所述为新课程结构均衡性特征的内涵，故选D项。

11. D 【解析】新课程结构的综合性是针对过分强调学科本位、科目过多和缺乏整合的现状而提出的。它体现在三个方面：(1)加强学科的综合性；(2)设置综合课程；(3)增设综合实践活动课程。题干的描述体现了对学科的综合性的加强。

12. C 【解析】题干所述隐含了对忽视学生的主体性的批判。而新课程倡导教师是学生学习的促进者，教师在教学过程中，应该尊重学生的主体性，引导学生主动去学习、主动去思考。因此，教师要扮演好“引导者”的角色，答案选C项。

13. B 【解析】1989年，联合国教科文组织在我国召开了以“学会关心：21世纪的教育”为主题的研讨会，会议所提出的“学会关心”的教育思想，成为科学主义教育与人本主义教育走向融合的一个重要标志，使教育发展方向出现了一次重大变革。

14. D 【解析】教师要在教学中扮演平等中的首席这一角色，即教师要善于观察理解学生，甚至应研究学生，了解他们的需要、学习特点和个性特征，了解他们学习的过程，理解他们在学习中犯各种错误的原因，从而在教学中与学生很好地配合和合作，同时，教师要作为学习的同伴，与学生共同进行意义的理解建构，共同解决问题。

15. A 【解析】新课程结构的选择性是针对地方、学校与学生的差异而提出的，它要求学校课程要以充分的灵活性适应于地方社会发展的现实需要，以显著的特色性适应于学校的办学宗旨和方向，以选择性适应于学生的个性发展。开设戏曲体验课程体现了新课程的选择性原则。

16. B 【解析】新课程倡导交往与互动的教学观。教学不只是教师教学生学的过程，更是师生交往、积极互动、共同发展的过程。在这个过程中，教师与学生分享彼此的思考、经验和知识，交流彼此的情感、体验与观念，丰富教学内容，求得新的发现，从而达成共识、共享、共进，实现教学相长和共同发展，彼此形成一个真正的“学习共同体”。袁老师邀请学生分享自己掌握知识点的方法及对该知识点的困惑之处，然后再对学生的分享进行点评并解答学生的疑惑，这一过程体现了师生之间的交往、互动，符合教学是师生交往、积极互动、共同发展的过程这一教学观。

17. B 【解析】教师即促进者，指教师从过去仅作为知识传授者这一核心角色中解放出来，促进以学习能力为重心的学生整个个性的和谐、健康发展。

18. D 【解析】新课程改革强调改变课程管理过于集中的状况，实行国家、地方、学校三级课程管理，增强课程对地方、学校及学生的适应性。三级课程管理制度的确立有助于教材的多样化，有利于满足地方经济、文化发展的需要和学生发展的需要。题干中提到不同的学校开设了不同的校本课程，体现了课程管理体系改革。

二、多项选择题

1. BCD 【解析】相对于分科课程而言，综合实践活动是一门综合性课程，包括内容综合、学习方式综合和活动时空综合三个方面。故A项错误。BCD三项均符合题意。

2. ABCD 【解析】可以组织学生合作学习的情况主要有：(1)在教学内容的重点和难点处；(2)在教学内容的易混淆处；(3)在思维的交锋处；(4)在思维的发散处；(5)在规律的探索处。

3. ABCD 【解析】综合实践活动以学生的经验与生活为核心，尊重学生的兴趣爱好，选项A说法正确。综合素质评价的具体内容表现为道德品质、学习能力、交流与合作、个性与情感，选项B说法正确。从学校与社区的关系看，教师是社区型开放的教师，选项C说法正确。D项为研究性学习的特点，说法正确。故本题ABCD四项均正确。

4. AB 【解析】新课程倡导开放与生成的教学观，认为教学不只是课程传递和执行的过程，更是课程创生与开发的过程。当课程由“专制”走向民主、由封闭走向开放、由专家研制走向教师开发、由学科内容走向学生经验的时候，课程就不只是“文本课程”(教学计划、教学大纲、教科书等文件)，而更是“体验课程”(被教师与学生实实在在地体验到、感受到、领悟到、思考到的课程)。教师和学生不是外在于课程的，而是课程的有机构成部分，是课程的创造者和主体，他们共同参与课程开发的过程。这样，教学就不只是课程传递和执行的过程，更是课程创生与开发的过程。

5. ABCD 【解析】新课程改革的具体目标包括：(1)改变课程功能；(2)调整课程结构；(3)精选教学内容；(4)改进教学方式；(5)改革评价和考试制度；(6)重建课程管理体系。故本题全选。

三、判断题

1. × 【解析】从教师与学生的关系看，新课程倡导教师是学生学习的促进者。其内涵主要包括以下两个方面：(1)教师是学生学习能力的培养者。教师不仅传授知识，而且重在检查学生对知识的掌握程度。(2)教师是学生人生的引路人。由此可见，传授知识仍然是对教师的要求之一。

2. √ 【解析】新课程倡导的“体验课程”是能被教师与学生实实在在地体验到、感受到、领悟到、思考到的课程，题干说法正确。

3. √ 【解析】坚定不移地推进教学方式和学习方式的转变是新课程背景下教学改革的一个重要任务。本次教学改革不仅要改变教师的教育观念，还要改变他们每天都在进行着的习以为常的教学方式、教学行为。就教与学关系而言，教师教育观念、教学方式的转变最终都要落实到学生学习方式的转变上，学生学习方式的转变具有极其重要的意义。故题干表述正确。

四、案例分析题(参考答案)

1. (1)在“动物学校”中，所有的动物都要学习跑步、跳跃、爬行、飞行、游泳这五种课程，但显然这些课程并不适合于所有的动物。而且因为学校拒绝增开挖掘课，许多鼠类动物子弟没有到“动物学校”学习。由此可见“动物学校存在的问题主要有:①违背了新课程改革提出的“为了每一位学生的发展”的核心理念。②课程设置存在问题。首先,课程结构的设置不能有效促进各种动物的个性发展,而是需要动物去适应课程;其次,课程内容统一设置,不注重各种动物的选择与需求。③违背了新课程所倡导的“立足过程,促进发展”的课程评价理念。“动物学校”对所有学生的评价都依据五门功课的总成绩,因此各门成绩都普普通通的泥鳅成了成绩最好的学生,而在某门课程上表现优异的学生却成绩不佳。由此可见,动物学校的评价没有结合各种动物学习过程的实际情况来综合给出合理的评价。④违背了新课程倡导的师生关系。在对待师生关系上,新课程强调尊重、赞赏。动物学校的老师一味地按照自己的方式来严格要求学生,对于表现出色的动物也没有给予表扬,不利于良好师生关系的建立。

(2)材料中“动物学校”违背了教师主导作用与学生主体作用相统一的教育规律,而且还违背了因材施教的教学原则。

(3)解决办法:①遵循“为了每一位学生的发展”的核心理念,遵循以人为本的理念,在课程的设置上,要更加综合,体现整体性、开放性、动态性,培养学生综合的视角和综合的能力。②在课程内容的选择上,要努力与社会生活相联系,与学生已有的经验相联系,加强教学内容的“生活化”,使学习更有意义。③在教学评价上,倡导发展性评价观,重视过程性评价,发挥评价促进学生发展的作用。④在教学中遵循因材施教原则。因材施教原则是指教师在教学中,要从课程计划、学科课程标准的统一要求出发,面向全体学生,同时又要根据学生的个别差异,有的放矢地进行有差别的教学,使每个学生都能扬长避短,获得最佳的发展。⑤在教学中要遵循教师主导作用与学生主体作用相统一的规律(双边性规律)。在教学中,教师的教依赖于学生的学,学生的学离不开教师的教,教与学是辩证统一的。

2.(1)新课程改革的核心目标即课程功能的转变:改变课程过于注重知识传授的倾向,强调形成积极主动的学习态度,使获得基础知识与基本技能的过程同时成为学会学习和形成正确价值观的过程。

(2)这位父亲的观点:做题就比不做强,多做就比少做强。这正是“题海战术”的“理论依据”。这种学习方式片面地强调“熟能生巧”,不承认“多能生厌”;只看见了眼前收获的分数,看不见孩子浪费了多少精力做无用功,剥夺了孩子休息的时间。

(3)新课程确定的基础教育阶段的培养目标的内涵是多元的,不仅仅包括知识的获得,更重视创新精神和实践能力的培养。在信息时代,拥有创新精神和实践能力的人才是王者。

3.案例中的语文老师的这节课存在一些问题,不是一节好课。

(1)在教学目标上,新课程改革倡导知识与技能、过程与方法、情感态度与价值观的“三维目标”,教师应全面设置不同维度的教学目标。案例中的语文老师主要是关注“知识与技能”目标,目标设置片面;而且当学生将“刿”读作“岁”时,教师也没有及时指出,说明语文老师连基本的“知识与技能”目标也没有达到。

(2)在教学方法的运用上,语文老师以讨论法为主,本身就存在方法单一的问题。况且,在运用讨论法的过程中又存在不当之处。在运用讨论法时,教师应该在讨论结束后,进行小结,并提出需要进一步思考的问题,这样才能帮助学生得出结论,学到知识。而语文老师却对学生们的讨论不做任何评析,导致学生学不到实质性知识。

(3)教学效果较差。新课程倡导教师是学生学习的促进者,在教学过程中要给予学生帮助、引导。而案例中的语文老师由于没有设置正确的教学目标,没有运用正确的教学方法,缺乏对教学进程的合理把控,导致学生没有学到实质性知识,也没有得到情感上的发展。

真题必刷

答案速查

1～5	ADDBA	6～10	CCCDB	1～5	ABD ABD AB ABC ABC
1～5	√××××			6～7	×√

一、单项选择题

1. A 【解析】教学从本质上说是一种“沟通”与“合作”的活动。其中,“对话”是教学活动的重要特点。新课程需要的教学观:整合教学;强调互动的师生关系;构建素质教育课堂的教学目标体系(结论和过程统一,认知与情感统一);构建充满生命力的课堂教学运行体系。

2. D 【解析】新课程提倡自主、合作、探究的学习方式,改变过去那种单纯接受式的以教师为中心、以课堂为中心和以书本为中心的学习方式。

3. D 【解析】新课程改革下,教师应站在改革的前列重新审视自己的角色,以适应我国教育改革的需要。现代教师角色定位包括:(1)由教书匠转变为教育研究者;(2)由独白者转变为对话者;(3)由课程执行者转变为课程发展的主体;(4)由学生学习的评判者转变为学生发展的促进者。D项表述错误。(具体内容参见靳玉乐、李森主编的《现代教育学》)

4. B 【解析】“探究学习”即从学科领域或实际社会生活中选择和确定研究主题,在教学中创设一种类似于学术(或科学)研究的情境,通过学生自主、独立地发现问题、实验、操作、调查、信息收集与处理、表达与交流等探索活动,获得知识、技能、情感与态度的发展。故本题选择B项。(具体内容参见严先元编著的《课程实施与教学改革》)

5. A 【解析】新课改在课程结构方面的改革向多样化和复合化方向发展,体现了全新的课程结构原则:均衡性、综合性和选择性原则。其中,完成课程结构的综合性的途径之一是,开发并设置学科性的综合课程,如品德与生活、品德与社会、科学、艺术、历史与社会、综合实践活动等,这些课程实现了对特定学习领域内容和教育价值的统整。故选A项。

6. C 【解析】从教师与学生的关系看,新课程倡导教师是学生学习的促进者;从教学与研究的关系看,新课程倡导教师是教育教学的研究者;从教学与课程的关系看,新课程倡导教师是课程的开发者和建设者;从学校与社区的关系看,新课程倡导教师是社区型开放的教师。故选C项。

7. C 【解析】新课程倡导交往与互动的教学观,认为教学不只是教师教学生学的过程,更是师生交往、积极互动、共同发展的过程。

8. C 【解析】研究性学习的根本出发点就是改变学生的学习方式,实施以培养学生的创新精神和实践能力为核心的素质教育。故选C项。

9. D 【解析】新课程背景下,教师教学行为的变化有:(1)在对待师生关系上,新课程强调尊重、赞赏;(2)在对待教学关系上,新课程强调帮助、引导;(3)在对待自我上,新课程强调反思;(4)在对待与其他教育者的关系上,新课程强调合作。故D项表述正确,选D项。

10. B 【解析】对学生交往状态的评价主要看:整个课堂气氛是否民主、和谐、活跃;学生在学习过程中是否友好分工与合作;能否虚心听取他人的意见,尊重他人的发言;遇到困难时学生能否主动与他人交流、合作,共同解决问题。A项是对学生注意状态的评价,C项是对学生思维状态的评价,D项是对学生生成状态的评价。

二、多项选择题

1. ABD 【解析】新课程倡导民主、开放、科学的课程理念,同时确立了国家、地方、学校三级课程管理政策。这就要求课程与教学相互整合,教师必须在课程改革中发挥主体作用。教师不仅是课程实施的执行者,更应成为课程的开发者和建设者。

2. ABD 【解析】自主学习的特点包括:(1)自主学习是一种主动学习,是相对于“被动学习”“他主学习”而言的。(2)自主学习是一种独立学习。(3)自主学习也是一种元认知监控的学习。

3. AB 【解析】新课程倡导的教师角色之一是:教师是学生学习的促进者。其内涵主要包括两个方面:(1)教师是学生学习能力的培养者;(2)教师是学生人生的引路人。故本题选A、B两项。C项和D项属于“教师是教育教学的研究者”的内涵,故不选。

4. ABC 【解析】新课程倡导发展性评价,要求建立促进教师不断提高的评价体系,以强调教师对自己教学行为的分析与反思,建立以教师自评为主,校长、教师、学生、家长共同参与的评价制度,使教师从多种渠道获得信息,不断提高教学水平。

5. ABC 【解析】新课程在培养学生能力方面倡导学生主动参与、乐于探究、勤于动手,培养学生收集和处理信息的能力、获取新知识的能力、分析和解决问题的能力以及交流与合作的能力。新课程改革并未强调培养学生获得知识的一致性和统一性的能力,而是鼓励学生对知识有新收获。故选ABC三项。

三、判断题

1. √ 【解析】新课程改革实现了学习方式的多样化,这对教师的教学方式提出了新的要求。有人说,学生学习方式的改变是对未来教师最大的挑战。

2. × 【解析】新课程倡导全面发展的教学观,要求教学重结论更要重过程。教学的目的之一就是使学生理解和掌握正确的结论。但是,如果不经过学生一系列的质疑、判断与比较,以及相应的分析、综合等认识活动,结论就难以获得,也难以真正理解和巩固。更重要的是,没有以多样性、丰富性为前提的教学过程,学生的创新精神和创新思维就不可能培养起来。所以,教学不仅要重结论,更要重过程。题干表述错误。

3. × 【解析】新课改倡导建立与素质教育理念相一致的评价与考试制度。改变评价过分强调甄别与选拔的功能,发挥评价促进学生发展、教师提高和改进教学实践的功能。

4. × 【解析】新课程认为,课程不是孤立于生活世界的抽象存在,而是生活世界的有机构成;课程不是把学生与其生活割裂开来的屏障,而是使学生与其生活有机融合起来的基本途径。所以,回归生活世界是新课程的基本理念之一。

5. × 【解析】课程改革不是单一的教材改革或教学方法改革,而是涉及课程理念乃至整个教育观念更新的系统变革。

6. × 【解析】主动性是现代学习方式的首要特征;独立性是现代学习方式的核心特征;体验性是现代学习方式的突出特征。

7. √ 【解析】《基础教育课程改革纲要(试行)》提出的基础教育课程改革的具体目标之一是“改变课程内容‘繁、难、偏、旧’和过于注重书本知识的现状,加强课程内容与学生生活以及现代社会科技发展的联系,关注学生的学习兴趣和经验,精选终身学习必备的基础知识和技能”。故题干说法正确。

四、简答题(参考答案)

简述新课程背景下所倡导的教学观。

(1)全面发展的教学观。①教学重结论更要重过程;②教学关注学科更要关注人。(2)交往与互动的教学观——教学不只是教师教学生学的过程,更是师生交往、积极互动、共同发展的过程。(3)开放与生成的教学观——教学不只是课程传递和执行的过程,更是课程创生与开发的过程。

五、案例分析题(参考答案)

(1)真正的好老师要具备素质教育理念。素质教育要面向全体学生,促进学生全面发展和个性发展,要以培养创新精神和实践能力为重点。材料中卜老师在教学工作中面向全体学生,教书育人,重视学生的个性发展,重视激发学生的创造能力,体现了素质教育理念。

(2)真正的好老师要具备以人为本的学生观。新课程倡导以人为本的学生观,认为学生是独特的人,每个学生都有自身的独特性。材料中卜老师对有特殊需求的学生给予更多的关心和爱护,说明卜老师看到了学生的独特性。卜老师“以学生为主体”,说明卜老师把学生当作学习的主体。

(3)真正的好老师要具备新课程倡导的教学观。新课程倡导开放与生成的教学观,认为教学不只是课程传递和执行的过程,更是课程创生与开发的过程。材料中卜老师教学不是照本宣科,而是锐意创新,用各种教学方式来教学,体现了开放与生成的教学观。

(4)真正的好老师要努力成为学生学习的促进者。从教师与学生的关系看,新课程倡导教师是学生学习的促进者。材料中卜老师在对学生进行教学时采用步步引导、层层深入的方式,引导学生思考、引导学生理解,体现了卜老师是学生学习的促进者。

(5)真正的好老师要善于启发诱导学生。在对待教学关系上,新课程强调帮助、引导。教的本质在于引导。卜老师在教学中努力营造轻松、活泼、上进的学习氛围,用学生乐于接受的方法来教学,体现了他对学生的引导。

第五部分　教师职业道德

基础必刷

5基础必刷答案详解

专题1 教师职业道德概述

答案速查

1～5	AABAC	6～10	CACAD	11～14	DCAC
1～6	√√√√√×				

三、简答题(参考答案)

1. 简述教师职业道德的特点。

(1)教师职业道德的教育专门性(适用的针对性);(2)教师职业道德要求的双重性;(3)教师职业道德内容的全面性;(4)教师职业道德功能的多样性;(5)教师职业道德境界的高层次性;(6)教师职业道德意识的自觉性;(7)教师职业道德行为的典范性和示范性;(8)教师职业道德影响的广泛性和深远性。

2. 简述教师职业道德的功能。

(1)对教师工作的促进功能;(2)对教育对象的教育功能;(3)对社会文明的示范功能;(4)对教师修养的引导功能。

专题2 教师职业道德的基本原则、范畴及规范

答案速查

1～5	CBABB	6～10	DDCCC	11～15	DCBDB	16～20	CAACD
21～27	CAACDBB			1～5	ABC ABD ACD ABCD ABCD		
6～10	ABCD ABC ABC ABCD BC			11～15	AC AB ABCD ABCD BCD		
1～6	√√√×√×						

四、填空题

1. 爱岗敬业

2. 教师职业道德范畴

3. 教师公正

4. 为人师表

五、简答题(参考答案)

1. 简述教师职业道德规范中“关爱学生”的具体要求。

(1)关心爱护全体学生,尊重学生人格,平等公正对待学生;(2)对学生严慈相济,做学生的良师益友;(3)保护学生安全,关心学生健康,维护学生权益;(4)不讽刺、挖苦、歧视学生,不体罚或变相体罚学生。

2. “其身正，不令而行；其身不正，虽令不从。”这句话对应了2008年修订的《中小学教师职业道德规范》中的哪一条要求？这一要求具体表现在哪些方面？

题干引文意为：“自我品行端正了，即使不发布命令，老百姓也会去实行；若自身品行不端正，即使发布命令，老百姓也不会服从。”对应了2008年修订的《中小学教师职业道德规范》中的“为人师表”。

2008年修订的《中小学教师职业道德规范》中关于“为人师表”方面所规定的具体职业行为要求有：(1)坚守高尚情操，知荣明耻；(2)严于律己，以身作则；(3)衣着得体，语言规范，举止文明；(4)关心集体，团结协作，尊重同事，尊重家长；(5)作风正派，廉洁奉公；(6)自觉抵制有偿家教，不利用职务之便谋取私利。

六、案例分析题(参考答案)

张老师的行为违背了2008年修订的《中小学教师职业道德规范》中关爱学生、教书育人的教师职业道德规范。

(1)“关爱学生”所规定的具体职业行为要求包括：关心爱护全体学生，尊重学生人格，平等公正对待学生；对学生严慈相济，做学生的良师益友；保护学生安全，关心学生健康，维护学生权益；不讽刺、挖苦、歧视学生，不体罚或变相体罚学生。张老师对待不认真学习的学生动辄辱骂、体罚，由于张老师的严厉，他的学生对他又敬又畏，有的学生不愿意去学校，出现严重的厌学甚至弃学的情况，这些都体现了张老师的行为违背了关爱学生的教师职业道德规范。

(2)“教书育人”所规定的具体职业行为要求包括：遵循教育规律，实施素质教育；循循善诱，诲人不倦，因材施教；培养学生良好品行，激发学生创新精神，促进学生全面发展；不以分数作为评价学生的唯一标准。张老师认为学生成绩不好、不认真听讲，一定是因为老师管教松懈。这体现了张老师仅以成绩作为评价学生的唯一标准，没有注重学生的全面发展，没有根据学生的实际因材施教，违背了教书育人的教师职业道德规范。

专题3 教师职业道德修养与评价

答案速查

1~5	BBAAD	6~12	DBDADCC	1~2	ABCD ABC
1~4	√√√×				

四、简答题(参考答案)

1. 简述教师职业道德修养的内容。

(1)树立远大的职业道德理想；(2)掌握正确的职业道德知识；(3)陶冶真诚的职业道德情感；(4)磨炼坚强的职业道德意志；(5)确立坚定的职业道德信念；(6)养成良好的职业道德行为习惯。

2. 简述教师职业道德情感包含的内容。

(1)职业正义感；(2)职业责任感；(3)职业义务感；(4)职业良心感；(5)职业荣誉感；(6)职业幸福感。

3. 简述教师职业道德修养的方法。

(1)加强学习；(2)勤于实践磨炼，增强情感体验；(3)树立榜样，虚心向他人学习；(4)确立可行目标，坚持不懈努力；(5)学会反思；(6)努力做到“慎独”。

提升必刷

答案速查

1～5	CBCBD	6～10	CBDCB	11～15	BADBD	16～20	BBAAB
21～26	CBDADA			1～6	ABC CD ABC AD AB AB		
1～3	√ × ×						

一、单项选择题

1. C 【解析】2008年修订的《中小学教师职业道德规范》中关于"终身学习"方面所规定的具体职业行为要求有:崇尚科学精神,树立终身学习理念,拓宽知识视野,更新知识结构;潜心钻研业务,勇于探索创新,不断提高专业素养和教育教学水平。题干所述强调教师要注重自身的成长和完善,要不断进步,因此主要说明终身学习是教师职业道德的重要部分。

2. B 【解析】2008年修订的《中小学教师职业道德规范》中关于"爱岗敬业"方面所规定的具体职业行为要求包括:(1)对工作高度负责;(2)认真备课上课;(3)认真批改作业;(4)认真辅导学生;(5)不得敷衍塞责。题干所述体现的教师职业道德规范是爱岗敬业。

3. C 【解析】1997年修订的《中小学教师职业道德规范》中关于"廉洁从教"的具体职业行为要求包括:坚守高尚情操,发扬奉献精神,自觉抵制社会不良风气影响,不利用职责之便谋取私利。题干中班主任的行为是利用职责之便谋取私利,违反了廉洁从教的职业道德规范。

4. B 【解析】《中小学教师职业道德规范(2008年修订)》中关于"关爱学生"方面所规定的具体职业行为要求有:(1)关心爱护全体学生,尊重学生人格,平等公正对待学生;(2)对学生严慈相济,做学生的良师益友;(3)保护学生安全,关心学生健康,维护学生权益;(4)不讽刺、挖苦、歧视学生,不体罚或变相体罚学生。题干中班主任的做法是讽刺挖苦学生的表现,违背了关爱学生的师德规范要求,本题选择B项。

5. D 【解析】2008年修订的《中小学教师职业道德规范》中的"为人师表"的具体职业行为要求之一是自觉抵制有偿家教,不利用职务之便谋取私利。题干中薛某的做法属于利用职务之便谋取私利,故选D项。

6. C 【解析】其中,爱岗敬业是教师职业的本质要求,倡导"爱岗敬业"就是要求教师对教育事业具有强烈的责任感和深厚的感情。题干中张桂梅老师的话便充分体现了这一师德规范。

7. B 【解析】"良心活"说明教师已经将教师职业道德行为准则内化为自己行事的原则,体现了教师职业道德的自觉性。

8. D 【解析】关爱学生的教师职业道德规范要求教师关心爱护全体学生,尊重学生人格,平等公正对待学生。林老师关心爱护小舒,从不把他当智障学生对待,遵循了关爱学生的教师职业道德规范。教书育人的教师职业道德规范要求教师培养学生良好品行,激发学生创新精神,促进学生全面发展。林老师随机地渗透了帮助他人、与他人友好合作等情感教育,有助于培养学生的良好品行;鼓励小舒参加广播操比赛、队列比赛、英语比赛等,有助于小舒的全面发展。这一做法遵循了教书育人的教师职业道德规范。

9. C 【解析】2008年修订的《中小学教师职业道德规范》中关于"爱岗敬业"方面所规定的具体职业行为要求有:对工作高度负责,认真备课上课,认真批改作业,认真辅导学生,不得敷衍塞责。题干中的李老师因为个人原因在课堂中让学生上自习，不理会学生的意见，没有做到对工作负责，没有认真上课，对工作敷衍塞责，这违反了教师职业道德规范中爱岗敬业的要求。

10. B 【解析】题干表明教师要不断学习，补充自己的知识，才能“留下来东西”，才能持续不断地奉献自己。这体现了教师职业道德规范中的终身学习的职业要求。

11. B 【解析】教师职业道德的特征包括：(1)高度的自觉性。(2)明显的示范性。教师的职业性质、活动特点决定了教师的一举一动、一言一行、待人处事的态度乃至气质、性格不仅会对学生产生深刻的影响，还会通过学生对家庭和社会起着潜移默化的作用。(3)强烈的时代性。

12. A 【解析】教师要有常流常新的“活水”，就必须树立终身学习的理念，拓宽知识视野，更新知识结构，潜心钻研业务，勇于探索创新，不断提高专业素养和教育教学水平。

13. D 【解析】题干中“保护学生幼小的心灵”体现了对学生的尊重和关爱，因而体现了教育人道主义原则。

14. B 【解析】该教师的做法表明他对教育事业具有强烈的责任感和深厚的感情，这体现了爱岗敬业的教师职业道德规范。

15. D 【解析】“近朱者赤，近墨者黑”说明个体容易受到外界环境的影响。在提高自身职业道德修养方面，这句话给我们的启示是：教师要严于律己，自觉抵制不良作风，故选D项。

16. B 【解析】2008年修订的《中小学教师职业道德规范》中关于“爱岗敬业”方面所规定的具体职业行为要求包括：(1)对工作高度负责；(2)认真备课上课；(3)认真批改作业；(4)认真辅导学生；(5)不得敷衍塞责。题干中该教师的行为主要体现了爱岗敬业的教师职业道德规范。

17. B 【解析】2008年修订的《中小学教师职业道德规范》中，在“爱岗敬业”方面要求教师对工作高度负责，认真备课上课，认真批改作业，认真辅导学生，不得敷衍塞责。题干中的数学教师将“两次测量的10倍之差”简单地归结为测量工具的误差，这种做法是对教学工作的不负责任，违背了“爱岗敬业”的要求。

18. A 【解析】“动人以言者，其感不深；动人以行者，其应必速。”可翻译为：用言语去打动人的，其感染力不够深刻；用行动去打动人的，会得到迅速的回应。这句话表明教师要能以身立教，体现了为人师表的师德规范。

19. A 【解析】2008年修订的《中小学教师职业道德规范》中关于“为人师表”方面所规定的具体职业行为要求有：(1)坚守高尚情操，知荣明耻；(2)严于律己，以身作则；(3)衣着得体，语言规范，举止文明；(4)关心集体，团结协作，尊重同事，尊重家长；(5)作风正派，廉洁奉公；(6)自觉抵制有偿家教，不利用职务之便谋取私利。A选项的甲老师利用职务之便让学生为自己喜欢的明星应援的行为即违背了为人师表的师德规范。B选项的乙老师的行为违背了关爱学生的师德规范。C选项的丙老师的行为违背了终身学习的师德规范。D选项的丁老师的行为违背了爱岗敬业的师德规范。

20. B 【解析】2008年修订的《中小学教师职业道德规范》中关于“为人师表”方面要求教师要衣着得体、语言规范、举止文明。

21. C 【解析】教师只有“以身立教”才能“其身亡而其教存”，说明教师必须为人师表，以身作则，时时处处注意自己的言行，以良好的形象做好学生的表率，在潜移默化中用自己的榜样力量对学生进行教育，促进学生良好习惯的养成和道德品质的提高。故选C项。

22. B 【解析】职业幸福感是教师从事职业活动最强大的精神动力和根本目的。

23. D 【解析】《中小学教师职业道德规范》要求教师终身学习，因此，教师不思进取不符合师德要求。

24. A 【解析】教师在职业道德修养的过程中，坚持知和行的统一，就是要把学习道德理论、提高道德认识同自己的行动统一起来，使理论与实践相结合。题干中的两句话都强调了行动的重要性，体现了知行统一的原则。

25. D 【解析】2008年修订的《中小学教师职业道德规范》要求教师“教书育人”，倡导“教书育人”就是要求教师以育人为根本任务。教师必须遵循教育规律，实施素质教育，培养学生良好品行，激发学生创新精神，促进学生的全面发展。题干中杜老师在传授知识的基础上弘扬热爱祖国、积极探索、献身事业的精神，这表明杜老师做到了“教书育人”。

26. A 【解析】“为人师表”的教师职业道德规范要求教师衣着得体，语言规范，举止文明。教师要以身作则，在行为举止上，要注意穿着、言语和行为符合现代文明要求，能够为学生做出榜样。李老师穿着拖鞋去上课，这种衣着不够得体，会给学生带来不好的影响。所以李老师的这种行为违背了衣着得体、举止文明的要求。

二、多项选择题

1. ABC 【解析】教师的职业良心对教育行为的调控作用表现在教育过程的各个环节中。在教育工作开始之前，教师的良心会行使对准备采取的教育行为的“预审权”。教师的良心会问教师自己：“这样的行为合适吗？”“这样的行为有益于学生吗？”“学生会受到伤害吗？”等等。在实际教育过程中，教师的良心则会努力行使“监察权”，它会提问：“预期的行为有应有的效果吗？”如果没有，良心会引导教师采取措施上的调整。教育活动结束之后，良心会行使“鉴定权”。教师良心对特定教育行为或褒或贬，教师也就或者自豪，或者忏悔。教师良心因此就成为教师职业道德和职业技能水平提高的最好的导师或学校。所以，答案选A、B、C三项，D项属于教师良心行使“监察权”的表现。

2. CD 【解析】C项谢老师有偿家教的行为违背了“为人师表”的教师职业道德规范。D项赵老师不重视自身的学习，违背了“终身学习”的教师职业道德规范。

3. ABC 【解析】教师要以身作则、为人师表，应将礼物退回，并告知家长会平等关爱全体学生。故D项做法正确，A、B、C三项的做法都不恰当。

4. AD 【解析】2008年修订的《中小学教师职业道德规范》中关于“关爱学生”方面所规定的具体职业行为要求有：(1)关心爱护全体学生，尊重学生人格，平等公正对待学生；(2)对学生严慈相济，做学生的良师益友；(3)保护学生安全，关心学生健康，维护学生权益；(4)不讽刺、挖苦、歧视学生，不体罚或变相体罚学生。A、D两项的做法符合关爱学生的要求。B项违背了关爱学生的要求。C项体现了终身学习的要求。

5. AB 【解析】教育法规的实现是依靠国家强制力保证实施的，教育道德的实现不是凭借国家强制力，而是依靠社会舆论、内心信念、传统习惯和教育力量来实现的。C项说法错误。《中小学教师职业道德规范》的特点之一是倡导性要求与禁行性规定相结合。针对当前师德建设中的共性问题和突出问题，在广泛征求意见的基础上，既做出了倡导性要求，也做出了若干禁止性规定。D项说法错误。

6. AB 【解析】题干中的某校以分数分配座位，分数低的学生只能坐在后面几排，且教师基本上不关注最后三排的学生。这说明学校及教师没能做到关心爱护全体学生，损害了学生的合法权益，违背了关爱学生的教师职业道德规范。

三、判断题

1. √ 【解析】“师爱”是教师对学生无私的爱，它是师德的核心，即“师魂”。教师对学生的爱，从本质上说是一种只讲付出不求回报的、无私的、没有血缘关系的爱，是一种严慈相济的爱。学生一旦体会到这种真情实感，就会“亲其师、敬其师”，从而“信其道”，也正是在这个过程中，教书育人就实现了其根本功能。

2. × 【解析】“不讽刺、挖苦、歧视学生，不体罚或变相体罚学生”属于“关爱学生”的师德规范的具体职业行为要求之一，故体罚学生违背了此师德规范要求。

3. × 【解析】2008年修订的《中小学教师职业道德规范》在为人师表方面要求教师“自觉抵制有偿家教，不利用职务之便谋取私利”。

四、案例分析题(参考答案)

1. (1)终身学习是教师在处理其与自己发展的关系时所应遵循的原则要求。终身学习的师德规范要求教师潜心钻研业务，勇于探索创新，不断提高专业素养和教育教学水平。案例中的刘老师为了做好本职工作不断加强业务理论学习，提高业务能力，改进教学方法，是遵循终身学习的师德规范的体现。

(2)爱岗敬业的教师职业道德规范要求教师认真辅导学生。学生的学习是有个体差异的，因而集体教学与个别辅导必须结合起来。案例中的刘老师热爱自己的工作，并且在进行集体教学的同时，兼顾了学生明明对上课没兴趣的个性特点，对其进行了有针对性的个别教学。这是刘老师遵循爱岗敬业的师德规范的体现。

(3)教书育人的教师职业道德规范要求教师在教学中能够做到循循善诱，诲人不倦，因材施教。案例中的刘老师因材施教即遵循了这一师德规范。

(4)为人师表的教师职业道德规范要求教师尊重家长。在处理与家长的关系时，主动与学生家长联系，认真听取家长的意见和建议，尊重学生家长的人格等。案例中的刘老师为了达到家校共育的目的，经常与家长沟通，虚心接受家长提出的合理化建议即遵循了这一师德规范。

(5)关爱学生的教师职业道德规范要求教师关心爱护全体学生，尊重学生人格，平等公正对待学生。关爱学生的范围是全体学生，关键是做到对学生平等公正。案例中的刘老师关心每一位学生的成长即遵循了这一师德规范。

2. 案例中杨老师的行为违反了2008年修订的《中小学教师职业道德规范》中爱国守法、关爱学生、教书育人和为人师表的要求。

(1)爱国守法的师德规范要求教师：全面贯彻国家教育方针，自觉遵守教育法律法规，依法履行教师职责权利。案例中的杨老师动手打李同学，并让班里其他同学去打李同学耳光或用教鞭打手掌的行为违反了《中华人民共和国未成年人保护法》，违背了爱国守法的师德规范。

(2)关爱学生的师德规范要求教师：关心爱护全体学生，尊重学生人格，平等公正对待学生；不讽刺、挖苦、歧视学生，不体罚或变相体罚学生。案例中的杨老师动手打李同学的行为违背了关爱学生的师德规范。

(3)教书育人的师德规范要求教师：遵循教育规律，实施素质教育；循循善诱，诲人不倦，因材施教；培养学生良好品行，激发学生创新精神，促进学生全面发展；不以分数作为评价学生的唯一标准。案例中的杨老师因为李同学没有完成课后作业而动手打李同学，甚至让班级其他同学打李同学的行为严重违背了教书育人的师德规范。

(4)为人师表的师德规范要求教师严于律己，以身作则。案例中的杨老师因为李同学没有完成课后作业而动手打李同学，甚至让班级其他同学也打李同学。这种行为说明杨老师没有做到以身作则，没有为学生树立良好的榜样，违背了为人师表的师德规范。

3. (1)王老师的做法践行了关爱学生这一教师职业道德规范。关爱学生要求教师关心爱护全体学生，尊重学生人格，平等公正对待学生。案例中“王老师不仅像别的老师那样经常关注那些能说会道、反应灵敏的学生，她还经常关注那些比较胆小、很少回答问题的学生”即体现了王老师关心爱护全体学生，平等地对待每个学生。

(2)王老师的做法践行了教书育人这一教师职业道德规范。教书育人要求教师循循善诱，诲人不倦，因材施教。案例中“在课下，王老师主动与学生交往，培养学生的语言表达能力”体现了这一点。

(3)王老师的做法践行了为人师表这一教师职业道德规范。为人师表要求教师团结协作，尊重家长。案例中“主动与家长沟通，共同探讨教育孩子的方法”体现了王老师对家长的尊重。

真题必刷

答案速查

1～5	DBDCD	6～10	CABBA	11～15	DDBAC	16～19	CBAB
1～7	ABC ABD ABD ABCD ABCDE AD AC			1～7	××√×××√		

一、单项选择题

1. D 【解析】教师的职业良心可以表现在教育工作的每一个环节，其主要内涵包括：(1)“恪尽职守”，实际上就是一种工作责任和纪律的要求；(2)“自觉工作”，这是由教师的劳动特点决定的；(3)“爱护学生”，是教师的天职；(4)“团结执教”，也是教师良心要求的重要组成部分。故D项表述不正确，答案选D项。

2. B 【解析】“终身学习”的教师职业道德规范要求教师：崇尚科学精神，树立终身学习理念，拓宽知识视野，更新知识结构；潜心钻研业务，勇于探索创新，不断提高专业素养和教育教学水平。B项正确。AD项属于“爱岗敬业”的要求，C项属于“教书育人”的要求。

3. D 【解析】2008年修订的《中小学教师职业道德规范》基本内容包括爱国守法、爱岗敬业、关爱学生、教书育人、为人师表、终身学习。因此，D选项不属于师德师风的主要内容。

4. C 【解析】关爱学生的师德规范要求教师关心爱护全体学生，尊重学生人格，平等公正对待学生。吴老师帮助家庭经济条件比较困难的小燕同学，体现了吴老师对学生的关爱。

5. D 【解析】2008年修订的《中小学教师职业道德规范》中的“终身学习”要求教师：崇尚科学精神，树立终身学习理念，拓宽知识视野，更新知识结构；潜心钻研业务，勇于探索创新，不断提高专业素养和教育教学水平。题干引文的意思是：人生是有限的，但知识是无限的(没有边界的)。这要求我们树立终身学习的理念，拓宽自己的知识视野。D项正确。

6. C 【解析】叶海辉老师扎根海岛教育27年，为边远海岛教育默默奉献，并且多次赴西藏、青海等地参与乡村支教，助力西部地区教师发展。这说明叶海辉老师勤恳敬业，忠于人民教育事业，体现了爱岗敬业的教师职业道德规范。叶海辉老师创编体育游戏近2000例，制作80余种4200多件体育器材，让学生爱上体育课，这有助于学生的全面发展，体现了教书育人的教师职业道德规范。

7. A 【解析】2008年修订的《中小学教师职业道德规范》中关于“为人师表”方面所规定的具体职业行为要求

指出，教师要作风正派，廉洁奉公，不从学生那里谋取自己的利益。题干中陈老师拒绝家长的礼物的行为符合为人师表的职业道德规范。

8. B 【解析】2008年修订的《中小学教师职业道德规范》中，“爱岗敬业”要求教师对工作高度负责，认真备课上课，认真批改作业，认真辅导学生，不得敷衍塞责。闫桂珍老师全身心扑在教育工作中，不顾身体疾病坚守教学岗位，闫老师这种对工作高度负责的态度，是对爱岗敬业的生动诠释。

9. B 【解析】忠于人民教育事业是我国教师职业道德的基本原则。它是我国教育社会主义性质的必然要求，是教师处理个人利益和社会整体利益关系时所必须遵循的根本指导原则，是衡量教育工作者个人行为和品质的最高道德标准。

10. A 【解析】陶行知先生“捧着一颗心来，不带半根草去”的教育理念体现了教师的奉献精神，体现了教师职业道德规范中的爱岗敬业。

11. D 【解析】教师职业道德意志是产生职业道德信念和养成职业道德行为习惯的前提条件，是职业道德知识和情感转化为职业道德信念和行为的中介环节，也是教师培养良好职业道德品质的重要条件。

12. D 【解析】职业责任感是教师在职业道德活动中形成的对他人或社会应负责任的内心体验和道德情感，它既是职业道德行为的出发点，又是激励教师实现某种职业道德目标的动力。

13. B 【解析】在教育过程中，教师职业道德具体表现为热爱学生、尊重学生的人格、培养学生的思想品德、增进学生的健康、挖掘学生的潜力、陶冶学生的情操、锻炼学生的意志、发展学生的个性……所有这些，确立和保护了学生作为个性的人的价值和精神的独立，从而促使他们的发展既符合社会的需要，又满足个体的需要；既符合道德的原则，又符合学生身心成长规律的要求。从这个意义上讲，教师职业道德具有明显的伦理价值。故选B项。

14. A 【解析】“师也者，教之以事而喻诸德者也”的意思是：教师的职责是既要教学生有关具体事物的知识，又要让学生知晓立身处世的品德。这体现了教师职业道德的教书育人原则。

15. C 【解析】依法执教是教师完成本职工作的前提和基础，是国家和社会对教师提出的道德要求，是判断教师行为是非善恶的最根本的道德标准，具有重要的现实意义。

16. C 【解析】教师职业道德的教育专门性(适用的针对性)表现为教师职业道德对教育善恶的专门体现和专门要求，这是教师职业道德的一个基本特点。

17. B 【解析】爱岗敬业的师德规范要求教师对工作高度负责，认真备课上课，认真批改作业，认真辅导学生，不得敷衍塞责。李老师没有认真备课上课，对待教学工作态度敷衍，违反了爱岗敬业的师德规范。

18. A 【解析】2008年修订的《中小学教师职业道德规范》内容有六条：爱国守法、爱岗敬业、关爱学生、教书育人、为人师表、终身学习。其中，爱岗敬业是教师职业的本质要求，关爱学生是师德的灵魂，教书育人是教师的天职，终身学习是教师专业发展的不竭动力。所以A项符合题意。

19. B 【解析】“教书育人”方面所规定的具体职业行为要求有以下几点：(1)遵循教育规律，实施素质教育；(2)循循善诱，诲人不倦，因材施教；(3)培养学生良好品行，激发学生创新精神，促进学生全面发展；(4)不以分数作为评价学生的唯一标准。题干中周老师的观点说明他不以分数作为评价学生的唯一标准，注重培养学生良好品行，这体现了教师职业道德规范要求中的教书育人。

二、多项选择题

1. ABC 【解析】2008年修订的《中小学教师职业道德规范》中，在“为人师表”方面要求教师：作风正派，廉洁奉公;自觉抵制有偿家教,不利用职务之便谋取私利。A、C项违背了这一师德规范。在“教书育人”方面要求教师不以分数作为评价学生的唯一标准。B项违背了这一师德规范。D项符合终身学习的师德规范。

2. ABD 【解析】教师职业道德的调节作用主要是通过调节教师的行为,促进教育教学过程的顺利开展,保证教育任务的出色完成,具体表现在以下几个方面:(1)通过调节教师与教育事业的关系,促进教师爱岗敬业;(2)通过调节教师与学生的关系,形成尊师爱生的教育氛围;(3)通过调节教师与教师的关系,形成团结协作的教育凝聚力;(4)通过调节教师与学校其他成员及与社会其他成员的关系,形成教育合力。

3. ABD 【解析】教书育人的师德规范要求教师遵循教育规律,实施素质教育;循循善诱,诲人不倦,因材施教;不以分数作为评价学生的唯一标准。A、B项违背了教书育人的要求。关爱学生的师德规范要求教师关心爱护全体学生,尊重学生人格,平等公正对待学生。为人师表的师德规范要求教师关心集体,团结协作,尊重同事,尊重家长。D项违背了关爱学生和为人师表的要求。

4. ABCD 【解析】2008年修订的《中小学教师职业道德规范》中,爱岗敬业的师德规范要求教师对工作高度负责,认真备课上课。张万波老师“扎根乡村教育24年,在极其艰苦的条件下开展教育教学工作”体现了爱岗敬业的师德规范,C项正确。关爱学生的师德规范要求学生关心爱护全体学生,尊重学生人格,平等公正对待学生。“用爱心和耐心教会农村孩子”“视生如子”“课堂上关注每一个学生,不放弃每一个学生”体现了关爱学生的师德规范,A项正确。教书育人的师德规范要求教师培养学生良好品行,激发学生创新精神,促进学生全面发展。“教会农村孩子学习知识、学会做人”体现了教书育人的师德规范,B项正确。终身学习的师德规范要求教师潜心钻研业务,勇于探索创新,不断提高专业素养和教育教学水平。“潜心钻研业务”体现了终身学习的师德规范,D项正确。

5. ABCDE 【解析】从总体上来说,教师职业道德是由教师职业理想、职业责任、职业态度、职业纪律、职业技能、职业良心、职业作风和职业荣誉等因素构成的。

6. AD 【解析】倡导“终身学习”就是要求教师做终身学习的表率。终身学习是时代发展的要求,也是由教师职业特点所决定的。A、D两项说法正确。关于教师专业发展的根本途径,有学者认为是校本教研,有学者认为是教师教育,也有学者认为是自主发展。但无论何种表述,都并非终身学习。B项说法错误。“关爱学生”要求教师对学生严慈相济,做学生的良师益友。C项说法错误。故本题选择A、D两项。

7. AC 【解析】教师职业道德修养的内容包含两个方面:(1)职业道德意识修养;(2)职业道德行为修养。

三、判断题

1. × 【解析】为人师表是教师职业的内在要求,是教师在处理其与自己的关系时应遵循的原则要求。关爱学生是师德的灵魂。

2. × 【解析】教师要以身作则、为人师表,这是教师职业道德区别于其他职业道德的显著标志。

3. √ 【解析】教师职业道德,是教师职业胜任、职业作为及其不断提升的重要品质,这种品质的生成、强化及实际上的修养和体现,都不可忽视对师德基本内涵的不断提升和全面把握。

4. × 【解析】《中小学教师职业道德规范(2008年修订)》中,终身学习要求教师:崇尚科学精神,树立终身学习理念,拓宽知识视野,更新知识结构;潜心钻研业务,勇于探索创新,不断提高专业素养和教育教学水平。教师对待学问“学而不厌”符合终身学习的要求。教书育人要求教师循循善诱,诲人不倦,因材施教。教师对待教学“诲人不倦”符合教书育人的要求,而不是关爱学生。题干表述错误。

5. × 【解析】教师职业道德评价的方法有自我评价法、学生评价法、社会评价法、加减评分法、模糊综合评判法等。

6. × 【解析】教育人道主义原则就是教师在教育劳动过程中，应当从社会主义人道主义原则出发，尊重人、关心人、爱护人，协调自己与他人之间的关系，并以人道主义的言行影响、培养学生。为人师表原则是指教师用自己的言行做出榜样，成为学生效仿的楷模。

7. √ 【解析】教师公正是指教师在教育职业活动中，公平合理地对待和评价全体合作者。其中，公平合理地评价和对待每个学生是教师公正最基本的内容。

四、填空题

自觉意识

五、案例分析题（参考答案）

吴振华校长的行为符合爱岗敬业、关爱学生、教书育人的师德规范。

(1)爱岗敬业是教师职业的本质要求。要做到这一点，教师必须对工作高度负责。吴振华校长在条件简陋的工作环境中，身兼数职，坚守教育岗位30多年，做到了爱岗敬业。

(2)关爱学生是师德的灵魂。这要求教师保护学生安全，关心学生健康，维护学生权益。吴振华校长担起保安角色，担任着学生的安全保卫工作，体现了对学生的关爱。

(3)教书育人是教师的天职。“育人”是教师职业劳动的本质，通过“教书”的途径，培养全面发展的人，才是教师工作的根本目的。吴振华校长在简陋的条件下，极力营造以中国传统美德为核心的学校文化，取得了显著的教育教学成绩，学生均顺利进入高一年级学习，有的学生甚至升入南京航空航天大学、西安交通大学等著名学府。这说明吴校长做到了教书育人。

第六部分　教育法律法规及政策

第一章　教育法律基础

6-1基础必刷答案详解

基础必刷

答案速查

1~5	BDAAC	6~10	CBADA	11~15	DCBBD	16~20	DADBB
21~24	ADAA			1~6	ABCD ABCD ABCD ABD ABCD ABCD		
1~4	√×√×			5~8	×√√×		

提升必刷

答案速查

1~5	BAABA	6~10	ACBDC	1~6	√×√×××

一、单项选择题

1. B 【解析】学校及其他教育机构作为法人，会经常参与各种民事活动，如合作办学、委托培养、有偿服务、知识产权转让、劳动用工、教师聘任等，往往要与其他主体签订各种合同，发生各种民事性质的法律责任。在出现法律纠纷时，可以要求追究违反合同的民事责任，请求民事赔偿。

2. A 【解析】违反教育法规的行为要受到一定的法律制裁，承担一定的法律后果，使其行为得以改正，并对其行为所造成的损失后果采取一定物质上或精神上的补救措施。违反教育道德的行为主要受到良心、社会舆论的谴责。故A项说法错误。

3. A 【解析】教育法律规范通常由法定条件（假定）、行为准则（处理）和法律后果（制裁）三个要素组成。法定条件是指适用该行为规范的条件和情况，它是把规范同主体的实际行为联系起来的部分，指出在什么情况下，这一规则生效。“年满六周岁”是本条法律规范的法定条件（假定）。

4. B 【解析】触犯刑律的，由司法机关依法追究刑事责任。故B项对事故责任者的处理不正确。

5. A 【解析】教育法律规范与教育法、教育法律文件、教育法律条文之间既有联系又有区别。总的说，教育法律规范是教育法、教育法律文件及教育法律条文的内容，而教育法的各种规范性文件或法律条文是教育法律规范的载体，它们之间是内容和形式的关系。（1）教育法律规范与教育法的区别。教育法是指由国家制定或认可，并以国家强制力保证实施的教育活动中全部行为规则的总称。教育法律规范是一种特指的行为规范，而不是行为规范的“总和”。D项说法正确。二者在逻辑上是从属关系。教育法是种概念，它的外延大于教育法律规范，教育法律规范是属概念，它的外延全包含在教育法概念的外延之中。C项说法正确。（2）教育法律规范与教育法律文件的区别。教育法律规范是教育法各种规范性文件的基本内容，但不是全部内容。A项说法错误。（3）教育法律规范与教育法条文的区别。教育法律规范要用教育法条文来表现，但教育法条文不一定就是教育法律规范。有的教育法条文不包括规范。B项说法正确。

6. A 【解析】行政处分是由国家机关或企事业单位对其所属人员予以的惩戒措施，包括警告、记过、记大过、降级、降职、撤职等。教育行政处罚包括：（1）警告；（2）罚款；（3）没收违法所得，没收违法颁发、印制的学历证书、学位证书及其他学业证书;(4)撤销违法举办的学校和其他教育机构;(5)取消颁发学历、学位和其他学业证书的资格;(6)撤销教师资格;(7)停考,停止申请认定资格;(8)责令停止招生;(9)吊销办学许可证;(10)法律、法规规定的其他教育行政处罚。由此可以判断A项属于行政处分,B、C、D三项属于教育行政处罚。

7. C 【解析】隶属型教育法律关系是以教育管理部门为核心,向外辐射,与其他主体之间形成的教育法律关系。教育行政机关与学校之间属于教育行政法律关系,存在的是隶属型教育法律关系。A、B、D三项存在或者可能存在平权型教育法律关系。

8. B 【解析】教育行政强制执行即教育行政机关依法对拒不履行教育法律、法规规定的义务的组织或个人,依法强制其履行义务。其实施的前提是,相对人不履行其应承担的义务。教育行政强制执行的一般程序,大体包括作出行政强制执行决定、告诫和执行三个步骤。

9. D 【解析】教育行政诉讼的特征体现在:(1)诉权专属。在教育行政诉讼中,被告始终是行政机关,原告始终是公民、法人或其他组织。(2)标的确指。教育行政诉讼的标的必须是教育行政机关的行政行为。(3)救济和监督相结合。教育行政诉讼兼具救济和监督两种性质。(4)被告举证。教育行政诉讼中作为被告的教育行政机关负有举证责任。(5)不得调解。教育行政诉讼不得用调解作为审理和结案方式。D项说法错误。

10. C 【解析】在教育行政诉讼中,被告始终是行政机关,原告始终是公民、法人或其他组织。校长作为公民个体,不能成为行政诉讼的被告。

二、判断题

1. √ 【解析】教育法律关系的消灭,是指教育法律关系主体、客体的消灭,主体间权利义务的终止。学校无法维持下去意味着学校这一主体的消灭,所以它与学生之间的教育法律关系也会消灭。

2. × 【解析】违法行为在不同程度上侵犯了法律所保护的某种社会关系和社会利益,这才是违法行为之所以成立并被追究法律责任的关键。

3. √ 【解析】校舍如果经过及时修复就不会坍塌伤人,所以是以主体的意志为转移的法律事实,因此属于法律事实中的行为。

4. × 【解析】公正准确是教育司法活动的灵魂和生命。

5. × 【解析】学生损坏公物、违反纪律,学校给予警告处分和要求照价赔偿是合法的,而对学生给予罚款则是一种典型的违法行为。罚款是行政处罚的一种,只有国家特定的行政机关才有行政处罚权,学校是事业单位,当然也就没有行政处罚权,无权对学生进行罚款。所以,题干中学校对学生王某撕毁图书进行罚款,这一行为是不合法的。

6. × 【解析】教育法律救济的特征包括:(1)是宪法公平、正义的立法精神的体现;(2)纠纷的存在是教育法律救济的基础;(3)损害的发生是教育法律救济的前提;(4)补救受害者的合法权益是教育法律救济的根本目的;(5)法律救济具有权利性;(6)具有补救与监督双重作用。因此,纠纷只是法律救济的基础,侵权损害事实的存在才是实施法律救济的前提,故本题说法错误。

三、简答题(参考答案)

简述教育法规和教育政策的关系。

(1)教育法规与教育政策的联系:①教育法规与教育政策都决定于上层建筑,具有共同的目的;②教育政策是制定教育法规的依据,教育法规是教育政策的具体化、条文化和定型化;③教育政策决定教育法规的性质,教育法规的内容体现教育政策;④教育政策是实施教育法规的指导,教育法规是实现教育政策的保证。

(2)教育法规与教育政策的区别:①教育法规和教育政策的制定主体不同;②教育法规和教育政策的执行方式不同;③教育法规和教育政策的规范效力不同;④教育法规和教育政策调整和适用的范围不同;⑤教育法规和教育政策所要解决问题的性质不同。

真题必刷

答案速查

1~4	BAAC	1~2	ABCD BC	1~3	√√×

一、单项选择题

1. B 【解析】根据我国《宪法》规定,国务院有权根据宪法和法律,规定行政措施,制定行政法规,发布决定和命令。教育行政法规是行政法规的形式之一。

2. A 【解析】教育法律关系是一种权利与义务的关系,是以法律规范为前提,在法律规范基础上调整的主体之间的利益关系。

3. A 【解析】教师申诉的程序包括提出、受理和处理三个环节,故选A项。

4. C 【解析】强制性规范是指法律关系参加者必须做出或禁止做出一定行为的规范。故题干所述属于强制性规范。

二、多项选择题

1. ABCD 【解析】教师与学生之间的法律关系包括:(1)教育和被教育的关系;(2)管理和被管理的关系;(3)保护和被保护的关系;(4)互相尊重的平等关系。

2. BC 【解析】教育法律救济的特征体现在:(1)是宪法公平、正义的立法精神的体现;(2)纠纷的存在是教育法律救济的基础;(3)损害的发生是教育法律救济的前提;(4)补救受害者的合法权益是教育法律救济的根本目的;(5)法律救济具有权利性;(6)具有补救与监督双重作用。

三、判断题

1. √ 【解析】教育基本法对整个教育全局起宏观调控作用,或称为"教育宪法""教育母法"。我国的教育基本法律为1995年第八届全国人民代表大会第三次会议通过的《中华人民共和国教育法》。

2. √ 【解析】教育法区别于其他社会规范和法律的特点有:(1)教育法律关系成立的单向性;(2)教育强制措施的柔软性;(3)教育行政管理方式的指导性;(4)教育法规具体内容的广泛性。因此,本题说法正确。

3. × 【解析】教育法律规范是由国家制定或认可,并以国家强制力保证实施的行为规则。故题干表述错误。

第二章　依法执教与教师违法(侵权)行为预防

基础必刷

6-2基础必刷答案详解

答案速查

1~5	DACAC	6~10	BCCDA	11~12	AB
1~6	AC ACD ABC AB ABD BC			1~4	××√×
5~8	√√××				

四、名词解释(参考答案)

1. 依法执教

依法执教就是要求教师在教育教学活动中,按照教育法律、法规使自己的教育教学活动法制化和规范化。

2. 不作为侵权行为

不作为侵权行为是指行为人以一定的不作为致人损害的行为。

五、案例分析题(参考答案)

王老师侵犯了学生小李的人身自由权、人格尊严权、财产权、受教育权。

(1)侵犯学生的人身自由权。人身自由是公民的一项基本权利,包括身体行动自由和表达的自由。侵害学生人身自由的表现形式有:非法拘禁和限制学生、非法搜查学生、非法限制学生表达自由的权利等。案例中,班主任王老师冲进教室对小李进行搜身,此行为侵犯了小李的人身自由权。

(2)侵犯学生的人格尊严权。学校和教师必须尊重学生的人格尊严,严禁对学生实施体罚、变相体罚或其他侮辱人格尊严的行为。案例中,班主任王老师当着全班同学的面辱骂小李,此行为侵犯了小李的人格尊严权。

(3)侵犯学生的财产权。个人的财产所有权是指公民对个人所有的财产依法进行占有、使用、收益和处分的权利。学生的合法财产受法律保护,教师不得侵占、破坏或非法扣押、没收等。教师侵犯学生财产权的表现形式有:损坏学生财物、非法没收学生物品、乱罚款、乱摊派、推销商品等。案例中,班主任王老师清空小李购买的游戏装备,注销其游戏账号,此行为侵犯了小李的财产权。

(4)侵犯学生的受教育权。受教育权是学生最基本的权利。常见的侵犯学生受教育权的表现形式主要有:①侵犯学生受教育机会的平等权;②侵犯学生的入学权;③侵犯学生参加考试的权利;④随意开除学生。此外,还有侵犯学生上课学习的权利、侵犯学生受教育的选择权、侵犯学生升学复学方面的同等权利、以侵犯姓名权的手段侵犯学生的受教育权、延误学生录取通知书的发放等。案例中,班主任王老师让小李停课三天,这侵犯了学生上课学习的权利。

真题必刷

答案速查

1~4	DBBC	1~4	√×√×

一、单项选择题

1. D 【解析】名誉权是由民事法律规定的民事主体所享有的获得和维持对其名誉进行客观公正评价的一种人格权利。我国相关法律规定,公民享有名誉权,禁止用侮辱、诽谤等方式损害公民的名誉。题干中的小豪给小佳取了"肥猪佳"的绰号,还煽动其他同学一起取笑小佳,这是典型地使用口头侮辱的形式侵害他人名誉权的行为。考生容易误选姓名权,我国相关法律规定,侵害姓名权的常见形式有:(1)干涉他人行使姓名权;(2)盗用他人姓名;(3)冒用他人姓名等。故选D项。

2. B 【解析】教师依法执教的具体内容如下:(1)教师要模范地遵守宪法及其他各种法律、法规;(2)教师要依法进行教育教学活动。因此,对学生进行爱国主义教育的行为符合依法执教的表现。根据选项描述可知,A项侵犯了学生的隐私权,C项侵犯了学生的人格尊严权、身体健康权等权利,D项违背了教师职业道德及依法执教等相关规定。

3. B 【解析】肖像权是公民可以同意或不同意他人利用自己肖像的权利。法律规定,未经本人同意不得以营利为目的使用公民的肖像。题干中的学校擅自将小路的照片用于商业宣传,这种做法侵犯了其肖像权。故选B项。

4. C 【解析】人格尊严权是指学生享有受他人尊重、保持良好形象及尊严的权利。学校和教师必须尊重学生的人格尊严，严禁对学生实施体罚、变相体罚或其他侮辱人格尊严的行为。题干中老师按照期中考试成绩给全班同学排座位，是对考试成绩不好的学生的一种歧视，没有做到尊重学生，侵犯了学生的人格尊严权。

二、判断题

1. √ 【解析】不作为侵权行为，是指行为人以一定的不作为致人损害的行为。学校和教师不作为侵权行为的表现形式有：(1)对学生身体状况关照不力；(2)教师对生病或受伤学生救护不力；(3)在履行职责中违反工作要求、操作规程；(4)学校活动组织失职；(5)饮食安全事故；(6)未及时向学生监护人履行告知义务。

2. × 【解析】依法执教有以下意义：(1)依法执教是依法治国的必然要求；(2)依法执教是依法治教的重要内容；(3)依法执教是人民教师之必需。

3. √ 【解析】从受教育权的实现过程出发，可将其分为三个阶段：(1)开始阶段的"学习机会权"；(2)过程阶段的"学习条件权"；(3)结束阶段的"学习成功权"。故本题说法正确。

4. × 【解析】侵害学生人身自由的表现形式有：非法拘禁和限制学生、非法搜查学生、非法限制学生表达自由的权利等。因此，班主任对全班同学进行搜身的行为侵犯了学生的人身自由权。

第三章　现行主要的教育法律法规及政策

基础必刷

6-3 基础必刷答案详解

专题1 《中华人民共和国教育法》

答案速查

1～5	ABBBC	6～10	BCABB	11～15	DDCBB	16～20	BAABD
21～25	CBABB	26～29	BCCB	1～6	ABCD BCD BCD ACD ACD ABD		
1～4	×√√×			5～8	××√×		

专题2 《中华人民共和国义务教育法》

答案速查

1～5	ABCBA	6～10	ABCAA	11～15	CCDCC	16～22	DCCCBDD
1～4	ACD ABC BDE AD			1～4	×√√√		

四、填空题

1. 循环

2. 个体差异

3. 公益性

4. 六周岁

5. 特殊

6. 国务院教育行政部门

7. 初级职务

专题3 《中华人民共和国教师法》和《教师资格条例》

答案速查

1～5	CBCAB	6～10	DCBDD	11～15	CCDBA	16～20	BCCAD
21～24	CBCB			1～5	ABCDE BCD ABCD BCDE ABD		
1～5	×××√×			6～9	×√×√		

四、案例分析题(参考答案)

(1)教育教学权是教师基本权利的重要组成部分。教师的教育教学权主要指教师在教育教学活动及其专业性活动中享有的自主性权利。教师在教育教学、管理学生、教育评价等方面的权利,都属于教师教育教学权的范畴。(2)学校没有侵犯张某的教育教学权。尽管张某在学历上符合做一名初中教师的要求,但是他的职业道德、专业能力、教学态度不符合作为一名教师应该具有的基本素质,无法正常履行教师的教育教学职责,学校让其离开教师岗位而从事管理工作是合理的。

专题4 《中华人民共和国未成年人保护法》

答案速查

1～5	BDCCD	6～10	DCDBC	11～15	CBABA
1～4	CD ABCDE BCD CD				

专题5 《学生伤害事故处理办法》

答案速查

1～5	ADDDA	6～7	BD	1～3	ABC ABC AD

三、案例分析题(参考答案)

1.(1)此案例中,学校和恶作剧学生都应该负相应的法律责任。(2)根据《学生伤害事故处理办法》第九条规定可知,学校的校舍、场地、其他公共设施,以及学校提供给学生使用的学具、教育教学和生活设施、设备不符合国家规定的标准,或者有明显不安全因素的,学校应当依法承担相应的责任。案例中,学校人数超标,教学楼内一个楼梯被封闭而且没有应急灯,这些都说明学校的设施、设备存在安全隐患,因此针对此次事故学校应负主要责任。(3)恶作剧的学生的行为也是造成事故的一个因素,所以也应当承担一定的法律责任。

2.(1)学校不应该赔偿。(2)学校组织正常的体育教学,进行800米比赛活动,没有违反相关的教学规定,并无过错。根据《学生伤害事故处理办法》第十五条规定,发生学生伤害事故,学校应当及时救助受伤害学生,并应当及时告知未成年学生的监护人;有条件的,应当采取紧急救援等方式救助。孙某晕倒后,学校进行了必要的急救措施,并及时通知医院和家长。在整个救治过程中,学校采取的措施并无不当。因此,学校对本次学生伤害事故不需要承担法律责任。根据第二十六条规定,学校无责任的,如果有条件,可以根据实际情况,本着自愿和可能的原则,对受伤害学生给予适当的帮助。学校已经支付了抢救费用,而对于孙某父母的索赔,学校不应该赔偿。

专题6 现行主要的教育政策

答案速查

1~5	BDDBD	6~9	DDAD	1~4	ABCD ABD BCD ABCD
5~7	ABCD ABCD ABCD			1~6	√×√×√√

提升必刷

答案速查

1~5	CCCDD	6~10	BADDC	11~15	CACCC
1~4	ABCD ABCD ABCD ABD			5~7	CD BD BCD
1~6	××√××√				

一、单项选择题

1. C 【解析】根据《中华人民共和国教育法》第九条规定,中华人民共和国公民有受教育的权利和义务。公民不分民族、种族、性别、职业、财产状况、宗教信仰等,依法享有平等的受教育机会。该条规定表明我国任何公民都平等地享有教育法律规定的受教育权,这体现了我国《教育法》的平等性原则。

2. C 【解析】根据《中华人民共和国教师法》第三十七条规定,教师有下列情形之一的,由所在学校、其他教育机构或者教育行政部门给予行政处分或者解聘:(1)故意不完成教育教学任务给教育教学工作造成损失的;(2)体罚学生,经教育不改的;(3)品行不良、侮辱学生,影响恶劣的。C项属于第三种情形。

3. C 【解析】根据《教师资格条例》第十四条规定可知,认定教师资格,应当由本人提出申请。教育行政部门和受委托的高等学校每年春季、秋季各受理一次教师资格认定申请。C项说法正确。申请人普通话水平一般应达到二级乙等以上标准,A项说法错误。申请人如果因故意犯罪受到有期徒刑以上刑事处罚的,不能取得教师资格,B项说法错误。申请教师资格必须是中国公民,D项说法错误。

4. D 【解析】根据《中华人民共和国民法典》第十九条规定,八周岁以上的未成年人为限制民事行为能力人,实施民事法律行为由其法定代理人代理或者经其法定代理人同意、追认;但是,可以独立实施纯获利益的民事法律行为或者与其年龄、智力相适应的民事法律行为。根据第二十条规定,不满八周岁的未成年人为无民事行为能力人,由其法定代理人代理实施民事法律行为。故本题答案选D项。

5. D 【解析】《中共中央 国务院关于深化教育教学改革全面提高义务教育质量的意见》提出的工作目标是凝聚人心、完善人格、开发人力、培育人才、造福人民。

6. B 【解析】根据《中华人民共和国教育法》第四条规定,教育是社会主义现代化建设的基础,对提高人民综合素质、促进人的全面发展、增强中华民族创新创造活力、实现中华民族伟大复兴具有决定性意义,国家保障教育事业优先发展。全社会应当关心和支持教育事业的发展。全社会应当尊重教师。这一规定,确定了我国教育的地位:教育是社会主义现代化建设的基础,处于优先发展的战略地位。

7. A 【解析】教育机构对学生伤害事故的责任,在性质上是违反法定义务的过错责任。学校在此事件中没有采取有效的保护学生的措施,因此学校存在过错责任。

8. D 【解析】根据《学生伤害事故处理办法》第十二条规定可知,因学生自杀、自伤造成的学生伤害事故,学校已履行了相应职责,行为并无不当的,无法律责任。D项中的老师在发现杨某郁郁寡欢后及时给予了开导,其行为并无不当或失责,故学校不应当承担相应的法律责任。根据《学生伤害事故处理办法》第九条规定可知,针对A、B、C三项所述情形而造成的学生伤害事故,学校应当依法承担相应的责任。

9. D 【解析】学校承担学生伤害事故的责任范围之一是学生伤害事故必须是在学校负有教育管理职责的时间和空间范围内发生的伤害事故。周某在上课期间逃课上网,属于学校负有教育管理职责的时间范围,学校没有采取有效措施,因此学校应负相应的责任。

10. C 【解析】中共中央办公厅、国务院办公厅印发的《加快推进教育现代化实施方案(2018~2022年)》中指出,加快推进教育现代化的指导思想是:以习近平新时代中国特色社会主义思想为指导,全面贯彻党的十九大和十九届二中、三中全会精神,以培养社会主义建设者和接班人为根本任务,以全面加强党对教育工作的领导为根本保证,以促进公平和提高质量为时代主题,围绕加快推进教育现代化这一主线,聚焦教育发展的战略性问题、紧迫性问题和人民群众关心的问题,统筹实施各类工程项目和行动计划,着力深化改革、激发活力,着力补齐短板、优化结构,更好发挥教育服务国计民生的作用,确保完成决胜全面建成小康社会教育目标任务,为推动高质量发展、实现2035年奋斗目标夯实基础。A、B、D三项表述正确,C项表述错误。

11. C 【解析】《新时代爱国主义教育实施纲要》提出,新时代爱国主义教育要面向全体人民、聚焦青少年。要充分发挥课堂教学的主渠道作用。培养社会主义建设者和接班人,首先要培养学生的爱国情怀。要把青少年作为爱国主义教育的重中之重,将爱国主义精神贯穿于学校教育全过程,推动爱国主义教育进课堂、进教材、进头脑。在普通中小学、中职学校,将爱国主义教育内容融入语文、道德与法治、历史等学科教材编写和教育教学中,在普通高校将爱国主义教育与哲学社会科学相关专业课程有机结合,加大爱国主义教育内容的比重。根据文件内容,本题答案选C项。

12. A 【解析】根据《中华人民共和国教育法》第五条规定,教育必须为社会主义现代化建设服务、为人民服务,必须与生产劳动和社会实践相结合,培养德智体美劳全面发展的社会主义建设者和接班人。题干中的教师强调读书是为了自己,没有从社会利益出发,违背了坚持教育的社会主义方向原则。

13. C 【解析】根据《中华人民共和国教育法》第三十条规定可知,学校及其他教育机构应当履行“以适当方式为受教育者及其监护人了解受教育者的学业成绩及其他有关情况提供便利”的义务。故A项说法错误。根据《中华人民共和国义务教育法》第三十九条规定,国家实行教科书审定制度。教科书的审定办法由国务院教育行政部门规定。未经审定的教科书,不得出版、选用。故B项违背了教育法律规定。根据《中华人民共和国教育法》第七十九条规定可知,考生在国家教育考试中有携带或者使用考试作弊器材、资料的,由组织考试的教育考试机构工作人员在考试现场采取必要措施予以制止并终止其继续参加考试。故D项违背了相关教育法规。根据《中华人民共和国义务教育法》第十一条规定,凡年满六周岁的儿童,其父母或者其他法定监护人应当送其入学接受并完成义务教育;条件不具备的地区的儿童,可以推迟到七周岁。C项中可可不满六周岁,因此不能入学。故C项符合题意。

14. C 【解析】根据《中小学教师违反职业道德行为处理办法》(2018年修订)第三条规定可知,降低岗位等级或撤职期限为24个月。所以题干中的教师从2019年6月起可以重新申报中学高级职务。

15. C 【解析】《国家教育事业发展“十三五”规划》提出了全面落实立德树人的根本任务,其中,要强化学生实践动手能力就要:(1)践行知行合一;(2)加强劳动教育,充分发挥劳动综合育人功能;(3)制定中小学生综合实践活动指导纲要,注重增强学生实践体验,鼓励有条件的地区开展中小学生研学旅行和各种形式的夏令营、冬令营活动等。

二、多项选择题

1. ABCD 【解析】《新时代中小学教师职业行为十项准则》中提出,教师应坚定政治方向、自觉爱国守法、传播优秀文化、潜心教书育人、关心爱护学生、加强安全防范、坚持言行雅正、秉持公平诚信、坚守廉洁自律、规范从教行为。

2. ABCD 【解析】《中国教育现代化2035》的突出特点有:(1)服务国家人民;(2)体现前瞻引领;(3)立足国情世情;(4)突出改革创新;(5)注重规划实施。

3. ABCD 【解析】统一性是贯穿始终的一个理念。在《中华人民共和国义务教育法》中,从始至终强调在全国范围内实行统一的义务教育,这个统一包括要制定统一的义务教育阶段教科书设置标准、教学标准、经费标准、建设标准、学生公用经费的标准等。

4. ABD 【解析】中共中央、国务院于2018年1月印发的《关于全面深化新时代教师队伍建设改革的意见》中提出,教师队伍建设的基本原则包括:(1)确保方向;(2)强化保障;(3)突出师德;(4)深化改革;(5)分类施策。

5. CD 【解析】根据《中华人民共和国教师法》第十七条规定可知,教师的聘任应当遵循双方地位平等的原则,由学校和教师签订聘任合同,明确规定双方的权利、义务和责任。故聘任是双方的法律行为,确立的是双方的法律关系;聘任双方在平等地位上签订的聘任合同具有法律效力,对聘任双方都有约束力。另外,根据聘任合同领取相应的工资,职务工资应反映教师的工作业绩、教育教学水平,体现按劳取酬的原则。因此,A、B两项说法错误,C、D两项说法正确。

6. BD 【解析】《中国学生发展核心素养》以培养"全面发展的人"为核心,分为文化基础、自主发展、社会参与三个方面。其中自主发展的素养包括学会学习和健康生活。

7. BCD 【解析】学校事故作为一种侵权行为,应具有如下特征:(1)学校或教师侵害了学生的合法权益;(2)侵害行为的侵害对象是学生的人身权;(3)必须是学校或者教师基于过错而实施的行为。

三、判断题

1. × 【解析】根据《学生伤害事故处理办法》第七条规定,未成年学生的父母或者其他监护人应当依法履行监护职责,配合学校对学生进行安全教育、管理和保护工作。学校对未成年学生不承担监护职责,但法律有规定的或者学校依法接受委托承担相应监护职责的情形除外。

2. × 【解析】学生伤害事故必须是在学校负有教育管理职责的时间和空间范围内发生的伤害事故,学生在学校负有教育管理职责的校园内外和由学校提供并管理的校舍、场地和设施内的活动中造成的人身损害,都属于学生伤害事故;在学校管理职责范围之外发生的伤害事故则不属于学生伤害事故。所以,不能用校园围墙的界限来区分学生伤害是否为学校责任,而要从学校负有教育管理的职责来区分。

3. √ 【解析】中小学信息公开工作要建立信息公开保密审查机制。凡涉及国家秘密、个人隐私或公开可能危及校园安全稳定的信息,中小学不得公开。但是经个人同意公开或学校认为不公开可能会对公共利益造成影响的个人隐私等信息,可以予以公开。

4. × 【解析】根据《中华人民共和国教师法》第三十七条规定,教师有下列情形之一的,由所在学校、其他教育机构或者教育行政部门给予行政处分或者解聘:(1)故意不完成教育教学任务给教育教学工作造成损失的;(2)体罚学生,经教育不改的;(3)品行不良、侮辱学生,影响恶劣的。根据题干描述可知,题干中的教师并没有出现能被解聘的情形,因此学校解聘教师的行为违反了《中华人民共和国教师法》。

5. × 【解析】根据《学生伤害事故处理办法》第十三条规定可知,在学生自行上学、放学、返校、离校途中发生的造成学生人身损害后果的事故,学校行为并无不当的,不承担事故责任;事故责任应当按有关法律法规或者其他有关规定认定。

6. √ 【解析】根据《中华人民共和国未成年人保护法》第十七条规定可知,未成年人的父母或者其他监护人不得虐待、遗弃、非法送养未成年人或者对未成年人实施家庭暴力。根据第一百零八条规定，未成年人的父母或者其他监护人不依法履行监护职责或者严重侵犯被监护的未成年人合法权益的，人民法院可以根据有关人员或者单位的申请，依法作出人身安全保护令或者撤销监护人资格。题干中小瑞的父亲由于经常暴打小瑞，侵害了小瑞的合法权益，并且在班主任多次与其沟通后，依旧不改。因此，教师可以帮助小瑞向法院申请撤销其父亲的监护人资格。

四、案例分析题(参考答案)

1.(1)根据我国《教师法》第三十七条规定，教师有下列情形之一的，由所在学校、其他教育机构或者教育行政部门给予行政处分或者解聘：①故意不完成教育教学任务给教育教学工作造成损失的；②体罚学生，经教育不改的；③品行不良、侮辱学生，影响恶劣的。案例中的女教师没有出现上述三种情形，而学校以各种"非正当"理由将其解聘的行为，是不正确的，侵犯了该教师的合法权益。

(2)根据我国《教师法》第三十九条规定，教师对学校或者其他教育机构侵犯其合法权益的，或者对学校或者其他教育机构做出的处理不服的，可以向教育行政部门提出申诉，教育行政部门应当在接到申诉的三十日内，作出处理。案例中女教师在自己的合法权益受到侵害时，向教育局提出申诉，经区教育局有关部门与学校多次协调后，学校留下了这名教师。这说明了教育申诉提供了救济，可以更切实地保障教育行政相对人的合法权益。

(3)根据我国《教师法》第三十六条规定，对依法提出申诉、控告、检举的教师进行打击报复的，由其所在单位或者上级机关责令改正；情节严重的，可以根据具体情况给予行政处分。国家工作人员对教师打击报复构成犯罪的，依照刑法有关规定追究刑事责任。工作虽然被安排了，但这名教师觉得已经得罪了学校领导，最后还是离开了这所学校。这说明该教师的法律意识还不够，不能很好地运用法律手段保护自己。

2.(1)学校的做法错误。根据《中华人民共和国未成年人保护法》第三十五条规定，学校、幼儿园安排未成年人参加文化娱乐、社会实践等集体活动，应当保护未成年人的身心健康，防止发生人身伤害事故。本案例中，城关小学及其教师明知刘腾辉是未成年人，但却安排并默许其从事用水桶抬开水这一危险行为，城关小学主观上有过错，客观上存在疏于管理、同意未成年人从事不利于身体健康成长的活动的行为，造成了刘腾辉绊倒被开水烫伤。

(2)首先，安全防范从小事做起，规范学校管理，杜绝散漫管理带来的安全隐患，另外，规范教师行为，对违反法律规定的教师行为坚决予以制止和批评。其次，加强学校的安全教育，提高教师的安全防护意识和法律知识。再次，做好学生的自护教育。最后，做好学校的安全保障方面的硬件设施的维护，准备好学校应急事故处理程序。

真题必刷

答案速查

1～5	ADBBD	6～9	BBCC	1～4	ABC AC ABD ABCD
5～7	BC AB ABC			1～7	√××√√√√

一、单项选择题

1. A 【解析】《义务教育课程方案(2022年版)》在"主要变化"中提出：落实党中央、国务院"双减"政策要求，在保持义务教育阶段九年9522总课时数不变的基础上，调整优化课程设置。科学、综合实践活动起始年级提前至一年级。故本题选A项。

2. D 【解析】《关于进一步减轻义务教育阶段学生作业负担和校外培训负担的意见》提出，学校不得随意增减课时、提高难度、加快进度；降低考试压力，改进考试方法，不得有提前结课备考、违规统考、考题超标、考试排名等行为；考试成绩呈现实行等级制，坚决克服唯分数的倾向。

3. B 【解析】受教育机会平等一般包括起点上的平等、过程上的平等和终点上的平等这三个基本环节。《中华人民共和国义务教育法》第四条的规定体现了受教育机会平等的原则。

4. B 【解析】《中华人民共和国未成年人保护法》第六条规定，保护未成年人，是国家机关、武装力量、政党、人民团体、企业事业单位、社会组织、城乡基层群众性自治组织、未成年人的监护人以及其他成年人的共同责任。第十一条规定，任何组织或者个人发现不利于未成年人身心健康或者侵犯未成年人合法权益的情形，都有权劝阻、制止或者向公安、民政、教育等有关部门提出检举、控告。对在校学习的未成年学生，学校虽然没有监护职责，但有教育、管理和保护的义务。题干中王老师认为家庭暴力是小蒋的家事，学校不好管，该做法是错误的，学校应依法履行保护义务并采取有关措施。

5 .D 【解析】《关于全面加强新时代大中小学劳动教育的意见》中提出，中小学劳动教育课每周不少于1课时，学校要对学生每天课外校外劳动时间作出规定。

6. B 【解析】根据《中华人民共和国教育法》第三十一条规定，学校及其他教育机构的校长或者主要行政负责人必须由具有中华人民共和国国籍、在中国境内定居、并具备国家规定任职条件的公民担任。由此可判断A、C、D三项是必须具备的条件，B项并没有体现。

7. B 【解析】根据《中华人民共和国义务教育法》第五十七条规定，学校有下列情形之一的，由县级人民政府教育行政部门责令限期改正；情节严重的，对直接负责的主管人员和其他直接责任人员依法给予处分：(1)拒绝接收具有接受普通教育能力的残疾适龄儿童、少年随班就读的；(2)分设重点班和非重点班的；(3)违反本法规定开除学生的；(4)选用未经审定的教科书的。因此B项没有违反相关规定，而C、D两项违反了《中华人民共和国义务教育法》。根据《中华人民共和国义务教育法》第二十五条规定，学校不得违反国家规定收取费用，不得以向学生推销或者变相推销商品、服务等方式谋取利益。故A项也违反了《中华人民共和国义务教育法》。故选B项。

8. C 【解析】根据《学生伤害事故处理办法》第九条规定可知，学校的校舍、场地、其他公共设施，以及学校提供给学生使用的学具、教育教学和生活设施、设备不符合国家规定的标准，或者有明显不安全因素的，造成的学生伤害事故，学校应当依法承担相应的责任。因此，答案选C项。

9. C 【解析】根据《中华人民共和国教师法》第三十五条规定，侮辱、殴打教师的，根据不同情况，分别给予行政处分或者行政处罚；造成损害的，责令赔偿损失；情节严重，构成犯罪的，依法追究刑事责任。刑事责任是一种惩罚最为严厉的法律责任。

二、多项选择题

1. ABC 【解析】根据《学生伤害事故处理办法》第三条规定，学生伤害事故应当遵循依法、客观公正、合理适当的原则，及时、妥善地处理。故选A、B、C三项。

2. AC 【解析】根据《中华人民共和国义务教育法》第四十二条规定，国家将义务教育全面纳入财政保障范围，义务教育经费由国务院和地方各级人民政府依照本法予以保障。

3. ABD 【解析】根据《中华人民共和国未成年人保护法》第三十三条规定，学校应当与未成年学生的父母或者其他监护人互相配合，合理安排未成年学生的学习时间，保障其休息、娱乐和体育锻炼的时间。

4. ABCD 【解析】《中华人民共和国未成年人保护法》第三条规定，国家保障未成年人的生存权、发展权、受保护权、参与权等权利。未成年人依法平等地享有各项权利，不因本人及其父母或者其他监护人的民族、种族、性别、户籍、职业、宗教信仰、教育程度、家庭状况、身心健康状况等受到歧视。

5. BC 【解析】《关于进一步减轻义务教育阶段学生作业负担和校外培训负担的意见》指出，学校要完善作业管理办法，加强学科组、年级组作业统筹，合理调控作业结构，确保难度不超国家课标。

6. AB 【解析】根据《全面加强和改进新时代学生心理健康工作专项行动计划(2023—2025年)》的规定,加强心理健康教育的措施包括:(1)开设心理健康相关课程;(2)发挥课堂教学作用;(3)全方位开展心理健康教育。故本题答案选A、B两项。C项属于规范心理健康监测的措施,D项属于建强心理人才队伍的措施,故C、D两项排除。

7. ABC 【解析】《中华人民共和国未成年人保护法》第五十八条规定,学校、幼儿园周边不得设置营业性娱乐场所、酒吧、互联网上网服务营业场所等不适宜未成年人活动的场所。营业性歌舞娱乐场所、酒吧、互联网上网服务营业场所等不适宜未成年人活动场所的经营者,不得允许未成年人进入;游艺娱乐场所设置的电子游戏设备,除国家法定节假日外,不得向未成年人提供。经营者应当在显著位置设置未成年人禁入、限入标志;对难以判明是否是未成年人的,应当要求其出示身份证件。

三、判断题

1. √ 【解析】根据《中华人民共和国教育法》第九条规定,中华人民共和国公民有受教育的权利和义务。公民不分民族、种族、性别、职业、财产状况、宗教信仰等,依法享有平等的受教育机会。

2. × 【解析】根据《中华人民共和国义务教育法》第十一条可知,适龄儿童、少年因身体状况需要延缓入学或者休学的,其父母或者其他法定监护人应当提出申请,由当地乡镇人民政府或者县级人民政府教育行政部门批准。

3. × 【解析】根据《学生伤害事故处理办法》第十四条规定,因学校教师或者其他工作人员与其职务无关的个人行为,或者因学生、教师及其他个人故意实施的违法犯罪行为,造成学生人身损害的,由致害人依法承担相应的责任。因此,学校不承担责任。

4. √ 【解析】根据《中小学教育惩戒规则(试行)》第五条规定,教师可以组织学生、家长以民主讨论形式共同制定班规或者班级公约,报学校备案后施行。

5. √ 【解析】《中华人民共和国未成年人保护法》第十一条规定,有关部门接到涉及未成年人的检举、控告或者报告,应当依法及时受理、处置,并以适当方式将处理结果告知相关单位和人员。

6. √ 【解析】《中华人民共和国未成年人保护法》第三十九条规定,学校对学生欺凌行为应当立即制止,通知实施欺凌和被欺凌未成年学生的父母或者其他监护人参与欺凌行为的认定和处理;对相关未成年学生及时给予心理辅导、教育和引导;对相关未成年学生的父母或者其他监护人给予必要的家庭教育指导。

7. √ 【解析】《学生伤害事故处理办法》第九条规定,对未成年学生擅自离校等与学生人身安全直接相关的信息,学校发现或者知道,但未及时告知未成年学生的监护人,导致未成年学生因脱离监护人的保护而发生伤害的,学校应当依法承担相应的责任。故未成年学生擅自离校,教师和学校要及时告知未成年学生的监护人。

四、综合分析题(参考答案)

教师李某的做法违反了《中华人民共和国未成年人保护法》的相关规定,应当承担相应的法律责任。

根据《中华人民共和国未成年人保护法》第二十七条规定,学校、幼儿园的教职员工应当尊重未成年人人格尊严,不得对未成年人实施体罚、变相体罚或者其他侮辱人格尊严的行为。案例中的李某用针刺儿童的行为,属于体罚,违反了上述规定。

根据第一百一十九条规定,学校、幼儿园、婴幼儿照护服务等机构及其教职员工违反本法第二十七条、第二十八条、第三十九条规定的,由公安、教育、卫生健康、市场监督管理等部门按照职责分工责令改正;拒不改正或者情节严重的,对直接负责的主管人员和其他直接责任人员依法给予处分。因此,教师李某应当被责令改正体罚行为,若拒不改正或者情节严重的,应当受到处分。

第七部分　教材教法

基础必刷

7基础必刷答案详解

专题1 教学技能与教学设计技能

答案速查

1～6	DCCDBC	1～5	ACD ABD ABC ABD ABCD	1～5	×√×√×

四、简答题(参考答案)

简述教案设计的要求。

(1)端正态度,高度重视;(2)切合实际,坚持“五性”(科学性、主体性、教育性、经济性和实用性);(3)优选教法,精设课型;(4)重视“正本”,关注“附件”;(5)认真备课,纠正“背课”;(6)内容全面,及时调整。

专题2 课堂教学技能

答案速查

1～5	ABADD	6～10	BBACD	11～15	BACDD	16～22	DABABBB
1～5	ABCD ABCD AD ABC ABCD			6～10	ABCD ACD AD BCD ABCD		
1～5	×√√√√			6～9	××√√		

四、简答题(参考答案)

1. 简述课堂板书的基本要求。

(1)要精选内容,突出重点;(2)要条理清晰,层次分明;(3)要形式灵活,布局合理;(4)文字要精当;(5)书写要规范;(6)时机要恰当。

2. 简述课堂提问的基本要求。

(1)合理地设计问题;(2)面向全体学生提问;(3)目的明确,把握好时机;(4)提问的语言要准确,具有启发性;(5)提问的态度要温和自然;(6)及时进行评价和总结。

专题3 教学语言技能、说课技能与教学反思技能

答案速查

1～5	AAAAD	6～11	CACBDB	1～3	ACD ABCD ABCD
1～7	√××√××√				

提升必刷

答案速查

1～5	CDCDC	6～10	ACACB	11～17	CBBBDCD
1～6	ABC ACD ABC AB ABCD ABD				

一、单项选择题

1. C 【解析】悬念导入是一种以认知冲突的方式设疑，使学生思维进入惊奇、矛盾等状态，构成悬念的导入方法。悬念的设置有助于吸引学生的注意力，使学生思维处于一种激活状态，产生非弄清楚不可的求知心理，从而迅速进入学习知识的最佳状态，在思考、研究中学习新知识。题干中王老师用“他们之间会发生什么样的故事呢”设疑，吸引了学生的注意力，使用的导入方式是悬念导入。

2. D 【解析】悬念结课是指教师通过设置疑问、留下悬念以启发学生思考的结课方法。也就是在上下两节课的内容有密切联系时，教师可以通过一个吸引人的悬念激发学生的求知欲，顺势要求学生带着疑问去预习新课，为下一节课做好铺垫。题干中，该化学老师在结课时说还有更多化学的奥秘，诱发了学生对进一步学习化学的兴趣，这种结课方式属于悬念式结课。

3. C 【解析】分析水平的提问可以用来分析知识的结构、因素，弄清事物间的关系或事项的前因后果，它要求学生进行批判性思维，能分析资料，以确定原因，进行推论。例如，“引起‘代沟’的原因是什么”。在这一水平的提问中，教师经常使用的关键词是：为什么、什么因素、得出结论、证明、分析等。

4. D 【解析】在课堂提问中主要存在的问题：(1)问题太简单；(2)问题太琐碎；(3)问题太深奥；(4)问题太空泛。其中，问题太简单是指有些教师在教学过程中，使人觉得课堂气氛活跃，学生回答问题积极，师生双边活动体现得很好，但实际问的全是诸如：“对不对”“是不是”“美不美”“值不值得学习”等类似选择题的问题，其答案二者必选其一，而且带有明显的暗示色彩，学生们不用读书，不加思考即可回答，这类问题对启迪学生思维意义不大，无助于学生思维的发展。

5. C 【解析】提问导入是在课堂教学的第一个阶段，通过导入语带给学生一定的信息，并提出一个或几个问题，使学生产生疑问进而导入新课。题干中，老师通过“谁和谁争吵”和“为什么争吵”这两个问题，激发学生的好奇心和求知欲，使用的是提问导入。故选C项。

6. A 【解析】板书的时机一般分先讲后书、先书后讲和边讲边书。如果要巧妙引入新课，使学生在不知不觉中获得新知，往往采取先讲后书，总结后再出示课题，收到画龙点睛之效。

7. C 【解析】说课是说课者运用一定的理论，将自己教学系统设计的思路、依据或者教学后的反思，借助口头语言和其他辅助手段，简约地与同行、教学研究人员以及教育部门有关领导进行交流、探讨，以改进说课者的教学设计、提高教学质量、促进教师成长发展的一种教学研究活动和方式。因此学生不属于说课对象。

8. A 【解析】直接导入是指教师上课伊始直接阐明本节课的学习内容、目标和要求的导入方法。这是最简单和最常用的一种导入方法。直接导入一般借用课题、人物、事件、名词、成语等为引入语，然后直接概述新课的主要内容及教学程序，使学生明确本课所要完成的任务，从而把学生的注意力吸引到这节课所要学习的问题上来，准备参与教学活动。题干中的张老师上课伊始直接阐明了学习内容，故运用的是直接导入。

9. C 【解析】根据布卢姆的目标分类学中关于认知目标的层次把课堂提问划分为六种类型:知识(回忆)水平的提问、理解水平的提问、应用水平的提问、分析水平的提问、综合水平的提问、评价水平的提问。应用水平的提问可以用来鼓励和帮助学生应用已学知识去解决问题,它要求学生能把所学的某些规则或理论应用于某些问题,对问题进行分类、选择,以确定正确答案。题干要求根据正方形的边长计算其面积,就是对正方形面积公式的应用,这属于应用水平的提问。

10. B 【解析】教师的教态语言主要有身姿变化(站姿、走姿、手势等)、面部表情(眼神、微笑等)和外表修饰(衣着服饰、发型配饰、化妆等)三类。其中,眼神也称目光,是指在教学中通过视线接触来传递信息。它的方式主要有环视(扫视)、注视(凝视)两种。教师在课堂教学中用目光凝视分心的学生以引起他的注意,属于教师教态语言中的面部表情。

11. C 【解析】故事导入即通过讲故事的方法导入新课,这种导入符合学生的认知心理,能够使他们对即将学习的新课产生浓厚的兴趣。题干中,老师通过唐僧师徒四人西天取经的故事导入新课,体现的是故事导入。

12. B 【解析】拓展延伸结课是指教师要把教学内容做进一步延伸和拓展进行结课的方法。运用拓展延伸结课时,教师要考虑到学生能获得的课程资源,提出的要求一定是学生通过努力能够做到的。题干中,教师介绍了欧·亨利的小说的特点后,又向学生推荐了他的两篇代表作品,鼓励学生抽时间读一读。这体现的是拓展延伸结课。

13. B 【解析】回忆水平的提问可用来确定学生是否已记住先前所学的内容,如定义、公式、定理、具体事实和概念等。它所涉及的心理过程主要是回忆。导入新课、复习课、承启教学环节需要学生回忆以前学过的知识。因此,这些场合经常使用回忆水平的提问。

14. B 【解析】一般来说,板书具有以下作用:(1)突出教学重点与难点;(2)有助于集中学生的注意力,激发学习兴趣;(3)有助于启发思维,突破难点;(4)概括要点,便于记忆;(5)有助于学生梳理文章脉络或教学内容的结构和层次;(6)规范、正确的板书能为学生作出示范。题干中的吴老师进行板书演示的目的是规范学生化学方程式的书写,因此,其进行板书演示的主要作用是为学生提供示范。

15. D 【解析】板书的作用如下:(1)增强语言教学效果,辅助口头语言传递信息。作为口头语言辅助工具的板书,能简明扼要、提纲挈领、条理分明地把教学内容表现出来,使视听两种感官相结合。(2)揭示知识的结构体系和内在联系。(3)突出教学重点、难点和关键点,帮助理解和记忆。(4)激发兴趣,启发思维。(5)对学生进行潜移默化的思想教育。

16. C 【解析】流程式板书,也叫线索式板书,是指将教材提供的时间、地点、人物、情节等以流程图的形式展现出来。这种板书遵循事物发生、发展的顺序,能使学生了解事物发生发展的前因后果,对内容有较全面的理解。故本题答案选C项。A项,问题式板书主要是由具有启发性的问题组成,给学生留有思考的空间。B项,提纲式板书是指按教学内容,用课文中的重点词语,编排出书写的提纲。D项,表格式板书是指教师把在讲解过程中提炼出的关键词以表格的形式绘制在黑板上的板书形式。

17. D 【解析】根据提问技能的具体适应范围,可将其分为两大类和六小类,具体分类如下:(1)低级认知提问:回忆提问、理解提问、运用提问;(2)高级认知提问:分析提问、综合提问、评价提问。其中,运用提问是指教师建立一个简单的问题情境,让学生运用新获得的知识和回忆过去所学过的知识来解决新的问题。运用提问的目的,主要是促进学生把解决此问题的知识、方式或思路用于解决彼问题,并使学生触类旁通,举一反三,发展学生的智力,培养学生运用知识的能力,促进知识间的迁移。因此,D项符合题意。

二、多项选择题

1. ABC 【解析】体现教师仪表风度的方法有三种,包括:(1)努力塑造优雅的风度;(2)注重高雅的谈吐和文明举止;(3)注重自己的仪表端庄。

2. ACD 【解析】课堂提问要做到:(1)合理地设计问题。问题的设计要力求精练扼要,紧扣教材,突出重、难点和关键点。(2)面向全体学生提问。(3)目的明确,把握好时机。教师提问要做到适时适度,灵活多样。在课堂上,提问要尽量多用几种方式。(4)提问的语言要准确,具有启发性。(5)提问的态度要温和自然。(6)及时进行评价和总结。教师的课堂提问可以做出批评,但应保证一个底线,即不能够伤害到学生的自尊心。因此,B项错误。

3. ABC 【解析】运用审题导入新课,关键在于教师应围绕标题或课题,精心设计一系列的问题,通过反问、设问等方式,激发学生思考,以起到导课的作用。实例导入是指教师从学生实际生活中选择与教学内容有密切联系的实例开讲,从而使学生进入学习情境,引出教学内容的一种导入方法。活动导入是通过组织学生讨论、操作、游戏等活动,进而调动学生学习积极性的一类教学导入形式。A项属于审题导入,B项属于实例导入,C项属于活动导入。D项属于课堂纪律管理,与题干无关。故选ABC三项。

4. AB 【解析】本节课的主要目的是导入课文《孔乙己》,但老师在导入时,主要介绍了作者的情况,没有介绍课文的情况,没有将学生的思维集中到教学内容上来,模糊了导入的目的性,也没有把教学目标与所设计的导入结合起来考虑,忽视了导入的有效性。

5. ABCD 【解析】结束技能是教师结束教学任务的方式,通过归纳总结、实践活动、转化升华等教学活动,对所学的知识和技能进行及时的系统化、巩固和运用,使新知识有效地纳入学生原有的认知结构中。小结要紧扣教学内容的目的、重点和知识结构,做到简明、精要,有利于学生回忆、检索和运用;要安排适当的实践活动,如练习、口答和实验等。A项属于归纳结课,BC两项属于拓展延伸结课,D项运用的是结课方法中的练习法,有利于学生巩固所学知识,符合结束技能要求。

6. ABD 【解析】提问过程的介入阶段即在学生回答问题有困难、不能作答或回答不完全时,教师应适时介入,以不同的方式鼓励、引导、启发、帮助学生回答问题。教师的行为主要考虑以下五个方面:(1)核查:核对查问学生是否明白问题的意思;(2)催促:鼓励学生尽快作出回答或完成教学指示;(3)提示:提示问题的要点、关键或答案的结构,帮助学生做出完整的回答;(4)重复:在学生没听清题意时,原样重复所提问题;(5)重述:在学生对题意不理解时,教师用不同词句重述问题或重新表述一次问题。C项错误。

三、案例分析题(参考答案)

(1)材料中的老师主要运用了温故导入的方法。

(2)①有效的课堂导入能够牢牢吸引学生的注意力,使学生迅速进入课堂角色;②有效的课堂导入可以强烈地激发学生的学习兴趣和求知欲,使学生迅速做好学习新知识的心理准备,并产生学习期待;③有效的课堂导入能够使学生明确学习目标,建立新旧知识之间的联系,营造和谐的课堂氛围等。材料中的老师在使用温故导入时,吸引了学生的注意力,启发了学生的思维,能够使学生迅速进入课堂角色,也有利于建立新旧知识之间的联系。

真题必刷

答案速查

1～5	DBBDB	6～13	CABAAAAD	1～5	BCD ABCD ABCD ABC ABCD
6～9	AC ABD ACD AC			1～4	√√√×

一、单项选择题

1. D 【解析】A项，直问指教师在教学中直截了当地提出问题，学生可直接作答，不必拐弯抹角——"问在此而意在此"。B项，复问即并行提问，在同一时间内同时提问几个学生，优点是可以让更多的学生经受锻炼，但不易掌握。C项，顺问又叫正问，即正面提问，教师根据教学内容从正面提出问题，学生在解答问题的过程中获得知识、发展智能。例如，物理教师想让学生掌握"加速运动"这个概念，就可正面问：什么是加速运动？加速运动的定义有哪几个要点？D项，曲问即"问在此而意在彼"。教师的本意是解决甲问题，却不直接问，而是提出乙问题，乙问题的解决以甲问题的解决为前提，学生只要回答了乙问题，甲问题也就"不答而解"了。题干中，教师的本意是考查学生对"年且九十"中"且"的含义的理解，却没有直接提问，而是通过提问"愚公年龄多大了"来间接考查，这种提问属于曲问。

2. B 【解析】教师的教学技能包括教学设计、课堂教学、作业批改和课后辅导、教学评价、教学研究等方面。其中，教学设计技能要求教师充分地学习课程标准、钻研教材、开发课程资源、了解学生，弄懂弄通教师为什么教、教什么、怎么教，学生怎么学，并在此基础上创造性地进行教学设计。能够掌握撰写教案的基本程序和方法；能够掌握教材的知识结构和体系，正确把握教材的内容和重点、难点；能够根据课程标准和学生的接受能力对教材进行恰当的处理；能够根据教学内容和教学对象制定恰当的教学策略，优化教学方法；能够编制电子教案，并在课上演示。所以，题干所述属于教学设计技能。

3. B 【解析】导入新课的方式有：(1)开门见山，揭示新课。即针对教材特点，直接揭示学习目标。(2)巧设悬念，引人入胜。教师要善于创设问题，以奇特的形式设置悬念，使学生的大脑产生兴奋，迫切想知道其中的奥秘。(3)直观演示，提供形象。教师通过展示挂图、实物、标本、模型等，可以化抽象为具体，不但为学生提供生动形象的感性材料，而且也为他们积累丰富的感性经验。(4)利用游戏，创设情境。教师可以巧妙地利用猜谜、游戏、表演、朗诵等多种形式来创设情境，以此来进行课堂导入。"不愤不启，不悱不发"是孔子提出的启发性教学原则，意为：教导学生，不到他冥思苦想仍不得其解的时候，不去开导他；不到他想说却说不出来的时候，不去启发他。这句话表明教师在导入新课时要设置悬念，调动学生的主动性和积极性，引导他们通过独立思考、积极探索得出结论。故选B项。

4. D 【解析】趣味性结课是指在教学结课之时，教师采用讲故事、做游戏、放录像等方式，营造轻松愉悦的气氛，解除学生的疲劳，增强学生学习的兴趣，加深对知识内容的理解和记忆的结课方式。题干中的结课方式即为趣味性结课，该结课方式可以调动学生的学习积极性，帮助学生更好地巩固和理解知识。故选D项。

5. B 【解析】直观导入指教师借助实物、标本、挂图等直观教具，以及投影、录像等媒体或示范性实验导入新课的方法。题干中教师在讲解内容之前，给学生出示了圆柱和圆锥的模型及侧面展开图，这有利于学生获得有关圆柱和圆锥的感性知识，进而调动学生的学习积极性，这属于对直观导入的运用。

6. C 【解析】悬念导入是一种以认知冲突的方式设疑，使学生思维进入惊奇、矛盾等状态，构成悬念的导入方法。悬念的设置有助于吸引学生的注意力，使学生思维处于一种激活状态，产生非弄清楚不可的求知心理，从而迅速进入学习知识的最佳状态，在思考、研究中学习新知识。题干中的语文老师提出的问题，有助于吸引学生的注意力，使学生产生求知心理，从而迅速进入学习状态。故选C项。

7. A 【解析】分析水平的提问(分析型问题)可以用来分析知识的结构、因素，弄清事物间的关系或事项的前因后果，它要求学生进行批判性思维，能分析资料，以确定原因，进行推论。在这一水平的提问中，教师经常使用的关键词是：为什么、什么因素、得出结论、证明、分析等。由题干“为什么……”可知，此提问属于分析型提问，故选A项。

8. B 【解析】动作强化是指教师用体态语言对学生的表现进行的强化，包括头势、手势、目光和姿态等，头势如点头或摇头，手势如鼓掌、伸大拇指。题干为动作强化的内涵，故选B项。

9. A 【解析】问题导入指通过提出富有启发性的问题，引起学生回忆、联想、思考，从而激发学生产生学习和探究欲望，进而导入新的教学内容的方法。问题导入能够激发学生思维，活跃课堂气氛，使学生带着问题学习，从而促使学生对知识的理解更加深刻。

10. A 【解析】教学技能是教师在已有知识经验基础上，通过实践练习和反思体悟而形成的一系列教学行为和心智活动方式。这一定义至少包括以下三层含义：(1)教学技能是一系列教学行为和心智活动方式的整体体现；(2)教学技能的形成是内外兼修的结果；(3)教学技能是在教师已有知识经验的基础上形成和发展起来的。教学技能的形成不仅是教师长期练习和训练的结果，而且是教师在经验基础上体悟反思的结果。所以并不是教师的教学时间越长，教学技能就越丰富。故选A项。

11. A 【解析】研讨性说课是指以教研组或年级组为单位，以集体备课为主要形式对说课本身进行探索性研讨的说课。这种类型的说课，一般是为突破教学难点，探讨教学热点问题，寻找解决问题的方法而进行的说课。

12. A 【解析】教学反馈是指教师在课堂教学中，有意识地收集和分析教与学的状况，并做出相应反应的教学行为。题干中丁老师的做法符合教学反馈的内涵，故答案选A项。

13. D 【解析】教学过程是课时计划的主要组成部分，应写得详细具体。它包括一节课教学内容的安排、教学方法的具体运用和各部分时间的分配等。

二、多项选择题

1. BCD 【解析】在教学设计过程的模式中，学习目标、学习内容、学生特征、教学策略和教学评价构成教学设计的五大基本要素。故B项说法正确。教学设计是运用系统方法分析教学问题和确定教学目标，建立解决教学问题的策略方案、试行解决方案、评价试行结果和对方案进行修改的过程。故D项说法正确，A项说法错误。由于教学设计是先于实际教学活动的，具有预测性或预演性，所以，教学设计方案不是僵化、固定不变的，它应当为教师实际实施设计方案留有一定的弹性和灵活性。因此，教学设计具有灵活性的特点。故C项说法正确。

2. ABCD 【解析】在教学过程中，科学、正确地利用板书能起到如下作用：(1)有助于教师阐述和讲解教学内容，使学生容易接受；(2)能将所学的内容，尤其是较复杂的教材内容分成层次与段落，主次分明，便于学生理解和掌握；(3)可以扩大、巩固学生的感知量；(4)是课堂教学内容的逻辑主线，是学生记学习笔记的主要依据；(5)可以突出课堂教学重点，有利于学生理解和掌握知识；(6)有利于启发学生思维，培养学生能力；(7)有利于发挥教师的主导作用，调动学生学习积极性；(8)便于学生课后复习。另外，板书还有助于集中学生的注意力，启发思维，激发学习兴趣。故本题全选。

3. ABCD 【解析】结课的基本要求是：(1)结课要有针对性；(2)结课要有全面性和深刻性；(3)结课要简洁明快；(4)结课要有趣味性。

4. ABC 【解析】课堂导入技能要素具体包括问题情境、知识衔接和目标指引。故选ABC三项。

5. ABCD 【解析】教案的编写不仅要切合学生实际，还要坚持“五性”，即科学性、主体性、教育性、经济性和实用性。

6. AC 【解析】板书设计要针对教学内容和学生特点，因文因人制宜，不能千篇一律。根据不同的目的，板书设计也要不同。A项正确。板书设计要注意书写规范和内容规范。所谓内容规范，就是要浓缩整节课的内容为一体，板书的词句要简明精练，内容表达要明确、清晰、简明。不能不写或少写板书，也不能板书过多过滥，B、D项表述错误。板书还要注重时效性，板书的时机一般分先讲后书、先书后讲和边讲边书，对难度较大的概念、公式等一般适宜先书后讲。C项正确。

7. ABD 【解析】课堂导入的好坏对教学成败起着至关重要的作用：(1)有效的课堂导入能够牢牢吸引学生的注意力，使学生迅速进入课堂角色；(2)可以强烈地激发学生的学习兴趣和求知欲，使学生迅速做好学习新知识的心理准备，并产生学习期待；(3)能够使学生明确学习目标，建立新旧知识之间的联系，营造和谐的课堂氛围等。

8. ACD 【解析】教学技能的特点包括：(1)示范性；(2)复杂性；(3)发展性；(4)操作性；(5)整体性。故ACD三项正确。

9. AC 【解析】理解水平的提问(理解型提问)可用来检查学生对事物本质和内部联系的把握程度，帮助学生组织所学的知识，弄清它们的含义。它要求学生能用自己的话来叙述所学的知识，能比较和对照知识或事件的异同，能把一些知识从一种形式转变为另一种形式。例如，“用你自己的话叙述‘勾股定理’”“请把这段古文译成现代文”等。要使学生能够回答这一水平的提问，就必须事先把提问所涉及的必需知识提供给学生。在理解水平的提问中，教师经常使用的关键词是：用你自己的话叙述、比较、对照、解释等。A、C项均要求学生用自己的话做出解释，属于理解型提问。B项属于知识型提问，D项属于评价型提问。

三、判断题

1. √ 【解析】根据教学板书的时间和作用分类，板书可以分为课前预习用板书、课中讨论用板书和课后总结用板书。其中，课后总结用板书的作用在于：帮助学生理清课堂教学思路、复习巩固所学知识、形成系统完整的知识结构；养成学生良好的学习习惯和正确的学习方法，进而提高学生的学习能力；为下一次课的学习奠定必要的基础。

2. √ 【解析】基本板书也叫作系统板书、主板书。其特点是能体现教学目的与教学内容内在联系的重点、难点和关键点，能够表现教学中心内容的基本事实、基本思想。它构成了整个课堂板书的骨架，一般保留于课堂教学的全过程。

3. √ 【解析】一般说来，教学反思就是教师以研究者的心态或视角，审视自己教学实践的过程。它包括两个方面：教师对教学中的缺点和错误进行反省与批判；对教学中的优点和长处的肯定和坚持。故题干中的说法正确。

4. × 【解析】从整体上看，教学口语的语速对教学效果有着直接的影响，如果教师讲授的语速太快，学生应接不暇，既不能充分理解，也记不住教师所表述的内容。如果教师讲授的语速太慢，将会导致课堂气氛沉闷，难以完成教学任务。所以教学口语的语速应根据教学内容、学生情绪等实际情况而变化，做到快慢结合，同时以中速为主。故题干说法不正确。

四、案例分析（参考答案）

（1）案例中的教师借助“用绳圈菜地”这个故事，引发学生的思考，激发了学生的求知欲，这采用的是悬念导入。悬念导入是一种以认知冲突的方式设疑，使学生思维进入惊奇、矛盾等状态，构成悬念的导入方法。

（2）悬念导入的优点：可以最大限度地激发学生的求知欲，点燃他们的智慧火花，让他们以饱满的热情、最佳的学习状态，进入到课堂的探究活动中。学生必然急切地想了解新课的内容，注意力就会被吸引住，课堂气氛也就被调动起来。

（3）设计悬念导入的要求：①故布疑阵，激发兴趣。有经验的教师常善于提出一些令人费解的问题或制造一些使人迷惑的现象导入新课，继而剥茧抽丝、释疑去难。教育是一种艺术，有时直截了当往往收效甚微，倒不如欲擒故纵、欲正先反，迂回前进，反而能奏奇效。②巧设悬念，引人好奇。悬念一般出乎人们预料，或违背常识，或超越常理。通过悬念的设置，往往能造成学生心理上的焦虑、渴望和兴奋，只想打破砂锅问到底，尽快知道究竟，而这种心态正是教学所需要的“愤”“悱”状态。但须注意，悬念的设置要从学生的“最近发展区”出发，恰当适度。不悬，难以引发学生的兴趣，太悬，学生百思不得其解，都会降低学习的积极性。只有不思不解、思而可解方能使学生兴趣高涨，自始至终扣人心弦，收到引人入胜的效果。

（考生可结合实际教学加以阐述，言之有理即可）

第八部分　教育写作与教育活动设计

基础必刷

专题1 教育写作

1.　　传承教育使命　争做时代强师

自古以来，教师职业在社会各类角色中都占据了很重要的地位，但每个时代对于高质量教师的评判标准有所不同。韩愈说"师者，所以传道受业解惑也"；陶行知则说教师应"捧着一颗心来，不带半根草去"。而我认为新时代的高质量教师，不仅要有师德、师爱，还应做到有理想、敢拼搏、懂协作。

理想是成为高质量教师的指路明灯。张莎莎出生于一个普通的农村家庭，在高考后她决定报考国家公费师范生。这不仅可以帮助她更好地完成学业，同时也能实现她成为一名人民教师的人生理想。任教后，她坚守教育初心，爱岗敬业，在2021年获评了"全国最美教师"的称号。世界上最快乐的事，莫过于为理想而奋斗。作为教师，我们也应该树立明确的理想，指引我们前进的方向，在教育这片希望的田野上，努力耕耘，播种收获。

拼搏是成为高质量教师的必备品质。开设公开课近2000节、培养三代特级教师、著述数百万字的"人民教育家"于漪，从教以来，从未离开讲台。如今已90岁高龄的她，依然以奋斗的姿态站在教育改革和教师培养的最前沿，践行着"让生命与使命同行"的铮铮誓言。作为新时代人民教师，我们要以于漪为榜样，像前辈一样，在教育教学过程中迎难而上，不断丰富自身技能，努力为教育事业贡献自己的力量。

协作是成为高质量教师的重要保障。维勒和李比希都是19世纪德国杰出的化学家。他们两人的性格迥异，李比希像一团烈火，维勒则像一盆冷水。但二人密切配合，共同对无机化学、有机化学做出了贡献。由于两人的真诚合作，因此，才创造出科学研究上的辉煌。一滴水不能飘起纸片，但大海却能让轮船和军舰航行。我们作为教师，也要积极和其他教育者密切配合，协力合作，共同培育出优秀的新时代接班人。

新时代一日千里，新征程时不我待。在新时代的背景下，每一位老师都应该以理想作明灯，以拼搏作品质，以协作为保障，跟上时代发展的步伐，为新时代教育事业的发展贡献自己的微薄之力！

2.　　教育的艺术

自古，教育是一个永恒的话题，如何开展教育是一门艺术，也是每一位教育者在内心深处问了无数次的问题。教育学家对此也有不同的观点：有人提倡赏识教育，认为老师要成为一名伯乐，善于发现学生身上的优点和长处，并加以鼓励；有人认为教育应该严格，正所谓"玉不琢不成器""棍棒底下出孝子"。我希望教育是赏与严的结合，"赏"促使学生充满自信，"严"促使学生成就自我。

赞扬就像照进人心灵的阳光，促进学生的成长。疫情管控期间，志愿者小胡连续工作近14个小时，正准备做完消毒，吃口热乎饭时，急促的手机铃声再次响起——一户居家隔离人员的蔬菜被放到了别的单元楼，需要小胡重新配送。当小胡拖着疲惫的身躯，一步一步爬到五楼，将菜品送到居家隔离人员家门口时，一句"谢谢，辛苦你了。你的敲门声是我今天听到最美的声音"顿时让小胡感觉自己浑身又充满了力量。一句赞美、鼓励的话，让小胡的疲惫一扫而光。在教育中也是一样，如果一个孩子生活在鼓励之中，他将学会自信；如果一个孩子生活在认可之中，他将学会自爱。每个学生都有优点，关键在于老师能否发现；每个学生都希望得到老师的肯定，关键在于老师能否恰到好处地予以赞赏。

"严"犹如灯塔，指引了学生前进的方向。著名的钢琴家郎朗被称为继霍洛维茨和鲁宾斯坦之后世界钢琴界的又一位领军人物。如此光环下的郎朗，其亲身经历却不禁让人想到一句话：欲戴王冠，必承其重。在郎朗学琴的生涯里面，父亲郎国任一直都是以第一名来要求郎朗的，在这种近乎严苛的要求下，郎朗在不计其数的比赛中仅有一次获得第7名。在此次比赛之后，郎朗的父亲要求郎朗永远记住这段经历，并强调：知耻而后勇，知弱而图强。也正是因为这一次的失败教训让郎朗在以后的日子里加倍努力。郎朗的成功和父亲严格的教育方式是分不开的，如果童年的郎朗在一种轻松、愉快的氛围中长大，曾经的世界可能会多一名开心的孩子，而今天的世界则会少一名优秀的钢琴家。严格是给学生提出努力的方向，指明前进的道路，这样才能成就全面发展的自我。

学生是树，老师的赞美似阳光，是学生成长不可或缺的养料；老师的严格似剪刀，是学生成才的利器。如果成长中仅仅供给养料，树木将会出现各种枝枝杈杈，而难以成为有用之"材"；如果成长中不停地修剪，而不供给养料，树木将不可能长成参天大树。教育中要将"赏"和"严"相结合，"赏"给学生提供动力，"严"给学生指明方向。

3. 反思"内卷" 回归教育本质

近年来，教育领域出现了严重的"内卷"现象，在该现象之下，学生承受了沉重的学业负担，甚至家长也参与了教育竞争。作为一名即将步入教师岗位的人，我深切感受到教育"内卷"对学生成长的严重影响，它已违背了教育的本质。因此，我们应该呼吁社会各界共同反思和抵制教育"内卷"的负面风气，让教育回归本质，关注学生身心健康和全面发展。

教育"内卷"忽视了学生的个体差异，压制了孩子个性的发展。每个孩子都有独特的潜能和兴趣，只有因材施教才能促进他们的健康成长。但"内卷"倾向促使人们对孩子进行高强度的统一培养，忽视了他们的个性。家长们纷纷生搬硬套地运用各种方法训练孩子，而这不仅无法发掘孩子的长处和兴趣，还会扼杀他们的个性，导致他们失去学习动力，甚至产生精神抑郁。作为教师，我们应该将因材施教的思想贯彻到底，充分考虑每个学生的特点，帮助他们发掘兴趣和潜能，而不是机械化、模式化地统一训练。

教育"内卷"过度强调应试教学，无法提高真正的能力。教育的"内卷"使人们更倾向于应试训练，追求分数而忽视了真正能力的增长。但分数并不能全面反映一个孩子的能力。我们的教育需要培养孩子的批判思维、团队合作、问题解决等核心素养，而不应仅仅是为了应试机械地记忆知识点。教育的目标是提高综合能力，不是分数的机械竞争。

教育"内卷"加重了学业负担，影响了学生身心健康。过多的课业和考试导致孩子长期处于高压状态，缺乏运动时间，并出现睡眠不足、视力下降等问题。这无形中扭曲了教育，使其背离本来应关心学生成长的本质。教育不能以追求成绩为目标，而应注重学生的身心健康，要减轻学生的学业负担，让他们能在快乐中学习和成长。

拒绝教育"内卷"需要每个家庭和学校的共同参与。家长要理解每个孩子的独特需求，不要以分数排名作为教育标准。学校要优化教学内容和方法，关注学生兴趣和综合能力的培养。整个社会要形成支持学生全面发展的环境。

教育"内卷"违背了教育的本质，我们必须坚决反思并抵制这种风气。要让教育回归本质，关注每一个孩子的成长，使他们在阳光环境下快乐学习、健康成长。让我们共同努力，给每一个孩子一个快乐的童年。

4. 论 师

蔡元培先生曾经说过："教育者，养成人性之事业也。"一位好老师，胜过万卷书。每一位优秀的老师都是用自己的生命之光，照亮学生的人生旅途。在学生的成长过程中，老师的影响是至关重要的，有时甚至会超越父母的影响。因此，当好学生成长的引路人，要求老师做到以下几点。

第一，当好学生成长的引路人，要求老师尊重学生。鲁迅先生一次于家中宴客，儿子海婴同席。在吃鱼圆时，客人无不赞叹新鲜可口。唯海婴说："鱼圆是酸的！"母亲听了，立马责备孩子胡说乱闹、不守规矩。看到一旁被责备后闷闷不乐的儿子，鲁迅便尝了尝儿子咬过的鱼圆，果然不怎么新鲜，于是颇有感慨地说："孩子说不新鲜，我们不加以查看就抹杀，这是不对的。孩子说的话我们也得尊重啊！”教育的秘诀是尊重。要教育好学生，首先要尊重和理解学生。如果不先行理解，一味指挥，则有碍于学生发展。

第二，当好学生成长的引路人，要求老师关爱学生。陶行知先生说过：“不要你的金，不要你的银，只要你的心。”作为一名老师，要拿出自己的真心对待每一位学生。关爱学生是教师职业道德的灵魂，老师只有拿出一颗真心去关爱、善待学生，才能把学生培养成真、善、美的人。老师赤诚的爱，可以驱散学生的迷茫，哺育学生的自信，点燃学生的青春，扬起学生前进的风帆。

第三，当好学生成长的引路人，要求老师信任学生。苏联教育家苏霍姆林斯基说：“课堂上一切困惑和失败的根子，在绝大多数场合下都在于教师忘却了，上课是儿童和老师共同的劳动，这种劳动的成功，首先是由师生关系决定的。”良好师生关系的建立需要老师和学生相互信任。老师只有信任学生，才能被学生接纳和信任，继而与之建立起相互尊重、彼此理解的关系。

老师的一言一行都应体现出对学生的尊重、关爱和信任，只有做到尊重、关爱和信任学生，才能引导学生亲其师、信其道，从而当好学生成长的引路人。

5. **平视——人生最美的视角**

平视是一种严肃的人生态度，是超越功利的公正，是不带个人色彩的客观，是抛却杂念的单纯。平视源于对自我客观冷静的评价，对他人坦诚相待的尊重。平视是宠辱不惊、淡泊致远的心境，是不畏强权、凛然正气的坦然。

不去妄自菲薄，也不去妄自尊大，平视自我，是对自我的深刻认知，是对生命的深层思考。冷静地平视自我，会除去心灵的尘埃，让生命回归最本真的状态。“富贵不能淫，贫贱不能移，威武不能屈”，道出了平视自我的人生哲学。生活中，阳光与风雨一路随行，无论喜怒还是哀乐，我们都应当冷静地平视。

穷人渴望富人的平视，乡下人渴望城里人的平视。失意时，渴望家人的平视；失败时，渴望对手的平视；落魄时，渴望上帝的平视……其实，一切都源于自己，请站稳脚跟，挺直胸膛，平视自己，平视现实！

不去虚情假意，也不去故作姿态，平视他人，是源自内心的真诚，是兼容并蓄的博大。淡定地平视他人，会彰显你人格的魅力和不俗的修养，让灵魂从芜杂走向超脱圆融。平视超出自己的人，体现不卑不亢的自尊；平视旗鼓相当的对手，体现勤学善思的睿智；平视不如自己的人，体现海纳百川的气度。

懂得平视穷人，才有莫扎特为穷人倾情演奏的余音；懂得平视对手，才有蔺相如对廉颇屈己待人的宽容；懂得平视他人，才有钱学森礼贤下士、善待厨师的佳话；懂得平视他国，才有周总理在外交时的彬彬有礼；懂得平视平民，才有柏杨“不为君王唱赞歌，只为苍生说人话”的从容；懂得平视下属，才有“撼山易，撼岳家军难”的神话……

不懂得平视对手，就有了庞涓对孙膑的耿耿于怀；不懂得平视智者，就有了周瑜对诸葛亮郁结于心的嫉妒；不懂得平视他国，就有了清政府故步自封的千古遗恨；不懂得平视胜利，就有了拿破仑惨遭滑铁卢，在荒岛了却余生的落寞……

因此，学会平视，无论对己，还是对人，都是我们人生的必修课。学会平视，需要的是虚怀若谷的胸襟；学会平视，需要的是平等待人的心态；学会平视，需要的是善于发现美的眼睛；学会平视，需要的是一视同仁的正气；学会平视，需要的是设身处地为他人着想的情怀。

学会平视，保持人格的尊严；学会平视，坚守心灵的纯净。抬起头，挺直腰板，微笑着平视自己，微笑着平视每一个人，你会赢得同样尊重的目光！

6. **尊重与成长**

若想让一株小树苗成长为参天大树，就必须尊重树木的天性、遵循自然生长规律，这样才能收获“无为而有为”的结果。教育也一样，要想让每一名学生都健康成长、顺利成才，就必须顺应学生的天性，遵循学生的身心发展规律。

学生的身心发展具有阶段性和顺序性的特点。每一个学生的成长规律都一样，有先才有后，有简单才有复杂，有懵懂才有成熟，后一阶段的发展总是在前一阶段的基础上发生的，而又萌发着下一阶段的新特征。所以教育者不能以“揠苗助长”式的要求去催促学生成长，如果那样，快速成长只是让学生暂时看起来很好，而本质上却深深破坏了学生的天性，时间一长，百害而无一利。

学生是处于发展过程中的人。发展意味着还不成熟、正在成长，也意味着需要接触各种各样的新鲜事物来感受成功的喜悦或失败的痛苦。因而在教育实践中，人们不能总是对发展中的学生要求十全十美。在众多的教育因素中，没有有用与无用之说，没有必要与没必要之说，也没有绝对的好与坏之说，只有让学生自己去亲身感受，亲自实践，他们觉得有所收获了，就是有用的，就是必要的，就是好的。

学生是独特的人。每个学生都有自身的独特性，他们有自己独特的兴趣爱好，有自己独特的性格气质，有自己独特的智能特长，更有自己独特的情感体验，每一种都是一份财富，期待着自由发展，等待着被发掘。而成人的视角和体验是不同于学生的，他们的感觉代替不了学生的感觉，因此成人不必常常把“这样做好，那样做不好”“这个对你有用，别尽做些无用功”等话语挂在嘴边，因为孩子的路只有孩子自己去走才是对的。

学生是具有独立意义的人。每个学生都具有独立的思想，不会以任何人的意志为转移，所以人们不必随意强加给学生一些观念，这样只会挫伤学生的主动性和积极性，让他们成为“一个模子里刻出来的人”。学生是有一定主体性的，我们要充分尊重，让他们成为实践活动的发起者和行动者。

只有尊重与顺应规则，一个国家才能长久发展，生生不息；只有尊重与顺应规律，一个社会才能秩序井然，和谐运行；只有尊重与顺应天性，一个人才能恣意成长，拥有自我。

专题2 教育活动设计

一、教育方案设计

1. 四年级主题班会教育活动方案设计（小学）

【活动主题】保护环境，从我做起

【设计依据】人类共同生活的地方的环境卫生，要靠大家共同来保持，这是符合每个人的利益和要求的。保持环境卫生教育，对小学生来说很有必要。鉴于生存环境日益恶劣，环保问题迫在眉睫，本班学生环保意识弱，特召开此次主题班会。

【活动目标】

(1)知道环境与我们的生活密切相关。环境保护是全球性的问题，环境保护不能空谈，要从我们做起，从我们身边做起。

(2)激发热爱大自然的感情，初步具有保护自然环境的意识，人人争做环保小卫士。

(3)学会从身边做起，从自身做起。不乱扔废纸，不随地吐痰等。做到保护环境从自身做起，把认识转变为行动。

【活动准备】录音机、多媒体课件

【活动内容与过程】

(1)图片引入

班主任在PPT上呈现两组照片：一组是生态环境遭到破坏的照片，另一组是生态环境优美的照片，通过照片对比，并询问学生喜欢在哪个环境生活。从而引发学生对环境保护的思考，以此为契机，引出此次班会的主题。

(2)直击心灵（播放视频）

班主任呈现大气污染的相关资料、水环境污染问题、垃圾处理问题、塑料包装物和农膜导致的白色污染数据值、土地荒漠化和沙灾问题，土地沙化造成了内蒙古一些地区的居民被迫迁移他乡。通过播放视频呈现资料，帮助学生直观地意识到环境保护迫在眉睫。

(3)小小演讲家

学生上台演讲：《土地沙漠化》《水土易流失》《垃圾分类靠大家》《低碳生活，赶走雾霾》等内容。

演讲完毕，学生发表感受和心得，并且推选出最优的小小演讲家，号召大家向其学习。

(4)头脑风暴

班主任提问："既然环境保护迫在眉睫，且与我们每一个人都息息相关，那我们作为新时代的青少年该如何行动起来，才能做到环境保护，人人有责呢？"

学生自由发言。

班主任根据学生的发言，总结出三个策略：

①从社会方面，国家要强化执法监管，继续开展环保专项行动；

②从学校方面，学校要扩大宣传，提高学生的觉悟与认识，增强环保意识，并对清洁方面作改进，使校容更整洁，实行垃圾分类袋装化等；

③从学生方面，学生要树立节约意识，随手关闭水龙头，教室没人时要关灯，减少圆珠笔外壳的浪费与垃圾量等。

(5)歌曲升华

播放歌曲：《只为地球绿一片》。班主任率领全班同学哼唱歌曲，在歌声中结束主题班会。

【预设效果】

学生能够进一步了解环境保护的重要性，能自觉做到环境保护，人人有责。通过活动，使学生知道环境保护不能空谈，要从我做起，从身边做起。

【效果检验方法】

在活动结束后，教师可观察本班同学在班级和校园中的环保行为，并通过家长了解学生在家里的表现。在期末进行问卷调查，了解学生这一学期对环境保护的认识和自己做到了哪些；定期组织环境保护经验分享会。

2.【活动对象】小学四年级

【活动主题】培养劳动技能助"双减"

【活动依据】劳动教育是中国特色社会主义教育制度的重要内容，直接决定社会主义建设者和接班人的劳动精神面貌、劳动价值取向和劳动技能水平。近年来一些青少年中出现了不珍惜劳动成果、不想劳动、不会劳动的现象，劳动的独特育人价值在一定程度上被忽视，劳动教育正被淡化、弱化。因此，开展"培养劳动技能助'双减'"的教育活动势在必行。

【活动目标】

(1)了解劳动知识，牢固树立劳动最光荣、劳动最崇高的观念。

(2)体会劳动创造美好生活，热爱劳动，尊重普通劳动者。

(3)学会基本的劳动技能，形成良好的劳动习惯。

【活动准备】多媒体课件，以劳动为主题的故事

【活动导入】多媒体导入

老师播放自制的"我们身边的劳动"的视频，引导学生观看，并提问："劳动无处不在，那么劳动对社会、对他人、对我们自己有什么意义呢？"从而引起学生思考，由此导入以"培养劳动技能助'双减'"为主题的班会。

【活动过程】

(1)故事讲述,激发兴趣

学生分享自己搜集的以劳动为主题的故事,老师提问:“辛勤劳动为我们的生活带来了什么?”选择学生进行发言,学生回答:“劳动能够使我们获得财富,为他人服务,掌握生存技能。”老师总结:“劳动者是最光荣的人。”

(2)劳动教育,促进双减

请同学们分享自己在“双减”的过程中所从事的活动,学生回答洗衣服、做饭、垃圾分类或其他社会实践等。老师总结:“劳动教育能够增强我们的劳动技能,丰富“双减”之后我们的课余活动。”

(3)热爱劳动,从我做起

请同学们4个人一组,就“如何进行劳动”展开小组讨论,五分钟后请小组代表发言。学生回答:“从小事做起,做家务、值日都能提高劳动技能。”老师总结:“劳动教育无处不在,从小事做起,从我做起,培养劳动习惯。”

(4)呼吁提倡,教师寄语

呼吁大家在“爱劳动,促‘双减’”的倡议书上承诺并签字,给出教师寄语:希望大家都能热爱劳动,做一个小小劳动者。

【预期效果】

学生在生活中认识到劳动的重要性,树立劳动最光荣的观念,提高劳动技能,养成热爱劳动的习惯,促进‘双减’的顺利进行。

【效果检验】

通过观察、调查、访谈同伴、家访等方式,看学生是否真正能够在生活中做力所能及的事情。

3.【研究目标】

了解学生质疑能力的现状;根据所获得的资料来分析造成学生质疑能力偏低的因素;指出改进的建议,探讨实现学生学习方式与方法发生改变的具体措施,为学生质疑能力的提升提供帮助。

【研究内容】

(1)现状调查研究

了解当前学生在现实生活中提出问题、发现问题的能力,了解中小学教师以及家长对学生质疑能力的反映。

(2)原因分析研究

教师的影响;学校教育理念的影响;家庭氛围的影响。

(3)对策研究

在上述研究的基础上,指出在学生学习过程中存在的问题,并提出相应的改进建议,为今后学生质疑能力的提升提供帮助。

【研究方法】

本研究以教育理论研究为基础,探求“提升学生质疑能力的实践探索”。搜集资料时综合采用观察法、调查法(问卷、访问、个案调查等)和文献法。整理资料采用教育统计方法和内容分析方法。

【研究步骤】

(1)准备阶段:进行研究设计,制定研究工作计划。

(2)实施阶段:搜集、获取资料,整理分析资料。

(3)总结阶段:包括撰写研究报告和论文,总结研究工作和评价研究成果。

4.【活动学段】小学

【活动主题】“以诚立身,以信取人”

【活动依据】诚实守信是立身做人的根本，也是小学生重要的道德品质之一，诚实守信对小学生今后的成长至关重要。针对当前社会缺乏诚信的现象以及班级中出现的不诚信行为，诚信教育十分重要。通过本次活动，使学生能够明确诚信的重要性，做到诚实守信。

【活动目标】

(1)学生懂得诚信是做人的基本准则，能够明确诚实守信在人际交往中的重要性。

(2)学生在学习和生活中能够避免不诚信的行为，做到诚实待人，言而有信。

【活动准备】

制作诚信守则的海报，让学生搜集关于诚信的小故事并准备情境表演。

【活动内容与过程】

(1)故事引入

主持人讲商鞅立木为信的典故，向学生提问：人们从怀疑商鞅到相信他，转变的原因是什么？引出诚信是做人做事的根本，能够帮助人成长和成功。

(2)情境表演

学生进行情境表演，演示在学校中出现的一些不诚信现象，如考试作弊、不写作业说谎、迟到说谎、借东西不还，答应别人的事没有办到……

通过情境表演，让学生直观感受身边种种不诚信行为的危害，并交流和总结正确的做法。

(3)分享故事，交流讨论

学生讲述之前搜集的关于诚信的小故事。如季布一诺千金、尾生抱柱而死等。

在讲完每个故事后，请其他学生谈谈感想，感受诚信在一个人成长、成才、成功的过程中的重要作用，懂得以诚立身，以信取人的道理。

(4)总结方法

引导大家共同思考总结，在生活中要如何做到诚实守信，树立诚信品质。

①说话算话，言而有信；

②与人为善，坦诚相待；

③勇担责任，勇于认错；

④拾金不昧，借物还人。

(5)班会总结

学生以诗朗诵的形式，强调诚信的重要性。

教师寄语：我们应该学会诚信、坚守诚信。诚信是为人的基本准则，是同学们在现今的学习生活和将来踏入社会的工作生活中不可缺少的重要组成部分。人无信不立，我们应该从小养成诚实守信的习惯，这正是我们此次开展班会的主要目的。经过这次班会，同学们应该更加了解诚信的重要性，并且为自己树立起诚信准则。

【预计效果】

(1)学生能够在活动中享受乐趣，提高诚信意识。

(2)学生在生活中和学习中做到诚实守信。

【检验方法】

(1)制作本次活动表现的自评表、同学互评表、教师评价表，通过评价结果进行检验。

(2)观察学生在以后的集体活动中的表现。

(3)通过同家长、其他同学的交流，了解班级同学是否做到诚实守信。

5.【活动学段】初中

【活动主题】“班级音乐会”

【活动依据】开展班级音乐会不但能够给学生营造一种良好的音乐氛围，促进孩子们积极参与音乐活动，增强他们学习音乐的兴趣，更能使他们克服胆小、害羞的缺点，增强孩子们的自信心，使他们在音乐活动中体验成就感。

【活动目标】

(1)学生能够在交流和表演中增强自信心。

(2)学生能够尝试进行表演和在公共场合表现自己。

(3)学生能够体会音乐的乐趣，热爱音乐。

【活动内容与过程】

(1)活动时间、地点

确定具体活动时间和地点，并通知到全体同学。

(2)活动要求

①每位学生均要参与，可以根据自己的爱好、特长，自选内容、自选表演形式等，教师可根据活动情况做适当的整体指导。

②班级音乐会奖项设置。音乐会最后评选一等奖1名、二等奖2名、三等奖3名，并有“最受欢迎歌手”“最富表现力歌者”等奖项。

(3)活动内容

①节目范围：独唱、小组唱、表演唱、大合唱等。

②节目形式：吹、拉、弹、唱、跳等。

③节目人数：至少1人，最多不得超过8人；如特殊安排集体合唱，经班主任同意，人数可超过限额，但所参加互动内容不得重复。

(4)活动过程

①主持人由学生担任，由本班级教师做评委，演出时可邀请其他班主任、科任老师以及部分家长等。参会人员入场，演出人员做好准备。

②主持人报幕，学生按照节目单进行演出。

③节目中间设置惊喜环节，随机抽取学生按照既定形式演出小节目，并号召同学们予以鼓励。

④节目中录制视频，节目后合影留念，并以全班大合唱的方式结束本次音乐会。

(5)活动总结

由全体学生和评委教师等评选出一、二、三等奖和其他奖项，并请获奖的同学分享感受。班主任进行总结，肯定大家的努力和精彩的节目表演，号召大家以后在集体活动中积极参与，主动展示自我。

【预计效果】

(1)学生的自信心提升，能够体会通过努力尝试得到肯定和荣誉的快乐。

(2)学生学习和参加集体活动的积极性和主动性增强。

(3)班级凝聚力增强，学生的班级荣誉感增强。

【检验方法】

(1)制作本次活动表现的自评表、同学互评表、教师评价表，通过评价结果进行检验。

(2)观察学生在以后的集体活动中的表现。

(3)通过同家长、其他同学的交流，了解班级同学自信心和表现力的变化。

二、教案设计

1.【教学目标】

(1)正确理解、运用文中的生字词,理解课文内容;正确、流利、有感情地朗读、背诵、默写课文。

(2)理解诗句的意思,体会诗人的心境。

(3)联系生活体会诗中所蕴含的哲理。

【教学重、难点】

(1)重点:正确理解诗句的意思,感悟诗境。

(2)难点:感悟、品味诗中所蕴含的哲理。

【教学过程】

(1)创设情境,导入课题

①同学们,我们伟大的祖国有着五千年的悠久历史和灿烂的文化。其中诗歌就是我国文化宝库中一颗璀璨的明珠。诗歌语言精练,情感丰富,读起来朗朗上口,所以深受大家的喜爱。今天老师就和大家一起学习一首古诗——宋代苏轼的《题西林壁》。(课件出示课题)

②读题、解题。

齐读课题,结合书下注释帮助学生理解“题”“西林”的意思。

③简介作者苏轼及写作背景,师生共同交流收集到的资料。

a. 苏轼的人物简介及写作风格。

b. 这首诗的写作背景及庐山的有关情况。

c. 教师讲述苏轼少年时代“发奋识尽天下字,立志读遍人间书”的逸闻趣事。

(2)初读课文,感知美

①学生反复读古诗,说说诗中的庐山给你留下了怎样的印象。

②学生读后谈感受,初步感知庐山的美。

③分组合作,引导学生选择自己喜欢的学习方式细读古诗,遇到不懂的问题小组交流。

(3)汇报交流,体悟美

①交流第一、二行诗句。

a. 学生汇报对这两句诗的理解。

b. 结合“横看”和“侧看”的不同感受,让学生发挥想象并用自己的语言去描绘庐山的“岭”和“峰”是什么样子的,感悟庐山的美。

c. 指导学生有感情地朗读这两句诗,读出庐山的不同姿态。

d. 引导学生发现这两句中三组反义词(横—侧、远—近、高—低)的运用,体会作者用词的精妙。

②交流第三、四行诗句。

a. 学生自由表达对这两句诗的理解。

b. 针对学生理解上遇到的困难,帮助学生选择“只”“缘”在诗中的正确意思。

c. 讨论:为什么看不清庐山的真面目? 怎样才能看清庐山的真面目? 这蕴含了什么道理?

d. 从这首诗中你能感受到作者苏轼是一个怎样的人?

e. 联系实际并结合诗中所表达的哲理,说说在生活中我们该怎样看人、看事、看问题呢?

③学生根据诗意,运用自己喜欢的方式展示、内化诗意。

(4)个性诵读,表达美

①教师语言激励,引导学生进入情境:假如你就是苏轼,看到庐山峰峦奇丽,云雾缭绕,山中溪水潺潺,鸟语花

香，宛如仙境一般，你的心情怎样？怎样读才能表达出自己的情感呢？

②学生自由练习朗读，组内交流体会。

③引导学生谈感受，结合感受进行个性化朗读。

④教师范读，学生再读，读出诗的韵味，最后齐声吟诵。

(5)拓展延伸，积累美

①古往今来，多少文人墨客游览过庐山，赞美过庐山，除了这首诗，你还知道哪些诗人写过庐山？

②老师也收集了几首描写庐山的诗给大家看一看。(白居易的《大林寺桃花》，李白的《登庐山五老峰》等)你可以选一首觉得写得好的诗抄下来背一背。

(6)作业

①背诵并默写《题西林壁》。

②以“我眼中的苏轼”为题办一份手抄报。可以写他的诗、词、散文，也可以收集他的逸闻趣事。

③收集一些富有哲理的小诗，抄一抄、背一背，体会其中所蕴含的道理。

④写一写你这节课的感受和收获。

(7)板书

题西林壁

横岭、侧峰——所见
不识、只缘——所感
所见、所感——全面了解

2.【教学目标】

(1)通过借助已有的生活经验，学生自主认识新的时间单位“秒”，知道“1分=60秒”。

(2)学生通过动手操作等丰富的学习活动，体验一段时间，建立1秒及1分(60秒)的时间观念。

(3)学生通过体验数学与生活的联系，懂得时间的珍贵，爱惜时间。

【教学重难点】

借助丰富的活动，学生体验一段时间，建立正确的时间观念。体验数学与生活的联系。

【教学准备】

(教师)多媒体课件；(学生)口算卡片，每人准备一个时钟。

【教学过程】

(1)情境导入

(播放新年联欢晚会的片段)

过渡句：新年的钟声将敲响，让我们一起来倒计时。(课件出示钟面，伴随着“滴滴”声，让学生共同进行倒计时)

过渡句：刚才，我们进行倒计时，像这样计量很短的时间，我们常用比分更小的单位——秒。今天，我们就共同来认识这个新朋友。(板书课题)

(2)探究新知

①认识时间单位“秒”

a. 师：你们知道怎样计量用“秒”做单位的时间吗？请仔细观察你们所带的钟表，看看有什么发现。

b. 学生自主探索，共同探究。

c. 学生反馈：

时钟有3根针，走得最快的那根是秒针。

秒针走1小格是1秒。走1大格就是5秒。

读取电子表上的时间时，让学生可以利用以前学过的电子表的读法进一步类推。

d. 体验1秒钟：

师：1秒到底有多长呢？让我们闭上眼睛，仔细听一听。(利用时钟的“滴答声”让学生感受)钟表发出“滴答”一声所经过的时间就是1秒。

学生跟着时钟的“滴答声”，做拍手练习，每一秒拍一下手，看看谁拍得最准。

比一比，哪位学生不看时钟，每秒数一个数，看谁数得最准确。

小结：刚才，我们听到钟声“滴答”一声就是1秒，我们拍一下手用1秒，数一个数也是用1秒。1秒的时间确实很短，但是有些现代化的工具在这短短的1秒里却可以做很多事情呢(举几个具有说服力的数据说明1秒的价值)。所以，我们可别小看了这短短的1秒，它的作用可大了。我们要珍惜时间，不浪费每1分、每1秒。

e. 师：(拨秒针)秒针从数字12走到数字6，这表示经过几秒？从数字6走到数字8，表示经过几秒？请你轻轻告诉同桌的小朋友你是怎么知道的。你还知道秒针从哪儿走到哪儿也是10秒？

②探索分与秒之间的关系

a. 师：如果秒针从数字12起，走一圈，又回到数字12，这时经过多长时间，分针有没有什么变化？

b. 让学生小组合作，仔细观察钟面，自主探索。

c. 学生反馈。

d. 小结：秒针走1圈，就是60秒，这时分针走1小格，也就是1分钟，所以1分=60秒。

③练习

a. 让学生看钟表，通过读秒来体验1分钟的长短。

b. 师：1分钟能做什么呢？

让学生分组画画、写字、做口算、摸脉搏体验1分钟实际的长短。

c. 让学生举例，说说1分钟可以做什么事。

(3)小结

师：通过今天的学习，你有什么收获？(认识时间单位——秒)有了秒针，计时就更准确了，时针、分针、秒针在时间王国里分工合作，准确地为人们报时。

(4)巩固练习

①完成练习

要求：填上合适的时间单位。

a. 我们上一节课的时间是40(　　)。

b. 小明跑100米要用19(　　)。

②跑步比赛

师：让我们一起到紧张激烈的运动场上去看看。50米决赛刚结束，你能通过钟表的显示，说出运动员的成绩吗？从这张成绩表中，你能看出什么？

③活动

师：下课铃声响了，请大家安静，迅速地将课桌上的学习用品整理到书包里，看看需要多少时间。看谁整理得又快又好。(学生整理，教师报时)

师：相信大家今后每时每刻都能这样珍惜分分秒秒，做时间的主人。

(5)作业

收集有关时间的信息。

3. (1)教学目标:

①回忆班级生活中温暖有趣的故事,激发学生的集体归属感;

②寻找班级的优点和存在的不足,积极为班级建设和发展提出改进建议;

③培养学生的主人翁意识,热爱班集体,愿意为班集体做贡献。

(2)导入环节

①游戏导入

师:同学们,你们了解我们班吗?让我们玩个游戏,名字叫《班级默契度大考验》。(出示抢答题)

师:大家对我们的班级很了解,我们每个人都是集体的一员,是班级的小主人。

②谈话导入

师:同学们,我们在一起学习已经三年多了,三年多的班级生活给我们留下了许多美好的回忆。请同学们举手发言,说一说自己对我们班的印象。

教师总结:我们在班集体中慢慢地长大。并引出课题"与班级共成长"。

真题必刷

1. **青春的模样:到祖国最需要的地方去**

"人生最浪漫的事莫过于:祖国召唤时,我们正青春。"这是青春的模样,也是我们这一代人应有的担当和行动。当我们身处于这个伟大的时代,祖国在召唤我们,时代在召唤我们。祖国需要我们这一代人的智慧和力量,去推动社会进步,去创造美好未来。而我们,也需要在这个时代中找到自己的位置,担负起自己的责任,用我们的青春和热血为祖国的发展贡献力量。

在广袤乡村,有这样一群年轻人,他们放弃了大城市的生活,选择回到家乡,为乡村振兴贡献自己的力量。他们用自己的知识和技能,帮助农民提高种植和养殖技术,改善农村环境和设施,为乡村的发展做出了不可磨灭的贡献。他们是最美的乡村振兴践行者,也是青春最该有的模样。

在风雪边关,有这样一群年轻人,他们为了祖国的安宁和尊严,日夜守卫在祖国的边境线上。他们用自己的生命和鲜血,捍卫着祖国的领土完整和安全。他们是最美的边防战士,也是青春最该有的模样。

在科技前沿,有这样一群年轻人,他们为了祖国的科技发展,默默奉献着自己的智慧和力量。他们在人工智能、生物技术、新能源等领域不断创新和突破,为"中国制造"向"中国智造"迈进做出了杰出的贡献。他们是最美的科技工作者,也是青春最该有的模样。

在三尺讲台,有这样一群年轻人,他们为了祖国的未来,默默奉献着自己的青春和热血。他们在贫困地区教书育人,帮助贫困家庭的孩子走出大山,走向未来。他们是最美的教师,也是青春最该有的模样。

这些最美的青春模样,不仅仅是他们个人的荣耀和成就,更是他们对祖国的热爱和担当。他们用自己的行动和汗水,诠释了青春的意义和价值。他们的故事和经历,也激励着更多的年轻人,勇敢地走向祖国最需要的地方去,用自己的知识和技能为祖国的发展贡献自己的力量。

我们每一个人都应该承担起自己的责任和义务,为祖国的发展贡献自己的力量。而这个力量不仅仅是在科技、经济、文化等领域的创新和突破,更是在祖国最需要的地方用我们的汗水和智慧为祖国的繁荣富强贡献青春。

只有这样,我们才能够真正实现自己的人生价值,让自己的青春无悔,为国家和人民的事业做出更大的贡献。

让我们一起肩负起责任,以实际行动去践行"祖国召唤时,我们正青春"的誓言,让青春在为祖国、为人民的奉献中焕发出更加绚丽的光彩!

2.【活动主题】

“为非遗传承发展贡献青春力量”

【设计依据】

随着社会的发展，非遗传承面临着严峻的挑战，需要更多的年轻人投入其中，发挥他们的创造力和活力。年轻人是国家的未来，他们的参与对非遗传承发展具有重要意义。因此，教师应当通过教育活动，激发学生对非遗的兴趣，引导他们积极参与传承和发展。

【活动目标】

(1)了解“非物质文化遗产”的含义，积累丰富的非遗知识。

(2)正确评价非遗传承人的生活理想和历史责任，并且能够结合现实条件进行批判思考、有逻辑地表达自己的认识。

(3)概括非遗的重要性，感受非遗传承人的人格魅力，结合自己的理解谈谈如何保护和传承非物质文化遗产。

(4)感受非物质文化遗产的文化魅力，提高文化认同感，坚持将个人命运与国家命运紧密结合的理念，树立“文化自信，民族复兴”的远大理想，增强为实现中华民族伟大复兴而努力奋斗的使命感和社会责任感。

【活动内容与过程】

(1)直接导入

同学们，中国自古以来就有“文明古国”之称，在几千年的传承下，先人为我们留下了丰富的非物质文化遗产。它们是中华民族的瑰宝，也是中华文明绵延传承的生动见证。通过今天的课堂，我们将深入了解非物质文化遗产，并探讨如何传承和保护它们，快让我们一起学习吧！

(2)合作交流

①了解非物质文化遗产

教师提问：大家知道什么是非物质文化遗产吗？举例说明一下。(小组讨论并回答)

②非遗传承的重要性

教师展示图片(木版年画)：大家知道这是什么吗？我们为什么要传承非物质文化遗产？(小组讨论，举手抢答)

(3)扩展应用

①传承非遗

教师利用多媒体给学生播放与非遗有关的纪录片或影片，并提问：作为中学生，我们如何传承非物质文化遗产？一起分享自己对非遗传承的创意和想法。(小组讨论并回答)

②互动游戏

教师展示自己课前制作的非遗作品(皮影)，并鼓励学生画出自己心中想做的皮影形象。

(4)教学总结

同学们，通过这次活动想必大家都已经对非物质文化遗产有所了解，也明白了传承非物质文化遗产对我们祖国的重要意义。希望每一位同学从现在开始好好学习，从身边小事做起，为保护和传承非物质文化遗产做出自己的贡献！

【效果检验方法】

活动结束后，要求学生把自己设计的皮影制作出来，并且分组表演一场皮影戏，由其他组进行评分，得分高的小组成员获得“非遗小传承人”的奖状。通过这种方式来激发学生对非遗的兴趣和热情，培养他们的传统文化保护与传承意识和创新能力。

图书反馈

重磅！考题有奖征集！

「凡提供当年度考题者，根据考题完整度，可获得500元以内奖励。」

具体请联系QQ:1831595423

(温馨提示：所提供考题须是当年度考题，且真实有效。)

亲爱的考生：

感谢您对山香教育的信任和支持，您的建议是我们前进的动力！为进一步提高图书质量，我们特向全国各地的考生开展图书反馈活动。

凡通过图书反馈链接提供山香图书意见反馈者，均可获得**相关网课**。

图书反馈链接

联系方式：400-600-3363　　研发部QQ：1831595423

招教网
招考资讯平台

山香官网
考编服务平台

山香网校
线上学习平台

图书订正链接
勘误更新平台